THE CHINESE ECONOMY

SECOND EDITION

Adaptation and Growth

Barry Naughton

The MIT Press
Cambridge, Massachusetts
London, England

The Chinese Economy: Adaptation and Growth by Barry Naughton

Adaptation and Growth THE CHINESE ECONOMY

SECOND EDITION

중국경제

/ 시장경제의 적응과 성장

Barry Naughton 지음

한광석 옮김

(주)한티에듀

〈옮긴이 약력〉

한광석 부산대학교 무역학부 교수
부산대학교 경제통상대학원 부원장
한국경제학회 이사
한국경제연구학회 이사
한국무역학회 부회장
한국사회과학협의회 감사
아시아금융학회 이사
국무총리실 정부정책 평가위원
기획재정부 정책조정국 전문위원
금융위원회 금융정책국 전문위원
국무총리실 규제개혁기획단 전문위원
한국개발연구원(KDI) 전문위원

용산고등학교
한국외국어대학교
Claremont Graduate University

〈옮긴이 소개〉

한국개발연구원(KDI)에 입사하여 사회생활을 시작하였으며 현재 부산대학교 경제통상대학 무역학부에서 국제금융론, 국제무역론 및 중국경제론 등을 가르치고 있다. Claremont Graduate University에서 박사학위 논문은 1999년 노벨 경제학상 수상자인 R. Mundell 교수의 Optimum Currency Area 이론에 대한 실증분석인 "Is East Asia an Optimum Currency Area? Evidence from the Application of Various OCA Criteria"이다. 미국 유학을 마치고 귀국한 후 국무총리실, 기획재정부, 금융위원회 등 정부 각 부처에 파견 근무 혹은 TF 참여를 통하여 정부의 금융정책을 포함한 경제정책 결정에 기여한 바 있다. 국무총리실 규제개혁기획단 근무 시, 우리나라 금융산업 발전에 기여한 공로로 국무총리 및 금융감독위원장 표창을 받았다. 한편 한국경제학회 및 한국경제연구학회 이사, 한국무역학회 부회장직 등을 수행한 바 있으며 현재는 한국사회과학협의회 감사직을 수행하면서 경제학계를 포함한 한국 사회과학 분야의 발전을 위하여 노력하고 있다.

중국경제 2판

발행일 2020년 10월 30일 1쇄
지은이 Barry Naughton
옮긴이 한광석
발행인 김준호
발행처 (주)한티에듀 | **주 소** 서울시 마포구 동교로 23길 67 Y빌딩 3층
등 록 제2018-000145호 2018년 5월 15일
전 화 02) 332-7993~4 | **팩 스** 02) 332-7995
ISBN 979-11-90017-09-1 (93320)
정 가 29,000원

마케팅 노호근 박재인 최상욱 김원국 | **관 리** 김지영 문지희
편 집 김은수 유채원 | **표지 • 내지디자인** 유채원

이 책에 대한 의견이나 잘못된 내용에 대한 수정정보는 한티미디어 홈페이지나 이메일로 알려주십시오.
독자님의 의견을 충분히 반영하도록 늘 노력하겠습니다.

홈페이지 www.hanteemedia.co.kr | **이메일** hantee@hanteemedia.co.kr

---

옮긴이 머리말

Translator Preface

최근 코로나19의 확산으로 인해 전 세계적으로 경제성장률이 급락하고 산업생산과 교역량 역시 큰 폭의 감소세를 보이면서 글로벌 경기침체의 가능성이 높아지고 있다. 주요국에서 적극적인 완화적 통화정책과 대규모 재정지출을 시행하고 있으나 세계경기가 빠르게 개선되기 어려울 것이라는 회의적인 시각이 지배적이다. 최근 IMF가 2020년 세계 경제성장률이 −4.4%로 낮아질 것으로 전망하고 있는 가운데 중국경제 역시 성장률이 크게 낮아진 1.9%에 그칠 것으로 전망하고 있다. 중국경제는 최근 수출이 증가세로 전환되고 소비 및 투자 부진도 완화되면서 회복세를 보이고 있으나 코로나19의 지속 여부 및 미 · 중관계 악화 등으로 향후에도 경기 회복세가 제한적일 전망이다.

이런 가운데 중국은 2020년 5월 중국 최대 정치행사인 양회(两会: 전국인민대표대회, 중국인민정치협상회의)를 개최하여 정부업무 보고, 2020년 국민경제와 사회발전계획 초안 보고, 그리고 2020년 정부예산안 보고에 대해 심의 · 인준하고 2020년 중국의 거시경제 목표, 경제운용 방향 및 중점 업무 등을 확정한 바 있다. 2020년도 중국 정부의 경제운용은 코로나19 피해 최소화 및 경제 정상화, 전면적 소강(小康)사회 건설을 위한 탈빈곤을 목표로 하고 중소기업 지원을 통한 고용 및 민생 안정을 중점 추진하며 경기부양을 위한 대규모 투자도 병행할 전망이다.

중국은 1978년 12월 대외개방 · 대내개혁 정책을 시작한 이래 40여 년간 세계 최고의 경제적 성과를 이룩한 국가로 중국의 국내총생산(GDP)은 역사상 어느 경제보다도 빠르게 성장했다. 2019년 세계 GDP에서 미국과 중국이 차지하는 비중은 35.7%, 세계 무역에서 차지하는 비중은 46.1%이며 중국은 현재 미국과 함께 세계 경제의 견인차 역할을 하고 있다. 한편 2019년 한국의 대중국 수출 비중은 22.5%(1,362억 달러)로 중국에 대한 수출의존도가 높아 중국경제가 성장률 하락으로 이어질 경우 우리 경제의 성장세도 크게 영향을 받을 것으로 판단된다. 중국의 부상이 의미하는 국제적 영향을 논의하기 위해서는 중국경제에 대한 이해가 선행되어야 한다. 기존의 관련 서적들은 중국의 지역, 산업 그리고 무역 등 중국경제의 일부 주제만을 다룬 경우가 많았다. 그러나 본서에서는 중국경제의 괄목할 만한 성장을 설명하기 위해 광범위한 구조변화와 제도적 변혁과정에 대한 가능한 한 많은 중국 특유의 내용을 소개하고 있다. 세계 속의 중국경제의 중요성을 인식하고 연구하고자 하는 학자들과 중국과의 비즈니스를 계획하는 학생 및 일반인들에게 현대 중국경제를 보다 심도 있고 폭넓게 이해하는 데 유용할 것이다.

본문에서도 언급되지만 중국은 어떻게 이런 놀라운 경제적 성공을 이뤄냈을까? 이에 대해 저자는 중국의 경제적 성과의 거의 모든 측면에 영향을 미친 주요 요인들로 뛰어난 인적자원, 국제 분업구조, 기술적 진보를 따라잡을 수 있는 경제적인 잠재력, 그리고 중국 정부의 학습능력을 제시하고 있다. 또한 중국경제의 성장 기적과 관련, 인구역학 변화에 따른 노동력의 빠른 성장과 경제의 인구(학적) 보너스, 급격한 구조변화에 대응할 수 있는 노동력 공급, 시장경제로의 이행을 수행하는 데 필요한 기반시설과 산업시설을 제공하는 높은 투자율, 그리고 수출지향적 제조업의 급속한 성장을 가능하게 하는 개방적 경제정책 등을 언급하고 있다.

초판(2007)은 “중국경제: 시장경제로의 이행과 성장”이었고, 이번 2판의 제목은 “중국경제: 시장경제의 적응과 성장”이다. 초판에서는 1978년 중국의 개혁 · 개방정책의 시발점이었던 농업부문 개혁과 경제특구 설치, 1980년대 중반에 시작된 연해지역 개방정책과 외국인 직접투자 및 대외무역의 발전, 국유기업의 개혁과 기업소유제 개혁에 따른 비공유제 부문의 발전, 노동시장의 변화와 지역격차 심화문제, WTO 가입과 대외경제정책 등 다양한 주제들을 논의하고 있다. 초판 발간 당시 중국경제의 성장 전망과 구조적 변화 및 제도적 변화 사이의 관계는 매우 간단했다. 중국은 농촌에서 도시 및 산업 경제로의 구조적 변화를 경험하고 있었고 더 많은 구조변화에 대한 동력이 남아 있었다. 관료적 사회주의에서 시장경제로의 제도적 전환을 실행했고 상당한 성공을 거두었지만 추가적인 개혁과 제도적 변화의 여지는 여전히 남아 있었다.

제2판에서는 그 동안 이룩한 경제적 성과와 더불어 기적성장의 종말을 맞은 중국경제의 당면과제에 대한 논의들이 이루어지고 있다. 지난 40여 년에 걸친 중국의 경제적 변화에 대한 포괄적인 검토와 함께 특히 2007~2010년 사이 중국경제에서 발생한 노동인구 성장세 둔화, GDP 대비 수출 비중의 감소 및 소득 불평등의 완만한 하락 등 장기적인 추세 변화에 따른 다차원적인 사회적 변화를 설명하고 있다. 또한 거시경제와 금융 · 재정 개혁, 기술변화 그리고 지속가능한 환경문제 등 중국이 새로운 성장단계에 적응하기 위한 “중국 시스템”의 전환에 대해 논의하고 있다. 중국은 앞으로도 여러 차례의 전환기를 경험하겠지만 고속성장의 시기 이후 새로운 시대(new normal)에 적응하는 것이 핵심 과제가 될 것이다.

원서의 번역은 부산대학교 기본연구지원사업(2년)에 의해 수행되었으며 이 책을 번역하는 과정에서 여러 모로 도움을 주신 ㈜한티에듀 김준호 사장님과 편집팀원들께 감사의 말씀을 전한다. 원서 내용의 정확한 전달을 위해 노력하였으나 미흡한 부분이나 오류가 있다면 독자들의 소중한 의견을 반영하여 좀 더 정확한 지식을 제공할 수 있는 기회가 있었으면 하는 바람이다. 마지막으로 이 책은 중국경제에 관심이 있는 독자들에게 폭넓은 지식을 전달하고 학자들에게는 심도 있는 연구를 위한 입문서로서 광범위하고 충실한 내용들을 담고 있다는 것을 감히 강조하는 바이다.

감사의 글

Acknowledgments

The Chinese Economy 개정판을 준비하면서 Henrique Barbosa, Li Xin과 Kieran Naughton 등이 값진 도움을 주었다. 지난 10년간 중국에서 일어난 엄청난 변화를 망라하기 위해 자료를 추가하고 확장하는 작업은 어려운 일이었다. Ralph Huenemann, Peter Lorentzen 그리고 Louis Putterman 등은 값진 논평을 통하여 많은 도움을 주었다. MIT Press의 익명의 독자 3명은 최종판을 위해 보완하고 구체화할 부분에 대해 알려 주었다. MIT Press의 Emily Taber는 John Covell의 역할을 충실히 수행하고 전체 과정이 완료되도록 도움을 주었다.

UC 샌디에이고(University of California, San Diego) 글로벌 정책 및 전략대학원(School of Global Policy and Strategy, GPS) 학생들은 사전점검, 시장 선점 및 작업에 영감을 제공했다. 또한 중국과의 상호 학술교류가 확대됨에 따라 중국 대학 동료들의 의견이 많은 도움이 되었다. 특히 칭화대(Tsinghua University), 베이징대(Peking University) 그리고 푸단대(Fudan University)에서의 발표는 본문의 논점을 다듬고 수정하는 데 도움이 되었다.

이 책의 초판에는 수년 동안 누적된 실제적이고 지적인 빚을 진 것에 대해 감사하는 페이지가 포함되어 있다. 비록 신세를 진 것에 대해 감사의 뜻을 전했지만 빚은 갚지 않은 상태로 여전히 남아 있다.

차례

Contents

1 서장: 중국경제의 궤적

Introduction: The Chinese Economy in Context

지난 35년간 중국은 세계 최고의 경제적 성과를 이룩한 국가로 중국의 국내총생산(GDP)은 역사상 어느 경제보다도 더 빠르게 성장했다. 거대한 중국경제는 규모면에서나 세계적인 영향력에 있어서 미국과 비교할 만하다. 중국은 현재 세계경제의 견인차 역할을 하고 있는데, 이는 지난 30년간 전 세계를 휩쓸었던 세계화의 물결에서 엄청난 이익을 얻었기 때문이기도 하다.

중국은 어떻게 이런 괄목할 만한 경제적 성공을 이루어 냈을까? 현재 중국의 경제적 번영이 확실히 보장되어 있지는 않다. 중국은 선진국들이 직면한 적 없었던 개발문제들에 직면해 있다. 중국의 거대한 인구가 빈곤에서 벗어나기 위해서는 지리적 한계와 자원의 한계를 극복해야 했다. 중국은 부유한 국가들이 정교한 시장경제를 지원하기 위해 수세기에 걸쳐 발전시켜 온 제도적 틀과 법치주의도 없었고 기술적으로도 훨씬 뒤늦게 급속한 성장기에 접어들었다. 그러나 중국은 사회주의 명령체제를 해체하고, 역동적인 시장경제를 창출했으며, 중상위권 경제로 도약하였다. 중국은 정통 경제학의 단순한 처방과는 별개로 과거 어느 나라도 시도해 보지 않은 방식으로 자체 개발전략을 세웠다. 30년 이상의 놀라운 성공을 거둔 중국은 오늘날 현저하게 느린 성장을 의미하는 극적으로 변화된 조건에 적응해야 한다. 정책 입안자들이 중산층의 요구사항인 새로운 상품과 서비스, 더 좋은 환경, 보다 견고한 사회정책을 제공할 수 있는가? 지금까지 성공한 점을 감안할 때 그들은 경제성장에 대한 접근방식을 전면 재검토할 의지가 있는가? 숨겨진 취약점들이 중국의 기적적인 성장을 멈추게 할 위험은 얼마나 큰가? 이와 같이 중국경제는 계속해서 타의 추종을 불허하는 역동성과 복잡성을 드러내고 있다.

경제발전을 구조적 변화와 제도적 변혁이라는 두 가지 기본 프로세스로 구분하면 분석에 유용하다. 구조적 변화는 자원의 분배와 경제활동에 있어서 실질적인 변화를 말한다. 거시 구조적 차원에서 가장 근본적인 변화는 농업부문에서 노동과 자본의 도시로의 이동이며, 실제로 중국은 지난 35년 동안 주로 도시 산업과 서비스 중심 경제로 탈바꿈했다. 제도적 변혁이란 조직, 정보 및 경제적 의사결정권자를 유도하는 인센티브의 변화를 말한다. 정부, 기업 및 가계는 목표를 추구할 때 "게임의 규칙"에 부응한다. 중국은 "명령경제"에서 시장경제로의 극적인 제도적 변혁을 겪었다. 구조적 변화와 제도적 변혁은 모두 생산성향상과 소득증가의 원천이며 따라서 경제발전의 원천이기도 하다.

이 책의 목적은 경제의 가장 중요한 분야에서 이러한 광범위한 구조변화와 제도적 변혁과정을 추적하는 것이다. 1978~2010년 동안의 구조변화와 제도변혁은 경제성장에 커다란 영향을 미쳤으며 이 기간을 "기적의 성장" 기간이라고 부른다. 오늘날 중국은 중상위 소득국가로 성장함에 따라 구조적이고 제도적인 변화가 성장을 견인할 기회는 적어졌다. 기적의 성장 기간은 끝난 것이다. 그러나 중국은 여전히 강력한 성장 잠재력을 지니고 있으며 향후 수십 년 동안 중속 성장을 통하여 중국의 생활수준은 향상될 것이다.

구조적 변화는 모든 성장하는 경제에서 몇 가지 공통된 패턴을 보여 준다. 비록 중국이 몇 가지 독특한 특징을 가지고 있지만, 중국의 산업화는 일반적인 구조적인 과정에 속한다고 할 수 있다. 그러나 구조적인 변화는 단순히 "거시적인" 현상일 뿐만 아니라 특정 하위 부문에 영향을 미치고, 인구통계학적 및 기술구조 변화도 포함하고 있다. 반면에 제도적 변화는 특정한 맥락에서 진화하고 있으며 중국의 제도들은 매우 독특하다. 결론으로 중국에서는 대부분의 경제와는 상당히 다른 인센티브 환경에서, 훨씬 더 복잡한 방식으로 제도적 변화가 일어났다. 이 책의 목적은 오늘날 중국의 특정한 현실을 구조적 및 제도적인 변화의 광범위한 패턴과 통합함으로써 중국의 상승세를 이해할 수 있게 하는 것이다. 과거 중국이 극복했던 것과 오늘날 중국이 직면해 있는 문제점들을 포함하여 그동안 중국이 직면했던 힘의 원천과 도전 그리고 취약점들이 전부 전달될 수 있기를 바란다.

1.1 활성화 조건

중국의 경제적 성과의 거의 모든 측면에 영향을 미친 최소한 네 가지의 유리한 요소들이 있다. 중국의 성공을 뒷받침한 이러한 요소들이 없었다면 극적인 성장을 이룰 수 없었을 것이다.

1. 뛰어난 인적자원: 중국인들은 강한 기업가 정신, 시장 친화적인 행동에 대한 문화적 인식을 가지고 있으며, 교육적 성취와 지식에 대해 강한 욕구를 가지고 있다. 따라서 중국인들은 1970년대 말 경제개혁으로 인해 급격하게 증가한 기회를 이용할 수 있는 유리한 위치에 있었다.
2. 글로벌 분업 구조: 중국의 개방은 글로벌 제조업의 세분화(또는 분산화)를 가능케 한 세계 경제의 진화단계에 적절히 대응했다. 이로 인해 이미 성공한 동아시아 기적이라고 일컫는 국가들에서 노동집약적인 수출제조업이 저비용, 고품질의 인재와 기술을 갖춘 신생국인 중국으로 순조롭게 이전할 수 있었다. 1980년대 중국의 요소부존은 그 단

계에서 세계 경제에 완벽한 보완 역할을 하였다.

3. 엄청난 "추격(catch-up)" 잠재력: 경제학자들은 후진성의 장점이 있다는 것을 알고 있다. 즉, 기술 장벽에서 멀수록 추격하는 기간 동안의 잠재 성장률은 더 빠르다. 그러나 이러한 잠재력은 앞의 두 요인과 같이 충분한 활성화 조건이 있는 경우에만 실현될 수 있다. 중국의 엄청난 경제적 잠재력과 인적자원은 세계의 관심과 투자를 이끌어 냈으며 특히 통신과 인터넷 기술이 확산하는 과정에서 기술적 진보를 따라잡을 수 있게 했다.
4. 정부의 학습능력: 중국 정부는 점진적이고 적응 가능한 경제개혁 프로그램을 실행했다. 이러한 창의성은 중국이 계획경제에서 벗어나고 견고한 시장경제 발전에 필요한 기본적인 제도를 만든 1980년대와 1990년대에 두드러졌다.

다시 말해, 1978년 중국은 여러 면에서 경제발전에 유리한 위치에 있었다. 유사한 조건의 많은 국가들이 개발과정에서 성공적이지 못한 반면 중국은 빠른 속도의 변화를 유지할 수 있었다. 이를 위해 중국은 구조변혁과 기술혁명, 인구학적 체계에서 또 다른 체계로의 전환, 체제적 변혁이 되는 제도개혁 등의 과정을 거쳐야 했다. 이러한 구체적인 과정들이 이 책의 주제를 구성하고 있다.

1.2 성장과 발전의 수준

공식 통계에 따르면 중국은 1978년 개혁개방 초기부터 2010년까지 연평균 10%의 경제성장률을 유지했다. 빠른 성장과 엄청난 인구는 중국이 언젠가는 세계 최대 경제대국 중 하나로 부상할 것이라는 것을 암시했다. 표 1.1에서 알 수 있듯이, 이는 이제 현실이 되었다. 중국의 GDP는 현재 환율로 평가할 때 2015년에 11조 달러이며 미국(18조 달러)에 이어 세계 2위이다. 2015년 구매력평가지수(PPP)로 세계은행이 산출한 중국의 GDP 규모는 18조 6,000억 달러로 미국의 16조 9,000억 달러(2011년 물가 기준)를 추월했다. 한편 PPP 기준으로 중국과 미국은 각각 전 세계 총 생산량의 6분의 1을 차지한다(p.150의 박스 7.2 참조).

중국은 아직 부유한 나라가 아니다. 중국은 감소하는 성장률에도 불구하고 세계에서 가장 인구가 많은 나라로 2015년에 인구가 13억 7천 5백만 명에 달했다. 소득면에서 중국의 1인당 GDP(PPP 기준)는 세계 평균치에 가깝다. 중국은 아직 세계 평균에는 못 미치지만 성장률은 세계 속도를 훨씬 상회하고 있어 2018년 PPP 기준으로는 약 1만 6,000달러로 세계 평균에 이를 것으로 보인다.[1] 세계은행의 분류에 따르면 중국은 전형적인 "중상위 소득" 국가로 경제구조와 관련된 다른 지표들과도 유사하다. 도시인구(도시인구비율)

1. 표 1.1에서 알 수 있듯이 현재 환율로 계산하면 격차가 더 크고, 그에 따라 추격시간이 더 길다. 본문과 표 1.1의 자료는 World Bank World Development Indicators를 사용한다.

표 1.1 세계 속의 중국(2015년)

	GDP (조 달러, 경상환율)	GDP (조 달러, 2011년 PPP 불변가격)	일인당 GDP (달러, 경상환율)	일인당 GDP (달러, 2011년 PPP 불변가격)
중국	11.1	18.6	8,069	13,572
미국	18.0	19.9	56,116	52,704
세계	74.3	108.2	10,112	14,724

를 보면, 수십 년간의 경제성장에 따라 2013년 세계 평균(53%)과 정확히 일치하며 2016년에는 57%에 이르렀다. 중국의 인적자원 지표는 전 세계 평균보다 약간 우수하다. 예를 들어, 2015년 출생 시 기대수명은 76세로 전 세계 평균(71.7세), 중상위 소득국가 평균(74.7세) 이상이다(고소득 국가 평균 80.7세, 미국 평균 78.7세). 전반적으로, 중국은 세계 평균 개발수준을 대표한다. 중국은 더 이상 가난하지는 않지만 부유한 나라와는 거리가 멀다. PPP 기준, 1인당 GDP는 미국의 1/4 수준이다.

중국이 현재 속해 있는 중상위 그룹은 다소 인구가 많은 반면 바로 위 그룹들은 인구가 적다. 중국, 브라질, 멕시코, 이란, 이집트, 인도네시아를 포함하여 PPP가 1인당 GDP 10,000달러에서 18,000달러 사이인 나라에 25억 명 이상이 살고 있다. 중국의 목표는 이 수준을 넘어서 고소득 국가 그룹(3만 달러 이상)으로 진입하는 것이다. 1인당 GDP가 18,000달러에서 30,000달러 사이인 중상위 소득과 고소득 국가에는 인구밀도가 낮아 4억 명이 살고 있는데 대부분은 구소련 공화국과 최근 유럽연합에 가입한 국가들이다. 이 범주에 속하는 인구 5백만 이상의 큰 나라들은 터키, 말레이시아, 칠레뿐이다. 일부 국가들(예: 멕시코, 브라질 및 태국)은 10,000~18,000달러 범위를 벗어나는 데 어려움을 겪었으며 이는 "중진국의 함정"에 대한 논의로 이어졌다. 중진국의 함정에 대한 기본 논의는 경제의 산업화, 도시화, 빈곤 퇴치를 위한 기술개발은 비교적 간단한 반면에 고소득 국가로의 이동경로는 찾기가 더 어렵다는 것이다. 고소득 국가로의 진입을 위해서는 더 강력한 기술력, 더 나은 제도 및 더 많은 혁신이 필요하다. 이러한 요인들은 중국에게도 도전이 되고 있다.

그러나 중국이 중진국 함정을 극복할 가능성은 분명히 있다. 이미 1인당 GDP가 30,000달러가 넘는 고소득 국가에는 10.7억 명의 사람들이 살고 있다. 부유한 국가들은 예외 없이 세 범주 중 하나에 속한다. 유럽과 유럽인들이 정착했던 4개국(미국, 캐나다, 호주, 뉴질랜드), 원유 생산국, 동아시아 신흥국 등이다. 높은 경제성장률을 기록한 동아시아 국가들은 중국과 비교할 수 있는 그룹이다. 일본, 한국, 대만, 홍콩, 싱가포르, 마카오 등은 모두 고소득 국가로 성장했다. 중국은 규모를 제외한 모든 면에서 이들 경제와 비슷하다. 중국이 1978년부터 2010년까지 경험한 경제성장의 기적은 일본과 한국과 같은 다른 동아시아 국가들이 경험한 것과 유사하지만 더 크고 더 오래 지속되었다. 중국은 1인당 소득은 낮지만 비슷한 경제 상황에서 출발해 인구 및 구조적 변화를 겪었다. 중국은 시장개혁과 대외개방 프로그램을 채택했다. 따라서 중국도 과거 동아시아 국가들의 경제성장 기적을 교훈삼아 고소득 국가로 발전할 수 있는 가능성이 있다고 할 수 있다. 그러나 중국 역시 경제발전 과정에서 이들이 겪었던 장애물과 함정에 직면할 수 있다. 더욱이 이들 경제는 기적적인 경제성장기가 끝났을 때 예상치 못한 어려움을 겪었다. 중국은 이러한 경험을 되풀이하지 않을 것이다. 그러나 오늘날 중국의 큰 경제적 도전과 관련된 질문은 "중국이 정책과 제도를 성장 둔화 요건에 맞게 조징하여 위기와 혼란을 피하고 향후 10년 동안 완만하지만 빠른 성장을 이룰 수 있는가?"이다.

1.3 성장: 과거와 미래 조망

이 책의 초판은 2007년에 출판되었다. 그 당시 중국의 성장 전망과 구조적 및 제도적 변화의 두 과정 사이의 관계는 매우 간단했다. 중국은 농촌에서 도시, 산업 경제로의 구조적 변화를 겪고 있었지만 아직 완전하지는 않았으며, 더 많은 구조적 변화에 대한 동력이 여전히 남아 있었다. 중국은 관료적 사회주의에서 시장경제로의 제도적 전환을 실행했고 상당한 성공을 거두었지만, 추가적인 개혁과 제도적 변화에서 얻을 수 있는 기회와 생산성 향상 여지는 여전히 있었다. 초판에서는 2005년까지의 자료를 바탕으로 두 가지 기본적인 과정이 모두 강력하게 진행되고 있으며 "이 두 가지 전환이 모두 완전하지 않다"(p.4), "중국의 빠른 성장이 향후 10년 동안(예: 2015년까지) 계속될 것으로 예상되지만 노동력의 성장이 둔화되고 농촌에서 도시로의 이동이 줄어들기 시작할 것으로 보인다"(p.140)라고 지적한 바 있다. 이것은 실제로 일어난 일이다. 2005~2015년 연평균 9.5%의 급격한 성장을 기록했지만 2010년 이후 성장률은 꾸준히 감소하여 2016년에는 6.7%를 기록하였다.

오늘날 구조적, 제도적 변화라는 두 가지 과정은 그 어느 때보다도 기본적이지만 10년 전과 같이 성장을 이룰 수는 없다. 가장 빠른 구조적 변화의 시대는 이제 끝났다. 시장지향적 개혁에 대한 정책 입안자들의 의지는 약화되었으며 제도적 변화가 미래의 생산성 향상을 어느 정도까지 이끌 수 있을지도 불확실하다. 각 프로세스는 덜 강력한 개발 동인이 되었으며 두 프로세스는 더 이상 일관되고 상호 보완적인 방식으로 함께 작동하지 않는다. 이 둘을 합치더라도 앞으로 몇 년간 경제성장에 대한 기여도가 떨어질 것이다. 구조변화, 시스템 개혁 및 성장 사이의 변화된 관계는 이 책의 다양한 장을 통합하는 기본 주제이다.

"뉴 노멀(New Normal, 새로운 정상)"은 성장 둔화와 위험 증가를 가져오지만 이러한 사실을 인정하는 것이 중국경제에 대한 비관적인 평가로 이어지는 것은 아니나. 느린 성장은 지난 30년간 연평균 10%의 성상에서 감속으로 이해되어야 하며 어떤 경우에도 무기한 지속될 수 없었을 것이다. 중국인들은 이미 훨씬 더 부유해졌고 심각한 상태의 빈곤에서 탈출했다. 게다가, 노동력은 성장을 멈추었으므로 노동자 1인당 생산량의 감소는 전체 생산량의 감소보다 덜 현저할 것이다. 매년 6%씩 성장하면 12년 만에 두 배가 된다. 중국의 근로자 1인당 생산량이 연간 6%씩 증가하면 자녀들이 부모의 4배에 이르는 임금 수입을 누리면서 24년간 이어지는 세대의 급격한 변화는 계속될 것이다. 경제개혁이 지속되고 사전에 문제를 직면하면 위험은 관리할 수 있다. 성장둔화는 생산성이 높고 성공적인 경제와 지속적으로 향상된 생활수준과 완벽하게 호환된다.

1.4 구조적 변화와 기적성장 시대의 종말

중국의 구조적 변화는 일반적인 구조적 변화 패턴이 있기 때문에 경제개발에 대해 벤치마킹할 수 있다(7장). 그러나 1.2절에 설명된 소위 "기적경제" 그룹에 대한 비교가 훨씬 더 두드러진다. 이들 경제들은 주요 구조적 변화를 약 30년 동안 엄청나게 빠른 성장으로 압축했다. 이 "선구자 경제"는 거의 모두 동아시아에 있으며 중국과의 비교를 위한 명백한 틀을 제공한다.

1.4.1 기적성장의 특징

경제성장의 기적에 대한 정확한 정의는 없다. The Commission on Growth and Development(2008)는 25년간 7% 이상 성장한 13개국을 대상으로 했다. 또 다른 정의는 20년 동안 GDP 8% 이상, 같은 기간에 1인당 GDP 6% 이상 성장한 경제이다. 중국과 함께, 이렇게 정의되는 1세대 기적성장 국가들로 한국, 일본, 대만, 홍콩, 싱가포르, 그리고 불완전한 2세대 기적성장 국가들인 말레이시아, 태국, 인도네시아가 포함된다. 모두 아시아에 있는 이들 9개국의 경제가 기적적인 성장의 범주에 들어간다.[2] 가장 기본적인 의미에서 이들 경제는 네 가지 공통된 특징이 있다. 지속적이고 빠른 성장 외에 다음과 같은 특징들이 있다.

1. 인구역학 변화에 따른 노동력의 빠른 성장과 경제의 "인구학적 보너스"
2. 근로자가 농촌을 떠나 생산성이 높은 도시 산업 및 서비스로 이동함에 따른 급격한 구조 변화
3. 이러한 구조적 변화를 수행하는 데 필요한 기반시설과 산업시설을 제공하는 높은 투자율
4. 수출지향적 제조업의 급속한 성장을 가능하게 하는 개방적 경제정책

2. The Commission on Growth and Development는 브라질(1950~1980년), 보츠와나, 몰타, 오만을 지속적인 고성장 경제로 포함시켰다. 일부 정의에는 칠레도 포함되어 있다. 이 책에서는 주로 동아시아의 선구적인 "성장의 기적"과 비교한다.

중국은 분명히 이러한 모든 특징들을 보여 준다. 이러한 특징들은 개발과정에서 선순환을 만들어 내는 방식으로 상호 작용한다. 그러나 어떤 특징이 가장 중요한지에 대한 명확한 합의는 없다. 수출지향적 개발에 관한 정책 교훈이 많은 관심을 받아 왔는데, 이는 잠재적으로 다른 국가로 이전될 수 있기 때문이다. 노동집약적인 수출 위주 제조업의 중요한 역할에 대해서는 논란의 여지가 없다. 이는 경제가 노동력의 급속한 성장을 흡수하고 광범위한 소득성장을 창출할 수 있기 때문이다. 세계시장을 지향한다는 것은 국내시장 규모가 경제성장의 수요측 제약조건으로 이어지지 않는다는 것을 의미한다. 제조업은 현대기술을 수입하고 학습하는 수단으로서 유일하게 효과적일 수 있다. 수출지향 산업화는 기적성장 과정의 핵심부분이다.

1990년대 이후 학자들은 "인구학적 배당"[3]의 균형에 더욱더 많은 관심을 기울여 왔다(7장). 인구(통계)학적 변화는 젊은 근로자들을 풍부하게 공급하는 동시에 가계에 더 많은 저축 능력을 제공한다. 이주와 신속한 구조 변화를 촉진하려면 경제 전반에 걸쳐 높은 절약과 투자가 필수적이다. 이러한 요소들은 상호보완적이며 다른 요소들에 긍정적인 영향을 미치게 된다.

성장의 기적이 영원히 지속될 수는 없다. 기적적인 성장에 도움이 되는 구조적, 인구학적 조건이 고갈될 때, 그리고 더 이상 모방적 성장을 통해 성공할 수 없을 때 성장은 끝나게 된다. 인구(통계)학적 변화 및 노동력의 변화는 불가피하다. 빠른 노동력 성장과 인구학적 배당(8장, 9장)은 출생률의 하락과 인구의 노령화에 따라 끝이 나며 생산성이 낮은 농업으로부터 이동해 온 노동력 증가에 따른 구조적 변화도 모든 젊은 노동자들이 농촌을 떠났을 때 고갈된다. 다른 요소들도 성장에 대한 기여도가 낮아질 수 있다. 수출지향적 제조업에 대한 의존이 자동적으로 끝나지는 않지만 저임금 노동자의 공급이 줄어들면서 노동집약적인 제조업의 비용이 빠르게 증가하고, 수출업체들은 전통적인 산업에서 경쟁력을 잃게 된다. 일부 특정상품의 세계시장은 중국과 같은 거대한 수출국에 의해 포화상태가 될 수도 있다. 제조업체가 새로운 자본 및 기술집약적 산업으로 전환하여 성장을 유지할 수 있는지 여부는 다양한 분야 및 제품별 요인에 달려 있다.

여러 국가들은 성장을 촉진하기 위한 높은 투자율 유지에 어려움을 겪고 있다. 높은 투자율은 단기적인 수요를 지원할 수 있지만 장기적으로 성장에 기여하기 위해서는 투자가 생산적으로 사용되어야 한다. 대규모 구조적 변화와 빠른 성장 기간에는 생산적인 투자 프로젝트를 찾는 것이 상대적으로 쉬웠지만 기적이 끝난 후에는 생산적인 투자를 찾기가 어렵다. 가전제품과 같은 일부 국내시장은 포화상태에 있고 고속철도 같은 인프라 네트워크는 완성되었으며 값싸게 복제할 수 있는 선진국 기술의 재고는 고갈되고 있다. 이러한

3. 전체 인구에서 생산가능 인구가 차지하는 비율이 높아져 부양률이 감소하고 경제성장이 촉진되는 효과. 인구(학적) 보너스 효과 혹은 인구(학적) 배당 효과라고도 하며, 전체 인구에서 생산가능 인구(15~64세)의 비율이 증가함에 따라 부양률이 감소하여 경제성장이 촉진되는 효과를 말한다(역자 주).

기회들이 완전히 소진되지는 않았지만 투자자들은 좀 더 신중해야 하고, 생산적이고 수익성 있는 기회를 더 열심히 찾아야 한다. 보다 일반적으로, 기적의 성장기가 끝나면 경제는 중간 정도의 빠른 성장을 지속하기 위해 새로운 접근법과 정책이 필요하다.

1.4.2 성장 기적의 갑작스러운 종말

인구(통계)학, 이주, 투자 및 무역 정책 간의 복잡성은 달리 설명하기 어려운 기적의 성장 시대의 종말의 한 측면을 조명할 수 있다. 모든 기적성장 경제에서 노동력의 점진적인 성장 둔화와 구조적 변화는 완만한 경기 둔화와 일치했을 것이다. 경제이론은 생산성 향상이 안정적으로 유지되는 반면 생산요소(노동력과 자본) 투입을 통한 성장이 둔화됨에 따라 점진적인 성장 둔화를 예상하게 한다. 그러나 이전의 성장 기적들의 역사적인 경험은 성장 전환이 종종 급격히 일어나며 상당한 경제적 혼란이 발생한다는 것을 보여 준다. 예를 들어, 일본은 1950~1973년 사이 23년 동안 매년 10.4%씩 성장했지만 1973년 이후에는 급격하게 성장이 감소했고 다시는 6% 이상의 성장을 지속하지 못했다. 20년도 채 지나지 않아 일본은 또다시 20년 동안 성장률이 제로에 가깝게 떨어지는 심각한 경제위기에 직면했다. 일본의 경우 기적의 종말은 놀랍게도 심각한 단기적인 경제 붕괴로 이어졌고 그 결과 매우 오랜 장기적인 둔화로 이어졌다.

한국은 1990년대까지 건실하게 성장하여, 노동비용이 증가하고 구조적 변화의 둔화에도 불구하고 높은 성장을 유지하기 위해 노력했다. 1997년 아시아 금융위기의 발발은 한국의 성장을 일시적으로 멈추게 했고 고통스러운 구조조정을 강요했다. 1998년 이후의 성장은 일본의 성장보다 더 활발했지만 기적 성장기의 갑작스러운 종말임은 틀림없다. 국내총생산(GDP) 성장률은 2010~2016년 동안 연간 3%로 하락했다. 다른 동아시아 국가들은 극적인 성장둔화를 겪지는 않았지만 느린 성장으로 순조롭게 이행하는 데 상당한 어려움을 겪었다.

경제학자들은 이러한 급격한 둔화에 대한 일반적인 견해를 제시하지 못했다. 각각의 경우, 급격한 외부충격은 장기적인 성장궤적에 지속적인 변화를 가져왔다. 1973~1974년 사이에 발생한 1차 세계 원유위기는 일본의 기적성장 모델을 뒤흔들었고, 1997년 아시아 금융위기는 한국의 성장을 좌절시켰다. 그러나 어느 누구도 일시적 외부충격이 성장률의 영구적인 하락으로 이어지는지를 설득력 있게 보여 주지 못했다. 중국은 비슷한 궤적을 따르지 않았지만 이러한 경험은 기적성장 단계의 복잡성을 우리에게 경고하고 있다. 오늘날 중국의 발전 수준은 일본과 한국이 성장의 기적이 끝났을 때 수준과 비슷하다. 1인당 국민소득을 보면 2017년 중국은 1973년 일본 수준(15,000달러, 2011년 PPP)이다. 중국이 2023년까지 고속성장이 유지된다면 1997년의 한국 수준(20,800달러)에 이른 후, 10년 안에 1992년 일본의 30,000달러에 도달할 것이다. 많은 요소들이 작용하고 있으며 정책은 여러 가지 새로운 도전에 효과적으로 적응해야 하지만 기적의 성장시대가 끝나는 국면에는 광범위한 상황이 제기되고 있다.

1.4.3 여러 전환점들

앞서의 논의는 성장 기적 단계의 끝이 단순히 일차원적 양적 변화가 아니라는 것을 분명히 하고 있다. 경제는 단순히 10%에서 6%의 성장으로 떨어지는 것이 아니고 다차원적인 사회적 변화를 겪는다. 중간소득 단계에 도달하면 경제는 성숙하기 시작하고 경제, 사회 및 제도 분야에서 변화가 일어난다. 실제로 2007~2010년 사이에 경제에서 얼마나 많은 근본적이고 장기적인 추세가 변화를 거듭하고 방향을 바꿨는지를 보면 놀라울 따름이다. 예를 들어, 지난 10년간 발생한 명백한 전환점은 다음과 같다.

- 노동력은 1990년대 후반까지 견실하게 성장했지만 점차 성장세가 떨어지다가 2011년 이후에는 역전되었다(8장, 9장).
- 2005~2010년 동안 연간 1,100만 명의 새로운 이주민들이 농촌에서 도시로 이주하였지만 2010~2015년 사이에는 연간 500만 명 미만으로 떨어졌으며 감소세는 지속되고 있다(6장).
- GDP 대비 수출 비중은 30년 동안 증가하여 2006년에 최고치를 기록했지만 이후 꾸준히 감소하여 최고 수준의 절반가량이 되었다(16장).
- GDP 대비 제조업과 투자 비중은 높은 수준으로 증가하여 제조업 비중은 2007년에 33%로 최고치에 도달했고 투자는 2010~2013년 사이 GDP의 45% 수준에 이르렀다. 현재는 둘 다 하향세로 기울기 시작했다(7장).
- 수십 년 동안 경제의 중심은 해안지역으로 꾸준히 이동하여 2006년에 절정에 달했지만 현재는 중심이 내륙으로 서서히 이동하고 있다(2장).
- 세계 최대 외국인 직접투자(FDI) 유치국 중 하나였던 중국이 FDI의 큰 원천이 되었다. 2016년 처음으로 해외 유출이 유입을 앞질렀다. 중국은 현재 균형적인 FDI 유출입으로 선진국과 유사하다(17장).
- 소득 불평등은, 2008년 지니계수가 최고치인 0.49로 급격히 증가한 이후 안정화되었고 현재 완만하게 하락하기 시작했다(9장).

이처럼 경제 흐름의 반전에 따라 오랫동안 확립된 정책들도 변화하기 시작했다. 이러한 정책 변화는 다음과 같다.

- 1980년부터 시행된 한 자녀 정책이 마침내 폐지되고 2016년 두 자녀 정책으로 대체되었다(8장).
- 농부들에게 부과하던 세금을 중단하고 농업보조금을 지급하고 보호하기 시작했다(6장, 12장)
- 건강보험 및 보편적 교육을 포함한 사회안전망 재구축의 장기적 과정이 2005년 이후

본격적으로 진행되고 있다(20장).

이러한 정책변화는 중국이 성장 기적 이후 직면하고 있는 "뉴 노멀(새로운 정상)"에 대한 중요한 적응이다. 중국의 정책 입안자들은 10년 동안 경제 균형을 재조정하고 서비스 및 지식집약적 부문에서 새로운 성장 동력을 찾아야 한다는 것을 인식했다.

1.4.4 기적성장 이후 발전 전략의 변화

아시아의 기적성장 그룹에서 중국과 선구자들 사이의 중요한 차이점은 명백하다. 한국과 일본은 기적성장의 종말에 대응하여 정부의 경제 통제를 줄였다. 반면에 중국은 새로운 성장부문 촉진을 위해 정부의 적극적인 역할 증대로 대응했다. "산업정책"은 1950년대에서 1980년대까지 한국과 일본에서 중요한 역할을 하였지만 그 이후로는 그다지 중요하지 않다. 반면에 오늘날 중국에서는 뜨거운 논의의 주제로 중국은 2006년부터 산업정책의 범위와 강도를 높이고 있다. 15장에서 논의했듯이, 중국은 소위 "전략적 신흥산업"과 산업 자동화, 인터넷 기반 서비스를 촉진하기 위한 적극적인 산업정책을 내놓았다. 동시에 정부 차원의 인프라 및 연구개발(R&D) 투자도 확대했다.

중국의 접근방식이 실효성이 있을지는 두고 봐야겠지만 확실히 다르다. 대부분의 성숙한 경제는 이미 "경량적(light touch)" 산업정책으로 전환하여 연구에 투자하고 적당한 자금으로 새로운 부문을 키우고 있다. 몇몇 국가들은 산업정책을 전면적으로 배제한다. 대신 중국은 상당한 액수의 정부자금을 지출하고 신흥경제구조를 형성하기 위해 광범위한 수단들을 도입하기로 결정했다.

최소한 중국의 정책 접근방식은 정부의 승자 선정능력에 대한 엄청난 신뢰를 보여 줌과 동시에, 역동적으로 효율적인 결과를 창출할 수 있는 시장의 능력에 대한 신뢰 부족을 보여 준다. 지난 40년간 중국경제의 성공에 시장화가 가장 깊이 관여했기 때문에 이는 놀라운 일이다. 이 점을 이해하려면 오늘날 중국의 시장지향적 개혁의 운명을 고려해야 한다.

1.5 시스템 개혁: 점차 경쟁이 심화되는 변화

시스템 개혁은 1978년 이후 중국의 성장에 강력하게 기여했다. 그러나 경제성장이 시장을 완전히 정당화하지 못한 가운데 시장 중심의 개혁에 대한 추가적인 개선이 이루어지지 않는 것은 특이한 일이다. 2005년 이후 중국 정부의 시장 중심 개혁 의지는 눈에 띄게 축소되었다. 개혁에 대한 정부의 과장된 약속은 결코 흔들리지 않았으나 2005년 이후 구체적인 개혁 프로그램의 공식화 및 시행은 지체되었다. 시장 중심의 개혁은 보수주의자들, 거대한 정부 지지자들, 그리고 이익집단들로부터 이전보다 더 많은 반대에 직면해 있는 것으로 보인다. 더욱이 정책 입안자들은 사회안전망 재건과 첨단산업 육성을 포함하여 시장 지향적 개혁과 최소한 동등한 우선순위로 목표를 균형 있게 유지하는 데 분명히 관심이 있다.

이는 기적성장 시대에 시장개혁에 대한 약속과는 매우 다르다. 1978년부터 2005년까지의 대부분의 기간 동안 최고 정책 입안자들은 개혁문제가 경제성장 추구와 불가분의 관계에 있는 것으로 보았다. 5장은 성장 촉진에 대한 욕구가 1978년부터 개혁 전략의 중요한 부분이었다고 주장한다. 시장개혁 역시 성장전략의 필수 요인이었다는 것은 사실이다. 대부분의 주요 경제정책 입안자들은 중국이 시장지향적인 개혁 없이는 원하는 부와 성장동력을 얻을 수 없다는 점을 당연한 것으로 여겼다. 1978년 현재, 명령경제는 실패했고 그 체제는 철저히 부패했다. 1980년대의 경제개혁은 시스템을 원점에서 재구성하고 활성화하기 위한 철저한 노력을 보여 주었다. 1990년대에 중국 정책 입안자들은 국가역량의 위기에 직면해 있었고 1990년대의 개혁은 제도와 정부와 경제의 역량을 전반적으로 재건했다. 개혁은 항상 어려웠고 정책 입안자들은 개혁정책에 대해 논쟁하기도 했으나 결국 중국은 철저한 시장지향적 개혁을 통해 연속적인 경제위기를 극복했다.

이러한 개혁은 성공적이었다. 개혁의 물결마다 다시 활기를 띠는 성장과 발전의 물결이 이어졌다. 개혁은 중국의 발전전략이 당시 중국이 달성한 경제 발전단계에 맞는 경제잠재력에 관한 정보를 제공했다. 경제발전 초기단계에서 다른 어떤 경제도 중국만큼 빠르고 효과적으로 혹은 단일 의지로 진행되지 않았다. 중국은 높고 지속적인 투자율을 보이며 인프라와 공장을 건설하고 급속도로 도시화했으며 수출 강국으로 발전했다. 이러한 접근방식은 행동을 변화시키는 인센티브를 제공하고 수억 명의 사람들을 움직이게 하는 시장개혁과 밀접한 관련이 있다.

2005년 이후, 시장개혁과 경제성장의 통합이 깨지기 시작했다. 중국의 정책 입안자들은 새로운 절충안에 직면했다. 그들은 시장의 힘이 새로운 부문의 출현을 주도하도록 할 수도 있고, 정부의 조치를 통해 그 과정을 강요할 수도 있다. 그들이 이 두 가지를 모두 실행하려고 한 것은 당연하지만 점차 시장개혁보다 정부의 감독으로 기울기 시작했다. 그 결과 2005년 이후 체제적인 전환이 둔화되었다.

실제로 대략 2003~2004년 이후 성공적인 성장은 개혁의 시급성을 크게 줄였다. 급속한 성장과 엄청난 경제적 성공의 경험은 정책 입안자들을 안일하게 만들었다. 추가 개혁의 필요성은 무엇인가? 1990년대에는 광범위한 위기의식이 고통스러운 변화를 가져왔지만 21세기에 고통스러운 개혁을 요구하는 절박한 위기는 무엇인가? 이러한 질문에 대한 설득력 있는 답변 없이 추가적인 개혁은 교착상태에 빠졌다. 위기의 부재는 다양한 이해 관계자들 사이에서 기존 체제에 대한 강한 의지와 일치했을 수 있다. 국유기업들은 수익성을 올림에 따라 가치가 있었다. 또한, 이전의 개혁단계에서 무시된 기초의료보험, 개선된 교육 및 기본적인 사회보장을 제공하기 시작하고 일련의 보완적 사회제도를 만들어 냄으로써 시스템은 여러 측면에서 더욱 강화되었다. 힘의 균형이 바뀌었다. 불만의 근원이 줄어들었고, 현상유지의 옹호자가 강화되었다. 2008~2009년 글로벌 금융위기가 닥쳤을 때 정부의 강력한 개입이 강화되었고 적어도 단기적으로는 정부의 개입을 정당화했다.

따라서 오늘날 시장 전환의 틀은 10년 전에 비해 설득력이 떨어진다. 2005년경에는 중국이 혼합시장 경제체제의 형태로 나아가는 것으로 보는 것이 타당했다. 오늘날 중국의 경제체제는 시장에 주로 의존하지만 금융을 포함한 일부 산업 및 서비스 부문에서는 강력하고 상대적으로 중앙 집중화된 부문을 유지하고 있다. 게다가, 강력한 정부는 점점 더 야심찬 목표를 추구하기 위해 경제 전반에 걸쳐 미시경제 과정에 광범위하게 개입한다. 10년 전만 해도 경제개혁의 성과가 뚜렷했고 경제에 미치는 (긍정적) 영향을 쉽게 알 수 있었다. 개혁의 정확한 끝은 알 수 없더라도 변화의 방향은 분명했다. 오늘날 중국 시스템은 비교적 안정된 형태, 즉 시장에 기반을 둔 경제체제이지만 정부와 공산당 관료들의 광범위한 직접 개입과 상당한 통제가 이루어지고 있다고 보는 것이 더 적절해 보인다. 물론 정책 입안자와 중국 인구가 새로운 능력, 기회, 도전에 적응함에 따라 이 제도는 상당한 변화를 겪을 것이지만, 분명히 다른 체제로 이행되는 것은 아니다.

2013년 11월 제18기 공산당 중앙위원회 제3차 전체회의 이후 중국 지도자들은 개혁 활성화를 촉구하는 광범위한 프로그램을 발표했다. 전체회의는 2002~2012년 후진타오(胡锦涛)-원자바오(温家宝) 정부 시절 경제개혁이 정체됐다는 견해를 공식 채택했다. 전체회의에서는 시장지향적 개혁의 목표를 환영했지만, 수년간 중단된 프로세스의 추진력을 회복하는 것은 쉽지 않다. 특히 2015년 시장의 혼란 중에 많은 개혁들이 중단되었기 때문에 새로운 개혁이 어디로 향할지 알기까지 시간이 걸릴 것이다. 중국을 과도기 경제로 생각하는 것은 맞지 않기 때문에 이번 제2판의 부제가 바뀌었다. 초판은 "중국경제: 시장경제로의 이행과 성장"이었지만 제2판의 제목은 "중국경제: 시장경제의 적응과 성장"이다. 중국은 앞으로도 여러 차례의 이행과정을 경험하겠지만 고속성장의 시기 이후 뉴 노멀(새로운 시대)의 복잡한 현실에 적응하는 것이 핵심 과제가 될 것이다.

1.6 성장의 가속화 및 침체

장기적 관점에서 2005년부터 2016년까지를 기적성장의 종말과 함께 새로운 정상으로의 이행 기간으로 볼 수 있다. 그러나 단기적인 경험은 더 복잡했다. 2005년 이후 경제는 초기에는 가속화되었으나 그 후에 둔화되었다. 2005년부터 10년간 GDP는 연평균 9.2%씩 성장했다. 낙관론자들은 빠른 성장이 유지될 수 있다고 믿었지만 그것이 가속화될 것이라고 예상한 사람은 거의 없었다. 그러나 실제로 2005~2010년 기간 동안 매년 11.2%의 놀라운 성장률을 보이며 2%p의 가속도가 붙었다. 또한 인구 증가율이 연간 0.8%에서 0.5%

로 감소했기 때문에 1인당 GDP 성장률은 8.3%에서 10.7%로 가속화되었다. 이것은 실제로 평범한 중국 가정의 황금시대였다. 더구나 2008년 말부터 2010년까지 발생한 글로벌 금융위기의 영향에도 불구하고 이 5년 기간의 가속화는 지속되었다. 이 시기는 중국의 경제적 성공이 국제적인 인정을 받기 시작한 시기로 중국은 국제무대에서 현저하게 확대된 역할을 하기 시작했다. 이것은 현대에 있어서 가장 특별한 경제적 결과 중 하나이다.

2005년 이후 성장이 가속화된 이유는 무엇일까? 시스템 개혁이 결정적인 역할을 했다. 2005년 중국경제는 명령경제에서 시장경제로의 근본적인 전환기인 주룽지(朱鎔基) 시대(1993~2002년)의 획기적인 개혁으로 부상하고 있었다(5장). 주룽지 개혁과 성장 가속화의 관계는 경제개혁의 일반적인 논리를 보여 주고 있다. 개혁은 어렵고 비용이 많이 들지만 시간 차이를 두고 생산성과 성장의 이익을 창출한다. 주룽지 개혁의 경우, 1990년대 후반 고통스러운 개혁은 국가 부문을 축소하고 생산적 사용을 위한 생산요소를 방출하고 정부가 비효율적인 기업에 지급하는 보조금 부담을 줄였다. 또한 성장을 가능하게 하는 새로운 접근방법을 이해하는 질적으로 더 효율적인 생산자들의 출현을 위한 길을 열어 주었다. 그 증거는 민간기업과 새로 개혁된 국영기업을 포함하여 세기의 첫 10년 동안 상당한 생산성 향상이 일어났다는 사실이다(Brandt, Van Biesebroeck, and Zhang, 2012). 중국 생산업체의 잠재력이 해방되면서 공급측면의 생산성에 큰 충격을 주었다. 2005년 이후 중국의 성장 가속화는 주룽지 개혁의 성과 없이는 상상할 수 없다.

특정부문별 변화를 통해 성공적인 성장 가속화가 실현되었다. 이 시기에는 두 가지가 가장 중요했다. 첫째, 중국의 세계무역기구(WTO) 가입은 수년간의 시장 자유화 조치의 정점이었다. 국내기업, 특히 민간기업의 국제시장 접근을 막았던 장벽을 허무는 WTO 가입이 2004년 이후 발생한 경이적인 수출증가를 촉진하는 데 결정적인 역할을 했다(16장). 그 후 중국의 무역성장은 브라질과 칠레와 같은 상품 수출국들의 발전을 촉진시키는 글로벌 성장의 선순환의 원동력이 되었다. 둘째로, 도시주택 호황은 거래 가능한 장기 사용권의 개발을 통해 도시 내 토지 소유권 문제의 실질적인 해결과 함께 작업단위가 소유하고 있던 기존 주택을 사유화한 결과였다. 도시 가계가 더 현대적인 아파트를 거래하고 두 번째 또는 세 번째 아파트에 투자함에 따라 주택 수요가 폭발적으로 증가했다. 가격상승에 따라 투자수요를 증가시켜 건설과 철강, 시멘트 같은 상류(upstream) 중공업의 급격한 성장을 가져왔다. 가계가 저축과 투자를 늘리는 데 기여하면서 투자율이 다시 상승했다. 성장 가속화는 주룽지(朱镕基) 경제개혁의 선물이었다.

제도개혁으로 거시 구조변화의 장벽이 대부분 해소되었기 때문에 높은 투자는 구조조정을 촉진하기에 충분했다. 농촌에서 도시로의 이동은 2005년에서 2010년 사이에 최고조에 달했는데, 이 기간 동안의 지방 간 이주는 매년 1,100만 건에 달했다(6장). 이주자들이 일할 수 있는 공장뿐만 아니라 주거지와 교통수단 제공에도 특별한 노력을 기울였다. 광적인 성장은 또한 중국을 최대 구조적 변화 기간의 종말을 향해 더 빠르게 몰아갔다.

중국의 정책 입안자들은 결국 수출과 주택의 과도하고 급속한 확대에 따른 경제 과열을 심각하게 우려하기 시작했다. 2007년 3분기 인플레이션이 5%의 경고선 이상으로 급상승했다. 2005년 대규모 수출 흑자가 발생하기 시작했음에도 불구하고 인민폐(RMB)와 미국달러 사이의 거의 고정된 환율제도(달러페그제)를 유지하려는 정책으로 경제 불균형이 악화되었다. 2007년 4분기에 중국은 마침내 평가절상을 용인하기 시작했지만 몇 달 만에 세계 금융위기는 모든 사람들의 추정을 뒤집었다. 2008년 10월 Lehman Brothers의 붕괴로 세계의 위기가 중국의 목전에 다가왔다. 중국의 반응은 엄청난 국내 경기부양 지출을 촉발하는 것이었다. 이러한 국내 부양책은 세계 최악의 위기상황에 맞서 완충역할을 제공하는 데 성공했고 투자율을 최고치로 끌어올렸다. 신용거래 급증은 (투자수요 증가를 통해) 내수를 극적으로 확대함으로써 중국의 대외무역 계정을 재조정했고 중국의 GDP 성장률은 1분기만 8%를 밑돌다가 다시 반등했다.

중국은 글로벌 금융위기가 극복된 후에야 성장률의 하락에 직면하게 되었다. GDP 성장률은 2010년 10.6%에서 2016년 6.7%로 지속적으로 감소했다. 이러한 상황에서, 2009년의 경기부양 프로그램은 성장률이 너무 급격히 하락하는 것을 막기 위해 설계된 신용의 급속한 확장기의 시작을 알렸다. 2009년 위기 때 시작된 신용 경색은 계속되었다. 그 결과, 장기적 구조변화를 관리하는 문제는 과잉부채를 다루는 일과 기업경제의 차입해소(deleverage)로 인해 더 악화되었다. 이 문제들은 18장과 19장에서 논의된다. 초기 기적성장 경제의 경험에서 알 수 있듯이 느린 성장으로의 전환은 결코 간단하거나 쉬운 일이 아니다.

1.7 "뉴 노멀(새로운 시대)"에 대한 대응

중국경제의 미래는 주로 구조적 변화와 제도적 변혁의 영향을 계속 받을 것이다. 그러나 변화들을 본질적으로 잘 알려져 있고 진행 중인 이행으로 묘사하는 것은 더 이상 의미가 없다. 중국의 산업화 후기 경제는 신호를 하고 있지만, 동시에 산업과 다른 형태의 경제활동 사이의 관계를 근본적으로 바꿀 수 있는 기술적 변화의 조짐이 보인다. 중국은 어떤 면에서는 전형적인 중상위소득 신흥시장이 되었지만, 다른 측면으로는 중국의 제도와 정책이 한층 더 독특해지고 "중국 체제"로 정착되었다.

발전적인 측면에서 중국은 예상보다 더 멀리 그리고 더 빨리 왔다. 그러나 오늘날 중국의 구조적 변화가 소진되지는 않았지만 미래에도 같은 성장을 주도하지는 못할 것이다. 다시 말해서 개발 이행의 한 단계는 대부분 완료되었으며 다음 단계에 대한 전망은 분명하지 않다.

이러한 변화의 궁극적인 결과는 중국 시스템이 새로운 성장단계에 적응해야 한다는 압력을 받고 있다는 것이다. 필요한 전환은 이제 인구(통계)학, 기술, 거시경제학, 제도 등 여러 가지다. 중국이 경제의 균형을 재조정할 수 있을까? 중진국 함정을 피할 수 있을까? 혁신적인 사회와 경제로 도약할 수 있을까? 이와 같은 새로운 도전과 새로운 위험이 경제정책 입안자들이 직면한 질문들이다.

1.8 이 책의 사용법

이 책의 각 장은 상향식(bottom-up)으로 정리되어 있다. 2~6장에서는 부존자원과 유산, 경제 시스템, 그리고 현재까지의 진화를 다룬다. 7~10장에서는 구조적 변화, 인구, 노동, 그리고 생활수준 등 네 가지 보완적 관점을 통해 발전과정에 대해 다룬다. 그 다음에는 농업부터 시작하여 산업과 기술, 대외무역 및 투자 등 특정분야를 다루는 7개의 장이 있다. 세 장에서는 거시경제, 금융, 그리고 재정문제를 고찰하며, 마지막 장은 환경에 대한 논의이다. 이 책은 중국경제에 관한 중요한 많은 정보를 다루는 플랫폼으로 설계되었으며 어떤 특정한 주제에 대한 보다 심층적인 연구를 위한 출발점이 된다. 각 장은 서술적인 에세이이다. 각 장들은 광범위하게 상호 참조할 수 있지만 각각의 장들은 독립적으로 설계되었다. 일부 장은 초판 이후 순서가 변경되었다. 18장은 거시경제 정책에 관한 새로운 장으로, 지난 10년간의 극적인 거시적 사건들을 논의하고 거시적, 재정적 문제에 대한 세 개의 절들을 소개한다. 거시경제와 금융이슈의 적용범위는 초판보다 훨씬 심도 있다. 초판의 부문별 변화에 관한 장에 포함됐던 에너지 부분은 환경 관련 21장으로 옮겨졌으며 이전의 14장은 삭제되었다.

이 책의 장들은 독립적으로 만들어졌으며 강의 목적에 따라 다른 순서로 조합할 수 있다.

프로그램 1. 이 책의 장들이 순서대로 다루어진다면, 중국의 지리와 역사에 대한 첫 장과 함께 중국에 중점을 두게 된다. 중국의 경제나 정치경제 또는 동아시아 경제와 관련된 강의에도 심도 깊은 내용을 제공한다.

프로그램 2. 대안은 5~8장에서 다루는 중국의 경제 전환과 현대의 발전 경험에 관한 핵심 장부터 시작하는 것이다. 기술 및 산업 정책에 관한 15장과 재정제도에 관한 20장은 보완 역할을 할 수 있을 것이다.

프로그램 3. 경제체제와 사회주의의 이행에 중점을 둔다면 사회주의 경제와 이행 경제(4장과 5장)에서 시작하여 향진기업과 산업의 소유 및 지배구조 개혁을 다룬 13장과 14장으로 건너뛸 수 있을 것이다.

주요 그룹. 농촌경제에 관한 12~14장, 국제무역과 투자에 관한 16~17장, 거시경제와 금융 및 재정시스템에 관한 18~20장 등 3가지 그룹이 있다.

제21장은 에너지, 환경 및 환경정책을 다룬다. 이는 5.6절과 20장 지방정부의 정치경

제와 함께 정책 사례연구로도 활용할 수 있다. 12장과 20장은 농촌 및 도시 지방정부와 중앙정부의 복지지출 증대에 따른 정책적 함의를 제기한다.

이 책은 가능한 한 많은 중국 특유의 내용을 소개하기 위해 집필되었다. 불가피하게 경제이론에 대한 설명은 제한적이지만, 이는 본문 읽기와 수업 중 토론의 기회를 제공한다. 예를 들어, 경상수지, 자본계정, 그리고 국제수지의 본질 등의 관계에 대한 논의는 외국인 투자를 다룬 17장을 충실하게 할 것이다. 마찬가지로, 총생산함수에 대한 심도 있는 논의는 성장에 관한 7장을 충실하게 할 것이다. 이 책은 숙련된 경제학자들에게 친숙하기 때문에 수업시간에 본문과 함께 보충자료를 사용하는 것이 좋다.

이 책은 많은 도표와 그래프를 제시한다. 정기적으로 업데이트되는 그래프의 데이터는 이 책의 웹사이트인 chinaeconomicoutlook.com에서 볼 수 있다. 또한 보충자료와 간혹 제시되는 의견 및 블로그 게시물도 그곳에서 볼 수 있다.

Bibliography

더 읽을 거리

Kroeber(2016)는 본문에서 다루는 많은 주제들을 통찰력 있게 소개하고 있다. Johnson (2004)은 세 가지 자세하고 감동적인 설명을 통해서 현대 중국의 현실적인 느낌을 상당 부분 서술하고 있다. Lin, Cai, and Li(1996)는 사회주의 시대에 대한 설명이 뛰어나다. Feng and Yao(2014)는 현재 중국의 도전에 대해 현실적이지만 낙관적으로 받아들이고 있다.

데이터와 그림의 출처

본문의 자료 출처는 대부분은 중국 공식자료이다. 지금까지 가장 접근하기 쉬운 출처는 국가통계국이 매년 발간하는 중국통계연감(Statistical Yearbook of China, SYC)과 중국통계요약(Statistical Abstract of China, SAC)이다. SYC는 모든 표에 영어 표제를 달고 있다. 중국의 GDP 수치는 반복적으로 수정되었는데 본문에서 사용하는 데이터는 SAC(2017, pp.21~37) 개정판에 제시된 데이터를 사용하고 있다. 이들은 R&D 지출을 중간 투입이 아닌 투자로 재분류하는 국제협약을 채택하고 있어 GDP를 소폭 증가시킨다.

표 1.1의 데이터는 일관성 유지를 위해 세계은행(World Bank)과 세계개발지표(World Development Indicators) 마지막 개정판(2017년 6월 1일)에서 수집되었다.

참고문헌

Brandt, Loren, Johannes Van Biesebroeck, and Yifan Zhang (2012). "Creative Accounting or Creative Destruction? Firm-Level Productivity Growth in Chinese Manufacturing." *Journal of Development Economics* 97:339–351.

Commission on Growth and Development (2008). *The Growth Report: Strategies for Sustained Growth and Inclusive Development*. Washington, DC: The World Bank.

Feng, Yingjie, and Yang Yao (2014). "The Middle-Income Trap and China's Growth Prospects." In Ligang Song, Ross Garnaut, and Cai Fang, eds., *Deepening Reform for China's Long-Term Growth and Development*, 133–158. Canberra: Australian National University Press. http://press.anu.edu.au/titles/china-update-series/deepening-reform-for-chinas-long-term-growth-and-development/pdf-download/.

Johnson, Ian (2004). *Wild Grass: Three Stories of Change in Modern China*. New York: Pantheon Books.

Kroeber, Arthur (2016). *China's Economy: What Everyone Needs to Know*. New York: Oxford University Press.

Lin, Justin Yifu, Fang Cai, and Zhou Li (1996). *The China Miracle: Development Strategy and Economic Reform*. Hong Kong: Chinese University Press.

SAC (Annual). *Zhongguo Tongji Zhaiyao* [Statistical abstract of China]. Beijing: Zhongguo Tongji.

I 과거의 유산과 환경
LEGACIES AND SETTING

허난성(河南省) 덩펑(登封)에서 전통 농기구로 쟁기질하는 농부(1982년)

2 지리적 환경

The Geographic Setting

중국은 세계에서 가장 인구가 많고 러시아와 캐나다에 이어 세 번째로 큰 나라이다. 지리적으로 닮은 미국보다 국토면적이 2% 더 넓다. 두 나라는 비슷한 위도와 기후 조건을 가지고 있으며, 이러한 유사성으로 인해 두 나라의 동부의 절반 지역은 많은 유사점이 있다. 광저우(广州) 기후는 마이애미와 비슷하고 북동부(满洲)는 미네소타 기후와 비슷하다. 중국과 미국의 가장 큰 차이점은 중국이 훨씬 더 척박하다는 것이다. 중국의 25%만이 해발 500m(1,640ft) 이하 지대로 북미의 60%, 유럽의 80%와 비교된다. 중국의 대부분은 언덕, 산, 고원으로 구성되어 있으며 계곡과 몇 개의 평야와 분지로 이루어져 있다. 서쪽은 중앙아시아의 광활한 사막에 접해 있다. 세계에서 가장 높은 산인 에베레스트산은 중국과 네팔 국경지역에 있고 해수면보다 155m 낮은 신장(新疆)의 투루판분지(吐鲁番盆地)는 지구상에서 세 번째로 낮은 지역이다. 중국은 역사적으로 농경국가였지만 경작지는 극히 일부에 불과하다. 중국에서 가장 큰 평야도 미국 중서부의 광활한 중앙평원에 비하면 작은 조각에 불과하다. 중국은 크고, 투박하며, 다양하다. 따라서 중국에서 현대화는 지리적 고립과 높은 운송비를 극복한다는 것을 의미했고 통합된 시장과 경제 공간의 창출은 발전의 핵심부분이 되었다.

중국은 해안이 한 면뿐이며 특히 동부 해안지역은 접근이 용이하지 않다. 남해안의 대부분은 험준하고 구릉이 많아서 좋은 항구도 내륙지방과 단절되어 있는 경우가 많다. 북쪽, 특히 양쯔강과 산둥반도(山东半岛) 사이는 해안이 낮고 늪이 많아 좋은 항구가 거의 없다. 이러한 지리적 조건으로 인해 중국의 전통경제는 내륙지향적이었다. 외향적인 항해 문화들이 있었으나 경제적으로 변방인 남동부 연안에 고립되어 있었다. 따라서 중국은 해양 및 상업적 전통을 지닌 북유럽과 한국, 일본 그리고 대만과는 뚜렷한 대조를 이룬다. 해양 지향성의 결여는 중국의 경제 근대화 출발이 늦어진 원인이 되었다. 중국의 근대 세계경제와의 연계는 1842년 이후 외국 지배의 조약항(Treaty Port)들이 중국의 주요 경제 지역에 강제로 설치되면서 확대되기 시작하였다. 오늘날에도 광대한 내륙지역은 중국의 경제 역량에 커다란 수요를 창출하고 있으며 미래의 발전에 지속적인 영향을 미칠 것이다. 중국은 1999년부터 투자에 초점을 맞춰 서부와 내륙지역에 정책 우선순위를 부여하는 서부개발프로그램을 추진하고 있다. 이러한 노력은 서부지역은 경제적으로 뒤처진 반면 연안지역은 먼저 부상하여 해양 운송망과 세계경제와 긴밀히 연결되어 있다는 사실을 반영하고 있다.

2.1 지형

중국의 전체 지형은 서쪽에서 동쪽으로 기울어져 있다. 히말라야 산맥은 인도 대륙과 아시아 대륙의 충돌로 인해 한 세기마다 몇 피트씩 상승하는 젊은 산맥이다. 이 산악 형성 과정은 최근 쓰촨(2008년)과 네팔(2015년)에서 엄청난 지진을 일으켰다. 산맥은 서쪽은 높고 험준하고 동쪽은 낮은 언덕으로 갈수록 좁아지기 때문에, 중국 대륙은 고도(高度)에 따라 세 가지 큰 "단계(step)"들로 이루어져 있다. 최고 단계는 평균 해발 4,000m 이상(13,000ft 이상)의 매우 추운 티베트 고원으로 이루어져 있으며, 세계에서 가장 높은 산을 포함하고 있다. 두 번째 단계는 고도 1,000~2,000m(약 3,000~7,000ft)의 고원과 분지로 이루어져 있다. 중국 북서부의 건조한 지역[타림(塔里木)과 중가르(准噶尔) 분지 등], 중국 북부의 내몽골(内蒙古) 고원과 로이스(黄土) 고원, 중국 남서부의 윈난-구이저우(云南-贵州) 고원 등이 여기에 해당한다. 세 번째 단계는 중국 동부의 평야와 낮은 언덕으로 이루어져 있는데, 고도는 일반적으로 500m 미만이다. 동쪽에서도 비교적 낮은 산맥이 남북 교통의 장벽을 만들고 서로 다른 기후와 식생대를 분리한다.

중국에서 가장 중요한 3대 강인 양쯔강(长江), 황허(黄河), 주강(珠江)은 모두 지형에 따라 서쪽에서 동쪽으로 흐른다. 메콩강, 갠지스강 등 남아시아와 동남아시아의 큰 강들도 중국 티베트 고원에서 시작하여 동쪽으로 흐르다가 남쪽으로 방향을 틀고 산맥을 관통하여 남해로 흐른다(그림 21.3 참조). 중국의 서쪽지역 절반은 지대가 높고 건조하며 인구는 희박하다. 헤이룽장성(黑龙江省)의 아이후이(黑河)에서 윈난성(云南省)의 텅청(腾冲)까지 이어지는 선[아이후이-텅청선(黑河-腾冲线), 그림 2.1 참조]을 중심으로 중국 지역은 둘로 나누어진다. 인구의 6%만이 건조한 산악지대인 텅청선 서쪽지역에 살고, 인구의 94%는 동쪽지역에 살고 있다. 아이후이-텅청선의 서부-북서부 지역은 인구밀도가 $1km^2$당 15명에 불과해 미국의 유타(Utah)주나 아르헨티나와 거의 비슷하다. 티베트 고원은 중국 국토의 1/4을 차지하지만 인구는 1%도 되지 않는다. 서북부지역은 인구의 약 4.5%를 차지하고 있는데, 대부분이 몇 개의 분지와 산재해 있는 오아시스에 살고 있다. 이용 가능한 물 부족이 서부지역의 인구 잠재력을 현저히 제한하고 있다. 아이후이-텅청선의 동부-남동부 지역은 고도가 낮고 물이 풍부하다. 이 절반의 지역은 "중국의 계절풍(monsoon China)" 지역으로 여름에 내리는 비로 수량이 풍부하다. 동부

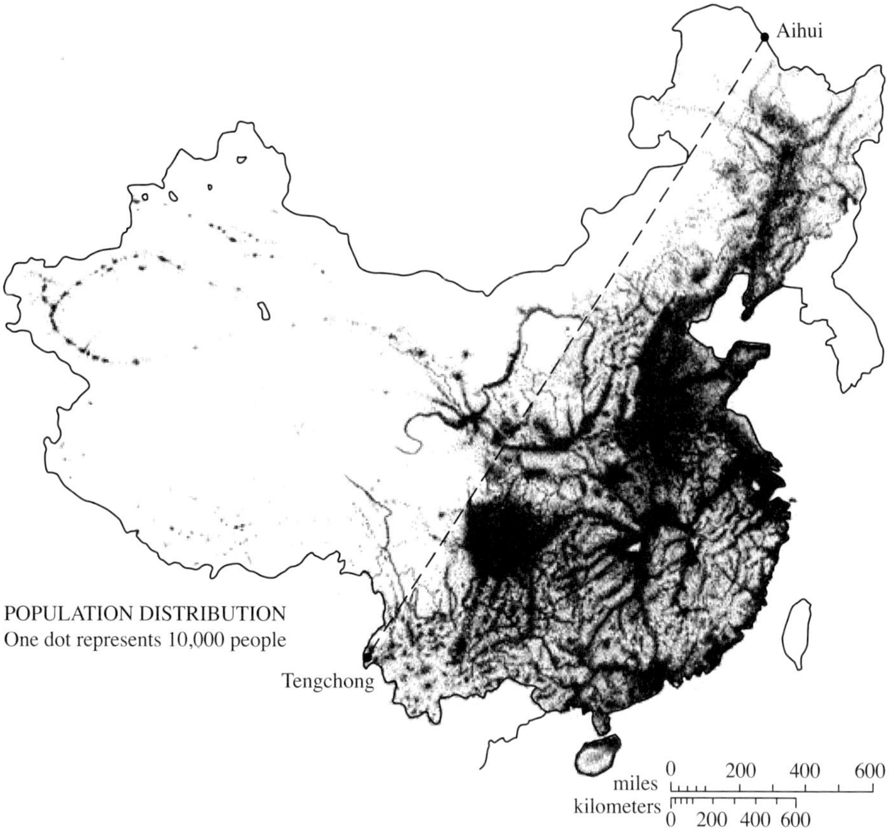

그림 2.1 인구 분포와 아이후이-텅청선(黑河-腾冲线)
자료: Based on Sun (1988).

지역의 인구밀도는 1km²당 약 290명으로 인도(368명)나 일본(337명)보다는 적지만 영국(255명)이나 보스턴에서 워싱턴 D.C.(186명)까지의 동북부 초승달지역의 일부인 미국 주보다 높다.

중국의 지형은 주로 산악지형이나 구릉(65%)이어서 상대적으로 경작에 적합한 땅은 적은 편이다. 중국의 측량사들은 중국 국토의 19%만이 "인간이 거주하기에 적합하다"고 하였다. 좋은 농경지는 언덕과 산으로 분리된 비옥한 평야와 주요 강의 계곡에 자리 잡고 있다. 중국 국토의 15% 미만 정도만이 경작이 가능하며(표 2.1) 이미 활용되지 않은 국토 중 경작에 잠재적으로 적합한 토지는 거의 없다. 험준한 지형 때문에 중국은 인도가 전반적으로 훨씬 더 인구밀도가 높음에도 불구하고 인도보다 1인당 경작지가 적다. 인구가 중국의 4분의 1인 미국은 중국보다 경작지가 더 많으며 훨씬 더 많은 토지를 쉽게 경작할 수 있다. 중국의 1인당 경작 가능한 토지는 0.10헥타르, 즉 1/5에이커에 불과하다. 이것은 미

표 2.1 토지와 인구(2012년)

	토지 (백만 헥타르)	경작가능 토지 및 비율 (백만 헥타르)	인구 (백만명)	1인당 경작가능 토지 (헥타르)
중국	939	135.4(14.4%)	1,351	0.10
인도	297	156(52.5%)	1,237	0.13
미국	915	156(17%)	314	0.50
러시아	1,638	120(7.3%)	143	0.83
인도네시아	181	24(13.0%)	247	0.10

자료: China arable land: Second National Land Survey (December 31, 2009). See chapter 12 for discussion. Other countries: World Bank, World Development Indicators, http://devdata.worldbank.org/dataonline. Arable land computed from WDI Arable Land Percent.
주: 헥타르는 $100m^2$이며 2.47에이커와 같음

국의 교외 주택 단지들의 평균 규모다. 수세기에 걸쳐 중국은 다른 나라보다 토지에서 더 많은 곡식을 수확할 수 있는 노동집약적인 농업기술을 개발함으로써 경작지 부족에 적응해 왔다.

2.2 기후와 강수

중국의 기후는 동남 계절풍의 영향을 받아서 습한 여름과 건조한 겨울이라는 특징을 보인다. 겨울에는 중국의 어느 곳에서도 비나 눈이 거의 내리지 않는다. 고기압지역이 중앙아시아에 형성돼 있어서 중국 동부지역 전체에 걸쳐 차갑고 건조한 공기가 꾸준히 유입되고 있다. 하지만 여름에는 아시아 전역의 기온이 중앙아시아 지역에 저기압을 형성하여 수분이 다량 함유된 적도의 바다 공기를 중국 동남부지역으로 끌어들인다. 이 공기가 산맥이나 차가운 공기층을 만나 중국 남부에 많은 비를 내린다. 그 결과 연안지역의 기온은 상대적으로 낮은 반면 내륙의 분지, 특히 중부와 서부 사막의 "네 개의 용광로"[충칭(重庆), 우한(武汉), 창사(长沙), 난징(南京)]는 매우 덥다.

여름에는 계절풍 세력이 북서쪽으로 이동하면서 그 세력이 약해져 비도 적게 내린다(그림 2.2). 전체적으로 북쪽은 건조한 반면 남쪽은 수풀이 무성하고 수많은 물길이 형성돼 있다. 이런 차이는 전통 운송수단에 대해 "남쪽은 배, 북쪽은 말"이라는 고대의 속담에 반영돼 있다. 이러한 오랜 지리적 차이는 20세기말 증가했는데 아마도 지구 기후변화의 영향 때문일 것이다(Climate Change Report, 2015, pp.22~24). 보통 계절풍은 양쯔강과 황허강 분지 사이의 산맥 너머로 이동하면서 중국 북부에 적당한 여름비를 내리게 한다. 그러나 흉년에는 계절풍이 약해져서 황허강 계곡을 넘지 못하고 중부의 산악지역에 멈춘다. 이런 해에는 중국 북부는 가뭄을 겪게 되는 반면 중국 남부는 비가 많이 내려 농촌에

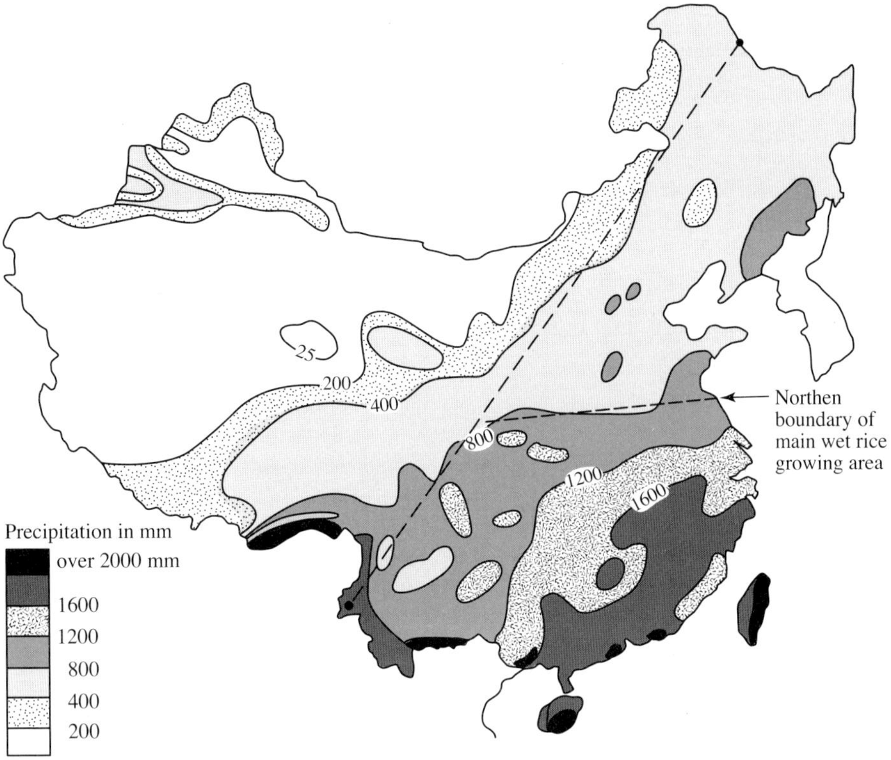

그림 2.2 연간 강수량
자료: Based on Leeming (1984) and Institute of Geography (2000).

홍수가 나기도 한다. 중부의 산악지역은 수량이 풍부한 남부지역과 주기적으로 강수량이 부족해지는 북부지역으로 나누는 분기선을 이룬다.

중국은 전반적으로 건조한 나라이다. 북서지역에서는 인간이 거주할 수 있는 한계선이 농지 확장에 위협이 되는 사막과의 끊임없는 싸움에 의해 결정된다. 아이후이–텅청선은 물이 충분히 공급되는지의 여부를 나누는 기준이 된다. 북쪽에서는 황허강이 건조한 지역과 반(半)건조 지역 전역을 흐른다. 중국 북부의 인구 대다수는 황허강 수량에 크게 의존하고 있다. 황허강은 세계의 큰 강 중 하나로 그 길이가 4,800km이지만 전체 수량은 많은 편이 아니다. 황허강은 모든 이용 가능한 물을 다 사용함으로써 말 그대로 여러 해 동안 물이 말라 있다. 1997년에 기록을 세웠는데, 황허의 하류 지류들에서 물이 마른 날이 226일에 이르렀다(Liu, 1998, p.899). 더욱이 황허강에는 매년 분해되지 않은 토사 26억 톤이 흘러 내려와 그 1/4이 강바닥에 침전되어 매년 수위가 10cm씩 상승한다. 그래서 오늘날 황허강—양쪽의 둑 사이로 펼쳐지는—의 강물이 많아질 때는 항상 주변의 저지대를 범람시키곤 한다. 이와는 대조적으로 숲이 무성한 중국 남부지방의 양쯔강은 황허강보다 수량이 20배나 더 많다. 양쯔강의 수량은 연중 내내 풍부하며 침전물은 황허강에 비해 1/3에 지나지 않는다. 심지어 주강의 수량도 황허강에 비해 6배나 많다. 수자원의 분포로 중국 정부는 수로와 운하의 대규모 남북 수계(水界)를 조성하게 되었다(21장). 모든 강들은 계절풍의 영향에 따라 불어나고 줄어든다. 강들은 2월에 최저점에 이른 후 8~9월까지 강물이 계속 불어나면서 홍수가 다시 잦아지기 시작할 때까지 거대한 범람원으로 넘치기도 한다.

중국은 많은 인구에 비해 경작지, 산림, 수자원이 부족하며 환경문제도 매우 심각하다. 자원과 인구가 매우 불균등하게 분포돼 있는 점을 고려할 때—특히 북서지역의 물 부족 문제—환경 악화라는 큰 문제가 계속 제기되고 있다. 중국의 경제성장은 그 영토가 지탱해 줄 수 있는 한계를 뛰어넘음에 따라 향후 50년 동안 지속적인 환경위기를 불가피하게 겪을 것이다(21장).

2.3 성(省)과 지역들

중국의 광활한 영토를 나누는 가장 용이한 방법은 성(省)으로 나누는 것이다. 현재 중국은 31개의 성(省)급 행정단위로 이루어져 있으며 각 성은 유럽 국가와 크기가 같다. 2015년 티베트자치구(西藏自治区)의 인구는 320만 명으로 가장 적었고, 광둥성(广东省)의 인구는 1억 850만 명으로 가장 많았다. 중국은 22개의 성과 국가가 감독하는 4개의 직할시, 그리고 5개의 소수민족 자치구로 구성되어 있다. 이들 모두는 국가 행정체계에서 성과 같은 등급이며 앞으로 이들 모두를 지칭할 때 "성(省)"이라는 용어를 사용할 것이다. 일부 성은 2,000년 이상 정체성을 유지하고 있다. 그러나 그 중 두 개는 최근에 만들어졌다. 하이난섬(海南岛)은 1988년에 광둥성에서 분리되었고 충칭(重庆) 직할시는 1997년에 쓰촨성(四川省)에서 분리되었다. 또한 특별자치구(SAR)인 홍콩(香港, 1997년 이후)과 마카오(澳门, 1999년 이후)가 있는데 이들은 성으로 취급되지 않는다. 그림 2.3은 중화인민공화국의 성들을 표시한 지도이다.

성이 중국의 경제 영역을 나누는 가장 자연스러운 방법은 아니다. 인류학자 Skinner(1977)에 따르면, 또 다른 접근법은 중국 영토를 험준한 지형에 따라 "광역권"으로 구분하는 것이다. 각각의 광역권은 한 개 이상의 성에 걸쳐 있으며, 인구가 밀집한 핵심지역과 인구가 희박하고 종종 구릉이 많은 주변지역으로 이루어져 있다. 중국을 몇 개의 광역권으로 나누는 것이 가능하지만 모든 광역권이 동일한 것은 아니다. 우리는 그 중 가장 중요한 광역권 몇 개를 살펴볼 것이다(그림 2.4 참조). 가장 중요한 광역권은 중국 북부(화북)이다. 중국 북부의 평원은 중국에서 가장 넓은 평야지대로 중국 전체 농토의 1/4을 차지하고 있으며 전체 인구의 1/4 이상이 거주하고 있다(그림 2.4에서 인구가 밀집한 핵심지역은 검은색으로 나타나 있다). 수도인 베이징(北京)은 화북지역의 중심도시 역할을 담

그림 2.3 중국의 성(省)들: 성, 자치구, 성급의 직할시, 특별 행정구
자료: Based on Institute of Geography (2000).
SAR: special administrative region.

당하며, 자매도시인 톈진(天津)과 함께 인구가 2,000만 명을 훨씬 넘는다. 그 규모와 위치 그리고 국가 수도라는 점이 화북을 중국에서 가장 중요한 지역으로 만들어 놓았다. 베이징-톈진이라는 거대도시의 중요성에도 불구하고 평원 전체의 도시화 수준은 전국 평균에 약간 못 미친다. 농업은 여전히 중요하며 큰 마을들이 광대한 지역에 걸쳐 두껍고 꽤 평평하게 펼쳐져 있다. 평원의 많은 지역들에는 관개시설이 갖추어져 있지 않다. 그 결과 이 지역들은 강수량에만 의존할 수밖에 없는데, 그 때문에 주기적인 가뭄과 홍수를 겪고 있다. 주요 작물은 밀이지만 일부 지역은 면화나 땅콩과 같은 경제 작물을 생산한다. 그 규모로 인해 화북지역은 중국에서 우월한 위치를 차지하고 있지만 발전 수준은 중간 정도이다. 2015년 중국 전체 인구의 22%가 이 지역에 살면서 국내총생산(GDP)의 23.4%를 담당하고 있다.

중국에서 가장 발전한 지역은 양쯔강 하류 광역권이다. 5만km^{2}에 달하는 양쯔강 삼각주는 세계의 거대한 델타 중 하나이다. 수경 쌀 재배가 지배적이며 보통 이모작 이상을 경

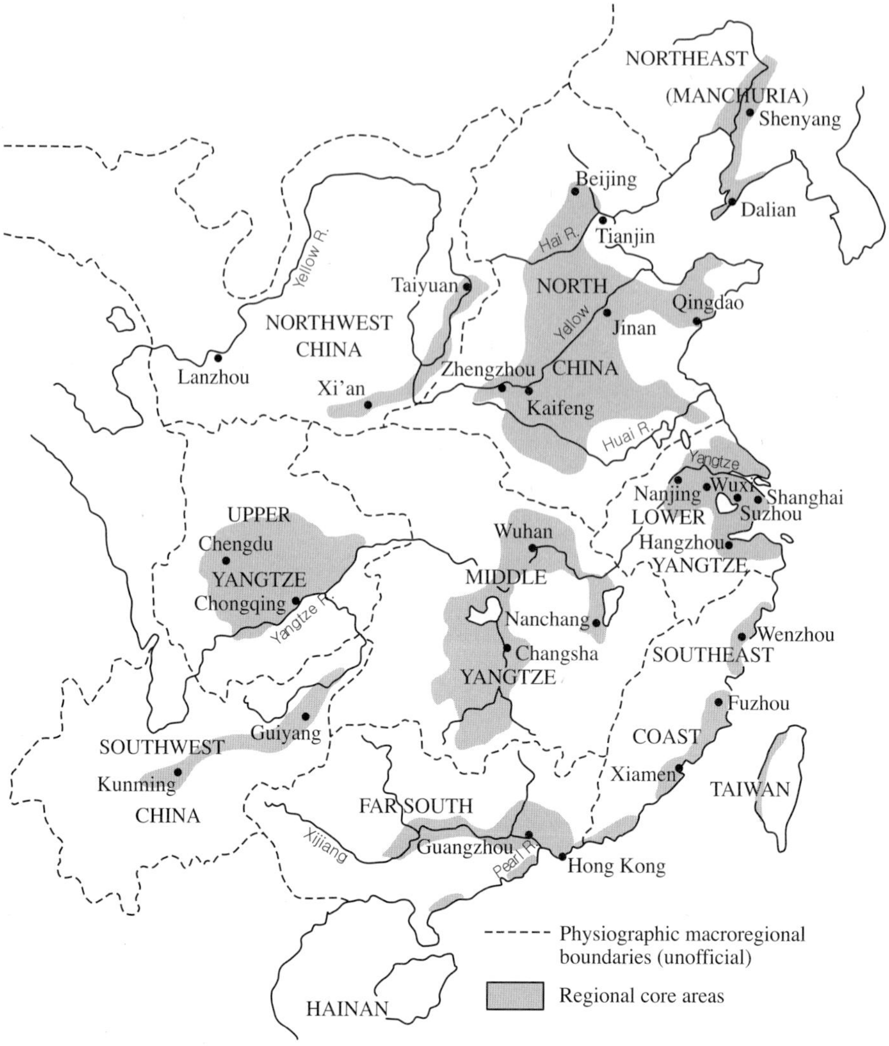

그림 2.4 광역권 및 중국 동부의 주요 도시들
자료: Based on Fairbank and Goldman (1998).

작한다. 중국의 경작 가능 면적의 7%를 차지하고 집약농업으로 전체 곡물 산출의 9%를 생산한다. 이 지역은 수풀이 무성하고 어느 곳에서나 물이 많다. 수세기 동안 이곳은 중국에서 가장 부유한 지역이었다. 운하는 삼각주 전역에 효율적인 교통수단을 제공했고 많은 부유한 도시들은 수년에 걸쳐 성장했다. 오늘날 상하이(上海)는 이 지역의 중심이며 중국에서 가장 크고 경제적으로 가장 중요한 도시지만 전 지역이 밀집되어 있다. 남쪽의 닝보(宁波)와 항저우(杭州)에서 상하이 근처의 쑤저우(苏州)와 우시(无锡)를 거쳐 서쪽의 난징(南京)에 이르는 몇몇 중요한 중형 도시들이 삼각주를 구성한다. 중국 인구의

12%를 차지하는 양쯔강 유역의 3대 핵심인 상하이, 장쑤(江苏), 저장(浙江)은 2015년 중국 산업 생산량의 23%, GDP의 19%를 생산했다. 1970년대 이후 산업 생산은 농촌으로 급속히 확산되어 농촌으로 분류되던 많은 지역이 보다 실질적으로 도시화된 농촌으로 간주되고 있다. 또한 이 지역은 2015년 수출액이 GDP의 37%로 이는 국가 평균의 거의 두 배에 해당한다.

화북 평원과 인접해 있고 수많은 경제적 연관관계를 형성하고 있는 지역은 동북부지역, 즉 만주(满洲)지역이다. 동북부는 천연자원이 풍부한 지역이다. 이곳의 1인당 경작지가 중국 평균보다 두 배나 많고 풍부한 철광석, 석탄, 원유 매장량으로 한때 동북부는 중국 중공업의 중심지가 되었었다. 토지가 상대적으로 풍부하여 20세기 초부터 중국의 다른 지역으로부터의 이주를 장려해 왔다. 농업의 기계화가 비교적 높은 수준이어서 중국의 나머지 지역으로 곡물을 공급한다. 산업 중심지는 랴오닝성(辽宁省)의 선양(沉阳)으로, 중국의 가장 오래된 제철공장이 있는 안산(鞍山)을 포함하여 8개의 중형 산업도시 벨트로 둘러싸여 있다. 그러나 지난 30여 년 동안 동북부지역은 고전해 왔다. 국유공장의 많은 일자리가 줄어들었으며 국가 계획경제 시기 수행했던 중요한 역할을 상실했다. 중국에서 부유한 지역이었던 동북부지역은 2015년 전체 인구의 8%가 GDP의 8%를 생산하는 평균적인 지역으로 전환되었다.

북부, 동북부 그리고 양쯔강 하류의 광역권 경제는 중국 GDP의 50.5%를 차지하고 있으며 3개 지역의 경제 관계는 수십 년 동안 극적으로 변화해 왔다. 역사적으로 화북지역 평원과 양쯔강 하류 사이의 연결고리로 중국은 하나의 경제로 통합되었다. 양쯔강 하류의 잉여 곡물들을 화북의 수도 지역으로 수송하기 위해 대운하가 건설되었다. 20세기 중반에 걸쳐 중국 동북부지역의 광물 및 토지 자원은 중공업 기지 창설과 함께 사회주의적이고 산업화된 중국으로 고도로 통합되었다. 그러나 지난 수십 년 동안 동북부지역은 다소 소외되고 경제 중심지가 양쯔강 하류로 이동하였으나 현재 베이징-상하이 고속철도 연결선은 다시 한 번 경제적 중심축의 형성을 상기하게 한다.

나머지 광역권은 단일 경제체계로의 통합 정도가 덜하다. 양쯔강 중류지역의 성들—후베이성(湖北省), 후난성(湖南省), 장시성(江西省)—은 개혁기에 들어설 무렵 중국에서 중간 정도의 발전을 이루고 있었지만 일부를 제외하고 급성장하고 있는 연안지역에 비해 뒤져 있었다. 2015년 현재 이 성들은 중국 인구의 12.6%를 차지하고 있지만 GDP의 10.4%에 불과하다. 이 지역은 관개가 잘 되어 있고 집약농업을 하고 있지만 다양한 작물 경작으로 분화되어 있는 양쯔강 하류의 농업 경제와는 달리 양쯔강 중류지역은 주로 곡물을 생산하고 있다. 이러한 곡물 단일경작 덕분에 이 지역은 많은 양의 잉여 곡물을 중국의 다른 지역으로 송출하고 있다. 주요 중심 도시는 우한(武汉)으로, 지역을 넘어서는 무역과 산업의 중심지 역할을 하고 있다.

양쯔강의 상류로 올라가면 쓰촨성(四川省)에 이르는데 이 지역은 높은 산들로 둘러싸인 내륙 분지로 양쯔강 상류 광역권의 핵심지역이다. 이 지역은 비옥하며 인구밀도가 높고 세계 어느 곳에서도 찾아볼 수 없는 독특한 지리적 특징을 가지고 있다. 쓰촨 분지는 두 개의 성으로 나뉘어 있다. 충칭직할시와 쓰촨성의 인구는 2015년 현재 1억 1,200만 명이다. 쓰촨 분지를 드나드는 자연통로는 없으며 쓰촨성에서 흘러나오는 양쯔강은 장관을 이루는 계곡을 통과하여 거대한 삼협댐에 이른다. 충칭(重庆)과 청두(成都, 쓰촨성의 수도)는 양쯔강 상류 광역권의 중심 도시의 기능을 나누어 맡고 있다. 세기가 바뀐 이후 이 지역에서 외부로의 이주가 자연적인 인구증가를 넘어섰고, 그 정점에 비해 인구가 6%가량 줄었다. 쓰촨 분지에 근접해 있고 광대한 경제 · 운송망으로 연결된 윈난–구이저우(云南–贵州) 평원은 그림 2.4에 중국의 남서 광역권이라고 표시되어 있다. 이들은 지리적 조건이 상당히 다르지만 중국 정부는 윈난성과 구이저우성을 쓰촨성과 충칭직할시와 묶어 거대한 중국 남서지구로 만들었다. 이 4개 성 모두 인구밀도가 높고, 소득은 낮은 편이며 심각한 개발 도전에 직면해 있다. 이 지역에서는 2015년 중국 인구의 14%가 GDP의 10%를 생산했다.

남동 해안을 따라 형성된 두 개의 광역권은 "해양 중국"이라고 불린다. John King Fairbank는 "해양 중국"은 다른 곳과 구별되는 별개의 지역이고 중국문화에서 하위문화라고 주장했다. 중국 대부분이 내륙을 지향하고 있는 반면 이 광역권은 오래전부터 해양무역 거래를 지향하고 있었다. 해양 중국은 1949년 이전에 중국을 떠났던 해외 중국인들 대부분의 고국이다(Fairbank and Goldman, 2006). 해양 중국은 협소한 해안선을 형성한 산악에 의해 나머지 지역 대부분과 분리돼 있다. 이곳은 배후지도 거의 없고 통신도 전통적으로 배를 통해 해안선을 이동하며 이루어졌다. 해안선 중에서 거대한 핵심지역은 광둥성의 중심지인 주강 삼각주다. 주강 삼각주는 오래전부터 매우 부유하고 다변화된 농업과 높은 인구밀도를 유지해 왔는데, 광저우와 홍콩이 중심도시 역할을 하고 있다.

1978년 이후 대외지향적인 경제의 급속한 성장은 중국 동남부를 변화시켰다. 지난 40년 동안 정치적으로 분단되었던 해양 중국의 상이한 부분들은 함께 성장하면서 단일한 경제 중심지를 형성하고 있다. 홍콩과 대만의 투자는 공장을 건설하고 새로운 무역 관계를 형성했다. 대만과 홍콩 그리고 해양 중국의 다른 지역과의 밀접한 문화적, 경제적, 지리적 유대가 1949년 마오주의 중국 하에서 잠시 끊어졌다. 그 결과 중화인민공화국의 국경 내에서 해양 중국에 속한 지역들은 1970년대 말까지 놀라우리만큼 가난하고 후진적이었으며, 1978년 이후 개혁가들의 최우선 과제는 해양 중국에 속한 지역들 사이의 전통적인 경제적 연관을 재확립하는 것이었다. 1978년 이래로 중국의 경제 개방의 첫 단계는 주로 이런 전통적인 연관을 재확립하는 조치들이었다.

1979~1980년 네 개의 경제특구(special economic zone, SEZ)가 설립되어 투자자들을 중국에 유치했다. 각 경제특구들은 투자의 주요 원천으로서 "해양 중국"의 특정 집단들을 전략적 목표로 삼았다. 가장 거대한 경제특구인 선전(深圳) 경제특구는 홍콩과 인접

한 지역에 세워졌는데 그 당시까지 영국의 식민지였던 홍콩으로부터 투자를 유치하기 위함이다. 오늘날 선전은 인구 1,000만 명의 거대하고 독립적인 도시로 성장했다. 주강 삼각주의 나머지 지역을 홍콩과 분리시켰던 장벽들이 점차 해체되면서 다수의 도시 지역들이 점진적으로 함께 성장했고, 삼각주의 동쪽지역 전체가 하나의 통합된 경제권으로 바뀌었다. 주택, 수출 공장 및 다각화된 농업 분야는 동부 델타 전체에 밀집되어 있다. 한편 주하이(珠海) 경제특구가 주강을 가로질러 세워졌는데, 이것은 포르투갈 식민지였던 마카오에 대한 문호를 개방하는 것이었다. 광둥의 2015년 수출은 성 국내총생산(GDP)의 55%로 전년보다 줄었지만 여전히 중국 성 중에서는 가장 높은 비율이다. 해안선을 따라 북쪽에 위치해 있는 산토우(汕头) 경제특구는 자오조우(潮州, Teochiu) 소수민족 거주지에 세워졌는데, 이는 특히 동남아시아에서 경제적으로 중요한 이 집단으로부터 투자를 유치하기 위한 것이었다. 마지막으로 샤먼(厦门) 경제특구는 남부 푸젠성(福建省, 闽南) 사람들 사이의 해상 연계를 회복시키기 위해 고안된 것이었다. 대만인들은 1600년대 이후 샤먼에서 이주한 사람들로, 샤먼 사람들과 마찬가지로 다양한 민난 방언을 사용한다. 민난인들은 오래전부터 해양으로 진출하여 교역을 하던 사람들이었으며 독특한 민난 방언은 대만과 푸젠성은 물론이고 동남아시아 전역에 걸쳐 광범한 상업 네트워크에서 사용되고 있다. 중국이 개방하면서 대만으로부터의 투자가 극적으로 증가했으며 대만은 남동부지역 전역에서 경제적 중심지 중의 하나로 역할하기 시작했다. 그에 따라 대만과 주강 삼각주는 오늘날 해양 중국의 두 축이 되었다.

중국 서부의 경우 인구가 광활하고 비교적 건조한 지역에 분산되어 있기 때문에 광역권 개념을 적용하기가 쉽지 않다. Skinner(1977)는 인구가 밀집된 몇 개의 비옥한 강 계곡, 즉 시안(西安) 주변의 산시(山西)의 웨이강(渭河)과 타이위안(太原) 주변의 산시의 펜강(汾河) 등을 북서 광역권으로 지정했다. 이 강들은 중앙아시아에서 수 세기 동안 불어온 퇴적물로 쌓인 황토 고원을 가로지른다. 황토는 기름진 토양을 형성할 수 있지만 침식에 매우 취약하고 물을 필요로 한다. 북서지역에는 중국 인구의 10%가 경작지의 18%를 경작하고 있지만 토지는 건조하고 전반적으로 질이 좋지 않다. 2008~2012년 석탄 붐 때 산시(山西)와 내몽골(内蒙古)의 일부 지역은 빠르게 부유해졌지만 이 지역은 2015년 중국 GDP의 8%에 그쳤다. 이 고원지대의 서쪽에는 주로 오아시스나 북서쪽에 있는 몇 개의 비옥한 계곡에서 사람들이 살고 있다. 계곡과 오아시스 밖은 주로 유목민이 사용하는 메마른 땅이다. 티베트(西藏)와 칭하이(青海) 고원에 오르면 사실상 사람들이 거주하지 않는 광활한 평야가 펼쳐져 있는 것을 볼 수 있다.

2.4 광물자원

전반적으로 중국은 토지가 희소하고 노동력이 풍부한 경제다. 중국은 세계 인구의 18.7%

를 차지하고 있지만 그 영토는 세계의 7%에 지나지 않는다. 세계에서 중국이 보유하고 있는 광물자원은 대략 영토가 차지하는 비율 정도인데, 1인당 광물자원은 세계 평균의 절반 또는 그 이하이다. 중국이 가장 많이 채굴하고 또 소비하는 석탄의 매장량은 확인된 세계 전체 매장량의 11%에 이른다. 중국은 2016년 세계에서 여덟 번째로 많은 원유 추출국이지만 확인된 원유와 천연가스 매장량은 각각 세계 전체의 2.1%와 2.8%에 지나지 않는다. 중국은 풍부한 셰일가스를 개발할 수 있을지 모르지만 복잡한 지질구조를 경제적으로 활용할 수 있을지는 아직 확실하지 않다. 그러나 주석이나 동, 그리고 특히 텅스텐과 희귀광물 같은 비철금속의 매장량은 풍부한 편이다.

중국에서 광물과 에너지 자원의 분포는 극도로 불균등하다. 화석연료는 주로 화북지역에 집중돼 있는데 원유의 90%와 석탄의 80%가 이 지역에 매장되어 있다. 수력발전의 잠재력은 상당한데 풍부한 물(남쪽)과 기복이 심한 지형(서쪽) 때문이다. 수력의 68%는 남서부 광역권에 위치해 있다. 급성장하고 있는 남부의 연안지역은 사실상 에너지자원이 없다. 지리적 제약 때문에 중국은 노동집약적이며 궁극적으로는 지식집약적인 산업을 발전시켜야 한다. 더욱이 열악한 환경문제는 예상할 수 있는 미래의 경제적 균형을 매우 어렵고 복잡하게 만들 것이다.

2.5 경관 구축

지리학은 경제활동 형태의 공간 조건과 자원을 설명하는 기준을 제공한다. 그러나 지리적 조건은 고정된 불변의 것이 아니며 인간의 활동은 끊임없이 지리적 가능성을 재구성하고 있다. 심지어 근대 중국에서도 지리학의 중요한 부분은 "인공"이었다. 하류 양쯔강의 풍경은 늪지대에서 물을 빼고 새로운 들판을 비옥하게 했던 수년간의 산물이며 중국 남부 내륙의 두드러진 계단식 언덕과 관개망도 여러 세기 동안의 노력의 결과물이다. 현대 경제는 경관을 재구성할 수 있는 능력이 훨씬 더 크며 경제성장은 지속적으로 새로운 거주 및 교통 패턴을 창출한다. 급속한 경제성장(7장 참조)을 동반한 엄청나게 큰 투자를 감안할 때 중국에서는 특히 그렇다. 중국의 현대 인프라 구축이 급속도로 진행되면서 공간의 의미와 지리적 여건이 변화하고 있다. 중국은 점점 더 작아지고 있다. 20년 전에 멀리 떨어져 있던 지역들은 이제 관광객, 상인, 정부 관리들이 접근할 수 있게 되었고 사람들은 사업이나 경험을 위해 그 지역을 벗어나거나, 이주하거나, 여행하는 것이 훨씬 더 쉬워졌다.

국제적으로 중국은 마오(Mao) 시기에 상대적으로 고립되어 있었지만 개혁과 개방의 초기에 특히 해상무역 네트워크와의 연결을 재건하기 위해 대규모 인프라 투자가 이루어졌다. 오늘날 중국은 세계에서 가장 붐비는 10개 항만 중 6개 항만을 보유하고 있다(상하이가 가장 큼). 유엔은 선적선, 용량, 물량을 기준으로 선상해운연결지수(UN Liner Ship-

그림 2.5 고속철도망(2017년 7월 운행)
자료: Xi'an Marco Polo International Travel Service. Accessed at https://www.travelchinaguide.com/images/map/train/high-speed-railway.jpg.

ping Connectivity Index)를 계산한다. 유엔은 2015년 중국에 가장 높은 167을 부여했는데, 싱가포르 117과 미국, 영국, 네덜란드의 95~98에 비해 훨씬 높은 수준이다. 해양 중국의 재통합과 중국의 수출 드라이브 성공은 이 같은 대규모 투자 노력이 없었다면 불가능했을 것이다.

2000년 이후 인프라 건설의 초점은 국내 육상운송으로 옮겨 갔다. 중국은 2004년부터 매년 8,000km의 고속도로를 증설하여 현재 미국의 76,000km에 비해 12만 3,500km로 세계 최대 전국 고속도로망을 구축했다. 지역 간 자동차 여행이 가능해졌고 개인 차량의 폭발적인 증가에도 불구하고 교통사고는 절반으로 줄었다. 고속철도의 등장과 함께 새로운 변화의 물결이 일어나고 있다. 2020년에는 남북 4개, 동서 4개의 주요 노선이 계획되어 있으며 2015년에 이 노선의 약 절반이 이미 운영되어 베이징에서 상하이까지 소요되는 시간이 6시간 미만으로 줄었다(그림 2.5). 세계 다른 나라들과 마찬가지로 중국도 12억 7천만 명이 휴대전화 가입자(성인 1명당 1개 이상)이고 5억 7천 7백만 개의 광대역 인터넷 연결이 2015년 말 현재 사용되고 있다. 이러한 기반 구조의 변화는 경제성장의 거의 모든 측면에 상당한 영향을 미칠 것이 분명하다.

게다가 이러한 통신과 이동성의 극적인 변화의 영향은 이제 막 느껴지기 시작하고 있다. 중국은 수요보다 인프라를 먼저 구축한다는 전략을 일관되게 수행해 왔다. 결과적으로, 어떤 경우에는 인프라 투자가 지나치게 성급하고 계획되지 않아 활용률이 낮고 효율성이 떨어지는 경우도 있다. 중국 내 물류비는 여전히 상대적으로 비싼데 이는 험준한 지형, 비효율적인 인프라, 그리고 행정 지연의 결과물이다. 그러나 지금까지 경제는 꾸준히 창출된 인프라로 성장해 왔다. 육상 운송비용이 감소함에 따라 도시화 패턴이 바뀌고 광역권 간의 경계를 뛰어넘는 새로운 연계를 창출하며 중국 전역에 걸친 경제활동의 재분배를 촉진할 것이다.

2.6 지역 역학 변화

중국의 시장경제로의 이행이 시작된 지 거의 30년 동안, 내륙지역 성(省)들보다 연안지역 성(省)들에서 경제성장이 더 빨랐다. 이것은 연안지역의 따라잡기(catch-up) 성장방식을 반영하고 있다. 계획경제 하의 개발전략은 명백한 잠재력을 발휘하여 개혁시대로 진입한 연안지역을 등한시하였으나 연안지역의 경제적 변화는 계획경제 하의 개발전략을 훨씬 뛰어넘었다. 중국 정부는 해양 중국을 세계시장과 연결시키는 데 필요한 기반시설에 우대정책을 확대하고 자원을 쏟아부었다. 더구나 인구 이동에 대한 제한이 점차 완화되면서 연안지역에는 꾸준히 증가하는 이주자들이 몰려들었다. 결과적으로 중국경제는 연안으로 기울어졌다. 중국 대외경제의 폭발적 발전에 전폭적으로 참여한 해안지역의 9개 성들—베이징(北京)과 톈진(天津)을 거쳐 광둥(广东)까지—은 1978년 중국 국내총생산(GDP)의 43%를 생산하고 2006년까지 점유율을 55%로 끌어올렸다. 그 무렵 1인당 GDP가 가장 높은 성들은 모두 연안지역에 있었고 연안과 내륙의 격차는 중국경제에서 가장 널리 알려진 특징 중 하나가 되었다.

21세기에 들어서면서 이 추세는 점차 역전되고 있다. 해안지역의 성장이 둔화되었고 2015년까지 9개 핵심 해안지역의 GDP 점유율은 2006년 최고치인 55%에서 51%로 감소했다. 중국의 지역발전에서 이런 근본적인 전환점에는 여러 가지 이유가 있지만 가장 중요한 것은 성장과 개발에 따른 상대적 비용의 변화이다. 노동시장의 변화는 급격한 임금 인상으로 이어졌고(9장) 에너지와 원자재의 국내외 가격이 급등했다. 토지의 가치가 치솟았고 혼잡과 오염 비용이 증가했다. 이러한 변화는 경쟁이 치열한 시장에서 기업들이 직면하는 비용에 빠르게 반영되었고 두 가지 시장 변화가 뒤따랐다. 첫째, 중국 수출의 전반적인 경쟁력이 약화되었다. 해안지역의 GDP가 국가 GDP 대비 정점을 찍은 해인 2006년은 중국의 수출이 GDP에서 차지하는 비중이 절정에 달한 해였다. 이후 수출은 절대적으로 증가했지만 전체 GDP보다 덜 빠르게 성장했기 때문에 GDP 대비 수출은 감소했다(16장). 둘째, 기업들은 저렴한 토지와 낮은 임금을 찾아 내륙으로 생산거점을 옮기기 시작했다. 수출용으로만 생산하던 일부 기업들(대형 전자제품 조립업체 Foxconn 등)도 원가절감을 위해 내륙에 공장을 세웠다.

주로 시장의 힘에 의해 움직이는 이러한 변화는 또한 중국 정부의 정책에 의해서도 강력하게 장려되었다. 1999년 중국 정부는 투자 프로젝트 및 기타 경제개발 정책에서 서부 및 내륙 지방을 선호하는 서부개발 프로그램을 공식 출범시켰다. 이전 절에서 설명한 대규모 인프라 구축은 이러한 정책변화의 일부였다. 충칭, 후베이, 구이저우 등 일부 내륙지방은 대규모 국가 투자 프로그램의 수혜자였다. 중국 정부는 투자와 재정자원을 해안으로부터 내륙지방으로 재분배하기 위한 많은 정책을 수립했다(20장). 또한 정부는 보다 미묘한 방식으로 분배에 영향을 미쳤다. 예를 들어, 해안도시보다 내륙도시 주변에서 농지를 공업용지로 전환하는 것이 훨씬 더 쉽다. 이는 중앙정부가 해안지역에 더 엄격한 토지전환 할당량을 설정했기 때문이다. 내륙에서는 오염기준이 상대적으로 느슨한 반면 해안도시의 중산층 거주자들은 점점 더 건강한 환경을 요구하기 시작했다. 생산활동이 내륙으로 이동하기 시작했지만 가구들은 해안 쪽으로 계속 이동하고 있다. 현재까지 해안지방으로의 이주는 계속되고 있으며 9개 핵심 연안 성들의 인구 점유율은 1978년 33.4%에서 2006년 36%로, 2015년에는 37.7%로 증가하였다. 해안도시들은 여전히 대부분의 내륙지역보다 더 높은 임금과 더 많은 편의시설을 가지고 있다.

해안과 내륙의 격차에 대한 광범위한 일반화는 중국경제지형의 복잡성을 포착할 수 없다. 우선, 동서간 격차만큼의 남북간 성장률 격차가 있다. 남부지역이 훨씬 더 빠르게 성장하고 있다. 중국 정부는 2003년 동북부 활성화 계획을 발표했지만 2014년 이후 동북부지역의 새로운 문제를 해결해야 했다. 또한 내륙지역마다 부존자원이 매우 다르고 개발상의 다른 도전에 직면해 있다. 최근 몇 년 동안 가장 뛰어난 성과를 이룬 지역들은 내몽골(内蒙古)이나 산시(陕西)와 같은 자원이 풍부한 북쪽지역들이었다. 이들 지역은 2006년부터 2012년까지 탄화수소 생산 붐을 타고 인접한 베이징을 이용했으나 2013년 이후 석탄과 원유 가격이 하락하자 성장이 취약하다는 것을 알게 되었다. 가장 서쪽에 위치한, 총 인구의 6%에 불과한 아이후이-텅청선 서부지역의 반쪽에서의 개발 한계는 물과 비옥한 토지의 부족, 희박한 인구, 경제적 집중과 시장 접근성 부족에서 비롯된다. 전혀 다른 도전은 "서쪽 부근(near west)"이라고 부르는 곳에 있다. 이 지역은 인구밀도가 높은 지역으로 험준한 지형과 제한된 국토의 운반능력에 직면해 있다. 가장 다루기 힘든 중국의 빈곤문제는 간쑤, 쓰촨, 구이저우, 윈난 등을 관통하는 아이후이-텅청선의 남반부 바로 동쪽에 있는 넓은 벨트에 집중되어 있다. 이 지역에서는 엄청난 인구가 척박한 땅에서 생계를 유지하기 위해 고군분투하고 있다. 이곳은 또한 삼림벌채와 토양침식을 포함한 환경파괴 벨트로, 특히 심각한 경제적 도전, 즉 환경, 사회, 경제적 문제들이 모두 이

지역에서 나타난다. 지리적 조건 및 이와 관련된 환경문제는 새로운 기회가 등장하더라도 중국의 발전적 도전과 가능성에 계속해서 영향을 미칠 것이다.

2.7 결론

경제 여건이 변화함에 따라, 특히 해안지역의 인건비 상승(6장, 9장)으로 일부 경제활동은 내륙으로 이동하고 크게 개선된 인프라는 경제활동의 재분배와 도시개발의 새로운 패턴을 촉진할 것이다. 또한 2020년경에는 주변국과의 육로 연결도 획기적으로 확대되어 오랫동안 국경과 장벽으로 여겨졌던 지역에 통신과 교통망을 조성하게 될 것이다. 중국 정부는 2014년 아시아의 인프라 개선을 위해 다양한 프로그램을 한데 묶는 야심찬 국제 프로그램을 시작했다. 육상과 해상 운송을 병행하면서 고대 실크로드의 발흥을 위한 "일대일로(一帶一路, Belt and Road Initiative)"로 불리는 이 프로그램은 2017년까지 꾸준히 가시성을 높여 왔다. 여러 가지 계획들을 포함하면 중요한 경제적 효과를 가져올 것이다. 고속철도는 윈난에서 동남아시아를 거쳐 싱가포르까지 확장될 것으로 보이며 러시아와 아시아 내륙지역과의 연결로 확장될 것이다. 이러한 지역들 중 다수는 효율적인 교통망을 가져 본 적이 없으며, 우리는 그들을 먼 국경지대라고 생각하지만 이런 생각은 바뀔 것이다. 중국의 경제력을 감안할 때 이들 새로운 교통망은 아시아 지역에서 중국의 중심 역할을 크게 높일 것이다. 지리적 여건은 끊임없는 경제활동을 통해 지속적으로 개선되고 있으며 이 과정은 가까운 미래에도 계속될 것이다.

Bibliography

더 읽을 거리

Veeck et al.(2011)은 중국 지리에 대한 매우 읽기 쉬운 입문서이다. Van Slyke(1988)는 양쯔강의 관점을 통해 중국의 지형에 대해 생생하게 소개하고 있다. Chi(1963[1936])는 서로 다른 지역에 대한 훌륭한 설명을 담고 있다. 현재 영어로 된 훌륭한 중국 지도들이 여럿 있지만 가장 아름다운 것은 지리연구소(Institute of Geography, 2000)에서 발간한 것이다.

데이터와 그림의 출처

본 장에서 중국 지형에 대한 자료는 주로 Zhao Ji(1990)에서 가져왔으며 추가 자료는 Zhao Songqiao(1994) and Li(1984)에서 가져온 것이다. CIA(1971, pp.52~53)는 미국과 중국의 유사점을 분명히 보여 주는 흥미로운 지도를 가지고 있다.

광역권 접근법은 Skinner(1977)에 의해 만들어졌다. 그림 2.4에서 다시 그려진 지도는 Fairbank and Goldman(2006)에서 가져온 것이다. 광역권에 대한 통계는 SYC를 업데이트한 Li(1984)에서 인용하였다.

중국의 해외 특별 집단들과 중국에서 그들의 원천 지역 사이의 연관에 대한 세부자료들은 Zhang et al.(1990)에서 가져왔다. 유엔선상해운연결지수는 http://unctadstat.unctad.org/wds/TableViewer/tableView.aspx?ReportId=92에 있다.

참고문헌

Chi, Ch'ao-ting (1963 [1936]). *Key Economic Areas in Chinese History: As Revealed in the Development of Public Works for Water Control*. New York: Paragon Book Reprint Corporation.

CIA (Central Intelligence Agency) (1971). *People's Republic of China: Atlas*. Washington, DC: U.S. Government Printing Office. Most of these maps can be accessed at http://www.lib.utexas.edu/maps/china.

Climate Change Report 2015. Ministry of Science and Technology. *Disanci Qihou Bianhu Guojia Pinggu Baogao* [Third national climate change assessment report]. Beijing: Kexue Chubanshe.

Fairbank, John King, and Merle Goldman (2006). *China: A New History*. 2nd, enl. ed. Cambridge, MA: Belknap Press of Harvard University Press.

Institute of Geography, Chinese Academy of Sciences, and China Population and Environment Society, eds. (2000). *The Atlas of Population, Environment and Sustainable Development in China*. New York: Science Press.

Leeming, F. (1984). *Selected China Maps*. Leeds: Department of Geography, University of Leeds.

Li Ruluan, ed. (1984). *Ziran Dili Tongji Ziliao* [Natural geography statistical materials]. New ed. Beijing: Shangwu Yinshuguan.

Liu Changming (1998). "Environmental Issues and the South–North Water Transfer Scheme." *China Quarterly*, no. 156 (December): 899–910.

Skinner, G. William (1977). "Regional Urbanization in Nineteenth-Century China." In G. William Skinner, ed., *The City in Late Imperial China*, 211–252. Stanford, CA: Stanford University Press.

Sun Jingzhi (1988). *The Economic Geography of China*. Hong Kong: Oxford University Press.

SYC (Annual). *Zhongguo Tongji Nianjian* [Statistical yearbook of China]. Beijing: Zhongguo Tongji.

Van Slyke, Lyman P. (1988). *Yangtze: Nature, History, and the River*. Reading, MA: Addison-Wesley.

Veeck, Gregory, Clifton W. Pannell, Christopher J. Smith, and Youqin Huang (2011). *China's Geography: Globalization and the Dynamics of Political, Economic, and Social Change*. 2nd ed. Lanham, MD: Rowman & Littlefield.

Zhang Xianghan et al. (1990). *Huaqiao Huaren Daguan* [Encyclopedia of the overseas Chinese], 11–18. Guangzhou: Jinan Daxue.

Zhao Ji, ed. (1990). *The Natural History of China*. New York: McGraw-Hill.

Zhao Songqiao (1994). *Geography of China: Environment, Resources, Population and Development*. New York: Wiley.

3 1949년 이전의 중국경제

The Chinese Economy Before 1949

지난 세기에 걸친 중국의 경제사는 극적인 불연속성, 특히 1949년의 혁명과 1978년 이후 시장경제로의 전환으로 특징지어진다. 이 장과 4장은 이러한 극적인 정치 및 정책 전환점을 중심으로 경제발전에 대한 논의를 정리한다. 1949년 이전 중국은 결코 빠르고 현대적인 경제성장을 경험하지 못했다. 1949년 이후 중국경제는 마오쩌둥 시대의 비참한 정책 실수 이후에도 빠르게 회복하면서 꾸준한 성장세를 이어 왔다. 18세기 후반부터 20세기 초반까지 1세기 이상 중국의 경제적 성과는 평범했다. 더구나 서방의 압력으로 중국은 정치적으로 분열되었다. 전통적인 해석은 19세기와 20세기 초에 중국의 경제가 실패했고, 따라서 1949년이 근본적인 전환점이 되었다는 것이다. 1949년 전후의 엄청난 경제성과의 차이는 확실히 경제적 기반의 변화를 시사한다.

또 다른 해석으로 경제발전은 근대 경제에 적합한 제도의 진화와 함께 인적, 물적 자본의 축적으로 이루어진 장기적 과정이라고 강조한다. 1949년 이후 중국의 경제적 성공은 대만 및 홍콩과 다른 정치체제 하에서 중국인들의 경제적 성공과 결합하여 경제발전을 지지하는 전통적인 경제의 특징들이 있었음을 보여 준다(Rawski, 1989; Brandt, Ma and Rawski, 2014). 이러한 논리를 따르는 사람들에게 중국은 어떠한 경제체제에서도 빠르게 성장할 수 있었고 사회주의 혁명이 없었다면 자본주의 방식에 따라 발전할 수 있었을 것으로 예상될 수 있었다. 이와는 대조적으로, 1949년의 전환점을 강조하는 사람들은 혁명이 국내 평화를 확립했을 뿐만 아니라 토지를 재분배하고 가난한 사람들에게 경제적 도약에 필요한 방식으로 정치적, 경제적으로 힘을 실어 주었다고 주장한다(Richardson, 1999).

1949년의 전환점을 해석하려면 중국 전통경제의 성과에 대한 평가도 필요하다. 많은 학자들이 중국과 서유럽의 경제 선진국의 각기 다른 역사적 경험을 해석하는 데 참여했다. 1911년 청나라 멸망 이후 또는 1945년 내전이 끝난 후의 중국을 살펴보면 산업화된 서방과의 격차는 엄청나 보인다. 그러나 Pomeranz(2000)는 이러한 "대단한 차이"의 대부분은 중국과 서구의 장기적인 생산성이나 경제적 정교함에서 나타나는 차이를 반영하기

보다는 19세기 후반에 비교적 늦은 개방에서 기인한다고 지적하였다. 1949년 이전에 중국경제가 "실패"했는가? 만약 실패했다면 왜 그랬을까? 중국의 전통경제는 경제발전에 잘 맞았는가? 그렇다면 서구의 도전에 대한 실제 반응은 왜 그렇게 취약했을까? 1949년 이후 왕성한 성장을 위한 기반이 1949년 이전 시대에 세워졌을까? 마침내 1978년 이후의 경제 도약으로 많은 전통적인 경제적 요소들이 되살아났다. 중국의 시장경제로의 전환은 전통적인 사회적, 경제적 관행의 부활과 어느 정도 관련이 있는가? 이러한 의문을 해결하기 위해 우리는 우선 크게 세 시기로 구분하여 각 시대의 중국 전통경제를 살펴본 후 전통경제의 유산에 대하여 평가한다.

3.1 전통경제, 1127~1911년

3.1.1 고(高)생산성의 전통 농업

중국의 전통사회는 압도적인 농업사회로 인구의 90% 이상이 농촌에 거주하였다. 농민들은 경작지 단위당 높은 수확량을 얻기 위해 정교한 농업기술을 활용하고 있었다(King, 1911). 수확량은 소규모 농지에 노동력의 투입 정도에 따라 달라졌기 때문에 토지 단위당 높은 생산성은 근로자 1인당 낮은 생산성과 공존했다. 근대적 과학은 아니지만 여러 세대에 걸쳐 농민들의 시행착오로부터 얻어진 복잡하고 매우 생산적인 농업기술들이 개발되었다. 농업기술의 "전통적인 세 요소"는 선별된 종자 품종, 유기비료, 관개시설 등 세 가지 핵심요소로 구성되었다. 조생 벼는 일찍이 남송시대(AD 1127~1279년)부터 동남아시아에서 도입되었는데 양쯔강 하류지역의 중심이었던 남송시대의 막대한 부와 문화발전은 분명히 이러한 기술혁신에 의존하고 있었다. 토양의 비옥도를 유지하기 위해 유기비료를 사용하였다. 모든 사용 가능한 자양분은 토양으로 재활용되었다. 이 가운데 가장 중요한 것이 인간과 동물의 배설물이었지만, 농민들은 연못의 진흙, 석회, 녹조류 등도 토지에 뿌렸다. 때로는 굴뚝에 사용되었던 점토 벽돌도 잘게 부수어 들판에 뿌려졌다. 마지막으로, 정교한 관개시설은 농경지의 물을 정확히 통제할 수 있게 하고 더 좋은 품종의 농작물과 비료를 효과적으로 활용할 수 있게 하였다. 벼는 모종판에서 싹을 틔운 뒤 논에 옮겨 심었고 벼가 익으면 논의 물을 빼고 수확하였다. 전통적인 세 요소의 생산성은 다른 요소들로 인해 향상되었다.

이렇게 매우 생산적인 전통적 농업체계는 대규모의 집약적인 노동을 통해서만 제대로 기능할 수 있었을 것이다. 경작지와 관개수로 정비, 비료 운반, 그리고 묘목 이식 등은 모두 힘든 작업이었다. 토지 단위 면적당 평균 수확량은 많았지만 노동 투입 단위당 평균 생산량이 낮아서 소득은 적었다. 많은 농부들이 가족을 먹여 살릴 수 있을 만큼만 생산했다. 그러나 농민들은 항상 추가적인 일거리를 찾아낼 수 있었고 노동의 한계 생산성이 평균 생산성보다 낮지만 노동력이 더 늘어나더라도 빠르게 영(zero)으로 떨어지지는 않았다. 증가하는 인구를 부양할 수는 있었지만 인구증가는 낮은 수준에 머물러 있는 소득과 소비에 지속적인 압력으로 작용하였다. 이 농업체계의 가장 두드러진 특징 중 하나는 농사와 식사에서 동물의 역할이 제한적이었다는 점으로, 이는 동시대의 유럽과는 상반되는 것이었다. 대부분의 중국인들에게 육류는 사치였으므로 단백질 소비가 불충분하였으며 거의 모든 열량과 단백질 섭취는 곡물에 의존하였다.

작은 토지에 인력을 집약적으로 사용하는 모습은—자신들이 알기로는 농사라기보다 차라리 원예에 가까웠지만—오래전 중국을 방문했던 서구의 여행자들에게 깊은 인상을 남겼다. 그러나 관찰자들은 또한 높은 수확량과 자원의 집중적인 활용에 한결같이 감명을 받았다. 폐자재(wastes)의 지속적인 재활용은 토양의 성분을 변화시켰고 생산성을 유지하는 데 기여했다. "수세기 동안의 경작으로 인해 19세기까지 중국에는 자연토양이 남아 있지 않았다. 모든 토지는 다양한 형태로 인공적으로 만들어졌다"(Vermeer, 1988, p.224). 이러한 높은 생산성 체계는 양쯔강 하구에서 처음 형성되어 관개가 가능한 저지대 및 강변지역으로 점차 확산되었다. 인구증가는 농부들을 비탈진 경사지로까지 내몰았다. 신대륙 작물, 특히 옥수수와 감자의 도입으로 농민들은 전통적인 재배기술에 적합하지 않은 새로운 땅으로 진출할 수 있게 되었다.

3.1.2 상업화된 지방

인구밀도가 높은 농촌은 두터운 시장 네트워크를 유지했다. 수로 건설에 적합한 지역들, 특히 하류 양쯔강 하구와 주강 삼각주에서는 고도로 발달된 수상 교통 시스템에 의해 지역들이 서로 연결되어 있었다. 주요 강들, 특히 양쯔강은 지역들 간의 연결고리를 제공했고 대운하는 잉여 식량이 풍부한 양쯔강 하구와 식량이 부족한 화북평원을 연결해 주었다. 수상 운송망이 지나는 지역에서는 무겁고 부피가 큰 상품들도 거래할 수 있었다. 지역시장들은 지역 간 교역망에 결합되었다. 밀집된 인구와 운송 네트워크는 정교한 제도, 경쟁적 시장 그리고 소규모의 "하부구조가 견고한" 경제를 포함한 고도로 상업화된 근대적 경제를 뒷받침하고 있었다(Zelin, 1991; see also Brandt, 1990; Naquin and Rawski, 1987).

3.1.2.1 정교한 제도들

경제에 대한 제도적 지원은 다음과 같은 내용을 포함하고 있다.

- 광범위한 화폐 사용. 1820년에 유통되던 총 화폐의 1/3 이상이 지폐였다.
- 대규모 공식 조직에 대한 친밀함. 문중이나 혈족은 (특히 중국 남부에서) 광범위한 경제적 기능을 수행하였다. 때로는 조직의 계보 또는 지역조합에서 개인의 회원자격을 규제하기 위해 공식적인 지분을 발행하기도 했다.

- 선진적 상업 절차. 서면계약이 보편적이었다. 계약은 사업상의 거래뿐만 아니라 가족, 신 그리고 사후세계에 대한 의무까지도 활용되었다. 기원 후 1세기에 이미 무덤이 위치한 토지가 묻힌 자의 권리임을 입증하는 "무덤 계약서"가 함께 매장되었다. 개인 및 상업 거래에서 중개인의 활용이 보편적이었다.
- 법률 및 관습적 제도의 지원. 소송을 다루는 법정이 존재했다. 지역 간 교역은 종종 분쟁해결을 돕고 지원 네트워크를 형성하는 지방 상인조합에 의해 규제되었다.
- 상인들이 전국적으로 자금을 유통할 수 있게 한 전통 은행들.

3.1.2.2 경쟁적 시장

- 대부분의 제품에 대한 경쟁이 치열한 시장. 석탄과 철, 직물, 차 등의 시장에 대한 최근의 연구들은 이들 각각의 시장들에 수많은 공급자가 존재하고 진입과 퇴출이 용이하다는 것을 확인시켜 준다.
- 토지와 노동에 대한 경쟁적이고 효율적인 시장.
- 이동이 자유로운 사회. 출생에 의한 귀족이나 신분제도는 없었다. 개인들은 경제적 기회를 찾아 자주 이주하였다. 불평등이 심했지만 잠재적인 사회적 이동성은 현실적이었다.

3.1.2.3 소규모의 "하부구조가 견고한" 경제

농업은 소규모 개인가구를 기반으로 하고 있었다. 농장이나 넓은 토지도 없었으며 대부분의 비농업 생산도 소규모였고 농촌의 가족단위로 운영되었다. 직물, 가죽제품, 철제 도구는 물론 와인, 차, 설탕, 국수, 식용유 등의 식품도 모두 농촌의 소기업에서 생산하였다. 많은 가정이 농사를 짓고, 수공예품을 만들고, 자체 생산품을 판매했다. 따라서 전통적인 중국은 활발한 가계경제를 기반으로 하고 있었다. 가계들은 또한 많은 다른 시장들과 직접적으로 연결되어 있었다. 많은 경우, 시장에 의해 연결된 별도의 전문화된 가계들이 생산 체인의 연속적인 단계들을 담당하고 있었다. 예를 들면, 이러한 종류의 수직 분할의 특징을 비단 생산에서 찾아볼 수 있다. 누에 양육, 누에고치 관리, 생사의 방적 및 비단 천의 직조는 모두 시장에서 서로 거래하는 전문 가계 혹은 소규모 기업에 의해 독립적으로 수행되었다. 따라서 소규모 가공업자와 중간상인들의 사슬은 가계 생산자, 상인 그리고 소비자들을 연결했다.

중국 대외무역의 초기 성공 중 하나는 1880년대 이후 차 수출산업의 급속한 성장이었다. 전성기 때는 100만 가구 이상이 (주로 푸젠성에서) 차 산업에 참여했다. 보통의 농가에서는 1년에 수백 파운드의 차를 생산했고, 이것은 다시 수백 개의 작은 차 공장에서 처리되었다. 차 수출산업은 20세기 초기에 급속히 성장했다. 그러나 20세기가 시작된 후, 중국식 시스템은 일본과 인도와의 경쟁에 잘 대처하지 못했다. 경쟁력을 갖추기 위해서는 표준화와 신뢰할 수 있는 높은 품질이 요구되는데, 중국의 소규모 및 분산된 생산자들은 이를 충족할 만큼 조직화되지 않았다. 그 결과 1920년대 중국의 차 수출업체들은 자신들이 개척한 세계시장에서 밀려났으며 차 수출산업이 쇠퇴하면서 차 산업에 종사하던 가계들은 차 생산에 뛰어들었던 만큼이나 빠르게 빠져나갔다.

이와 같이 중국은 유동적이고 자원배분이 유연한 경제였다. 긍정적인 측면에서 자원과 노동은 가장 높은 수익률을 내는 데 사용하도록 효율적으로 이동하였고, 수익이 떨어지면 빠르게 그러한 활동을 종료했다. 반면에 경제활동은 자본이 거의 없는 소규모 사업으로 분산되어 있어서 부정적인 결과를 초래했을 수 있다. 예를 들어 면직물은 중국의 3/4 지역에서 짠 것이지만, 산업혁명의 기반이 되었던 대규모 직물공장은 20세기까지 중국에서 등장하지 않았다. 대기업으로의 자본축적이 매우 어려웠거나 흩어져 있는 가내생산에 비해 비효율적이었다. 사실 이러한 유동성(fluidity)은 부분적으로는 위험을 피하고 잠재적인 약탈자나 탐욕스러운 관리들에게서 재산을 보호하기 위한 필요성의 결과였을지도 모른다. 그럼에도 불구하고 중국 전통경제의 세련됨에는 감명을 받지 않을 수 없다. 우리는 전통적인 중국경제가 서구의 영향으로 인한 새로운 도전과 기회에 잘 대응할 것으로 기대했겠지만, 아래에서 논의되는 바와 같이 실현되지 않았다.

3.1.3 높은 수준의 균형

근대 이전의 중국의 인구 규모와 경제력은 근대 이전의 유럽과 비슷했다. 중요한 차이점은 AD 600년 이후 중국은 정치적으로 더 자주 통일된 반면 유럽은 그렇지 않다는 것이다. 명나라 초기(1368~1644년)에 정치적 안정성이 확립된 후, 효율적인 농업경제는 400년 동안 증가하는 인구를 부양할 수 있었다. 인구는 1400년 7,200만 명에서 1794년 3억 1,000만 명으로 4배 이상 증가했다. 중국의 인구는 이 긴 기간 동안 매년 거의 0.4%의 비율로 증가했는데 이 시기에 세계 다른 나라들보다 더 빠르며 근대 이전 중국보다도 훨씬 빠르게 증가했다(8장). 따라서 "후기 제국주의 중국"(1368~1911년) 전체에서, "장기적으로 안정적인 생활수준을 가진 대규모 인구증가는 명 · 청(明 · 清) 경제의 주요 특징이었다"(Brandt, Ma, and Rawski, 2014, p.52).

생산적인 경제와 세계 인구의 약 1/3을 가진 중국은 의심할 여지 없이 세계 최대의 경제였다. 중국과 유럽의 발전수준은 어땠을까? Angus Maddison(1998)은 세계경제의 권위있는 재구축에서, 중국의 1인당 GDP가 세계 평균(600달러, 1990년 "국제 달러")과 동일하고 1600년에서 1820년까지 변화가 없다고 가정해 중국을 역사에 통합시켰다. Maddison의 어림잡은 계산은 출발점이었으며 Pomeranz(2000)가 지적한 것처럼 중국의 특정 지역을 유럽의 국가나 지역과 비교하는 것이 더 의미가 있을 것이다. 놀랍게도, 경제사학자들이 최근에 이 일을 해냈다. Allen et al.(2011)은 18세기와 19세기 동안 중국과 유럽의 도시에서 일했던 미숙련 노동자들의 임금을 비교했다. 런던과 암스테르담의 임금은 훨씬 높았지만 베이징, 쑤저우, 광둥의 임금은 밀라노와 라이프치히에 가까웠다. Li and

Van Zanden(2012)은 1820년대 네덜란드의 1인당 GDP가 양쯔 삼각주보다 2배 가까이 높았으며 그 차이는 네덜란드의 생산성이 더 높은 산업과 서비스 분야에서 비롯되었다는 사실을 발견했다. 이 자료는 중국의 발전한 지역이 세계적인 맥락에서 비교적 잘 살았지만 이미 세계에서 가장 부유한 지역이었던 영국과 네덜란드만큼 발전하지는 않았다는 것을 의미한다.

3.1.4 정부의 역할: 청나라의 번영과 쇠퇴

18세기에 세력의 절정기에 있던 청나라(1644~1911년)는 한족, 몽고족, 티베트족, 위구르족 그리고 기타 집단을 하나로 묶은 다국적 제국이었다. 청나라의 제도는 정치, 군사, 의식, 종교를 망라한 복잡한 시스템이었다. 곡물창고 운영, 수력시설 수리 그리고 사법제도와 국가 운송망 운영 등 필수 공공재를 제공했다. 유교 이념의 공유와 봉사의 전통을 가진 정치체제를 통해 사회를 통합하는 국가고시제도를 유지하였다. 계층 이동을 허용했고 재능 있는 사람들을 모집했다. 이 시스템은 놀라울 정도로 "적합"한 것으로서 가능한 한 가장 낮은 비용으로 주요 공공재들을 제공했다. 물론 무엇보다 중요한 것은 청나라가 1세기 이상 큰 성공을 거둔 대내외 안보였다.

청나라의 "절정기" 동안에 두 유능한 황제였던 강시(康熙)와 첸룽(乾隆, 강시의 손자)은 1661~1796년 사이에 놀랍게도 122년을 통치했다. 첸룽은 역사적으로 가장 넓은 영토를 확보하여 기본적인 중국의 근대적 국경을 확립하였다. 1793년 첸룽은 82번째 생일에 영국왕 조지3세로부터 사절단을 받았다. 다음은 세계사에서 문화적 오해로 인한 에피소드 중 하나이다. 사절단 대표인 George Macartney는 선물을 전달하고 무역을 인정받고 그의 나라를 대표하기 위해 파견되었는데, 그는 영국이 세계에서 가장 강력하고 중국과 대등한 존재라고 여겼다. 반면 첸룽은 Macartney가 적절한 의전을 따르지 않고 작고 먼 나라에서 조공을 가져오고, 자급자족하는 "천국(Celestial Empire)"에 필요없는 무역상품을 제공하는 것으로 보았다. 수십 년간 정치적, 문화적 업적을 남긴 후 곧 퇴위할 늙은 황제는 아마도 영국의 방문의 중요성을 보지 못한 것에 대해 용서받을 수 있을 것이다. 영국의 방문은 중국의 놀랄 만한 성취의 시대가 끝나고 전례없는 도전과 외부 위협 앞에서 약화되는 새로운 세기의 시작을 알리는 신호였다.

청나라 정부는 방대한 인구와 거대하고 하부구조가 견고한 경제에 비해 매우 취약한 계층이었는데 인구와 경제를 감안할 때 근대 이전의 서유럽 정부들보다 훨씬 작았다. 1800년경, 중국에는 32,000명당 정부 관료가 1명밖에 없었는데, 유럽에서는 600~800명당 1명꼴이었다(Perkins, 1967). 1인당 수익과 지출도 유럽보다 훨씬 적었다. 청나라의 행정체계는 어떤 면에서는 극도로 취약했고 청의 황제들은 경제와 인구가 증가해도 행정력을 증대시킬 수 없는 것으로 드러났다. Sng(2014)이 입증했듯이 예산 수입은 1700년대 초 GDP의 약 8%를 정점으로 이후 3% 이하로 떨어졌다. 이로 인해 사실상 재정위기가 서서히 오랫동안 지속되었다. Sng은 중국의 엄청난 규모를 감안할 때, 청나라 행정을 담당하고 있는 소수 관료집단은 지방 권력자들과 결탁하고 있는 지방 관료들에게 세금과 사법에 대한 책임을 위임하도록 강요당했다고 주장했다. 지방에서 거둬들인 재원의 양은 상당했지만 부패와 지역 정실주의로 인해 중앙정부에 도달한 수입은 저조했다(그리고 감소하고 있었다). 중앙정부 관료들은 지역 관료들을 감시하려고 했지만 능력이 제한되어 있었고 예산 수입의 잠식을 받아들일 수밖에 없었다. 같은 이유로 지방 차원의 사법 규정은 변덕스럽고 불확실했으며 탐욕스러운 관리들로부터 재산권을 보호하는 것은 거의 불가능했다.

지속적인 재정위기 때문인지 청나라가 제공하는 가장 중요한 공공재들이 1700년대 후반 이후 감소했다는 증거가 있다. 공공 곡물창고의 비축량이 줄어들었으며 대규모 관개망과 황하의 제방 시스템이 노후화되고 대운하는 토사가 쌓였다. 1794년 쓰촨과 후베이에서 일어난 백련교도(White Lotus)의 난 이후 국내 안보가 악화되었다. 아마도 청나라 황제들이 아시아 내륙의 국경에 너무 많은 자원을 소진했기 때문에, 그들은 동부 해안지역에서 조성되고 있던 매우 다른 안보위협에 대비하지 못하고 있었던 것이다.

정부의 비효율적인 서비스 제공이 광범위한 경제 및 환경 쇠퇴의 원인이 되었을 수 있다(Elvin and Liu, 1998; Will and Wong, 1991). 농부들은 복잡한 강 생태계의 필수적인 습지와 호수를 잠식했다. 국내 질서의 쇠퇴는 공공영역에 대한 침해를 막기 어렵게 만들었다. 인구가 계속 증가함에 따라, 농촌인구는 홍수와 가뭄이 야기하는 심각한 기근으로 농촌 시스템의 붕괴에 점점 더 취약해졌다. 예를 들어 고대 시안(西安)이 있는 위강(渭河) 계곡은 2,000년 넘게 정교한 관개를 실시해 왔지만 19세기 무렵에는 이 시설이 무너져 가뭄에 취약하게 되었다. 중국의 전통기술을 고려할 때 경제적 가능성이 한계에 이르면서 비효율적인 정부라는 것이 명백해졌다. 생태학적 고갈로 목재나 금속과 같은 쉽게 구할 수 있는 물질들을 제공받지 못하고 환경문제는 더욱 심각해지고 있었던 것은 분명하다. 19세기 초, 전례없는 경제 및 인구 성장기에 접어들고 있던 유럽 국가들이 중국의 문 앞에 막 도착하려는 시점에 청나라는 명백히 광범위한 쇠퇴기에 접어들었다.

3.2 서구와 일본에 대한 대응 실패

19세기 동안, 중국에 대한 외세의 정치적, 군사적, 경제적 영향력이 급증하기 시작했다. 이러한 접촉으로 인한 경제적 자극은 긍정적일 수 있었지만 중국은 심각한 사회적 위기에 빠져들었다. 이 위기는 서구의 정치·군사적 도전에 의해 확실히 악화되었지만 서구의 직접적인 충격만으로는 설명할 수 없다.

우리가 살펴본 바와 같이 중국에 대한 외세의 침략은 왕조가 쇠약해지는 시기에 시작되었다. 그것은 경제적 혼란에서 시작해서 군사적 대결로 확대되었다. 수세기 동안 중국은 외국 상품보다는 은 수입을 선호(중국은 외국 상품이 필요하지 않다는 첸룽황제의 판단을 간접적으로 확인)하면서 수출 흑자를 유지해 왔다. 중국의 비단, 차, 도자기 등 전통 수출품으로 은이 유입되어 1820년대까지 통화 공급을 늘렸고 경제 확대에 기여했다. 그러나 영국 상인들은 은이 꾸준히 중국에 유출되는 것에 불만을 품고 중국 소비자들에게 매력적인 상품을 찾아 중국으로 수입하여 무역 불균형을 해소할 수 있는 상품을 찾아 나섰다. 그들은 마침내 그런 상품으로 아편을 찾아냈다. 인도에서 재배된 아편은 영국 상인에 의해 중국으로 수입되었다. 1830년대까지 중국은 수출보다 수입이 더 많게 되었다. 중국은 이제 경제적 문제—금속화폐의 공급 감소에 대한 느린 대응으로 인한 경기 둔화—와 새로운 사회문제인 아편중독에 직면하게 되었다.

아편 유입을 막으려는 중국의 시도는 1839년 영국과의 아편전쟁으로 이어졌다. 영국의 산업혁명은 아직 초기단계였지만 영국은 이미 엄청난 규모의 금융, 상업, 군사 자원을 동원할 수 있는 능력이 있었다. 영국은 형편없이 낡은 중국의 방어를 격퇴하였고, 중국은 난징조약(1842년)에서 홍콩을 영국에 양도하고 5개 조약항을 외국의 통제 하에 개방하였다. 1839~1895년 사이에 중국은 외세의 침입에 대항하여 다섯 차례의 전쟁을 치렀지만 매번 패배했다. 패배할 때마다 중국은 승전국에게 배상금을 지불하고 더 많은 중국 도시들을 외국인 거주지와 통제 하에 둘 수밖에 없었다. 이미 쇠약해진 청나라 정부에게는 효과적인 대응책이 없었고 패배할 때마다 재정위기는 심화되고 선택지들이 더욱 줄어들었다.

쇠약해진 청 왕조는 점점 더 국내문제에 대처할 수 없었다. 가장 심각한 위협은 태평천국(太平天国)의 난(1850~1864년)이었다. 이 반란군은 경제적 중심지인 부유한 양쯔강 하류지역을 지배했다. 반군의 공격과 청군의 진압으로 인해 대규모 피해와 2천만에서 3천만 명 이상으로 추정되는 사상자가 발생했다. 항조우의 전통적인 양쯔강 하류지역의 중심지는 완전히 파괴되었다. 당시 청 왕조는 망했을 법도 한데, 쇠락한 왕조보다 반군이 더 나쁘다고 생각한 외세에 의해 지탱되었으며 청나라는 1911년 붕괴될 때까지 위태롭게 흔들렸다.

다른 외국 강대국들도 중국의 양보와 영향력이 미치는 영역을 획득하였으며 전성기에는 외세의 지배를 받는 80개 이상의 조약항이 있었고 중국의 관할권이 미치지 못하였다. 상하이(上海)가 가장 중요했는데 외세에 의해 태평천국의 난으로부터 보호받으면서 양쯔강 하류지역의 경제 중심지로 부상했다. 20세기 중반 폐지될 때까지 치외법권(국내법 외국인 면제)과 조약항과 관세 수입에 대한 외국의 통제는 정치적으로 논란이 되었다. 외국과의 접촉과 국가적 굴욕의 관계 때문에 외국인에 대한 경제적, 정치적 개방정책은 오늘날까지 민감한 이슈로 남아 있다.

일본은 경제, 정치, 군사적으로 중국을 잠식할 수 있는 권리를 영국으로부터 점차 넘겨받았다. 1895년 청일전쟁으로 타이완이 점령되어 일본제국에 편입되는 계기가 되었다.

청일전쟁에서의 패배는 중국 국민에게 깊은 충격이었으며 처음으로 정치체제의 개혁과 활성화의 필요성에 대한 깊은 자각을 주었다. 일본은 1868년 메이지유신 이후, 외국의 개입을 막기 위해 군사 현대화를 포함한 근대화를 촉진하기 위해 적극적으로 개혁하고 노력해 왔다. 일본의 초기의 활발한 대응은 청나라 정부의 느리고 불확실한 대응과 명확하게 대조되었다. 일본은 국토의 10%를 정부에 재분배하고 기업형 지주계급을 조성하는 급진적인 토지개혁을 강화하였다. 그 후 정부는 산업화, 기술이전, 인력양성 등 국가 지원 프로그램을 신속하게 개시했다. 이와는 대조적으로 청나라는 근대화에 저항하기 위해 적극적으로 노력하고 있었지만, 사소한 예외를 제외하고는 절실한 개혁안을 수립하지 않았다. 1895년 전쟁은 일본과의 격차가 얼마나 커졌으며 얼마나 위험한지를 중국 국민들에게 보여 주었다.

일부 진보적인 중국 관리들은 외국의 도전에 대처하기 위해 필요한 조치들을 알고 있었다. 1870년 이후 이들 관리들은 China Merchants' Steam Navigation company(招商蒸汽导航公司), 우한(武汉)의 제철회사, 상하이 지역의 조선소와 무기공장 등 산업 프로젝트를 후원했다. 이러한 사업들은 정부의 후원을 받았지만 경험 있는 상인들에게 위임했기 때문에 "공식적인 감독 및 상인의 관리(官督商管)"라고 불렸다. China Merchants' Steam 같은 사업은 오늘날까지 남아 있지만 대부분은 관리 부실 또는 정부의 의지 부족으로 실패했다. 이 시기에 사실상 파산한 청나라 왕조는 이러한 사업에 지속적인 지원을 할 수 없었고 왕조의 관료들은 그렇게 해야 하는 절박함을 거의 이해하지 못했다.

3.3 현대화(산업화)의 시작, 1912~1937년

청나라 멸망과 1911년 신해혁명(辛亥革命) 이후 중국은 점차 제도적, 경제적 변화를 가속화하는 새로운 국면에 접어들었다. 현대적 산업발전이 시작되었고 교통과 통신 연결은 다른 부문에 새로운 가능성을 열어 주었다. 1911년 직후에는 군벌의 지배, 정치적 분열과 내전 등으로 어려움을 겪었으나 1927년 국민당은 마침내 중국을 다시 통일하는 데 성공했다. 1937년 일본의 침략까지 10년 동안 중국은 상대적으로 평화를 누렸고 난징에 수도를 둔 민족주의 정부는 발전을 위한 제도적 틀을 구축하기 시작했다. "난징 10년" 동안 정부는 교육이나 농업 확장 서비스 등에 시험적으로 투자하기 시작했다. 국가 조사 프로젝트로 천연자원의 목록을 만들었고 야심찬 국가 개발 계획을 수립하였다. 이 기간 동안 결실을 맺게 된 것은 별로 없었지만 미래를 위한 토대가 마련되었다. 숙련된 인재를 양성하고 새로운 작물 종자 개발과 같은 새로운 기술이 개발되었다. 정부 개발 및 현대화 프로그램—메이지시대의 일본과 비슷한—이 마침내 진행되고 있는 것으로 보였고 미래 성장의 씨앗이 뿌려졌다.

3.3.1 산업

매우 허약한 기반이던 현대적 공장 생산이 1912~1936년 사이 매년 8~9%로 증가했고, 이 시기에는 꽤 빠른 산업화가 이루어졌다(John Chang, 1969). 아이러니하게도 근대적인 산업은 1895년 중일전쟁을 종식시킨 시모노세키 조약으로 인해 중국이 외국인 투자를 받아들이게 된 이후 시작되었다. 1933년까지 현대적인 공장은 GDP의 2%를 생산하고 100만 명의 노동자를 고용했지만, 이는 중국 노동력의 0.4%에 불과했다. 초기 산업 성장에서는 "조약항 산업화"와 "만주의 산업화"라는 두 가지 뚜렷한 패턴이 나타난다.

현대적인 산업은 20세기 초반 조약항 주변 조계지에서 시작되었는데 이것이 중국 본토(만주를 제외한 "만리장성 내부")의 지배적인 산업화 패턴이었다. 외국인들은 세기가 바뀔 무렵 공장을 가동하기 시작했고, 효율적인 교통과 가능한 기회, 그리고 보다 예측 가능한 법적 체제의 보호에 이끌린 중국 기업인들이 재빨리 그 뒤를 따랐다. 초기 조계지의 산업화는 가치사슬의 하류에 있는 경공업, 즉 소비재 산업에 집중되었다(구체적인 논의는 4장 참조). 1933년 중국의 산업 센서스에 따르면, 섬유가 전체 산업 생산량의 42%를 차지했으며, 직물의 70%는 상하이, 톈진, 칭다오 등 3개 도시에서 생산되었다. 상하이의 경우 전체 산업 생산량의 40%를 차지했다. 현대적인 섬유공장의 생산량은 빠르게 증가하여 수입을 대체했다. 1930년대까지 중국은 기본적으로 섬유 수입을 중단했고 대신 자체 생산을 위해 상당량의 면화를 수입하고 있었다.

조약항 조계지의 산업화는 외국인들에 의해 시작되었고 외국의 사례와 경쟁으로부터 자극을 받으며 성장했다. 그러나 이 과정에서 중국의 토착 자본가들은 빠르게 주요 참가자가 되었다. 1930년대까지 공장 생산량의 약 78%가 중국 소유의 기업에서 나왔고 그들은 시장점유율을 확보하고 있었다. 성공한 중국 산업가들은 종종 외국 경험이 있거나 그들의 현대 산업으로의 초기 진입을 가능하게 하는 외국 기업들과 접촉을 가졌다. 현대 산업에 필요한 기술들은 빠르게 확산되어, 특히 상하이에서 더 많은 산업화를 위한 기반을 형성하는 데 도움을 주었다. 하나의 예는 상하이 달룽(大龙) 기계회사이다. 처음에는 선박 수리소로 설립되었고 점차 섬유산업기계 수리분야로 다양화되었다. 1920년대 후반에 이르러 독자적인 섬유기계 모델을 생산하기 시작했다(Rawski, 1989). 현대 산업기술의 파급이 분명하게 중국의 일부 지역에서 시작되었다.

만주(동북부, 표 3.1)에서는 매우 다른 형태의 산업화가 나타났다. 만주에 대한 투자는 주로 일본 정부와 남만주 철도회사 등 일본의 준정부 기관에 의해 이루어졌다. 일본 정부가 지원하는 만주의 산업화는 경제적 및 전략적 목표 둘 다를 실현하기 위한 것이었다. 일본은 철도를 개발하고 이 지역에 풍부한 석탄과 철광석을 적극적으로 착취했으며 중공업에 주력했다. 1917년 안산에 거대한 제철소 건설이 시작되었는데 오늘날까지 여전히 중국의 최대 철강 생산지 중 하나이다. 일본은 수익이 나기 전까지 15년 동안 제철소에 투자하였는데 중국 어디에도 투자자가 그렇게 오랫동안 많은 자본을 동원할 수 없었

표 3.1 산업화(공업화)의 두 가지 유형

	중국 본토	만주
시장	중국 국내시장	일본 산업
소유권	중국인, 외국인	외국인
구조	경공업, 소비재	중공업, 광업, 생산재
기술 형성	점진적인 축적	약간의 기술이전
산업 연관	후방효과	거의 없거나 없음

을 것이다.

대부분의 만주 산업은 일본 국내 산업을 위한 원재료를 생산했다. 일본은 가장 중요한 시장이었고 생산기계의 주요 기지였다. 관리자들은 중국의 소기업과 하도급 거래를 하지 않았으며 업계 내 숙련된 직책은 의도적으로 일본인에게 주어졌다. 따라서 만주지역에 활발한 산업화가 이루어져도 연관효과와 파급효과는 거의 없었다. 1933년에 만주의 산업은 산업 부가가치의 1/4 이상을 차지했고 그 후의 전쟁기간 동안 극적인 확장을 준비하고 있었다. 1949년 이후 중국의 중공업 추진의 발판이 되었다.

3.3.2 농촌 경제

농촌에서는 농업경제가 엄청난 압박을 받고 있었다. 꾸준한 인구증가는 지난 세기에 걸쳐 토지 대 인구 비율이 절반으로 감소하는 원인이 되었다. 농업 인프라의 악화는 농업 생산성을 저해했다. 이러한 사회적 스트레스의 영향은 가난한 사람들에게 불균형적으로 작용하였다. 소득 불평등은 상당했는데 전체 인구의 1%도 되지 않는 특권계급인 "상류층"이 전체 국민소득의 약 20%를 차지했다(Zhang, 1955). 토지 분배는 그다지 불평등하지 않았다. 노동 투입의 집약적인 활용을 감안할 때 소규모 농장이 가장 효율적인 조직 형태였다. 그러나 많은 농부들은 그들이 경작한 땅을 소유하지 않았다. 1920년대와 1930년대에 실시된 대규모 농촌 조사를 보면 상당한 소작 형태가 존재한다. 중국국립농업연구국이 1931~1936년 실시한 조사에 따르면, 농촌 가구의 46%가 소유주였고 24%가 소유자-소작농이었으며 30%가 소작농이었다. 임차료는 총 생산량의 약 45%로 높은 편이었다. 소작농은 남쪽의 쌀 경작지, 특히 양쯔강 하류와 광둥성의 가장 부유한 삼각주 지역에서 훨씬 더 흔했다. 북쪽의 경우, 소작농은 흔치 않았지만 주된 문제는 가족을 부양하기에는 너무 작은 농장들이 산재해 있다는 것이다. 많은 농부들이 빚을 지고 있었다. Feuerwerker(1969, p.87)가 수집한 다양한 자료에 따르면 40~55%의 가정이 빚더미에 올라 있었고 연간 이자율은 20~40%에 이르렀다. 빚을 많이 진 소작농들—실은, 살아남기 위해 애쓰는 작은 땅의 소유주들—에게 삶은 매우 힘들었다. 가난한 농부들은 결혼도 하지 못했고 가계를 지탱하지도 못했으며 속수무책으로 그들의 혈통이 소멸되는 것을 경험했다. 정교한 전통농업은 거대한 인구의 성장을 용인했지만 그 인구는 그것을 지원하는 농업 시스템의 붕괴에 매우 취약했다. 1928~1931년 3년 연속된 가뭄으로 북서부에서 200만 명이 치명적인 기근으로 사망했다. Tawney(1932, p.77)의 말을 빌면, "농민들의 상태는 물에 빠져 얼굴만 물 위에 내놓은 상태와 같아서 잔물결만 일어도 익사하기에 충분하다."

3.3.3 평가: 1912~1937년의 발전은 얼마나 광범위했는가?

1920년대와 1930년대에 중국에서 작지만 의미있는 현대적 부문이 성장했다는 데에는 광범위한 동의가 있다(John Chang, 1969). 이 현대적 부문이 전통부문에 끼친 영향은 명확하지 않다. Rawski(1989)는 특히 현대적 부문으로부터의 수요 증가, 도시 성장, 교역 증가 등이 전통적인 부문에 잠재적이고 긍정적인 영향을 미칠 수 있다고 강조했다. 그는 1914~1936년 사이에 농업, 수공예, 그리고 전통적인 운송 모두 긍정적인 성장을 경험했다고 추정했다. 또한 소규모 현대적 부문의 빠른 성장과 함께, 이 기간 동안 1인당 GDP가 완만하지만 현저하게 증가했다는 결론을 내렸다. 현대적 부문과 전통적 부문 사이의 복잡한 관계는 단일 산업으로 광범위한 연구가 이루어진 면직물 산업을 검토해 보면 알 수 있다(Richardson, 1999, p.58). 섬유산업은 방적과 방직으로 나누어져 있는데 공장 생산의 증가는 각각에 매우 다른 영향을 미쳤다. 공장에서의 방적은 수공업 방적보다 훨씬 효율적이어서 공장에서의 생산이 시장의 대부분을 차지하여 전체 시장은 성장한 반면, 가계에서의 방적은 급격히 감소했다. 방적에 특화된 지역의 농가들은 심각한 어려움을 겪었다. 방직공장 역시 빠르게 성장했지만 직물 가격 하락으로 전체 시장이 확대됨에 따라 수공업 생산량의 상당한 증가도 수용할 수 있었다. 수공업 방직은 가정용 실과 기계식 실을 혼합하여 직물을 생산할 수 있는 비용 효율적인 방식이어서 지방 사람들이 매우 소중하게 여기는 따뜻하고 내구성이 있는 제품을 생산하는 것으로 알려졌다. 이미 방직에 특화되어 있는 지역에서는 값싼 기계 방적사를 사용함으로써 지역의 성장을 가능하게 했다(Grove, 2006).

이와 같이 면방직산업은 현대기술이 미친 영향의 복잡성을 잘 보여 주는 예이다. 어떤 영역에서는 신기술과 대내외의 새로운 수요 원천 모두로부터 혜택을 받았다. 신제품과 경쟁할 수 없었던 다른 영역은 피해를 입었다. 농업부문에서는 상업화의 확대를 통해 기술혁명 없이 농업의 강화가 가능해졌다. 중국 동부지역에서 성장하던 도시들이 도시적 제품들, 특히 면, 땅콩, 야채, 과일, 유채씨, 오동나무 기름 등에 대한 지역적 수요를 증대시켰던 것이다. 도시 외곽지역에서는 비농업 고용의 기회 또한 증가하였다. 새로운 농작물과 그에 수반된 상업화의 도입이 농촌지역의 소득 하락을 저지하거나 증가시킬 만큼 널리 보급되었을까? 증가한 기회로부터 수혜를 입은 소수의 지역, 특히 성장하던 연안지역 도시들과 철도 주변지역들이 크게 혜택을 입었음은 분명하다. 하지만 대부분의 농민들, 특히 내륙지방의 농민들은 지난 수세기 동안 그랬던 것처럼 근근이 생계를 유지하였고 거의 영향을 받지 않았을 것이다. 공업화는 분명 시작되었고 미래의 성장을 위한 근간

이 세워졌다. 하지만 이 시기의 공업화는 전체적인 중국경제의 구조를 근본적으로 변화시키지는 못했다.

넓게 보면, 이 경제는 미래의 발전에 필요한 기초를 다지며 꿈틀거리던 사회였다. 문자해독률은 점점 증가하고 있었고 1920년 이후에 태어난 인구를 시작으로 점진적이긴 하지만 꾸준히 개선되고 있었다. 이는 이후의 전쟁들조차 가로막지 못한 경향이었다. 더구나 이 시기 동안 중국은 외국의 영향에 크게 노출되었다. 약 10만 명의 중국인 학생이 장기해외유학을 떠났는데 일본으로 가장 많은 학생들이 갔으며, 미국과 유럽으로 간 학생들 또한 상당한 숫자였다. 한편으로는, 1936년 당시, 37만 명의 외국인이 중국에 거주하고 있었다. 이러한 활발한 대외교류는 개방적이고 자극을 주는 지적 · 문화적 환경을 조성했을 뿐만 아니라 상당한 기술유입을 가져왔다. 오늘날의 칭화대(清华大), 푸단대(复旦大), 베이징대(北京大)로 발전한 새로운 대학들이 설립되었다. 상하이는 다양한 문화가 뒤섞여 활력 넘치는 현대문화의 중심이 되었다. 비록 첨예한 정치적, 사회적 대립으로 분열되어 있었을지라도 이 사회는 빠르게 전진하고 있었던 것으로 보인다.

3.4 전쟁과 내전, 1937~1949년

두 번에 걸친 전쟁의 성공으로 일본의 입지는 점차 증가하였다. 1905년 러시아로부터 랴오둥(辽东) 반도를 빼앗았을 때 일본은 이미 만주(满洲)에서 발판을 구축하고 있었다. 1931년 일본은 만주국(满洲国)이라는 꼭두각시 국가를 세워 실질적으로 만주 전역을 지배했다. 그리고 1937년 북경 외곽의 루거우차오(卢沟桥, Marco Polo Bridge) 사건은 중국 본토에 대한 일본의 침략이 시작되었음을 알리는 신호가 되었다. 1949년 공산주의 혁명이 승리할 때까지 10여 년 동안 계속된 전쟁의 서막이 오른 것이었다.

전쟁은 중국 국민들에게 커다란 고통을 안겨 주었고 경제에도 심각한 피해를 입혔다. 또한 전쟁의 발발은 국민당과 공산당 사이의 내전으로 비화되는 여건을 형성했다. 일본의 침략은 국민당 정부를 약화시켰고 공산주의 게릴라들은 항일전쟁을 통해 새로운 정통성을 얻을 수 있었다. 1945년 태평양전쟁의 종식으로 국민당과 공산당 군대 사이의 마지막 결전의 장이 마련되었다. 한편 전쟁의 혼란은 이 시기 10년 동안 일어난 변화의 중요성을 모호하게 한다. 전시경제는 중국의 발전을 기술할 때 종종 누락된다. 그러나 실제로 다섯 가지 중요한 변화들이 이 12년 사이에 발생했다.

3.4.1 일본 중심의 동아시아 경제의 흥망

일본의 중국 진출은 광범위한 동아시아 통합과정의 일부였다. 1940년대를 통해 일본 중심의 동아시아 경제체제가 등장하고 있었다. 부분적으로 일본 정부의 노골적인 제국주의 계산에 의해, 그리고 부분적으로는 일본의 증가하는 경제력에 의해 이 지역 체제는 고유한 구조를 가지고 있었다. 그 체제의 핵심은 일본 그 자체였다. 정부뿐만 아니라 대부분의 제조업과 서비스업은 일본을 위해 남겨졌다. 그 다음으로는 제국에 편입된 타이완(台湾)과 한국이 식량 생산의 핵심지역으로 등장했다. 타이완과 한국에서, 일본은 정치적 억압과 함께 경제발전을 촉진하기 위해 노력했다. 토지 측량을 실시하고 농업 확장 서비스, 교통 기반시설 구축, 그리고 교육 및 의료 서비스 등을 개선했다. 두 식민지 모두에서 사망률이 감소했으며 일본어를 읽고 쓰는 능력으로 정의되는 문자해독률이 증가했다.

다음으로 반가공제품의 공급자로 만주가 있었다(Ho, 1984). 중국 본토의 대부분은 잠재적 시장과 투자와 미래의 확장을 위한 지역으로 외부 영역에 해당되었다. 1930년대 중반까지 일본은 영국을 제치고 상하이(중국 본토에 대한 외국인 투자의 3분의 2가 상하이)에서 최대 외국인 투자국이 되었다. 일본의 경제적 제국의 여러 지역이 상당히 잘 기능하는 경제체제에서 상호작용했다. 태평양전쟁에서 일본의 패전으로 이 체제는 무너졌다. 1949년 이후 중국은 동아시아 경제에서 탈퇴했고 동아시아 경제통합은 수십 년이 지나서야 다시 출현했다.

3.4.2 만주의 부상

일본 제국주의 계획이 결국 실패했지만 만주의 산업화에 오랜 기간 기여했다. 만주의 산업성장은 중일전쟁 초기 동안 가속화되었으며 1936~1942년 사이에 연간 14% 증가하였다. 반면에 상하이와 나머지 중국의 산업 생산량은 1936년에 정점을 찍고 1949년 이후까지는 전쟁 전의 생산량을 회복하지 못했다. 1942년까지 만주는 중국의 전력, 철, 시멘트의 대부분을 생산했고 산업생산 가치의 절반 이상을 생산했다. 전쟁이 끝날 무렵, 중국의 산업능력의 대부분은 만주에 있었다.

3.4.3 국가의 개입 증가

전쟁 중에 민족주의 정부는 쓰촨(四川)성의 충칭(重庆)시에 임시수도를 설치하면서 중국 내륙지역으로 후퇴하였다(Kirby, 1990, 1992). 항상 그렇듯이, 전시의 압박감은 경제에 대한 정부의 개입을 증가시켰다. 중일전쟁 전에는 중국의 산업에서 중요한 공공부문이 없었다. 국민당 정부는 상하이의 산업을 내륙으로 옮겨 새로운 내륙 군수산업 시설을 구축하기 위해 일종의 기획 기구인 자연자원위원회(National Resources Commission, NRC)를 구성하고 정부 주도의 개발전략을 추구하였다(Kirby, 1990, 1992). 원래 광물자원의 개발에 중점을 두었던 NRC는 주로 기술자들이 담당하였고 국민당 정부에서 상대적으로 효율적이고 청렴한 부서라는 평가를 받았다. 1940년대 초에 NRC는 16만 명의 노동자를 고용하는 공장을 운영하고 있었다(1933년 총 1백만 명의 노동자가 공장에 고용되어 있던 상황에 대비). 정복되지 않은 지역에 남아 있던 산업 가운데 국영기업이 총 자본의 70%와 총 노동력의 32%를 차지하고 있었다.

한편, 상하이를 점령한 일본은 전쟁을 지원하기 위해 이 지역산업을 구조조정했다. 그 결과 상하이의 수많은 기업들이 군수품 생산으로 전환되었고 기계류와 군수물자의 생산이 증가한 반면 소비재 생산은 급속히 감소하였다. 전쟁이 종료될 때까지 상하이 산업의 많은 부분을 일본군이 운영하고 있었다. 이미 상하이에서 가장 큰 투자자였던 일본은 전쟁기간 동안 수많은 공장을 몰수했고 중국 자본가들에게 협조하도록 협박하였다. 국민당은 1945년에 이러한 기업 모두를 인수했다. 1940년대 후반 국민당은 NRC가 지원하던 산업과 일본 및 일본에 협력하던 공장을 통합하여 거대한 산업지분을 확보하였는데 정부가 통제하는 부분이 전체 현대적 산업자본의 2/3에 달했다. 1947년 중국 정부는 철강 생산의 90%, 전력의 2/3, 시멘트의 45%를 통제하고 있었고, 여기에 더하여 대부분의 주요 은행과 운수회사들 또한 정부의 통제를 받고 있었다. 1949년 이후 공산당 정부는 초기단계에 있는 이러한 국영 경제를 그대로 인수했다.

3.4.4 인플레이션

자신들의 경제적 기반인 양쯔강 하류지역으로부터 분리되어 있던 국민당 정부는 전비 마련을 위해 화폐를 발행하게 되었다. 결과는 인플레이션을 가속화하고 궁극적으로는 초인플레이션으로 나타났다. 이 정부가 몰락하면서 인플레이션은 더욱 심해졌다. 상하이의 전쟁 전 가격수준을 100으로 잡을 때, 1948년의 가격수준은 6억 6,000만이었다. 심각한 거시적 불균형으로 경제가 마비되는 조짐을 보였다.

3.4.5 상대적 위치

1940년대 후반까지, 세계에서 중국의 상대적 위치는 한 세기 동안 실질적으로 약화되었다. 그림 3.1은 Maddison(1998)이 계산한 세계 평균 대비 중국의 1인당 GDP의 변화를 보여 준다. Maddison의 기준 연도를 살펴보면, 중국의 1인당 GDP는 1913년 세계 평균에 근접한 수준인 40%에서 1949~1952년에는 약 20% 미만으로 하락했다. 앞서 논의한 바와 같이, Maddison의 추정치는 단지 예비적인 것에 불과했고, 우리는 Maddison이 추정했던 것보다 상대 소득에 대해 훨씬 더 많이 알고 있지만 적합한 수치에 대한 새로운 합의에 도달하지 못했다. Liu Ti(2010)는 1700년대에 이미 중국의 1인당 GDP가 감소하고 있었고 1820년에는 Maddison의 추정치보다 46% 낮았다고 추정하는 중국경제사학자들의 그룹을 대표한다. Maddison이 1820년 중국의 GDP를 과대평가했을 수도 있고, 따라서 중국의 상대적 하락 속도를 과장했을 수도 있지만 전반적인 상황은 확실히 맞다. 물론, 중국이 세계 평균 이하로 떨어지는 동안 서유럽과 미국은 세계 평균보다 훨씬 더 빠르게 속도를 높이고 있었다. 세계 문명의 중심지 중 하나였던 중국은 명백한 저개발과 후진국의 지위로 내려앉았다. 상대적 위치의 붕괴, 서구 식민주의의 공격적이고 약탈적인 태도, 그리고 서구에 대해 일관된 대응을 못한 중국 정부의 완전한 실패 등을 감안할 때 서구의 영향은 매우 충격적인 것으로 나타났다.

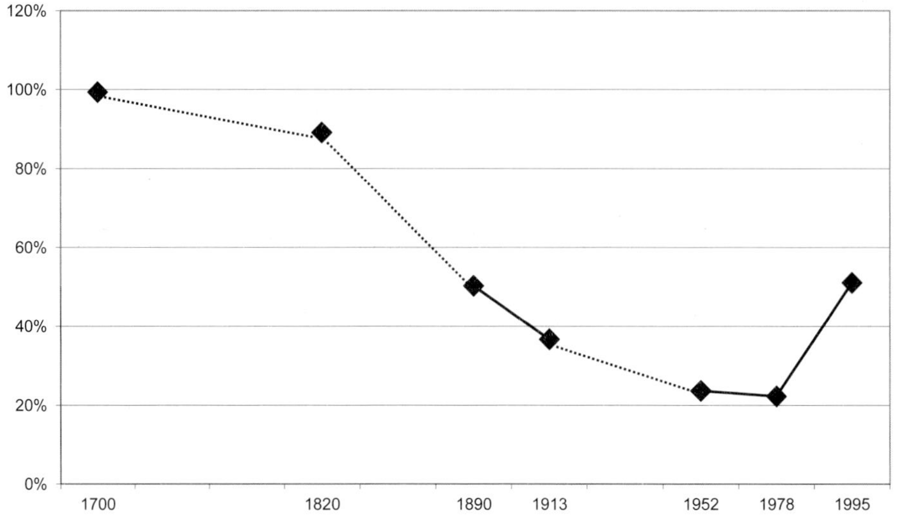

그림 3.1 세계 1인당 GDP 대비 중국의 1인당 GDP
자료: Maddison (1998).

3.5 1949년 이전의 경제 유산

3.5.1 사회주의 시대(1949~1978년)를 위한 유산

전쟁이 남긴 당면한 유산은 극심한 혼란과 경제 기반시설의 심각한 손상이었다. 산업자본이 파괴되고 농업 기반시설(특히 관개시설)이 심각하게 파손되어 경제가 마비되었다. 단기 산출량은 잠재력보다 훨씬 낮았다. 동시에 초인플레이션으로 인한 금융부문의 혼돈은 즉각적인 해결책을 요구하고 있었다. 전쟁으로 1920년대와 1930년대 시작된 경제 성장의 모든 것이 중단되었으며, 이 당시 중국은 인도에도 뒤질 정도로 매우 가난했다(표 3.2).

1949년 이전의 몇몇 부정적인 경제 경험은 아이러니하게도 1949년 이후 사회주의 제도의 비교적 원활한 도입에 기여했을 것이다. 1839년부터 1945년까지—아편전쟁에서 항일전쟁까지—외국 침략에 대한 중국인들의 경험은 자연스럽게 중국으로 하여금 서구 제도와 세계관에 대해 매우 의심하게 만들었다. 외국의 지배에 대한 반감은 폐쇄적인 사회주의적 발전전략에 대한 지지로 이어졌다. 더구나, 국민당 정부—공산주의자들에 대한 주요 상대세력—에 대한 신뢰가 초인플레이션과 1945~1949년 사이에 보여 준 경제 운용에서의 무능으로 심각하게 손상되었다. 좀 더 일반적으로, 혼란, 파괴, 그리고 10년이 넘는 전쟁의 고통 등으로 인해 중국의 대중은 평화와 일정 정도의 경제적 안정만 약속해 준다면 더 억압적인 정부일지라도 기꺼이 수용하려 하였다.

표 3.2 중국과 인도의 비교

	중국(1952년)	인도(1950년)
1인당 GDP(1952년 달러)	50	60
인구(백만 명)	573	358
쌀 생산량(톤/에이커)	2.5	1.3
밀 생산량(톤/에이커)	1.1	0.7
1인당 산업생산		
석탄(kg)	96	97
철강(kg)	2	4
전력(kW)	0.005	0.04
면 방적기	0.01	0.03
철도(km; 1936년)	20,746	72,000

자료: Kumar (1992); length of Chinese railroads from Rawski (1989, 208–209).

좀 더 구체적으로 말하면, 전시에 발생한 경제적 구조의 변화는 공산주의 정부가 사회주의적 공업화 전략을 실행하는 데 도움이 되었다. 일본은 오래전부터 만주에서 핵심 중공업을 발전시켜 왔는데, 그 산업들은 소련군에 의해 압류되었다가 그 후 중국 정부에 넘겨졌다. 중국 본토에서는 자연자원위원회(NRC)가 개발한 산업과 일제로부터 몰수한 기업들이 결합되어 있어서, 승리한 중국공산당(Chinese Communist Party)이 산업부문을 직접적으로 통제할 수 있는 토대가 마련되었다. 사실, 국민당 정부는 계획기구의 핵심을 구성해 두기까지 했으며, 국민당의 자연자원위원회에서 일하던 많은 숙련된 관리들이 중화인민공화국(People's Republic of China)에 남아 일을 계속하기도 했다. 따라서 신생 공산주의 정부는 아무런 어려움 없이 출발할 수 있었고 처음 몇 년 동안 정치적으로 민감한 산업의 국유화에 관여할 필요도 없었다.

1949년에 중국은 여전히 매우 가난했지만, 그럼에도 발전은 이미 시작되고 있었다. 중국은 비교적 훌륭한 인적자본을 가지고 있었다. 문자해독률은 오래전부터 증가하여 상당히 높은 수준에 도달해 있었다. 소규모 대학체계가 설립되었고, 전문 요원들이 해외에서 교육되기도 하였다. 일부 현대적 산업 및 운송자본이 마련되어 더욱 진전된 발전을 위한 핵심적 역할을 담당하기도 하였다. 1949~1978년 사이에 이어진 사회주의적 발전전략은 전통경제의 활력에 등을 돌렸지만, 아이러니하게도 과거 성공의 결실은 사명과도 같은 새로운 발전전략을 받아들인 신정부에 돌아갔다.

3.5.2 1978년 이후 시장경제를 위한 유산

전통경제의 유산이 사회주의 시대에 중요하였듯이, 1978년 이후의 시장경제에서도 똑같이 중요하였다. 중국이 개방하기 시작하였을 때 가계에 기초한 전통 경제체제에 대한 친숙함은 새로운 경제적 기회에 적응할 수 있는 견고한 잠재력이 되었다. 1978년 이후 중국 어디에서나 발견할 수 있었던 것은 전통으로의 회귀였다. 중국 전역에 걸쳐 소규모 가내공업이 생겨나 사회주의 하에서는 방치되었던 시장의 수요를 충족시켜 주었다. 일반적으로 "향진기업(township and village enterprise)"이라 불리던 농촌기업들은 수많은 지역에서 다양한 조직 형태로 급속히 성장하였는데, 특히 중국의 여러 지역 중 인구밀도가 높고 고도로 상업화된 지방에서 가장 왕성하게 번창하였다(13장). 전통경제의 중심지는 빠르게 되살아나고 놀라운 속도로 성장하였다. 양쯔강 하류의 넓은 지역에서는 전통경제의 우위를 되찾기 시작하였고 동북지역(계획경제의 중심부)의 중요성은 점차 약해졌다. 1978년 이후 양쯔강 하류 외곽에서 성장을 주도한 지역은 전통적인 경제활동에 뿌리를 두고 있다(Eyferth, 2009；Grove, 2006). 전통시장에 기반을 둔 조직형태도 생겨났는데, 가치사슬의 상류부문 및 하류부문을 포함하는 생산자들과 시장을 통해 수많은 소규모의 전문 기업들이 조직되었다. 남동부 해안을 따라 원저우에서 민간기업의 열정적인 기업가적 발전은 이러한 형태를 잘 보여 주고 있다. 중국이 1978년 이후 급속도로 성장할 수 있었던 것은 전통경제가 육성해 온 기업가적이고 경쟁적인 행태 덕분이다.

중국 연해지역이 중화인민공화국 외부와 맺어 온 전통적 연계 또한 급속히 되살아났다(2장). 실제로, 1960년대와 1970년대 홍콩과 대만의 급속한 경제성장은 전통경제가 지속되어 내려온 것으로 간주될 수 있다. 결국, 전통적 중국경제 내부에는 예전부터 진화해 온 성장경로를 따라 주로 소규모 기업에 의존하여 경제발전의 도약을 이룬 지역들이 존재했다. 1978년 이후 홍콩과 대만에서 발전한 기업들의 역량이 중화인민공화국 내부의 노동력 및 기타 자원과 결합하여 대외무역의 폭발적 성장을 이뤘던 것이다. 이러한 관점에서 보면 전통경제가 1978년 이후의 발전에 매우 긍정적인 유산을 남겼다고 할 수 있다.

마지막으로, 전통경제는 계획으로부터 시장으로의 이행에 대한 성격을 규정한 복잡한 유산을 남겼을 수 있다. 중국에 대한 외세의 침입은 1970년대 말까지도 민감한 사안이었다. 덩샤오핑(邓小平)은 경제개방에 시동을 걸기 위해 경제특구(Special Economic Zone, SEZ)를 추진했다. SEZ는 외국인 참여의 범위를 제한했지만 동시에 정책 입안자들이 외국의 지배에 대한 그들의 전통적인 반감을 기꺼이 극복하려 한다는 것을 보여 주었다. 그에 따라 정책들은 19세기에 중국에 강요되었던 조약항의 특징들을 반영했지만 이번에는 중국의 통치 아래 있었다. 이러한 경제특구의 초기 실험은 이후의 제도적 전환에 있어서 중국 특유의 특징으로 규정되는 "이중트랙 접근방법(dual-track approach)"이 성립하는 데 영향을 미쳤을 수 있다(5장). 경제특구에서는 계획경제의 틈새에서 시장친화적인 새로운 규칙을 운영할 수 있도록 허용함으로써 중국경제의 광범위한 변혁을 예고하였다. 실제로 "중국 특색의" 개혁 프로그램을 진행함에 있어서 철저히 독자적인 추진을 포함하여 전반적인 중국의 접근방법은 서구와의 100년간의 충격적인 만남과 관련이 있을 수 있다. 이 밖에도 여러 측면에서 현대 중국경제는 전통의 재발견을 포함하고 있다. 중국의 전통경제는 실패한 것일까? 중국의 전통경제가 가진 긍정적인 잠재력과 성과가 수십 년 동안 억압되어 왔다고 하는 편이 좀 더 정확할 것이다. 전쟁, 내전, 그리고 사회주의가 전통경제를 방해하고 부적절한 것처럼 보이게 했다. 오늘날 전통경제가 부활하였다. 과거에 뿌리를 둔 상업적이고 기업가적인 네트워크와 행태들이 재발견되어 그 적합성을 지니고 있으며 이들은 오늘날 경제성장을 촉진하고 미래에 긍정적인 유산을 제공하고 있다.

Bibliography

더 읽을 거리

중국 역사에 관한 문헌은 풍부하고 매우 접근하기 쉽다. 본문에서 제기된 문제를 자세히 알아보려면 Brandt, Ma, and Rawski(2014) 또는 Richardson(1999)을 참조하기 바란다. Von Glahn(2016)은 훨씬 과거로 거슬러 올라가는 철저한 조사를 했으며 최근에 장학금도 받았다. Kallgren et al.(1991)은 중국 현대사의 여러 시기의 다양한 주제를 모아 놓은 흥미로운 선집이다. Jung Chang의 Wild Swans(1991)는 순전히 개인적인 가족 회고록을 통해 중국 역사의 거대한 굴곡을 묘사하고 있다.

참고문헌

Allen, Robert C., Jean-Pascal Bassino, Debin Ma, Christine Moll-Murata, and Jan Luiten Van Zander (2011). "Wages, Prices, and Living Standards in China, 1738–1925: In Comparison with Europe, Japan, and India." *Economic History Review* 64 (S1): 8–38.

Brandt, Loren (1987). "Farm Household Behavior, Factor Markets, and the Distributive Consequences of Commercialization in Early Twentieth-Century China." *Journal of Economic History* 47 (3): 711–737.

Brandt, Loren (1990). *Commercialization and Agricultural Development: Central and Eastern China, 1870–1937.* Cambridge: Cambridge University Press.

Brandt, Loren, Debin Ma, and Thomas Rawski (2014). "From Divergence to Convergence: Reevaluating the History Behind China's Economic Boom." *Journal of Economic Literature* 52 (1): 45–123.

Chang, John K. (1969). *Industrial Development in Pre-Communist China: A Quantitative Analysis.* Chicago: Aldine.

Chang, Jung (1991). *Wild Swans: Three Daughters of China.* New York: Simon & Schuster.

Elvin, Mark, and Liu Ts'ui-jung, eds. (1998). *Sediments of Time: Environment and Society in Chinese History.* New York: Cambridge University Press.

Eyferth, Jacob (2009). *Eating Rice from Bamboo Roots: The Social History of a Community of Handicraft Papermakers in Rural Sichuan, 1920–2000.* Cambridge, MA: Harvard University Asia Center.

Feuerwerker, Albert (1969). *The Chinese Economy, ca. 1870–1911.* Ann Arbor: Center for Chinese Studies, University of Michigan.

Grove, Linda (2006). *A Chinese Economic Revolution: Rural Entrepreneurship in the Twentieth Century.* Lanham, MD: Rowman & Littlefield.

Ho, Samuel P. S. (1984). "Colonization and Development: Korea, Taiwan and Kwantung." In Ramon Myers and Mark Peattie, eds., *The Japanese Colonial Empire, 1845–1945*, 347–398. Princeton, NJ: Princeton University Press.

Kallgren, Joyce, K. Lieberthal, R. MacFarquhar, and F. Wakeman, eds. (1991). *Perspectives on Modern China: Four Anniversaries.* Armonk, NY: M. E. Sharpe.

King, Frank H. (1911). *Farmers of Forty Centuries*. Emmaus, PA: Rodale Press.

Kirby, William C. (1990). "Continuity and Change in Modern China: Economic Planning on the Mainland and on Taiwan, 1943–1958." *Australian Journal of Chinese Affairs* 24:121–141.

Kirby, William C. (1992). "The Chinese War Economy." In James C. Hsiung and Steven I. Levine, eds., *China's Bitter Victory: The War with Japan, 1937–1945*, 185–212. Armonk, NY: M. E. Sharpe.

Kumar, Dharma (1992). "The Chinese and Indian Economies from ca. 1914–1949." STICERD Research Program on the Chinese Economy, CP no. 22, London School of Economics, May.

Li, Bozhong, and Jan Luiten van Zanden (2012). "Before the Great Divergence? Comparing the Yangzi Delta and the Netherlands at the Beginning of the Nineteenth Century." *Journal of Economic History* 72 (4): 956–989.

Liu, Ti (2010). *Qianjindai Zhongguo Zongliang Jingji Yanjiu (1600–1840)* [An economic study of aggregate output in early modern China (1600–1840)]. Shanghai: Shanghai Shiji.

Maddison, Angus (1998). *Chinese Economic Performance in the Long Run*. Paris: Development Centre of the Organisation for Economic Co-operation and Development.

Naquin, Susan, and Evelyn Rawski (1987). *Chinese Society in the Eighteenth Century*. New Haven, CT: Yale University Press.

Perkins, Dwight (1967). "Government as an Obstacle to Industrialization: The Case of Nineteenth-Century China." *Journal of Economic History* 27 (4): 478–492.

Pomeranz, Kenneth (2000). *The Great Divergence: Europe, China, and the Making of the Modern World Economy*. Princeton, NJ: Princeton University Press.

Rawski, Thomas (1989). *Economic Growth in Prewar China*. Berkeley: University of California Press.

Richardson, Philip (1999). *Economic Change in China, c. 1800–1950*. Cambridge: Cambridge University Press.

Sng, Tuan-Hwee (2014). "Size and Dynastic Decline: The Principal-Agent Problem in Late Imperial China, 1700–1850." *Explorations in Economic History* 54:107–127.

Tawney, R. H. (1932). *Land and Labour in China*. London: George Allen and Unwin.

Vermeer, Eduard (1988). *Economic Development in Provincial China: The Central Shaanxi Since 1930*. Cambridge: Cambridge University Press.

Von Glahn, Richard (2016). *The Economic History of China: From Antiquity to the Nineteenth Century*. Cambridge: Cambridge University Press.

Will, Pierre-Etienne, and R. Bin Wong (1991). *Nourish the People: The State Civilian Granary System in China, 1650–1850*. Ann Arbor: Center for Chinese Studies, University of Michigan.

Zelin, Madeleine (1991). "The Structure of the Chinese Economy During the Qing Period." In Joyce Kallgren, K. Lieberthal, R. MacFarquhar, and F. Wakeman, eds., *Perspectives on Modern China: Four Anniversaries*. Armonk, NY: M. E. Sharpe.

Zhang, Zhongli (1955). *The Chinese Gentry: Studies on Their Role in Nineteenth-Century Chinese Society*. Seattle: University of Washington Press.

4 사회주의 시기(1949~1978년): 빅 푸시 산업화와 정책의 불안정

The Socialist Era, 1949–1978: Big Push Industrialization and Policy Instability

1949년 10월 중화인민공화국(People's Republic of China, PRC)이 수립된 후 중국경제는 전통적인 틀에서 벗어나 완전히 방향을 바꾸었다. 중국의 새 지도자들은 전통적으로 가계에 기반을 두고 있던 "하부구조가 견고한" 경제로부터 등을 돌리고 정부의 직접적인 통제를 통해 거대한 사회주의 산업단지를 발전시키기 시작했다. 계획 입안자들은 중국의 거대한 인구에 걸맞은 노동집약적인 분야를 외면하고 그 대신 금속, 기계류 그리고 화학제품 등을 생산하는 자본집약적인 공장들에 자원을 쏟아부었다. 태평양을 지향하던 연안의 조계지 산업화가 이룬 초기 성과들은 폐기되었고 내륙지향적인 새로운 전략이 채택됐다. 중국은 주요 교역상대자이자 기술 공급원이었던 소련을 자신들의 발전모델로 선택했다.

중국은 30년 동안 이런 사회주의 비전을 추구했다. 우리는 "경제전략"이라는 용어를 자원이 배분되는 전반적인 패턴을 설명하기 위해 사용하며, 이러한 개발전략에 "빅 푸시 산업화(Big Push industrialization)"라고 이름 붙인다. 왜냐하면 이 전략은 실행 가능한 최대한의 투자를 중공업에 최우선으로 쏟아붓는 발전전략이기 때문이다. 이런 발전전략은 사실상 중국경제의 모든 면에 적용되었다. 오늘날 체계적으로 이런 형태의 개발전략을 따르는 나라는 없지만 PRC가 탄생할 당시에는 이것이 개발에 대한 최선의 접근법이라고 많은 사람들이 믿고 있었다. 이러한 믿음은 부분적으로 산업화를 육성하는 데 있어서 소련의 명백한 성공과 나치 독일과의 전쟁에서 승리한 것에 바탕을 두고 있다. 보다 광범위하게 보면, 개발도상국은 자본주의 세계 경제로부터 "단절"해야 한다는 주장이 있었고, 그 후 정부는 미래 세대의 혜택을 위해 현재의 소비를 희생시키면서 저축과 투자를 동원할 수 있었다. "빅 푸시"—많은 산업부문의 동시 개발—는 가난한 나라들이 다른 관련 산업의 저개발로 인해 주어진 부문의 성장이 억제되었던 악순환에서 벗어날 수 있게 해줄 것이다.

이러한 전략을 실행하기 위해, 계획경제 체제는 1949~1956년 사이에 단계적으로 실시되었다(그리고 1979년 이후 단계적으로 폐지). "경제체제"라는 말은 자원배분 결정을 지배하는 제도를 가리킨다. 이 부분은 4.2절에서 다루어진다. 중국이 채택한 경제체제의 유형은 종종 "명령경제"라고 불리는데, 시장의 힘이 심각하게 위축되고 정부의 계획당국이 "명령"을 통해 직접 자원을 배분했기 때문이다. 이때 "명령"은 경제에서 결정적 신호였다. 명령경제는 개인들의 경제적 결정을 국가의 전반적인 발전전략에 종속시킬 수 있는 매우 효과적인 방법이었다. 국영기업들은 주요 산업부문을 장악했고 시장가격과 수익성에 대해 반응하지 않았다. 대신에 그들은 상급자의 명령을 수행하고 계획된 목표를 달성할 책임이 있었다.

빅 푸시 산업화 전략과 명령경제 체제는 중국이 사회주의 발전을 추구하던 시기 내내 중국을 지배했으나, 마오쩌둥(毛泽东)의 개발목표는 끊임없이 재해석되고 있었고 정책은 경제에 악영향을 미치는 예측 불가능한 방식으로 전환되었다. 경제적 불안정과 정책의 동요는 1978년에 이르는 시기의 특징이다. 본 장에서는 정책의 불안정이라는 분석틀을 사용하여 사회주의 시기 동안 발생한 몇 가지 가장 중요한 사건들을 설명한다. 몇 가지 독특하고 성공적인 중국식 정책이 빅 푸시 산업화/명령경제 모델에 적용되기도 했지만, 어떤 정책들은 잘못 지도되고 재앙을 초래하기도 했다. 대약진운동(大跃进, Great Leap Forward, GLF)은 이런 역사적 사건들 중에서 가장 특별하고 가장 끔찍한 것이어서 심지어 문화혁명(文化革命)마저 무색하게 한다. 1979년 이래로 중국은 명령경제의 모든 제도들을 사실상 해체해 나갔다. 그럼에도 불구하고 중국의 현대 경제에는 사회주의 계획경제 시기의 유산이 아직 많이 남아 있고 복잡하게 얽혀 있다. 사실 중국경제는 명령경제의 후유증에서 완전히 벗어나지 못하고 있다. 우리는 사회주의 시기와 그 유산에 대한 간략한 평가로 본 장을 맺는다.

4.1 빅 푸시 발전전략

1949년 이후 중화인민공화국은 사회주의적 중공업 우선 개발전략, 즉 빅 푸시 산업화 전략을 추구했다. 급속한 산업화가 최우선순위로 정해지면서 소비는 억제됐다. 정부는 대부분의 경제를 직접 통제했고 새로운 공장 건설에 자원을 투입하기 위해 그 통제력을 사용했다. 사실상 정부에 의한 투자는 국민소득의 1/4 이상으로 급격하게 증가했다. 1950년대 이후 세계적인 투자율이 증가했지만 오늘날에도 빈국들의 투자율은 평균적으로 GDP의 20%를 차지한다. 중국은 여전히 매우 가난한 나라였던 1954년에 GDP의 26%까지 투자율을 끌어올렸다(총자본 형성—물질적 자산 중 신규투자 합계, 대체투자, 재고량—이 GDP에서 차지하는 비중은 그림 4.1 참조). 대약진기간 동안 투자는 급증했지만 그 후 재앙적인 여파로 인해 급락했다. 그림 4.1에서 볼 수 있듯이, 장기간에 걸쳐 중국의 투자율은 때로는 불안정하긴 했지만 높은 수준을 유지하면서 꾸준히 증가했다 또한 그림 4.1은 현대 중국경제의 놀라운 특징으로 1978년 이후 빅 푸시 전략을 포기했음에도 불구하고

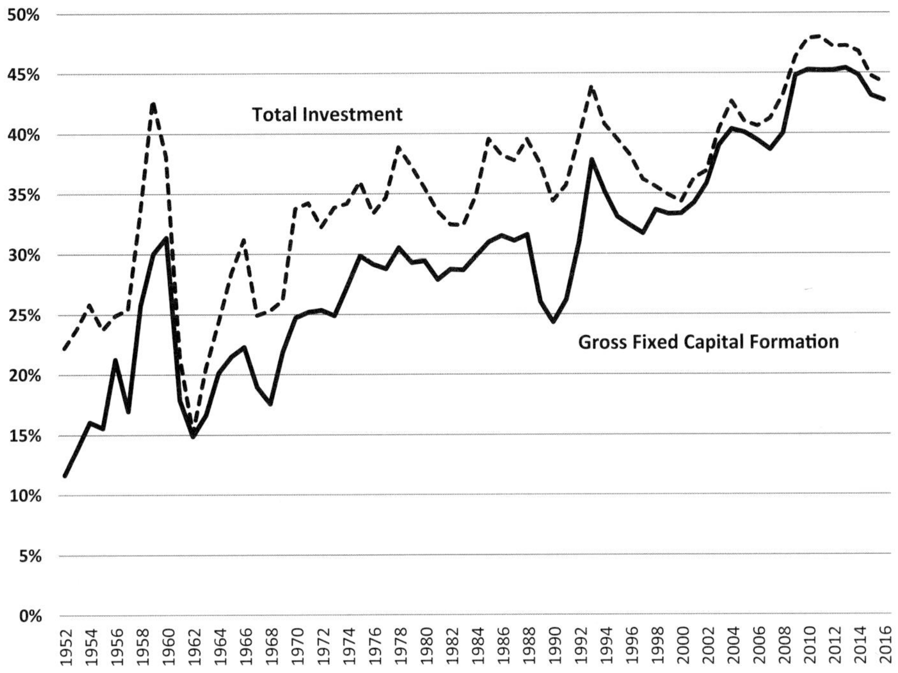

그림 4.1 GDP에서 투자의 비중
자료: NBS (1999, 6 – 7); *SAC* (2017, 36).

2009~2014년 안정기까지 투자율이 계속 상승했다는 것을 보여 주고 있다. 개혁 시기의 뚜렷한 중단은 없었고 오히려 투자를 위한 자원 동원이 지속되는 형태를 보이고 있다.

대부분의 투자는 산업에 집중됐고 산업투자 중에서도 80% 이상이 중공업에 집중됐다. 계획당국이 자원을 산업에 집중했기 때문에 급속한 산업 성장은 전혀 놀라운 일이 아니었다. 1952~1978년 사이 산업 생산량은 연평균 11.5%의 성장률을 보였다. 더욱이 전체 GDP에서 산업이 차지하는 비중은 같은 기간에 18%에서 44%로 꾸준히 증가했으며, 농업 비중은 51%에서 28%로 하락했다(경상가격으로 측정; 추가 논의는 7장 참조). 예를 들어 발전기, 화학비료, 자동차 등을 생산하는 새로운 산업들이 생겨났다. 가장 중요한 점은 불황과 전쟁으로 인한 경기침체와 붕괴 이후 경제성장이 시작되었다는 사실이다. 중국경제는 1950년대에 도약했으며 빅 푸시 산업화 전략이 주효한 듯했다. 새 정부는 지속적인 투자 노력에 재원을 지원하기 위해 재정 및 기타 자원을 동원할 수 있었다.

중화인민공화국이 동아시아 국가들 중 1950년대에 성장을 가속화한 유일한 국가는 아니었다. 홍콩과 대만도 급속한 산업화를 경험하였는데, 이들은 중국이 포기한 발전전략을 추구함으로써 산업화를 이루었다. 이런 전략들을 직접 비교해 보면 이들 모든 지역들의 성장에 대한 통찰을 얻을 수 있을 것이다(표 4.1). 전체 산업 경제는 수많은 상이한 활동

표 4.1 두 가지 대조되는 산업화 전략

	중국: 중공업 우선	대만과 홍콩: 경공업 우선
기본 전략	상류 및 하류와 연계된 전략 산업	하류의 소비재 산업으로 시작하여 점차 상류로 이동
저축	정부, 국유기업	가계, 민간기업, 정부
투자 결정	정부	민간기업, 정부 인프라
수요증가의 원천	국내산업, 정부의 투자계획	외국 및 국내 소비재 시장
가계 소득	느린 증가	비교적 빠른 증가
조정	계획	정부의 약간의 조정기능과 결합한 시장
대외 개방	낮음	높음

들을 서로 연결시키는 일련의 "가치사슬" 또는 흐름으로 이해될 수 있다. 그 흐름의 상층에는 자연자원 추출과 광공업이 있다. 그 다음으로는 정제, 자원의 처리공정 그리고 기계류 산업 등이 있다. 궁극적으로 이 흐름의 최하층에는 기업과 소비자들을 위한 최종 생산물이 있다. 중공업 우선전략을 추구했던 중국은 산업 경제의 상층 및 중간 단계에 있는 산업들에 주력했다. 이 산업들은 다른 산업과의 연계가 긴밀하다는 점에서 "전략적"이라고 볼 수 있다. 예를 들어 철강산업은 중요한 "가치사슬 하류"와 연계를 갖고 있다. 왜냐하면 이 산업이 기계장비 제조업자들에게 품질 좋은 저가의 철강을 공급해 주면 그 제조업자들은 비용을 낮출 수 있어 발전을 촉진시킬 수 있기 때문이다. 철강산업은 또한 중요한 "가치사슬 상류"와의 연계도 갖고 있다. 왜냐하면 이 산업의 성장은 석탄, 철광석, 특수 기계류 등에 대한 수요를 증대시키고, 따라서 이들 산업 전반의 성장을 촉진하기 때문이다. (투입산출표는 부문 간의 직접적인 공급관계를 모두 보여 주는 도구이며 산출물이나 수요에서의 변화가 가지는 직접적이거나 간접적인 의미를 신속하게 계산하는 데 이용할 수 있다.) 전략적 부문에 대한 집중적 투자에 의존하는 성장은 자기 강화적 과정을 창출하기도 하지만 동시에 자기 제한적 과정을 창출하는 경향도 존재한다. 중공업부문은 정부의 투자결정에 따라 발전할 수 있고 이는 상호간의 수요를 충족시킬 수는 있겠지만 시장의 발전과 소비 성장 둔화에 대한 파급효과는 제한적이다. 더욱이 이러한 중공업은 기술적으로 도전적이고 빨리 습득하기 어렵다. 이러한 접근법은 국가 자립 및 외부세계에 대한 개방 제한이라는 전략에 잘 들어맞는다.

이와 대조적으로 홍콩과 대만은 처음부터 섬유, 식료품 그리고 기타 소비재 산업으로 특화했다. 즉, 이 국가들은 산업의 가치사슬에서 "하류"의 끝부분에 집중했다. 이 산업들은 또한 대부분의 개도국들이 산업화 과정을 시작하는 "초기 산업"들이다. 이들은 또한 1920년대와 1930년대에 중국의 "조계지 산업화"에서 가장 중요한 부문이었다는 것은 우연이 아니었다. 실제로 어떤 경우에는 조계지에서 활동하는 사람들이 공장을 직접 운영했다. 예컨대 상하이의 많은 섬유기업들이 1950년대에 홍콩으로 이주했고 일부 기업인들은 대만으로 이주했다. 이들 산업의 시장은 주로 외국, 특히 선진국들에 있었다. 무역 개방은 산업가들이 세계시장에서 자신들에게 필요한 투입물—원재료와 장비—을 획득할 수 있음을 의미했다. 경공업이 성공적으로 발전하고 얼마 후 대만과 홍콩은 "상류"의 산업으로 이동하여 더 많은 기술을 필요로 하고 자본집약적이며 때로는 정부의 도움을 받는 산업을 발전시켜 나갔다. 홍콩, 대만, 한국, 싱가포르 모두 초기의 경공업 소비재 생산에서 기술이 더 필요한 영역으로 비교적 순조롭게 이행했으며, 1960년대와 1970년대에 이들 네 나라의 경제성상이 급속히 이루어졌다는 점은 놀라운 일이다. 즉, 산업화의 초기 단계에서 국내 산업간 연계가 없었음에도 불구하고 대만과 홍콩은 개방화의 이점을 통해 산업간 연계의 부족을 보완하는 것 이상의 효과를 얻을 수 있었던 것이다. 세계시장으로부터 가장 저렴한 투입물에 접근할 수 있었기에 가능했던 저렴한 생산과 세계 기술의 빠른 흡수 그리고 수출시장에 대한 빠른 학습이 생활수준을 급속히 향상시켰고, 궁극적으로는 모범 사례로 급속히 수렴해 갈 수 있었다. 따라서 빅 푸시의 추진에 따라 중국의 성장이 가속화되었지만 동시에 동아시아의 다른 지역에서의 성장은 더욱 가속화되었다. 1978년까지 대만과 홍콩은 중국을 크게 앞섰고 중국 지도자들을 설득해 경제를 개혁하고 개방하는 데 중요한 전시효과로 작용했다. 1979년 이후 중국이 마침내 발전전략의 방향을 전환하여 빅 푸시 산업화 전략을 수정했을 때, 그 동안 미개척된 많은 기회들이 경공업과 수출시장에 있었다. 중국은 이처럼 등한시했던 기회들을 부여잡고 때로는 홍콩과 대만의 기업들과 협력하기도 했다(현대에 들어 형성된 중국, 홍콩, 대만 경제 사이의 상호연관에 대한 자세한 설명은 16장과 17장을 참조).

4.2 중국의 명령경제 체제

계획당국은 빅 푸시 산업화 전략을 위해 어떻게 자원을 조달할 수 있었을까? 의사결정이 이루어지는 방식을 결정하는 주요 제도는 무엇인가? 중국은 소련의 "명령경제" 체제를 채택했는데 이 체제에는 다음과 같은 네 가지 기본적인 특징이 있었다.

- 정부는 모든 대형 공장들, 운송 및 통신 기업들을 소유하고 있었다. 농촌에서는 농촌집체들이 토지의 소유권과 농업경제의 경영을 장악하고 있었다.
- 계획당국은 기업에게 생산목표를 정해 주고 상이한 생산자들 사이에 자원과 재화를 직접 배분하는 명령을 발표했다. 이 경제에서 가격은 자원배분을 유도하는 근본적 신호로서의 의의를 상실했다. 금융은 투자결정을 촉진하는 것이 아니라 실적을 감시, 감독하기 위해 이용되었다.
- 가격의 미시적 자원배분 기능은 소홀히 했지만 그럼에도 불구하고 정부는 자원이 정부와 빅 푸시 산업화에 동원될 수 있도록 가격체계를 통제하고 상대가격을 설정했다.

- 정부와 공산당은 위계적인 인적 관리체계를 통해 경제에 대한 통제를 강화했는데, 이 체계 하에서 공산당은 행정적 지휘체계를 통제했다. 모든 노동자들은 그들의 일터인 농촌집체나 도시 정부 혹은 집단 단위를 통하여 공산당과 연계되어 있었다.

이것들은 스탈린 치하의 소련에서 처음 생겨난 체제를 특징짓던 제도들이다. 중국은 1950년대에 이런 제도들을 모방했다. 앞으로 논의하겠지만 1960년대와 1970년대에 중국은 이런 제도들을 마오주의 이데올로기에 걸맞도록 전환하여 선도자인 소비에트보다 더 가난한 경제에 적용했다.

정부는 공장을 소유했고 가격체계를 통제했다. 따라서 공장 생산물은 비싸고 농업 생산물은 값싼 현상이 놀랄 만한 일은 아니었다. 즉 사회주의 국가는 의식적으로 (정부가 소유한) 산업 생산물에는 상대적으로 높은 가격을 책정하고, (농촌집체가 소유한) 농산물에는 상대적으로 낮은 가격을 매겼다. 사회주의 국가는 국영부문과 가계부문 사이의 거래조건을 국영기업에게 매우 유리하게 유지했다. 1953년(농촌집체가 설립되기도 전에) 이미 중국 정부는 농민의 의무적인 곡물 공출제를 실시하고 핵심 농산물에 대한 정부 독점을 창안하여 이를 30년 이상 유지했다. 농민들은 국가의 곡물 독점으로 정해진 공출량을 낮게 책정된 가격으로 공급하지 않을 수 없었다. 농산물의 낮은 가격에 비해 공산품 소비재에 대한 "가격할증(markup)"은 매우 높게 설정되었다(예를 들면, 면으로 된 옷). 반면 임금은 낮고 안정적으로 유지되었다. 가격설정에서 이러한 편향이 나타나는 상황에서 농업은 "수익성이 낮은" 경제활동처럼 보였고 제조업은 고수익을 내는 것으로 나타났다. 하지만 정부는 너무 많은 농민들이 농촌을 떠나는 것을 원하지 않았기 때문에 이주를 제한하였다(6장 참조).

정부가 통제하는 기업들의 잉여는 정부 수입의 주요 원천이 되었다. 왜곡된 가격체계는 국유기업들로 하여금 극단적으로 높은 수익을 올릴 수 있도록 하여—설사 이들이 매우 효율적이지 않을지라도—정부와 경제 전체의 "수입원" 역할을 담당하게 했음을 의미했다. 이런 체계 덕분에 중국 정부는 빅 푸시 공업화와 기타 우선순위가 주어진 산업에 대해 자원을 동원할 수 있는 재정 능력을 가질 수 있었다. 현대적 조세체계는 필요하지 않았다. 이미 1950년대 중반에 정부는 GDP의 1/4 이상을 예산 수입으로 거둘 수 있었는데, 이는 가난한 국가로서는 매우 인상적인 수준이며 전쟁 이전 국민당 정부가 거두었던 정부 수입보다도 더 높았다.

경제에 대한 정부 통제의 핵심 전제조건이 확립된 후 계획체계를 통해 특별한 결정이 내려졌다. "현물 균형 계획(material balance planning)"은 실제로 경제를 운영하는 데 사용된 주요 기법이었다. "현물 균형"이란 계획자가 배분하는 모든 공급물들이 과잉이나 부족 없이 "균형을 이룰 수 있도록" 개별 상품의 원천과 사용에 대한 계산을 지칭한다. 계획자들은 현물을 그저 물리적 "양"으로 할당하고 "가격"을 무시했다. 개별 생산자들에게는 산출계획과 생산자들 사이에 자원이 전달되도록 하는 공급계획이 수립되었다. 이론적으로 보면 계획자는 투입–산출표를 이용하여 전체 경제의 상호 연관된 필요를 계산할 수 있다. 실무적으로 보면 중국은 너무 거대하고 생산지들도 너무 다양하여 계획자들은 단 하나의 기법을 통해 경제를 조율할 수 없었다. 그 대신 계획당국은 일단 상이한 이해관계자들 사이에 돌아갈 자원을 배분하고 자신의 우선적인 프로젝트 희망목록과 그에 수반되는 자원의 목록을 작성한 다음, 아직 남아 있는 자원들을 수많은 충족되지 않은 부문에 할당하였다. 대외부문은 희소성을 보완하고 잉여를 판매하는 마지막 보루로 이용될 수 있었다.

실물에 대한 통제를 강화하기 위해 다른 형태의 통제도 이용되었다. 개인에 대한 통제는 노멘클라투라(nomenklatura)를 통해 이루어졌다. 노멘클라투라는 공산당이 통제하는 도시의 임명직 지위 일람표인데, 이를 통해 공공부문 전체에 속한 개인들을 관리한다. 공산당은 엄격한 위계질서를 확립했는데 그 속에서 개별 단위는 그보다 하위 단위에 속한 개인의 실적과 임명을 감독한다. 그 결과 승진 경로와 궁극적인 유인 구조에 대한 통제는 공산당에게 있었다. 마지막으로 금융의 흐름과 신용 또한 상부에 의해 통제되었는데 가장 전형적인 형태는 국가의 지시를 잘 따르는지 감독하는 국가독점 은행체계(또는 "단일 은행")를 통한 통제였다. 이 체계에는 가격, 이윤, 화폐, 그리고 은행 모두가 존재하기는 하지만 금융체계는 "수동적"이다. 즉 금융 흐름은 독립적으로 그 자원 배분 흐름에 영향을 미치기보다는 계획(물적 수량의 형태로 도출된)을 실현하기 위해 배분됐다. 단 하나의 예외는 가계 예산이었다. 가계는 소비재 공급이 제한되어 있던 상태에서 자신의 소득을 어떻게 배분할지를 결정할 수 있었다. 모든 계획과 지령 그리고 통제 하에서 전형적인 국유기업들은 권한을 거의 갖고 있지 않았다. 그래서 국유기업은 노동력을 조정할 수도 없었고 이윤을 유보할 수도 없었으며 투입을 늘려 생산을 증대시키는 노력 이외에는 할 수 있는 게 없었다. 하지만 동시에 중국에서 핵심 계획체계는 소련에서의 그것보다는 덜 집중돼 있었고 덜 엄격했다. 중국의 산업구조에서 소기업들은 소련보다 더 중요했다. 운송 및 통신이 덜 발달해 있어서 중앙통제가 효과적으로 발휘되지 못한 것은 당연했다. 예를 들어 베이징의 중앙 계획자는 최대 600종의 산업 생산물을 배분한 반면 1970년대 소련의 중앙 계획자는 60,000종의 상품을 배분했다. 달리 말하면, 특히 1970년대에 중국의 체계는 덜 집중돼 있었고 계획체계의 분권화를 강화시켜 주었던 금융 분권화 이후 지방정부에게도 상당한 정도의 경제발전에 관한 결정권의 여지가 주어졌다. 논란이 있긴 하지만 중국 산업경제의 상층부(중앙정부)와 하층부(기업)에서는 의사결정 권한이 적었다. 그러나 중층부, 즉 전형적으로 지방정부 관료들은 더 많은 권한을 행사할 수 있었다.

그러나 한 가지 측면에서 중국은 소련보다 훨씬 더 통제적이었다. 즉 이데올로기 및 사회적 통제는 특히 엄격했다. 마오주의 시절에는 정치가 "우선이었고" 공산당은 언론 및 출판, 심지어 사상까지도 엄격히 통제했다. 중국은 노동의 이동과 보수에 대한 제한을 포함해 노동에 대해 매우 엄격히 통제하고 있었다. 도시로의 이주는 엄격히 제한됐고 문화혁명 동안에도 1,700만 명의 도시 졸업생들이 농촌으로 하방되었다(6장 참조). 국유기업 종사자들은 평생 그 기업에 종사했으며 심지어 그 직장을 자신의 자녀에게 물려주기도 했다. 노동 이동은 사실상 존재하지 않았다. 기업이 노동자를 해고하는 것은 원칙적으로 불법이어서 실제로도 불가능했으며 알려진 바도 거의 없었다. 분권화에도 불구하고 많은 측면에서 체제는 매우 경직돼 있었다.

4.3 정책의 불안정

1949년 이래로 중국의 역사는 격동의 시기를 겪었다. 1949년 혁명 이후에도 정책의 급격한 변화—경제정책을 포함하여—는 중국의 발전 시기 전반에 나타나는 특징이었다. 경제정책의 많은 분야에서 방향의 전환과 역전이 공통적으로 나타났다. 그 결과, 사회주의 시기의 유산은 특히 복잡했다. 어떤 시기에는 정책적 강조가 너무 독특해서 중국적 또는 마오주의적 발전 "모델"이라 묘사되었다. 다른 시기의 정책은 정통 소련의 모델과 유사했거나 단기적인 실용주의에 의해 추진되었다. 이러한 상이한 시기는 매우 성공적이거나 대재앙에 이르는 매우 다른 경제적 결과를 낳았다.

경제정책의 변화는 종종 첨예한 정치적 갈등을 동반했다. 마오쩌둥은 자신의 혁명적 이상이나 개인적 의도에 따라 경제정책을 여러 차례 바꾸었다. 그는 종종 정책변화를 정적들에 대한 자신의 개인적 투쟁의 일부로 묘사하곤 했다. 1949년 이후 주요 정책적 쟁점들은 공산당을 분열시키는 내부 권력투쟁을 유발하곤 했다. 파벌싸움에서의 승자는 정책적 주도권을 이용하여 그 반대파를 제압했고 자신들이 선호하는 정책을 추진했다. 이런 모든 이유들 때문에 마오주의 시기 중국에서 정책의 우여곡절은 정치적 관점에서 서술된다(최근의 포괄적인 설명은 Walder, 2015 참조). 정치의 중요성을 인정하지만 본 절의 1949~1978년 시기에 대한 간략한 서술에서는 경제적 변화를 강조하고 정치적 요소들의 비중은 줄였다. 이러한 접근방식은 우리로 하여금 간결한 서술을 통해 정책적 지향의 다양성과 불안정성 또한 포착할 수 있게 해 준다.

이 접근방식의 개념적 틀은 다음과 같다. 엄청난 정보 요구사항 때문에 최고 지도자들이 중국의 거대하고 다양한 경제를 조정하거나 "계획"하는 것은 불가능했다. 그러나 지도자들은 중국인들의 엄청난 발전 잠재력을 인식했다. 그 결과 그들은 자원 동원에 반복적으로 착수했고 이로 인해 투자율이 급격히 증가했다. 특정 투자의 평가를 위한 좋은 정보나 적절한 기준도 없이 각 동원은 하급 공무원과 관리자에게 다소 혼란스러운 권한의 분산을 통해 달성되었다. 이들 하급 실무자들에게 자원에 대한 허가와 접근 권한이 허용되자 그들은 이러한 신호와 기회에 응답하고 투자활동을 강화했다. 이러한 동원 단계 각각은 일시적인 것에서 재앙에 이르는 불균형과 어려움을 초래했다. 이러한 문제들이 나타난 후, 상당한 기간 동안의 회복이 이루어지면서 결국 유리한 조건이 회복되었다. 상황이

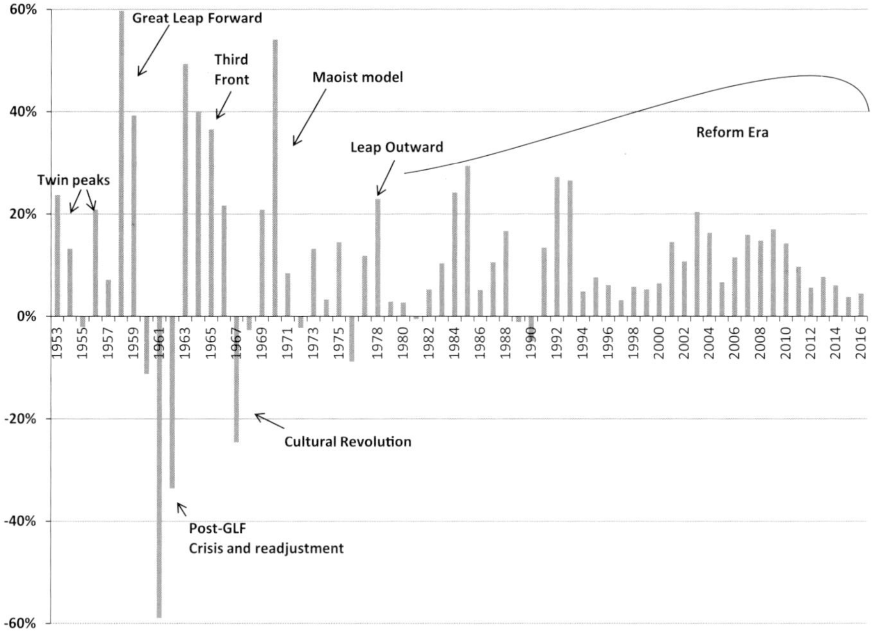

그림 4.2 총 투자액(전년 동기 대비)

자료: NBS (1999, 6-7); *SAC* (2017, pp.34-35; and various years). Real-growth and fixed-investment deflators are not available before 1990; for consistency, the entire series is deflated by the implicit GDP deflator.

안정된 후에도 성장 둔화로 이어졌기 때문에 지도자들은 새로운 동원령을 개시하고 싶어 했다.

이러한 패턴은 그림 4.2에 명확히 나타나 있으며, 기간별 투자율 변동을 보여 준다(그림 4.1과 동일한 기초 데이터를 사용). 이 자료는 연속적인 급속한 투자 증가 기간과 그 뒤를 이어 성장이 둔화되거나 심지어 감소하는 것을 잘 보여 주고 있다. 1952~1979년 사이에 연평균 실질 투자 증가율은 8.2%였으나 연도별 성장률이 4~12% 사이인 경우는 3년에 불과했다(1957년, 1971년, 1977년). 그림 4.2는 급속한 투자 증가가 성공적이었던 다섯 번의 파장을 나타내고 있다. 1년 동안에 투자 증가율이 20%를 넘어설 때마다 이는 "약진"을 알리는 신호였다. 각각의 "약진"은 투자가 급속히 증가하는 국면이었지만 정치적 동원과 제도적 변화의 시기와도 일치했다. 대부분의 경우 약진은 급진적이거나 좌파적 이념과 관련이 있었지만 반드시 그런 것은 아니었다. 감소 국면은, 항상은 아니지만 보다 온건한 정치적 분위기로 특징지어졌다. 1978년 이후에도 여전히 주기적인 패턴을 보였지만 극심한 변동은 점차 사라졌다.

일반적으로 약 5~7년의 투자주기는 정책주기(그리고 반복되는 정책 충돌)와 일치한다. 정책은 진자처럼 좌우로 움직이며 경제발전을 추진하거나 그 발전에 의해 추동된다. 이러한 접근법은 사회주의 중국의 복잡한 역사를 정리할 수 있는 간단한 분석틀을 제공하며 이 틀은 우리로 하여금 중국 정부의 전통적인 시대 구분과는 전혀 다른 시대로 나눌 수 있게 해 준다.

4.3.1 경제 회복기, 1949~1952년

1949년 권력을 장악한 중국의 새 지도부는 중국에 사회주의를 건설했는데, 이것은 소련의 경제모델을 중국에 재현시키는 것을 의미했다. 소련은 제2차 세계대전에서 승리하여 "사회주의 진영"의 지도자였다. 중국공산당(Chinese Communist Party, CCP)은 공식적으로 소련이 해석한 마르크스주의를 고수했으며 초기에 소련모델을 채택하는 것이 바람직한지를 두고 지도부 사이에 근본적인 논쟁이나 의견 불일치가 있었다는 증거는 없다. 그러나 중국이 얼마나 빨리 소련식 시스템을 구축해야 하는지(또는 구축할 수 있는지), 그리고 어느 정도까지 중국이 소련식 관행을 정밀하게 모방하려 했는지는 확실하지 않았다. 중국은 즉각적인 경제문제에 직면했다. 전쟁으로 인한 산업과 농업의 피해는 상당한 수준이었고 초인플레이션이 극심했다. 1950년 6월 북한의 남침은 자본주의 강대국들이 새로운 공산당 정부에 대해 느끼는 적개심을 크게 심화시켰다. 중국의 개입으로 인해 한국전쟁이 장기간의 교착상태로 변하면서 중국에 대한 무역 불매운동이 일어났다. 이런 사건들은 중국으로 하여금 소련과의 유대를 강화하게 만들었고 중국의 정책 입안자들로 하여금 더욱 신중하게 주의를 기울일 필요성을 인식하게 했다.

중국 정부는 국내경제를 회복시키기 위해 빠르게 움직일 수 있었고 처음 몇 년 동안 놀라운 성공을 경험했다. 천윈(陈云)은 금융정책을 장악했고 예산과 화폐공급에 대한 엄격한 통제로 1950년 말이 되어서는 인플레이션을 통제할 수 있게 되었다. 동시에 산업과 농업이 꽤 순조롭게 회복됐다. 1952년 산업과 농업은 혁명 이전의 최고수준을 능가했으며 발전의 새로운 국면을 위한 단계가 마련되었다. 1953년 여름, 한국에서의 휴전협정은 새로운 시대를 향한 길을 열었다. 이 초창기에 특히 놀라운 점은 신정부가 그 당시의 경제적 · 정치적 도전에 대응하여 이데올로기를 매우 효과적으로 이용했다는 사실이다.

농촌에서는 급진적인 토지개혁을 추진하였다. 공산당원들은 가난한 농민 가정에 토지를 분배하기 위해 전국의 농촌지역으로 내려갔다. 1950~1952년에—한국전쟁이 치열할 때—중국의 경작 가능한 토지 가운데 42%가 재분배됐는데, 남부지역에서 재분배된 대부분의 토지들은 이전에 공산당 게릴라들이 토지개혁을 수행하지 않았던 곳이었다. 이 토지개혁 단계에서는 토지의 사유재산을 유지하였으나 소작지는 대체로 균등하게 분배됐다. 이런 방식으로 공산당은 중농 및 빈농의 지지를 확고하게 얻었으며 지주들의 경제적, 정치적 힘을 파괴했다. 동시에 공산당은 농민들을 얼마나 빨리 농촌집체로 조직해야 할 것인가 하는 문제는 나중으로 미뤘다.

도시지역에서 신정부는 많은 공장들을 장악했는데, 여기에는 전쟁 직후 일본인들로부터 몰수한 것과 국민당 소유 또는 혁명 이후 중국에서 탈출한 자본가들이 소유했던 것도 포함돼 있었다. 하지만 이 정책은 다른 사회집단들로부터 환영을 받았다. "민주주의"라는 이름 아래 공산당은 신정부에 협력하려는 비공산당원을 환영했다. 중국에 남아 있고자 했던 자본가들—그 수도 많았다—에게는 그 공장에서 생산을 확대하도록 장려했다. 국민당 정부의 자연자원위원회(NRC)에서 일했던 꽤 많은 계획 전문가들은 공산당 정부를 위해 그 능력을 사용하고자 했다. 많은 지식인들과 과학자들에게는 신중국 건설을 위해 자신의 재능을 기여하도록 설득했다. 재능 있는 기업가와 기술자들이 사업을 하게 함으로써 정부는 놀라울 정도로 빨리 산업을 회복시킬 수 있었다. 정부의 자체 투자는 빅 푸시 산업화 전략의 중심부인 북동부—구 만주—에 집중되었다. 이곳에는 가장 규모가 크고 중요한 중공업이 집중돼 있었기 때문이다. 아이러니하게도 이 공장들은 처음에 일본의 국가 지원 산업화 프로그램의 일환으로 일본의 투자에 의해 만들어졌고 제2차 세계대전 말에 러시아에 의해 인수되었다. 이제 공장들은 중국 정부의 수중으로 넘어와 소련의 원조로 꽤 빨리 회복되었다. 북동부의 중공업은 명령경제 제도가 처음 도입된 시험대가 됐다. 1952년 말까지 경제 회복과 부활은 완전한 성공이었다. 이것은 전국적으로 사회주의 산업화를 시작할 때가 되었다는 신호였다.

4.3.2 1953년과 1956년: 제1차 5개년 계획의 두 정점

1953~1957년까지의 5년은 중국에서 공식적으로 제1차 5개년 계획 시기로 표기된다. 사실 이 시기는 계속된 정책 변화와 조정의 시기였다. 기본적인 소련모델은 문제가 되지 않았지만 그 중에서 변화의 속도, 중국에 적합한 중앙집중화 정도 그리고 도시지역에서의 임금과 인센티브에 대한 적절한 정책과 관련한 정책적 문제가 중요한 쟁점들이었다. 소련식 제도들은 특히 동원 및 급격한 변화의 두 번의 시기에 실행됐으며, 그 뒤에 위축기와 조정기가 이어졌다. 역설적이게도 변화의 방향이 일관되게 소련 체제를 지향했음에도 불구하고 실제 현실은 그 시기 대부분 동안 혼합되고 다양한 경제 중의 하나였다. 왜냐하면 소련모델은 완벽히 완성된 하나의 형태로 도입되지 않았기 때문이었다. 이 사실이 중요한 이유는 이 시기가 극적인 경제적 성공을 거둔 시기 중의 하나였기 때문이다.

1950년대 동안 중국 사회의 모든 면은 소련으로부터 큰 영향을 받았다. 소련의 빅 푸시 전략과 명령경제 체제를 무차별적으로 모방했다. 동시에 소련의 산업기술과 조직방식도 중국에 이식됐다. 특히 1953년과 1956년은 급속한 변화의 "두 정점"이 되었다. 첫 번째 정점(1953년) 때 투자는 소련모델에 따른 전국적인 투자계획의 일부로서 급격히 증가했다. 강제적인 농업수매(农业采购)가 도입되었다. 1953년부터 1957년을 포괄하는 제1차 5개년 계획의 "절반은 모스크바에서, 그 나머지 절반은 북경에서" 수립되었다. 그 계획의 핵심은 소련이나 동유럽에서 수입된 156개의 대규모 산업단지 건설이었다. 사실상 이 모든 사업들은 내륙지역이나 북동부지역에 건설되었다. 따라서 중국에서 계획의 시작은 지역적 재분배의 시작이었고 산업의 무게중심을 연안의 조계지에서 내륙으로 옮기려는 시도였다. 러시아 기계류는 이 시기의 꽤 선진적인 산업기술을 포함하고 있었으며 일반적으로 청사진과 기술 명세서 또한 제공됐다. 소련은 대대적으로 훈련과 기술을 지원했다. 건축과 스포츠 훈련에서 산업공학과 과학 연구조직 및 교육제도에 이르는 거의 모든 분야가 소련의 조언과 지도에 의해 이루어졌다. 초기 1~2년 동안에 약 6,000명의 소련 고문들이 중국으로 파견되었고 10,000명 이상의 중국 학생들이 소련에서 공부했다. 비록 중국이 통상적으로 고문 비용의 대부분을 지불했지만 이 지원에는 상당한 지원 요소가 있었다. 이런 지원이 없었다면 전국적인 종합계획을 수립한 경험이 없었던 정권은 성공적인 투자계획을 세우기가 매우 힘들었을 것이다.

1953년의 초기 투자 급증은 즉시 인플레이션 위험을 다시 부추겼고 그에 따라 투자는 축소됐다. 1954~1955년에는 온건한 경제상황이 우세했고 중국은 여전히 혼합경제였다. 정부가 이미 곡물구매에 대한 독점을 확립했고, 농민들을 합작사에 가입하도록 압박했음에도 불구하고 농촌 가계가 여전히 농업을 지배하고 있었다. 도시에서는 대부분의 자본가들이 국영 도매상과 계약을 맺도록 압력을 받았음에도 사영 기업주들이 공장과 상점을 운영할 수 있었다. 하지만 이런 균형은 바뀌기 시작했다.

전환의 두 번째 정점인 1955~1956년의 "사회주의 약진기" 동안에 공유로의 전환이 급작스럽게 추진됐다. 이 변화는 1955년 중반부터 시작됐는데, 이는 마오쩌둥이 농민들의 농업 합작사 추진속도가 느린 것을 비판하고 "전족을 하여 뒤뚱거리는" 여성에 빗대며 관료들의 소심한 농촌정책에 대한 책임을 지적하면서부터였다. 마오의 비판은 대중운동을 불러일으켜 농민들로 하여금 농업 합작사에 가입하도록 촉구했으며 1955~1956년 겨울을 지나면서 운동은 더욱 고조됐다. 이 시기 마오의 개인적인 개입이 결정적으로 중요했다. 정책변화는 즉시 모든 농민들의 농업 합작사로의 조직으로 이어졌다. 1954년 말에 농가의 2%만이 협동조합 또는 합작사에 등록해 있었다. 1955년에 14%가 등록했으나 1956년 말에는 98%가 등록했다. 이제 관심사가 도시로 향했는데, 1956년 초반에 사영 공장과 상점들이 협동조합 또는 "공사합영(公私合營)" 공장들로 전환되었다. 공사합영 공장들에 대해서는 사실상 국가가 실질적인 통제권을 행사했다. 중화인민공화국 설립 이후 6년 동안 생존하면서 성장했던 사적 소유권이 1955년 말에서 1956년 초반의 6개월 동안 사실상 몰수됐다. 정부가 신규로 설립한 사회주의 조직에 자원들을 쏟아부음에 따라 투자증가율은 새로운 절정에 이르렀다. 두 번의 동원은 극적인 사회적, 경제적 변화를 초래했다. 소련 모델이 실행됐으며 1956년은 중국이 완전한 "사회주의" 경제를 운영한 첫해가 되었다.

4.3.3 위축기: 백화제방운동

중국이 소련에서 스탈린이 만든 체제를 그대로 모방하면서 명령경제의 주요 특징들이 나타나기 시작하던 시점에 니키타 흐루시초프(Nikita Khrushchev)는 1956년 2월 25일 소련공산당 제20차 당대회에 참석하여 스탈린을 비판하고 스탈린주의의 범죄를 폭로했다. 흐루시초프는 모든 사회주의 국가들이 자신의 길을 따라 사회주의를 건설할 권리를 가지고 있다고 선언함으로써 전 세계에 충격을 줬다. 1955~1956년 중국의 지도자들은 과도하게 빠른 변화와 산업성장에 결합되어 있던 스트레스와 긴장으로 야기된, 점점 심각해지는 경제적 문제들에 대해 정치 환경을 느슨하게 하는 것으로 대응했다. 1956년에 거의 500만 명의 노동자들이 국가부문으로 흡수됐는데 그 절반은 이전에 사영기업에 종사했던 도시 거주자들이었으며 나머지 절반은 도시로 이주해 온 농민들이었다. 평균 임금은 급격히 인상됐으며 새로운 은행 신용이 농촌지역으로 확대되어 초기의 농촌합작사에 자금을 제공했다. 동시에 농업 생산물의 생산은 정체되었다. 급속한 집체화가 농업 산출물의 급격한 하락을 초래하지는 않았지만—1930년대의 소련에서와 마찬가지로—농촌은 제도적 변화로 타격을 입어 공급이 수요 증가를 따라잡지 못했던 것이다. 머지않아 경제적 요소와 국제정치적 요소들이 중국 지도부에게 변화의 속도를 늦추도록 압력을 가했다.

1956년 중반 중국의 정책은 초기의 그것에서 180도 선회하여 조심스럽고 점진적인 변화의 중요성을 강조하고 초기 정책을 "무분별한 전진"으로 비판했다. 1956년 9월 공산당은 제8차 당대회—1949년 이래 사실상 첫 당대회—를 소집하여 온건한 경제 프로그램을 수립했다. 제8차 당대회 직후 경제개혁 프로그램이 공개적으로 논의되어, 비록 부수적이긴 하지만 시장 메커니즘이 중요한 역할을 담당하는 경제체제를 구상하고 상이한 소유 형태의 부활과 공존이 고려되었다. 따라서 이 당대회는 자유주의 시기를 촉발하였으며 1978년 이후에 진행된 많은 프로그램에서 이러한 결정의 반향을 불러일으켰다. 경제적 자유주의는 점차 정치영역으로 확산되어 1957년 초 당 지도부는 "백화제방(百花齐放)운동"이라 이름 붙여진 공개적인 정치 토론을 요구했다. 이런 정책은 일정 정도 소련모델보다는 더 온건하고 더 시장지향적인 중국식 사회주의의 특징을 지닌 대안적 길을 제시하는 것이었다. 그러나 이런 복잡한 시기의 실제 결과는 어느 누구의 예측과도 매우 다른 것이었다.

백화제방운동은 중요한 새 출발을 약속하는 듯했다. 백화제방운동으로의 전환은 이전의 과열에서 오는 스트레스와 긴장에 기초를 두고 있었다 할지라도 자신감과 사회적 유연성의 새 시대를 약속하는 듯했다. 사실 이런 변화는 충분히 이해될 만한 것이었는데, 되돌아보면 이 시기에 중국 전체가 괄목할 만한 성공을 기록했기 때문이다. 예외적으로 급속한 경제성장이 이루어졌고 산업 생산은 1952~1957년 사이 연평균 17% 성장했다. 사실 경제의 모든 부문이 회복되었고 교육과 훈련에 대한 막대한 투자를 통해 지속적인 성장을 위한 기반을 확립했다. 농민들이 도시로 이동하고 청년들이 대학에 들어가면서 이 당시는 급속한 사회적 이동의 시기이기도 했다. 이 시기는 중국의 많은 노인들이 향수를 가지고 회고하던 그런 극적인 진보의 시기였다. 자신의 경제적 건설 경험을 축적하면서 중국은 이제 소련모델보다는 더 유연하고 시장지향적인 자신만의 사회주의를 규정하는 길로 들어서는 듯했다. 하지만 현실은 그렇지 않았다. 1957년에 명백하게 드러났듯이 마오쩌둥이 변화의 분위기를 확립하던 몇 달 동안 사태는 새롭고 불길한 방향으로 극적으로 전환되었다. 중국은 전례 없는 성공에서 전례 없는 재앙으로 빠져들고 있었으며 대약진운동이 모습을 드러냈다.

4.3.4 대약진운동, 1958~1960

중국 역사에서 대약진운동(大躍進運動, Great Leap Forward, GLF)은 가장 극적이고 특이하며 궁극적으로는 비극적인 시기였다. 대약진운동의 등장을 알리는 전환점은 1957년 중반에 마오쩌둥이 갑자기 백화제방운동에서 자유롭게 주장을 폈던 자유주의 비판가들을 공격하면서 시작됐다. 몇 주 동안 마오는 비당원 지식인과 독립적인 사고를 가진 사람들을 겨냥한 광범한 "반우파운동(反右派运动)"을 전개했다. 그 뒤 몇 개월 동안 백화제방운동 시기에 목소리를 높였던 80만 명의 지식인들이 비판을 받고 직장에서 쫓겨나고, 많은 경우 노동수용소로 보내졌다. 정치적 분위기가 하루아침에 바뀌었다. 1957년 11월 마침내 권력을 분산시키는 경제체제 개혁이 준비됐을 때 이 개혁들은 새로운 급진주의의 정치적 분위기에서 실행됐다. 마오는 중국을 새로운 방향으로 돌리고 재앙을 향해 직진하도록 했다.

대약진운동 그 자체는 몇 년 안에 완전한 공산주의 사회로 과감하게 도약한다는 비전을 지닌 매우 정치화된 성장 도취감에 지배되고 있었다. 대약진운동은 마오 하의 중국이 처음으로 소련모델과는 다른 사회주의 비전을 발전시켰을 때 등장했다. 사실 대약진운동에 대한 초기의 광범위한 기대는 소련식 체제의 일부로서 중국에 이식된 거대 공장과 관료 조직에 대한 실망감 때문에 더 부추겨졌다. 하지만 동시에 대약진운동은 빅 푸시 산업화 전략을 단순히 강화한 것에 불과했다. 사실 대약진운동의 가장 기초적인 경제적 성과들은 자원을 농업에서 산업으로 이전시키는 비율을 크게 증가시킨 결과였다. 대약진운동은 "계획이 아닌 비전"(Schumann, 1966, p.74)의 산물이었으며 논리적 일관성이 항상 유지되지도 않았다. 대약진운동의 핵심은 현실적인 자원상의 제약에도 불구하고 모든 것을 동시에 수행함으로써 모순을 해결하려는 시도였다.

실제로 대약진운동에는 다음과 같은 몇 가지 제도적 혁신도 있었다.

1. 농촌에 "인민공사(人民公社)"가 세워졌다. 인민공사는 행정 및 경제 기능을 결합한 대규모(농촌집체보다 더 큰) 조직이었다. 인민공사는 건설사업에 노동력을 동원하고 사회 서비스를 제공하며 농촌의 소규모 산업을 발전시키는 데 이용됐다.
2. 물질적 인센티브와 금전적 보상이 거부되었다. 국가산업에서 상여금은 없어졌으며 농촌에서 자유 시장은 문을 닫았다.

3. 경제적 의사결정에 대한 통제권이 분권화됐다.
4. 단순한 기술(빈국에 적절한)을 선진 산업기술과 결합하는 “두 발로 걷기”식의 기술정책이 수립되었다.

1958년 내내 이데올로기적 분위기는 점차 극단으로 변했지만 동시에 지도부는 경제부문에서 좋은 소식을 더 많이 접하기 시작했다. 1958년 가을의 눈부신 가을 수확은 그 이전 두 해의 수확량을 크게 능가하였다. 철강 생산도 급속히 증가했다. 성장이 현실이었지만 보고서도 부풀려져 있었다. 과열된 이데올로기적 환경 속에서 당 관료들은 더 놀라운 성공을 보고하려 경쟁하였고, 그 결과 통계보고 체계는 더 부풀려졌으며 결국 붕괴되었다. 지도자들은 전례 없는 정치적 동원을 통해 중국경제를 억제했던 자원 제약을 극복할 수 있을 것이라고 확신했다(그리고 1957년 초에 너무 압도적으로 보였다). 자신들의 이데올로기적 열광으로 눈이 멀고 통계적 눈과 귀가 고장 난 최고 지도자들은 두 가지 치명적인 결정을 내렸다. 첫째로 그들은 농업 특히 식량 생산에 필요한 노동력(심지어 토지에서도)을 동원하였다. 둘째로 국가에 대한 식량의 강제적인 이전인 곡물 수매량을 늘렸다. 첫 번째 결정은 농촌에서 식량이 적게 생산되는 것을, 두 번째 결정은 국가가 더 많이 가져가는 것을 의미했다. 불가피하게 농촌에서 먹을 수 있는 식량은 줄어들 것이다. 처음에는 이러한 정책 조치들의 영향이 겉으로 보기에는 급속한 성장에 의해 가려졌다. 1958년에는 거의 3,000만 명의 신규 노동자들이 국가 부문에 흡수됐다. 중국의 농촌에서는 건장한 수백만의 노동자들이 농업에서 빠져나와 매우 대중화된 “뒷마당 제철소”를 포함한 농촌 공장에서 일했다. 1958년의 수확 이후 여전히 농업에 종사하고 있던 노동자들은 파종 면적을 줄이라는 지시를 받았다. 최고 지도자들은 고랑을 깊게 파는 초밀도 파종 농법이 수확량을 두세 배 늘릴 수 있을 것이라는 별난 과학을 확신하고 있었다. 이것은 농민들로 하여금 더 많은 토지를 상업 작물, 특히 면화에 배분하여 탐욕스런 산업 수요를 충족시키도록 했다. 모든 계층에서 노동자들은 한번에 모든 것을 다 해치우는 열광적인 시도 속에서 일주일에 7일을 일하는 초과노동을 강요받았다. 모든 산업에서 대공장이든 소규모 공장이든 동일하게 성장했다(“두 발로 걷기”). 교육과 문화 기업 또한 산업 기업만큼이나 빨리 확대되었다. 인민공사에서 공동 식당이나 보육시설 등을 포함한 새로운 사회 서비스를 대규모로 시작하였고 대규모 시작(詩作) 강좌도 개설되었다. 산업 생산량, 특히 철강생산 목표치는 계속하여 상향 조정되었다. 노동자들은 3년 안에 영국을 추월하고 미국을 따라잡도록 권고되었다. 사실 산업은 빠르게 성장했다. 많은 생산물들이 쓸모없는 쓰레기였지만 근본적인 문제는 산업 생산물의 품질 저하가 아니라 결코 지속될 수 없는 농업으로부터의 자원과 노동력의 차출이었다.

공산당이 반우파운동 기간 중에 비판적 목소리를 잠재우지 않았거나 재앙을 경고하는 농민들의 목소리에 귀를 기울였다면, 대약진운동의 광기는 벌어지지 않았을 수도 있다. 정책이 시행되고 머지않아 당이 위험을 인지하고 그 정책을 바로잡을 수도 있었다. 1959

년 여름 당은 루산(庐山)에서 회의를 소집하여 농촌의 식량부족을 포함하여 이미 부상하고 있는 심각한 불균형을 해소할 수 있는 방안들을 결정하기로 했다. 그러나 며칠 동안의 논의 끝에 마오쩌둥은 갑자기 국방장관 펑더화이(彭德怀)의 지적을 빌미로 대약진운동의 비판자들을 격렬하게 공격하기 시작했다. 새로운 반우파운동이 시작됐으며 이번에는 공산당과 정부 내에서 대약진운동을 비판하는 사람들을 겨냥했다. 대약진운동의 두 가지 핵심 정책들은 유지됐다. 1960년에 국가부문 고용은 급증했고 곡물 수매는 새로운 정점에 도달했다. 그러나 이 무렵에는 이 체제를 유지할 식량이나 인적 에너지의 여분이 거의 없었다. 수확량은 줄어들고 식량 재고는 고갈되고 있었다. 1960년으로 접어들면서 농촌의 식량부족이 확대되어 거의 모든 지역에서 식량이 부족하게 됐으며 중국은 거대한 생계 위기에 직면하게 되었다.

1960년에 외부 요인들이 상황을 더 악화시켰지만 근본적인 문제는 마오쩌둥에서 시작된 중국 지도부의 맹목적적인 의도임이 명백했다. 1960년에는 상대적으로 나쁜 기상조건이 식량위기를 더 악화시켰지만 그것이 주요 원인은 아니었다. 중국 지도부의 변덕스럽고 위험한 정책에 경각심을 느낀 흐루시초프는 1960년 여름, 소련의 모든 고문들을 갑자기 중국으로부터 소환했다. 이런 조치는 분명히 심각하게 잘못된 정책을 포기하도록 압력을 넣으려는 의도였지만 그 결과는 두 나라 사이의 영구적인 균열이었다. 1960년에 대규모 기아가 중국에 발생했다. 기아는 기본적으로 농촌에서 발생했고 내륙지역의 성들에서 특히 더 심각했다. 몇몇 내륙지역 성들은 완전히 황폐화됐다. 쓰촨성(四川省)에서는 누적 초과 사망자가 전체 인구의 11%에 이르렀고 구이저우성(贵州省)과 안후이성(安徽省)에서는 인구의 6%에 근접했다(그림 4.3 참조). 최악의 시기 동안에도 국가는 농촌에서 곡물을 계속 징발하여 도시지역에 공급함으로써 주요 연안도시들에서는 평상을 유지할 수 있었다.

중국의 공식 인구통계는 기아의 규모를 충분히 반영하고 있다. 재앙이 미친 전체 범위를 측정하기 위해 상이한 데이터를 이용하는 방식이 있긴 하지만 1961년 말에 약 2,500만 명에서 3,000만 명이 대규모 기아로 사망했다는 점에서는 동의하고 있다. 게다가 영양실조와 영양부족 때문에 약 3,000만 명의 출산이 미루어졌다. 비록 사망률이 정상보다 현저히 높았지만, 기아가 초래한 최악의 결과는 1962년에 서서히 진정되기 시작했으며 연말에 이 거대한 재앙은 끝이 났다. 이것은 20세기에 세계 어느 곳에서도 찾아볼 수 없는 최대의 기아였다. 중국은 이 재앙을 공식적으로 인정하고 있지만 죽은 사람들에 대한 사진이나 기록물은 없다.

4.3.5 위축기: 위기와 "재조정", 1961~1963년

마침내 1961년 초, 중국 지도부는 극적인 조치의 필요성을 인식했다. 특히 류샤오치(刘少奇)와 천윈(陈云)은 새로운 정책을 추진했다. 투자가 갑자기 축소됐으며 약 2,000만 명

그림 4.3 대약진운동 직후의 기아
자료: Lin and Yang (2000); NBS (1999).

의 노동자들이 농촌으로 돌려보내졌다. 농촌부문에서는 인민공사가 재구성되어 농업생산 책임이 더 작은 농가집단으로 넘겨졌다. 산업에서는 상여금과 기타 물질적 유인책들이 부활했다. 상대적으로 효율적인 소수의 공장들에 생산을 집중하는 시도가 이루어지면서 전국적으로 수천 개의 작은 공장들이 폐쇄되었으며 특히 농촌 산업들이 축소되었다. 경제에 대한 통제는 다시 집중화되어 질서를 회복하려는 시도가 이어졌다. 사실상 모든 기초 생필품들은 배급제가 이루어졌다. 기존 생산은 가능한 범위 내에서 더 많은 투입물이 농업에 제공될 수 있도록 재조정되었다. 1950년대에 식량을 수출했던 중국이 처음으로 식량 순수입국이 되었다.

위기관리 정책들은 1964년까지 계속되었다. 자유시장—대약진 때 사라진—이 재개되어 농민들이 도시에 식량을 공급하고 구매력을 회복할 수 있는 추가적인 통로를 제공해 주었다. 소비재의 수입과 시장 자유화로 가격은 새롭고 더 높은 수준에서 점차 안정됐다. 1963년에는 위기관리로부터 새로운 장기적인 정책 수립으로 관심이 옮겨 갔다. 새 5개년 계획의 초안은 빅 푸시 산업화 정책에서 벗어나 생활수준을 회복시키려는 시도를 담고 있었다. 이런 정책들은 그 당시에는 상식이었다. 수자원 관리사업, 광산 및 공장 건설, 그리고 삼림 벌목 등을 시도하는 과정에서 소중한 토지를 파괴했던 잘못된 정책 때문에 농업은 크게 약화됐다. 도시와 농촌의 생활수준은 생필품 부족과 인플레이션으로 피폐해졌으며 중국은 더 이상 소련의 원조에 의존할 수 없었다. 새로운 계획 초안은 연안지역의 기존 산업기지를 복구하고 비료와 화학섬유를 생산하여 농업을 지원하며 농업을 건너뛸 수 있는 산업(특히 화학산업)에 신규 투자를 집중한다는 전략을 담고 있었다.

4.3.6 제3전선의 출범, 1964~1966년: 급진주의에 의해 강제된 팽창

1961년에서 1964년 사이에 채택된 온건정책은 1964년 여름에 갑자기 중단되었다. 중국이 세계로부터 고립되고 있다는 경각심과 미국의 베트남 참전에 위협을 느낀 마오쩌둥은 1964년 중국의 개발전략을 재차 수정했다. 대약진운동 이후의 최악의 위기가 끝나면서 마오는 "제3전선(Third Front)" 건설을 추진했다. 제3전선 건설이란 중국 내륙지역 성(省)들을 중심으로 한 대규모 건설 프로젝트였다(그림 4.4). 그 목적은 중국에 전략적 독립성을 제공할 모든 산업기지를 내륙지역에 건설하는 것이었다. 외딴 산악 내륙지역에 공장을 건설함으로써 마오는 중국의 산업기지가 미국이나 소련의 군사적 위협에 취약하지 않게 되기를 바랐다. 1964년 말에 시작된 새로운 생산의 "고조(high tide)" 운동은 특히 쓰촨성과 구이저우성 등 중국 남서부의 성들에 공장과 철로를 건설하는 데 초점을 맞추었다. 이 프로그램으로 빅 푸시 산업화 전략은 중국의 발전전략의 기초로 확고히 재확립됐으며, 이번에는 군사적이고 지역적 재분배 요소를 가미했다. 1965~1966년 사이에 내륙 건설의 첫 단계가 완수됨에 따라 투자와 산업 생산이 급증했다. 제3전선 건설은 1964년 말부터 경제건설을 지배했다. 그러나 문화혁명의 발발과 더불어 이런 급속한 팽창은 갑자기 중단되었다.

4.3.7 위축기: 문화혁명, 1967~1969년

1966년 8월 마오는 이른바 문화혁명을 시작했다. 문화혁명과 관련된 수많은 정의와 설명이 있다. 중국에서 "문화혁명 시기"라는 말은 1966년부터 마오가 죽은 1976년의 10년을 가리키는 것으로 사용되며, 이 용어는 특정 형태의 좌파 정치적 미사여구가 지배했던 전 시기와 동의어가 되었다. 그러나 좀 더 정확한 접근은 1966년에서 1969년까지 지속됐던 정치적 혼란과 불안정이 나타난 더 짧은 시기를 묘사하기 위해 사용된다. 이 시기 동안 마오는 자신을 제외한 고착화된 공산당 지도부를 타도하기 위해 소위 홍위병(红卫兵)이라고 불리는 학생집단을 부추겼다. 덩샤오핑(邓小平)을 포함한 공산당 지도부는 학생 무리와 "혁명 노동자들"로부터 갑자기 비판당하거나 해임되고 때로는 그보다 더한 곤경을 치르기도 하였다. 문화혁명은 여기서 다루기에는 너무 복잡하고 특이한 현상이다. 보통 문화혁명은 마오가 젊은이들을 이용하여 혁명정신을 회복하고 중국에서 관료적 성향을 정

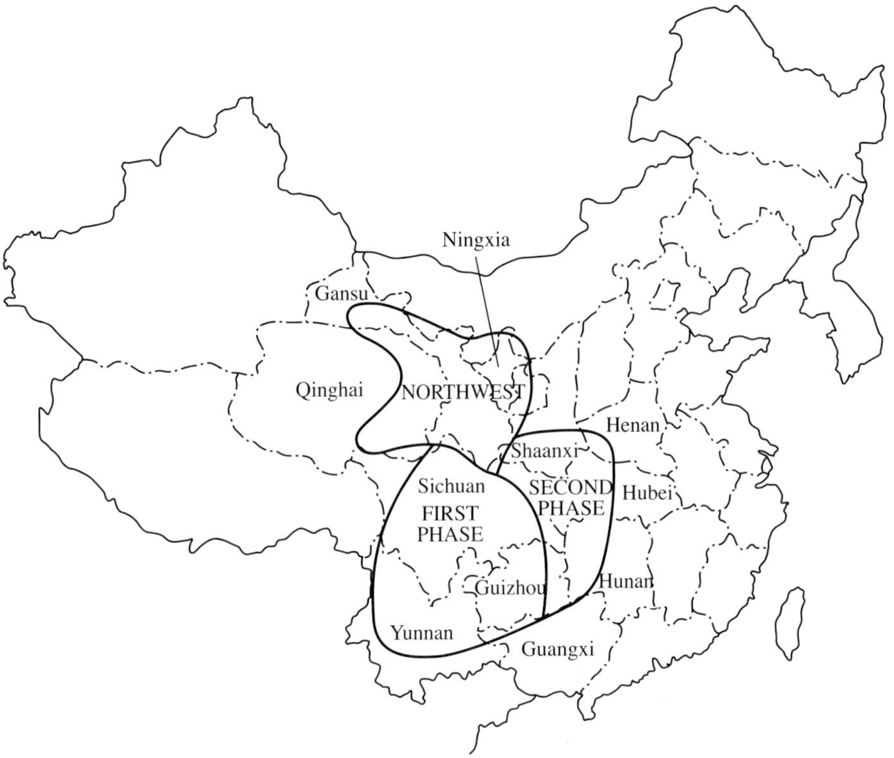

그림 4.4 제3전선, 1964~1975년
자료: Naughton (1988).

화하기 위한 시도로 이해되거나 아니면 마오가 권력구조에서 자신의 정적을 제거하기 위한 마키아벨리적 음모로 이해된다. 어느 경우든 결과는 중국이 엄청난 혼란을 겪게 되었다는 점과 점차 억제되지 않는 분파투쟁으로 빠져들게 되었다는 것이다.

경제적 관점에서 볼 때 문화혁명(협의의 정의에서)은 놀랍게도 특별히 중요한 사건은 아니었다. 그것은 극적인 새로운 정치적 이미지를 양산했지만 경제에 미친 영향은 상대적으로 적었다. 이런 결과가 발생된 데에는 분명 급진적 정치와 경제적 위축 국면이 기묘하게 일치하였기 때문이었다. 대약진운동과는 대조적으로 문화혁명의 혼란은 꽤 효과적으로 "관리되었다". 투자는 상대적으로 순조롭게 축소됐으며 농업생산에 대한 영향은 미미했다. 산업생산이 줄어들었지만 그 하락폭은 완만했고, 생필품의 생산과 최우선 프로젝트는 계속 유지되었다. 문화혁명 이전의 주도적인 경제정책들은 최악의 혼란이 지나간 뒤인 1969년 초부터 신속하게 회복되었다. 1965~1966년처럼 경제건설은 제3전선 건설에 초점이 맞추어져 있었다. 한 가지 차이라면 1969년에는 동남아시아에서 미국의 위협이 감소한 반면 중국과 소련 사이의 관계는 더 악화되어 마침내 국경에서 공개적인 군사적 충돌로 치닫게 되었고 소련이 불길한 군사적 위협이 되었다는 점이다.

4.3.8 마오주의 모델: 1970년의 새로운 약진

1969~1971년 사이에 중국은 "협의의" 문화혁명으로부터 벗어나면서 제3전선 건설에 초점을 맞춘 새로운 "약진"을 전개했다. 이번에는 농업으로부터의 대규모 자원 차출은 없었지만 투자는 급증했고 산업건설을 위해 모든 노력이 경주되면서 소비가 억제되었다. 이 시기 중국은 계엄령에 준하는 상태에 있었다. 문화혁명으로 악화된 분파 갈등을 진압하기 위해 군대가 동원되었고, 소련의 군사적 위협에 대한 인식으로 시민사회에 군대의 직접적인 개입이 강화되었다. 사회의 군사화와 더불어 대약진운동의 이상 중 일부를 되살리기 위한 체계적인 시도가 이루어졌다. 다시 한 번 물질적 인센티브는 비판받았으며 상여금은 없어졌다. 또다시 경제적 의사결정에 대한 통제권이 분산됐다. 또 농촌과 도시의 산업을 동시에 발전시키려는 시도가 이루어졌다. 이전의 대약진운동과의 차이점은 처음부터 내핍이 프로그램에 포함된 점이었다. 대중들에게는 동시에 모든 것을 하려 하기보다는 허리띠를 졸라매고 건설에 모든 것을 바치도록 강요되었다. 이런 정책들이 일시적으로 성과를 내는 것처럼 보였고 생산은 문화혁명 이전의 최고 수준을 빠르게 능가했다.

이런 마오주의 모델은 전반적인 소련 체제와 어떤 점에서 특징적인 차이를 보였을까? 우리는 다섯 가지 요소를 발견할 수 있다.

1. 만연한 경제의 군사화. 우선순위는 국방과 관련한 제3전선 건설 투자 프로그램에 집중됐다. 게다가 인민해방군이 문화혁명의 분파주의를 해결하기 위해 개입했다. 그 결과 군사 장교들이 생산시설을 관리하기도 했다. 내핍정책이 강조됐다.
2. 경제의 분권적 운용. 농촌산업 특히 농업에 직접 기여하는 "5대 소기업(五小工业)"이 장려되었다(13장 참조).
3. 상대적인 자급자족 경제 실천. 외부세계와의 경제적 연계는 최소화되었고 중국 내 지역들은 가능한 한 자급자족을 달성하도록 했다.
4. 물질적 유인들(상여금이나 성과급) 폐지. 농민들에게 어떤 종류의 시장도 거의 없었으며 곡물시장도 없었다.
5. 시장 주도의 노동 이동 사실상 중단. 도시의 졸업생들은 농촌으로 하방되었으며, 정부는 인력과 자원들을 멀리 떨어진 내륙지역으로 보냈고 이주나 도시화는 중단되었다.

4.3.9 위축기: 통합과 표류, 1972~1976년

1971년이 되면서 경제적 문제들이 다시 나타나기 시작했다. 전반적인 내핍 분위기에도 불구하고 산업 성장은 다시 농업 성장을 크게 앞질렀다. 점차 증대하는 산업 노동자들은 식량공급에 대한 압력을 가중시켰다. 분권화되고 전반적으로 조직되지 않은 투자과정에서 너무 많은 신규 사업이 시작되어 수년 동안 생산의 개시를 기대할 수 없었다. 점점 더 많은 인력과 기타 자원들이 건설에 묶이면서 이들과 프로젝트를 지탱해 주는 데 필요한 생산물이 제공되지 않았다. 경제적 압박은 극적인 정치적 사건으로 갑자기 강화됐다. 1971년 말 문화혁명의 지도자이자 국방장관이었던 린뱌오(林彪)가 갑자기 숙청되고 그 직후인 1972년 미국 대통령 리처드 닉슨(Richard M. Nixon)이 중국을 방문함으로써 중국과 미국 사이의 관계개선이 진전되었다. 국제환경의 갑작스러운 긴장완화와 중국에서 가장 강력한 군사적 인물의 숙청으로 지도부는 부상하는 경제적 문제를 다룰 수 있는 위치에 놓이게 되었다.

저우언라이(周恩來) 수상은 앞장서서 새롭고 더 온건한 경로를 도입하였다. 투자가 축소되어서 제3전선 건설에 주어졌던 우선순위가 크게 줄어들었다. 일부 투자가 연안지역으로 돌려져 보다 효율적으로 산업을 완성할 수 있었다. 자본주의 세계와의 경제적 관계가 회복되었고 산업장비 수입을 위해 43억 달러 사용 결정이 내려졌다. 가장 큰 항목 중 하나가 미국-네덜란드 컨소시엄으로 11개의 대규모 비료공장을 건설하는 것이었다. 1972~1973년에는 중국의 경제정책을 더 온건한 방향으로 조정하는 과정이 진행됐다. 저우언라이의 건강이 악화되자 마오는 1974년 말, 문화혁명의 주요 희생자였던 온건파 덩샤오핑을 권력에 복귀시켰다. 1975년 동안 덩샤오핑은 정책의 "수정" 작업을 주관하여 문화혁명이 남긴 최악의 문제들을 해결하고자 했다. 그러나 덩샤오핑은 마오의 신뢰를 완전히 얻지 못하고 1976년에 다시 물러났다.

중국의 정치투쟁은 경제정책의 방향전환을 가로 막았다. 그림 4.2는 변동이 극심한 연도별 투자 패턴을 보여 주고 있는데, 이에 따르면 체계적인 경제정책을 일관되게 추진하는 것은 불가능하였다. 노령의 마오는 문화혁명과 관련된 정책에 대한 비판을 허용하지 않았고 급진파(후에 "4인방"으로 불렸다)로 하여금 경제적 합리화로 향하는 추세를 가로막도록 했다. 급진파는 문화와 이데올로기를 급진화하는 데 성공했지만 경제적 결정에 대해 통제하지는 못했다. 그럼에도 불구하고 4인방의 정치권력은 최고 지도부의 지도력을 교착상태에 빠뜨렸는데, 이는 마오의 후계문제가 가까워졌다는 점이 분명해짐에 따라 공개적인 권력투쟁으로 이어졌다. 1974~1976년 기간에 경제적 의사결정은 마비되었다.

4.3.10 외부로 향한 약진: 1978년과 마오주의의 종말

이런 교착상태는 1976년 9월 마오쩌둥의 죽음으로 마침내 끝났다. 며칠 내로 새로운 지도부는 4인방을 감옥에 가두고 신속하게 경제문제로 관심을 돌렸다. 1977년 내내 경제적 관리에서의 혼란을 의식한 마오 이후의 지도부는 일련의 경제정책을 수정하고 자료수집에 집중했다. 투자는 적정한 수준을 유지했으며 온건한 재집중화 프로그램이 실행됐다. 철도와 같은 핵심부문의 체계적 회복이 추진됐다. 경제를 회복시키면서 지도부는 거대계획을 수립했다. 새 지도자 화궈펑(华国锋)은 1975~1985년의 10개년 계획으로 설정된 거대한 투자 촉진에 자신의 명운을 걸었다. 이 계획은 주로 대규모이고 중공업이 중심이

된 120개의 주요 프로젝트의 추진을 제시했다. 10개의 거대한 통합 철강공장, 10개의 유전, 30개의 거대 발전소 및 5개의 항구건설 계획이 비전으로 제시됐다. 이런 거대 계획 이면에는 중국경제가 급속한 성장을 이룰 수 있다는 믿음이 깔려 있었다. 좌파 정치인들을 숙청하고 경제에 주의를 집중시켜 경제제도를 재건한다면 중국은 큰 경제적 도약을 경험할 수 있다는 것이었다.

그러나 중국은 경제적 가속화를 추진할 준비가 되어 있지 않았기 때문에 이 계획은 이루어지지 않았다. 이 계획은 잘못된 계산에 기반을 두고 있었다. 1960년대 초반부터 1977년까지 중국의 원유 생산은 연평균 15% 증가했는데, 10개년 계획은 서방의 최신기술이 구현된 품질 좋은 산업자본재 구입을 위해 원유 판매대금을 이용한다는 계획에 기초해 있었다. 이런 이유로 이 계획을 중국에서는 "양약진(洋跃进)"이라고 불렀다. 문화혁명 동안 이루어진 계획 기구의 대폭적인 축소로 계획 입안자는 신규 기술의 도입, 대규모 자원 유출, 부지 선정, 세부적인 프로젝트 계획, 다양한 신규 프로젝트 조율 등의 난제를 해결할 위치에 있지 않았다. 그 대신 "양약진"은 두 가지 이유로 인해 자체의 무게를 감당하지 못하고 붕괴되었다. 첫째, 20년 전 대약진운동에서처럼 정책에 대한 열정이 확산되면서 투자계획이 지속적으로 증가하도록 했다. 해외 기술의 도입이 허용되면서 수많은 중국 기관들은 해외 협력업체와의 계약 체결을 위해 빠르게 움직였다. 1978년 말에는 적어도 400억 달러 규모의 프로젝트를 협상 중이었고, 70억 달러의 계약은 이미 체결되었다. 이것은 외부 세계에 이제 막 개방한 경제로서는 엄청난 규모의 계약이었다. 둘째로, 원유 생산과 수출을 증대하려는 중국의 노력은 예상치 못한 난관에 부딪혔다. 사실 중국의 원유 생산량의 절반은 고갈 조짐을 보이고 있는 동북부에 있는 다칭(大庆) 유전 한 곳에서 생산된 것이다. 1977~1978년 동안 중국은 신규 유정을 위해 거의 1,500만m를 시추했지만(서방에 수십억 달러를 지불했을 것이다), 멀리 떨어진 신장(新疆)에서만 단 한 번 원유를 발굴할 수 있었다. 중국은 값비싼 계약에 필요한 돈을 원유에서 마련할 수 없었고 양약진 전략 전체가 무너지기 시작했다.

4.3.11 마지막 전환점: 3중전회와 경제개혁의 시작

마침내 1978년 말, 정치적 요소들이 결합되어 문화혁명 기간에 수립된 경제 및 기타 정책으로부터의 근본적 탈피를 허용한다는 방향이 정해졌다. 1978년 12월 제11기 중앙위원회 3차회의(중앙위원회 전체 회의, 3중전회)는 중국경제와 정치에 새로운 시대를 열었다. 이 회의에서는 과거와의 분명한 단절을 표방했다. 정치적으로 덩샤오핑은 천윈(陈云), 리시안니안(李先念) 같은 중국공산당의 원로 지도자들과 연합하여 최고 지도자의 지위로 복귀하였다. 이들은 지속 불가능한 외부로의 약진을 끝냈다. 이데올로기적 측면에서 이전에는 금기시되던 많은 쟁점들에 대한 자유로운 토론이 허용되었다. 경제 분야에 대해 말하면 많은 정책들이 새롭게 채택되었고 1979년 이후의 구체적인 경제정책에 대한 논의는 현대의 경제개혁(5장)에서 이루어진다.

4.4 사회주의 시기의 유산들

4.4.1 정책적 불안정성의 유산

마오쩌둥 시대 중국을 반복적으로 분열시켰던 정치적 갈등의 세세한 사항들은 소모적이고 때로는 당황스러우며 궁극적으로는 낙담시킨다. 마침내 고령의 마오는 그 자신의 개인적 권력과 자기 합리화를 중국의 현실 및 필요와 혼동함으로써 중국의 발전에 거대한 장애물이 됐다. 그러나 경제적 관점에서 보면 꽤 단순한 그림이 그려진다. 이는 산업화로 투입되는 자원의 흐름을 극대화하기 위해 모든 전략적 · 체계적 설정을 창안한 시스템이었다. 이 체제는 상층부에 재량권을 집중시켰고 이를 이용하여 지도자들은 모든 자원을 우선순위로 정해진 것에 집중할 수 있었다. 달리 말하면, 이 체제는 "도약"을 향한 잠재력을 극대화하도록 설정돼 있었다. 그러나 이 체제는 도약을 가속화할 때마다 근본적인 문제에 부딪혔다. 경제가 과열되어 천장에 머리를 부딪쳤다. "한계(ceiling)"는 무엇이었나? 그것은 농업이 충분한 잉여 식량을 빠르게 생산할 수는 없었다는 것과 풍부한 노동력을 위해 생산적 일자리를 만들어 낼 수 있는 역량에 취약하다는 사실이 결합되었다는 점이었다. 경제가 가속화되기 시작할 때마다 몇 년씩 위축기에 들어갔다.

이 유산은 1978년 이후 몇 가지 중요한 결과를 낳았다. 첫째, 이 유산은 중국공산당 지도부 내에서조차 표준적인 사회주의 체제에 대한 뿌리 깊은 불신을 낳았다. 1970년대 말 당시 사회주의 체제에 대한 근본적인 거부감은 없었지만, 사회주의 체제에 대한 깊은 불안이 증폭되어 기존의 체제를 수정하여 새로운 체제를 실험해 보고자 하는 간절한 염원이 있었다. 둘째, 정치적으로 첨예하게 갈라져 있었다는 사실은 비난받아 마땅한 마오의 오류들을 비난함으로써 중국공산당 지도자들이 과거의 실패로부터 자신을 분리시킬 수 있었음을 의미했다. 마지막으로, 중국의 지도자들은 실험 또는 경제 개혁의 시기에 적합한 정책적 모델을 과거에서 찾을 수 있었다. 적어도 경제정책에 한해서 생각할 때, 가장 중요했던 영감의 원천은 1956~1957년의 백화제방운동과 1960년대 초반 대약진운동에 의한 기근이 발생한 직후에 시행된 적이 있는 농업정책에서의 실험이었다. 사실 1980년대 초반 개혁의 결정적인 돌파구였던 농가청부제(農家請負制) 정책은 실제로 1962~1963년의 안후이성(安徽省)에 그 뿌리를 두고 있었다. 심지어 1970년대 초반의 분권화도 1980년대 개혁파들에게는 어느 정도 실증 가치가 있었다. 1970년대 말 개혁파들은 계획경제의 문제가 얼마나 뿌리 깊은지 알게 되었을 뿐만 아니라 잠재적인 대안을 알고 있었다.

4.4.2 개발전략의 성과와 결점

전반적으로 빅 푸시 전략은 높은 투자율을 달성하고 자체적인 산업화 과정을 시작했다는 점에서 "작동"했다. 중국은 중공업 기지를 건설했고 소련의 기술과 원조에 의한 초기 의존에서 성공적으로 벗어났다. 이것은 나중에 중국경제의 가속화에 중요한 기반이 되었다. 그러나 이 시기 말까지 중국은 여전히 후진국 경제였다. 25년 동안 철강을 개발전략의 "핵심 고리"로 여기던 중국은 1978년에 2,200만 톤의 완제품을 생산했는데 선진국이 1인당 453.6kg 이상인 것에 비교하면 1인당 2.7kg에 불과했다. 중국은 2015년에 1인당 816.5kg을 생산했다. 중국의 개발전략은 성장에 필요한 구조변화의 과정을 시작하는 데 성공했지만 일단 개발이 진행되자 중국의 잠재력을 심각하게 밑돌았다.

중국의 공식적인 자료에 따르면 1952~1978년 사이에 연간 GDP 성장률이 6%로 비교적 빠른 것으로 나타났다. 그러나 이러한 성장률은 중국의 성과를 확실히 과장하고 있는데, 가격체계가 빠르게 성장하는 산업부문에 상대적으로 높은 가격을 적용하고 그에 상응해서 성장속도가 느린 농산품에는 낮은 가격을 적용했기 때문이다(4.2절). 그것은 빠르게 성장하는 분야들이 총 GDP 계산에서 과다하게 계상되었음을 의미한다. 보다 근본적으로 빅 푸시 개발전략과 관련된 몇 가지 부정적인 요인이 있었다. 첫째, 산업 발전이라는 목표만을 추구함에 따라 소비를 소홀히 하였다. 1952~1978년 전체 기간 동안 총자본 형성은 연평균 8.4% 성장했고, 1952년에 비해 1978년에는 8배 증가했다. 반면에 가계 소비는 4.3% 증가에 그쳤는데 1978년에는 1952년의 3배에 달했다. 인구증가를 허용한 이후 공식통계에 의하면 1인당 가계소비는 연간 2.3% 증가하였는데 실질성장을 다소 과장했다. 또한 도시와 농촌의 성장률 차이는 상당했다. 도시 성장률은 3%로 농촌의 1.8%를 크게 웃돌았다. 따라서 1978년까지 도시지역의 1인당 소비량은 대략 2배 이상 증가했지만 농촌의 1인당 소비량은 1952년에 비해 58% 증가하는 데 그쳤다. 이 정도 규모의 소비증가는 인자할 수 있지만 느리며 비교 기준으로 볼 때 확실히 예외적인 것은 아니다.

서비스의 성장이 무시되었다. 일반적으로 경제가 발전함에 따라 농업은 상대적으로 중요성이 줄어드는 반면, 산업과 서비스는 확대된다(이 관계는 7장에서 좀 더 자세히 논의된다). 그러나 이러한 일반화는 1952~1978년의 중국에는 적용되지 않는다. 서비스는 이 기간 동안 GDP의 29%에서 24%로 감소했는데 이는 주로 상업의 기여도가 감소했기 때문이다. 정부는 시장과 독립된 기업인들에게 적대적이었다. 1952년에는 81명당 소매 영업사원이 1명이었으나 1978년에는 214명당 1명꼴이었다. 1952년에는 676명당 1개의 식당이 있었지만 1978년에는 8,189명당 1개의 식당이 있었다. 과학, 교육, 보건과 같은 사회 서비스의 GDP 점유율은 1%p 미만 증가했다.

소매 부문의 상대적 위축은 소비시장에서 실질적인 경쟁이 없었다는 사실을 반영했다. 따라서 품질개선이 거의 없었고 신제품도 거의 소개되지 않았다. 또한 가격정책은 소비를 더욱 차별화하였다. 막연하게 사치품이라고 여겨질 수 있는 소비재는 높은 가격이 책정되었고 평등주의적인 충동을 만족시키고 또한 과도한 구매력을 손쉽게 흡수했다. 손목시계나 선풍기 같은 비교적 일상적인 상품들도 일반 가정에서 감당할 수 없는 경우가 많았다. 그러나 낮은 소득증가와 높은 사치품 가격에도 불구하고 수요를 제한하고 부족한 공급으로 상품을 분배하기 위해 배급제가 도입되었다. 1955년부터 1980년대까지, 곡물과 면직물을 구입하기 위해서는 배급 쿠폰이 항상 필요했다. 배급 범위는 부족한 정도에 따라 변동되었는데, 예를 들어 1978년 현재 비누, 두부, 고품질 자전거 등 20여 개 품목에 대해 일종의 배급제가 시행되고 있었다. 기본 소비재의 부족 정도는 제2차 세계대전 이후 대부분의 배급제를 폐지한 소련보다 훨씬 컸다.

개발전략의 두 번째 큰 결점은 고용 창출이 상대적으로 느리다는 것이었다. 대부분의 산업은 자본집약적이었고 서비스는 무시되었기 때문에 새로운 노동에 대한 수요가 크지 않았다. 1952~1978년 사이 총 노동인구는 1억 9,100만 명 증가했지만(2억 700만 명에서 3억 9,800만 명으로), 현대적 산업과 서비스 분야의 성장은 노동인구 증가분의 37%만 흡수했다. 농업 인력은 전체 기간 동안 매년 2%씩 성장했다. 1978년까지 사실상 경작지가 증가하지 않았고 급속한 산업화에도 불구하고 농업 노동력은 1952년에 비해 70%나 증가했다. 그 결과, 특히 농촌지역의 불완전 고용은 점점 더 심각한 문제가 되었다.

셋째, 산업 투자의 상당부분은 자본집약적이고 비교적 기술력이 필요한 작업이다. 공장설비는 일반적으로 거대하고, 복잡하며, 심지어 건설 및 가동에 수십 년이 걸리는 다단계 공정이다. 이 사실은 시사점을 가지고 있었다. 생산량이 없이 여러 해 동안 자본이 묶여 있기 때문에 경제적 수익이 낮았다. 실제로, 중국 공장에서는 복잡한 광석 및 공정에 문제가 발생한 복합 공정, 제철소 등의 대량생산을 충분히 늘리지 못한 사례가 많았다. 아마도 그 결과로 산업 성장률은 감소하는 경향을 보였다. 즉, 1950년대에 가장 높았고(1952~1957년 사이 연간 17%), 1970~1999년에는 매년 8%로 감소하였다. 어떤 의미에서 중국의 산업화 전략은 욕심이 과했다. 자본 및 기술집약적인 중공업에 집중하고 노동집약적인 소비재 산업을 소홀히 한 결과 중국인들은 상대적으로 "쉬운" 프로젝트를 이용할 기회를 놓친 채 어려운 사업에 부족한 자원을 쏟아붓고 있었다. 이 전략은 중요한 중공업 기반을 만들었지만 그러한 자산들은 매우 낮은 효율로 사용되고 있었다.

4.4.3 인적자본 기반

1952~1978년 동안 중국의 사회주의 정책에 대해 긍정적인 평가가 가능한 분야 중 하나가 기초적인 인적자본에 대한 투자이다. 사회주의 시기 동안 기본적인 보건과 교육에 할당된 자원은 상당한 수준이었고 사회주의 시기가 끝나갈 무렵에는 중국인들은 더 건강해졌고 더 나은 교육을 받게 되었다. 개별적인 소비는 억제되었지만 교육과 보건 같은 "사회화된" 소비는 크게 증가했다. 더욱이 이런 지출은 종종 그 사회의 저소득 구성원들에게 유리한 방식으로 진행되었다. 따라서 문화혁명으로 수년 동안 대학교육 체계가 정지되었음

에도 불구하고 같은 시기 초등교육은 크게 확대되었고 문맹률도 빠르게 하락했다. 같은 시기 동안 농촌에도 강력한 초보적 수준의 보건기구들이 설립되었다. 그 결과, 우리의 추정치에 의하면 1964~1982년 전 기간에 걸쳐 기대수명이 60세로 상승했다. 이것은 중국과 비슷한 소득 수준의 국가들에 비해 꽤 높은 수준이었는데, 대략적으로 1957년의 50세, 20세기 초반의 30세(Banister and Hill, 2004)와 비교하여도 크게 상승한 수준이다. 1982년 인구조사에 따르면, 전체 인구의 2/3가 읽고 쓸 수 있었는데, 다시 말하면 비교적 성과도 상당히 우수했다. 기본적인 산업 기술 또한 전체 인구 사이에 확산됐다.

기본적 필요를 제공하고 가장 가난한 사람들의 생계를 보장하는 일에 있어서 사회주의 체제가 꽤 훌륭한 체제라고 주장하고 싶은 유혹이 일기도 한다. 문제는 1959~1961년의 기아가 이런 주장을 비웃음거리로 만들어 버린다는 데 있다. 시민들에게 27년 동안 기본적 필요를 충족시켜 주고 또 다른 3년 동안에는 기아를 야기하는 정책을 강요하였다면 무슨 소용이 있겠는가? 사실상, 대약진운동의 엄청난 불합리성이 이 체제의 가장 자랑스러운 업적이라 할 수 있는 것을 훼손시켰다. 수명을 점진적으로 연장함으로써 국민에게 제공되는 추가 수명에 대해 불필요한 죽음을 저울질해야 하는 것은 끔찍한 일이다.

1978년 이후 중국 지도자들은 지난 30년 동안 스스로 건설했던 체제를 전환시키기 위해 분투했다. 앞선 수십 년의 우여곡절 끝에 그들이 직면한 체제는 소련과 비교할 때 상대적으로 더 분권화되어 있었고 더 경쟁적이며 비교적 덜 강고하였다. 중국의 지도자들은 더 많은 선택의 여지와 더 큰 유연성을 인식하고 역동적인 동아시아의 이웃 국가들에게 뒤처지지 않기로 결정했다.

Bibliography

더 읽을 거리

최근의 훌륭한 개요 및 논의는 Walder(2015)를 참조하기 바란다. 사회주의 시대의 경제학에 대해서는 Riskin(1991), Lardy(1987), and Lin, Cai, and Li(1996)를 참조하기 바란다. 현재 대약진운동과 그에 따른 기아에 관한 광범위한 문헌들이 있다. Becker(1996)는 감동적이다. Ashton et al.(1984)은 처음으로 엄청난 데이터를 분석하였다. 그 이후에 Chang and Wen(1997), Peng(1987), Lin and Yang(2000) 등이 중요한 기여를 했다. 현재 제3전선에 관한 방대한 중국 문헌이 있지만, Naughton(1988)은 여전히 영문 자료에 대한 주요 공헌자이다. Joseph, Wong, and Zweig(1991)는 문화혁명 시대에 대해 재평가했다.

참고문헌

Ashton, Basil, Kenneth Hill, Alan Piazza, and Robin Zeitz (1984). “Famine in China, 1958–61.” *Population and Development Review* 10 (December): 613–645.

Banister, Judith, and Kenneth Hill (2004). "Mortality in China, 1964–2000." *Population Studies* 58 (1): 55–75.

Becker, Jasper (1996). *Hungry Ghosts: Mao's Secret Famine*. New York: Free Press.

Chang, Gene Hsin, and Guanzhong James Wen (1997). "Communal Dining and the Chinese Famine of 1958–1961." *Economic Development and Cultural Change* 46 (October): 1–34.

Joseph, William, Christine Wong, and David Zweig, eds. (1991). *New Perspectives on the Cultural Revolution*. Cambridge, MA: Harvard University Press. Includes reassessments of rural industry, the Third Front, and central-local relations during the Cultural Revolution.

Lardy, Nicholas (1987). "The First Five Year Plan, 1953–1957," and "The Great Leap Forward and After." In Roderick MacFarquhar and John K. Fairbank, eds., *The Cambridge History of China*, vol. 14, *The People's Republic*, pt. 1, *The Emergence of Revolutionary China, 1949–1965*, 144–184, 360–397. New York: Cambridge University Press.

Lin, Justin Yifu, Fang Cai, and Zhou Li (1996). *The China Miracle: Development Strategy and Economic Reform*. Hong Kong: Chinese University Press. The section on the socialist development strategy is especially good.

Lin, Justin Yifu, and Dennis Tao Yang (2000). "Food Availability, Entitlements and the Chinese Famine of 1959–61." *Economic Journal* 110 (January): 136–158.

Naughton, Barry (1988). "The Third Front: Defense Industrialization in the Chinese Interior." *China Quarterly*, no. 115 (Autumn): 351–386.

NBS (National Bureau of Statistics, Department of Comprehensive Statistics) (1999). *Xiandai Zhongguo 50 Nian Tongji Ziliao Huibian* [Comprehensive statistical data and materials on 50 years of new China]. Beijing: China Statistics Press. Easily accessible source of official data, with headings in Chinese and English.

Peng, Xizhe (1987). "Demographic Consequences of the Great Leap Forward in China's Provinces." *Population and Development Review* 13 (December): 639–670.

Riskin, Carl (1991). *China's Political Economy: The Quest for Development Since 1949*. New York: Oxford University Press.

Schurmann, Franz (1966). *Ideology and Organization in Communist China*. Berkeley: University of California Press.

SYC (Annual). *Zhongguo Tongji Nianjian* [Statistical yearbook of China]. Beijing: Zhongguo Tongji.

Walder, Andrew (2015). *China Under Mao: A Revolution Derailed*. Cambridge, MA: Harvard University Press.

5 시장으로의 이행: 전략 및 과정

Market Transition: Strategy and Process

1978년 이후 중국경제는 잇따른 경제개혁의 물결에 의해 변화되었다. 현대 세계사에서 가장 극적인 정책변화 중 하나로, 1978년 중국의 지도자들은 사회주의의 명령경제 모델 수행을 포기하고 새롭고 낯선 방향으로 향했다. 그 후 몇 년 동안 중국은 명령경제 체제를 성공적으로 해체하고 제 기능을 하는 시장경제를 구축했다. 그것은 성장과 발전의 명백한 가속화였고 이행을 저해하는 구소련의 경제 붕괴를 완전히 피했다. 중국의 눈부신 경제성장과 세계 2위의 경제대국으로의 부상은 성공적인 시장지향적 개혁 없이는 상상할 수 없을 것이다.

중국의 시장경제로의 이행은 기적의 성장단계(1장과 7장)와 맞물렸다. 기적의 성장단계의 구조적 잠재력에 내재된 놀라운 성장 잠재력은 의심할 여지 없이 시장개혁을 더 쉽게 만들었다. 그러나 중국이 물려받은 역기능 체계는 성장의 장애물이었고 중국의 경험은 제도적 변화와 철저한 개혁 프로그램을 통해서만 기적의 성장을 이룰 수 있다는 점에서 독특했다.

수년에 걸쳐 개혁과정의 내용은 새로운 도전과 상황에 적응하고 지속적으로 개편되어 왔다. 중국은 이미 마오쩌둥 치하에서 "사회주의 건설"을 위해 상당히 많은 시간을 시장경제 건설에 소비했다. 1979~1989년과 1993~1999년 사이에는 특히 변화가 빨랐는데, 그 기간 동안 정책 결정과 제도적 변화는 실로 놀라운 것이었다. 또 반전과 개혁이 정체되는 시기도 있었지만 경제가 직면하고 있는 과제들이 바뀌면서 개혁과정은 그 정당성을 유지해 왔다. 2013년 11월부터 중국의 시진핑(习近平)-리커창(李克强) 정부는 광범위한 개혁 프로그램에 활력을 불어넣으려 했다. 이러한 노력으로 성공을 선언하기는 이르지만 시장지향적 개혁이 가까운 장래에 정책과제의 중심이 될 것은 분명하다.

시장경제로의 이행과정은 완전히 끝나지 않았다. 시장경제에 필요한 제도 중 상당수는 아직 초보단계이며 추가적인 시장건설과 경제개방이 가능하다. 그러나 현재 이행과 개혁의 궁극적인 목표에 대한 분명한 리더십의 합의는 없다. 심지어 중국이 더 이상 이행기에 있지 않고 유별나게 역동적인 경제 상황에서 일상적인 정책수립에 관여하고 있을 가능성도 있다. 그러나 시장 이행과 관련된 광범위한 이슈들은 오늘날 경제의 모든 측면과 분야에 나타나고 있다. 가장 중요한 문제들은 사회 전반의 모델에서의 논의가 아니라 문제별, 부문별 방식으로 제기, 토론 및 해결되고 있다. 시장 이행은 여전히 적절하지만 그것은 점점 더 복잡하고 세분화된 경쟁 분야에서 이루어진다.

본 장은 1978년 이후의 이행기 경제에 대한 연대기 및 정책틀을 제공하며 개요, 해석 및 시대 구분을 포함한다. 5.1절은 분석 체계를 설정하고 시장지향적 개혁을 정의하며 그 어려움을 설명한다. 5.2절부터 5.5절까지는 연대기이며 시장 이행이 어떻게 연속적이고 독특한 단계를 형성했는지, 어떻게 가속화된 하향식 시장개혁 정책의 2단계에 이은 초기 돌파구를 형성했는지를 보여 준다. 5.6절은 현 체제의 정치경제에 대한 간단한 개요를 소개하고 5.7절과 5.8절은 후진타오(胡锦涛)－원자바오(温家宝)－시진핑(习近平)－리커창(李克强) 정부를 통해 이 이야기를 끄집어낸다. 5.9절은 결론이다.

5.1 개혁의 도전

명령경제의 변혁을 시도하는 과정에서 중국 개혁가들은 매우 강력한 도전에 직면했다. 시장의 힘은 수십 년 동안 중국경제에서 추방되었다. 사실상 개인사업자는 없었다. 대부분의 중요한 도시기업들은 국영기업이었으며 의사결정 권한은 거의 없었고, 기업이라기보다는 정부 부서와 더 비슷했다. 농부들은 모든 땅을 소유하고 있는 농촌집체로 조직되었다. 그들은 팀을 이루어 농사를 짓고 정부의 낮은 고정가격으로 그들의 생산량을 정부에 팔도록 강요당했다. 개별 가격은 무의미했으며 따라서 이익 또한 무의미했다. 그리고 기업들은 자체 수익에 대한 지분이 없었다. 경제는 세계시장과 완전히 격리되어 있었으며 그들의 영향과 그들이 제공한 기회로부터 봉쇄되었다.

중국에서는 문화혁명 때 시장 폐지에 더해진 강한 도덕적 요소에 의해 명령경제의 내재된 고립성이 강화되었다. 사람들은 일상적으로 집단의 이익을 위해 개인적인 이익을 희생하도록 권유받았고 모든 종류의 물질적 인센티브가 폐지되어 못마땅해 했다. 국영기업의 임금은 10년 넘게 동결되었고 "수익"은 비열한 말이었다. 사회는 생산력이 더 좋아진다기보다는 "가난을 통한 사회주의로의 이행(穷过渡)"을 하고 있었다. 이러한 생각들에 대한 광범위한 환멸에도 불구하고 시장경제를 향한 움직임은 즉시 수많은 실용적, 정치적, 경제적, 윤리적 질문과 장애물에 직면했다. 오늘날 세계에는 명령경제가 남아 있지 않지만 1978년에는 세계 인구의 3분의 1이 명령경제 체제하에 살았다. 개혁이나 폐지가 아닌 이 제도를 어떻게 바꿀 것인가 하는 것은 명확한 해답이 없는 질문이었다.

5.1.1 시장지향적 개혁의 정의

중국 지도자들은 로드맵도 명확한 목적지도 없이 개혁 작업에 착수했다. 그들의 초기단계는 일관된 방향으로 진행되었다. 그들은 계획자들의 힘(특히 독점력)을 줄이고, 진입장벽을 낮추고, 일반인들에게 의사결정 권한을 부여했다. 이러한 초기단계의 성공은 복잡하고 일반적으로 성공적인 개혁과정을 촉발시켰다. 그러나 이후 수십 년간 수많은 정책들이 채택되었고 오히려 무차별적으로 "개혁"이라는 표찰이 붙었다. 개혁에 대한 보다 정확한 정의가 요구된다. 개혁은 경제 행위자들이 운용하는 규칙을 바꾸는 일종의 의도적인 정책 형태이다. "시장지향적 개혁"은 일정한 분야나 시장에서 더 많은 참여자를 허용하거나 시장 경쟁에 관한 규칙을 보다 투명하고 공정하게 함으로써 공정한 경쟁의 범위를 넓히는 정책 방안이다. 특권층이 누리는 이점을 줄이는 것은 분명히 시장지향적인 개혁이다. 경쟁을 보다 공정하게 만드는 개혁에는 균일한 가격으로 상품에 대한 동등한 접근을 제공하는 가격개혁과 모든 시장 참여자에게 알려지고 예측 가능하며 동일하게 적용되는 규칙과 절차를 제공하는 규제개혁이 포함될 수 있다.[1]

개혁은 본질적으로 경제적, 정치적 이유들 때문에 실행하기가 어렵다. 경제적으로 개혁은 즉각적인 혼란을 야기하고 시차를 두고 혜택을 제공한다. 시장지향적인 개혁은 경제 전반의 효율을 향상시킬 것으로 기대할 수 있지만, 효율성 향상의 혜택은 점진적으로 경제 전반으로 확산될 것이다. 따라서 개인이 개혁의 혜택을 미리 파악하기는 어렵고 그 혜택을 누리고 있을 때쯤이면 개혁을 인정하는 것을 잊어버릴 수도 있다. 개혁과정의 시간 구조도 위험을 초래한다. 적절하고 부분적인 개혁은 초기 비용이 발생했을 때 철회될 수 있다. 급진적이고 포괄적인 개혁은 경제적 붕괴를 초래할 수 있다.정치적으로는 현재의 재임자(현재의 승자)와 개혁의 잠재적 수혜자 사이의 근본적인 비대칭성이 존재한다. 현직자들은 자신의 특권적 지위로 개인적 수혜를 즐기는 반면, 잠재적 수혜자들은 개혁이 성공한다면 보통의 경쟁적 시장 기반의 수익률만을 얻게 될 것이다. 더욱이 특권층은 자신들이 잃을 수 있는 혜택에 대한 충분한 정보를 갖고 있는 반면 개혁의 승자들은 개혁과정에서 어떤 미래 이익을 받을지 불확실하다. 개혁은 정치적 영향력이 적은 젊은이들에게 혜택을 준다. 요컨대, 개혁의 잠재적 패자는 잠재적 승자가 개혁을 지지해야 하는 것보다 더 나은 정보를 가지고 개혁에 반대하는 동기가 강하고 (초과이윤 보호를 위해) 정치적 영향력을 행사하는 데 더 익숙하다는 것이다. 따라서 어떤 정치 체제에서든 개혁을 지지하기 위해 충분한 연합을 구성하기는 어렵다. 시장지향적인 개혁은 정치적으로 실현 가능해야 하며 경제적으로 일관성이 있어야 한다.

5.1.2 시장경제로의 이행에 대한 중국의 접근방법

중국의 시장경제 이행 접근법은 다른 대부분의 사회주의 명령경제와는 상당히 달랐다.

1. 정부는 시장지향적 개혁이 아니지만 중요하고 긍정적인 정책 조치들—예를 들어, 병든 사람이나 노인들에 대한 재분배와 국가 안보의 제공 등—을 많이 채택한다는 것을 분명히 해야 한다. 시장 중심의 개혁이 특별한 상황을 제외하고는 다른 정책 목표보다 반드시 우선권을 누려서는 안 된다.

우선, 중국의 변화는 공산당 지도자 그룹에 의해 시작되었다. 덩샤오핑과 천원 같은 장년층은 명령경제 체제의 창설에 기여한 건국 혁명세대였다. 그들은 엄청난 신뢰를 주었고 시장의 도입을 정당화했으며 개혁과정에 대한 반대를 줄였다. 이 지도자들은 그들 자신의 시스템을 잘 이해했다. 그들은 그 결함과 그들이 직면하고 있는 엄청난 도전에 대해 잘 알고 있었지만, 또한 그 시스템을 완전히 뒤엎을 동기도 거의 없었다. 공산당 지도자들이 통제권을 유지하고 파괴적 변화의 범위를 제한하기를 원했기 때문에 점진적 개혁 전략을 펼쳤다.

중국 지도자들은 중국을 정확하게 저소득 개발도상국으로 보았고 경제발전의 필요성을 늘 마음에 두고 있었다. 중국의 정책 입안자들은 경제발전이 시스템 전환의 중간 작업이 완료될 때까지 연기될 것이라고는 결코 상상할 수 없었다. 항상 시스템 전환은 경제발전과 동시에 이루어져야 하며, 경제개발 과정은 시장 이행을 앞당기고 궁극적인 성공을 보장할 것이라고 가정되었다. 개별 개혁정책은 시장 이행보다는 경제성장에 기여한 것에 기초하여 자주 평가되었다. 처음에 개혁가들은 정말로 그들이 어디로 가고 있는지 몰랐고, 그들은 "청사진 없이" 개혁하고 단지 명령경제의 명백하고 심각한 문제들을 개선할 방법을 찾고 있었다. 그러나 시장경제의 목표가 개혁가들의 마음에 점차로 자리 잡고 난 후에도 시장경제가 최소한 중산층에 도달할 때까지는 시장 이행이 완료될 것이라고는 예상하지 못했다.

시장경제로의 이행에 대한 접근방식은 동유럽과 보리스 옐친(Boris Yeltsin)의 러시아에서는 크게 달랐다. 그 나라들에서 개혁주의자들의 주된 목표는 현대 시장경제로 가능한 한 빨리 이동하는 것이었다. 개혁론자들은 서독과 같은 서유럽 이웃들의 번영하는 사회민주주의를 모방하는 모델이 있었다. 그들은 가능한 한 빨리 공산주의의 유산을 털어내고 이 모델에 대한 집중을 신속하게 시작하기를 원했다. 이러한 기본적인 고려사항들은 경제에 대한 그들의 관점을 형성했다. 개혁론자들은 그들의 정부가 경제의 왜곡을 시정할 수 있다고 믿지 않았다. 그들은 주로 민주적인 절차를 거쳐 집권하여 이전의 공산당 지도자들을 교체했고 그들은 그들의 지시를 따라야 할 관료들과 계획자들을 불신했다. 게다가 너무 깊이 상호 연관되어 있는 왜곡이 너무 많았다. 그 과정에서 약간의 단기적인 손실이 발생하더라도 가능한 한 많은 왜곡과 특권, 초과이익 추구 기회를 없애고 처음부터 다시 시작하는 것이 좋다. 이들이 따르는 전략은 종종 "충격요법(Big-Bang)"이라고 불렸다. 개혁가들에게 있어서 가격체계의 작동을 위해서는 가능한 한 빨리 자유가격을 책정하고 그 다음에 재산권 개혁, 즉 사유화로 신속하게 이동하는 것이 매우 중요했다. 가능한 한 빨리 건강한 장기적 성장의 길로 가기 위해서는 부담해야 할 비용은 조기에 집중된 형태로 직면하는 것이 좋다.

중국의 시장경제 접근방법도 이와 유사하였다. 중국 개혁가들은 문화혁명을 맞아 심각한 위기의식에 내몰렸다. 그들은 경제를 회복시키고 더 이상의 혼란을 원치 않았다. 문화혁명 이후 체제 존립의 문제가 있었으며 중국 지도자들은 붕괴를 막기 위해 의식적으로 경제와 정치 체제를 개선하고 강화하려고 하였다. 또한 중국은 가난하고 저개발되었기 때문에 어떤 요구사항들은 충족되지 않았고, 어떤 요구사항들은 명령경제가 낭비하였기 때문에 충족되지 않았는데 개혁가들은 이 두 유형을 기본적으로 구분하지 않았다. 명령경제는 고비용 산업 프로젝트에 자원을 낭비한 반면 간단하고 쉽게 충족될 수 있는 소비자들의 수요는 무시했다. 중국의 개혁가들은 본질적으로 개인과 조직의 충족되지 않은 필요를 충족시키고 약간의 추가수입을 얻을 수 있도록 허용해야 한다고 규정했다. 만약 이 새로운 활동이 명령경제를 약화시키는 경향이 있고 그것의 규칙들 중 일부를 면제받아야 한다면, 그렇게 해야 한다. 중국의 개혁가들은 장벽을 낮추고 점차 그들의 시스템을 개방했다. 그들은 개인과 단체에게 기업가적으로 행동하고 시장의 요구에 부응할 기회를 주었다. 초기 개혁은 제도 내에서 규제되지 않고 가볍게 과세된 활동영역을 만들었다. 개혁자들은 그러한 활동영역들이 발전적 목표에 기여하는 것으로 보였기 때문에 성장하도록 허용했다. 예를 들어, 농촌 지역사회는 지역투자와 경제성장에 기여하기 때문에 계획 외의 향진기업을 운영할 수 있도록 허용되었다. 외국 기업들은 중국에 대한 투자를 늘리고 중국에 기술을 이전하도록 설득할 수 있기 때문에 SEZ(경제특구)에서 자유롭게 영업할 수 있도록 허용되었다. 이러한 정책은 처음에는 정부의 전반적인 경제 관리능력과 지도력을 위협하지 않으면서 성장에 기여하는 것으로 보였다.

그 결과, 이러한 개혁은 거의 왜곡을 줄이거나 제거하지 않았다. 그 대신, 그들은 자원에 대한 통제를 느슨하게 하여 그러한 왜곡으로 인해 자원(사람, 돈, 주도권)을 덜 통제된 영역으로 흘러들게 했다. 점차 새로운 진입자들을 유치하는 과정에서 계획과 시장 사이의 균형이 이동하기 시작했다. 이 계획은 선구적인 기업가들조차도 영역을 발굴해 내기 힘들던 매우 견고한 것에서 시장 활동이 지배하는 바다에 떠다니는 스펀지처럼 되었다. 시장이 발전함에 따라 개혁의 초점은 시장이 효율적으로 기능하는 데 필요한 제도적 틀을 제공하는 방향으로 이동했다.

이러한 접근방식은 여러 세대에 걸쳐 "점진주의적" 이행 전략으로 발전했다. 이러한 점에서 점진주의는 가능한 한 제도를 보존하고 전문지식이 집중된 제도를 재정비하며 변화에 대한 반대를 최소화하는 것을 포함한다. 그러나 "점진주의"는 본 장에서 설명하는 것처럼 다양한 정책 구성을 포괄하는 광범위한 정의이다. 중국의 이행과정의 특성은 그것이 점진적이라는 것이 아니라—결국, 여러분이 어디로 가는지 안다면 천천히 걷는 것이 빨리 걷는 것보다 못하다—오히려 특정 정책 패키지가 급변하는 상황의 특정한 요건에 적합하다는 것이다.

5.2 개혁의 시작: 정치적 이완과 농촌의 돌파구

중국의 시장경제로의 이행은 1978년 말에 명령경제의 거의 모든 측면을 대대적으로 재평가하면서 시작되었다. 동시에, 문화혁명 동안 강요되었던 정치적 구속을 벗어던지는 광범위한 사회적 이완이 일어났다. 이런 환경 속에서 실험적인 개혁이 곳곳에서 시작되었는데 개혁은 먼저 농촌에서 성공하였고, 농촌개혁의 극적인 성공으로 엄청난 변화의 길이 열렸다(11장). 뒤이어 1984년 이후 정책 입안자들은 이러한 추진력을 이용하여 가속화된 이행 기간 동안 일관된 정책 체계를 만들었다.

농촌개혁은 간단한 정책결정으로부터 시작되었다. 즉, 정부가 지난 30년 동안 농민들에게 행했던 억압을 완화하는 것이다. 수년 동안 중국은 농민들로부터 더 많은 곡물을 거둬들여야 하는 압박감으로, 정부조달 수매 목표를 높은 수준으로 유지했고 조달가격은 낮게 책정했다. 그러나 농민들은 이러한 불공평한 거래에 저항했고 그 결과 곡물 생산량과 농민들의 곡물 판매는 더디게 증가했으며, 농민들은 농업에 더 많은 시간과 금전을 투자하는 데 관심이 없었다. 1978년 말, 획기적이었던 제11기 3중전회에서 중국 지도자들은 농업 생산물의 거래조건을 완화하고 "농민들에게 숨 돌릴 기회를 주기로" 결정했다. 조달목표가 축소되었고 조달가격은 인상되었으며 가장 중요한 것은 조달목표를 초과하는 농산물의 가격이 대폭 인상되었다. 이런 결정들이 처음에는 체계적인 결정이 아니었다. 그들은 농부들에게 영향을 미치는 어떤 근본적인 제도는 바꾸지 않고 단지 가장 중요한 제한들 중 일부를 조정하였다. 그럼에도 불구하고 이러한 어려운 선택은 상당한 비용을 초래했다. 곡물공급을 줄이기 위해 1979년 계획당국은 곡물수입을 두 배로 늘리고 도약을 위한 야심찬 기술도입 프로그램을 축소해야 했다(4장). 중국은 이미 외환이 절실하게 부족했지만 이 어려운 선택은 농촌경제가 회복의 기간이 절실히 필요하다고 믿었기 때문에 호의적이었다.

개혁 입안자들은 처음에는 농촌집체 시스템을 바꾸는 것을 계획하지 않았으며 농부들이 더 나은 작업과 마케팅 생산방법을 찾을 수 있는 실험 기간을 두었다. 농촌집체는 광범위한 혁신적인 접근방식으로 대응했지만 결국에는 특정 농지에 대해 개별 농가와 계약하는 급진적인 해결책을 강구했다. 농가에서는 수확 후 계약된 저가의 곡물을 양도하기로 하는 협약을 체결하고 특정 농지의 농업생산 과정에 대한 경영권을 부여받았다. 이는 집체기구 역할의 극적인 축소를 의미하였기 때문에 이 정책은 격렬한 논쟁을 유발하였다. 중국의 지도자들은 이 논쟁을 막지 않았으며 1980년 이후 점차 사실상의 지지를 보냈다.

결과는 놀라웠다. 농가와의 토지계약 제도는 중국의 전체 농촌으로 급속히 퍼졌고 1983년 말이 되면서 거의 보편화되었다. 농업 생산이 급증하기 시작했다. 곡물 가격의 인상과 화학비료와 같은 현대적 투입요소의 이용 증가로 농업 생산은 1984년까지 급속히 증가했다(12장). 1984년 주요 곡물 생산량은 1978년보다 1/3 이상 증가하였다. 이로써 중국인 누구에게도 충분한 곡물이 제공될 수 있었다. 중국의 산업화가 약체인 농업으로 인해 반복적으로 발목이 잡혔던 수십 년의 시대가 갑자기 끝난 것으로 보였고, 근본적으로 중국의 식량부족의 세기 또한 끝났다. 그러나 곡물 생산량의 증가는 단지 일부 이야기일 뿐이다. 농민들이 자신들이 원하는 방향으로 자기들의 노동력을 배분할 수 있게 됨에 따라 곡물 생산량이 증가하는 한편 논밭에서 일하는 시간은 줄였다. 농민들은 부업 작물 및 비농업 활동에 더 많은 노동력을 투입했다. 향진기업(TVE, 지역 운영 공장)들에 고용된 노동자의 수가 급속히 증가했고 이 부문의 생산량도 급등했다(12장). 이러한 향진기업들은 국가 계획에 포함되지 않았기 때문에 이들의 생산물은 당시까지 충족되지 못하고 있던 시장 수요를 충족시키고, 한편으로는 기존 국유기업들과의 새로운 경쟁을 촉발하였다. TVE 활동은 혼란과 함께 엄청난 변화를 가져왔다.

성공적인 농업 및 향진기업 개혁은 적어도 네 가지 측면에서 개혁 입안자들에게 힘을 실어 주었다. 첫째, 거대한 공급측면에서의 실험이 즉시 수행되었고 시장 인센티브 개선으로 중국 농부들의 생산량을 극적으로 증가시킬 수 있다는 것을 증명했다. 중국의 개혁가들은 개혁 프로젝트를 지속하고 초기의 노력이 성공으로 나타나지 못했던 다른 부문에서도 추진할 수 있는 자신감을 얻었다. 둘째, 농촌개혁은 추가적인 개혁에 사용될 수 있는 아이디어를 제공했는데, 특히 "쿼터 초과" 거래를 자유화하면서 필수적인 관계를 안정시키기 위해 계약을 맺는 관행이 두드러졌다. 이것은 5.3.2.1절에서 보게 될 개혁에 대한 "이중트랙" 접근법의 기원이었다. 셋째, 농촌의 성공은 정책 입안자들에게 부과되던 제약조건을 완화시켰는데, 외환 접근을 가장 즉각적으로 완화시켜 주었다. 마지막으로 농민들은 이제 훨씬 형편이 좋아졌기 때문에 개혁은 국민 대다수의 지지를 얻었다. 시장 이행을 앞당기는 방법은 분명했다.

5.3 이행의 가속화, 1984~1989년

농촌의 변화가 정책 입안자들보다 앞서서 그들을 이끌었다. 이제, 성공적인 농촌 정책은 개혁자들을 대담하게 만들고 도시 국영기업과 산업화를 관리하는 지휘 조직으로 구성된 핵심 경제체제를 바꿀 수 있는 구체적인 정책을 모색하게 했다. 농촌개혁이 도시에 도입될 수 있을까? 그 후 몇 년 동안 정책 입안자들은 점차 일관성 있는 개혁 패키지를 개발했다.

5.3.1 경제 의사결정(정치경제 간주기 No.1)

중국의 정치체제는 공산당과 정부라는 두 개의 평행하고 중복되는 계층구조를 중심으로 구성되어 있다. 각 단계마다 공산당 조식과 정부 조직이 모두 있으며 모든 중요한 개인들은 당직을 겸하고 있다. 당 조직은 정부보다 우월하여 궁극적인 정치력과 각급 의사결정

과정의 최종 결정권을 쥐고 있다. 경제정책 분야에서 당은 일반적으로 정부에 실질적인 의사결정권과 집행권한을 위임한다. 이러한 제도는 개혁 시기 초기에 시작되어 그 이후 정책의 발전을 이루었다.

1978년 이후, 공산당 내의 최고 권위는 소수의 원로그룹에 의해 행사되었다. 덩샤오핑이 가장 두드러졌고 때로는 "최고 지도자"라고 불리기도 하지만 천윈은 특히 경제정책에서 거의 동등한 영향력을 행사했다. 이들 원로들은 마오쩌둥의 손에 절대 권력이 집중되어 발생한 재난의 재발을 막기 위해 노력했다. 덩샤오핑은 당과 정부, 또 한편으로는 집단지도 체제 내의 개인들 사이에 새로운 책임분담을 의도적으로 고안했다. 이 통찰력은 경제정책에서 효과적으로 실현되었다. 덩은 경제정책의 담당을 위해 쓰촨에서 자오쯔양을 데려와 수상으로 삼았다.[2]

그 결과, 1980년대 대부분의 주요 경제정책 입안자는 자오쯔양이었다. 그는 1980~1987년까지 총리를 지냈고, 1989년 천안문광장 시위 때까지 초대 당 총서기였다. 자오는 항상 덩샤오핑에 종속되어 있었지만, 이 첫 시기를 거치면서 중국의 변화를 주도했던 일상적인 정책수립에 책임을 지고 있었다. 자오쯔양은 경제문제에 있어서 가장 큰 영향력을 행사하던 덩샤오핑과 천윈의 의견을 따라야 했다. 이러한 정치적 환경 때문에 자오의 정책 입안은 신중하고 점진적이었으며 그가 추진하고자 하는 각 정책들은 최소한 수동적 동의를 얻어야 했다. 자오의 주요 경제 과제는 명령경제 제도의 지배에서 경제를 해방시키는 것이었다. 그의 주요 정치적 과제는 상사인 원로들을 불안하게 하거나 적대시하지 않고 이러한 정책에 대한 지지를 동원하는 것이었다. 자오쯔양은 계획경제 제도에서 점차 중국을 해방시킴으로써 소련식 붕괴를 피할 수 있었으나, 결국 1989년 천안문광장에서 있었던 시위 전후의 격동 중에 자신을 제거한 원로들과 충돌하게 되었다.

따라서 1980년대의 정책 환경은 많은 정책에 대한 거부권을 가진 다수의 강력한 참여자들에 의해 매우 개인화되고 특성화되었다(Naughton, 2008). 동시에 덩샤오핑은 특정 개인보다 오래 지속되는 제도적 원칙을 확립했다. 즉, 경제정책 수립은 수상에게 위임되고 정부기관에 의해 시행될 것이다. 이는 궁극적인 권력을 유지하면서도 점차 제도화된 절차를 채택하는 과정에서 중요한 요소 중 하나였다.

5.3.2 가속화된 이행의 특징, 1984~1989년

1984~1989년 자오쯔양이 주도했던 개혁 시기에는 몇 가지 특징이 있었다. 이 특징들 중 일부는 농촌경제 개혁에서 비롯되었고 다른 것들은 정부의 제한된 행정 능력에서 나왔다. 이 시기의 특징은 1993~1999년까지의 심화된 개혁 시기와 비교해 보면 분명하게 알 수

2. 게다가 덩샤오핑과 천윈은 모두 인사에 큰 관심을 기울였다. 정책을 계승하고 후계자로서의 역할을 할 젊은 정치인들을 승진시켰다. 이들은 총서기로 후야오방(65세), 수상과 총리로 자오쯔양(61세)을 각각 영입했다. 1980~1981년 이후 후와 자오는 최고의 공식 직책을 맡았는데 두 사람 모두 덩샤오핑과 천윈의 재량으로 근무한 것을 인정하였다.

표 5.1 경제개혁 방식의 비교

1980년대 개혁	1990년대 개혁
자오쯔양: 신중하고 합의를 통한 의사결정	주룽지: 신속하고 개인화된 의사결정
시행 가능한 곳에 시장 도입, 농업과 산업에 집중	시장경제제도 강화, 금융 및 규제에 중점
이중트랙 전략, 계획 밖에서의 성장	시장통합, 이중트랙제 단일화
강력한 인센티브와 함께 개별 계약	단일 규칙에 의한 경쟁, "공정한 경쟁의 장"
진입을 통한 경쟁, 사유화 불허	국유부문 축소, 사유화 시작
권한 및 자원의 분권화	자원과 거시적 통제의 집중화
부족한 가운데 인플레이션 경제	가격 안정화, 상품의 잉여
"패자가 없는 개혁"	"패자가 있는 개혁"

있다. 표 5.1은 이러한 특징과 함께 놀라운 점을 보여 준다. 이 두 고도로 생산적인 시대의 특징들은 많은 점에서 반대였다. 자오쯔양은 신중하고 분권적인 접근방식인 반면, 주룽지는 균형 잡힌 재집권화라는 보다 대담하고 포괄적인 과정을 시작했다.

농촌개혁을 기반으로 정책 입안자들은 1978~1989년까지의 모든 기간을 특징으로 하는 시장경제로의 이행전략을 수립했다. 1979~1988년까지의 농촌개혁과 1984~1989년까지의 가속화된 이행이 그것이다. 개혁은 전반적으로 분산되어 권력과 자원을 중앙 기획자의 손에서 지역 실행자에게 이동시키는 반면, 국가의 핵심 이익은 계약을 통해 보호되었다. 이것은 진입장벽을 낮추고 시장 지배력을 증가시킬 수 있게 했다. 1980년대 중국의 이행전략으로서의 정책의 본질은 이중트랙제와 거시안정화 접근방식이라는 두 가지 주요 특징을 통해 알 수 있다. 각각은 복잡한 묶음이었지만 시장을 소개하고 남은 여력을 거시경제 유지를 위한 간단한 패키지에 합친 것이다.

5.3.2.1 이중트랙제

중국의 계획경제로부터 초기 이탈을 가장 잘 보여 주는 특징은 아마도 이중트랙제(dual-track system, 쌍궤제)일 것이다. 핵심적인 의미는 주어진 재화의 배분을 위한 전통적 계획과 시장 경로의 공존이다. 개혁자들은 계획을 해체하기보다는 안정성을 확보하고 일부 주요 정부 우선순위의 달성을 보장하기 위해 계획의 지속적인 역할을 묵인했다. 시스템에는 다음과 같은 7가지 핵심요소가 있다.

진입. 1979년을 시작으로 중국에서 보호받는 산업부문들이 새로운 진입자들에게 실질적으로 개방되었다. 많은 신생기업들, 특히 농촌 산업이 산업부문에서의 거대한 잠재적 이익을 누리기 위해 몰려들게 됨에 따라, 경쟁이 격화되고 산업부문의 전체적 시장 상황을 변화시켰다. 대부분의 기업들은 집체적 소유 기업들이었고 일부는 개인기업과 외자기업들이었다. 이 기업들은 결코 계획경제의 일부가 아니었다. 그들은 기업이 어떤 흥정을 할 수 있는지를 반영하는 "협상가격"을 운영하였다. 중국의 다양성과 거대한 시장의 매력에 의해, 그리고 지방정부가 경제 운영에서 수행했던 중요한 역할에 의해 촉진된 진입은 개혁 기간 내내 변화의 주요 동력이었다.

국유기업 내에서의 이중트랙. 이중트랙은 계획경제의 핵심이었던 국유기업(state-owned enterprise, SOE)들에도 도입됐다. 실제로 이것은 "이중트랙제"라는 용어의 근본적인 의미로서, 소유 시스템의 공존보다는 조정 메커니즘(계획과 시장)의 공존을 말한다. 1980년대 중반까지 여전히 생산량에 대한 의무적인 계획이 배정된 국영기업들은 계획 이상의 시장용 상품의 생산을 위해 추가 자원을 사용할 수 있도록 허용되었다. 이중트랙제는 각 국영 공장에서 운영되었다. 이는 두 가지 즉각적으로 실질적인 결과를 낳았다. 즉, 국유기업은 시장에 적응하고 정보를 수집하고 시장 가격에 근거하여 이익을 얻기 시작했다. 아마도 더욱 중요한 것은 국유기업이 민영기업들과 거래를 할 수 있도록 허용되었다는 점이다. 민영기업들은 부족한 천연자원과 복잡한 기계들을 포함한 자원을 합법적으로 조달하고 기업 운영을 향상시키기 시작했다. 국유기업들은 노동력과 토지가 저렴한 농촌의 민영기업들과 하청계약을 체결하여 비용을 절감했다. 계획 밖의 통합된 시장이 형성되었다.

시장가격. 처음부터 계획 밖의 가격은 유연하고 수요와 공급이 동일했다. 1985년부터 계획 외의 상품교역에 대한 시장가격은 법적 제재를 받았다. 소비재 가격의 규제완화로—처음에는 조심스러웠으나—대부분의 소비재들은 점진적으로 시장가격 체제하에서 거래가 이루어졌다.

계획 밖에서의 성장. 1984년 중국의 계획당국은 중앙정부가 관장하는 자재 배분 계획의 절대적 전체 규모를 고정한 채 유지해 갈 것이라 공약하였다. 경제가 성장하고 있었기 때문에 이러한 공약은 계획부문의 비율이 지속적으로 축소되어 중국경제가 계획의 밖에서 성장하게 되는 점진적 과정을 함축했다. 그림 5.1은 계획경제의 가장 전형적인 상품인 철강 완성재의 판매와 배분에서 작동하던 이러한 과정을 잘 보여 주고 있다. 1984년까지도 중앙정부 계획당국이 배분하던 철강의 양은 생산량의 증가에 따라 함께 증가했다. 계획경제에서는 지방정부의 계획에 의해 배분된 철강도 상당부분을 차지하였는데 초기에 소량의 생산량은 기업에 의해 자체적으로 판매되었다. 1984년 이후 중앙정부에 의해 배분되는 수량은 줄어들었고 거의 모든 생산량은 시장에 유입되었다. 즉, 이 시기의 생산량 증가분이 기업의 통제로 넘겨져 받을 수 있는 최고의 가격에 판매되었다. 1990년대 초반이 되어서는 분배되는 양은 절대적으로 감소하기 시작하여 1992년 이후 급격히 감소되었다. 이 시점 이후 경제는 계획경제의 밖에서 성장하였다. 의무적 계획량을 동결하겠다는 신뢰할 만한 공언은 역동적인 과정을 추진했는데, 이 과정은 경제에서 비계획 시장 거래의 몫을 점차 증가시켜 이중트랙제를 손색없는 이행의 도구로 전환시켰다.

계획의 밖에서 성장하게 하겠다던 공약은 개별 기업 수준에서의 유인을 크게 변화시켰다. 기업들은 이제 "초과생산량에 대한 시장가격(market prices on the margin)"으로 판매

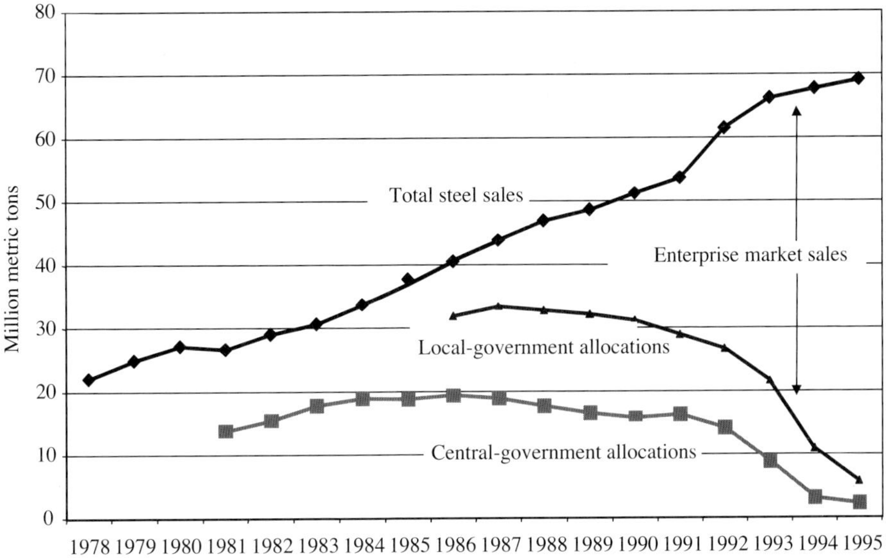

그림 5.1 철강생산과 계획에 의한 배분

자료: Naughton (1995, 224).

했다(Byrd, 1991). 예를 들면 의무적 계획량이 생산능력의 90%를 차지하는 기업들도 시장가격에 따라 미래의 성장과 높은 수익 기회의 증가를 알 수 있었다. 계획은 마치 기업에 대한 일괄적인 조세(혹은 보조금)와 같은 역할을 수행하였다. 그 계획을 변경하지 않겠다는 약속이 신뢰할 수 있는 한, 그것은 시장가격에 기반을 둔 기업의 의사결정에 실질적인 영향을 미치지 않았다. 이러한 의미에서 계획은 무의미한 것이 되어 버렸다.

개별 계약제. 이중트랙제가 작동하기 위해서 계획당국은 모든 국유기업들과 개별적으로 계약을 체결했다. 이러한 계약들은 세금 납부와 기업의 계획된 상품의 납품을 규정하였다. 더 이상 정기적인 법인세 제도가 없었다. 즉, 사실상의 세율은 개별 기업마다 달랐다. 이러한 계약은 이전 기준년도의 기업실적을 기초로 작성되었으며 따라서 기존의 각 기업은 시장경제로 이행체제에 놓이게 되었다.

점진적인 경영개혁. 정책 입안자들은 국유기업의 인센티브와 경영능력을 향상시킬 수 있는 방법을 실험했다. 국유기업에 대한 인센티브는 수익성을 향상시키고 계획의 이행을 강조하지 않았다. 경쟁의 증가, 개선된 인센티브, 그리고 성과에 대한 보다 실효성 있는 감시 등이 결합하여 1980년대에 걸쳐 국유기업의 성과가 개선되었다. 이것은 보다 급진적인 민영화 정책에 대한 대안이었다. 긴급하게 진행되는 민영화는 보통 국유부문의 성과가 개선될 수 없다는 생각에서 비롯되는 경향이 있다. 또한 개혁가들의 관심이 단기적 성과에서 민영화라는 어려운 과제로 이동함에 따라 민영화는 종종 단기적인 "기업의 포기"로 이어지곤 한다. 반대로, 민영화가 긴급한 것이 아니라는 인식은 긴급한 민영화보다는 국유부문에 대한 감시와 통제 그리고 인센티브를 개선하기 위한 노력으로 이어지게 된다.

분리화. 개혁은 경제의 성공적인 부분을 계획경제의 핵심에서 나누는 "분리화" 전략에 따랐다. 개혁론자들은 자신들의 경제에 대한 통제가 실제로 취약하다는 것을 이해했지만 안정을 유지하면서 앞으로 나아가고자 했다. 개혁 초기에 경제특구 설립은 경제의 다른 부분과 거의 아무런 연관이 없는 수출지향적 조계지였다(17장 참조). 정책 입안자들은 농촌의 경우 판매할 잉여물이 없기 때문에 가장 가난한 지역이 계획경제로부터 단절될 수 있다는 것을 깨달았다. 빈곤한 지역은 빠르게 개혁했고 국가는 보다 신중하게 개혁이 이루어진 부유한 지역에서 조달 목표를 달성했다.

이러한 7가지 요소를 갖추면서 이중트랙제는 경제의 특징만이 아니라 이행전략이 되었다. 많은 나라들은 정부의 통제나 규제의 대상이 되는 경제의 핵심부분과 규제가 덜한 시장경제를 가지고 있다는 점에서 이중트랙제를 가지고 있다(때로는 "회색"이나 "암"시장). 중국 이중트랙 전략에서 두드러진 점은 시장화를 점진적이고 체계적으로 추진했다는 점이다. 예를 들어, 고정된 계획과 성장하는 시장 상황에서 이익을 증대시키기 위한 더 강력한 인센티브에 직면한 개별 국유기업은 자연스럽게 시장지향적으로 전환하기 시작했다. 성장, 분리화, 그리고 계획경제를 동결하겠다는 신뢰할 수 있는 약속은 이 궤도가 경제 전반에 걸쳐 뿌리내릴 수 있도록 보장했다.

돌이켜 보면, 이중트랙 정책은 경제 전반에 걸쳐 일관성을 가지고 있었다. 국가의 독점권 축소는 새로운 기업의 빠른 진입을 이끌었다. 새로운 기업의 진입은 초과 생산에 대한 시장가격 채택과 결합되어 경쟁의 고조로 이어졌고 국영기업 경영자들은 시장에 익숙해지기 시작했다. 경쟁은 초기에 국영기업의 높은 이윤을 잠식했고 그 기업의 소유주인 정부가 수익성에 더 관심을 갖도록 유도했다. 정부는 더 나은 인센티브와 모니터링 장치를 실험했는데, 이것은 국가 부문의 성과를 향상시켰다. 그럼에도 불구하고 국가 부문은 새로운 시장에 진입하고 있는 민영기업들보다 성장이 더 느렸다. 경제에서 전반적으로 계획과 국가 부문의 지배적인 요소가 줄어들면서 경제는 점차 계획경제에서 벗어났다.

5.3.2.2 거시경제의 안정성

변화는 필연적으로 인플레이션과 거시경제적 고통을 야기한다. 이 도전에 대한 중국의 접근방식은 독특했다.

경제의 안정을 위한 전통적인 "계획된" 수단 사용. 1979~1981년 사이 심각한 거시경제적 불균형에 직면하였을 때, 중국의 개혁가들은 투자를 축소하고 경제에 대한 압박을 완화하기 위해 "계획된" 경제라는 수단들을 활용하였다. 중국은 안정과 개혁을 하나로 결합하여 신속하지만 충격이 큰 비극적 상황이었던 “충격요법(Big-Bang)” 이행전략 대신에 자원을 가계부문으로 이동하고 개혁 초기의 거시경제적 긴장을 이완하기 위해 계획경제라는 수단을 활용하였다. 이처럼 개발전략의 극적인 전환은 시장의 점진적 발전에 유리한 조건을 만들었다. 억압되었던 인플레이션을 개방 인플레이션으로 급속히 전환하는 방식으로 인플레이션 압력을 해소하기보다는, 공급이 성장함에 따라 인플레이션 압력이 소멸되었다. 비슷한 방식으로, 자본집약적 빅 푸시(Big Push) 전략에서 벗어나 더욱 지속 가능한 노동집약적 부문에 초기의 추진력을 제공하는 데에도 계획경제의 구조가 활용되었다. 농촌에서 도시로 돌아온 사람들을 포함하여 수많은 젊은 실업자들에게 일자리를 제공해야 할 필요성 때문에 초기의 노동집약적인 전략으로의 전환은 매우 긴급한 것이기도 했다. 실업을 줄이기 위해 이 도구를 일시적으로 사용하는 것은 안정성을 확보하고 개혁지향성에 대한 지지를 강화하는 경향이 있었다. 이후에도 정책 입안자들은 계획경제로부터 물려받은 것을 포함하여 모든 수단을 활용하여 단기적인 구조조정을 하고 거시경제를 안정시켰다.

지속적인 높은 저축과 투자. 상대적 경제안정으로 가계가 정부로부터 점차적으로 국민저축을 인수했다(18장). 개혁 초기단계에서 도시와 농촌의 가계에 좀 더 많은 자원과 더 나은 인센티브를 제공하기 위해 중국 정부는 GDP의 일정 부분에 대한 통제를 포기했다. 이러한 경제 재조정을 위해 정부 투자를 줄이고 전반적인 투자율은 하락했다가 안정화되었다(그림 4.1, 1978~1983). 이것은 가계소득의 꾸준한 증가를 위한 공간을 제공했고 가계의 저축을 증가시킬 수 있게 했다. 가계 금융자산은 상당히 안전하다고 여겨졌기 때문에 가계는 자발적인 저축을 늘리려고 했다. 그 결과, 가계 저축의 증가는 경쟁 심화로 인해 발생한 정부 저축의 감소를 상쇄했다.

거시경제 순환. 그러나 거시경제 정책은 완벽하지 않았으며 개혁 시기 초기에 거시경제 주기가 반복되었다. 인플레이션은 1980년, 1985년 그리고 1988~1989년에 급등했고 소비자 물가 상승률은 1988~1989년(그림 18.1)에 28%로 최고조에 달했다. 이 수준의 인플레는 상대적으로 고정된 소득인 근로자들에게 상당한 어려움을 가져오고 불확실성을 야기했다. 돌이켜 보면, 그러한 사건들은 결코 두어 분기 이상 지속되지 않았고 전반적인 인플레이션은 동유럽과 구소련의 과도기 경제에서보다 훨씬 적었다. 그러나 당시 이러한 인플레이션은 상당한 대중의 불만을 야기했고 천윈과 같은 보수적인 원로들의 반발을 불러일으켰다. 인플레이션은 개혁에 회의적인 보수주의자들로부터 혹독한 검토를 촉발시켰다.

거시경제 주기는 개혁정책 주기이기도 했다. 개혁은 어떤 해(1979~1980년, 1984년, 1987~1988년)에는 강력하세 진헹되었지만, 각각의 경우마다 불균형과 인플레이션의 증가가 수반되었다. 의사결정의 분산화로 기업과 지방정부는 새로운 투자를 할 수 있게 되었지만 물가 규제완화는 억압된 인플레이션을 야기했다. 불리한 전개에 대응하여 정책 입안자들은 조심스러운 쪽으로 방향을 틀고 개혁을 중단했다(1981~1982년, 1986년, 1989~1990년). 안정화가 어느 정도 성공을 거둔 후에야 새로운 개혁 조치들이 추진되었다. 이러한 "정치적 경기 순환"은 확장 국면이 정치적 동원보다는 개혁의 가속화에서 비롯되었다는 점을 제외하고는 사회주의 경제와 유사했다.

이러한 역학관계의 결과, 거시경제적 결과는 종종 특정 개혁 시책의 성패를 좌우했다. 개혁과정에 대한 가장 심각한 도전은 1988~1989년 거시경제 상황이 도시의 불만을 불러일으켰을 때 나타났다. 정책 입안자들이 기업들에게 더 많은 권한과 자원을 주었고, 그 후 거시경제 불균형이 심화되고 있는 상황에서 급격한 가격 통제를 고려한 후 주저하면서 인플레이션이 급등했다. 경제 불균형은 단기적인 경제정책 위기로 바뀌었다. 그 후 정책 입안자들은 노선을 바꿔 1988년부터 1989년 겨울까지 전통적인 수단을 통해 경제를 안정시키려 했고 투자를 줄이고 가격 통제를 다시 시도했다. 인플레이션은 아직 억제되지 않은 반면, 긴축정책은 이미 경제성장에 영향을 미치기 시작하고 있었다. 1989년 4월 15일 후야오방(胡耀邦)의 예상치 못한 죽음으로 경제위기가 갑자기 정치적 위기로 바뀌었다. 후 주석은 덩샤오핑의 후계자이자 중요한 개혁가였다. 정치적 박해로 인한 수백만 명의 희생자들을 회복시키는 그의 확고함 때문에 널리 존경받았지만, 보수적인 원로들은 1986년 말에 후 주석을 퇴임시켰다. 학생들은 그를 애도하기 위해 베이징 중심부의 천안문광장으로 몰려들었다. 기대와 불만이 혼합되어 사치스러운 희망과 엄청난 환상을 불러일으켰고 중국의 주요 광장에서 몇 달 동안 시위가 벌어졌다. 결국 시위는 군사력으로 진압되었고, 정부 내에서 영향력 있던 개혁주의자들 중 많은 수가 제외되거나 추방되었으며 개혁과정은 수정되었다. 이러한 극적인 사건들이 가속화된 개혁의 첫 번째 기간의 마지막을 장식했다.

5.4 간주기, 1989~1992년

천안문광장의 정치적 위기 이후 1989년에서 1991년 사이에 보수파가 주도권을 행사하는 시기가 뒤따랐다. 보수주의자들은 1988~1989년의 인플레이션과 무질서의 경제적 비용을 크게 과대평가하고 개혁의 성과를 과소평가했다. 그들은 심각한 경제적 긴축을 단행했고 전면적으로 개혁을 철회하려고 시도했다. 이러한 노력은 완전히 실패했고 오늘날 잊혔거나 무색한 침묵 속에서 지나갔다. 1988년 그렇게 심각하게 보이던 도시 인플레이션은 빠르게 통제되었고 다른 경제 불균형도 곧 시정되었다. 시장경제 트랙은 계획경제 트랙보다 훨씬 더 빠르고 효과적으로 조정되었다. 보수주의자들은 깜짝 놀랐고, 계획 입안자들은 한참 뒤처졌다. 실행 가능한 경제 프로그램이 없이 공산당 엘리트들 사이에서의 보수적인 지지는 무너졌다.

개혁으로 촉발된 광범위한 동력 때문에 경제개혁은 천안문사태 이후 충격적인 시기에 살아남았다. 일단 당면한 문제가 해결되자 개혁의 혜택이 폭넓게 공유되었다는 것이 명백해졌다. 더 놀라운 것은 1980년대에 주요 사회 집단이 경제적 손실을 크게 입지 않았다는 점이다. 이러한 패턴은 "패자 없는 개혁"으로 불렸다(Lau, Qian, and Roland, 2000). 이중트랙 전략은 국유기업에서 노동자의 지위가 일반적으로 보호되었다는 것을 의미했다. 농촌 주민들은 인민공사의 해체, 농산물 가격 개선, 농촌지역의 비농업 생산물의 급격한 증가 등으로부터 이익을 얻어 훨씬 형편이 좋았다. 새로운 틈새시장을 활용할 수 있었던 도시 거주자들도 확실히 이익을 얻었다. 관료들과 지식인들은 어느 정도 타격을 입었지만 훨씬 더 풍부한 문화적, 지적 환경에 의해 부분적으로 보상받았다. 도시 주민들이 이득을 본 것은 새로운 경제적 틈새를 활용할 수 있게 되었거나 혹은 그들의 경제적 지위가 국유기업에 대한 정부의 지속적 지원에 의해 보호받았기 때문이었다. 개혁의 이익이 광범위하게 향유되었다는 점, 그리고 개혁으로 손해를 본 사회적 집단이 존재하지 않았다는 점은 천안문사태에도 불구하고 개혁이 여전히 폭넓은 대중적 지지를 얻고 있음을 의미했다.

1991년 보수세력의 우위가 퇴색하기 시작한 후 1992년부터 1993년까지 경제개혁은 놀라운 속도로 재개되었다. 1992년 초, 덩샤오핑이 균형추에 강력한 힘을 실어 주기 위해 등장했다. 덩샤오핑은 "남방투어(南巡)"를 떠나 10여 년 전 자신이 직접 승인하였던 경제특구를 방문하였다. 덩(1992)은 가속화된 경제개혁과 실험적이고 비이념적인 접근방식의 필요성을 다시 강조했다. 덩은 성장에 대한 기여가 궁극적인 정책 기준이었다는 점을 강조하면서 "경제발전만이 단 하나의 확실한 진리다"라고 선언했다. 1992년 10월 공산당 전인대회에서 개혁론자들이 처음으로 "사회주의 시장경제"를 지지했다. 주룽지(朱镕基)와 장쩌민(江泽民)이 당 상무위원회에 합류하였고, 1년 후 본회의 제3중전회에서 광범위한 개혁 프로그램을 승인했다. 중국이 청사진이 없이 개혁했다는 말이 자주 나오지만 1993년에는 그렇지 않았다. 제3차 총회 결의안은 6년 동안 주룽지가 수행한 거의 모든 주요 조치들을 담고 있었다. 개혁 청사진은 로드맵이라기보다는 차림표에 가까울 정도였지만 가장 중요한 개혁조치들은 상호의존적이고 일관성 있는 패키지로 명확하게 제시되어 있었다.

5.5 이행의 가속화, 1993~1999년

개혁은 제도판 위에서 현실로 빠르게 옮겨 갔다. 정책 입안자들은 실로 위기라는 절박감을 느꼈고 주룽지에게서 개혁에 전념하는 강력한 지도자를 발견했다. 중국의 경제적 이득은 새로운 거시경제적 격변에 의해 위협받았다. 덩샤오핑의 남방투어(南巡)를 계기로 중앙정부가 지방 관료와 지방은행 신용에 대해 행하던 규율은 무너졌다. 단기적, 장기적 도전은 대응을 필요로 했다.

5.5.1 인플레이션 재개와 거시경제 긴축

이전에 길들여졌던 인플레이션이 1993년까지 가속화되고 1995년 내내 20%를 상회하며 다시 치솟았다. 정치체제는 1988년 자오쯔양의 정책수립에 걸림돌이 되었던 인플레이션에 대한 민감성과 유사했기 때문에 주룽지의 목표는 성장을 크게 저해하지 않고 인플레이션을 억제하는 점진적인 "연착륙(soft landing)"이었다. 그러나 통화 통제의 붕괴는 중국의 통화제도가 적합하지 않다는 것을 분명히 보여 주었다. 주룽지는 인플레이션 촉진 여세를 깨기 위해 1993년 중반 경제정책에 대한 권한을 부여받아 중앙은행 총재직도 맡았다. 임시방편으로, 효과적인 제도가 없는 상황에서 직접적인 정치적 통제가 이루어졌다. 인플레이션 급등을 종식시키기 위해 오랜 기간의 통화제한이 필요했고 물가안정은 1997년에야 이루어졌다(18장 참조).

제한적인 거시경제 정책으로의 전환은 추가적인 개혁을 위한 필수적인 전제조건이었다. 총 수요의 통제는 경쟁을 증가시켜 "구매자 시장"을 창출했다. 통화정책을 관리함으로써 은행과 은행을 통해 기업에 "경성 예산 제약"을 부과할 수 있었다. 공기업들은 경쟁적 시장과 경성 예산 제약에서만 의미 있는 조치인 자신의 이익과 손실에 대해 점점 더 책임을 지게 되었다. 강력한 거시경제 정책은 기업지배구조 개혁이 주로 시장의 힘에 의해 주도되는 구조조정을 지원할 수 있는 여건을 만들었다.

5.5.2 국가 역량의 위기

중국경제는 국가 역량의 위기라는 중대한 새로운 도전에 직면했다. 1980년대의 "패자 없는 개혁" 접근방식은 중앙정부가 경제 내 자원에 대한 통제권을 꾸준히 포기하도록 요구했다. 이러한 통제 완화의 가장 직접적인 증거는 중국 정부의 재정상태가 크게 잠식되었다는 것이다. 그림 5.2는 15년간의 개혁기간 동안 GDP의 일부로서의 예산수입이 1978년 GDP의 33.3%에서 1995년 최저치인 10.7%로 감소했음을 보여 준다. 이러한 감소는 정부의 가장 기본적인 목표를 달성할 수 있는 능력을 위협했을 뿐만 아니라 통제 불능이라는 것이었다. 가장 보수적인 관료들조차도 뭔가 조치가 필요하다는 것을 알 수 있었기 때문에 새로운 개혁을 위한 새로운 추동력이 제공되었다.

개혁은 또한 중앙정부가 필수적인 기능을 수행할 수 있도록 적절한 자원을 제공해야 한다는 새로운 요구사항이 있었다. 중앙정부는 규제와 거시경제 관리기능을 강화할 필요가 있었으며 이는 적절한 수익 기반이 필요함을 의미했다. 1994년 말까지 경제의 새롭고 폭넓은 조세 기반을 제공하고 정부 예산 징수의 꾸준한 회복을 위한 근본적인 재정 개혁이 추진되었다. 이 개혁은 재정수입의 견실한 성장을 회복시켰으며 2015년 GDP의 22.1%에 도달할 때까지 매년 증가했다(그림 5.2). 또한 중앙정부의 수입 비중을 크게 증

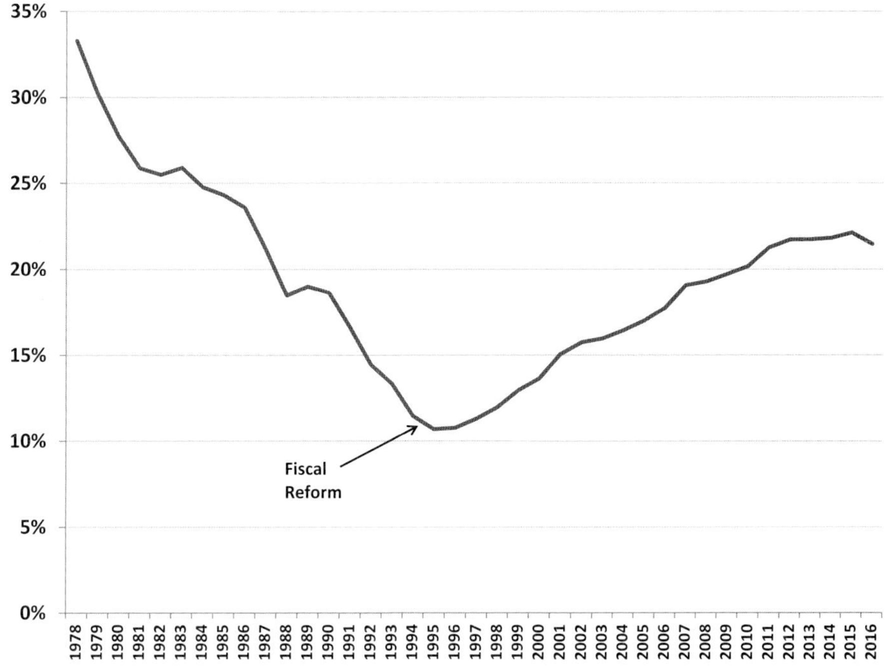

그림 5.2 GDP 대비 예산 수입 비중
자료: *SYC* (various years).

가시켰다(20장). 인플레이션의 통제와 예산의 건전성 회복은 전반적인 개혁 패키지의 필수적인 토대를 만들었다.

5.5.3 규제 및 제도적 구조조정

주룽지는 경제개혁에 대한 새로운 접근법을 구체화한 대규모 제도적 재건을 주도했다. 새로운 개혁은 최소한 원칙적으로는 모든 경제 주체에 동등하게 적용되는 새로운 규칙을 도입했다는 점에서 규제적이었다. 경쟁 규제에 중점을 둔 규제 국가의 방향으로의 움직임은 정부의 개입과 기업 경영에 대한 관리를 줄였다. 경제가 "계획의 밖에서 성장"한 상황인 1990년대에 가장 중요한 임무는 법적 및 규제 환경을 개선하는 것과 "공정한 경쟁의 장"을 마련하는 것, 그리고 몇 가지 가장 두드러진 경제적 왜곡을 축소하는 것이었다. 이 프로그램의 핵심은 재정과 조세제도, 은행과 금융시스템, 소유와 기업지배구조, 대외부문 등 4대 경제 핵심 분야에서의 극적인 제도개혁이었다. 이들 각각은 별도의 장에서 더 자세히 논의된다. 이러한 개혁 방향에 대한 공약은 1993년 말에 강력히 예고되었는데 1994년 동안 새로운 재정체계, 새로운 대외교역 체계, 새로운 회사법 등 세 가지 중요한 조치가 채택되었다. 이것들은 실행하는 데 시간이 걸렸지만 이제는 되돌릴 수가 없었다.

5.5.3.1 시장의 통합

1990년대 초반까지 이중트랙제는 잘 작동했다. 그림 5.1은 재료(이 경우 철강)의 배분이 1991년 이후 급격히 감소하여 1993년 말이 되면 완전히 폐지되었음을 보여 준다. 그 동안 전통적인 계획체계는 그 흔적을 찾아볼 수 없을 만큼 거의 사라졌다. 개별 기업들과의 특정 계약도 또한 소멸되어 갔다. 그 계약들은 항상 공급과 금융 관계를 포함하는 양면적인 합의를 포함하고 있었다. 계약의 계획적인 측면은 쓸모없게 되었고, 금융 측면은 개혁의제 중에서 우선순위에 있었으며 거시경제 기반을 재구성하기 위해 필요한 재정 및 조세 개혁과 충돌하고 있었다.

5.5.3.2 재정 및 조세 체계

1994년의 재정개혁은 예산수입의 감소를 억제하기 위한 것이었지만, 이는 또한 17%의 부가가치세와 기타 기업에 대한 영업세를 부과하여 더욱 폭넓은 조세기준을 마련한 계기가 되었다. 이러한 세금들은 예전의 체계에 비해 상대적으로 낮은 세율이 적용되었지만 단일화가 되었고 모든 경제 주체들에 적용되었다. 1995년 이후의 조세수입 확대는 조세기준의 확대가 성공적이었음을 잘 보여 주었다. 재정개혁은 또한 중앙정부와 지방정부 사이의 재정적 관계를 보다 건전하고 안정적으로 만들기 위해 고안되었다. 이를 위해 초기에 중앙정부가 징수한 총 세금의 비율을 높이고 지방정부와 중앙정부 사이에 조세수입을 배분하는 일련의 규칙을 확립하였다(20장).

5.5.3.3 은행 및 금융 체계

은행 시스템은 1990년대 후반에 근본적인 구조조정을 겪었다. 1983년에 중국인민은행(The People's Bank of China, PBC)이 명목상 중앙은행으로 설립되었지만, 이때까지도 중앙과 지방 양쪽 모두에서 정부 관리에 의해 운영되었다. 이 은행은 1995년 3월 국무회의의 "지침"에 따라 통화정책을 책임지도록 하는 정식 인가를 받았다. 마침내 1998년 말 이 은행은 최종적으로 중앙은행으로 기능할 수 있는 조직적 구조를 확립하였다. 그리하여 구조조정 계획에 따라 각 성(省)에 설치되어 있던 지점들을 폐쇄하고 미국의 연방준비위원회(FRB)처럼 9개 지역에 지점을 개설하였다. 이 중앙은행은 통화정책이라는 새로운 의무를 떠안는 한편 운영 및 자문기구로 세워진 통화정책위원회와 함께 통화정책을 결정하고 실행하는 주체적 역할을 수행하기 시작했다. 이러한 행정적 개편은 거시경제적 긴축과 동시에 진행되었다. 정부 자금에 대한 접근이 어려워짐에 따라 국영 상업은행들은 곧 훨씬 강화된 예산 제약에 직면하게 되었다. 결국, 이들은 강화된 기준으로 인한 부담을 주요 고객이던 국유기업에 전가하기 시작했다.

중앙은행 체계가 확립되고 곧이어 은행 당국은 국유은행 부문에서의 느슨한 금융감독과 부실채권이란 커다란 문제를 처리하기 시작했다. 1999년 네 개의 자산관리공사를 설립하여 4대 국영 상업은행의 부실채권을 인수하여 최대한도로 잔여가치를 유동화하기 시작했다. 이러한 조치는 분명 안정적인 은행 체계를 위한 길고 어려운 과정에서 필수적 절차였다. 2003년 4월 인민은행의 감독기능을 따로 분리하여 중국은행규제위원회(China Bank Regulatory Commission)를 새로이 설립하였다(19장).

5.5.3.4 기업지배구조

1994년 7월 1일 발효된 회사법의 채택으로 국유기업 부문에 대한 대규모 구조조정 노력이 시작되었다. 회사법은 모든 국유기업이 유한책임법인으로 점차 재편될 수 있도록 하고 기업지배구조를 명확히 하였다. 이러한 규정들은 점진적으로 시행되었지만 공공부문의 조직 구조를 서서히 변화시켰다(14장). 기업지배구조에 대한 체계적인 구조조정은 1990년대 후반 크게 성장한 중국의 새로 개설된 주식시장에서 선별된 국유기업의 상장과 결합되었다(19장). 이에 따라 중국의 거대 국유기업의 구조가 변화되었고 새로운 형태의 정부 규제가 요구되었다. 1999년 7월 증권법(证券法)의 발효로 중국증권감독위원회(中国证券监督管理委员会)의 지점들이 전국적으로 활동을 개시함에 따라 증권감독관들의 중앙집권적 네트워크를 형성하게 되었다. 동시에 기타 다른 유형의 규제 및 감시활동을 위해 일련의 중앙정부 기구들이 새롭게 설립되었는데, 여기에는 국가지적재산권사무소(国家知识产权局)와 국가기술품질감독국(国家技术质量监督局) 등이 포함된다. 중국은 규제 국가가 되기 위한 첫걸음을 내디뎠다.

5.5.3.5 대외부문: 세계무역기구 진입에 따른 개방

1993년에 경제를 개방하기 위한 특별한 조치가 취해졌다. 외국기업들이 외국인 직접투자를 통해 중국시장에 접근할 수 있게 됨에 따라 유입되는 투자가 급증했다. 1993년 말, 중국의 외환제도를 통합하고(이중환율제도 제거), 위안화를 평가절하하고, 경상수지 계정의 태환성을 확립하였다. 이러한 중요한 단계들은 비록 6년간의 힘든 협상 후에 협정이 타결되었지만 세계무역기구(WTO) 가입의 토대가 되었다. 국제적 기준에 부합하도록 폭넓은 범위의 규제개혁을 단행한다는 조건을 중국이 수용하여 가입 승인이 내려진 것이었다. 동시에 그리고 더욱 근본적으로는 중국의 WTO 가입으로 중국경제의 대외개방 정도와 외국의 재화와 기업이 중국에서 경쟁할 수 있는 정도를 확대하는 데서 중요한 한 단계 진전을 이루었다는 함의를 가졌다.

5.5.4 결과

5.5.4.1 인플레이션으로부터 가격 안정으로

1996년 이후 인플레이션은 중국에서 길들여졌고 전반적인 거시경제 상황은 가격 안정으로 급격히 이동했다(18장). 가격 안정과 경쟁 심화로 중국기업에 대한 제품-시장 압력이 크게 강화되고 추가적인 구조조정을 추진하게 했다.

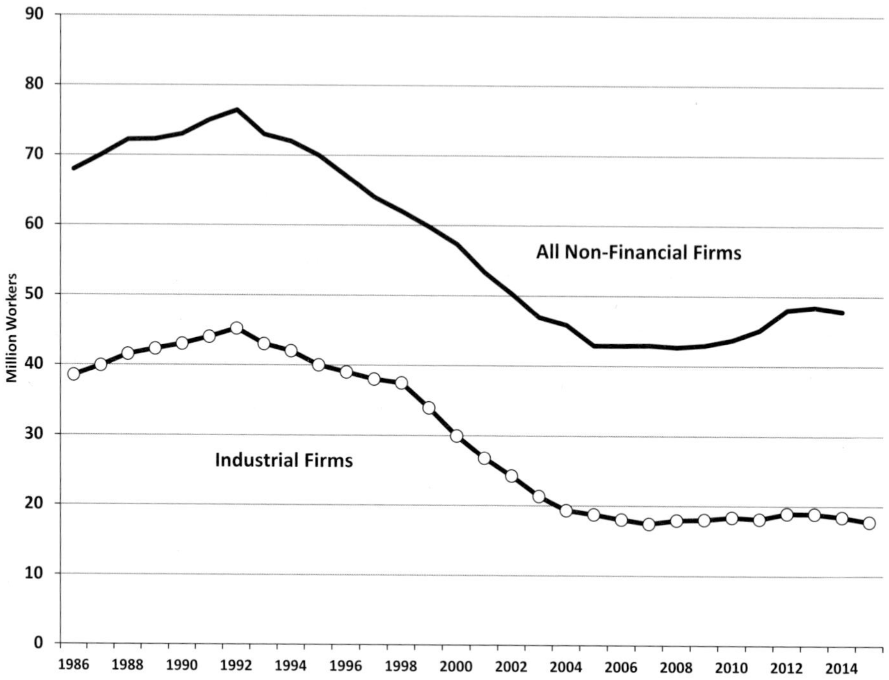

그림 5.3 국유기업 및 정부통제 기업의 노동자 수

자료: *SYC* (various years); and Labor Yearbook (various years). A slightly different series in SASAC (Annual) shows the same basic trends.

5.5.4.2 국유기업의 구조조정 및 (규모) 축소

1990년대 중반부터 중국 당국은 정부와 국유기업 사이를 긴밀히 연결하고 있던 관계를 끊기 시작했다. 공공기업들은 한편으로는 증가한 상품시장에서의 경쟁에 직면하게 되었고 다른 한편으로는 정부의 은행으로부터 제공되던 자금이 줄었다. 점차적으로 국유기업들은 정부의 권장대로 괄목할 만한 구조조정과 규모 축소를 추진하였다. 국유기업의 구조조정이란 모호하게 정의된 공공 소유로부터 보다 명시적이고 법률적으로 정의된 소유제 범주로 전환함을 의미하고 때로는 사유화를 포함하기도 했다. 1997년 9월의 제15차 공산당 당대회에서 지방정부 관료들은 파산, 매각 및 경매, 그리고 인수합병(M&A)을 포함하여 국유부문 개혁에 관한 거의 모든 권한을 부여받았다. 국유기업의 고용은 1978년 이후 새로운 기업이 진출하고 경제가 성장함에 따라 상대적으로 감소해 왔으나, 그림 5.3에서 알 수 있듯이, 개혁 첫 15년 동안(1993년까지) 국유기업의 고용은 전체 고용에서의 비율은 감소했지만 절대적 크기는 증가하였다. 1993년 이후, 국유기업 고용의 절대 규모가 감소하기 시작했는데, 1992년 7,600만 명에서 2005년 4,300만 명으로 급격히 감소하였다. 새로운 수치에는 전통적인 국유기업뿐만 아니라 국유기업의 근로자도 포함되었다.

모든 정부가 통제하는 기업의 고용은 10년 동안 3,300만 명(또는 43%) 감소했다. 산업부문 국유기업의 고용은 1992년 4,500만 명에서 2007년 1,740만 명으로 61%나 감소하여 훨씬 더 축소되었다.

중국경제의 분권화 성격을 고려하면, 국유기업 구조조정의 진전은 그 대부분을 "소유"하고 있는 지방정부가 직면한 인센티브에 달려 있었다. 사실, 국유기업은 이미 지방정부 관료들이 거둬들일 수 있었던 "현금수입(cash cows)"이 아니었다. 예컨대, 1978년 GDP의 15%를 차지하던 산업부문 국유기업의 이윤이 1996~1997년에는 GDP의 2% 이하로 떨어졌다. 지방정부는 그들이 보유한 국유기업의 가치를 재고하기 시작했고, 차츰 지방정부 소유 국유기업의 이점이 지방정부의 일반적인 사업보다 미미하다는 결론에 도달하게 되었다.

5.5.4.3 민간부문의 성장 및 사유화

중국 정부는 분명하게 사유화를 받아들인 적이 없으며, 사유화란 용어 대신 "구조조정"과 같은 모호하고 우회적 표현을 사용해 왔다. 그러나 향진기업, 집체기업, 국유기업 부문에서 종종 경영 인수와 같은 형태로 사유화가 보편화되었다. 보다 일반적으로, 일련의 정책 변화는 민간사업에 대한 더 많은 인식과 합법성을 증가시켰다. 실제로 사적 경제활동의 증가는 공정한 경쟁으로 전환된 정책의 필연적인 결과일 것이다.

5.5.4.4 패자를 낳는 개혁

이행전략에서의 중요한 변화로 초기의 개혁이 보여 준 핵심적 특징 하나가 급격히 붕괴하였다. 1993년 이후의 개혁은 분명 많은 사회집단들에 대해 상당한 수준의 손실을 안겨주었다. 가장 직접적인 영향을 받은 것은 과거에 비교적 특권층이었던 국유기업의 노동자들이었다. 수백만 명이 해고되었고 추가적으로 수백만 명의 노동자들이 파산한 기업을 떠났다. 정점에 달했을 때, 도시 실업률은 10%에 달했다(9장 참조). 중화인민공화국이 설립된 이후 처음으로 고용불안정에 처한 국유부문 노동자들은 소득과 사회적 지위에 있어서 급격한 손실을 입었다. 사회적 집단과 개인들이 과거보다 경쟁으로부터 덜 보호받았고 이제 중국 사회안전망의 결점이 눈에 띄게 명백해졌다. 시장경제로의 이행의 혜택은 1980년대에 비해 중국인들 사이에 불균등하게 배분되었고 불평등도 급증했다.

5.5.5 가속된 이행의 두 번째 기간의 결론

제2차 개혁 시기는 중국 발전의 근본적인 전환점이었다. 오늘날 중국경제를 지배하는 제도적 틀은 제2차 개혁기간에 확립되었다. 중국은 근본적으로 시장경제로 이행했다. 이 책의 후속 장들은 이 시기에 만들어진 제도에 대해 기술하고 분석한다. 게다가, 이 개혁 기간은 다음 10년 동안 중국을 변화시킨 놀라운 성장의 토대를 마련했다. 2003년까지 GDP 성장은 10%로 반등했고 이후 5년간 10%를 상회했다. 거의 예상하지 못한 이 놀라운 성과는 상당부분 주룽지 시대의 급진적 개혁의 영향이 뒤늦게 나타난 결과였다.

1993~1999년 사이에 중국이 선택한 이행전략은 1980년대에 취해진 접근방식보다 더 정통적이고 덜 독특했다. "충격요법(Big-Bang)"과 "점진적 이행" 사이에 극심한 반대는 없었다. 두 유형의 이행에는 모두 전환에 따른 비용이 있었다. 1998년과 1999년에는 성장률이 8% 이하로 감소했고 실업률은 급증했다. 확실히 중국의 "성장 불황"은 구소련 공화국에서 겪었던 거대한 "이행 불황"에 비하면 매우 작았다. 중국은 이미 훨씬 더 크고 다양하고 탄력적인 민간부문을 만들어 냈기 때문에 이러한 비용을 훨씬 더 쉽게 흡수할 수 있었다. 그러나 두 경우 모두 국가부문이 축소됨에 따라 심각한 단기비용이 발생하였으며 이는 장기적 효율성 향상과 성장 가속화로 나중에 보상되었다.

5.6 새로운 제도적 틀(정치경제 간주기 No.2)

중국의 개혁 노력이 장쩌민-주룽지 정부에 의해 하향식으로 설계되고 실행된 것이 1990년대의 가속화된 개혁의 설명에서 나온 것처럼 보일지도 모른다. 이것은 사실이 아니었다. 오히려 중앙정부와 지방정부 간에 새로운 역할분담과 자원배분이 협의되었고, 이 협정은 새로운 종류의 정치경제학으로 이어졌다. 이 제도는 1980년대에 뿌리를 두고 있었지만 1990년대에는 보다 합법화되고 완전한 형태를 갖춘 시스템이 출현했다. 따라서 주룽지는 분명히 개혁 프로그램을 만들었지만 실제 결과는 이 새로운 정치경제 시스템을 반영하고 있다. 이 시스템에 대한 자세한 설명은 이 책의 범위를 벗어나지만 몇 가지 중요한 특징들은 언급되어야 한다.

주룽지는 자원을 중앙 집중화했지만 또한 지방정부에게 상당한 자원 보유와 새로운 자치 영역을 허용했다. 지방정부는 일부 재정수입에 대한 통제권을 잃었지만 나머지 세입에 대한 의사결정권은 더 명확해졌다. 지방정부는 지역 내 개혁정책의 성과를 결정하는 데 큰 목소리를 냈다. 지방정부들은 지방 국유기업들을 재구성하고 민영화하였으며 개발전략에서 토지를 자원으로 사용하는 법을 배웠다. 따라서 중앙과 지방, 특히 지방정부들 간의 비교적 안정적인 분업이 이루어졌다. 중앙정부가 정책을 세우고 지방정부는 기업가적이면서 경제발전을 주도할 것이 기대되었다.

기업가적 정부는 향진기업의 폭발적인 증가로 1980년대에 처음 등장했다. 가장 성공한 지방정부는 공격적으로 지역 기업을 육성했다. 이제 이 제도는 도시로 옮아갔고 전체 정치체제의 일부로 공식화되었다. 공식적인 "목표 책임제"는 모든 수준의 관료들을 대상으로 목표, 즉 성공 지표를 설정하고 평가 기능에 명확한 가중치를 부여했다. GDP 성장과 재정수입 증가가 가장 중요한 경제 목표였다(Whiting, 2001; Chan and Gao, 2008). 좋은 성과를 거두면 상금과 승진 기회가 많아진다. 이러한 인센티브의 운용 및 영향에 관한 광범위한 정치경제학 문헌이 있다(여러 문헌 중 Li and Zhou, 2005; Shih, Adolph, and Liu, 2012; Landry and Lü, 2014 참조).

이러한 공식적인 인센티브는 지역경제 발전을 촉진하려는 지방 공무원들의 정상적인 욕구를 강화시켰다. 그들은 또한 지역 공무원들의 거래 성립 장려금과도 상당히 부합했다. 토지개발 및 사업에 대한 지원은 투자와 아마도 성장에 기여할 뿐만 아니라 동료들과 친척들을 풍요롭게 하는 훌륭한 방법이었다. 지역경제 인센티브와 국가의 제도적 인센티브의 연계는 매우 강력한 친성장연합을 만들었다. 이런 고강도의 인센티브가 정부 관료체제에 도입되는 것은 극히 이례적이기 때문에 이 점은 강조할 필요가 있다. 일반적으로, 하나 또는 두 개의 주요 목표에 대한 인센티브는 다른 목표로부터 노력을 끌어내기 때문에 공공의 책임있는 관리들에게는 높은 수준의 인센티브가 주어지지 않는다(Acemoglu, Kremer, and Mian, 2008). 이러한 인센티브 제도는 경제개발과 같은 단일 목표가 압도적인 우선순위로 보일 때에만 의미가 있다. 중국에서 이 제도는 기적의 성장단계의 필요성과 기회에 대한 합리적인 적응으로 여겨질 수도 있다. 이 제도는 중국의 고도 성장기에 기여한 높은 투자율과 적극적인 정부정책에 힘을 실어 주었다.

중국의 관료제도는 방대한 계층적 피라미드로서, 1990년대에는 이러한 인센티브를 포함한 승진을 관장하는 기준과 규칙이 점차 제도화되었다. 새로운 규범들은 고위층의 임기 제한과 권력의 순환을 확립했다. 이 제도는 지방 공무원들에게 매우 강력한 인센티브를 주었다. 모든 관료들이 승진하기를 원하지만 승진 자리는 제한적이다. 성장 외에도, 지방 공무원들은 가급적 혁신적인 개혁 접근법을 개발함으로써 주목을 받아야 했다. 중앙정부와 지방정부의 상호작용이 때로는 훌륭한 경제정책 수립에 기여하기도 했다(Heilmann, 2008). 야심찬 지방 공무원들은 일반적인 문제에 대한 새로운 접근법을 개척할 것이다. 시범사업이 유망한 경우 중앙 관리가 이를 지지하고 전국으로 확산시킬 수도 있을 것이다. 예를 들어, 산둥성은 새로운 형태의 노동자 소유 기업을 시범운영했고 장쑤성은 외국인 투자자들과 협력하여 특별구역을 개발했다. 이러한 관계는 국가정책 개발과 적용에 있어서 유연성과 혁신을 가능하게 했다.

5.7 2003년 이후 개혁 속도 저하

2002년/2003년, 중국에서는 후진타오(胡锦涛)－원자바오(温家宝)가 정권을 인계받았다. 새 정부가 경제개혁 외에 새로운 정책 우선순위를 갖고 있다는 사실이 곧 명백해졌다. 이러한 정책은 후속 장에서 논의되지만, 확실히 의료보험(6장, 11장, 20장)과 같은 사회 서비스 재건, 세금 삭감 및 보호를 통한 농업 지원(12장), 강력한 산업정책 개발(15장), 증가하는 환경 악화를 되돌리기 위한 조치(21장) 등이 포함되어 있다. 이러한 정책은 경제개혁과 모순되지 않으며 잘 설계된 시장지향적 개혁과 잠재적으로 상호보완적이다. 더구나 경제개혁은 공식 정책 안건에서도 높은 수준을 유지했다. 그럼에도 불구하고 새로운 시장지향적 개혁을 도입하고 이미 채택된 개혁을 이행하려는 정치적 의지가 급격히 약화되었다는 것이 서서히 드러났다.

이러한 정책 변화는 지난 25년 동안 경제성장과 시장개혁이 유지해 온 압도적인 우선순위에서 한 발짝 물러난 것을 의미했다. 정책 입안자들은 개발의 더 넓은 정의(후진타오의 "과학적 발전주의")를 추구했고, 정책 결정 목표에서 의심할 여지 없는 우선순위인 GDP 성장을 대체하려는 의지를 보였다. 이는 원칙적으로 중대한 중단이었지만 단기적으로는 개발 궤도에 어느 정도 실질적인 영향을 미쳤다. 첫째, 5.6절에 기술된 강력한 친성장적인 제도적 틀은 여전히 유효했다. 지방정부는 투자와 GDP 성장을 극대화하고 이익과 예산 수입을 향상시키는 전통적인 정책을 추구하기 위해 강력한 공식적, 비공식적인 인센티브를 가지고 있었다. 이 강력하고 자기강화적인 시스템이 빠르게 변할 것이라고 기대할 수 없었다. 둘째, 주룽지의 개혁은 성공했고 경제성장은 가속화되기 시작했다. 경제성장이 가속화되고 예산 수입이 급증함에 따라 정책 입안자들은 경제에 과도한 왜곡을 가하지 않고 더 많은 일을 할 수 있는 재원이 생겼다.

이와 같은 요인들은 추가적인 시장지향적 개혁에 대한 낮은 우선순위를 필연적으로 암시했다. 1980년대 및 1990년대의 경우와 달리 즉각적인 위기는 해결을 위해 시장개혁을 요구하지 않았다. 1990년대 동안 손실을 보이던 국가부문마저 새로운 세기에는 수익성으로 돌아왔다. 정책 입안자들의 관심이 다른 곳에 두어지고 개혁이 거의 시급해 보이지 않는 가운데 개혁은 점점 느려졌다. 중국의 세계무역기구 가입—1999년 11월에 합의되었지만 2001년 이후—이 이미 달성한 실질적인 개혁에서 주춧돌 역할을 할 것이라는 일반적인 인식이 있었다. 중국의 정책 입안자들은 이미 이루어진 진전에 안주하고 WTO의 영향에 대해 불안해하고 있었기 때문에 그들은 WTO의 영향을 둔화할 방법을 찾기 시작했다. 시장 중심 개혁의 절박함이 사라졌다.

또한, 시장개혁으로 인해 현재 해결책을 요구하는 매우 실제적인 사회문제가 심화되고 있음이 분명했다. 전통적으로 국영기업과 농촌집체가 제공하는 중국의 사회안전망은 엉망이었다. 농촌에서 도시로 이주하는 이주민과 새로운 소규모 사업체와 같이 제대로 관리되지 않는 새로운 인구가 생겨나고 있었다. 특히 교육과 의료 등 사회서비스에는 수년간 재정이 부족했고 예산수입 증대에 대한 관심을 요구하고 있었다. 원자바오 총리는 특히 이러한 문제들을 다루는 데 열중하고 있는 것처럼 보였다.

2003년 이후 시장지향적인 개혁의 우선순위가 낮아진 것은 놀라운 일이 아니지만 개혁과제가 얼마나 뒷전으로 밀렸는지는 놀라운 일이다. 본 장 초반에 제시된 시장지향적 개혁의 정의에 따르면 원자바오 행정부 시절에는 주요 시장지향적 개혁이 없었다. 한 가지 분명한 예외는 2005~2006년에 시행된 은행의 유상증자였다. 이 대규모 프로그램은 주룽지 시절에 설계되고 원자바오 행정부에서 실행되었다. 원자바오 정권 하의 이러한 조치는 중국 은행권의 장부상 부실채권의 심각한 부담을 해소하고 은행시스템의 근본적인 구조조정의 토대를 마련하기 위해서 거의 10년간의 노력의 결과였다(19장). 어떤 경우에는 분명하지 않은 이유로 개혁이 중단되었다. 예를 들어 국무원은 2004년 1월 자본시장 개혁에 관한 야심찬 "9개 조항"을 발표하여 자본과 부채(채권) 등 금융상품의 수량과 다양성을 시장 주도적으로 신속하게 확대해야 한다고 주장했으나, 이러한 변화는 전혀 시행되지 않았다. 2005년 원자바오는 톈진(天津) 빈하이(滨海) 구역을 금융 자유화를 포함한 종합적인 개혁지역으로 선전했지만 실험은 물 건너 갔다. 국가발전개혁위원회와 같은 경제 관료들은 더욱 강력해지고 보수적인 입장을 취했다.

이후 2008~2009년 글로벌 금융위기의 충격으로 중국 정부의 대응이 활발해졌다(18장). 다른 주요 경제국들과 마찬가지로, 그 대응은 경제에서 국가의 역할이 단기적으로 확대되는 것과 관련이 있었다. 중국 중앙은행은 신속한 자금지출의 필요성을 감안하여 주로 국영기업에게 투입되던 자금을 경제에 투입했다. 위기상황으로 정당화된 기업 구제금융은 산업정책에 통합되는 경향이 있었다. 새로운 인프라 투자 프로그램을 신속하게 확대하기 위해 설치된 지방정부의 자금조달 계획에 은행들의 대출을 장려함에 따라 지방정부의 예산 제약이 극적으로 완화되었다.

주요 개혁안이 없다고 해서 시장화가 그 트랙에서 멈추었다는 것을 의미하지는 않는다. 많은 분야에서 시장화는 그 나름의 추진력을 가지고 있었다. 예를 들어, 그림 5.3은 2005~2006년에 국가 노동자 절대 수치의 감소가 멈췄다는 것을 보여 준다. 그럼에도 불구하고, 성장률이 높아짐에 따라 모든 부문의 노동자 수가 늘어났기 때문에 국가 노동자들의 상대적인 비율은 계속해서 감소하였다. 산업계에서는 국가 고용이 2003년 37%에서 2010년 19%로 감소했다(영세기업 제외). 2007년까지 호황을 누렸던 주식시장으로 돈이 흘러 들어갔다. 많은 부문에서 시장은 성장하고 심화되었지만 정부 정책에 의한 강력한 추진은 없었다. 정부 정책의 명확한 지침이 없어 해결되지 않은 문제들이 쌓여 갔다. 2003년 이후의 개혁 후퇴는 이해할 만하지만 그럼에도 불구하고 놀라운 일이다. 중국의 시장 중심의 개혁은 놀라운 경제성장, 생산성과 성과의 획기적 향상 그리고 비약적인 생활수준 향상을 가져왔다. 어떻게 중국 지도부가 이렇게 엄청난 혜택을 그렇게 가볍게 평가했을까? 이 문제는 더 조사해 볼 가치가 있다.

5.8 2013년 이후 개혁정신의 회복

2012년/2013년 집권한 시진핑-리커창 정권은 지난 정권 때 시장 중심의 개혁이 정체되었다는 것을 분명히 인정했다. 리커창 총리는 지난 10년을 언급하면서 "개혁은 물살을 거슬러 항해하는 것과 같다; 앞으로 나아가지 않으면 뒤로 밀리게 된다"라고 하였다[신화(新华社) 2012]. 2013년 11월 새 정부는 제18차 당대회 제3중전회를 소집했다. 그들은 당대표자회의에서 1978년, 1984년, 그리고 1993년과 같은 경제개혁 프로그램을 시행할 수 있는 명백한 기회를 잡았다. 2013년 제3중전회(CCP 2013)의 "결의안"은 시장개혁의 원칙에 대한 재개와 해결해야 할 광범위한 현안의 문제들에 대한 결정이었다. 그 후 몇 달 동안, 이행을 감독하기 위한 특별한 최상위급 소그룹이 설립되었으며 각기 다른 부문의 선도 기관에 수백 가지의 개혁 시책을 할당했다.

야심찼던 2013년의 "결의안"은 가장 최근의 선구자격인 1993년의 개혁 문서에서와 같은 높은 수준의 체계와 상호 연결성을 갖지 않았다. 2013년 문서는 문제 부분의 목록처럼 보였다. 모두가 관심을 가질 만하지만 우선순위와 순서를 구분하는 것은 다소 어렵다. 2014년에는 거의 모든 분야에서 작업이 진행되었지만 2015년은 힘든 한 해였다. 성장 둔화와 잠재적 불안정성에 대한 우려로 많은 개혁이 지연되었다. 주식시장의 극심한 변동은 주식시장의 약속된 개혁을 약화시켰다(19장). 2014년 마련된 과감한 재정개혁 프로그램은 2015년에 수정되고 연기되었다(20장). 호구(户口) 제도는 완화되었지만 근본적으로 바뀌거나 폐지되지는 않았다(6장). 2015년 말 정책 입안자들은 3중전회의 개혁과제에서 일부 관심을 모았던 새로운 "공급측 구조개혁"을 도입했다. "공급측 구조개혁"의 가장 두드러진 항목은 그동안 경기구조 둔화에 발목 잡혔던 철강과 석탄 등 중공업의 과잉설비를 줄이기 위한 정부 주도의 노력이었다. 구조적 변화과정을 촉진하고 가속화하기 위한 이 정책의 근거는 쉽게 알 수 있다. 그러나 목표를 달성하기 위해 시장의 힘이 아닌 정부의 직접 행동에 의존하기 때문에 시장지향적 개혁의 정의에 맞지 않는다. 3중전회의 시장지향적 개혁의 운명은 아직 결정되지 않았다.

시진핑 정부는 "중국몽(中国梦)"을 중심으로 매우 광범위한 의제를 진전시켰다. 시 주석의 국가 회생에 대한 강조는 한편으로는 국력과 번영, 또 한편으로는 시장 중심의 개혁과 개방의 관계를 미해결로 남겨 놓고 있다. 더욱이 시 주석은 5.6절에 기술된 제도적 틀에서 비교적 큰 변화를 기꺼이 받아들이고 있는 것으로 보인다. 분명 많은 요소들이 유동적이기 때문에 시장 중심 개혁의 미래를 예측하는 것은 어렵다. 2017년 가을 제19차 공산당대회에서 시진핑에게 당서기 연임을 부여했고 다른 최고 지도자들은 대부분 은퇴했다. 그 후 새로 구성된 지도층은 새로운 정부를 구성하고 "개혁과 개방"의 다음 단계를 결정하는 데 높은 우선순위를 둘 것으로 보인다. 2018년 가을, 또 다른 3중전회가 소집되어 정책 입안자들이 그들의 비전을 구체화하고 중국의 오랜 개혁과정에 새로운 장을 마련할 기회를 제공할 것이다.

5.9 시장으로의 이행: 결론

중국의 정책 입안자들은 더 많은 개혁에 대한 지지를 구축하기 위해 가속화된 이행의 첫 단계를 효과적으로 이용했다. 1980년대 "패자 없는 개혁" 동안 중국의 정책 입안자들은 어렵고 비용이 많이 드는 조치를 최대한 연기했지만 경제가 가능한 한 빨리 새로운 종류의 생산자와 집단의 이익을 얻을 수 있도록 했다. 이것은 좋은 전략이지만 논리적으로 무한정 지속될 수는 없다. 가속화된 이행의 두 번째 단계에서는 수준 높은 경기장을 바탕으로 한 전략이 "패자 없는 개혁" 접근방식의 종말을 예고할 수밖에 없었다. 특히 상대적 거시경제 긴축 조건 하에서 동등한 경쟁을 추진함으로써 정책 입안자들은 "패자 집단"이 있을 것이라고 확신했다. 사회적 문제들은 수년이 지나서야 심각하게 다루어졌다.

중국의 시장 이행은 여전히 진행 중이며 계속해서 여러 가지 도전에 직면하고 있다. 이러한 도전은 중국이 시장경제를 발전시킴에 따라 수년 동안 변화하긴 했지만 결코 덜 심각해진 상황은 아니다. 그 배경에는 통합된 관리체계가 현대의 혼합시장 경제에서 기준인 복수의 독립된 권력 중심과 점점 더 충돌하는 것처럼 보인다는 사실이 있다. 예를 들어, 독립적인 규제기관의 발달은 필요성에 비해 훨씬 뒤처져 있다. 중국의 시장경제가 확립되고 훨씬 더 정교해짐에 따라 이러한 단점은 점점 더 부각되어 보인다. 중국의 개혁가들은 체제 내에서 견제와 감독을 강화하기 위해 수많은 노력을 해 왔지만 그들은 결국 행정체제 내에서 일종의 내부적 책임성에 의존하고 있다.

중국의 경험에는 많은 귀중한 교훈이 있다. 그러나 이러한 교훈은 중국의 이행에 대한 광범위한 견해에서 비롯된 것으로, 다른 경제 환경에 확인되고 이식될 수 있는 구체적인 정책에서 오는 것은 아니다. 중국의 정책결정 과정은 극도로 복잡했고, "점진주의적" 전환기의 다른 시기에 극적으로 각기 다른 결과를 낳았다. 경제 이행의 단일 "중국모델"은 없다. "디딤돌을 더듬으며 강을 건넌다"는 말에서 알 수 있듯이 신중성과 점진주의는 변화의 전략보다는 변화의 문제에 대한 접근방식을 반영하고 있다. 가속화된 개혁의 첫 단계는 그 당시 중국의 상황에 제공된 특정 도전과 기회에 효과적으로 적응했기 때문에 정확하게 성공했다. 두 번째 단계의 개혁은 완전히 다른 도전과 기회에 맞추어 극적으로 재구성되었다. McMillan(2004)이 지적했듯이 교훈은 특정 정책의 처방이 옳다는 것이 아니라, 지역적 조건에 확고히 기반을 둔 신중한 정책 입안이 사전 포장된 정책의 처방보다 성공할 가능성이 훨씬 높다는 것이다. 더구나 사회적, 경제적 능력 발전에 무게를 두는 정책은 제도적 변화를 외곬으로 강조하는 정책보다 더 성공적일 것이다. 덩샤오핑(1992)은 중국의 시장경제로의 이행과정에서 "개발만이 어려운 진실"이라고 말했다.

Bibliography

더 읽을 거리

Wu(2014)는 중국의 시장경제 이행에 대한 포괄적 내용을 담고 있다. Qian(2017)은 이론가의 식견과 중국의 제도적 환경에 대한 정통한 지식을 결합하여 몰입하게 하고 시사하는 바가 많은 기술을 하고 있다. Wu Jinglian(2013)은 문맥을 포함한 소개 글과 함께

1980년대부터 21세기에 걸쳐 작성된 중요한 조언자 및 분석가의 가장 중요한 정책자료 중 일부를 제공하고 있다. Lau, Qian, and Roland(2000)는 본문에서 사용된 두 가지 개혁 시기의 기초가 되는 "패자 없는 개혁"의 분석적 개념을 도입했다.

참고문헌

Acemoglu, Daren, Michael Kremer, and Atif Mian (2008). "Incentives in Markets, Firms and Governments." *Journal of Law, Economics and Organizations* 24 (2): 273–306.

Byrd, William (1991). *The Market Mechanism and Economic Reforms in China*. Armonk, NY: M. E. Sharpe.

CCP (Chinese Communist Party) (2013). "Decision of the Central Committee of the Communist Party of China on Some Major Issues Concerning Comprehensively Deepening the Reform." November 12. Accessed at http://www.china.org.cn/china/third_plenary_session/2014-01/16/content_31212602.htm.

Chan, Hon S., and Jie Gao (2008). "Performance Measurement in Chinese Local Governments" (with translated documents). *Chinese Law and Government* 41 (2–3): 4–111.

Deng, Xiaoping (1992). *Nanxun Jianghua* [Talks on the southern journey]. Sohu Materials. Accessed at http://business.sohu.com/20120113/n332115956.shtml.

Heilmann, Sebastian (2008). "Policy Experimentation in China's Economic Rise." *Studies in Comparative International Development* 43 (8): 1–26.

Labor Yearbook (various years). National Bureau of Statistics, Department of Population, Social, Science, and Technology Statistics, and Ministry of Labor and Social Security, Department of Planning and Finance, eds. *Zhongguo Laodong Tongji Nianjian* [Yearbook of labor statistics of China]. Beijing: Zhongguo Laodong.

Landry, Pierre, and Xiaobuo Lü (2014). "Show Me the Money: Interjurisdiction Political Competition and Fiscal Extraction in China." *American Political Science Review* 108 (3): 706–722.

Lau, Lawrence, Yingyi Qian, and Gérard Roland (2000). "Reform Without Losers: An Interpretation of China's Dual-Track Approach to Transition." *Journal of Political Economy* 108 (1): 120–143.

Li Hongbin and Li-An Zhou (2005). "Political Turnover and Economic Performance: The Incentive Role of Personnel Control in China." *Journal of Public Economics* 89 (9–10): 1743–1762.

McMillan, John (2004). "Avoid Hubris, and Other Lessons for Reformers." *Finance & Development*, September 2004, 34–37.

Naughton, Barry (1995). *Growing Out of the Plan: Chinese Economic Reform, 1978–1993*. New York: Cambridge University Press.

Naughton, Barry (2008). "A Political Economy of China's Economic Transition." In Loren Brandt and Thomas Rawski, eds., *China's Great Economic Transformation*, 91–135. New York: Cambridge University Press.

Qian, Yingyi (2017). *How Reform Worked in China: The Transition from Plan to Market*. Cambridge, MA: MIT Press.

Qian, Yingyi, and Jinglian Wu (2003). "China's Transition to a Market Economy: How Far Across the River?" In Nicholas C. Hope, Dennis Tao Yang, and Mu Yang Li, eds., *How Far Across the River?*, 31–64. Stanford, CA: Stanford University Press.

SASAC (Annual). State Asset Supervision and Administration Commission. *Zhongguo Guoyou Zichan Jiandu Guanli Nianjian* [China state-owned assets supervision and management yearbook]. Beijing: Zhongguo Jingji.

Shih, Victor, Christopher Adolph, and Mingxing Liu (2012). "Getting Ahead in the Communist Party: Explaining the Advancement of Central Committee Members in China." *American Political Science Review* 106 (1): 166–187.

SYC (Annual). *Zhongguo Tongji Nianjian* [Statistical yearbook of China]. Beijing: Zhongguo Tongji.

Whiting, Susan H. (2001). *Power and Wealth in Rural China: The Political Economy of Institutional Change*. New York: Cambridge University Press.

Wu, Jinglian (2013). *Wu Jinglian: Voice of Reform in China*. Cambridge, MA: MIT Press.

Wu, Jinglian (2014). *Understanding and Interpreting Chinese Economic Reform*. 2nd ed. Singapore: Gale Asia.

Xinhua News Agency (2012). "Reform Is Like Sailing a Boat Against the Current; If You Don't Move Forward, You Will Be Pushed Backwards." *Xinhua*, November 23. Accessed at http://whb.news365.com.cn/yw/201211/t20121123_796468.html.

6 도시-농촌의 분리와 중국 특유의 도시화

The Urban-Rural Divide and Chinese-style Urbanization

중국은 도시 사회와 농촌 사회의 차이가 특히 두드러진다. 개발도상국 경제에서 일부 도농 간의 격차는 불가피하지만 중국에서의 격차는 예외적으로 크다. 1950년대 명령경제의 일부로서 광범위한 행정적 장벽들이 설치되었다. 60년 동안 도시와 농촌 지역은 서로 다른 통제 구조와 재산권 체제를 갖고 있었다. 가장 중요한 것은, 체제의 차이 때문에 중국은 두 가지 상이한 형태의 시민권, 즉 농촌 시민권과 도시 시민권에 해당하는 것을 갖고 있었다. 농촌 거주자들은 도시 거주자들에 비해 특권이 거의 없었으며 도시 시민들이 누리는 권리도 누리지 못했다. 중국에서 도시와 농촌은 종종 두 개의 서로 다른 세계처럼 보였고 상이한 기술에 따라 운영되고 상이한 방식으로 조직되며 상이한 생활수준을 유지하는 것 같았다. 이런 차이들은 이주에 대한 엄격한 통제를 통해 유지됐다. 1960년대를 지나 1990년대까지도 농촌인구가 도시로 이주하는 것은 매우 어려웠다. 1990년대에 이 제도는 완화되었지만 폐지되지 않았으며 농촌에서 도시로의 대규모 이주가 시작되었다. 이후 이민은 중국 사회를 재편성하여 도시화, 사회변화 및 경제성장을 주도했지만 제도적 시스템은 결코 따라잡지 못했다. 제도 개혁이 시작되었고 도시와 농촌 사회를 분리하는 보이지 않는 벽이 무너지기 시작했다. 중국은 대다수 도시 사회가 되었다. 그럼에도 불구하고 도시와 농촌을 분리하는 기본 제도적 특징은 여전히 그대로이다.

이처럼 분리된 농촌과 도시의 제도적 구조 체계는 중요한 결과를 낳는다. 중국 사회의 불평등의 가장 큰 원인인 유별나게 큰 도농 간의 소득격차로 이어진다. 그것은 농촌 이주민들이 도시에 뿌리를 내리고 가족을 데리고 오는 것을 막는다. 개발과 성장의 필수적인 부분인 도시화의 패턴을 왜곡시킨다. 효율적인 지방정부 예산과 사회서비스의 개발은 물론 국가 사회보장 프로그램의 개발을 방해한다. 이러한 모든 이유들 때문에, 호구(户口) 제도의 개혁과 도시와 농촌 토지 관리의 쌍둥이 제도는 수십 년 동안 경제개혁 의제의 일부였지만, 이 제도는 근본적인 변화에 완강히 저항하며 유지되고 있다.

중국 시스템의 독특한 측면 중 하나는 토지를 통제하는 기관과 사람들을 통제하는 기관이 서로 얽혀 있는 방식이다. 도시화는 기본적으로 사람들에 대한 토지의 재분배이므로, 두 제도 모두 관련이 있다. 또한 그들은 복잡한 방식으로 상호작용하며, 중국은 다른 나라의 관련 시스템과 다르다. 이러한 과정의 실상을 알아보기 위해, 본 장에서는 먼저 농촌과 도시경제를 특징짓는 별도의 조직 형태인 시민권과 재산권 제도의 기원과 성격에 대해 살펴본다. 이러한 것들은 도농 간 격차의 깊이를 설명하는 데 도움이 된다. 이동성과 다른 종류의 시민권에 대한 장벽은 제도적 분리를 형성한다. 6.2절에서는 도시화 과정을 논의한다. 도시화는 경제발전에 없어서는 안 될 부분이지만, 중국의 도시화는 문화혁명 기간 동안에는 고도로 통제되던 상태이다가 오늘날엔 강력하게 장려되고 진행되고 있다. 이주는 이 이야기의 중요한 부분이며, 6.3절에서는 1990년대 대규모 이주의 재등장 및 그 이후의 급속한 증가에 대해 논의한다. 6.4절에서는 도농 간 격차에 따른 경제적 결과를 논의하며, 2009년까지 이미 도농 간 소득격차가 확대되고 그 이후 몇 년 사이에 줄어들기 시작했음을 보여 준다. 2003년 이후, 중국의 정책 입안자들은 도시 편향의 정도를 줄이고 단일 국가 시민권 통합 체제로 전환하기 위해 지속적인 노력을 기울였다. 중요한 조치가 취해졌으며 이는 6.5절에서 설명된다. 이러한 노력에도 불구하고 중국에는 여전히 도농 간 격차가 크고 통합적인 제도적 틀은 아직 만들어지지 않았다. 더구나 교육이나 주택 등과 같이 과거보다 오늘날 경제에서 훨씬 더 중요한 영역에서 새로운 도시와 농촌의 불평등이 발생하고 있다.

6.1 이중적 체제: 도시와 농촌의 분리

6.1.1 도농 간 분리의 기원과 진화

오늘날의 도농 간 큰 격차는 사회주의 시대에 뿌리를 두고 있다. 4장에서 1950년대에 모든 중국인은 자신의 직장을 통해 사회주의 국가와 연결되어 있다고 언급하였다. 사실상 모든 사업체와 생산기업들은 공유제로 전환되었고 정부의 통제를 받았다. 이 제도는 도시와 농촌 지역에서 체계적으로 다른 방식으로 시행되었다. 도시 거주자들은 자신들의 고용 장소, 즉 "노동단위" 또는 단위(单位)로 조직되었다. 도시의 거의 모든 작업장 단위는 국유화되어 국가 소유로 바뀌었다. 그 결과 국가 소유가 도시지역에서 지배적인 소유 형태가 됐는데, 이것은 두 가지 결과를 가져왔다. 첫째, 도시의 노동단위는 공식적인 위계 구조에 포함되면서 정부의 직접적인 계획, 명령, 통제 하에 종속되었으며 노동단위는 "하향식" 시스템의 일부였다. 둘째, 노동단위는 점차적으로 사회보장체계와 이를 향유할 수 있는 권리체계를 확립하였는데, 이 체계는 도시의 모든 노동자들에게 일률적으로 확대되었다. 중국 사회에서 도시 거주자들은 상대적으로 특권층이 되었고 노동단위는 도시 사회를 구성하는 기본단위가 되었다.

농촌의 제도들은 전혀 달랐다. 1955년 토지의 사적 소유가 없어지고 모든 마을의 토지가 공동화되어 마을 전체의 소유인 "집체"가 되었다. 집체적 소유가 지배적인 소유 형태가 됐다. 농촌 거주자들은 자동적으로 새로운 농촌집체의 일원이 됐으며 토지에 대한 접근은 집체 내에서 평등하게 이루어졌다. 농민들은 "상향식" 시스템으로 조직되었다. 농촌 집체들은 해당 지역의 자원을 이용해 사회 서비스를 지원하도록 장려되었지만 농민들은 국가의 재정지원 혜택은 없었다. 집체들 사이에 자원을 재분배하는 메커니즘은 없었으며 모든 농민에게 적용되는 기준이나 자격도 없었다.[1] 농촌집체들의 주요 기능은 농산물을 판매하여 수입을 올리는 것이었으며, 농업 생산물의 판매로부터 잉여가 발생했을 때에만 사회 서비스와 공공재를 제공할 수 있었다. 그 결과, 평균적으로 제공되는 혜택과 공공재의 수준은 도시보다 훨씬 낮았다. 농촌 거주자들은 도시 거주자들에 비해 더 가난했으며 그들에게 제공되는 사회적 제도들은 더 값싸고 덜 포괄적인 것이었다.

도시와 농촌의 서로 다른 행정체계는 사회주의적 "빅 푸시" 전략의 맥락에서 성장했다. 두 시스템은 크게 다른 두 가지 기능을 수행하는 데 사용되었는데 농촌 시스템은 농부들로부터 저가의 식량과 섬유를 얻는 데 사용되었고, 도시 시스템은 산업을 건설하는 데 사용되었다. 값싼 곡식은 노동단위를 통해 사회주의의 선봉 계급인 도시 노동자들에게 제공되었고, 이는 임금을 낮게 유지하고 수익을 유지할 수 있게 하였다. 식량 쿠폰은 1955년에 단기적인 처방으로 도입되었지만 30년 이상 유지되었다. 인위적인 낮은 가격으로 정부에 곡물을 팔 수밖에 없었기 때문에 이중적인 제도는 소득이 낮은 농민들에게 암묵적인 세금으로 작용했다. 이 제도는 1978년 이후 완화되었으나 21세기로 바뀐 후까지 존속되었다.

이 제도가 계속 기능하기 위해서는 농부들을 토지에 묶어 두어야 했다. 농사, 특히 곡물 재배로 돈을 버는 것은 불가능했으며, 1950년대에 농부들은 새로운 공장 일자리를 찾기 위해 도시로 이주하기 시작했다. 그러나 대약진운동 이후 모든 것이 바뀌었다. 대약진운동 기간 동안, 곡물 수확이 감소함에 따라 정부는 처음에 도시 거주자들에게 곡물 배급량의 일부를 공급했다. 경제가 위기에 빠지면서 많은 도시 거주자들에게 식권을 지원하는 것이 불가능해졌다. 1961~1962년에 주로 시골에서 최근에 온 600만 명의 도시 거주자들은 고향 마을로 돌아가도록 회유되었고, 가계 등록 제도는 농촌에서 도시로 이주하는 것을 제한하는 도구가 되었다. 모든 가계 등록은 소유자에게 곡물 배급을 허가하는 도시(또는 "비농업") 호구(户口)와 그렇지 않은 "농업" 호구(户口)로 엄격히 구분되었다. 1960년대 초반 이후 농촌 가정에서 도시 호구를 구하는 것이 사실상 불가능해졌다. 도시 거주 허가증이 없으면 농부는 도시로 일하러 갈 수 없었고 도시로 짧은 여행이라도 자신의 곡식을 가지고 와야 했다. 농촌에서 도시로의 이주는 실질적으로 0으로 줄어들었다. "국내 여권"의 기본 시스템은 소비에트 연방에서 들여왔지만 중국에서의 극도로 경직된 체

1. 한 가지 부분적인 예외는, 대부분의 해에, 정부가 먹을 것이 충분하지 않은 가난한 집체들에게 곡식을 "대여"하는 것이었다. 이 대여는 대부분 상환되지 않았기 때문에 일종의 생계보장이었다.

제는 대약진운동의 상처에서 비롯되었다(Census Office, 2014, pp.256~257; Cheng and Selden, 1994).

훨씬 후인 1980년대 초반 농촌개혁에 성공한 후, 중국 정부는 이 경직된 제도적 이중체제를 완화하기 시작했다. 성공적인 농촌개혁은 기본적인 식량 공급에 대한 우려를 완화시켰고 자유시장에서 거래되는 곡물을 증가시켰다. 곡물 배급은 점차 사라졌고 도시 거주 허가증은 더 이상 식량을 구하기 위해 필요한 것이 아니었다. 정부는 소도시를 시작으로 일시적 이주를 허용하는 방식으로 도시로의 이주에 대한 제한을 완화하기 시작했다. 광범한 경제적 변화가 도시에 거주하는 농촌 노동자들에게 더 많은 기회를 제공했고 1990년대 이후 엄청난 농촌 이주민 유입을 초래했다. 그러나 도시 거주 허가증은 여전히 존재하고 도시 호구의 소지는 중국 사회의 근본적인 분리를 대변하고 있다. 호구 없이 도시에서 사는 것이 훨씬 쉬워졌지만 도시 거주 허가증을 얻는 것은 실질적으로 나아지지 않았다. 도시 거주 허가증이 없으면 농촌 이주민들은 도시 거주자들이 누리는 보건, 사회보장, 자녀교육 등의 혜택에 제한적인 접근만이 가능했다.

6.1.2 도시경제 시스템

6.1.2.1 도시 단위(单位)

1990년대 중반까지도 중국의 도시생활은 호구와 관련된 특권과 단위에의 소속 여부에 의해 규정됐다. 도시 거주 허가증은 단위에 구성원으로 가입할 수 있는, 즉 일자리를 보장해 주는 일종의 권리였다. 도시 거주자들이 중등학교—또는 똑똑하고 운이 좋으면 대학교—를 졸업하면 당연하게 일자리를 배당받았다. 그 이후부터 노동단위는 도시 거주자들에게 서비스와 복지 혜택을 제공해야 할 책임을 지게 된다. 1960년대 중반에서 1990년대까지도 도시 단위의 절정기 동안 도시 거주자들은 다음과 같은 혜택을 누렸다.

- 고용 보장
- 식량 및 기타 부족한 물품을 저렴한 가격으로 이용할 권리 보장
- 의료 서비스(종합병원 병상의 약 40%는 국유 산업에 속해 있음)
- 퇴직 후 연금 및 건강보험 등을 포함한 기타 복지
- 자녀들의 초등 및 중등 교육(국유기업의 70%가 이와 같은 학교를 운영함)
- 노동단위가 제공하는 저렴한 주택

이런 광범위한 보조는 도시 거주 특권에 추가되었다. 많은 서비스가 무료로 제공되었으며 생필품 가격은 생산비용보다 훨씬 저렴했다. 물론 이 당시 수입은 적었고 서비스와 주택은 제한된 양으로 제공되었으며 일반적으로 품질이 낮았다. 중국식 제도의 특징은 종신고용제였다. 농촌에서 도시로의 이주가 엄격히 제한된 이후 도시의 노동단위 사이의 이직도 사실상 사라졌다. 이런 의미에서, 9장에서 논의하게 되겠지만 중국의 노동단위는

그 기원이 됐던 소비에트 모델과는 크게 달랐다. 일단 노동자들이 단위에 들어가게 되면 평생 동안 그 단위의 구성원으로 남아 있을 것으로 기대했다(Lü and Perry, 1997).

이 제도는 1993년 1억 9백만 명의 근로자가 국영 단위 시스템에 있었을 때 최대 규모였다. 이윤을 위해 상품과 서비스를 생산하는 국유기업은 7천 6백만 명, 병원과 대학과 같은 비영리 공공 서비스 부서는 2천 3백만 명, 그리고 정부 관료와 정당과 대중 조직은 1천만 명이었다. 서로 다른 주요 기능에도 불구하고 이 작업 단위들은 공통점이 많았다. 첫째, 이들은 국가 소유였고 공산당이 임명한 관리들과 함께 국가 행정 체계에 통합되어 있었다. 각각의 노동단위가 노동자들에게 제공하는 혜택은 법령이나 규정에 명시적으로 규정된 권리로 정의됐다. 따라서 혜택은 도시의 암묵적인 사회적 합의의 일부였으며 정부는 일관되게 이를 인정하고 또 보호하려고 노력했다. 마지막으로 그 주요한 기능에 덧붙여 각각의 노동단위는 사회적, 문화적 활동과 심지어 정치적 조정에 대한 책임이 있었다. 노동단위는 도시 사회의 근본적인 구성요소 또는 세포였다. 심지어 많은 노동단위들은 세포의 물리적 형태를 가지고 있었고 둘레의 벽돌 담장이 생산적 활동이라는 핵을 둘러싸고 있었다. 단위는 개인이 태어나서 살고 일하고 죽는 도시 사회의 축소판이었다.

6.1.2.2 도시의 재산권

도시의 모든 토지는 국유화되었고 모든 도시 재산은 국가 소유의 위계적 시스템에 통합되었다. 시 정부는 정부의 부서로 취급되었고 시 정부의 수입과 지출은 매년 국가 예산으로 통합되었다. 그것은 사실상 정부가 물, 하수, 운송, 치안 그리고 학교에 대한 책임을 지고 있다는 것을 의미했다. Judith Banister(1987, p.328)는 이 고전적 체제를 이렇게 묘사했다. "도시지역은 본질적으로 국가가 소유하고 관리하고 있었다."

국유기업(SOE)들은 보통 지방과 시 정부가 관리한다. 중앙정부가 수십만 개의 소규모 기업들에 대해 효과적인 감독을 하는 것은 불가능했다. 특히 1970년대 초반 일련의 분권화를 통해 국유기업을 관리할 수 있는 권한이 지방정부에 위임되어 사실상 지방정부에 재산권을 이양했다. 의사결정에 대한 일상적인 통제와 함께, 지방정부 지도자들은 현금 흐름과 토지 및 기타 자산의 사용에 대한 결정 모두에 대해 상당한 권한을 가지게 되었다. 그러나 이러한 권한은 항상 중앙정부에 의해 지방정부에 위임된 것으로 공식적으로 지방 관리들은 중앙정부와 공산당의 대리인, 즉 베이징에 있는 최고 정치 관리들로 이어지는 권력 사슬의 일부였다. 그 결과 1980년대 이후의 경제개혁은 국가가 설정한 위계 질서 내에서 중앙정부와 지방정부 사이의 권한에 대한 반복적이고 신중한 재협상으로 이루어졌다.

도시의 토지 시장은 이러한 위계적 맥락에서 발전했다. 도시의 모든 토지는 적어도 이론상으로는 오늘날까지도 국가의 소유이다. 그러나 최대 50년간 토지를 사용할 수 있는 권리를 매매하는 제도로 발전했다. 1990년대에는 양도 가능한 도시 임대차 시장이 등장했다. 이 시스템 하에서 기존 점유자의 사용권은 항상은 아니지만 일반적으로는 인정되는 "점유자의 권리"가 존재하며 지방정부의 허가를 받아 매매할 수 있다. 도시의 토지는, 국영기업이나 토지의 용도변경 절차를 관리하는 개인들 모두에게, 중요한 부의 원천이 됐다. 토지 거래에는 세금이 부과되지만 대부분의 이득은 토지를 점유하고 있는 기업, 지방정부 또는 개인들에 귀속되었다. 중국의 주택 붐은 이러한 재산권 제도를 기반으로 하고 있는데, 아파트 소유자들은 그들의 건물이 있는 토지를 "소유"하지 않고 대신 최대 50년 동안 토지 권리를 임대하는 것이다.

6.1.3 농촌의 경제 체제

6.1.3.1 농촌집체

농촌의 토지에 대해서는 도시에서처럼 국유제의 위계체제로 통합하려는 시도는 없었다. 농촌에서는 마을이 집체로 조직되었지만, 농촌집체는 공식적인 정부 위계구조의 일부가 아니었다. 오늘날에도 마을 협의회가 있고 마을 지도자를 선출하는 마을은 공식적으로 정부의 위계질서에 속하지 않는다. 오히려 이론적으로 자율적인 조직이다. (실제로 중요한 결정은 향(乡)이나 현(县) 수준에서 정부 및 당 관계자의 승인을 받아야 했다.) 따라서, 1955년부터 1982년까지 농촌집체 기간 동안에도, 대부분의 농촌 거주자들은 주로 경제적 기능을 가진 지역 기구로 조직되었다. 이 조직은 농촌활동의 모든 영역을 총괄하고 정치적 통제를 받고 있었지만, 도시의 조직보다는 상대적으로 느슨했다. 농촌 거주자는 도시 거주자처럼 국가와의 합의가 아닌 지역집체에 가입했다. 이 조직에 대해서는 11장에 자세히 설명되어 있다. 농촌집체들은 스스로 세금을 부과하고 서비스를 제공하기로 결정할 수 있었지만, 많은 재화와 용역을 보조할 재원을 가진 농촌집체들은 거의 없었기 때문에, 시골 거주자들은 그들이 받는 공공 서비스의 모든 비용을 스스로 지불해야 했다.

6.1.3.2 농촌의 재산권

농촌집체가 국가 행정체계에 통합되지 않았듯이, 토지를 포함한 농촌 재산은 국가 소유권 시스템에 통합되지 않았다. 원칙적으로 농촌집체는 비농업 농촌기업뿐만 아니라 토지도 소유했다. 따라서 농촌의 소유권은 관료들의 수중에 집중돼 있던 도시에서의 소유제도와 달리 집중화되지 않았다. 농촌 가계들은 항상 토지에 접근할 수 있었지만, 주택 보유는 자신의 집에 대한 직접적인 소유권과 집과 건물이 세워진 토지에 대한 자유로운 접근을 보장했다.

1978~1984년의 농촌개혁 시기에 중국의 거의 대부분에서 집체 농장은 사라졌으며 가족농이 지배하는 농업 형태로 돌아왔다. 각각의 집체들은 그 내부에서 협의한 원칙들에 따라 토지를 개별 가계들에 나눠 주었다. 이러한 토지분배 과정에서 역사적 소유권(집체 이전)은 무시됐고 노동자의 수와 한 가계가 먹여 살려야 할 식구의 수에 기초한 토지분

배 원칙이 채택되었다. 그 어떤 연구에 따르더라도 이 과정은 순조롭게 진행됐으며, 당연하게도 "역사상 가장 평등한 토지개혁"(Walder, 2000)으로 불렸다. 그러나 토지분배 이후에조차 토지 체제는 단순한 사적 소유 체제로 바뀌지 않았다. 개별 가계들이 토지를 경작했을지라도 공식적으로 소유권은 여전히 "집체"에 있었다. 농부들은 자신들에게 일정 기간 동안 토지 이용권을 제공하는 집체들과 계약을 맺었다. 그 계약기간은 점차 길어져 지금은 50년까지 확대되어 있다. 심지어 오늘날에조차 농부들은 토지를 자유롭고 명확하게 소유하고 있지 않다. 이 체계는 수많은 특이한 부작용이 있었다.

- 중국의 많은 지역에서 집체들은 주기적으로 토지를 재분배할 수 있고 또 그렇게 해 왔다. 어느 연구에 따르면, 조사 대상 마을의 66%에서 적어도 한 번은 토지가 재분배되었으며, 25%는 세 번 이상의 토지 재분배를 경험하였다(Rozelle and Li, 1998). 보통의 경우, 그러한 재분배는 자연적 인구증가를 수용하기 위한 것이었다.
- 현재는 토지를 갖지 못한 농가가 거의 없다. 거의 모든 농민들이 일정한 토지에 접근할 수 있게 되면서 토지를 전혀 갖지 못한 농민으로 인해 초래되는, 많은 개발도상국 경제에서 발견되는 참담한 빈곤은 거의 사라졌다. 사실 토지 접근에 대한 대략적인 보장은 농촌에서 사회보장의 가장 중요한 형태다.
- 완전히 보장되는 토지 소유권의 부족은 농민들의 인센티브에 영향을 미친다. 토지의 장기 생산성에 대한 투자에 대한 보상은 약화된다(토지가 재분배될 가능성이 있기 때문에). 토지는 대출 담보로 사용될 수 없으며, 토지 사용권 시장은 느리게 발전했다. 민간 가계는 사용권과 자금운용 권한을 갖고 있지만, 부동산을 매각할 권리는 없다. 게다가, 영구적인 이주에는 추가 비용이 든다. 영구히 이주하는 가족들은 그들의 토지를 집체에 양도해야 할지도 모른다. 그 집단은 그 땅을 더 "궁핍한" 영구 거주 가족들에게 분배할 것이다. 즉, "사용하거나 잃거나" 하는 사실상의 정책이 많은 마을에 널리 퍼져 있다. 이런 결과를 피하기 위해 가족 구성원의 일부는 여전히 토지에 거주하고, 또 다른 가족의 일부는 농업 외의 임시 일자리로 내보내려는 동기를 가지게 된다. 이러한 이주 방식은 많은 나라에서 친숙한 위험을 최소화하는 전략이지만 중국의 토지제도는 그렇지 않았다면 도시 일자리로 영구히 이주할 준비가 되어 있었을 가족들이 오랫동안 토지에 집착하게 만든다.

마을(또는 "집체")의 입장에서 볼 때 토지는 경제가 성장하고 도시들이 원래의 경계선 밖으로 뻗어 나가면서 가치가 커진 중요한 자원이다. 그러나 마을이 토지의 가치를 창출하기 위해서는 지방정부를 설득해 토지를 "비농업"으로 용도 변경을 해야 한다. 따라서 이 집체를 대표하는 촌장이나 향진 간부들은 반드시 시 정부와 교섭을 해야 한다. 이 협상에서 시 당국은 거의 모든 협상력을 갖고 있으며 독점적인 위치에서 서로 다른 마을들을 쉽게 상대할 수 있다. 그 결과, 시는 더 낮은 가격으로 집체로부터 토지를 매입한 후 용도 변경하여 개발하거나 개발업자에게 매각한다. 일반 농민들은 공식적으로 협상과정의 일부가 아니지만, 협상 후 집체들은 농민들을 이주시키고 적절한 보상을 해야 한다. 정직하고 효율적인 지역 지도자들은 이러한 상업적 거래에서 모든 집체 구성원들의 이익을 대표하겠지만, 이기적이고 무관심하거나 부패한 공무원들은 토지거래의 이익을 지역 주민들과 공유하지 않는다. 농촌집체와 개별 농민들은 토지 양도에 대한 적절한 보상 수준과 형태를 놓고 의견이 엇갈리는 경우가 많다. 토지가 이들 농민들을 떠나 판매 혹은 임대됐을 때 농민들은, 특히 보상이 불공평할 경우, 분노를 표시한다. 오늘날 중국에서 가장 큰 사회적 갈등의 이유는 대부분 토지 거래를 두고 벌이는 분쟁이다(Yu, 2005). 농촌의 토지 재산권 제도는 공정성과 도시화와 이주 패턴을 왜곡하기 때문에 오늘날 중국에서 가장 중요한 문제이다.

6.2 도시화

도시화는 개발 과정의 필수적인 부분이다. 개발이 진행되면서 노동자들은 농업에서 벗어나 훨씬 생산성이 높은 현대의 산업 및 서비스 직종으로 옮겨 간다. 더욱이 도시에서의 이러한 직업들의 군집화는 추가적으로 생산성이 향상된다. "집합 경제"는 사람들이 서로 가까이 위치할 때 상품과 아이디어의 교환비용이 낮기 때문에 발생한다. 오늘날 중국은 급속한 도시화의 한복판에 있으며, 2016년 말 중국 인구의 57%는 도시인구였다. 수천 년 동안 중국은 주로 농경 문명으로 일과 빈곤, 전통에 의해 토양과 연결되어 있었다. 그것은 지금까지의 역사이며 중국의 현재와 미래는 도시화이다. 오늘날 중국의 도시화 수준은 개발도상국의 정상 범위에 속하지만 중국은 독특하고 특이한 궤적을 통해 현재의 수준에 도달했다. 대부분의 개발도상국에서 도시화의 속도는 삶의 기회를 평가하고 시골을 떠나 도시로 가기로 결정하는 수백만 명의 개인들에 의해 결정된다. 또한 도시화는 새로운 도시 일자리를 제공하는 산업화와 밀접한 관련이 있다. 그러나 중국의 과거 도시화 과정은 최근까지 주로 개인 선택의 범위를 엄격하게 제한하는 정부 정책에 의해 결정되었다. 이러한 정책으로 인해 1970년대까지 도시화와 산업화가 분리되었다.

6.2.1 도시화: 역사적 추이

그림 6.1은 중국의 도시화 과정을 설명하는 자료를 보여 준다. 아래 그래프는 "비농업"으로 분류된 중국 시민의 비율, 즉 본 장 앞부분에서 논의된 도시 거주 허가(호구, 户口)를 나타낸다. 이 정의는 중국 특유의 것이다. 위 그래프는 최소 규모로 추계한 도시지역 거주 중국 인구의 비율을 나타낸다. 이 숫자들은 다른 나라의 도시화에 대한 정의와 개념적으로 일치하며 국제 비교에 사용될 수 있다. 이 그래프는 중국의 특이한 도시화의 역사를 보여 준다. 두 그래프 모두 중국의 1950년대 말에서 1978년 사이의 탈도시화를 보여 주

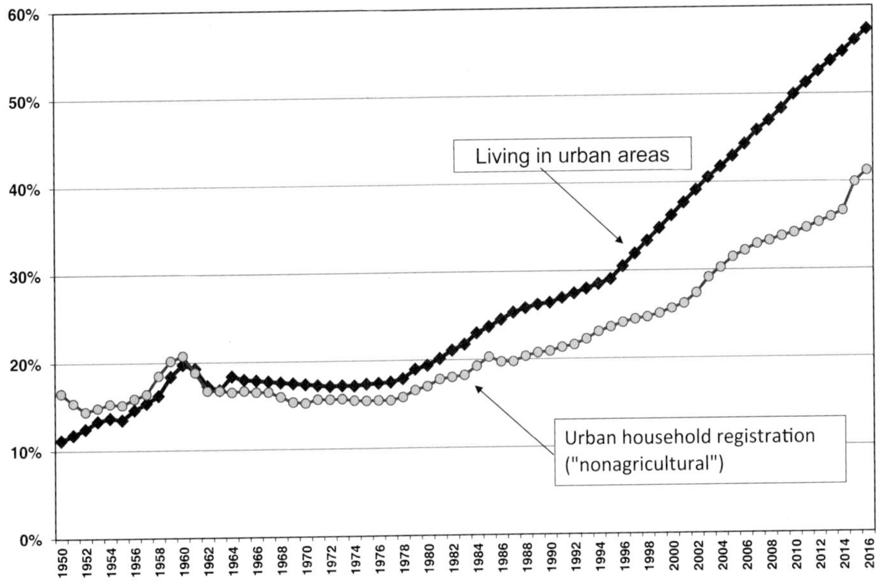

그림 6.1 도시인구 비중

자료: NBS Department of Comprehensive Statistics (1999, 1) for series by residence permit; updated from *SAC* (various years); and *Population Statistics Yearbook* (2005, 266). *SYC* for standard urbanization series. New procedure for calculating urban household registration population adopted in 2015.

고 있다. 이 주목할 만한 20년간의 탈도시화는 두 단계로 진행되었다. 첫째, 1960년 이후, 중국은 대약진운동 기간 동안 지속할 수 없는 급격한 도시화를 억제할 수밖에 없었다. 수백만 명의 사람들이 도시를 떠나도록 강요받았고, 수백만 명의 사람들이 식량을 찾기 위해 그들 자신의 의지로 남았다. 도시인구는 1963년까지 1,400만 명 감소했다. 더욱 주목할 만한 것은 1964년 경제가 안정되고 나서 일어난 일이다. 인구의 도시 점유율은 다시 1%p 이상 하락했다가 1978년까지 안정되었다. 14년 동안, 공식적인 GDP 성장률은 연평균 7%로 기록되었고, 산업부문 고용은 증가했으며, 도시의 경제규모는 3배로 증가했지만, 도시인구 비율은 감소했다. 어떻게 이런 사상 초유의 탈도시화가 일어났을까?

1964~1978년 기간 동안 중국은 인구 이동에 대한 엄격한 제한을 유지했다. 도시 거주 허가증에의 접근이 철저히 통제되었고, 농민은 거의 도시로 이주할 수 없었다. 뿐만 아니라, 도시지역으로부터 강제 이주도 이루어졌다. 1960년대 중반부터 1970년대 중반까지 수백만 명의 도시 거주자들이 농촌으로 보내졌다. 그 가운데 약 1,700만 명에 달하는 가장 큰 집단은 문화혁명의 여파로 농촌으로 "하방(下方)"을 당한 젊은 중학교 졸업생들로 구성되었다. "하방 청년"은 짧게는 2년에서 길게는 평생 동안 농촌에 남아 가난한 농민과 중농에게 배우고 가르치라는 지시를 받았다. 중국 서부에 공장을 짓기 위해 동원된 노동

자도 대도시를 떠났다. 1955~1976년 사이에 중국 최대 도시인 상하이는 186만 명이 외부로 이주하였고, 전체 인구는 전혀 증가하지 않았다. 이런 비정상적인 인구 이동이 일어날 수 있었던 것은 마오쩌둥 치하의 중국에서 실시된 극단적인 형태의 정치적 통제와 동원의 영향 때문이었다. 마홍(马洪)이 지적했듯이 "정치적 운동이 있을 때마다 그 후유증 중에 하나는 대규모의 도시인구가 농촌으로 보내졌다는 점이었다"(Zhang Shanyu, 2003, p.362, p.367, p.376). 세계의 다른 지역이 꾸준히 도시화되고 있음을 감안할 때, 중국은 1970년대 후반까지 점점 더 이례적이게 되었다. 중국의 도시화율은 1964년 18.4%에서 1978년 17.9%로 감소한 반면, 개발도상국은 같은 기간 26%에서 31%로 증가했다(WDI). 중국의 도시화는 1964년 7.6%p, 1978년에는 13.1%p 뒤처졌다.

1978년 개혁의 시작에 동반된 광범한 사회적 이완은 인구 통제의 가장 극단적 형태를 종결지었다. "하방한" 젊은이들이 도시로 되돌아왔으며, 이는 이동에 대한 통제의 점진적 완화와 도시화의 재개 과정이 시작됨을 알리는 신호였다. 우선 정부 관료들은 소도시의 인구증가를 억제하고 거대도시의 성장을 막으려 시도하면서 매우 신중한 태도를 취했다. 계획당국이 거대도시들 또한 성장할 필요가 있고 장기적으로는 전체 도시인구의 비중이 증가할 수 있다는 사실을 마지못해 받아들이기 시작한 것은 1990년대 들어서이다. 결국 상하이를 떠났던 인구의 60%가량이 다시 이 도시로 돌아와, 이 도시가 현재 이룬 경제성장에 참여했다.

1978년이 되어서야 중국은 급속한 도시화를 시작했으며 그 이후 도시들은 30년 이상 급속하게 성장했다. 2012년 이후 중국의 도시화율(그림 6.1에서 최고점으로 표시됨)은 전 세계 평균을 능가했다. 1978년 개혁의 시작과 함께 광범위한 사회적 이완은 극단적인 형태의 인구통제를 종식시켰다. 하방되었던 청년과 동원된 노동자들이 고향 도시로 돌아가기 시작했고, 1978~1987년까지 9년 동안 도시인구 증가율은 매년 5% 이상 급증했다. 처음에 정부 관리들은 대도시로의 이주에 대한 엄격한 제한을 유지하면서 작은 도시로의 성장을 제한하려고 노력하는 등 신중했다. 1990년대 중반 이후, 기획자들은 마지못해 대도시도 성장해야 한다는 요구를 받아들였지만, 여전히 거대도시의 성장을 면밀히 주시했다. 도시인구 증가율은 1996년부터 2000년까지 다시 매년 5% 이상 급증했다. 최근에는 인구통계학적 조건이 다른 상황에서(8장) 2010년 이후 연간 도시인구 증가율이 3% 미만으로 약간 둔화되었다.

그림 6.1은 도시 거주 허가자보다 전체 도시 거주자가 훨씬 더 빠르게 증가했음을 보여주고 있다. 2016년 말 현재 도시 주민은 7억 9,300만 명으로 이 가운데 호구(户口)를 보유한 사람은 5억 7,000만 명에 불과하다. 따라서 중국 도시인구의 거의 1/3인 2억 2,300만 명이 호구 없이 거주하고 있다. 예전보다 호구 없이 도시에서 살기가 훨씬 쉬워졌지만 중국, 특히 대도시에서 도시 호구를 받기는 여전히 어렵다.

6.2.2 도시화의 유형

도시인구의 성장은 세 가지 원천에서 올 수 있는데, 지난 40년 동안 중국에서 모두 중요했다. 도시로의 이주가 재개되었고, 도시들은 농촌으로 퍼져 나갔으며 도시인구의 자연적인 증가는 아주 최근까지 계속되었다. Chen and Song(2014)은 2000~2010년 사이의 급속한 도시화를 분석하였는데, 농촌으로부터의 이주가 도시인구 증가의 40.6%를 차지했고, 과거 농촌 및 교외 토지에 거주하던 인구의 재분류(도시 외곽지역 확장)가 정확히 도시 성장의 40%를 차지했으며, 도시인구의 자연 성장은 도시 성장의 거의 20%를 차지했다고 결론지었다.

도시화 과정의 다른 많은 특징들과 마찬가지로 도시지역의 물리적 확산은 중국에서 독특한 형태를 띤다. 중국이 도시화를 제한하려 할 때, 중국 도시의 경계는 분명하게 규정되었다. 사람들은 밀집된 도시지역에서 나와 농지로 넘어갈 수 있었다. 정책이 바뀌면서 도시로 지정된 지역은 2,860개에서 21,000개로 급증했고, 개별 도시가 농촌으로 확장되면서 개발이 승인된 도시의 토지 규모도 급증했다(Zhang Shanyu, 2003, p.321；Census Office, 2014, p.269). 모든 중국 도시들은 현재 고층 및 저층 주택, 산업과 상업 공간, 그리고 농지가 혼합된 교외 벨트로 둘러싸여 있다. 많은 도시들이 옛 농촌을 에워싸면서, 도시에 완전히 둘러싸인 섬과 같은 농촌지역들이 생겨났다. 이들 "도시 마을"(추후 설명)은 농민이 가족의 주거를 위해 점유하는 땅에 세워졌다. 그들은 대부분 지방정부가 보통 옛 집을 선호하는 이재민을 재정착시키는 비용을 피하면서 개발을 위해 농지만을 요구하기 때문에 주로 존재한다. 시장의 힘은 도시화의 이러한 측면을 강력하게 추진한다.

아마도 가장 주목할 만한 도시 변화는 광둥성의 주강 삼각주에서 일어났다. 주강 동쪽 120km에 이르는 지역이 25년 만에 완전히 시골에서 도시로 바뀌었다. 홍콩과 광저우의 성도(省都) 사이에 두 개의 신도시[선전(深圳)과 동관(东莞)]가 생겨나, 각각 600만 명 이상의 인구를 가진 네 개의 거대도시가 연결되었다. 이 도시들 사이의 지역에는 여전히 많은 농장이 있지만 완전히 시골은 아니다. 대신에 "도시화된 농촌"의 패턴이 나타났다. 중국의 교통망이 개선되면서 중형도시의 중심지가 고속 연결되어 도시 클러스터를 조성할 수 있는 새로운 가능성이 열리고 있다.

중국의 많은 정책들은 상하이와 베이징과 같은 대도시의 개발을 제한한다. 그 도시들의 거주권을 얻는 것은 매우 어렵고, 토지이용 및 기타 정책들은 매우 큰 도시들이 시장경제에서 특별한 효율성 향상 역할을 한다는 실질적인 증거에도 불구하고 물리적 확장을 제한한다. 뉴욕, 런던, 도쿄에 특정유형의 서비스, 특히 금융서비스가 극도로 집중된 것은 그 엄청난 규모와 연관되어 있으며 극도로 높은 생산성으로 이어진다. Au and Henderson(2006)은 대부분의 중국 도시들이 너무 작고, 포기하는 GDP의 비용이 상당하다는 것을 발견했다. 거대한 인구에 비해 중국은 세계적으로 큰 도시들이 예상 외로 적다. 국가정책은 전반적으로 대도시의 성장을 제한하는 경향이 있다. 베이징의 대기오염 위기로 인해 2020년까지 도시인구를 2,300만 명으로 유지하기로 결정했다. 광범위한 베이징-톈진-허베이 지역을 통해 인구를 분산시키기 위한 야심찬 계획이 추진되고 있는데, 중앙 지구의 인구를 15% 줄이고 고속 교통시스템으로 연계된 새로운 2차 중심지를 만드는 것이다. 2017년에는 200만 명 이상의 주민이 거주하는 완전히 새로운 도시인 시온간 신구(Xiongan New District, 西昂甘新区)를 베이징 남서쪽 100km 지점에 조성함으로써 베이징에 대한 인구 압박을 완화하겠다는 야심찬 계획이 발표되었다. 그러나 시장의 힘에 역행하려는 도시계획 전략은 중국 이외의 많은 도시에서 실적이 저조하기 때문에 주의가 요구된다. 이미 상하이 주변의 중형도시 네트워크인 양쯔강 삼각주 지역은 국가 계획자들의 개입이 없이 새로운 형태의 네트워크화된, 도시화된 농촌으로 발전할 수도 있다.

6.3 농촌에서 도시로의 이주

1990년대 이후 농촌에서 도시로의 이주는 급속히 많아져서 21세기 첫 10년 동안에 홍수를 이뤘다. 2005~2010년 사이, 매년 천만 명 이상의 사람들이 도시의 새로운 삶을 위해 지방 경계를 넘었다. 이것은 역사상 가장 큰 규모의 평화적 대중운동이었다. 2010년 이후 이주는 수평을 이루고 감소하기 시작했다. 정부가 농민들을 그들의 토지에 묶어 두었던 규제를 완화했을 때 이주가 급증하였다. 행정체제는 상당히 완화되었지만 여전히 존재하며, 이주민들은 차별과 도시사회로 통합되는 데 한계에 직면해 있다. 대부분의 이주자들은 도시사회의 변두리에 머물러 있으며, 보통 도시 외곽에 있는 열악한 주택에서 살면서, 오랜 시간 일하고, 농촌으로 돌아갈 계획을 세우고 있다. 사실상, 많은 측면에서 중국 도시의 농촌 이주민들은 미국 도시에서 일하고 있는 멕시코계 불법 이민자들과 유사하다. 그들은 이주를 통해 소득창출 잠재력을 크게 높이고, 자신의 진로를 위로 향하기 시작한다. 게다가 이들은 자신이 일하는 지역의 경제뿐만 아니라, 주로 돈을 집으로 송금함으로써, 고향 마을의 경제에도 기여한다. 그러나 도시 시민권과 함께 제공되는 완전한 교육, 주거 및 사회 서비스에 대한 접근을 포함하여 도시사회에 통합되는 데 효과적인 통로가 부족하다.

6.3.1 이주의 개관

오늘날 중국에서의 이주 규모는 얼마나 될까? 중국에서 대규모 이주의 갑작스런 등장과 증가는 이 현상의 규모를 두고 초기에 큰 혼란이 야기되었다. 인구 이동이 거의 없었던 오랜 기간 동안 중국의 이주민들은 중국 도시에서 낯선 방문객이 되었다. 그들의 출현은 도시 거주자들에게 복잡하고 때로는 부정적인 반응을 불러일으켰다. 중국어로 널리 쓰이는 "유동인구(流动人口)"는 점차 정확한 정의에 이르게 되었다. 이제, 국가 인구조사는 가구 등록이 되어 있지 않은 다른 곳에서 적어도 6개월 이상 거주하고 있는 개인들을 집계

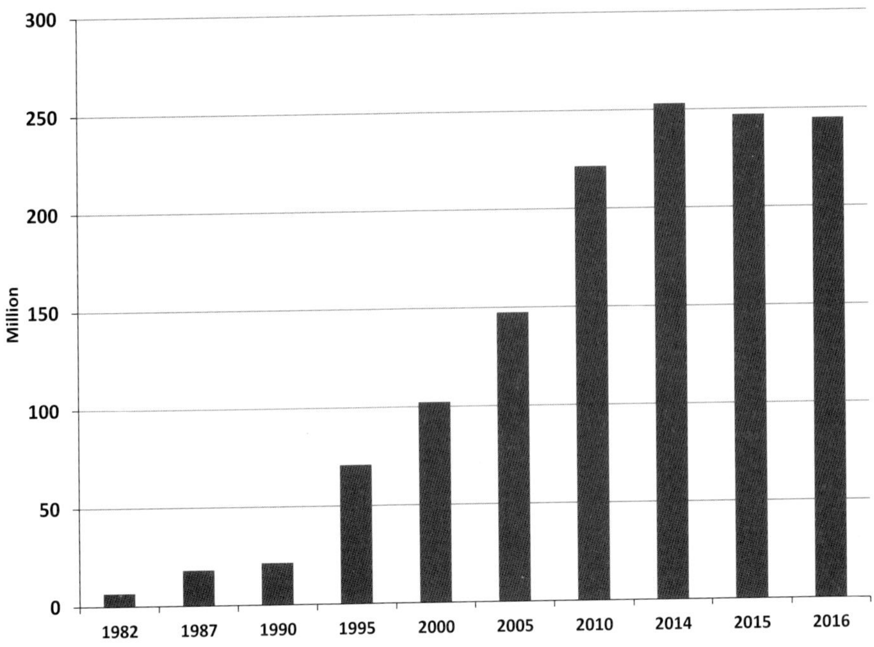

그림 6.2 "유동인구" (가구 등록을 벗어난 곳에서 6개월 이상 거주)
자료: Census Office (2014, 231); NBS (2017).

한다. 이들은 "유동인구"로 간주된다(같은 도시에 거주 및 등록이 있는 교차 이주자가 아닌 한). 이 정의를 사용하여 그림 6.2는 2014년에 2억 5,300만 명으로 정점에 도달한 유동인구의 놀라운 성장을 보여 준다. 1982년에는 중국 인구의 1% 미만이 "유동" 상태였고, 2014년에는 18.5%가 되었다. 2015년과 2016년에는 유동인구가 소폭 감소했는데, 기록이 보존된 이후 처음으로 그 수가 줄어들었다. 이러한 감소는 2010년 이후 농촌에서 도시로의 이주가 뚜렷하게 줄어든 것을 반영하지만, 한편으로는 이주자가 살고 있는 도시지역으로 등록을 영구적으로 변경하는 이주민의 수가 증가한 것을 반영할 수도 있다.

우리는 중국의 도시화와 이주에 관한 미국의 최고 전문가인 Kam Wing Chan이 편집한, 성(省) 사이의 이주민 관련 자료를 통해 이주의 흐름을 알 수 있다. Chan(2012)은 20년 동안 장거리 이민자들 중 총 1억 3,700만 명을 추적했으며, 성 사이의 이주는 1990년대 초에 시작되어 꾸준히 증가했음을 보여 주고 있다(표 6.1). 2005~2010년 사이에 연간 1,100만 명이 성(省) 경계를 넘어 이동했다(귀환 이주 제외). 2010년 이후의 비교할 만한 수치는 없지만, 2010년 이후 성 간 이주는 확실히 둔화되었다.

이주는 복잡하고 다차원적이며 대부분 개별적인 현상으로, 9장에서 더 자세히 분석된다. 여기서 우리는 주로 도시화의 결정 요인이자 변화하는 중국 사회를 구성하는 요소 중 하나로 이주에 대해 살펴본다. 장거리 이주민들은 호황을 누리고 있는 남해안지역

표 6.1 성(省) 간 이주

	연평균 순 이주(백만 명)
1990–1995	2.14
1995–2000	4.66
2000–2005	7.60
2005–2010	11.04

자료: Chan (2012).

에 자연스럽게 매력을 느끼게 되었다. 1990년부터 2010년까지 3,640만 명이 광둥성으로, 2,800만 명이 양쯔강 하류지역인 상하이(上海), 장쑤성(江苏省), 저장성(浙江省)으로 이주했다. 이 두 지역을 합치면 전체 장거리 이주민의 절반가량이 몰려든 셈이다. 가장 큰 인구 유출 지역은 쓰촨성(四川省), 안후이성(安徽省), 허난성(河南省), 후난성(湖南省)이었다. 2010년 이후 장거리 이주는 전체 이주 비율에서 감소하였다. 중국 중서부지역의 농민들은 내륙의 성장하는 도시와 농장 근처의 작은 마을에서 더 많은 기회를 찾고 있다. 16장에서 설명하겠지만, 일부 노동집약적인 수출업자들은 값싼 노동력에 접근하기 위해 대규모 공장을 내륙으로 이전했다. 예를 들어, 전자조립 업체인 Foxconn은 현재 허난성의 정저우(郑州), 쓰촨성의 청두(成都) 등에 거대한 공장을 가지고 있는데, 그렇지 않았다면 해안으로 이주했을 많은 지역 농민들이 집에서 가까운 도시로 이주할 수 있게 되었다. 인구 고령화로 이주민의 공급과 구성도 바뀌고 있다.

6.3.2 이주민의 특성

중국의 이주는 급속한 도시화를 겪고 있는 다른 개발도상국의 이주와 대체로 비슷하다. 이주자들은 주로 더 나은 직업을 찾는 젊은이들이다. 중국의 연구결과는 이주자들이 더 높은 임금과 더 많은 취업 기회를 가진 지역에 끌린다는 것을 발견했다. 사람들은 경제적 기회를 찾아 움직인다. 농촌 거주자의 경우, 이주 확률은 16~20세가 가장 높고, 이후 10년마다 약 절반씩 감소한다. 1990년대에 대규모 이주가 시작되었을 때, 남성은 같은 특성을 가진 여성보다 이주 확률이 세 배나 높았다. 그러나 2000년이 되자 격차가 좁혀졌고, 이주하는 인구는 성별에 따라 균등하게 균형을 이루었다. 여성들은 서비스직과 경공업에 집중되어 있으며, 특히 동남 해안지역의 수출 위주 공장의 많은 직종에 매력을 느끼고 있다. 남성 이주민들은 더 폭넓게 도시의 건설현장이나 공장 등에 흩어져 있다.

고향 마을에 있는 가족들은 미혼 남녀들이 이주를 하면, 그들에게 이주를 일시적인 것으로 생각하도록 권한다. 농촌과 도시의 제도적 격차는 영구적인 도시시민 지위를 획득하고 토지를 다른 유형의 자산으로 전환하기가 어렵기 때문에 이렇게 "일시적"이라는 생각을 하게 한다. 그럼에도 불구하고 이주민들은 점차 가족을 데려와 장기적으로는 도시에 정착하려고 한다. 2000년에 집계된 1억 200만 명의 도시 "유동인구" 중 정확히 1/3이 2010년에도 여전히 도시에 있었다. 이주민들이 더 오래 머물고 정착하게 됨에 따라 이주 가구는 점점 더 커지고 복잡해지고 있다. 2010년 인구조사에서, 유동인구의 27%만이 개인으로 구성되었으며, 30%는 배우자나 형제자매가 있고, 38%는 자녀가 있었으며, 5%는 부모가 있었다(Census Office, 2014, p.233, p.238). 이주민들은 이미 도시에 장기 거주하고 있기 때문에 도시생활과의 통합은 중요한 주제가 되었다.

도시 안에서 이주민들은 도시 호구(户口) 소지자와는 다른 종류의 일을 하고(9장) 다른 물리적 조건에서 생활한다. 2015년에 집을 구입한 적이 있는 도시 호구 소지자의 85% 이상이 집을 소유하고 있는 것에 비해 1.3%만이 집을 구입한 적이 있다. 이주민들은 전통적으로 직장에 거주했는데, 그 비율이 감소하고 있지만 거의 절반은 여전히 거주하고 있다(2015년에 이주민의 16%는 여전히 그들의 작업현장에서 거주하고 있으며, 공장에서 거의 "무료"로 제공하는 기숙사에는 29%로 이는 고용계약의 일환이다). 나머지의 대부분(37%)은 룸메이트와 함께 방을 임대하며 6.2.2절에 설명된 도시 마을에 거주하는 경우가 많다(NBS, 2016). 예를 들어, 베이징에는 867개의 확인된 도시 마을이 있다. 이주민들은 비좁은 숙소(1인당 8.2m^2, 일반주택 평균의 1/3 미만)에 살고 있다. 전기는 들어오지만 자신만의 부엌이나 화장실이 있는 곳은 거의 없다(Zheng et al., 2009).[2] 이 붐비는 공간은 빈민촌과 같지만 중국의 주요 도시에는 거의 보이지 않는다(Hsing, 2009).

6.4 도농 간 격차의 경제적 파급효과

개발과정에서 도농 간 소득격차는 불가피하게 발생한다. 산업화는 개발 초기단계에서 도시에서 시작되며, 사실상 모든 현대 경제는 도시에 있다. 도시 주민과 비교했을 때, 농민들은 교육수준이 낮고, 자본이 적으며 많은 필요한 자원으로부터 멀리 떨어져 있고 불완전한 시장의 경제적 영향을 받는다. 현대 경제의 참여자들, 즉 도시 거주자들은 더 높은 수입을 얻는 반면, 전통적인 경제 내에 남아 있는 농촌 거주자들은 훨씬 더 오랫동안 수입이 적다는 것은 놀라운 일이 아니다. 이러한 일반적인 요인에 더해, 중국의 특수 제도들은 다음 절에서 논의하는 바와 같이 훨씬 더 넓은 도농 간 격차를 만들어 낸다.

6.4.1 농촌의 억제된 잉여 노동력

1990년대 이전 수십 년 동안 농촌인구에 대한 이동성의 제한을 고려할 때, 농촌에서는 잉여 노동력이 쌓였다. 1957~1977년 사이 농촌의 평균 소득은 정체되었다. 경작지 면적이 거의 일정했지만 농촌 노동력은 증가하였다. 이러한 조건 하에서 근로자들의 한계 생

2. Zheng et al.(2009)는 일반 도시주택과 "도시 마을"에서의 공간 단위당 가격은 거의 동일하지만, 이주자는 도시 호구 소지자에 비해 훨씬 적은 양을 소비한다는 사실을 발견했다.

산량은 기술 진보에도 불구하고 감소했다. 정부의 농산물 수매가격은 기본적으로 변동이 없었기 때문에 한계가치 생산도 하락했다. 인구는 농촌에 갇혀 있었지만, 농촌집체는 모든 농촌 거주자들이 토지에 접근할 수 있도록 보장해 주었다. 새로운 근로자는 한계 생산성이 낮더라도 여전히 일을 했다(11장). 이런 상황에서 근로자의 한계 생산물이 소득보다 훨씬 낮을 수 있다는 점에서 노동의 "잉여"가 발생할 수 있다는 것은 분명하다. 개별적인 이주 결정은 경제의 균형을 재조정하는 탈출구 역할을 하지 못했는데, 도농 간 소득 격차의 증가를 제한할 수 있는 이주는 가능하지 않았다.

6.4.2 도시의 완전고용

도시의 상황은 시골의 모습과 비슷했다. 1960년대와 1970년대에 도시에서 산업이 성장함에 따라 더 많은 노동에 대한 수요가 생겼다. 그 결과 도시 고용 확대는 사실상 모든 젊은 여성들을 점차 편입시켰으며 여성 노동력 참여는 1960년대와 1970년대에 거의 보편화되었다. 대부분의 도시 가계는 한 명 이상의 임금소득자를 가지게 되었다. 게다가 대도시에서 먼저 시행된 엄격한 산아제한정책은 부양해야 할 아이들의 수를 줄였다. 그 결과 도시의 부양률(총인구/고용인구)은 1957년 3.4명에서 1977년 2.0명으로 꾸준히 감소하였다. 따라서 도시 주민은 임금동결을 겪었음에도 도시 가구의 1인당 실질소득은 크게 증가했다.

6.4.3 상대 소득

도농 간 격차의 규모와 진화는 이전 절에서 설명한 기존 제도뿐만 아니라 도시 및 농촌의 경제성장 속도에 따라 달라진다. 이러한 진화를 이해하기 위해 그림 6.3에서 볼 수 있듯이 도시 가구와 농촌 가구의 1인당 소득 비율을 사용한다. 이 자료는 중국 국가통계국이 대규모 가구 표본을 조사하여 기록한 것이다. 중국 국가통계국은 수십 년 동안 개별 농촌과 도시의 가구 조사를 실시했으며, 표본 가구는 5년마다 바뀐다. 표본 가구는 소득과 지출의 기록을, 농촌 가구는 현물소득은 물론 현금소득까지 기록한다.[3] 이 데이터는 매우 강력한 패턴을 보여 준다. 1978년 개혁 초창기에 이미 도농 간 격차는 상당히 컸다. 도시 주민의 1인당 평균 소득은 농촌 주민의 2.6배에 달해 비교 가능한 개발도상국 중에서 최상위권이었다. 개혁 초기 농촌개혁의 성공이 농민들의 소득을 급격히 끌어올리면서 도농 간 격차는 줄어들었다. 그 비율은 1983~1985년 동안 2 이하로 줄어들었다.

그러나 1984년부터는 그 격차가 꾸준히 벌어져 2007~2009년에는 3.3으로 정점을 찍었다. 1980년대와 21세기 첫 10년 사이에 도농 간 소득격차의 이러한 증가는 상반된 두 힘이 반대방향으로 작용한 결과이다. 한편, 도시경제의 급속한 성장은 농업 소득보다 도

3. 앞서 기술한 바와 같이 도시 거주자들은 농촌 거주자들보다 수입이 높을 뿐만 아니라, 더 높은 수입 외에도 다양한 보조금을 받는다. 그러나 이러한 보조금의 금전적 가치를 정량화하는 것은 어렵고, 이것은 단지 몇 년 동안만 가능하다. (이 주제는 10장에서 더 다루어진다.) 도시에서 소비자 가격이 높다는 사실이 이러한 보조금들을 부분적으로 상쇄한다.

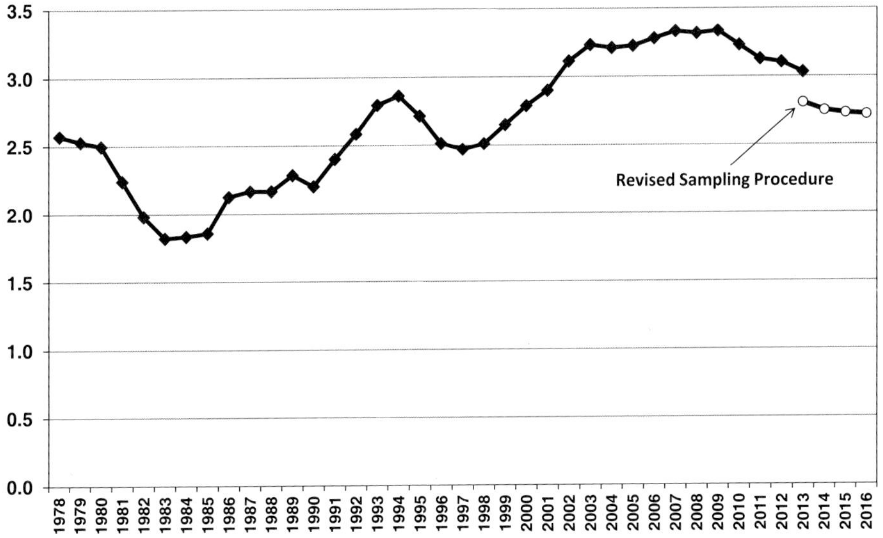

그림 6.3 도시와 농촌의 1인당 소득(1978~2016)
자료: *SYC* (various years).

시 임금을 더 빨리 인상시켰다. 도시 성장은 "기술 프리미엄"을 높여 교육을 잘 받은 도시 시민(9장)에게 보상하고, 수출의 폭발적인 성장(16장)은 산업근로자의 임금을 끌어올렸다. 반면, 이주 장벽을 낮추는 것은 적어도 비숙련 근로자들의 임금을 평등하게 하는 경향이 있었을 것이다. 초기에는 이러한 자유화가 도농 간의 격차를 줄이기에 충분하지 않았다. 대신 1998년부터 2003년까지 농촌 소득이 느리게 증가하자 격차가 더 벌어져 처음으로 3을 넘어섰다. 이 같은 큰 격차는 2000년 이후 이주의 급속한 증가를 가져왔다. 행정적인 장벽은 줄었지만 소득격차는 높게 유지돼 농촌 주민들을 도시로 끌어들이는 강력한 "견인" 요인으로 작용했다. 2005~2010년 동안 대규모 이주가 증가하였고 비로소 도농 간 격차는 2009년 이후에야 줄어들기 시작했다.

2009년 이후 도농 간 격차가 얼마나 줄었는지 정확히 알 수 없다. 이는 중국 국가통계국이 2013년 새로운 통합 샘플링 방법으로 전환해 측정된 차이를 크게 낮췄기 때문이다.[4] 그러나 감소 추세가 현실적이라는 데는 의심의 여지가 없으며 2016년 조정안은 도시-농촌 간 소득격차를 2.72로 측정하는데 이는 이주가 막 진행되던 1990년대 중반 이후 가장 낮은 수준이다. 확실히, 이주만이 도농 간 격차를 완화하는 유일한 원인은 아니다. 9장에서 논의하게 될 인구통계학과 노동조건의 근본적인 변화가 그 역할을 한다. 더욱이 도농

4. 새로운 통합 표본추출 방법은 원칙적으로 우수하며, 도시와 농촌의 조사를 완전히 분리하는 수십 년 된 방식을 대체한다. 도시 조사는 처음에는 도시 호구만 포함했지만, 2001년에 거주 이주민을 포함하도록 강화되었다(이주민은 여전히 불충분했다). 2013년에는 자가주택 서비스를 소득에 귀속시키는 절차도 변경됐다. 2013년 방법론적 변화 자체로 인해 측정된 도시소득은 2% 감소하고 농촌소득은 평균 6% 증가하였다.

간 격차를 줄이기 위한 노력의 일환으로 2003년부터 정책의 많은 측면이 바뀌었다. 이에 대해서는 다음 절에서 설명하며, 그 효과에 대해서는 이어지는 절에서 논의한다.

6.5 2003년 이후 도시-농촌 분리를 해소하기 위한 정책적 노력

1950년대 이중적 도시-농촌 제도를 만들었던 경제 여건은 이제 오래전 일이다. 기근과 식량부족은 역사이다. 2003년경부터 중국의 정책 입안자들은 이중적 제도를 폐지하고 도농을 아우르는 전국적인 제도를 만들고, 도농 간 격차를 줄이기 위한 노력을 기울이기 시작했다. 정책 입안자들은 권력 남용을 없애고 이민에 대한 제한을 완화하기 위한 온건한 단계로 출발했다. 그러나 궁극적인 목표는 구 제도의 폐지와 질적으로 새로운 제도를 만들어야 하기 때문에 훨씬 야심적이다. 이러한 노력은 10년 이상 진행되어 왔으며 많은 중요한 조치들이 취해져 왔지만, 전반적인 진행은 중단되고 불완전했다. 경제정책의 "도시 편향"을 없애 농촌소득을 높이고, 통일된 형태의 시민권 형성을 위해 도시 호구(户口)의 혜택을 줄이며 기능적이고 경쟁력 있는 토지시장을 만들기 위한 토지의 농민재산권 강화 등 정책 구상의 3개 분야가 가장 중요하다.

6.5.1 "도시 편향" 축소에 따른 농촌소득 증대

농촌에서 자원을 수취하기 위해 고안된 중앙정부의 정책은 세기가 바뀐 후 점차적으로 폐기되었다. 특히 원자바오 정부(2003~2013년) 동안 농촌소득 증대와 도농 격차 축소가 정책 관심의 주요 초점이 되었다. 도농 간 소득격차의 확대, 사회복지 재건에 대한 욕구, 그리고 세계무역기구(WTO) 가입이 농민 소득에 미칠 영향에 대한 우려에 자극받은 정책 입안자들은 농촌정책의 방침을 전환했다.

- 2003년 이후 몇 년 동안 농업세가 급격히 감소했다. 새 정책 패키지는 지방정부가 농민들에게 부과하던 잡부금 반대 캠페인으로 재정 영역에서 시작되었다. 그러나 이 캠페인은 2005년 말에 결국 폐지된 농업세를 충당하기 위해 확대되었다. 전반적인 예산수입이 크게 증가함에 따라, 정부는 농촌 잉여자를 계속 수취할 필요가 없었다(11.5.1절 참조).
- WTO 가입 후 농산물 자유무역이 미칠 영향에 대한 우려로 2001년에는 WTO 규정을 준수하도록 신중하게 설계된 곡물 농가에 대한 직접적인 보조금 지급이 이루어졌다. 그 이후 농업정책은 지속적으로 가격지원과 농민에 대한 직접보조금으로 방향이 바뀌었다(12.5.3절).
- 교육 및 보건에 대한 예산 지출의 상당한 증가와 농촌에 대한 정부의 사회복지 서비스 제공의 확대가 뒤따랐다. 농촌에서의 건강보험이나 사회보장에 대한 정부 프로그

램의 부재는 2005년 신협동의료시스템(新合作医疗体系, New Cooperative Medical System, NCMS)의 전국적인 도입과 함께 변화하기 시작했다. 명칭에서 알 수 있듯이, 이 제도는 여전히 협동조합을 중심으로 조직되었지만, 처음으로 정부가 각 참가자에 대한 구체적인 예산(초기에는 1인당 5 RMB에 불과했지만 2016년에는 60 RMB로 꾸준히 증가)을 책정했다. 농촌 교육 지출이 상당히 확대되었고, 농촌 주민들을 위한 기초적인 은퇴 프로그램이 도입되었다. 이러한 사회보험제도는 20.4절에서 다룬다.

이러한 조치들을 통해, 이중적 시스템의 초기 생성의 원동력이었던 경제적 요인들이 제거되었다. 그럼에도 불구하고 제도적 특징 자체는 지속되고 있다.

6.5.2 이주 장려 및 도시 주거 허가제도의 완화

정책 입안자들은 그들이 한때 시골에서 도시로의 이주에서 보았던 양면성을 버렸다. 2003년, 정부는 예비 이주자들에게 기본적인 직업훈련과 목적지 도시의 상황에 대한 정보를 제공하기 위해 "햇볕 정책"을 시작했다. 그 직후, 정부는 농민들이 도시로 이주하여 괴롭힘 없이 거주할 수 있는 권리에 대한 강력한 지지를 공표했다. 점차적으로 정부 정책은 이주자들이 적어도 중학교 저학년까지 자녀들이 교육을 받을 수 있고 사회 보호와 복지 프로그램에 참여할 권리를 단언하기 시작했다. 정부는 처음으로 이주를 막으려는 대신 이주를 지원하기 시작했다.

이러한 계획을 보다 체계적으로 만들기 위한 정부의 노력은 2014년 "신도시화" 프로그램에 통합되었다. 앞에서 설명한 바와 같이, 대규모 이동으로 이미 도시 호구의 필요성이 없어졌다. 2014년, 정부는 도시 호구제도의 점진적이고 단계적 폐지를 약속했다. 도시와 농촌의 주거의 질적 차별이 점차 없어지고, 2020년까지 1억 이주민의 주거를 영구 도시 주거지로 이전한다는 정량적 목표도 정했다. 이는 2020년까지 공식적으로 허용된 도시인구를 전체 인구의 약 45%로 증가시키고 그에 상응하여 유동인구를 감소시킬 것이다(그림 6.1과 비교). 분명히, 이 목표는 도시 거주 허가제도의 실질적인 자유화를 계획했지만, 아직 폐지되지는 않았다(New-Style Urbanization, 2014).

6.5.3 토지의 농민재산권 강화

개별 농가는 점차적으로 토지 소유권을 강화하게 되었다. 개별 토지 계약기간은 꾸준히 연장되어 왔으며 현재는 일반적으로 30년 이상이다. 1990년대 후반부터 마을 집체에 의한 토지 재분배는 공식적으로 위축되었고, 지금도 발생하지만 빈도는 줄어들었다(Whiting and Wang forthcoming). 그러나 이 같은 정책적 조치로 인해 이주민들은 가족들이 마을을 떠날 경우 "사용하거나 잃어버리거나" 규범에 취약할 것이라는 불안감이 여전했다. 동시에, 국가 정책 입안자들은 상업자본이 도시 주변지역의 땅을 사들이고, 농부들의 생계 대책을 빼앗고, 잠재적으로 국가 식량안보를 위협할 것을 우려하기 때문에 토지의 완전한 사유지화에 대해 주저해 왔다.

2013년 이후 개정된 절충 정책은 농민의 재산권을 더욱 강화하는 한편, 다른 종류의 농촌 토지 사이의 기존의 차별을 강화하는 것이었다. 현재 진행 중인 국가 지적조사가 거의 마무리단계에 있는데 처음으로 부동산 기록과 국가 토지등록 시스템을 확립했다. 이러한 토지 기록에서 농촌의 많은 토지는 "영농지"로 분류되는데 이 토지는 결코 비농업용으로 팔거나 임대할 수 없다. 이를 근거로 농지재산권은 두 가지 방식으로 확대됐다.

첫째, 농지에 대한 민간계약상의 권리는 영구적이고 사용권을 완전히 거래할 수 있어야 한다. 이것은 집체 소유권과 사유 토지 이용권 사이에 제3의 토지 소유권 계층을 만들어서 행해지고 있다. 새로운 법에 따르면 원래의 가계 계약 권리는 영구적이고 양도할 수 없게 되어 있지만, 계약자들은 이제 다른 가계나 법인에 토지 사용권을 임대할 수 있게 되었다. 이론적으로 계약상 권리 보유자는 더 이상 이주로 인해 집단이나 몰수의 위험에 노출되지 않는다. 농민은 계약한 토지를 임대할 수 있지만 영구 농지는 다른 농민에게만 임대할 수 있다.

둘째, 비농업용 토지는 농촌 향진기업 토지뿐만 아니라 주택 주변의 토지로 구성된다. 농촌주택용 토지는 각 농가마다 이런 조각 땅을 무료로 사용할 수 있는 권리가 있고, 전형적으로 주택뿐만 아니라 별채, 채소밭, 작업마당까지 포함되기 때문에 놀라울 정도로 크다. 그런 토지는 전체적으로 약 900만 헥타르가 있는데 이는 경작지 면적의 약 7%로, 이미 개발된 모든 도시 토지보다 훨씬 크다. 전체 면적이 주택용지의 약 2배인 농촌 기업용 토지는 이제 지방정부의 요청 없이 집체에 의해 이전될 수 있다(Wang et al., 2012; Xu and Jia, 2015). 따라서 이들 정책은 농민과 집체들이 농지에서 거둘 수 있는 수입을 늘리고 토지 용도변경 허가를 얻기 위해 지방정부에 의존하지 않도록 한다. 이와 같이, 그들은 더 잘 기능하는 토지 시장으로 가는 작지만 중요한 단계로 여겨진다.

6.6 결론: 현재의 도농 간 격차

이전 절에서 설명한 대규모 이주의 영향에 따른 정책 과제는 한때 중국에서 도시와 농촌을 갈라놓았던 벽에 큰 구멍을 냈다. 그럼에도 불구하고 도농 간의 제도적인 시스템의 기본적인 형태는 모두 제자리걸음을 하고 있다. 정책변화와 근본적인 구조변화로 도시와 농촌의 격차가 줄어들기 시작했지만 여전히 존재하고 있고 여전히 크다.

6.6.1 대도시 접근에 대한 제한이 이전 도농 간 분리를 대체

도시 호구제 요건의 완화는 대도시보다 작은 도시에서 훨씬 더 완벽했다. 새로운 거주 허가 정책은 매우 큰 도시에 대한 정책 편향을 통합하고 강화한다. 인구 100만 명 미만의 작은 마을과 도시들은 완전하고 신속하게 제한을 없애야 한다. 100만 명에서 500만 명 사이의 도시들은 제한을 없애되, "신중하고 적절하게" 규제를 없애야 한다. 인구 500만 명이 넘는 16개 도시는 전체 인구 증가 속도를 엄격히 통제해야 하며, 이주의 유형과 이주민 속도를 조절하기 위한 "점수제도"를 채택할 수도 있다. 이미 베이징, 상하이 그리고 광저우에서 시행하고 있는 이러한 포인트 제도는 이주자들이 몇 년 동안 꾸준히 일하고 거주한 후에 영주권 자격을 얻을 수 있도록 한다. 기존 규정보다 투명하고 도시 거주에 대한 명확한 통로를 제공한다. 그러나 상하이와 같은 도시에 거주할 자격을 얻으려면 이주자는 적어도 5년 동안 일해야 하고 사회보장비용을 지불해야 하며, 그 기간 내내 집을 임차해야 한다. 이주자는 이러한 행위들을 문서화할 수 있어야 하고, 그런 다음 수많은, 때로는 변덕스러운 관료 기관들을 방문해서 만족시켜야 한다. 이 경우에조차 쿼터 제한이 있어서, 해당 연도 쿼터에 이미 도달한 경우 자격을 갖춘 지원자에게 영구적인 지위가 부여되지 않을 수 있다.

6.6.2 세분된 도시 노동시장에서의 도농 간 분리 재현

도시 노동력의 절반 이상을 이주민이 차지하고 있기 때문에 도시로 유입되는 이주민의 흐름은 도시 노동시장을 변화시켰다. 그러나 이주민들의 일의 유형—주로 육체노동, 미숙련 노동—과 고용의 성격은 도시 거주권자들과는 매우 다르다. 이주민들은 그들이 탈출하고자 했던 근본적인 도농 간 불평등을 상당부분 재현하는 세분화된 노동시장에 참여한다. 도시 이주자들은 일반적으로 더 낮은 임금 때문에 훨씬 더 긴 시간을 일한다. 이들은 많은 숙련된 직업들에서 사실상 제약을 받고 있기 때문에, 교육 및 직업기술에 대한 투자보상을 받을 가능성이 낮으며 어떤 사회보험 프로그램에도 거의 적용되지 않는다(9장).

6.6.3 2세대 불평등

오늘날의 지속적인 도농 간 분리는 소위 2세대 불평등, 특히 교육에서 드러난다. 농촌학교는 처음부터 도시학교보다 질이 훨씬 낮고, 도시와 농촌사람 간의 교육격차가 커지고 있다는 증거가 있다(9장). 도시 이주민들은 도시 학교에 이주자들의 입학을 장려하는 중앙정부의 정책에도 불구하고, 그들의 자녀를 특히 대도시 학교에 입학시키는 것은 여전히 어렵고 비용이 많이 든다고 생각한다. 추가 수수료가 부과되고 양적 할당제가 시행된다. 이주민들이 자녀를 시내 초등학교와 초급중학교에 등록시키는 데 성공하더라도 거의 대부분 시골의 중급중학교로 돌려보낸다. 정부 정책은 이민자 자녀의 도시 상위중학교 입학권을 명시하지 않고, 대학입시 절차와 시험은 여전히 농촌에 있는 학생의 거주권에 연계되어 있기 때문이다.

많은 이주민들은 그들의 아이들을 집에 남겨두게 된다. 이 경우 일반적으로 조부모가 아이들을 보살피게 되는데, 결과적으로 "남겨진 아이들"의 심각한 문제를 야기한다. 많은 조부모들은 당연히 아이들에게 정서적인 부분과 애정 어린 보살핌을 제공하지만, 어린이들에게 중국의 현대 경제에서 점점 더 필요로 하는 지식을 접하게 해 줄 능력이 없다. 남겨진 아이들이 교육 및 건강상태가 더 나쁘다는 증거가 있다(Li, Liu, and Zang, 2015). 더구나 조부모의 나이가 들어 갈수록 보살핌을 필요로 하는 남겨진 세대가 될 위험도 있다. 농촌 주민과 이주민들이 자격을 갖춘 전국적인 건강보험과 연금 프로그램을 시행하기 위한 중요한 노력에 대해서는 20.4절에서 논의할 것이다. 이주민들에게 제공되는 이 새로운 프로그램들은 여전히 영구적인 도시 거주자들의 혜택보다 훨씬 낮은 수준이다.

6.6.4 토지 분배의 부적합

중국은 토지가 부족하고 가치가 있지만, 재산권 제도는 토지를 낭비하게 하는 동기를 만들어 낸다. 지방자치정부는 가능한 한 많은 토지를 징발하여 최고 입찰자에게 매각하거나 자기들 지역에 새로운 투자를 유치하기 위해 사용할 동기를 갖는다. 2000~2010년 사이 도시의 건축면적은 76% 증가한 반면 도시인구는 50.5% 증가했다(New-style Urbanization, 2014). Su and Tao(2017, p.242)는 중국의 시 정부가 다른 국가보다 3배 정도 많은 토지를 산업에 배분한다고 하였다. “개발구역” 계획에 포함된 토지의 총량은 700만 헥타르로 농촌 주거용지의 총면적과 거의 비슷하다(Xu and Jia, 2015). 마을에는 많은 집들이 비어 있다. 이주민들이 안전을 위하여 집을 보유하고, 집을 쉽게 현금화할 수 없기 때문에 비워 두는 것이다.

6.6.5 도시 관리와 도시화

도시 정부들, 특히 대도시 정부들은 토지개발 계획에 큰 열정을 보이지만 호구제 개혁에는 강력하게 저항한다. 사실, 두 가지 모두 도시 관리의 기본 구조의 성향이다(5.6절 참조). 시의 시장은 상급 정부 및 공산당 당국이 임명하기 때문에 도시민에 대한 책임은 제한적이다. 대신에, 그들은 경제 성장, 예산 수입, 그리고 외부 투자유치를 위한 공격적인 목표가 부여된다. 그들의 경력은 이러한 목표를 달성하는 것에 달려 있다. 이런 상황에서, 이주자들에게 공식적인 거주권을 주는 것은 새로운 부담만 가져온다. 왜냐하면 이주자들은 이미 노동에 기여하고 있고 그들이 시민이 된다면 비용이 많이 드는 추가적인 사회서비스가 필요할 것이기 때문이다. 반면에 토지는 새로운 자원을 가져오고 새로운 투자와 성장을 위해 사용될 수 있다. 도시 지도자들은 토지에 대한 지배권을 유지할 강력한 동기를 부여받고 있고 이주민들을 지역 경제와 사회에 통합시킬 동기는 거의 없다. 지방정부의 토지 의존과 호구제 개혁에 대한 저항은 재정 시스템, 특히 중앙-지방 관계 시스템에 대한 보다 심오한 개혁의 필요성을 야기한다(20장). 현재의 국가 정책은 토지 전환 할당량을 도시가 수용하는 새로운 거주자 수와 연계하는 것을 제안하고 있는데, 이는 논리적인 단계지만 미봉책에 지나지 않는다.

실질적인 개혁에도 불구하고, 도농 간 분리의 기본적인 특징은 여전히 존재한다. 도농 간 분리의 나머지 특징들은 자생하는 경향이 있다. 경제개혁은 도시와 농촌 경제 사이의 장벽을 해체하는 과정을 시작했지만 중국경제의 기능을 이해하는 것은 물론, 중국 가계의 다양한 삶의 결과를 결정하는 데 있어 근본적인 역할을 하고 있다.

Bibliography

더 읽을 거리

Hsing(2009)과 Fan Zhang(2014)은 각각 중국의 도시화에 대하여 정치적, 경제적 통찰력을 결합한 훌륭한 개요를 제공한다.

참고문헌

Au, Chun-Chung, and J. Vernon Henderson (2006). "Are Chinese Cities Too Small?" *Review of Economic Studies* 73 (3): 549–576.

Banister, Judith (1987). *China's Changing Population*. Stanford, CA: Stanford University Press.

Census Office, State Council, and Population and Employment Division, National Bureau of Statistics (2014). *Maixiang Xiaokang Shehui de Zhongguo Renkou* [China's population on the way to a moderately prosperous society]. National vol. Beijing: Zhongguo Tongji.

Chan, Kam Wing (2012). "Migration and Development in China: Trends, Geography and Current Issues." *Migration and Development* 1 (2): 187–205.

Chan, Kam Wing (forthcoming). "Introduction: China's Hukou System, Migration, and Urbanization." In Kam Wing Chan, ed., *Urbanization with Chinese Characteristics: The Hukou System and Migration*. Abingdon: Taylor and Francis.

Chen, Qin, and Zheng Song (2014). "Accounting for China's Urbanization." *China Economic Review* 30:485–494.

Cheng, Tiejun, and Mark Selden (1994). "The Origins and Social Consequences of China's Hukou System." *China Quarterly*, no. 139 (September): 644–668.

Henderson, J. Vernon (2009). "Urbanization in China: Policy Issues and Options." Report prepared for the China Economic Research and Advisory Programme, November 14. Accessed at http://www.econ.brown.edu/faculty/henderson/Final%20Report%20format1109summary.doc.

Hsing, You-tien (2009). *The Great Urban Transformation: Politics and Property in China*. Oxford: Oxford University Press, 2009.

Knight, John, and Lina Song (1999). *The Rural-Urban Divide: Economic Disparities and Interactions in China*. Oxford: Oxford University Press.

Li, Qiang, Gordon Liu, and Wenbin Zang (2015). "The Health of Left-Behind Children in Rural China." *China Economic Review* 36:367–376.

Liang, Zai, and Zhongdong Ma. 2004. "China's Floating Population: New Evidence from the 2000 Census." *Population and Development Review* 30 (3): 467–488.

Lu, Ming, and Guanghua Wan (2014). "Urbanization and Urban Systems in the People's Republic of China: Research Findings and Policy Recommendations." *Journal of Economic Surveys* 28 (4): 671–685.

Lű, Xiaobo, and Elizabeth Perry, eds. (1997). *Danwei: The Changing Chinese Workplace in Historical and Comparative Perspective*. Armonk, NY: M. E. Sharpe.

NBS (National Bureau of Statistics) (Annual). "Nongmingong Jiance Diaocha Baogao" [Annual monitor and survey report on nonagricultural workers]. Accessed at http://www.stats.gov.cn/tjsj/zxfb/201704/t20170428_1489334.html.

NBS Department of Comprehensive Statistics (1999). *Xiandai Zhongguo 50 Nian Tongji Ziliao Huibian* [Comprehensive statistical data and materias on 50 years of new China]. Beijing: China Statistics Press.

New-type Urbanization (2014). "Guojia Xinxing Chengzhenhua Guihua (2014–2020)" [National new-type urbanization program, 2014–2020]. March 17. http://politics.people.com.cn/n/2014/0317/c1001-24649809.html.

Population Statistics Yearbook (various years). National Bureau of Statistics, Department of Population and Employment Statistics, ed., *Zhongguo Renkou Tongji Nianjian* [Population statistics yearbook of China]. Beijing: Zhongguo Tongji.

Qin, Bo, and Yu Zhang (2014). "Note on Urbanization in China: Urban Definitions and Census Data." *China Economic Review* 30:495–502.

Rozelle, Scott, and Guo Li (1998). "Village Leaders and Land-Rights Formation in China." *American Economic Review (Papers and Proceedings)* 88 (2): 433–438.

SAC (Annual). *Zhongguo Tongji Zhaiyao* [Statistical abstract of China]. Beijing: Zhongguo Tongji.

Su, Fubing, and Ran Tao (2017). "The China Model Withering? Institutional Roots of China's Local Developmentalism." *Urban Studies* 54 (1): 230–250.

SYC (Annual). *Zhongguo Tongji Nianjian* [Statistical yearbook of China]. Beijing: Zhongguo Tongji.

Walder, Andrew (2000). "Chinese Society." Public lecture, Institute for International Studies Conference, "China at the Crossroads," Stanford University, May 19.

Wang, Hui, Lanlan Wang, Fubing Su, and Ran Tao (2012). "Rural Residential Properties in China: Land Use Patterns, Efficiency and Prospects for Reform." *Habitat International* 36:201–209.

WDI (World Development Indicators), World Bank. Accessed at http://databank.worldbank.org/data/home.aspx.

Whiting, Susan, and Dan Wang (forthcoming). "The Rural Economy." In Weiping Wu and Mark Frazier, eds., *The Sage Handbook of Contemporary China*. Vol. 1. London and Thousand Oaks, CA: Sage Publications.

Wu, Xiaogang, and Donald J. Treiman (2004). "The Household Registration System and Social Stratification in China: 1955–1996." *Demography* 41 (2): 363–384.

Xu Dianqing and Jia Shuaishuai (2015). "The 1.8 Billion Mou Cultivated Land Red Line." In Qiu Dong, Xu Dianqing, and Zhao Nan, eds., *Guomin Hesuan Yanjiu Baogao* [National accounts research report 2014], 1–98. Beijing: Zhongguo Caizheng Jingji.

Yu Jianrong (2005). "Social Conflict in Rural China Today: Observations and Analysis on Farmers' Struggles to Safeguard Their Rights." *Social Sciences in China*, March, 125–136.

Zhang, Fan (2014). *China's Urbanization and the World Economy*. Cheltenham: Edward Elgar.

Zhang Shanyu (2003). *Zhongguo Renkou Dili* [China population geography]. Beijing: Kexue Publishing House.

Zheng, Siqi, Fenjie Long, C. Cindy Fan, and Yichen Gu (2009). "Urban Villages in China: A 2008 Survey of Migrant Settlements in Beijing." *Eurasian Geography and Economics* 50 (4): 425–446.

II 성장과 발전의 패턴
PATTERNS OF GROWTH AND DEVELOPMENT

1985년의 베이징: 구조적 변화로 새롭게 형성된 도시들의 형태와 규모

7 성장과 구조적 변화

Growth and Structural Change

가장 단순한 의미의 경제성장이란 이용 가능한 총 재화와 서비스의 양적 증가로 정의될 수 있다. 이는 국내총생산(GDP)의 성장으로 측정되는데 한 경제에서 추가된 모든 가치의 총합이다. 인구증가로 조정한 값은 개인들이 사용할 수 있는 총 재화와 서비스의 양, 즉 1인당 GDP를 나타낸다. 경제발전이란 점진적이지만 꾸준하고 지속적인 1인당 산출량의 증가이다. 산출량은 사회가 자본을 축적해 노동자의 생산성을 높이고, 가계는 인적자본, 특히 보건과 교육에 더 많이 투자함으로써 가계의 생산성을 높이기 때문에 증가한다. 더 나은 교육을 받고, 더 나은 장비를 갖춘 근로자들이 그들의 일에 더 능숙해짐에 따라 기술은 더 정교해진다. 이 장에서는 중국의 장기적 성장 경험의 특성을 간략히 소개하고, 그 기반이 되는 데이터에 대한 짧은 논의가 이어진다.

성장은 단지 생산량의 확장이 아니다. 경제가 많은 개인들의 행동에 의해 재편될 때 많은 구조적 변화가 규칙적인 패턴으로 일어난다. 본 장의 두 번째 부분은 모든 개발도상국의 구조 변화와 성장을 추진하는 공통적인 과정을 설명한다. 6장은 도시화가 구조 변화의 핵심 동인이기 때문에 논의의 장을 마련했다. 그러나 우리는 여기서 대부분의 다른 개발도상국들과 공통적인 특징을 공유하는 GDP의 구조적 변화로 논의를 확대한다. 여전히 독특한 중국적 특징이 있지만 도시화의 형성 만큼 특이하지는 않다. 따라서 구조적 관점은 중국이 공통의 발전 경로를 따라 얼마나 멀리 왔는지, 그리고 그 공통 경로와 어떻게 다른지를 보여 주는 기준을 제공한다.

모든 개발도상국들은 공통적인 구조 변화를 겪지만 선택된 소수의 나라들만이 성장의 기적을 이룬다. 이 점에서 중국의 초고속 성장 국면은 이전의 동아시아 성장 슈퍼스타들의 그것과 유사하다. 그 이야기에 접근하기 위해, 본 장에서는 우선 중국의 경제구조에서 가장 두드러진 특징인, 엄청나게 높고 지속적인 투자비율을 다룬다. 투자는 오래전부터 높았는데 많은 분석가들은 세기말 경제개혁 이후 투자가 감소할 것으로 예상했지만 그렇지 않았나. 대신 2006~2010년경까지 중국의 투자율과 산업의 비중이 다시 증가했는데, 이는 일반적으로 "불균형" 발전패턴으로 묘사되었다. 정부 정책은 중국의 높은 투자율의 상당부분을 차지하며, 이는 중국의 급속한 성장세를 설명해 준다.

투자가 특히 중요하긴 하지만, 성장을 설명하기 위해서는 생산의 모든 요소를 고려해야 한다. 일반적인 생산함수 접근방식이 도입되어 성장은 생산에 대한 요소 투입 증가와 설명할 수 없는 구성요소 또는 "잔차(residual)"의 결과임을 보여 준다. 이 체계는 우리가 중국의 성장-기적의 단계를 이해하는 데 도움이 되는 "성장회계" 분석을 수행할 수 있게 해 준다.[1] 성장 기적은 투입물들의 급속한 증가와 생산성 향상의 결과로서 중국의 경험도 이 일반적인 원칙에 예외가 아니다. 구조적 변화와 성장회계 접근법은 성장 기적의 종말을 보다 구체적으로 이해하고 중국의 미래 발전을 투영하는 토대를 제공한다. 요소 투입의 증가 속도는 느려질 것이다. 노동력 성장이 0으로 둔화되고, 줄어드는 도시 노동인구 감소를 상쇄하기 위한 농촌에서 도시로의 이주 가능성도 또한 낮아지고 있다. 생산성 향상 잔차의 기여는 불확실하다. 중국의 장기 성장률은 하향조정이 되겠지만 국제 기준으로는 여전히 견실할 것으로 보인다.

구조적 변화는 규칙적인 패턴으로 일어나기 때문에, 우리는 중국이 이전의 동아시아 경제, 특히 기적성장 경제가 겪었던 많은 변화를 반복할 것이라고 예상할 수 있다. 비교적 관점은 성장속도가 느린 경제로의 전환이 어려울 수 있음을 시사한다. 느린 성장은 부분적으로 느린 인구증가를 반영하고 지속적인 생활수준 향상을 동반할 수 있기 때문에 느린 성장으로의 이행은 본질적으로 나쁜 것은 아니다. 그러나 앞서 많은 국가들이 낮은 성장률로 전환하는 데 어려움을 겪었고, 중국도 다른 성장모델로 옮겨 가면서 혼란을 겪을 수 있다. 이러한 변화는 이해하기 쉽지만 예측하기 어렵다. 왜냐하면 구조적인 변화는 많은 다른 극적인 사회변화와 연관되기 때문이다. 이러한 교차되는 변화에 대한 전망은 마지막 절에서 간략하게 논의된다.

7.1 장기적 성장

중국은 1949~1978년 사이에 급속히 성장했지만 1978년 개혁이 시작된 후 실제로 성장이 시작되었다. 더구나 경제성장률 가속화는 인구 증가세 둔화와 맞물려서 1인당 국민소득 성장은 더욱 극적으로 가속화되었다. 표 7.1에 나타난 가장 최근(2017년)의 공식 자료에 따르면, 연평균 GDP 성장률은 1978년 이전의 6%에서 1978~2000년 기간은 거의 10%로 가속되었다. 동시에 인구 증가율은 1978년 이전 연간 1.9%에서 1978년 이후 1.3%로 둔화되었다. 그 결과 1인당 GDP 성장률은 2배로 증가해 연간 4.1%에서 8.3%로 껑충 뛰었다.

2000년까지의 성과만큼이나 그 이후의 10년은 더욱 주목할 만했다. 중국은 2003~

1. 성장회계 틀은 이 책의 후반부에서 농업(12장), 기술(15장) 그리고 거시경제(20장)를 논하는 데 쓰일 것이다.

표 7.1 1인당 GDP 성장률(연평균 성장률, %)

	GDP	인구	1인당 GDP
1952–1978	6.0	1.9	4.1
1978–2000	9.7	1.3	8.3
2000–2010	10.5	0.6	9.9
2010–2016	7.7	0.5	7.1

자료: *SAC* (2017, p.16, pp.21–37).

2007년 세계 경제 호황의 한 부분이었으며 2008~2009년 세계 금융위기 중 최악의 상황은 가까스로 모면했다. 2010년까지 중국은 이미 위기 이전과 비슷한 성장률로 복귀했다. 결과적으로 2000년 이후 10년 동안 중국의 성장률은 이전 22년에 비해 실제로 빨라졌다. 중국은 2010년 예상했던 것보다 훨씬 빠르게 세계 2위의 경제대국으로 부상했다. 더욱이 인구 증가세가 계속 둔화되면서 1인당 GDP 성장률은 2001년 이전 연 8.3%에서 2010년까지 연 9.9%로 눈에 띄게 빨라졌다. 연간 거의 10%의 1인당 성장률을 기록한 10년의 성과는 전례가 없는 놀라운 성과이다. 2010년부터 2016년까지 1인당 GDP 성장률이 연간 7.1%로 떨어지는 등 성장세가 뚜렷이 둔화됐다. 전체적으로 1978년과 2010년 사이에 1인당 연평균 8.8%의 성장이 진행되었으며, 2010년에는 1인당 GDP가 1978년의 15배에 달했다. 중국은 공인된 성장 기적이다.

7.1.1 통계와 경제성장의 측정

표 7.1에 나타낸 데이터와 본문 전반에 걸쳐 사용된 데이터는 중국 공식 데이터이다. 이 데이터들은 얼마나 신뢰할 수 있는가? 첫째, 우리는 공식 자료가 다른 어떤 자료보다 신뢰성이 높다는 것을 인정해야 한다. 즉, 중국에 대해 그럴듯한 대체 자료들이 없으며, 발표된 광범위한 중국 숫자가 상호 모순되거나 대외적으로 검증 가능한 사실과 모순된다는 것을 아무도 입증하지 못했다는 것이다. 우리는 공식 데이터를 사용할 수밖에 없는데, 이 데이터는 다수의 성실한 정부 통계학자들이 체계적으로 분석한 거대한 데이터 수집 네트워크의 산물이다. 그렇긴 하지만, 자료가 우리가 원하는 만큼 정확하지도 않고 신뢰할 수도 없다는 점을 강조해야 할 많은 이유가 있다. 아무리 좋은 상황에서도 우리는 중국 데이터가 다른 개발도상국들과 동일한 데이터 수집 부족과 생산량과 가격의 변화 규모가 매우 크기 때문에 다른 이행기 경제가 직면하는 통계 해석의 문제들 중 일부에서 어려움을 겪을 것으로 예상할 수 있다.

1990년대 중반부터 중국 통계학자들은 경제 변화에 발맞추기 위해 데이터를 수집하고 분석하는 방식에 중요한 변화를 가져왔다. 불행히도, 이러한 변화들이 항상 전반적으로 더 나은 데이터 품질로 이어지지는 않았다. 1998년, 중국 생산물의 구성이 극적인 변화의 시기를 거치는 것과 마찬가지로, 중국은 소규모 산업과 서비스의 규모를 추정하기 위해 표본 조사에 기초한 새로운 데이터 수집 시스템을 채택했다. 그 결과로 나온 GDP 수치는 이전보다 신뢰성이 떨어졌을 뿐만 아니라 다른 시계열과 일관성을 유지하기도 어려웠다. 2004년, 2008년, 2013년 후속 경제조사에서 국가통계국은 추가적인 소규모 생산을 "발견"하고 GDP를 상향 조정했다. 가장 극적인 것은 2005년 16% 상향 조정이었지만 2009년과 2015년에도 소폭 상향 조정이 이루어졌다. 올해 GDP가 수정되면 이전 연도는 항상 일관되는 것은 아니라 대략적인 추정을 통해 조정된다(Holz, 2014의 논의 참조).[2]

다음 세 가지 심각한 문제를 인정해야 한다.

1. 디플레이션: 공식적 통계는 인플레이션의 영향을 충분히 반영하지 못하고 있다. 중국 정부의 공식적 통계학자들이 명목(경상가격) GDP 성장률을 실질(불변가격) 성장률로 전환할 때 사용하는 인플레이션의 척도인 GDP 디플레이터는 1980년대 대부분의 다른 인플레이션 측정치보다 천천히 상승하고 있음을 보여 준다. Ren(1997)과 Young(2003)은 데이터에 대한 좋은 계정을 제시하고 대체 물가지수의 도입을 주장했다. 1996년 이후 물가는 안정적이었고 총합계에서의 문세는 널 심각하다. 그러나 서비스부문의 인플레이션 측정은 여전히 매우 어렵고 현재의 절차는 불충분하다.
2. 신상품: 중국의 통계학자들은 컴퓨터처럼 매우 빨리 성장하고 있는 항목에 대해 초기의 매우 높은 가격으로 평가하는 경향이 있는데, 이는 이 부문을 과대 계산하여 전체 경제성장을 부풀리게 된다. 반대로, 의료나 주택처럼 이 시기의 초기에는 매우 낮은 가격을 가졌지만 급속도로 성장하는 항목들 또한 존재한다. 당시에는 배급되었지만 현재는 시장가격으로 거래되고 있는 것들이다. 이들을 초기 가격으로 계산하면 경제성장을 과소평가하고 편향을 상쇄하는 경향이 있다.
3. 정치: GDP를 포함한 많은 중요한 데이터 시리즈는 지방 공무원을 평가하는 데 성공 지표로 사용되므로 그들은 보고된 숫자를 부풀리거나 왜곡할 동기를 갖는다. 더욱이, 국가통계국은 경제 데이터의 수집을 독점하고 있는 반면, 공산당의 언론 독점은 경제 뉴스 보도 방식에 영향을 미친다.

이것들은 심각한 문제들이며 우리는 중국 데이터에 주의를 기울여야 하며 상당히 큰 오차범위 내에서만 받아들여야 한다. 중국의 국가 계정은 선진국 계정보다 정확도가 떨어진다. 그렇다고 중국의 경제성장이 허황된 것은 아니다. 그와는 정반대로 경제의 일부 핵심요소들은 충분히 검증 가능하다. 예를 들어, 수출은 GDP보다 훨씬 더 빠르게 성장했고 수입국들의 통계에 의해 완전히 확증되었다. 만약 중국의 GDP가 공식 수치보다 훨씬 느리게 성장한다면, 2006년까지 수출이 GDP에서 차지하는 비중이 훨씬 더 크게 증가

2. 가장 최근의 조정은 중국이 연구개발을 중간 투입이 아닌 투자로 집계하고 자가 주택의 서비스 가치를 산입함으로써 최근의 국제 관행에 더 가까워지게 했다. 종합해 보면, 이러한 조정은 2013년 GDP를 4.6% 증가시켰다. 가장 최근에 개정된 시리즈는 이 책 전반에 걸쳐 사용된다.

했을 것이며, 수출이 GDP보다 훨씬 빠르게 성장한 것을 설명하기는 어려울 것이다. 중국의 극적인 수출 호황은 GDP가 급성장하고 있는 상황에서만 타당성이 있다. 쉽게 검증된 일련의 사례가 몇 가지 있다(예: 회계 수입). 앞에서 언급했듯이, 중국의 성장을 평가하는 어떤 대안적인 절차도 기본적인 일관성 검사를 충족시키지 못하며, 마지막으로 빠른 성장과 변화는 개인적인 경험의 상식적인 증거와 일치한다. 따라서 공식적으로 기록된 성장률에는 약간의 편향이 있을 수 있지만 빠른 성장의 기본 상황은 바뀌지 않을 것이다. 1980년대와 1990년대 초에 불완전한 디플레이션을 허용하고 1978년에 GDP를 소폭 줄인다면, 중국 GDP 성장의 최대 타당한 조정은 매년 1~2%p 낮출 것이다. 중국의 실제 1인당 GDP 성장률이 1978~2010년 사이 매년 공식 성장률보다 1.5%p 낮더라도 장기 연평균 성장률은 32년 동안 7.3%이다. 이 시기는 여전히 인류 역사상 가장 오래 지속된 급속한 경제성장의 시기일 것이다.

성장 기적의 한 가지 정의인 1인당 GDP가 15년 이상 6%를 웃도는 성장이 동아시아에서 3회에 걸쳐 일어났다. 먼저 일본은 1955년부터 1973년까지 18년 동안 1인당 GDP 성장률이 연간 8%를 약간 웃돌며 선두를 달렸다. 1973년 이후 일본의 성장은 둔화되었지만, 1980년대 말까지 건강하게 유지되었다. 둘째, 1982년부터 1996년까지 14년 동안 동아시아의 여러 경제는 매우 높은 비율로 성장했다. 이 기간 동안 한국의 연간 1인당 GDP 성장률은 7.4%, 대만은 7.1%, 태국은 7.8%로 나타났다. 그러나 이들 경제는 1996년 이후 상당히 극적인 경제적 충격을 겪었고 이후 성장세가 둔화되었다. 세 번째 에피소드는 1978년 이후 중국이다. 통계적 과대평가에 대해 가능한 최대한의 수정안을 받아들인다면, 중국의 성장이 반드시 위의 두 사례보다 더 빠른 것은 아니다. 그러나 중국의 기적의 성장기는 다른 두 사례보다 훨씬 긴 35년 이상 지속되었기 때문에 여전히 특별하며, 이전 두 사례보다 더 많은 사람들에게 영향을 주었다.

7.1.2 성장주기

그림 7.1은 GDP 성장에 뚜렷한 순환적 패턴이 있음을 보여 준다. 1978년 이래 1984~1985년, 1992~1994년, 2006~2007년 등 매년 12%가 넘는 성장률을 기록했다. 각각의 최고점들은 정책 때문에 야기된 경기둔화 이후에 나타났다. 각 최고 성장 기간은 제도적 변화에 의해 촉발된 가속화된 구조조정 기간과 일치하지만, 또한 이전 기간 동안 시행된 정책에서 회복되는 기간과도 일치한다. 따라서 1984~1985년의 급격한 성장은 성공적인 농촌개혁의 결과일 뿐만 아니라 1981~1982년 투자를 줄였던 국가 경제의 "재조정"이 끝난 결과였다. 1992~1994년 급증은 덩샤오핑의 "남순강화(南巡讲话)" 이후 개방을 가속화한 결과일 뿐만 아니라 천안문사태 이후 긴축 기간이 종료된 결과였다. 2006~2007년 급증은 세계무역기구(WTO) 가입과 국유기업 구조조정 결과의 수확이었고 또한 국유기업 구조조정과 1998~1999년 아시아 금융위기로 인한 경기둔화 종식의 결과이기도 하다.

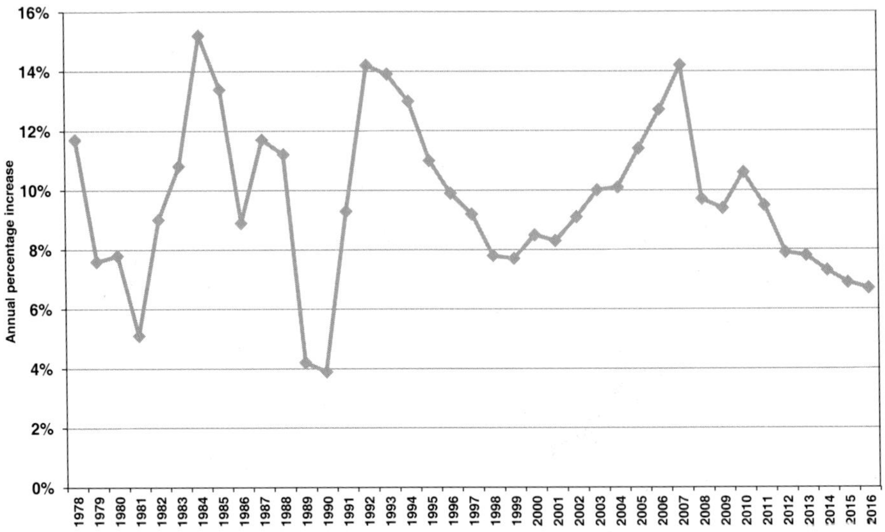

그림 7.1 연간 GDP 성장률(1978~2016년)

자료: *SAC* (2017, pp.21–37).

2013년 이후의 경기둔화는 이전의 정책기반 경기둔화와는 상당히 다르다. 앞으로 살펴보겠지만 이는 경제에서 장기적인 구조적 요인의 결과이다.

7.2 구조 변화

모든 나라는 주로 농업에서 개발을 시작한다. 개발 초기에는 농민들이 노동력의 대부분을 차지하며 부가가치는 대부분 농업에 있다. 개발이 진행됨에 따라 지배적인 농업 경제에서 벗어나 산업화되고 다각화된 경제로의 성장과 관련된 구조 변화의 일정한 공통적인 패턴이 관찰된다. 이러한 변화를 추적하는 가장 간단한 방법은 모든 경제활동을 3가지 부문으로 분류하는 것이다. 1차(농업, 어업, 임업 및 축산 포함), 2차(광업, 제조업, 건설업 및 공공사업 포함), 그리고 3차 또는 서비스(교통, 통신, 가계 및 사업 서비스, 사회 서비스 그리고 기술 및 교육 포함). 이는 GDP에 대한 "생산 접근법"에 해당한다(박스 7.1 참조).

개발과정에서 나타나는 첫 번째 분명한 변화는 1차 부문의 노동인구 비중이 감소한다는 것이다. 그 후 경제가 중간 소득계층으로 이동하면서 1차 분야인 농업에서 노동자의 절대적 수(비율만이 아니라)가 감소하기 시작한다. 남은 농장 노동자들은 생산성을 높이고 나라 전체를 먹여 살릴 수 있다. 이 과정은 무한정 계속된다. 미국과 같은 고소득 국가는 농업부문의 노동인력이 3% 정도이다. Rozelle(2004, p.60)은 농업 비중 감소를 "발전의 철칙"이라고 했다. 처음에는 농업이 완전히 수동적인 역할을 하는 것처럼 보일 수도

박스 7.1 GDP 계산

국내총생산(GDP)의 기본 개념은 간단하다. 총 "부가가치", 특정 기간 동안 특정 지역에서 수행된 모든 시장 가치, 즉 부가가치 활동의 합계이다. GDP 계산에는 단순히 다른 부문의 산출물을 추가한 경우 포함되는 이중 계산은 제거한다. GDP를 계산하는 세 가지 방법이 있으며, 각 방법은 경제에 대한 다른 종류의 통찰력을 제공한다. 원칙적으로 각 접근방식은 동일한 숫자를 생성해야 한다. 각각은 매우 다른 유형의 데이터를 기반으로 하므로 계산방법은 서로를 확인하는 역할을 한다. (실제로 오류가 있고 다른 출처가 정확하게 일치할 수 없기 때문에 작은 차이가 있다.)

생산: 생산 접근법은 각 부문에서 추가된 순 가치를 보고 GDP를 증가시킨다. 생산된 자동차의 가치에서 투입 가치(예: 철강)를 배제함으로써 이중 계산을 피할 수 있다.

지출: 지출 접근법은 실제로 어떤 재화와 용역을 위해 사용되는지를 결정하기 위해 광범위한 지출 범위를 조사한다. 소비, 투자, 정부 소비 및 순 수출은 지출 측면의 GDP를 분류하는 가장 일반적인 방법이다.

소득: 소득 접근법은 모집단의 다른 범주의 순 소득을 집계한다. 가계, 기업, 정부 모두 소득을 받는다.

본 장에서는 생산 및 지출 측면에 근거한 분석을 제시한다. 소득 측면은 금융 시스템에 관한 19장에서 논의한다.

있지만, 성공적인 개발도상국들은 일반적으로 전반적인 발전의 초기적이고 필수적인 부분으로 농업부문의 현대화를 경험한다. 12장에서 논의하겠지만, 농업 발전은 여러 가지 근본적인 방법으로 광범위하게 경제성장 과정을 지원한다. 경제 전반에서 임금을 합리적인 수준으로 유지할 수 있게 저비용으로 음식을 제공하고 현대 부문을 성장시키기 위해 노동자들을 제공하며 금융과 시장의 원천을 제공한다. 건강한 농업 발전은 전반적으로 더 빠른 발전으로 이어진다.

산업화는 점진적으로 경제의 구조를 변화시킨다. 낮은 기반에서 출발하는 2차 부문은 개발의 초기단계를 거치면서 성장하여 그 부문에 고용된 노동자의 수와 비중을 증가시키고 GDP에서 차지하는 비중도 증가하게 된다. 그러나 2차 산업은 영원히 성장하는 것이 아니라 어느 시점이 되면 GDP에서 차지하는 비중이 감소한다. 더구나 산업 생산성이 지속적으로 향상됨에 따라 이 산업에 종사하는 노동자의 비중이 감소하게 된다. 경제는 산업 부문의 상대적 규모에 따라 상당히 다르다. 그러나 많은 국가에서 1인당 GDP가 15,000달러의 수준에 도달할 때까지 GDP의 산업 점유율이 증가하는 경향이 있다(PPP; 박스 7.2 참조). 이 소득 수준에서 산업 점유율은 정체된 후 감소하기 시작한다(Herrendorf, Rogerson, and Valentinyi, 2014). 2차 부문에서 가장 중요한 부분인 제조업은 일반적으로 GDP의 약 20~25%로 정점에 도달하지만 상당한 차이가 있다.

제3차 또는 서비스 부문은 개발과정 전반에 걸쳐 비중을 증가시키는 경향이 있다. 개발 초기단계에서는 서비스(3차) 부문의 비중이 점진적으로 증가하는 데 그친다. 많은 저개발 국가들에서 노동력의 많은 부분이 서비스에 종사하고 있지만, 대개가 저부가가치

박스 7.2 구매력평가

각 나라의 GDP 집계는 그 나라의 통화로 계산되므로, 중국의 GDP도 처음에는 중국의 통화단위인 위안화(RMB)로 측정된다. 그러나 국가별 비교를 위해서는 공통의 기준통화로 환산되어야 하는데, 보통 미국의 통화인 USD(미국달러)가 이 기준통화로 사용된다. 가장 손쉬운 환산방법은 통용되는 환율을 이용하는 것이다. 그러나 환율을 이용한 환산은 종종 불만족스러운 경우가 많다. 왜냐하면 각국이 직면하고 있는 상대적 희소성에 따라 국가들마다 가격구조가 매우 상이할 뿐만 아니라 환율 자체가 큰 규모로 변동하기 쉽기 때문이다. 하나의 대안은 구매력평가(purchasing power parity, PPP)를 계산하는 것이다. 중국의 경우, 이는 주어진 상품과 서비스 묶음을 구매하는 데 얼마나 많은 위안화를 지불해야 하는지를 계산한 다음, 미국경제에서 동일 상품묶음을 구매하는 데 지불해야 하는 미국달러와 비교하는 것이다. 이 비율이 위안화의 "구매력" 가치를 측정하는 데 사용되는데, 이를 이용하여 우리는 중국의 1인당 GDP를 PPP에 따라 조정된 USD로 환산할 수 있어 다른 나라와의 비교가 가능하게 된다. 이러한 환산 절차는 해당 국가의 생활수준이나 빈곤율을 평가하는 데 유용하다. 이 주제를 논의하기 위해 10장에서 이를 활용할 것이다.

여러 나라들의 PPP를 계산하면, 이는 각 나라의 발전과정을 평가할 수 있는 공통 기준이 될 수 있다. 그러나 이러한 계산은 복잡하다. 각 나라마다 생산되고 소비되는 상품과 서비스의 묶음이 매우 다양하기 때문에 많은 데이터가 필요하며, 두 개 이상의 계산 절차가 가능하다. 그러나 최근 세계은행이 다른 기관들과 협력하여 수행한 비교 프로젝트는 많은 나라에 대해 일관된 방법을 적용하여 PPP 추정치를 산출하였다. 이 책의 모든 PPP 수치는 2011년 불변 미 달러화를 기준으로 한 세계은행 자료의 조정된 PPP를 사용한다. 이 기준으로 2015년 PPP로 조정된 중국의 1인당 GDP는 1만 3,572달러였다.

직업들(예컨대, 소규모 소매나 수리, 배달, 개인 서비스 등)이다. 이러한 경제들에서 초기의 발전은 3차 산업 종사자의 큰 변화 없이도 농업부문이 감소하고 2차 산업 부문이 증가하는 결과를 가져올 수 있다. 그러나 1인당 PPP GDP 기준치인 15,000달러를 넘어서면 서비스업 비중은 증가한다. 1차와 2차 부문의 비중이 모두 하락하고 있으며, 금융 · 의료 등 현대적이고 고부가가치 서비스가 확대되고 있다. 경제가 고소득 상태에 도달하면 서비스부문이 지배적이다. 예를 들어 1인당 국민소득이 50,000달러를 넘는 미국의 경우 고용의 70% 이상이 서비스업이고, 서비스는 민간소비의 2/3를 차지한다. 이제 이러한 구조적 변화 패턴이 중국에는 얼마나 잘 적용되는지 살펴보기로 하자.

7.2.1 중국의 구조적 변화: 노동

대략 1978년부터 2003년까지 중국에서 처음 25년간 시장경제로의 이행 기간 동안 노동력의 구조적 변화는 경제의 고용창출능력에 대한 끊임없는 압력이라는 맥락에서 일어났다. 성장하는 현대적 부문이 노동력을 흡수할 수 있는 능력이 그 경제를 변화시키는 핵심적 요소였다. 그림 7.2에서 알 수 있듯이, 1978년 계획경제 시대의 말에 이르면 중국의 노동력은 저발전 국가라는 사실과 도시와 농촌을 분리하는 행정체계가 낳은 왜곡을 모두 반영하고 있었다. 그 당시 노동인구의 71%라는 큰 비중의 노동력이 농업에 종사하고 있었다. (농업과 함께 농촌 산업, 서비스 등을 포함하여 농촌지역이 차지하는 전체 노동력은 그 당시 76%를 기록하고 있었다.) 구조 변화의 일반적 패턴에 따라 1978년 이후 농업에

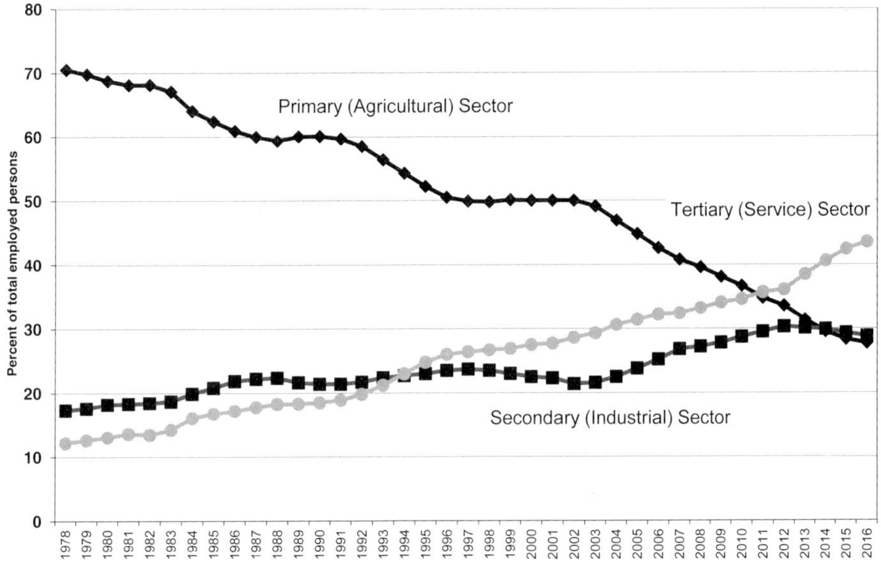

그림 7.2 고용의 구조적 변화
자료: *SYC* (2016, table 4-3); *SAC* (2017, p.12).

서 노동력 비중은 꾸준히 감소해 왔다. 절대적으로 보면 1991년(3억 9,100만 명)에 가장 많았고, 2016년 말 2억 1,500만 명으로 꾸준히 줄었다. 1983년부터 1987년까지, 그리고 1991년부터 1996년까지 두 번의 급격한 구조 변화가 일어났고, 2003년 이후 현재까지 농촌 노동력은 다시 급속히 감소하였다. 첫 번째 폭발은 농촌개혁의 초기 성공에 따른 것이었다. 1980년대 초에 집체가 해체되고 농업 생산량이 급증함에 따라, 특히 향촌기업에 종사하고 있던 수백만 명의 농부들이 새로운 비농업 일자리를 얻기 위해 떠났다(13장). 두 번째 폭발은 1990년대 초에 일어났는데, 그 당시 새로운 경제개혁이 성장을 촉발하고 농촌에서 도시로의 이주에 대한 규제가 완화되었다. 세 번째 폭발은 투자 가속화와 수출의 급속한 성장으로 인한 2003년 경기 가속화와 일치한다. 동시에 6장에서 보았듯이 농촌에서 도시로의 이주가 상당히 증가했다. 농업 노동자 비율은 2002년 이후 50% 아래로 떨어졌고 꾸준히 하락세를 보이다가 2016년에는 28%로 감소했다. 따라서 중국은 더 이상 농업 경제가 아니다.

노동자들이 농촌을 떠나면서 2012년까지 산업부문과 서비스업 종사자들의 비중이 꾸준히 증가했다. 그림 7.2는 중국의 후발 서비스부문의 느리고 점진적인 성장을 보여 준다. 1978년 서비스업 종사자의 비율은 12%에 불과하여 사상 최저치였다. 통계학자들이 도시의 산업부문에 고용되어 있지만 실실적으로는 다른 노동단위에 서비스를 제공하고 있던 산업 노동자들의 수를 제대로 반영한다고 볼 수 없기 때문에, 서비스부문에 종사하는 노동자의 수를 과소 측정하는 것일 수 있다. 그러나 4장에서 지적했듯이 사회주의적 경제발전은 서비스부문에 대한 투자를 무시하였을 뿐만 아니라 개별 서비스 제공자에 대해 차별하였다는 점은 의심의 여지가 없다. 이러한 배경을 고려할 때, 시장경제로의 이행이 서비스부문의 고용을 극적으로 확대시켰을 것으로 예상할 수 있다. 실제로 그림 7.2와 같이 서비스부문의 고용은 전체 고용의 36%에 불과했던 2012년까지 꾸준히 증가했지만, 특별히 빠르게 증가하지는 않았다. 2012년 이후 서비스업의 고용 증가세가 가속화되어 2016년에는 43.5%에 달했다. 이것은 비교론적인 관점에서는 여전히 낮다. 대부분의 중소득 개발도상국들은 노동력의 절반 이상이 서비스업에 종사하고 있다.

고용 데이터에서 2012년은 전환점이 된다. 산업부문의 고용 증가는 갑자기 멈췄으며 2012~2016년 사이에 약 900만 개의 일자리가 줄어든 반면, 서비스업의 고용은 가속화되었다. 중국은 일반적인 발전 패턴과 잘 맞는다. 중국은 계획경제 유산의 왜곡에서 벗어나 도시화와 산업화 과정을 거쳤다. 2012년 이후 도시 일자리 증가의 초점이 산업에서 서비스업으로 옮겨 갔다. 한 가지 변칙적인 특징은 서비스업 고용 규모가 상대적으로 작다는 것인데, 이는 추후에 살펴보기로 한다.

7.2.2 중국의 구조적 변화: GDP

구조적 변화는 1차, 2차 그리고 3차 부문에서 생산되는 총 GDP 비중의 변화를 통해 알 수 있다. 단순히 노동자 수만을 계산하는 노동의 경우와는 달리, GDP는 생산된 가치로 측정해야 한다. 따라서 비교를 위해 적절한 가격 기준을 선택하고 시간에 따라 변하는 가격을 적절히 처리해야 한다. 이러한 문제들은 중국의 경우 특히 중요한데, 이는 "빅 푸시" 사회주의 발전전략으로 가격체계와 실물경제 구조 모두 왜곡되었기 때문이다. 이러한 문제들은 경제성장 과정에서 일반적으로 관찰되는 두 가지 현상에 비추어 논의하는 것이 가장 좋다. 첫째, 빠른 성장은 어떤 특정 분야의 생산성 증가와 관련이 있다. 둘째, 생산성 증가는 상대적 가격 하락과 관련이 있다. 이 두 가지는 서로 다른 방식으로 모델링할 수 있는 선순환에 잘 맞는다(Matsuyama, 2008). 생산 측면에서 보면, 생산성 증가는 가격을 하락하게 하고 수요는 그 부문이 생산하고 있는 더 저렴한 상품과 서비스로 이동하게 한다. 수요 측면에서는 소득이 증가함에 따라 소득 탄력성이 높은 상품과 서비스(명품)의 수요가 증가하고, 수요량 증가는 투자와 생산성 증대를 부채질한다. 성장, 생산성 그리고 수요의 관계는 구조적 변화를 형성한다.

중국의 경우 명령경제 시기 말기에 공산품 가격이 비정상적으로 높았다. 그 후 중국은 폭발적 산업화를 시작했다. 산업은 다른 분야보다 훨씬 빠르게 성장했는데, 반면에 공산품 가격은 급격히 떨어졌다. 그 결과 경상가격 기준 GDP 구조를 살펴보면 거의 변화가 없다. 1978년 전체 생산물 가운데 공업 생산량이 48%이었고 30년 동안 급속한 산업화 이후 2008년 공업 생산량은 전체 생산물의 47%를 차지했다. 산업의 상대적 가격 인하는 모

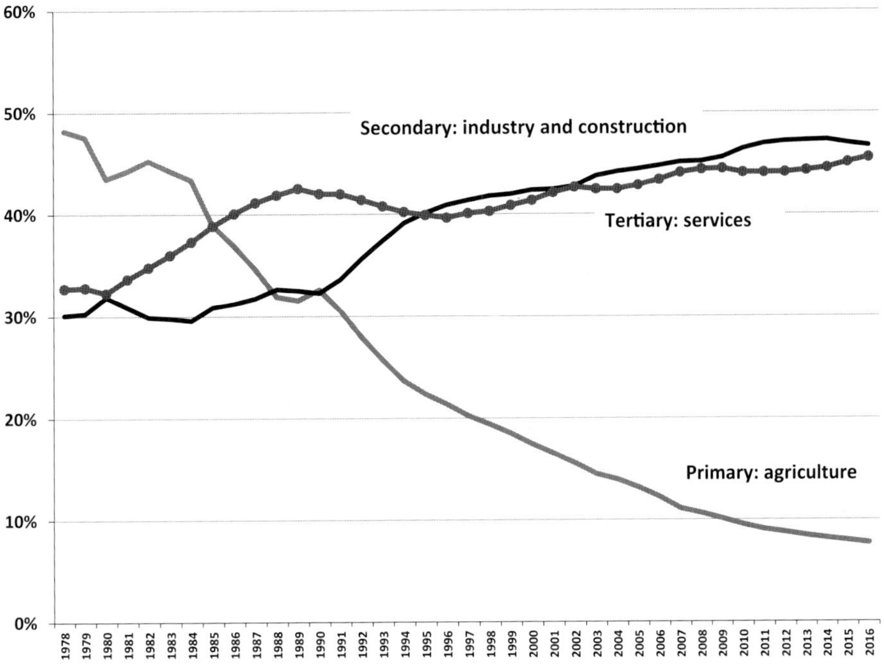

그림 7.3 GDP 구성: 공급 측면(2010 불변가격)
자료: *SAC* (2017, pp.21 - 37).

든 산업의 빠른 양적 성장을 상쇄했다. 따라서 중국에서 가격변화와 실질 경제성장률은 다른 성장 경제보다 훨씬 더 강한 음의 상관관계가 있었다.

가격과 실질 성장의 음의 상관관계는 우리가 불변가격을 사용하여 중국의 생산량 구성을 조사해야 한다는 것을 의미한다. 최근 1년은 세계 물가에 가까울 것이므로 매우 왜곡된 초기 가격보다 더 나은 기준을 제공하기 때문에 분석에 가장 적합하다. 그림 7.3에서, 암묵적인 부문별 GDP 디플레이터를 사용하여 부문별 생산량을 2010년 불변가격 기준으로 재평가하면 구조 변화의 장기적 패턴이 뚜렷이 나타난다. 이것은 1978년의 경제 구조를 보다 정확하게 보여 준다. 경상가격으로 1978년 산업노동자가 농업노동자보다 7배 높은 가치를 생산했지만 2010년 물가로 측정한 결과 산업노동자는 농민보다 2.5배 많은 가치를 생산했다. 전체적으로는 농업이 국내총생산(GDP)의 48%를 생산한 반면, 산업 부문은 30%를 생산했다. 그러나 서비스업 종사자들은 농민들보다 4배나 더 많은 생산량을 생산하고 있어 서비스업 종사자들의 수가 과소 계산되었음을 시사한다.

그림 7.3은 1978년 이후의 구조 변화에 대해 명확하게 보여 준다. 일반적으로 말해서, 세 기간으로 구별할 수 있다. 1978년부터 1991년까지의 "회복기" 동안, 농업과 서비스가 모두 빠르게 성장했기 때문에 구조적인 변화는 완만했다. 농촌에서 개혁이 먼저 성공하

면서 농업은 처음 6년 동안 그 비중을 유지했고, 서비스업은 명령경제 기간 동안의 억압에서 강한 회복세를 보였다. "급격한 산업화" 중 하나인 제2기는 1991년 경제개혁이 재개된 이후 시작되어 2012년까지 지속되었다. 세계시장과의 연계로 인해 산업부문의 GDP 비율은 1990년 32%에서 2012년 47%로 꾸준히 증가했다. 산업 호황이 너무 압도적이어서 우리가 보통 중국의 빠르게 성장하는 경제에서 증가할 것으로 예상할 수 있는 서비스 점유율은 실제로 1989년과 1996년 사이에 거의 3%p 하락했다가 완만한 성장을 재개했다. 예상대로 농업의 GDP 비중은 1991년 31%에서 2012년 9%(2010년 불변가격 기준)로 떨어지며 급속하게 하락하고 있다.

그림 7.3은 2012년에 이어 세 번째의 "산업화 이후" 기간을 명확히 나타내지만, 노동력 데이터에서 명확한 변화를 보여 주지는 않는다. 산업부문의 부가가치 점유율은 2012~2016년 47% 전후로 안정세를 보이면서 크게 감소하지는 않았고 서비스업은 1.5% 증가에 그쳤다. 이는 이전의 급속한 산업화 시기에 비해 큰 변화지만, 아직 뚜렷하게 서비스부문 주도의 성장기에 해당되지는 않는다. 중국의 서비스 분야는 고용으로 측정하든 부가가치로 측정하든 비교론적인 관점에서 보면 여전히 상대적으로 낙후되어 있다. 한 가시 가능한 설명은, 시장지향적 개혁이 중국경제의 상품 생산(1차 및 2차) 부문에 훨씬 큰 영향을 미쳤다는 것이다. 농업과 산업은 모두 고도의 시장화를 이루며 민간 생산자들이 지배하고 있다. 이와는 대조적으로 정부는 금융, 교육, 의료 등 많은 고급 서비스 분야에 대해 거의 독점적인 통제를 유지해 왔다. 이들 부문은 대체로 개방되지 않았기 때문에, 시장주도적인 구조조정과 생산성 향상은 산업이나 농업에 비해 덜 분명하다. 이는 2012년 이후 서비스업의 고용증가 가속화가 서비스업 진입장벽의 점진적 저하를 반영한다면 서비스부문의 성장세가 지속되고 가속화될 수 있다는 신호일 수 있다.[3]

중국의 산업 점유율은 매우 높다. 산업에는 국가마다 상당히 다른 광업, 원유채굴 그리고 공익사업 등이 포함되기 때문에 보다 정밀한 비교는 GDP에서 차지하는 제조업 부가가치 비중으로 이루어진다. 제조업은 2010년 GDP의 32%로 그 해의 다른 중상위권 경제(22%)에 비해 크게 높았다. GDP에서 제조업이 차지하는 비중이 중국 수준에 도달한 나라는 극히 일부에 불과하며, 이들 국가는 대개 짧은 기간 동안이었다. 중국의 제조업 수준은 비교론적 관점에서 이례적이지만 변화의 패턴은 상당히 정상적인 것으로 보인다. 중국의 1인당 PPP GDP가 15,000달러에 근접해 2017년에 약간 초과할 것으로 보이고 제조업 비중은 하락하기 시작했다.

7.2.3 구조 변화와 세계화: 비교

중국의 높은 제조업 점유율은 "세계의 공장"으로 부상한 것과 밀접한 관련이 있음이 분명

3. 2013~2016년에는 성장과 가격변화 사이에 정상적인 음의 상관관계가 유지되지 않았다. 산업 성장이 서비스업 성장을 밑돌았지만 산업물가는 큰 폭으로 하락했다. 상대적인 가격의 급격한 변화는 진행 중인 구조적 변화를 불명확하게 할 수 있다.

하다. 세계화는 구조적인 변화의 패턴을 변화시킨다. 중국이 전 세계적으로 특정 제조업이 선호하는 입지로 등장함에 따라, 그리고 아시아 전역의 제조업 연계망에서 특정 단계의 밀집지역이 됨에 따라, 중국의 제조업 부문은 세계 산업에 그렇게 밀접히 통합되지 않았더라면 기대할 수 없을 만큼 오랫동안 확장을 지속할 수 있다(16장). 한국은 비슷한 사례이다. 한국의 제조업 점유율은 2010년부터 2013년까지 GDP의 31%로 매우 높았을 뿐만 아니라 한국의 1인당 GDP가 29,000달러로 PPP 기준치인 15,000달러의 두 배에 육박할 때였다. 한국은 15,000달러 전환점 이후에도 제조업 점유율을 계속 높여 온 몇 안 되는 국가 중 하나이다. 이 발전 경로는 분명 한국의 제조업 수출 경쟁력 강화와 관련이 있는데, 그 중 일부는 중국 제조업과 밀접한 관련이 있다(16장, 17장).

세계화와 경제개발의 패턴을 다루는 데는 인도의 경우와 비교해 보는 것이 도움이 된다. 중국과 마찬가지로 인도에서도 전체 GDP에서 농업의 비중이 꾸준히 감소하고 있다. 그러나 산업과 서비스 사이의 관계는 두 나라가 반대의 패턴을 보이고 있다. 중국과 비교했을 때 인도의 서비스 분야는 항상 상대적으로 더 중요했고 산업부문은 훨씬 더 작았다. 두 나라 모두 하나의 광범위한 부문에 비교우위를 설정하고, 세계화와 국제무역을 이용하여 그 부문을 확장하는 패턴으로 발전하여 추가적인 전문화 기회를 창출하였다. 오늘날 중국이 서비스부문 성장으로 전환하고 인도가 따라잡기(catch-up) 산업화를 촉진함에 따라 경제는 구조적으로 유사하게 성장하고 있다.

Rodrik(2016)은 경제가 1970년대에서 1990년대보다 21세기에 1인당 국민소득이 낮은 수준에서 탈공업화 이후 성장으로의 전환점을 경험하고 있다고 지적했다. 중국과의 경쟁도 요인이 되겠지만, 심오한 기술적 변화도 동인이 될 수 있다. Rodrik은 제조업에서 기술 차입과 빠른 생산성 증가를 더 달성할 수 있기 때문에 제조업이 따라잡기 개발의 전통적인 수단이었음을 상기시킨다. 이는 성장세가 지속되려면 탈공업화 이후 서비스부문에서 전례 없는 생산성 성장이 필요하기 때문에 중국에도 교훈이 되고 있다.

7.3 투자

7.3.1 전반적인 투자 패턴

중국의 급속한 성장과 밀접한 관련이 있는 것은 중국의 지난 35년간의 거대한 투자 노력이다. 역설적이게도, 중국이 사회주의 시기의 "빅 푸시" 전략을 포기한 이후 투자율은 오히려 상승해 왔다. 이러한 투자 노력의 결과는 중국을 방문하는 사람들에게 가장 큰 충격을 주었다. 새로운 건물, 공항, 전력선 및 기타 인프라 건설 속도는 중국의 높은 투자율에 대한 놀라운 시각적 증거를 제공한다.

높은 투자율은 중국의 빠른 성장을 가장 잘 설명해준다. 그림 7.4는 총투자와 그 가

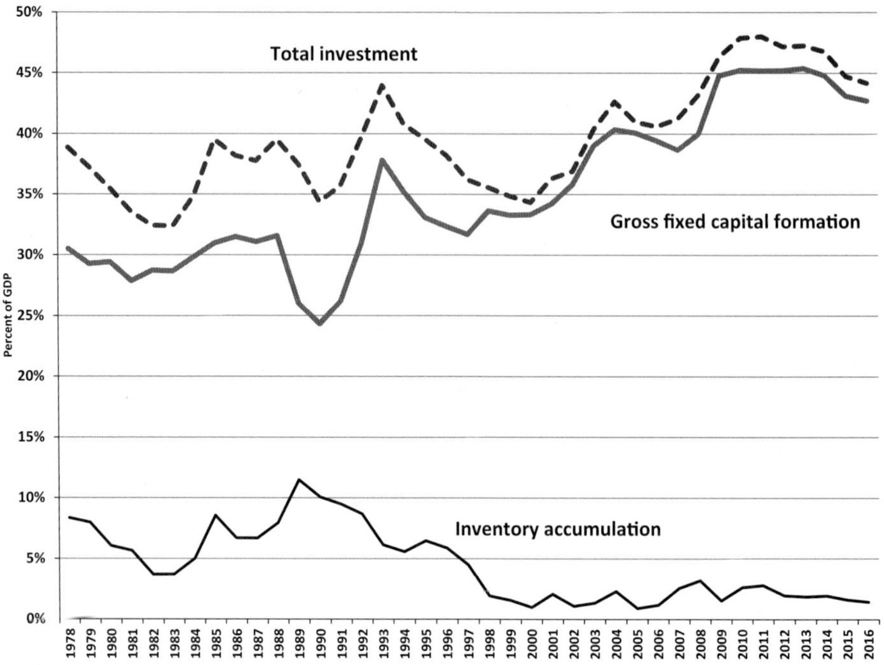

그림 7.4 GDP에서 투자의 비중
자료: *SAC* (2017, pp.21－37).

장 중요한 요소인 고정자본 형성(굵은 선) 등 기본적인 사실들을 보여 주고 있다. 고정자본 형성은 새로운 공장, 도로, 그리고 주택 등이 해당되며 경제성장의 기본이 된다. 총 고정자본 형성은 1970년대 말 이미 GDP의 30% 정도를 차지하였다. 이는 1980년대에도 대부분 비슷한 수준으로 유지되었으며 1990년대에 증가하다가 2002년 이후 급등했다. 2003~2008년 사이에 고정투자는 GDP의 39~40% 범위에 머물렀으나 그 후 주목할 만한 일이 일어났다. 2009년 글로벌 금융위기에 직면한 중국 정부는 부양정책을 시작했으며 이로 인해 고정투자는 GDP의 45%까지 증가했고 2014년까지 계속 유지되었다.

국제 경험상 중국이 2008년까지 경험한 39~40% 정도의 높은 투자율은 예외적인 상황에서만 발생했다. 7.1.1절에 기술된 동아시아의 급속한 성장의 이전 두 사례도 높은 투자가 특징이었다. 일본은 장기 호황의 막바지인 1970~1973년 동안 국내총생산(GDP)의 35~37%를 총 고정자본 형성에 투자했다. 한국은 1990년부터 1997년까지 매우 높은 고정투자율을 유지하였는데 1991년에는 39%로 정점을 찍었다. 태국과 말레이시아는 1990년대 중반 짧은 기간 동안 외국인 직접투자의 대규모 유입에 힘입어 GDP의 40% 이상을 고정자본에 투자했다. 중국의 투자 수준에 근접했던 유일한 국가는 작고 개방성이 높은 싱가포르로, 1971년부터 1985년까지 15년 동안 대규모 외국인 투자 유입으로 총 투자

비중이 연평균 42%에 달하였다. 중국이 2009년부터 2014년까지 6년간 지속한 GDP의 45%에 달하는 투자 수준은 전례가 없었다.

중국의 투자가 왜 이렇게 높은가? 확실히, 많은 이유들이 시장 기반에 뿌리를 두고 있다. 중국의 저축률은 높다. 가계, 외국 및 국내 기업, 그리고 정부는 모두 저축에 기여하여 높은 투자가 가능하게 한다(19장). 또한 투자 기회도 풍부하다. 그러나 중국 정부가 오랫동안 투자를 성장의 열쇠로, 그리고 성장을 가장 중요한 목표로 보았기 때문에 투자가 높았다고 이야기할 수도 있다. 여기에는 다음이 포함된다.

1. 보조금 및 "재정 압박"을 통해 투자 가능한 자금의 비용을 낮게 유지(19장): 일련의 신용, 세금 및 금융정책은 (일반적으로 정부와 연계된) 높은 투자성향의 단체를 위해 자금을 조달하는 데 사용되어 왔다.
2. 비용 연기: 정부는 환경, 토지, 그리고 에너지 비용으로부터 투자자들을 보호함으로써 생산적인 투자를 장려했다. 본질적으로, 생산요인의 비용은 정부의 의도적인 정책에 의해 억제된다.
3. 목표 책임제: 지방정부 지도자들에게는 그들의 승진 가능성과 단기 보너스가 연계된 성장 목표가 주어졌다. 실제로 지방 공무원들이 이러한 성공 지표를 극대화할 수 있는 유일한 방법은 투자를 늘리는 것이다(5.6절과 18장 참조).

중국은 성장지향적인 정치체제를 만들었으며 이는 높은 투자와 성장으로 이어졌다.

7.3.2 투자와 성장의 관계

높은 투자는 동아시아의 급속한 성장의 이전 사례에서 볼 수 있듯이 중국의 급속한 성장에 대한 설명의 주된 요인이자 전제조건이다. "중국은 왜 그렇게 빨리 성장하느냐"는 질문에 대한 답의 주요 부분은 명백하게 그리고 단순히 "투자율이 매우 높기 때문"이다. 특히 1940년대부터 1960년대까지 개발과 성장을 연구하는 경제학자들은 투자를 성장의 열쇠로 보는 경향이 있었다. 개발 경제학자들은 개발의 첫 번째 과제는 투자를 국민소득의 5%에서 15% 이상으로 늘리는 것이라고 주장했다. (오늘날 대부분의 경제는 이미 국민소득의 15% 이상을 투자하고 있으며 중국은 분명히 이것보다 훨씬 더 많이 투자한다.) Harrod-Domar모델이라고 불리는 가장 간단한 경제성장 모델은 경제성장의 원천으로 고정자본만을 포함하고 있다. 노동이 매우 풍부해서 새로 도입되는 자본에 결합될 노동이 상당한 정도의 노동비용 증가 없이 항상 활용 가능한 경제에 대해서만 이 모델은 의미가 있다. 예를 들어, 시골에 잉여 노동력이 있는 경우(9.8절 참조), 현대 부문에서 일할 기회를 간절히 원한다면 수익을 줄이지 않고도 투자를 늘릴 수 있다. 이러한 환경에서 투자율은 성장률의 유일한 결정 요인이다.

만약 이러한 조건이 유지된다고 가정하면, 우리는 일정한 자본/산출 비율을 바탕으로 한 간단한 모델을 만들 수 있다. 즉, 매개변수 $k = K/Y$를 설정한다. 여기서 소문자 k는 GDP나 소득(Y) 1단위를 생산하는 데 필요한 자본(K)의 양을 나타낸다. 합리적으로 잘 작동하는 경제에서, 우리는 이 자본/산출 비율을 대략 3에서 6 사이의 숫자로 예상할 수 있다. 중국과 같은 경제에서 이 비율은 단기적으로 고정되어 있고 4와 같다고 가정해 보자. 이 경우 산출량(GDP) 수준은 아래와 같이 자본스톡(K)에 의해 결정된다.

$$Y = 1/k \cdot K$$

산출량의 증가는 자본스톡의 증분에 의해 결정된다.

$$dY = 1/k \cdot dK$$

경제성장률은 양변을 Y로 나누면 도출된다.

$$dY/Y = 1/k \cdot dK/Y$$

자본의 감가상각을 무시하면, $dK/Y = I/Y$이다(I = 투자). 마지막으로 dY/Y는 g라고 부르는 성장률이다. 경제성장률은 투자에 대한 선형 함수이다.

$$g = i/k$$

중국의 경우, 투자율이 GDP의 40%까지 증가함에 따라 경제 전체의 성장률은 10%에 근접하게 된다(10% = 40%/4). 분명 이러한 단순한 관계는 중국경제의 성장에 관한 중요한 사항을 포착해 내고 있다.

비록 이러한 접근법은 이해를 돕고 있긴 하지만, 그것은 너무 제한적이다. 국제적인 경험에서 보면 투자와 경제성장의 관계는 그렇게 간단하지 않을 뿐만 아니라 국가별 경제성장에 대한 상이한 경험들을 잘 설명하는 것도 아니다. 상당한 정도의 투자 노력이 성장의 선결조건이지만, 사실상 모든 국가가 GDP의 15% 이상을 투자하고 있는 가운데, 일부는 견실하게 성장하는 반면 다른 일부는 전혀 성장하지 못하고 있다. 단일 경제라도 장기적으로는 투자율이 상대적으로 지속되는 경향이 있지만 중국의 경험을 보면 각국의 성장률은 극적으로 변동될 수 있다. 투자와 성장 사이에는 분명히 연관성이 있지만 그 관계는 우리가 예상하는 것만큼 강력하지도 않고, 또한 예측한 것만큼 인과관계가 명확하지도 않다(Blomstrom, Lipsey, and Zejan, 1996; Easterly and Levine, 2001). 동아시아의 경우 중국이나 한국은 투자율이 매우 높지만 타이완은 빠른 경제성장을 이룩했지만 고정자본 형성이 30%를 넘은 경우는 몇 차례에 지나지 않는다(1980년이 마지막).

대안은 자본/산출 비율을 경제성장을 설명하는 고정된 매개변수로 다루기보다는 자본이 사용되는 생산성을 나타내는 변수로 변환할 수 있다는 것이다. 즉, 앞서 전개한 단순한 표현은 유지하되, 경제의 성과에 대한 실증적 정보를 제공하기 위해 되돌리는 것이다. 이전 식에 k/g를 곱하면 다음과 같은 결과를 얻을 수 있다.

표 7.2 한계고정자본계수(ICOR)

	고정투자 (GDP 비중)	GDP 성장률	ICOR (연평균)
1979–2000	30.8	9.7%	3.2
2001–2010	39.2	10.5%	3.7
2011–2016	44.0	7.7%	5.7

자료: *SAC* (2017, pp. 21–37).

$$k = i/g$$

이 표현에서 k는 더 이상 일정한 자본/산출 비율이 아니라, 추가 산출단위를 제공하기 위해 필요한 자본 단위의 수에 대한 경험적 관찰이다. "한계고정자본계수(incremental capital/output ratio, ICOR)" 측정법은 경제를 "성장"시키기 위해 얼마나 많은 투자가 필요한지에 대한 "신속하고 간단한" 평가를 제공하며 숫자가 낮을수록 좋다. 장기 평균 ICOR는 인도가 4.1, 모든 중 · 저소득 국가는 4.3이었다. 선진국의 ICOR는 전형적으로 훨씬 높다.[4] 미국의 경우 2002~2012년 사이 구조물 및 장비에 대한 민간투자는 GDP의 10.8%이고, 경제성장률은 1.8%에 불과해 평균 ICOR는 6%에 그쳤다. 중국에 대한 결과는 표 7.2에 있다.

표 7.2는 장기적으로 중국이 비교적 효율적으로 투자하였음을 보여 준다. 1979~2000년 사이 평균 ICOR는 3.2에 불과해 중진국 평균보다 현저히 낮았다. 2000~2010년 중국이 투자를 강화하면서 ICOR는 상승했지만 소폭 상승에 그쳤고, 중국은 매우 높은 투자율을 보였음에도 불구하고 여전히 국제 평균을 밑돌고 있었다. 그 결과 이미 높은 수준에서 성장이 약간 가속화되었다. 2010년 이후 중국의 ICOR가 증가하여 2010~2016년 기간 동안 6에 근접하였다.

ICOR는 GDP 성장률의 단기 변동에 의해 영향을 받는다. 1년 안에 GDP 성장률이 떨어지면 그 해의 ICOR는 급상승할 것이다. 이러한 효과를 제어하기 위해 표 7.2에는 장기 투자율과 5년 이상 평균 성장률을 비교한 장기 ICOR를 표시한다. 그러나 ICOR의 단기 변동에 대한 정보도 제공한다. 그림 7.5는 3년 동안 평균한 (성장 및 투자의) ICOR를 보여 준다. 이 수치는 7.1.2절에 기술된 최고 성장의 세 시기(1984~1985년, 1993~1994년, 2007~2008년)를 명확히 보여 준다. 이 시기는 특수한 상황으로 인해 이전에 농촌지역이나 국유기업에 머물렀던 자원이 방출되고, 성장이 급증했으며, ICOR가 3 이하로 떨어졌을 때였다. 반대로 2010년 이후의 ICOR 증가세가 가파르고 개혁기간 동안에 전례가

4. 선진국의 경우 단순히 기존 자본스톡(즉, 감가상각을 상쇄하기 위해)을 유지하기 위해 더 많은 투자가 필요하다. 주택과 같은 비생산적인 자산에 대한 투자비중이 더 크며, 따라잡기 또는 모방투자의 기회가 더 적다. 이러한 이유로 ICOR는 더 높을 것으로 예상된다.

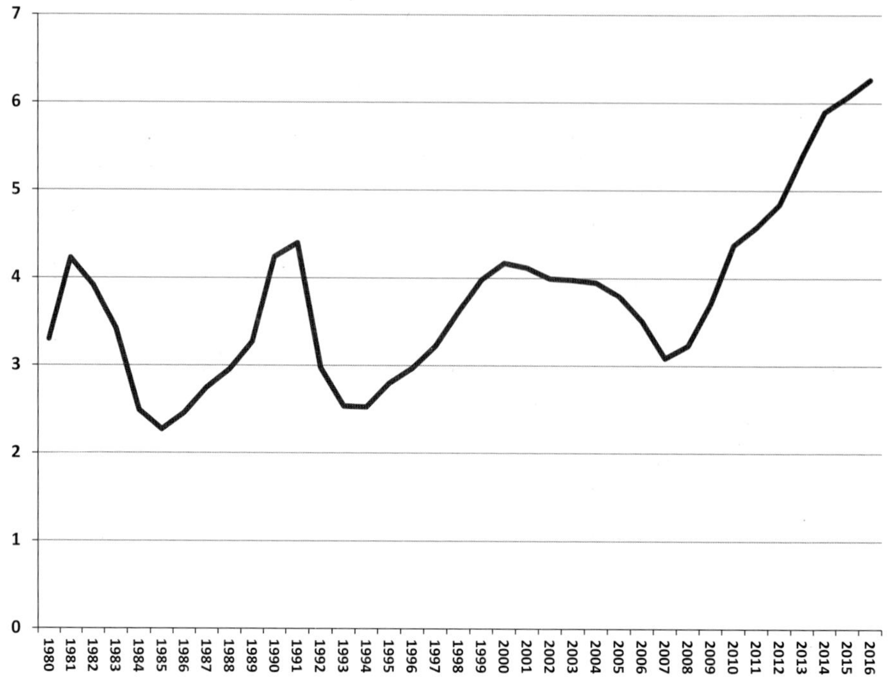

그림 7.5 한계고정자본계수(3년 이동 평균)
자료: *SAC* (2017, pp.21 – 37).

없을 정도의 수치를 보여 준다. ICOR의 점진적 증가는 경제의 성숙에 따른 불가피한 결과이지만, 이 같은 급격한 증가는 중국의 경제상황 변화, 기적성장 단계의 종료, 그리고 새로운 성장전략에 대한 적응의 어려움 때문이다. ICOR의 한 가지 장점은 투자 생산성에 대한 빠르고 간단한 지표를 제공한다는 것이다. 독자는 집계 데이터를 입수하는 즉시 2017년 데이터 이후까지 신속하게 업데이트할 수 있고 투자 생산성이 안정되었는지 확인할 수 있다.

7.4 생산함수, 생산성 및 성장 분해

투자와 성장의 관계를 조사할 때 우리는 단일 투입, 즉 자본의 측면에서 생산성을 조사해 왔다. 유사한 방법으로 미국의 생산성에 대한 논의는 종종 노동 생산성에 중점을 두는데, 여기서 생산은 단일 투입 노동과 비교된다. 분석을 더 진행하기 위해서는 몇 가지 다른 요소 투입에 의해 산출이 생성된다는 명백한 사실을 고려해야 한다. 이러한 모든 투입을 포함하면 다음과 같은 총생산함수를 얻을 수 있다.

$Y = f(K, L, H, \cdots)$

산출량(Y 또는 GDP)은 자본(K), 노동(L), 그리고 인적자본(H) 투입의 함수이다. 자본, 노동, 인적자본은 생산과정에 투입되는 생산의 가장 중요한 요소이다.[5] 생산함수를 명시적으로 설정함으로써, 우리는 다음과 같은 두 가지 분석 목표를 빠르게 달성할 수 있다.

1. 성장 분해: 우리는 생산함수를 사용하여 과거 경제성장의 어느 정도가 요소 투입의 증가에서 기인하였는지 조사할 수 있다. 즉, 노동력 증가가 경제성장에 어느 정도 기여했는가? 인적자본은 어느 정도인가? 등등.
2. 총 요소 생산성: 요소 투입으로 인한 성장의 총계를 계산할 때, 여전히 설명할 수 없는 요소나 "잔차"가 남는다. 이것은 우리가 요소 투입 증가로 설명할 수 없는 성장의 정도를 말해 준다. 이것을 "총 요소 생산성 증가" 또는 TFP(total factor productivity) 성장이라고 부른다. 이것은 더욱 생산적인 요소 투입 및 요소 투입량 증가에 의해 얼마나 더 많은 산출이 생산되었는지 알려 준다.

이런 목적을 달성하기 위해서는 생산함수에 구체적인 형태를 부여할 필요가 있다. 우리가 채택하는 특정한 형태는 적어도 두 가지 기본 특성, 즉 특정한 단일 투입요소에 대해서 전체적인 규모에 대한 수익불변과 규모에 대한 수익감소를 가져야 한다. 이를 달성하는 가장 간단한 방법은 Cobb-Douglas 생산함수를 사용하는 것이다.

$Y = A \cdot K^{\alpha} \cdot L^{\beta} \cdot H^{\gamma}$

여기서 $\alpha + \beta + \gamma = 1$이고, α, β, γ는 각각 1보다 작다. 이 제약조건들은 각각 규모에 대한 수익불변과 규모에 대한 수익감소 요건을 충족한다. 계수는 각 투입요소의 한계 생산성을 나타낸다.[6] Cobb-Douglas 형태 내에서도 몇 가지 다른 사양이 가능하다. 경쟁적인 시장경제에서, 기업들은 한계 생산성이 비용과 정확히 동일한 지점까지 각 생산요소를 사용한다고 가정할 수 있다. 총계 수준에서, 그것은 경제 전체에서 임금 계산서의 몫은 $\beta + \gamma$와 같을 것이고, 자본의 몫은 α와 같다는 것을 의미한다(그렇지 않으면 기업가들은 1달러 가치의 투입액을 임금에서 자본으로 또는 그 반대로 이동시킬 것이다). 이러한 가치들은 타당한 범위를 제공하지만 정부의 거대한 역할과 요소시장에서의 다양한 왜곡을 고려할 때 중국경제에서는 실제로 적용될 수 없다. 한계 생산물은 과거 데이터에서 직접 추정할 수 있지만, 제한된 수의 관측치와 큰 제도적 변화를 고려할 때, 이 또한 그리 적절하지 않다. 가장 좋은 방법은 단지 계수에 타당하고 합리적인 값을 계수로 사용하는 것일 것이다. 이것은 Perkins and Rawski(2008)가 아래의 결과를 얻기 위한 절차였다.

5. 토지는 생산의 필수요소이지만 일반적으로 느리게 변하기 때문에 여기서는 고려하지 않는다. 인적자본에 대한 자세한 내용은 9장을 참조.

6. 수익 불변은 모든 투입에 공통 정수를 곱한 다음 항을 재정렬하여 입증할 수 있다. 적당한 계수값을 스프레드시트에 넣고 결과를 조작하면 수익 감소가 나타날 수 있다.

사용할 계수의 값을 결정하고, 모든 데이터를 수집하여 적절하게 처리한 후에는 요소의 성장(말하자면 "총 요소 투입")과 잔차를 계산하는 것이 간단하다. 이 작업을 원활하게 수행하려면 먼저 생산함수를 로그로 변환한다.

$$\ln Y = \ln A + \alpha \ln K + \beta \ln L + \gamma \ln H$$

Y와 투입 K, L, H의 후속 값을 성장률 측면에서 표현할 수 있는데, 여기서 대문자 G는 백분율을 나타낸다.[7]

$$G_y = G_A + \alpha\, G_K + \beta\, G_L + \gamma\, G_H$$

조건을 다시 조정하면 다음과 같다.

$$G_A = G_y - (\alpha G_K + \beta G_L + \gamma G_H)$$

이 표현들 중 마지막은 "잔차"인 G_A를 정의할 수 있는데, 이는 산출량의 증가에서 가중 투입물 바스켓의 증가를 뺀 것이다. 즉, 잔차 G_A는 측정된 요소 투입을 고려한 후 설명할 수 없는 산출량 증가를 나타낸다.

잔차는 무엇인가? 모든 요소의 생산성 변화를 측정하기 때문에 이를 "총 요소" 생산성(그리고 G_A는 총 요소 생산성 증가율)이라고 표시한다. TFP를 기술적 진보와 동일시하는 것이 일반적이지만 이것은 너무 간단하다. 기술진보가 TFP의 중요한 부분이지만, 실제로는 TFP가 잔차(residual)라 우리가 충분히 설명하거나 설명할 수 없는 것들에 대한 척도이다. 그럼에도 불구하고 TFP의 최소 세 가지 중요한 구성요소를 즉시 확인할 수 있다.

1. 기술 진보: 새로운 "계획(blueprints)"을 이용할 수 있을 때, 새로운 생산 기술이나 공정을 도입하여 산출 단위당 투입량을 적게 사용할 수 있다.
2. 제도적 또는 조직적 진보: 사람을 더 똑똑하게 하거나 더 열심히 일하게 하는 새로운 인센티브 제도와 조정 기법이 시행될 때.
3. 요소의 재분배: 근로자가 한 부문에서 다른 부문으로 또는 한 회사에서 생산성이 더 높은 회사로 이동할 때. 시장경제에서 저생산성 기업은 파산하고 고생산성 기업에 요소들을 제공한다. 개발도상국에서 근로자들은 생산성이 낮은 농업을 떠나 생산성이 높은 산업이나 서비스로 이동한다.

TFP 성장의 이러한 여러 가지 원인을 염두에 둔다면, TFP 성장 측면에서 중국경제의 성과를 추적하는 것은 의미가 있다. 표 7.3은 한 가지 설명을 해 준다.[8] Perkins and Rawski

7. "바로가기"로 인해 로그 표기법을 제외하는 것이 편할 수 있다. 만약 X가 1에 가까운 숫자라면, 근사값 $\ln(X) \approx X - 1$은 거의 정확하다. 따라서 1.05의 로그는 대략 0.05이고 1.1의 로그는 대략 0.1이다. 물론, 적절할 때 정확한 로그 계산을 할 수 있지만 빠른 계산을 위해 바로가기를 사용한다. 우리는 18장에서 이 바로가기를 다시 사용할 것이다.

8. 총생산함수 계산에는 여러 변수들이 있다는 점에 유의한다. 분석가들은 어떤 가격 디플레이터가 가장 적합한지, 지수 문제를 처리하는 방법, 그리고 개별 계수의 적절한 크기를 결정해야 한다.

표 7.3 중국의 GDP 성장률과 TFP(1952~2005년, %)

	GDP 성장률	고정자본	노동	인적자본	TFP
1952–1978	**4.4**	**5.8**	**1.9**	**2.5**	**0.5**
1952-1957	6.5	1.9	1.2	1.7	4.7
1957-1978	3.9	4.7	2.0	2.7	−0.5
1978–2005	**9.5**	**9.6**	**1.9**	**2.7**	**3.8**
1978-1995	10.2	8.9	2.3	3.2	4.0
1995-2005	9.1	11.5	1.0	1.7	3.2

자료: Perkins and Rawski (2008).

(2008)의 계산은 1949년 이후 중국의 경제성장 경험에 대한 이야기를 들려준다. 1952년과 1978년 사이에 투입물 성장은 상당히 빨랐지만 1957년 이후에는 생산성 성과가 형편없었다. TFP는 매년 0.5%씩 감소하여 1978년의 생산량은 1957년보다 총 요소 투입에 대해 10% 감소했다. 개혁시대가 시작된 후 TFP 성장은 매년 4%로 반등하여 전체 성장의 약 1/3을 차지했다. 게다가 자본 축적이 동시에 가속화되었다.

표 7.3은 1978년 이후 총생산함수의 주요 성장요소가 크게 성장하고 있음을 보여 준다. 자본은 매년 거의 10%씩 증가한 반면 노동과 인적자본은 각각 거의 2%와 2.7% 증가했다. 이 계산에 따르면 1978~2005년 사이에 TFP 성장은 중국에 긍정적이고 의미 있는 것이었다.

7.5 성장 기적은 무엇인가?

우리는 앞서 "성장 기적"을 20년 이상 빠르고 지속적인 성장의 기간으로 정의했다. 이러한 성장 기적은 모든 요소 투입물, 즉 노동(L), 자본(K), 그리고 인적자본(H)의 급속한 증가와 더불어 양적인 TFP 성장이라는 공통점을 보여 준다. 가장 주목할 만한 것은 그러한 경제가 수십 년 동안 요소 투입의 지속적인 성장을 가능하게 하는 일련의 경제 조건을 유지한다는 것이다. Krugman(1997, p.11)은 "생산성이 전부는 아니지만 장기적으로 보면 거의 모든 것"이라고 기술했다. 성장 초기단계에서는 생산성이 아무것도 아닌 것이 아니라 거의 아무것도 아니다. 즉, 어떤 가난한 나라도 생산성 향상에 의존하여 가난에서 탈출한 적이 없다는 것이다. 이것은 실제로 상상할 수도 없는 일이다. 노동력과 새로운 고정자본을 동원해야만 한 나라가 개발과정을 시작할 수 있다. 어떤 경제도 사전에 자본과 인적자본을 축직하고 작동하는 제도 없이 가능한 한 최고의 생산성 수준에서 기능을 발휘할 수 있는 영역에 가까워질 수 없다. 성장 기적은 이러한 축적과정이 놀라운 속도로 계속되고 지속된 기간에 걸쳐 발생한다. 따라서 생산성은 성장 기적의 핵심이 아니다. 생산성 증가는 이 과정을 지속하기 위해 긍정적이어야 하지만 주요 동인은 아니다. 이 점에서 중국은 이전의 초기 성장 기적과 비슷하다.

성장 기적에서 세 가지 주요 요소 투입의 급속한 성장은 성장이 더 빠른 투입 성장을 지원하는 선순환을 만들기 때문에 발생한다. 그 과정은 8장에 기술된 "인구학적 보너스"로 시작한다. 노동연령 인구는 급격히 증가하고 의존율은 떨어지기 때문에 1인당 생산량 증가가 가속화된다. 이러한 가속화로 가계가 물적 자본과 인적 자본에 투자할 수 있는 인센티브와 기회가 증가한다. 부양가족이 줄어들면서 가계는 자녀 한 명당 교육에 더 많은 투자를 하고 저축률이 높아져 더 많은 금융과 물적 투자가 가능하게 된다. 농업으로부터의 이주는 외관상 무한한 노동력의 공급을 제공하며 높은 투자율은 경제의 전반적인 성장을 견인한다. 따라서 노동, 인적자본, 그리고 자본은 모두 빠르게 성장한다.

이러한 과정을 지속하기 위해서는, 정부가 개방적인 경제정책을 채택하는 것이 필수적이다. 수출지향 정책은 기본적으로 생산량을 제한 없이 증가시킬 수 있게 하고 외국 기술, 하드 및 소프트, 그리고 새로운 비즈니스 모델의 유입을 가능하게 한다. 이러한 수용적 환경에서는 생산적 자본과 인프라에 대한 투자를 늘리기 위한 정부의 조치가 일반적으로 성공적이다. 생산성(TFP)도 성장한다. 이러한 특징은 모든 성장 기적경제의 일반적인 경험이었다.

1978년부터 2010년까지 중국의 고성장 시대가 이러한 조건에 완전히 부합하는 것은 분명하다. 첫째, 중국은 노동연령 인구의 비중이 크고 증가하며 의존도가 낮다는 인구학적 보너스를 누렸다. 더욱이 농업에서 산업으로의 구조적 변화가 시작되면서 인구학적 보너스가 가동하였다. 이러한 상황에서 투자에 의해 제공되는 새로운 자본은 성장의 주요 원동력이었다. 기계와 구조물이 투입됨에 따라 많은 농부들이 공장 작업으로 이동할 준비가 되어 있었다. 그럴수록 생산성과 총 생산량이 증가했다. 이러한 구조적 변화 과정의 주요 촉진 요인은 투자였다. 농촌에서 도시로의 이주가 커지면서 중국경제는 과잉 추진으로 바뀌었다.

둘째, 중국의 "모방" 경제에서는 선진국의 비즈니스 모델, 기술 그리고 인프라 형태를 이식할 수 있는 기회가 무수히 많았다. 기업들은 빠르게 움직인 것에 대해 보상을 받았고, 기획자들은 선진국의 사회 기반시설에 대한 해법을 적용할 수 있었다. 중국은 고속도로와 전력망과, 나중에는 공항과 고속철도를 건설했다. 이러한 기반시설에 대한 해법의 기본 패턴과 규모는 선진국을 대규모로 모방하였다. 중국의 정책 입안자들은 네트워크의 각 연결망을 현지 수요에 적절하게 적응시키는 것보다 이러한 네트워크를 신속하게 구축하는 것이 더 중요하다고 주장했다. 그들이 옳았다. 중국은 수요에 앞서 인프라를 구축해 성장 과정을 견인했다. 게다가 1990년대에는 많은 투자 요구를 지원하기 위해 제도적 구성이 무수한 방식으로 조정되었다. 시스템은 투자를 가져오고 투자는 성장을 이끌었다.

셋째, 이러한 과정은 21세기에 수요 구조의 극적인 두 가지 변화, 즉 주택 호황과 중국의 수출경제 구조조정이 일어났을 때 이미 잘 진행되고 있었다. 이러한 수요 구조 변화는 모두 중국이 1990년대에 단행한 개혁과정의 결과가 불완전하게 예측된 것으로 인식되어야 한다. 주택 붐은 1990년대 말 도시주택의 민영화 이후 발전했다. 자본집약적인 철강, 시멘트 및 알루미늄 산업은 주택 호황의 수요를 충족시키기 위해 엄청나게 확장되었다. 주택 붐은 저축 행태와 투자 모두에 영향을 미쳤다. 중국 가계는 주택 구입을 위해 점차적으로 저축을 하기 시작했고, 건설 투자도 급증했고, 중공업 지원에 대한 파생 투자도 증가했다. 2001년 WTO 가입 이후 중국의 대외무역은 급격히 변화했다. WTO 회원국 가입은 중국의 무역 상품 분야의 대대적인 재편을 가져왔다. 자유화는 값싸고 효율적으로 공산품을 생산할 수 있는 새로운 방법들이 많았기 때문에 수입이 크게 증가하지는 않았다. 수입 부품으로 중국의 산업은 비용을 대폭 절감하여 새로운 국제 및 국내 시장을 개척하였다.

7.6 성장 기적의 종료

중국의 성장 기적 국면을 논리적으로 뒷받침했던 여러 유리한 조건이 영원히 지속될 수는 없었다. 이것은 노동 투입의 성장과 관련하여 가장 명확하다. 출생률의 변화와 인구의 연령구성은 노동력의 규모와 성장에 영향을 미칠 수밖에 없다(8장과 9장). 중국의 노동연령 인구는 이제 정체되었고 꾸준히 감소하기 시작했다. 다른 요소 투입의 성장이 노동 투입의 제로(0) 성장을 보상할 수 있는가? 이것은 중요한 질문이다. 더 많은 투자가 더 적은 노동력을 보상할 수 있을 것 같지는 않다. 우리는 이미 지난 몇 년 동안 중국의 투자율이 세계에서 가장 높았고, 2013~2016년 사이에 투자 비율이 매년 감소하고 있다는 점을 언급했다(그림 7.4). 구조 변화와 성장 둔화는 이전의 수익성 있는 투자가 덜 매력적이 될 것이고, 기업은 투자를 줄일 것이라는 것을 의미하기 때문에 이러한 감소 추세는 계속될 것으로 보인다. 예를 들어 임금이 급격히 상승함에 따라 노동집약적인 제품 수출부문에는 더 적은 투자가 이루어진다. 고속도로, 공항 그리고 고속철도망이 완성됨에 따라 계획자들이 수요보다 먼저 인프라를 구축할 수 있는 가능성도 줄어들 수 있다. 마지막으로, 기존 자본스톡이 크면 감가상각비가 커지고 순 자본의 비례적 증가는 달성하기 어렵다는 것을 의미한다. 따라서 투자를 늘리면 노동 성장 둔화를 보완할 수 있을 것이라는 전망은 실로 희미해 보인다. 투자도 향후 중국의 성장에 더 적은 기여를 할 가능성이 크다.

이것은 미래 성장에 대한 두 가지 추가적인 원천을 남긴다. 하나는 인적자본이다. 중국의 교육수준은, 특히 도시지역에서 추가 교육을 받으려는 고등학교 졸업생 비율이 계속 증가함에 따라 빠르게 높아지고 있다. 그러나 인적자본은 전체 노동력에 퍼져 있으므로 얼마나 빨리 증가할 수 있는지에 한계가 있다. 더욱이 농촌 어린이들은 아직 그러한 교육수준을 경험하지 못했다. 따라서 인적자본이 성상에 대한 기여도를 높일 수 있지만 노동과 자본의 느린 성장을 대체할 수는 없을 것 같다. 이제 남은 TFP의 성장 잠재력은 여전히 크다. 2016년 중국의 조정된 PPP 1인당 GDP는 미국의 27%에 불과했다. 이것은 따라잡기가 가능하다는 것을 의미한다. 중국경제가 생산성이 가장 높은 근로자의 영역으로 이동한다면 빠른 TFP 성장을 경험할 가능성이 여전히 있다.

그러나 이런 종류의 TFP 따라잡기는 결코 보장되지 않는다. 앞서 논의한 것처럼 TFP는 기술적 정교함의 자동 통과가 아니라 잔차이다. 제도, 구조 변화, 경제정책 선택 모두 이 잔차의 크기에 영향을 미친다. 급격한 성장 둔화의 가장 일반적인 영향은 기존 자본과 노동의 배분이 새로운 조건에 덜 적합하다는 것이 밝혀짐에 따른 TFP의 급격한 하락이다. 게다가, 정책 입안자들은 종종 새롭고 느린 성장 조건에 적절히 적응하는 것을 거부한다. 2009년 이후 중국의 정책 입안자들은 경기 둔화의 추세에 대응하기 위해 애써 왔다. 글로벌 금융위기(2008~2009년)에도 큰 폭의 투자 증가로 성장세가 유지됐다. 아마도 이러한 투자의 효율성은 상대적으로 낮을 것이다. 그림 7.5에 나타난 ICOR의 증가는 2010년 이후 투자 효율성이 급격히 떨어졌음을 시사한다. TFP 성장의 계산에는 더 많은 시간과 데이터가 필요하지만, ICOR가 급격히 증가하는 기간 동안 TFP 성장이 둔화되었다는 사실은 놀라운 일이 아니다. 이러한 상황이 발생하면 장기적인 TFP 성장을 빠르게 회복하기 위한 정책에도 상당한 변화가 필요할 것으로 보인다.

느린 경제성장으로의 전환과 관련된 어려움(18장과 19장에서 논의)은 이전의 성장 기적경제의 경험에서 입증된다. 한국, 일본, 대만이 급속한 성장기를 끝마쳤을 때, 그들은 느리게 성장하는 저성장, 저투자 개발 경로로 이행하면서 큰 경제적 혼란과 때로는 심각한 경제위기를 경험했다. 중국도 그런 어려움에 처할 수 있다. 고성장 국면의 끝은 여러 가지가 한꺼번에 변하기 때문에 복잡하다. 값싼 노동력에 기초한 오랜 비교우위가 갑자기 감소하기 시작하는 반면, 다른 변화는 거의 동시에 우연히 발생한다. 도시의 성장은 고소득, 다른 소비 패턴, 그리고 새로운 기술을 가진 새로운 도시 사회 집단을 만든다. 이러한 집단들과 함께 새로운 시장과 새로운 사회적 가능성이 나타나고, 그들은 소비시장뿐만 아니라 사회와 정치 시스템에도 새로운 요구를 한다. 중국에서는 잉여 노동력의 종료와 급격한 임금인상이 노동 공급의 절대적 감소의 시작과 일치했다. 이것은 이전의 성장 기적의 경우와는 달랐으며 이러한 두 구조적 변화의 동시 발생으로 인해 조정의 어려움이 더욱 심화될 수 있다.

7.7 결론

중국의 성장 기적 이후 뉴 노멀(new normal)로의 전환은 경제가 얼마나 빨리 "재균형(re-balance)"을 이룰 것인가 하는 문제와 맞물려 있다. 불확실성의 핵심 초점은 투자율이다. 투자는 물론 좋은 것이며 성장과 발전은 투자 없이는 일어날 수 없다. 그러나 투자가 좋은 것이라고 해서 높은 투자율이 항상 좋은 것이라는 의미는 아니다. 오늘날 중국은 투자율을 낮추고 소비를 위한 자원을 더 많이 확보함으로써 균형을 재조정할 필요가 있다. 장기적으로 볼 때, 재균형은 궁극적으로 중국이 중진국 사회로 진화하는 과정의 일부가 될 것이다. 중국이 실질적인 경제 재균형 없이 어떻게 기술적 리더십을 갖출 수 있을지, 어떻게 보다 번영된 다양한 사회를 지원할 수 있을지, 건강하고 지속 가능한 환경을 개발할 수 있을지는 가늠하기 어렵다. 단기적으로, 만약 중국이 경제 균형을 재조정하기 위한 조치를 취하지 않는다면—즉, 경제 성장률을 높이기 위해 너무 열심히 노력할 경우—경제는 수많은 자산 거품, 빈약한 금융 구조, 그리고 질적으로 저하된 투자 프로젝트의 창출 및 지속적인 재창조 위험을 각오해야 한다. 이런 정책은 향후 상당한 재정적 충격의 위험을 증가시킨다.

앞서 설명한 성장 분해는 TFP 성장이 노동과 자본 투입의 느린 성장을 대체하는 정도에 따라 향후 경제성장이 결정된다는 것을 보여 준다. 단순히 기계적인 의미에서 "장기적으로 생산성이 거의 모든 것"이기 때문에 향후 TFP 성장이 미래의 성장을 좌우할 것이다. 그러나 TFP는 단순한 숫자인 잔차로 예측이 불가능한 다수의 복잡한 요소들의 순 영향을 무차별적으로 포괄하고 있다. 기술 변화가 서비스와 산업 간의 관계를 얼마나 철저하게 변화시킬 것인가? 인적자원과 기술에 대한 막대한 투자를 감안할 때 중국이 얼마나 빨리 기술 영역으로 나아갈 수 있을 것인가? 국내 시장의 규모가 이행기의 일부 험난한 부분으로부터 중국을 고립시킬 것인가? 중국이 직면하고 있는 인구학적 변화의 속도와 갑작스런 변화가 이행기를 더욱 어렵게 만들 것인가? 미래의 개발 모델은 얼마나 유연한가? 이러한 질문에 대한 답은 중국이 지속 가능하지만 더 이상 기적적인 성장이 아닌 "뉴 노멀" 경제로 얼마나 순조롭게 나아가는지에 영향을 미칠 것이다.

Bibliography

더 읽을 거리

경제개발에서 구조 변화의 규칙성에 대한 자세한 내용은 Perkins et al.(2001)과 Herrendorf, Rogerson, and Valentinyi(2014)를 참조하기 바란다. World Bank(1997)는 중국의 구조적 변화와 생산성 증대에 대해 매우 접근하기 쉬운 논의를 하고 있다. 성장 잠재력에 대한 심층 탐구에 관심이 있는 사람들을 위해 Holz(2008)는 주요 이슈를 제시하고 있고, Holz(2014)는 데이터의 한계를 평가하고 있다.

데이터와 그림의 출처

투자율, 성장률, 구조에 대한 비교 데이터는 http://devdata.worldbank.org/dataonline/에 있는 World Bank, World Development Indicators에서 가져왔다. 대만 자료는 중화민국 경제계획과 발전위원회(经济规划与发展委员会), 대만 통계 자료집 2005, http://www.

cepd.gov.tw/upload/Statis/TSDB/2005DataBook@774477.875041538@.pdf에서 가져왔다. 중국의 모든 수치는 제조업 부가가치 SYC(2016, 표 3-6)를 제외하고는 SAC(2017, pp.21~37)에 발표된 중국 공식 데이터에 기초하였다. 과거 GDP 데이터는 NBS(2006)의 수정된 추정치에 기초한다.

참고문헌

Blomstrom, Magnus, R. Lipsey, and M. Zejan (1996). "Is Fixed Investment the Key to Economic Growth?" *Quarterly Journal of Economics* 111 (1): 269–276.

Easterly, William, and Ross Levine (2001). "It's Not Factor Accumulation: Stylized Facts and Growth Models." *World Bank Economic Review* 15 (2): 177–219.

Herrendorf, Berthold, Richard Rogerson, and Akos Valentinyi (2014). "Growth and Structural Transformation." In Philippe Aghion and Steven Durlauf, eds., *Handbook of Economic Growth*, vol. 2B, 855–941. Amsterdam: Elsevier.

Holz, Carsten (2008). "China's Economic Growth, 1978–2025: What We Know Today About China's Economic Growth Tomorrow." *World Development* 36 (10): 1665–1691.

Holz, Carsten (2014). "The Quality of China's GDP Statistics." *China Economic Review* 30:309–338.

Krugman, Paul (1997). *The Age of Diminished Expectations: U.S. Economic Policy in the 1990s*. Cambridge, MA: MIT Press.

Matsuyama, Kiminori (2008). "Structural Change." In Steven Durlauf and Lawrence Blume, eds., *The New Palgrave Dictionary of Economics*, 2nd ed., 6408–6411. Basingstoke: Palgrave Macmillan.

NBS (National Bureau of Statistics) (2006). "Woguo Guoneishengchan Zongzhi Lishi Shuju Xiuding Jieguo" [The results of revision of China's historical GDP figures]. January 9. Accessed at http://www.stats.gov.cn/tjdt/zygg/t20060109_402300176.htm.

Perkins, Dwight, Steven Radelet, Donald Snodgrass, Malcolm Gillis, and Michael Roemer (2001). *Economic Development*. 5th ed. New York: W. W. Norton

Perkins, Dwight, and Thomas Rawski (2008). "Forecasting China's Economic Growth to 2025." In Loren Brandt and Thomas Rawski, eds., *China's Great Economic Transformation*, 829–864. New York: Cambridge University Press.

Ren Ruoen (1997). *China's Economic Performance in an International Perspective*. Paris: Development Centre of the Organisation for Economic Co-operation and Development.

Rodrik, Dani (2016). "Premature Deindustrialization." *Journal of Economic Growth* 21:1–33.

Rozelle, Scott (2004). "The Rural Economy" and discussion. In *Hearing Before the US-China Economic and Security Review Commission, China as an Emerging Regional and Technology Power: Implications for US Economic and Security Interests*, 36–61. Washington, DC: U.S. Government Printing Office.

SAC (Annual). *Zhongguo Tongji Zhaiyao* [Statistical abstract of China]. Beijing: Zhongguo Tongji.

SYC (Annual). *Zhongguo Tongji Nianjian* [Statistical yearbook of China]. Beijing: Zhongguo Tongji.

World Bank (1997). *China 2020: Development Challenges in the New Century*. Washington, DC: World Bank.

Young, Alwyn (2003). "Gold into Base Metals: Productivity Growth in the People's Republic of China During the Reform Period." *Journal of Political Economy* 111 (6): 1220–61.

8 인구학적 천이, 인구 보너스 및 한 자녀 정책

Population: Demographic Transition, the Demographic Dividend, and the One-Child Policy

인구 역학은 경제 변화와 성장의 중요한 부분이다. 급속한 인구학적 변화는 긍정적이든 부정적이든 경제에 중요한 영향을 미친다. 중국은 1980년대와 1990년대 고도 성장기에 기여한 강력한 "인구 보너스"를 경험했다. 오늘날, 인구 보너스는 소진되었고, 중국은 고령화 사회의 장기적 도전에 직면하고 있다. 중국의 인구 변화 속도가 유달리 빨랐기 때문에 이러한 영향은 특히 크다.

중국은 오랫동안 세계에서 가장 인구가 많은 국가였고, 자원과 환경에 대한 인구의 압력은 중국의 경제 상황의 상수였다. 2015년 중국의 인구 13억 8,000만 명은 세계 인구의 약 19%를 차지했다. 1974년 세계 인구의 22.5%에서 40년 동안 중국의 세계 인구 점유율은 점차 낮아지고 있다. 1800년대 초반에 중국은 세계 인구의 약 1/3을 차지했다. 19세기와 20세기 초의 충격은 인구증가를 둔화시켰고, 1950년 이후에야 인구가 안정된 후 다시 증가했다.

대약진운동 이후 이어진 기근은 제2차 세계대전 이후 가장 큰 기근이자 우리 시대 최대의 인구 재앙이었기 때문에 인구학적 충격은 끝나지 않았다.

현대에 와서 가장 놀라운 현상은 출산을 제한하기 위한 정부의 직접 개입이었다. 1980년에 발표되어 2015년 말까지 시행되었던 "한 자녀 정책"은 정부 사회공학의 가장 가혹한 사례 중 하나로 평가되었다(Wang, Cai, and Gu, 2012, p.116). 중국 정부 정책은 세계 다른 곳에서 일어났던 비슷한 출산율 감소보다 더 빠른 출산율 감소에 기여했다. 급속한 출산율 감소는 인구학적 보너스를 낳았고 그 결과 오늘날에는 젊은 인구와 현저히 낮은 의존도를 가지고 있어 경제성장에 유리하다. 그러나 돌이켜보면 급격한 사회변화로 인해 모든 곳에서 출산율이 낮아지는 현상이 발생했을 것이기 때문에 이러한 출산율 감소의 대부분은 어쨌든 발생했을 것이 분명하다. 오늘날 인구 보너스의 유리한 측면을 이미 누리고 있으며, 앞으로 중국은 2028년경 세계에서 가장 인구가 많은 국가의 자리를 인도에 양도할 것이며, 거의 비슷한 시기에 중국의 인구는 장기적으로 감소하기 시작할 것이다. 이러한 장기적인 인구학적 현실은 중국의 미래 성장 궤도에 중대한 영향을 미칠 것이다.

중국은 성비 불균형, 인구 보너스의 역전, 그리고 궁극적으로 인구감소와 고령화라는 세 가지 중대한 도전에 직면해 있다. 이러한 압력은 중국의 경제성장을 둔화시킬 것이며, 상당한 사회적 부담을 야기할 수도 있다.

8.1 인구학적 천이와 인구 보너스

8.1.1 전통사회의 인구학

전통사회에서는 일반적으로 인구 증가율이 낮다. 3장에서 언급했듯이 중국의 전근대 인구는 연간 약 0.4%씩 400년 이상 성장해 왔으며, 이는 전근대사회가 유지할 수 있는 최대치에 가깝다. 전통사회의 높은 출산율에도 불구하고 사망률도 높기 때문에 인구증가는 느린 편이다. 전통사회는 출산율이 1,000명당 30~40명, 사망률은 1,000명당 20~40명으로 변동하는 것이 일반적이다.[1] 인구가 불안정한 균형을 이루고 있다. 수확이 부진하거나 질병이 닥치면 인구는 줄어든다. 성인 여성 1명당 많은 아이들을 갖지만, 많은 아이들이 유아기에 사망한다. 일반적인 여성이 평생 낳는 총 자녀 수를 측정하는 합계출산율(total fertility rate, TFR)은 일반적으로 6명 정도이다(박스 8.1 참조). 중국은 1949년 이후까지 전근대적인 인구학적 패턴을 유지했다. 사망률이 높았으며, 질병, 흉작, 내전 등이 최악의 해에 확실히 인구가 감소했다. 1850년에서 1950년 사이, 추정 인구 증가율은 연간 0.3%로, 중국이 경험한 사회적, 경제적 혼란으로 인해 지난 4세기보다 낮았다. 1949년 이후 인구가 다시 증가하였고, 1953년 중국 최초의 현대적 인구조사에서 5억 9,400만 명으로 집계되었다.

8.1.2 인구학적 천이

현대화 과정에서의 인구비율은 꽤 규칙적인 방식으로 변화한다. 첫째, 영양과 위생 상태가 개선되면 사람들의 건강상태가 개선되고 그 결과 사망률이 감소한다. 산모를 위한 조리 및 영양상태가 개선되고, 몇몇 치명적인 전염병들이 통제됨에 따라 유아 사망률이 상당히 빠르게 감소한다. 초기에는 이러한 사망률 하락에 따른 출생률 변화가 발생하지 않는다. 출생률은 여전히 높은 상태이고 심지어 더 증가하는 것처럼 보이기도 하는데, 잘 먹은 건강한 여성들이 더 많은 아이를 출산하기 때문이다. 그 결과 인구증가에 가속도가 붙는다. 많은 아이들이 태어나고, 그들이 성인이 되어 자기 자녀를 갖는다. 인구 증가율은 1,000명당 10명 미만에서 30명 이상으로 급증하여 인구폭발을 초래한다. 이런 유형의 인구폭발이 19세기 유럽에서 일어났다. 그러나 대부분의 개발도상국의 경우, 사망률 감소

1. 인구학자들은 일반적으로 인구 변화를 1,000명당 비율로 표현한다. 출산율이 1,000명당 40명, 사망률이 1,000명당 20명이라는 것은 인구 증가율이 1,000명당 20명, 즉 2%라는 것을 의미한다.

박스 8.1 출생률과 총 출산율

생산 비율을 나타내는 데에는 다음의 두 비율이 가장 흔히 사용된다. 첫째, 가장 단순한 지표는 출생률로, 출생 수를 전체 인구에 대한 비율로 나타내는 것이다. 이 통계치의 장점은 당대의 인구증가에 관한 정보를 수집하고 공표하기가 쉽다는 것에 있다. 인구 증가율은 조(粗)출생률 빼기 조(粗)사망률과 같다. 그러나 출생률은 인구의 연령별 구성에 민감하다. 가임여성의 비중이 높을 때에는 출생률이 일시적으로 높아질 것이다. 두 번째 비율은 총 출산율(TFR)인데, 이는 저변에서 발생되고 있는 인구변화를 파악하고 장기적인 추세를 이해하기 위해 계산된다. TFR을 계산하기 위한 첫 번째 단계는 특정 연도에 대해 여성의 연령별 출생률을 산출하는 것이다. 예컨대, 18세 여성, 19세 여성 등 특정 연령 여성의 출산율을 각각 계산한다. 그 다음, 이러한 연령별 출산율을 집계하여 단일의 대표적 여성의 TFR로 환산하는데, 이때 이 대표적 여성은 조사 연도 내 모든 여성의 표준적 패턴에 따라 자신의 전 생애를 살아 온 것처럼 간주된다. 달리 말하면, TFR은 대표적 여성의 연령별 출산력이 해당연도 동일연령 전체 여성의 평균 출산력과 같다고 가정하고 총 출산율은 이 여성이 일생 동안 출산할 법한 아이의 수를 표현한 것이다. 총 출산율은 인구의 연령구조로부터는 영향을 받지 않지만, 출산 시점의 변화에 따라 변화한다. 만일 여성들이 평균적으로 출산을 미루기 시작한다면, 한 기간 동안 TFR은 일시적으로 하락할 것이다. TFR이 인구 보충 출생률인 2.1명 이하로 떨어질 때, 인구 증가율은 영(0) 혹은 마이너스(−)로 떨어질 것이다.

와 인구폭발은 제2차 세계대전 이전까지 나타나지 않았다. 중국의 경우, 1949년 중국공산당이 권력을 장악한 뒤 사망률이 하락하기 시작했다. 1950년대 초반에는 위생이 급격히 개선되고, 식량이 평등하게 분배되며, 가장 중요하게는 전염병이 통제됨에 따라 사망률이 하락하기 시작했다. 출생률이 높은 수준을 유지하여, 1950년대 중반에는 인구가 매년 2% 이상 증가했다. 즉, 중국에서 인구폭발이 시작된 것이다.

인구폭발은 무한정 진행되지 않는다. 우리가 관찰한 거의 모든 인구에서 출생률은 점차 감소하기 시작했다. 출산율이 감소하는 원인은 무엇인가? 한 요인은 유아 생존율이 높아지고 피임기술이 향상됨에 따라 가계는 선호하는 아이의 수, 즉 “목표 가족의 규모”를 달성하기 위해 출산을 줄이는 것이다. 그러나 더 중요한 요인은 현대화와 관련된 사회적 변화로 인해 소규모 가족을 원하고 이런 선호의 변화가 목표로 하는 가족 규모를 더 작게 만들고 있다는 점이다. 이러한 사회적 변화는 아이들에 대한 손익을 재정의하게 만든다. 가족이 도시로 이주하면서 아동을 노동에 활용하는 일이 감소하고 대가족을 위한 공간이 더 비싸다는 것을 알게 된다. 여성이 (유급) 노동시장에 진입하면서 어머니의 시간에 대한 기회비용이 더 커진다. 어머니들이 가정 밖에서 일함으로써 가계 소득에 더 많은 기여를 하게 되고, 이에 따라 집에 머물면서 아이를 돌보는 일이 더 값비싼 일이 되었다. 출생률 하락에 특히 중요한 요인은 어머니와 자녀 모두의 교육수준을 높이는 것이다. 자녀 교육의 가치가 더욱 커짐에 따라 가족은 자녀의 교육수준 목표를 높인다. 이제 가족들은, 아이들이 학교에서 최초 5~6년, 그 이후에는 발전 단계를 밟아 가면서 10년 혹은 심지어 20년 동안 가족이 지원해 주어야 하는 존재로 생각하기 시작한다. 그 결과 자녀가 전체 교육과정을 마칠 때까지 가족이 지원해야 하는 비용이 매우 커진다. 가족은 수는 적지만 “더 비싼" 자녀를 갖기로 결정하고, 자녀에게 더 많은 자원을 투자한다. 어머니의 교육수준 상승은 중요한 영향을 미친다. 왜냐하면 그것은 동시에 다양한 경로를 통해 출생률에도 영향을 미치기 때문이다. 교육수준이 높은 어머니들은 가정 밖에서 더 많은 임금을 받기 때문에 이들의 시간에 대한 기회비용이 더 커진다. 그러나 교육수준이 높은 어머니들은 자녀의 교육을 더 중시하고, 건강과 피임에 관련된 이슈들을 더 잘 이해하고 있다. 이런 모든 이유들 때문에 경제발전이 진행됨에 따라 가족은 자녀를 더 적게 갖는 경향이 있고, 희소한 시간과 자원이 각각의 자녀에게 더 많이 투자되도록 한다. 어떤 사람들은 "양 대신 질을 위한 거래"라고 말한다.

출생률 하락의 결과로 인구증가는 느려지지만, 이 과정은 오랜 시간이 걸릴 수 있다. 19세기 후반에 사망률의 뚜렷한 하락을 경험한 유럽 국가들에서 출생률은 1세기 동안 천천히 하락했다. 인구 증가율이 낮다가 높아진 뒤 다시 낮아지는 과정을 인구학적 천이(demographic transition)라 부른다. 인구학적 천이는 유럽에서 약 1세기가 걸렸지만, 제2차 세계대전 이후 다른 나라에서는 더욱 빠르게 진행되고 있다. 동아시아에서는 인구 이동이 특히 빠르게 진행되었다. 한국, 일본, 대만의 인구는 이미 저출산, 낮은 사망률 그리고 낮은 인구증가 균형으로의 빠른 천이가 완료됐다. 중국은 급속한 출산율 저하를 경험했고, 기본적으로 인구학적 천이를 완성했다.

8.1.3 인구학적 보너스

인구학적 천이는 "인구학적 보너스"를 통해 가장 직접적인 경제적 영향을 미친다. 인구학적 보너스는 인구학적 천이의 특정 단계에서 전체 인구보다 근로 연령의 인구가 더 빠르게 증가하기 때문에 발생한다. 이렇게 되면 의존도가 낮아진다. 즉, 너무 젊거나 너무 늙어서 일할 수 없는 인구의 비율이 감소하고, 경제는 더 생산적이 된다. 인구학적 보너스의 영향은 동아시아에서 특히 의미가 있다. 왜냐하면 그 기반이 되는 사망률과 출산율의 저하가 다른 개발도상국들에 비해 동아시아에서 일찍 그리고 빠르게 나타났기 때문이다(Mason and Kinugasa, 2005). 실제로 인구학적 보너스는 가속성장이라는 경제 기적의 단계와 밀접한 관련이 있다. 인구학적 보너스는 경제성장에 세 가지 뚜렷한 영향을 미친다. 즉, 기계적 영향(인구에서 생산자 비중 증가), 저축 효과, 인적자본 효과 등이다.

기계적인 영향은 가장 예측 가능한 방법으로, 인구학적 천이가 인구학적 보너스를 생성한다는 것이다. 사망률 감소가 출산율 감소보다 앞서기 때문에 베이비붐이 발생하고, 이 그룹이 약 20년 후 취업할 때면 자녀(저출산)가 줄어든다. 자녀 수가 적은 대규모 근로 연령 그룹은 낮은 의존율을 가진다. 의존율의 감소는 처음에는 순수하게 기계적인 관계를 통해 1인당 GDP의 성장에 영향을 미친다. 분자인 GDP는 근로자가 생산하고 분모는 총 인구가 되기 때문에 전체 인구에서 노동자의 비중이 높아지면 1인당 GDP가 늘어난다. 근로자 비중 증가(의존율 감소)가 20~30년에 걸쳐 확산되면 1인당 국내총생산(GDP)

성장률은 전체 기간 동안 더 높아진다. 간단한 수치 예를 들어 이 영향의 잠재적인 크기를 파악해 보자. 전통적인 경제가 1명의 유급 노동자가 100을 버는 가구와 배우자와 4명의 자녀로 구성된다면, 1인당 GDP는 100/6으로 약 17이다. 이 가구에 부양 자녀가 2명뿐이라면 1인당 GDP는 100/4, 즉 25이다. 배우자가 노동인구에 들어가 100을 벌면 1인당 GDP는 가족 구조의 변화와 (급여) 노동력 참여로 200/4, 즉 50으로 1인당 GDP가 3배로 늘어난다. 이런 변화가 25년에 걸쳐 확산된다면 평균 근로자 생산성이나 임금의 증가 없이 1인당 연간 GDP 성장률은 4.5%가 될 것이다. 분명히 인구학적 보너스가 경제성장에 미치는 기계적 영향은 클 수 있다. 보다 일반적으로, 낮은 의존율은 주어진 수준의 노동생산성에 대해 1인당 소득이 더 높다는 것을 의미한다.

인구학적 보너스는 가계 저축을 증가시킨다. 일반적으로 개인들은 일을 하는 동안 저축을 하고 퇴직 후에는 예금을 인출한다. 이것은 일반적인 "라이프사이클" 저축 패턴을 만든다. 만약 한 사회가 생애주기 저축 가구로 구성되어 있다면, 근로연령 성인의 비율이 더 높은 사회는 가계 전체의 저축률이 높아 경제 전반에 걸쳐 더 높은 투자에 기여할 것이다(7장). 중국의 구체적인 패턴은 노년층이 지금까지 높은 저축률을 유지해 왔기 때문에 더욱 복잡하지만 중국은 높은 가계 저축률과 인구 보너스가 확실히 결합되어 있다(Choukhmane, Coeurdacier, and Jin, 2013).

인적자본 효과는 주로 자녀에게 더 많은 투자를 하기 때문에 나타난다. 총 자녀 수가 적을수록(수에 대한 질의 균형) 교육은 길어지고 평생 기대소득은 높아진다. 더욱이 베이비붐 세대가 30대로 접어들면서 생산성이 최고조에 달할 만큼 현장 경험이 쌓인다. Zhang, Zhang, and Zhang(2015)은 1990년부터 2005년까지 중국의 급속한 성장의 약 20%를 연령구성 요소가 차지하며 기계적 의존성 효과와 주요 연령대 노동자의(인적자본 관련) 비중을 35~54로 동등하게 나눈다는 것을 발견했다.

따라서 인구학적 보너스는 성장과정의 강력한 가속기 역할을 하며, 처음에는 노동력 증가의 가속화를 이끈 다음 물리적 자본과 인적 자본 투입의 성장을 가속화하는 역할을 한다. 실제로 인구학적 보너스를 받은 국가들만이 본격적인 성장 기적을 일으킬 수 있었다. 인구학적 보너스의 혜택이 자동적이지 않다는 점을 강조해야 하며 이의 존재는 보완적 경제정책과 개발 결과에 따라 결정된다. 경제가 성장하고 일자리를 창출하지 못한다면 실업이 늘고 사회 안정성이 떨어지면서 인구학적 보너스는 인구학적 악몽이 될 수 있다. 그러나 좋은 정책과 경제적 기회를 통해 인구학적 보너스는 성장을 뒷받침하는 변화의 선순환에 기여한다.

8.2 중국의 인구학적 천이

중국의 인구 변동은 그림 8.1에 잘 나타나 있다. 이 그림이 보여 주는 장기적 추세를 살펴

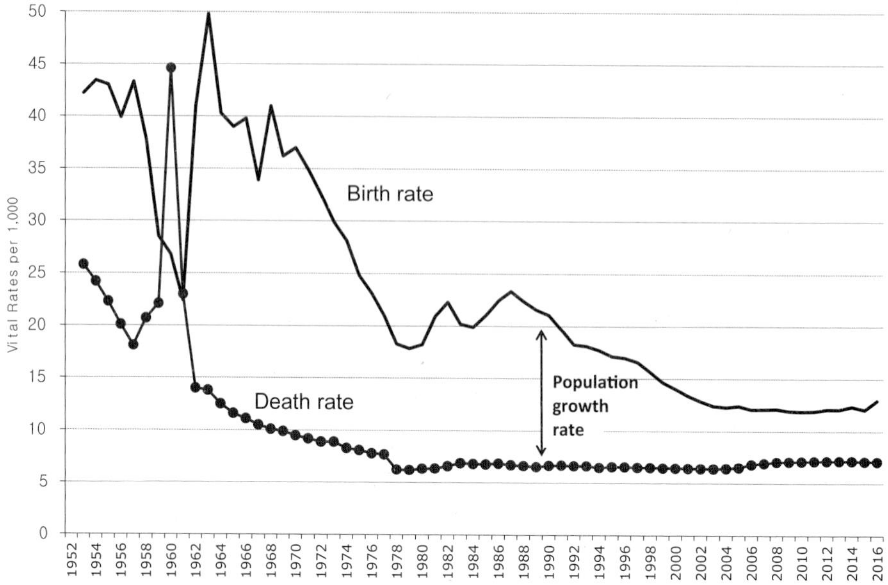

그림 8.1 생명률
자료: Banister (1987), updated from *SYC*.

보기 전에, 이 그림에 나타난 예외적인 사건을 고려해야 한다. 가장 두드러진 사건은 말할 것도 없이 대약진운동(GLF)의 마지막 해인 1960년에 절정을 이룬 인구 위기이다. 이 그래프는 1960년의 사망률 급등(그렇지 않았다면 분명 나타났을 사망률 감소 추세 이상으로 증가)과 출생률의 급락을 보여 주고 있다. 사망률이 치솟고 출생률이 하락하면서 중국의 인구는 감소했다(자세한 설명은 4장 참조). 인구학자들은 장기 추세를 따라 완만하게 하락하는 평균적인 사망률 곡선을 1957~1962년의 사망률로 보완한 다음, GLF로 인한 추가적 사망(정상적 추세를 따를 경우 발생할 수 있는 사망자 수를 능가하는 사망률)을 추정했다. 실제 사망률 곡선 아래와 평균적인 사망률 곡선 위의 영역이 추가적 사망을 나타낸다. 이러한 방식으로 계산하면, 이 당시의 위기가 낳은 기아나 질병으로 인해 3,000만 명이 추가로 사망했던 것으로 추정된다. 게다가 기아로 인해 수백만 명의 출산이 미루어졌다. 1982년 인구조사 이래로 중국 정부가 발표하는 수많은 인구 통계치들은 GLF의 충격이 매우 컸음을 명확히 보여 주고 있다.

장기간의 추세는 GLF 기간 동안 중단되었음에도 불구하고 상당히 인상적인 사망률의 지속적인 감소에서 출발한다. 급격한 사망률의 지속적인 감소는 드문 일이다. 왜냐하면 그것은 중국처럼 비교적 낮은 소득수준의 매우 많은 인구에서 발생했기 때문이다. 출생 시 기대수명은 1950년 남성은 42세에서 66세(1982년 인구조사)로, 같은 기간 여성은 46세에서 69세로 크게 증가했다. 그 원인은 전 세계적으로 위생시설 개선, 물 공급, 해충

방제 및 예방접종 프로그램 그리고 특히 극빈층의 영양상태 개선 등과 같은 보건에 대한 지속적인 개선 때문이다. 중국에서는 정부가 공공보건과 예방의학을 강조하면서 기초 의료인, 즉 산파와 "의료 보조원"들의 대규모 네트워크가 결합되어 이러한 실질적인 성과를 가능케 했다.

그림 8.1에서 알 수 있듯이 출생률은 1950년대 초반부터 1970년대까지 1,000명당 35~45명 이내에서 변동하며 높은 수준을 유지하고 있었다(1959년부터 1961년까지는 제외). 출생률은 1963년에 가장 높았다. 이 정점은 "보충 출산" 현상을 반영하고 있다. 즉, 기아의 기간 동안 출산을 미루거나 가족 구성원을 잃었던 가계들이 상황이 개선되면서 이례적으로 많은 자녀를 출산하였던 것이다. 전체적으로 보면, 1970년까지의 중국은 당시의 대부분의 개발도상국과 닮아 있었다. 점차 하락하는 사망률과 결합된 높은 출생률의 지속은 인구가 매우 빠르게 증가하고 있다는 것을 의미했다. 중국의 인구증가는 1960년대 중반 연간 3% 가까이 이르면서 최고조에 달했다.

1970년까지도 중국이 경험한 생명률(vital rates)의 추세는 매우 전형적인 패턴을 보였다. 그러나 1970년 이후에 출생률이 급속히 감소한 것은 전례가 없는 일이었다. 1968년에서 1980년 사이 중국의 출생률은 41명에서 18명으로 절반 이상 감소했다. 그림 8.2에서 알 수 있듯이, 합계출산율은 1960년대 6명 이상에서 1980년 2.6명으로 비슷한 비율로 떨어졌다. 이러한 감소 추세가 압축적이고 가속화된 속도로 발생했다는 것을 제외하면, 인구학적 천이의 일반적인 과정으로 인식될 수 있다. 이러한 감소는 1990년대 말까지 지속되었고 그 후 합계출산율이 보충출산율보다 훨씬 낮게 안정되었다.

그림 8.2는 비교 맥락에서 중국 TFR의 진화를 보여 준다. 중국의 TFR이 10년 동안 세계 평균보다 훨씬 높은 비율에서 훨씬 낮은 비율로 떨어졌기 때문에 1970년대는 여전히 주목할 만하다. 그러나 장기적으로 동아시아의 맥락에서 볼 때 중국의 경험은 덜 특별해 보인다. 급속한 출산율 감소는 동아시아의 모든 개발도상국들의 특징이며 중국의 감소는 태국의 그것과 상당히 유사하다. 한국과 홍콩은 중국보다 출산율이 더 낮지만 소득이 높고 도시화 수준이 높다. 그림 8.2에서 중국은 주로 동아시아 이웃 국가들에 비해 출산율이 갑자기 감소하고 소득수준이 훨씬 낮다는 점에서 두드러진다.

농촌과 도시 사회의 출산율 격차는 거의 모든 나라의 특징이다. 홍콩의 낮은 출산율은 홍콩의 도시 전체 인구를 반영하고 있다. 도시지역은 붐비고, 육아비용이 많이 든다. 농촌지역은 공간이 풍부하고 아이들은 꽤 어린 나이에 농업 가계소득에 기여할 수 있다. 6, 7세 정도의 농장 아이들은 돼지, 염소, 닭을 돌보고 그들의 생활비를 벌기 시작한다. 농촌가구는 목표 가족 규모가 더 높다. 중국의 도시 사회는 더 작은 목표 가족 크기와 관련된 많은 특징들을 가지고 있다(6장 참조). 상대적으로 여성들의 높은 노동 참여, 높은 여성 교육 성취, 높은 아동 교육 열망, 건강과 피임 서비스에 대한 좋은 접근성, 그리고 상대적으로 좋은 사회보장제도를 갖추고 있다. 중국 농촌은 이런 특징들을 가지고 있지 않다. 게

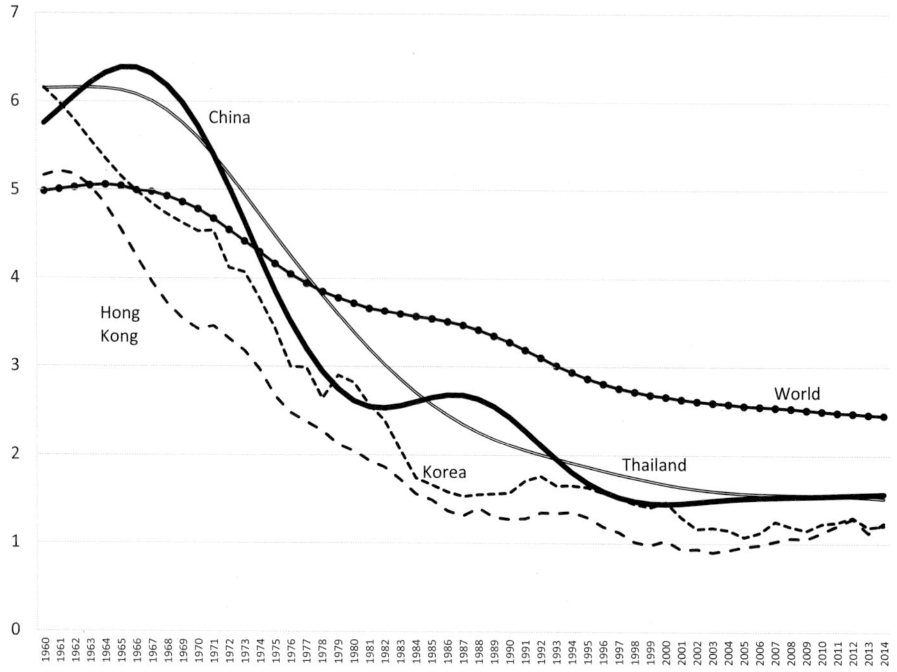

그림 8.2 합계출산율: 중국

자료: World Bank, World Development Indicators, http://databank.worldbank.org/data/reports.aspx?-source=world-development-indicators, accessed November 30, 2016.

다가 다산을 금지하는 사회적 통제는 도시지역에서 훨씬 더 강력하다. 중국의 사회 · 제도적 특징은 목표 가족 규모의 기본적인 도농 간 차이를 강하게 부각시킨다. 중국 도시들의 인구학적 천이는 그에 상응하여 빠르게 진행되었다.

8.3 정부 정책의 역할

1953년 중국 최초의 현대적 인구조사 직후, 정부는 피임 정보 및 서비스를 제공하면서 소규모의 자발적인 가족계획 프로그램을 시작했다. 그러나 마오쩌둥은 가족계획에 대해 양면적인 태도를 보였는데 때로는 중국의 많은 인구가 유리하다고 주장하기도 했으며, 가족계획 정책은 강력하게 추진되지 않았다. 대약진운동 이후 일어난 재앙은 중국 지도부의 많은 사람들에게 산아제한이 필요하다는 확신을 갖게 했으며, 마오는 결국 그러한 정책들이 시행될 수 있도록 허용했다. 중국 정부는 1971년 처음으로 가족계획을 전면적으로 추진했다. 이 정책은 "더 늦은 결혼, 더 긴 임신과 출산의 간격, 더 적은 자녀 수"를 의미하는 완시샤오(万喜少) 혹은 "더 늦게-길게-적게"로 알려져 있나. 법적 최소 결혼 연령이 높아졌고, 부부들은 둘째나 셋째 아이를 갖기 전에 기다리라는 권유를 받았다. 이 정책은 1978년까지 지속되었고 도시와 농촌 부부 모두를 대상으로 했다. 이 정책의 도입은 그림 8.1과 8.2에서 볼 수 있듯이 출생률과 합계출산율이 모두 급격히 하락한 주된 전환점이었다. 사실상 모든 출산율 감소는 셋째 이상 자녀 수가 줄어든 결과였다. 1979년까지, 첫째 아이를 출산한 부부가 둘째를 낳을 확률은 95%였다(Feeney and Yu, 1987). 이는 "두 자녀지만 기다려라"라는 정책으로 특징지을 수 있다.

완시샤오(万喜少) 정책의 성공은 인구 위기에 대한 두려움을 진정시키기에 충분하지 않았다. 출산율이 감소했음에도 불구하고, 1962년에서 1971년 사이에 태어난 대규모 베이비붐 세대가 결혼 연령에 도달함에 따라 인구증가는 가속화될 예정이었다. 중국의 지도자들은 지속적인 인구증가가 국가의 인구 수송 능력을 능가하고 경제발전을 방해할 것이라고 우려했다. 게다가 이 시기는 1970년대에 세계의 인구증가가 최고조에 달했기 때문에 인구에 대한 국제적인 불안감이 가장 컸던 시기였다. 인구에 대한 "매파"들은 지속적인 인구증가의 가속도를 깨고 또 다른 출산의 파도를 막기 위해서는 적어도 한시적으로 출산율을 보충 수준 이하로 낮출 필요가 있다고 주장했다. 1980년 9월에 "한 자녀 정책"은 2000년 12억 인구를 목표로 채택되었다.

한 자녀 정책은, 가장 바람직한 자녀 수는 1명이라고 중국 가정에 납득시키고자 했으며 2명 또는 (특히) 2명 이상의 자녀를 둔 여성에게는 일련의 제재와 벌금이 부과되었다. 한 자녀 정책의 시행을 지방정부에 위임하고 성(省)과 그 이하 지방 관료들은 현지에서 인구증가율을 낮추는 데 성공했는지에 대한 평가를 받았다(5.6절에 기술된 제도의 일부). 결과적으로 지방 관료들은 출산 억제에 대해 위로부터 상당한 압력을 받았다.

한 자녀 정책은 특히 처음 몇 년 동안 시행이 매우 엄격했기 때문에 즉시 논란이 되었다. 예를 들어 1983년 이 정책은 한 자녀를 두고 있는 여성에게 자궁내 피임기구(IUD)를 의무적으로 삽입하게 하고 두 자녀 이상인 부부에게는 불임수술을 강요하였으며 허가받지 않은 임신에 대해서는 낙태할 것을 요구했다. 1984년까지 국내에서의 반발과 국제적 논란으로 인해 중국 정부는 정책을 대폭 완화하여 1984년 이후에는 "1.5자녀 정책"이라 할 수 있는 정책이 시행되었다. 지방정부는 첫 자녀가 여아이거나 장애가 있는 경우에는 둘째 자녀를 허용하는 법률을 시행했다. 정부는 강제 불임과 낙태를 공식적으로 포기했다. 지방정부들이 지역적 차이를 반영한 법규들을 제정함에 따라 한 자녀 정책에 상당한 지역적 편차가 허용되었다. 중국이 한족이 아닌 소수민족의 인구를 통제하려 했다는 비난을 피하기 위해 소수민족에는 한 자녀 정책이 적용되지 않았다. 소수민족의 출생률은 한족의 약 두 배에 달했다. 그 정책은 도시와 농촌 그리고 성(省)에 따라 달랐다. 1991년 이후 지방정부 평가제도에서 출생 목표의 심각성을 높이고 벌금을 인상하는 등 정책이 다시 강화되었다.

한 자녀 정책으로 모든 중국 가정의 임신과 출산이 감시의 대상이 되었다. 이러한 감시는 단위체제가 일상적으로 여성 노동자의 가임 주기를 추적하는 등 도시지역에서 훨씬 더 심했지만 농촌지역에도 존재했다. 도시지역에서는, 단위체제에 출산 할당제가 시행되기도 했으며, 때로는 첫 아이를 갖기 전에 차례를 기다려야 할 때도 있었다. 한 자녀만을 갖겠다고 서약한 부부는 보육 및 학교의 우선적 이용 기회를 포함하여 다양한 특권을 부여하는 "한 자녀 증명서"를 받았다. 도시지역의 준수율은 높았다. 도시 가정의 86% 이상이 한 자녀만을 낳았다. 농촌에서는 부부가 배정받은 한두 명의 아이를 낳은 뒤 임신을 하게 되면 지역 가족계획 담당자들의 태아 낙태 압박에 시달린다. 가족계획 담당자들은 거의 매일 그 부부를 방문하여 낙태시키기 위해 설득하려고 했다. 부부가 무단으로 출산하면 각종 처벌을 받게 된다. 대부분의 성(省)에서 셋째 또는 넷째 자녀를 둔 가정에 대해 가구당 연간 소득에 해당하거나 그 이상의 재정적 벌금을 부과하였다. 만약 가족들이 돈을 지불하지 못하면 소유물이 압수될 수도 있고 심지어 집이 철거될 수도 있었다. 동시에, 많은 지역에서 농부들은 한 자녀 정책에 저항했다. 출산을 때때로 숨겼고, 갓 태어난 아이들을 양육을 위해 재빨리 친척들에게 보냈다.

한 자녀 정책은 35년간 지속되었다. 21세기 초, 인구학자들 사이에 한 자녀 정책은 불필요하게 엄격하고 중국 사회에 장기적인 문제를 야기한다는 공감대가 형성되었다. 그럼에도 불구하고 중국 정부는 거의 10년 동안 조치를 미뤘다. 드디어, 2013년 12월, 아버지나 어머니가 독자인 부부에게는 둘째 아이를 가질 수 있도록 허용되었다. (두 배우자가 모두 독자인 부부는 오래전부터 두 자녀를 가질 수 있었다.) 2년 후에는 이 권리가 모든 중국인 부부에게 확대되었다. 2016년 1월 1일부터, 모든 중국 가정은 두 명의 자녀를 가질 수 있게 되었다. 역사적 시대가 막을 내렸다.

8.4 한 자녀 정책의 영향과 출산율 감소

한 자녀 정책은 그 시작부터 논란이 되었다. 찬성론자들은 출산율이 가장 높은 연령의 인구 급증에 대해 필요한 비상 대응이라고 설명했다. 비평가들은 이 정책이 필요하지도 적절하지도 않다고 주장했고, 예상하지 못한 심각한 결과가 될 거라는 주장도 했다. 한 자녀 정책의 엄격함에도 불구하고, 완전히 성공하지는 못했다. 최고로 엄격했던 해인 1983년에도 전체 출생아의 19%가 둘째 이상이었고 1990년대 중반까지 전체 출생아의 절반 이상이 셋째 이상이었다. 이 때문에 부분적으로 중국의 인구는 2000년에 당초 목표치인 12억을 넘어 12억 6,600만 명에 달했다. 일부 인구학자들은 보다 온건한 정책이 가족의 출산을 지연시키고 전반적인 법규 준수율을 높이며, 긍정적인 동기를 꾸준히 제공하는 것이 더 효과적일 수 있다고 주장했다(Bongaarts and Greenhalgh, 1985). 실제로 1971년부터 1979년까지의 "더 늦게-길게-적게" 정책의 성공은 정확히 이러한 면을 보여 주고 있다.

8.4.1 출산율에 미치는 영향

한 자녀 정책은 중국 인구에 대해 상당한 수준의 강제성을 수반했지만 강제성의 수준은 지역마다 상당히 달랐다. 대도시의 경우, 평균적인 자발적 목표 가족 규모가 대부분 정부가 정한 출산 한도 이하로 떨어졌다. 중국 인구학자들은 각 성(省)의 함축적인 정책 허용 합계출산율(TFR)을 산출했는데, 이 수치는 정책을 완벽하게 준수할 경우 그 지방 합계출산율이 얼마인지를 말해 준다. 가장 낮은 곳은 상하이(1.28), 가장 높은 곳은 신장(2.4)이었다. 2000년경 13개 지방은 실제 TFR이 허용된 그것보다 이미 현저히 낮았는데, 거의 대부분이 정책이 엄격하게 시행된 도시 및 해안 지역이었다(Zhang, 2003, pp.68~71). 따라서 중국의 어떤 지역에서는 강제적인 정책 시행이 필요 없었던 반면, 어떤 지역에서는 상당한 저항이 있었다. 특히 구이저우(贵州)와 장시(江西) 같은 가난한 농촌지역에서는 출산율이 이론적으로 허용된 것보다 훨씬 높았다. 이러한 지역적 차이는 한 자녀 정책이 오늘날 중국에서 출산율의 변화를 주도하는 유일한, 혹은 심지어 주요 요인이 아니라는 것을 분명히 한다.

사실, 한 자녀 정책이 없었어도 오늘날의 중국에서 출산율이 낮을 것이라고 예상할 수 있는 실질적인 이유가 있다. 동아시아의 다른 지역들은 극히 빠른 출산율 저하를 경험했고 TFR은 한국, 대만, 홍콩에서 보충출산율 수준보다 낮다. 1980년대 이후 중국은 급격한 도시화와 남녀의 교육수준 증가를 경험했고, 여성의 노동력 참여가 지속적으로 높아지고 있다. 이러한 사회적 경향은 세계 어디에서나 낮아지고 있는 출산율과 관련이 있으며 중국도 다를 것 같지 않다. 중국 내에는 한 자녀 정책이 적용되지 않았던 "실험지역"도 있는데, 이들 지역도 출산율이 급격히 감소했다. 지역 비교 및 기타 데이터를 반영하여 Cai(2010, p.434)는 다음과 같이 결론을 내렸다.

> *중국의 낮은 보충출산율에 대한 추진은 정부의 강압적인 정책에 의해 촉발되고 가속화되었을지 모르지만, 정부 정책이 매우 낮은 출산의 핵심 요인은 아니다. … 다른 사회와 마찬가지로 사회경제적 발전이 중국의 낮은 보충출산율 전환에 결정적인 역할을 한다.*

더 많은 확인은 한 자녀 정책을 완화했을 때 초기의 비교적 절제된 반응에서 알 수 있다. 2014~2015년 1,100만 쌍의 부부가 둘째를 낳을 수 있는 자격이 있는 것으로 추산되었지만, 16%만이 둘째를 낳을 의사가 있는 것으로 추정되었다. 2016년 두 자녀 정책의 보편화와 추가적인 출산을 장려하기 위한 정책 노력 이후에 비교적 느린 반응으로 이어졌다(Attané, 2016). 2016년에는 출생아 수가 100만 명 이상 증가했는데, 이는 1,800만 명의 약 8% 증가한 것으로, 이 정도 수준으로 계속 유지될 것으로 보인다. Zeng and Hesketh(2016)는 일부 농촌지역의 국지적 급증과 장기적으로 도시 출산율이 다소 높을 것으로 전망하면서 중국의 최대 인구가 한 자녀 정책이 유지됐을 때보다 4,600만 명(6년 후)

더 늘어날 것으로 전망했다. 그래도 저출산 제도는 지속되고 2029년 이후에는 인구가 감소할 것이다. 중국의 정책 완화가 새로운 출생아 홍수를 촉발할 가능성은 낮다.

8.4.2 한 자녀 정책으로 인한 출생 과소 신고

한 자녀 정책의 강압적인 요소는 특히 농촌지역에서 중국 가정의 방어적인 반응을 불러일으켰다. 그들은 출산, 특히 여아의 출산을 적게 신고했다. 농촌 가족과 농촌 관리들은 출생신고를 정확하게 보고할 동기가 없었으며 보고를 지연시키거나 전혀 보고하지 않을 유인이 강했다. 아이들은 때때로 법규와 처벌을 회피하면서 점차 사회로 유입될 수 있었다. 이것은 특히 여자아이의 출생에 해당되었다. 불완전한 출생기록에 대한 가장 확실한 증거는 정기 인구조사 때마다 10~12살 사이의 어린이들이 10년 전 인구조사 때보다 더 많이 발견된다는 것이다. 결과적으로 모든 공식적인 인구통계는 출생을 적게 신고한 결과 정확하지가 않다. Wang Feng(2005, p.1)에 따르면 한 자녀 정책은 "신뢰할 수 있는 정부 출생신고 제도의 붕괴"로 이어졌다.

1990년대 중국의 급격한 출산율 저하에 대한 이해를 어렵게 하는 문제들 중 한 가지 예가 있다. 2000년 인구조사에서 TFR의 초기 계산은 1.22에 불과해 믿기 어려울 정도로 빠른 출산율 감소를 시사했다. 출산계획기관과 국가통계국 관계자들은 이번 결과가 숨겨진 출생아 수가 증가한 데 따른 것으로 판단하고 1.7명으로 과잉 수정했다. 인구학자들은 그 수치가 너무 높다고 비난했다. 아이러니하게도 이번 토론에서, 공식기관들은 공식적 인구조사 수치를 가장 신뢰하지 않았는데, 아마도 그들의 공식적인 임무를 옹호하고 한 자녀 정책을 계속하는 것에 대한 그들의 관심 때문이었을 것이다. 이후 합의된 수치인 약 1.5를 뒷받침할 수 있는 충분한 데이터가 축적되었다. 합의된 수정치가 그림 8.2에 나타나 있다. 정확한 출산율에 대한 불확실성은 의심할 여지 없이 한 자녀 정책의 종료 지연에 영향을 미쳤다.

공식적인 출생 수치를 사용하면 영아 및 아동 사망률에 대해 부정확하고 적은 수치를 초래할 수 있다. (사산이나 병든 아동의 출산을 보고하지 말라는 유인책이 훨씬 더 강하기 때문이다.) 따라서 영아 사망률과 출생 시 기대수명에 대한 조정되지 않은 공식 데이터는 전혀 신뢰할 수 없거나 유용하지 않다. 적은 보고에 대한 기대수명 데이터를 수정하는 데 필요한 조정은 매우 복잡하지만, 인구학자들이 이를 위해 노력해 왔다. 이는 1982년과 2000년 사이의 인구조사에서 다소 느리게 증가한 중국에서 출생 시 기대수명이 21세기 첫 10년 동안 빠르게 증가했음을 나타낸다. Cai(2013)는 2000년에서 2010년 사이에 출생 시 기대수명이 남성의 경우 69.7세에서 74.1세로, 여성의 경우 72.8세에서 77.4세로 각각 증가한 것을 보여 주고 있다. 10년 내에 4~5년이 증가한 것은 국제 경험상 완전히 전례가 없는 것은 아니지만 매우 긍정적인 결과라고 할 수 있다. 따라서 한 자녀 정책은 좋은 정책 수립의 기초가 되는 데이터를 왜곡하고 중요한 공중보건의 성과를 모호하게 했다.

8.4.3 불균형한 성비: 실종된 소녀들

한 자녀 정책의 예상치 못한 가장 중요한 영향은 중국인의 남아선호로 인한 불균형한 성비였다. 남아에 대한 전통적인 문화적 선호도는 결혼 제도에 의해 유지된다. 소녀들은 "결혼"을 하고 고향 마을을 떠나는 반면 소년들은 마을에 남고 때로는 가족들과 살기도 한다. 따라서 소년들은 가계소득에 기여하고 노년의 부모를 부양하는 경우가 더 많다. 소녀들은 친정을 돕고 싶어도 멀리 떨어져 살고 새로운 가정에 매여 있어서 나이 든 부모를 도울 수 있는 재원과 능력이 거의 없다. 따라서 많은 농촌 가정에서 소년들은 소녀들보다 문화적으로나 물질적으로 더 가치가 있다. 이러한 남아선호가 중국 정부의 강제적인 출산 제한과 맞물려 그 결과로 나타난 것이 극도로 불균형한 성비이다.

대부분의 인구에서 여아보다 남아가 더 많이 태어난다. 평균적으로 여아 100명당 남아 106명이 정상적인 비율로 간주되며, 다소의 편차가 있지만 103명에서 110명이 일반적인 편차 범위이다. 전통적인 중국에서 여아 살해가 이 비율을 크게 왜곡시켰다. 1930년대 후반에는 여아 100명당 남아의 수는 120명 이상이었다. 1949년 이후 경제적, 사회적 진전에 따라 이러한 불균형은 꾸준히 감소하여 1960년대와 1970년대에는 성비가 정상범위 내에 있었다(Coale and Banister, 1994). 표 8.1은 중국의 각 연도 국가통계조사에서 보고된 출생 시의 성비를 보여 준다. 이 성비는 1953년과 1964년에 정상이었으나 1980년대 초반부터 가파르게 증가하여 명백히 정상범위를 벗어났다.

성비 자료도 앞 절에서 논의된 출생아에 대한 낮은 신고로 어려움을 겪고 있다. "실종" 소녀들 중 일부는 사실 "누락된" 소녀들이다. 2000년과 2010년 인구조사에서 이전 10년 전 출생등록 때보다 10세가 더 많다는 사실을 발견함으로써 인구학적 탐사작업이 자극받았다. 다시 나타나는 아이들의 대다수는 소녀들이지만 소년들도 상당히 많다. 2010년 인구조사는 2000년 인구조사에서 10세로 계산된 것보다 20세가 더 많았으며 대부분 소녀였다. 잠정적으로 설명하자면, 가족들은 아이들이 중학교에 입학할 때까지 등록을 미루는 것으로 보인다. 많은 자녀를 낳더라도 신고하지 않으면 벌금이 부과되지 않으며 심지어 첫 번째 또는 두 번째 출생아들도 차후 선택권을 열어 두기 위해 신고하지 않을 수 있다. 지방 공무원들은 초과 출산에 대한 처벌을 받고 초등학교는 전형적으로 마을(村里)

표 8.1 출생 시 보고된 성비(여성 100명당 남성 수)

1953	104.9
1964	103.8
1982	107.6
1990	111.8
2000	117.8
2010	118.6

자료: Census Office (2014, 94).

에 있는 반면 중학교는 주로 향진(乡镇)으로 가기 때문에 외면하고 있다. 2010년 인구조사 자료를 보면 많은 가족들은 소녀들이 결혼을 해서 마을을 떠날 때까지 등록을 미루고 있는 것으로 보인다. 이 수치는 1990년 이후 매년 거의 100만 명의 실종 소녀들이 있다는 것을 보여 준다. 다양한 추정치는 출생 시 불균형한 성비의 적어도 1/4에서 1/3 또는 심지어 절반이 여아 출생에 대한 선택적인 과소 보고로 설명될 수 있다(Cai, 2013). 이것은 여전히 연간 50만 명의 소녀들이 실종되었다는 것을 의미한다. 감시가 훨씬 더 엄격하고 과소 보고될 것 같지 않은 도시지역에서도 성비 차이가 증가했다. 가장 중요한 요소는 아마도 성 선택적 낙태의 가능성일 것이다. 1980년대 초반부터 자궁 내 아기의 성별을 구별할 수 있는 초음파 기계가 도시와 농촌에 널리 보급되었다. 초음파 기술자가 태아의 성별을 밝히는 것은 불법이지만 이런 규정은 쉽게 피해 간다. 초음파 기계의 확산은 많은 아시아 사회에서 성 불균형 악화와 관련이 있다. 가족당 총 출생아 수를 제한하는 압박을 받으면서 많은 중국 가정들은 더 가치가 있는 남자아이들을 선택하는 것 같다. 또 다른 문제는 여아의 어린이 사망률이 남아보다 높다는 사실인데 이는 대부분의 다른 사회에서 관찰되는 것과 대조되는 패턴이다. 여자 아이들에 대한 차별은 심각한 문제이다.

8.4.4 불균형한 성비: 남성 초과

성비 불균형은 특히 "결혼 시장"에서 남성에게도 어려움을 초래한다. 전통적으로 거의 모든 중국 여성들이 결혼했다. 오늘날에도 45~49세 여성의 99.5% 이상이 현재 결혼했거나 이전에 결혼 경험이 있으며 남성의 97%가 결혼하였다(Census, 2010, p.1,862; 이 집단은 불균형한 성비가 발달하기 전인 1960년대 초에 생겼다). 거의 보편적인 결혼이라는 규범과 함께, 불균형한 성비는 단순한 계산으로 수백만 명의 남성들이 결혼할 수 없게 될 것임을 암시한다. 1990년대 초반부터 매년 태어나는 여성보다 50만 명이 더 많다면 결혼 시장에는 1,000만 명이 훨씬 넘는 초과 남성들이 있다. 이 남자들은 아마 절대 결혼하지 못할 것이다(Tucker and Van Hook, 2013).

여성은 "외부" 그리고 "위"와의 결혼을 열망하기 때문에 이 불균형은 소득과 사회적 지위가 낮은 남성은 아내를 찾을 수 없게 된다는 것을 의미한다. 여성들이 더 나은 결혼을 위해 이주할 수 있기 때문에 초과 남성들은 농촌, 특히 가난에 시달리는 지역에 집중될 것이다. 불균형한 수의 미혼 남성이 있는 가난한 마을들 즉 "헐벗은 마을들"이 중국 언론에 공개된 적이 있다. 이런 입장에 있는 불만을 품은 남성들이 범죄와 다른 사회적 문제를 많이 야기할 수 있다는 주장이 제기됐다. 이 문제는 인구의 제로성장의 시작으로 악화될 것이다. 일반적으로 남성은 자신보다 몇 살 어린 여성과 결혼하게 되는데 1990년 이후 결혼 가능한 여성의 수가 줄어들고 있으므로 초과 남성의 문제는 더 심각해질 것이다. Jiang et al.(2011)에 따르면 결혼 적령기에 이런 "감소-풀(shrinking-pool)" 효과가 나타나면서 2025년까지 결혼 시장의 불균형이 훨씬 심해질 것이라고 한다. 그 이후의 진전은 테어날 때의 불균형한 성비를 교정할 수 있는지에 달려 있다.

8.4.5 불균형한 결혼 시장의 추가적인 결과

불균형한 결혼 시장은 결혼할 수 없는 소외된 남성들의 좌절감을 넘어 경제적, 사회적 영향을 미친다. 남성들 사이에서 가장 적합한 여성들을 찾기 위한 경쟁이 치열하다. Wei and Zhang(2009)은 가계 저축률과 중국 각 지역의 성비 불균형 사이의 상관관계를 보여준다. 그들은 성비 불균형이 남성들에게 결혼 시장에서 그들의 가치를 증명하기 위해 저축을 압박하고 종종 아파트를 구입하도록 압박한다고 주장했다. 부모나 다른 가족 구성원들이 이러한 자산 축적에 기여할 수도 있다. 또한 그들은 성비 불균형이 중국의 매우 높은 가계 저축률(7장 참조)의 원동력 중 하나라고 주장하고 있다. 중국의 결혼 시장에서 관찰되는 또 다른 특이한 현상에서도 비슷한 효과가 작용하고 있을 수 있다. 중국과 같이 사회적 변화를 겪고 있는 나라는 일반적으로 초혼에서 남성과 여성의 연령차가 줄어드는 것을 경험하고 있다. 사실 이것은 1990년대를 통한 중국인들의 경험이었다. 그러나 1990년대 중반부터 초혼의 연령차가 다시 커졌는데 이는 매우 드문 일이다. 경쟁이 치열한 결혼 시장에서 재정적인 안정성을 보여 줄 필요성이 나이 든 남편들을 선호하고 이런 사회 변화를 견인한다는 주장도 있다.

8.5 연령 구성 변화

출생률과 사망률의 변화는 인구의 연령 구성에 규칙적이고 예측 가능한 영향을 미친다. 이들은 인구 연령 피라미드에서 가장 잘 볼 수 있다. 그림 8.3은 1953년 중국의 연령 피라미드이다. 피라미드는 최연소부터 최고령까지 쌓여 있으며, 가로선의 너비는 그 해의 연령 집단의 크기를 나타낸다. 중국의 1953년 연령 피라미드는 가난한 경제에서 인구의 전형적인 예로, 출산율과 사망률이 모두 높고 많은 아기들이 태어나기 때문에(인구 규모에 비해) 저변이 넓다. 모든 연령대에서 사망률이 높기 때문에 피라미드는 꼭대기를 향해 꾸준히 좁아진다.

그림 8.4는 2015년 중국의 연령 피라미드를 나타낸 것이다. 그 모양은 전통적인 시대의 피라미드와 매우 다르며 중국 인구의 역사를 형성한 극적인 사건들에 대한 명확한 증거를 보여 준다. 55세의 들어간 부분은 1960년경 출생을 줄이고 유아 사망률을 높이는 대약진운동의 영향을 나타낸다. 더욱 두드러진 것은 1990년부터 25세 미만의 집단 크기가 급격히 감소했다는 것이다. 기반이 좁아진 것은 출산율 저하의 영향을 분명하게 보여 준다. (이 데이터는 공식 데이터로, 과소 보고에 대해 조정되지 않았으므로 아래 계층은 실제로 5% 더 넓어질 수 있다.) 현재 두 개의 불룩한 부분은 40대 후반과 50대 초반의 "베이비붐" 세대와 20대의 "베이비붐 에코" 세대로 모두 노동인력에 해당된다.

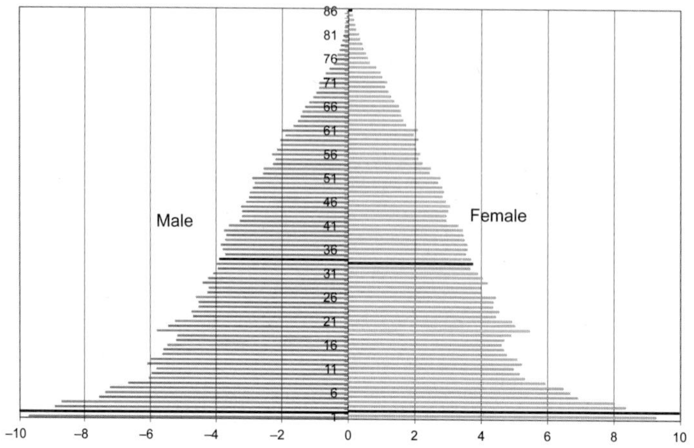

그림 8.3 1953년 인구 연령 피라미드
자료: China 1953 National Census, given in Yao and Yin (1994, table 2-3).

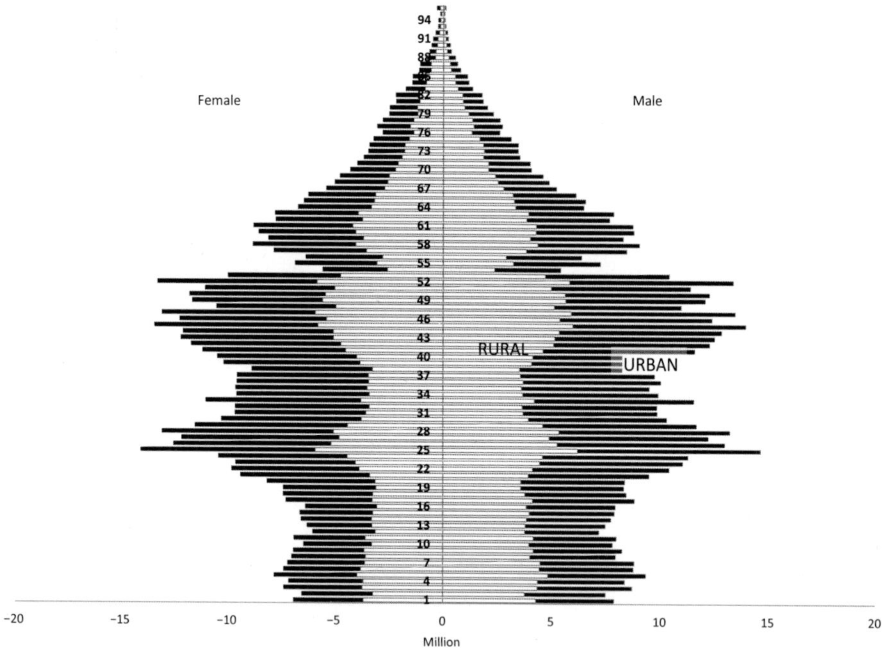

그림 8.4 2015년 인구 연령 피라미드: 도시와 농촌
자료: National Bureau of Statistics (2016, table 3-1). Data are grossed up from this 1.55% sample of national population.

연령 피라미드는 해마다 증가하는 것으로 생각할 수 있다. 노동력의 규모 변화는 젊은 층의 노동력 진입과 노령층의 노동력 은퇴의 규모에 따라 달라진다. 그림 8.4에서 볼 때 중국은 노동력 규모가 장기적으로 감소하고 있음을 알 수 있다. 베이비붐 세대가 은퇴를 시작하면 훨씬 더 작은 젊은 집단으로 대체될 것이다. 2012년 이후 15~64세 사이 인구의 절대 규모는 정체되었으며 지금은 감소하기 시작했다. 이러한 변화는 궁극적으로 중국의 사회와 경제에 큰 영향을 미칠 것이다.

8.6 장기적 추세와 인구 고령화

출산율과 사망률은 이전 절들에서 볼 수 있듯이 일반적으로 예측 가능하고 규칙적인 방식으로 알려져 있고 그렇게 작동한다. 이러한 가정은 기존의 인구 구조와 결합하여 인구와 노동력의 장기적 변화를 예측할 수 있게 해 준다. 앞으로 20~30년 동안, 25년 후의 신규 노동자와 부모들의 수는 기본적으로 오늘날 기록된 출생아에 의해 결정되었기 때문에 그 확신은 강화된다. 확실히, 부정확한 데이터와 한 자녀 정책 완화의 영향에 대한 명확한 이해 부족으로 불확실성이 존재하지만 인구는 여전히 미래의 더 예측 가능한 측면 중 하나이다.

노동인구의 급속한 성장은 이미 끝났으며 앞으로는 노동인구가 줄어들 것이다. 1980년대와 1990년대 동안 노동인구는 전체 인구보다 훨씬 더 빠르게 증가했는데 1980년대 동안 노동인구는 매년 2.5%씩 증가했다. 또한 도농 간 이주와 결합된 인구증가는 1978년과 2010년 사이에 매년 4.1%씩 증가한 도시 노동력의 급속한 증가를 부채질했다.

그림 8.5는 1990년부터 현재, 그리고 2050년까지 중국의 총 인구 및 노동인구의 진화를 보여 준다. 두 가지 분명한 전환점이 눈에 띈다. 총 인구는 2027년경에 정점을 찍고 나서—정책 완화에 대한 반응이 더 크면 조금 늦게—오랫동안 꾸준히 감소하기 시작할 것이다. 노동인구는 2014년쯤 이미 정점에 이르렀지만 가용 노동자의 감소는 앞으로 10년 동안 점진적으로 나타날 것이다. 본질적으로, 노동인구는 2010년부터 2027년 사이 정체해 있다가 매년 0.5%를 약간 넘는 비율로 상당히 빠르게 감소하기 시작할 것이다.

추후에 고령인구는 중국의 사회 체제에 상당한 부담을 줄 것이며, 효과적인 정책 대응이 요구된다. 65세 이상 중국인은 2010년 1억 1,500만 명에서 2050년 3억 5,000만 명으로 3배 이상 늘어날 것으로 추정되며 2030년에는 노인들이 중국 인구의 약 20%를 차지할 것이다. 급속한 인구 고령화는 근본적으로 출산율과 사망률의 빠른 하락을 반영한다. 중국의 경우 2015년경부터 시작된 베이비부머 장년층의 정년퇴직(많은 분야에서 60세부터 시작)으로 출산율 급감의 영향이 증폭되고 있다.

현재의 연령 구조는 중국경제에 기회의 창을 제공한다. 중국은 낮은 부양률(dependency rate)을 가진 젊은 인구의 이점을 가지고 있다. 즉, 어린이와 늙은 피부양자 모두 상대적으로 낮은 인구 비율을 나타낸다. 2015년에는 인구의 73%가 15~64세(경제활동 인구) 사이였고, 27%가 15세 이하 또는 65세 이상이었다. 부양가족 비율로 표현하면, 이는 노

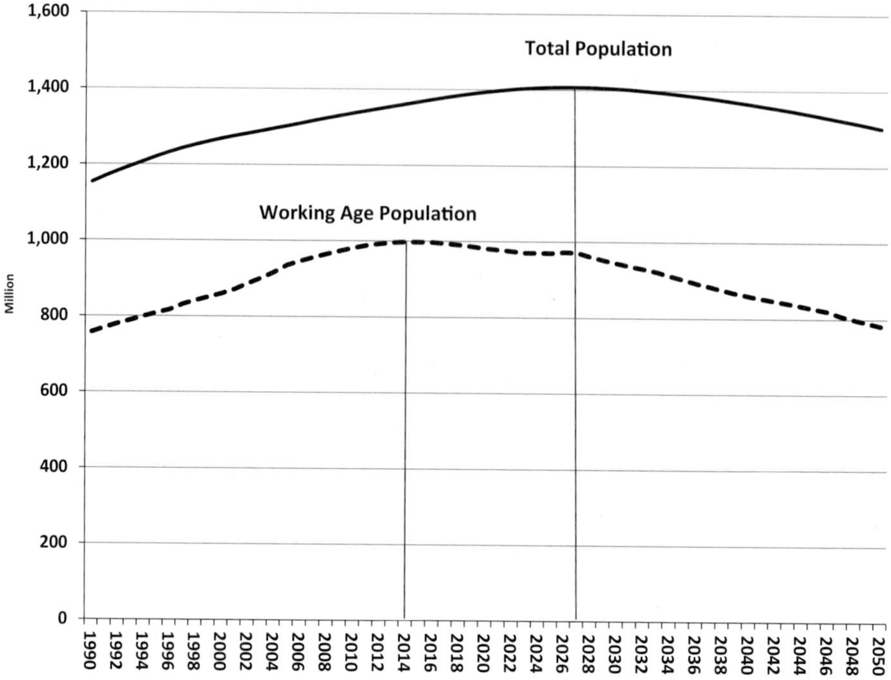

그림 8.5 총 인구 및 근로연령 인구 추정치

자료: U.S. Census Bureau International Database, http://www.census .gov/population/international/data/idb/informationGateway.php, accessed December 15, 2016.

동연령 100명당 37명의 가족을 부양한다는 것을 의미한다. 그림 8.6은 1990년과 2050년 사이의 부양률을 보여 주고 있다. 중국은 2005~2015년 사이의 엄청난 경기침체를 막 끝냈는데 이 기간 동안 중국의 부양률은 중간 소득 국가 평균보다 10포인트 이상 낮았다. 그림 8.4에서와 같이, 이는 두 번의 큰 베이비붐 세대가 현재 주요 노동력이기 때문이다. 이 장에서 설명한 출산율 변화 때문에 청소년 부양률(자녀 수)은 이미 급격히 감소한 반면, 고령의 피부양자(65세 이상)는 아직 인구의 큰 부분이 아니다. 1950년대부터 시작된 사망률의 감소로 이제 노인들의 비중이 증가하고 있다.

부양률의 변화는 1인당 GDP의 저성장으로 이어질 것이다. 이것은 기계적인 결과로 명백하다. 앞으로는 중국의 생산인력은 안정된 후 감소하기 시작할 것이다. 인구증가는 계속되겠지만 성장의 대부분은 노인 인구에 집중될 것이며 총 인구에서 생산인력 비중은 감소할 것이다.

중국의 고령화는 다른 동아시아와 비슷하다. 표 8.2를 보면 동아시아 주요국들의 노인 부양률이 급격하게 증가하고 있는 것을 알 수 있다. 실제로 확실한 연쇄성이 있다. 일본은 이미 고령사회로 인구의 26.6%가 65세 이상이다. 홍콩, 대만, 한국은 매우 낮은 출산율로

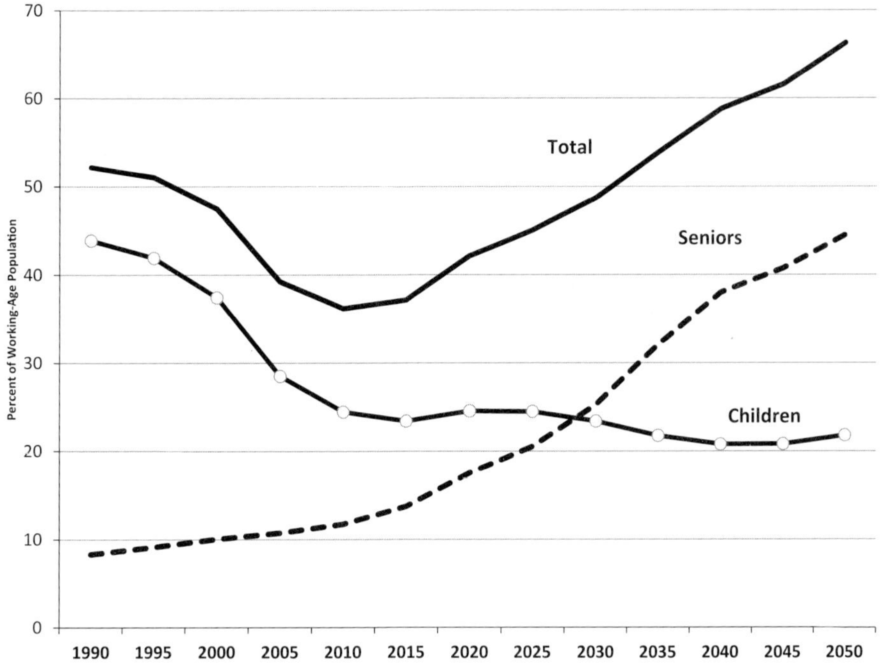

그림 8.6 부양률
자료: U.S. Census Bureau International Database, http://www.census.gov/population/international/data/idb/informationGateway.php, accessed December 15, 2016.

인구 고령화 과정을 시작하는 나라들이다. 중국의 미래는 일본에 이어 약 35년, 홍콩, 대만, 한국에 이어 약 20년 후인 제3의 고령화 물결처럼 보인다. 중국의 문제는 다른 나라들보다 심각하지 않으며 중국은 다가올 변화에 대비할 시간이 더 많다. 동시에 2030년 중국의 1인당 국민소득이 오늘날 한국, 홍콩, 대만보다 낮을 가능성이 높기 때문에 노인 부양

표 8.2 65세 이상 인구 비율

	2015	2030	2050
중국	10.0	17.0	26.7
홍콩	15.3	27.4	35.3
일본	26.6	32.2	40.1
한국	13.2	24.0	34.7
대만	12.5	23.1	34.9
베트남	5.8	11.3	20.7

자료: U.S. Census Bureau International Database, http://www.census.gov/population/international/data/idb/informationGateway.php, accessed December 15, 2016.

에 대한 부담이 상대적으로 더 클 수 있다. 모든 나라가 동아시아 기적경제의 인구학적 딜레마를 공유하는 것은 아니다. 베트남은 중국보다 15년 뒤처져 있다. 미국은 많은 나라들보다 더 점진적인 고령화 과정을 겪고 있으며 2050년에는 21.6%로 중국보다 현저히 낮을 것으로 예상된다.

현재, 농촌의 대부분의 노인들은 소수의 도시 노인들처럼 주로 자녀들의 재정적인 지원에 의존하고 있다. 남성은 여성보다 자녀에 대한 의존도가 훨씬 낮은데 이는 높은 (정규) 노동 참여율, 더 많은 연금(도시에서), 더 많은 여성의 장수를 반영하고 있다. 노인들은 자녀들에게 경제적으로 의존하고 있든 그렇지 않든 대부분 자녀들과 같은 가정에서 살고 있다. 농촌에서는 60세 이상 고령자의 9%만이 다세대 가정에 거주하지 않는 반면, 도시지역은 26%에 이른다. 실제로 아이들은 노년의 부모를 돌봐야 할 법적 의무가 있다. 어린이에 대한 이러한 전통적인 의존은 중국의 출산율 감소로 인해 심각한 압박에 직면하게 될 것이다. 2030년에 평균 65세의 도시 거주자는 1명의 자녀만 있고, 농촌 거주자는 2.3명의 자녀만 있게 된다.

농촌과 도시 지역 모두 미래의 고령화 문제를 해결해야 하는 어려운 도전에 직면해 있다. 농촌지역은 더 불리하다. 농촌의 노인들은 도시지역의 연금 계획에 포함돼 있지 않으며 전반적으로 소득이 낮고 경제활동이 가능한 청년들이 도시로 떠남에 따라 높은 부양률을 보이기 때문이다. 이런 세 가지 요인은 농촌의 노인들이 도시의 노인들에 비해 자신의 수입과 자녀들의 재정 지원에 더 의존하게 만든다. 도시에서는 대부분의 노동자들이 퇴직 후 몇 가지 종류의 약속된 연금을 받는다. 중국 정부는 기능적이고 기금이 조성된 연금제도를 마련하기 위해 노력을 기울였으며, 연금제도 개혁은 중요한 쟁점이 되었다. 중국의 연금 부채에 대한 자금이 없는데 이는 현재 퇴직한 사람의 연금이 현재 노동자들의 세금 납부로 지급되며 향후 퇴직자를 위해 마련된 것이 거의 없음을 의미한다(20장). 이런 점에서 중국은 인구 고령화가 사회보장 및 연금 프로그램에 미치는 영향으로 어려움을 겪고 있는 다른 많은 국가들과 유사하다. 그러나 한 가지 중요한 차이점이 있다. 대부분의 선진국들은 부유해진 후에 고령사회가 되었지만 중국은 부유해지기도 전에 고령사회로 이행할 것이다.

8.7 결론

한 자녀 정책은 여러 가지 중요한 방식으로 중국 사회를 형성시켰으며 경제발전에도 중요한 영향을 미쳤다. 이 정책으로 중국은 인구학적 천이를 빠른 속도로 경험했고 개혁시대에는 성장을 위한 기회에서 예외적인 인구 보너스를 창출했다. 동시에 한 자녀 정책은 가까운 미래에 정책 당국자들에게 예외적으로 심각한 문제를 부과하고 있다. 한 자녀 정책은 퇴직자와 미래 노인들의 부양률을 특히 빠르게 증가시킬 것이며 미래의 인구학적 압박을 높일 것이다. 한 자녀 정책은 심각한 성비 불균형을 가져와 궁극적으로 불만과 많은 문제들을 야기할 것이다.

전반적으로 중국의 인구학적 상황은 급격히 변하고 있다. 9장에서는 이러한 변화가 노동력에 미치는 영향을 살펴볼 것이다. 그러나 분명한 것은 중국이 지난 20년 동안 누려 온 인구학적 이점은 이제 끝났다는 것이다. 노동력 성장 둔화와 고령화 사회가 가까운 미래에 대한 전망이다. 그러나 이러한 변화로 인해 마침내 한 자녀 정책이 끝났고 중국인들은 보다 개인적으로 만족스러운 가족 형태를 선택할 수 있는 더 큰 기회를 갖게 될 것이다. 새로운 제도와 성장하는 풍요로움에 의해 지원되는 개인의 행동은 경제가 이러한 변화하는 환경에 적응할 수 있게 해 줄 것이다.

Bibliography

더 읽을 거리

Wang, Cai, and Gu(2012)에서는 중국 최고의 인구학자 3인이 중국의 정책을 날카롭지만 공정하게 평가하고 있다. Attané and Gu(2014)는 광범위하고 흥미로운 자료를 수집한다. Population and Development Review에 있는 많은 자료들은 중국 인구학에 대해 이해하기 쉬운 논의들을 포함하고 있다.

참고문헌

Attané, Isabelle (2016). "Second Child Decisions in China." *Population and Development Review* 42:519–536.

Attané, Isabelle, and Baochang Gu, eds. (2014). *Analysing China's Population: Social Change in a New Demographic Era*. Dordrecht: Springer.

Banister, Judith (1987). *China's Changing Population*. Stanford, CA: Stanford University Press.

Bongaarts, John, and Susan Greenhalgh (1985). "An Alternative to the One-Child Policy in China." *Population and Development Review* 11 (4): 585–617.

Cai, Yong (2010). "China's Below-Replacement Fertility: Government Policy or Socioeconomic Development?" *Population and Development Review* 36 (3): 419–440.

Cai, Yong (2013). "China's New Demographic Reality: Learning from the 2010 Census." *Population and Development Review* 39 (3): 371–396.

Census 2010 (2012). Census Office, State Council and Population and Employment Division, National Bureau of Statistics. *Zhongguo 2010 Nian Renkou Pucha Ziliao* [China 2010 census statistics]. 3 vols. Beijing: Zhongguo Tongji.

Census Office, State Council, and Population and Employment Division, National Bureau of Statistics (2014). *Maixiang Xiaokang Shehui de Zhongguo Renkou* [China's population on the way to a moderately prosperous society]. National vol. Beijing: Zhongguo Tongji.

Choukhmane, Taha, Nicolas Coeurdacier, and Keyu Jin (2013). "The One-Child Policy and Household Savings in China." Accessed at http://econ.sciences-po.fr/sites/default/files/file/draft_ocp_130213.pdf.

Coale, A. J., and J. Banister (1994). "Five Decades of Missing Females in China." *Demography* 31 (3): 459–479.

Feeney, G., and Jingyuan Yu (1987). "Period Parity Progression Measures of Fertility in China." *Population Studies* 41 (1): 77–102.

Jiang, Quanbao, J. J. Sanchez-Barricarte, Shuzhuo Li, and Marcus Feldman (2011). "Marriage Squeeze in China's Future." *Asian Population Studies* 7 (3): 177–193.

Mason, Andrew, and Tomoko Kinugasa (2005). "East Asian Economic Development: Two Demographic Dividends." East-West Center Working Papers: Economics Series, no. 83 (June). East-West Center, Honolulu.

National Bureau of Statistics (2016). National Bureau of Statistics Division of Population and Employment. *2015 Nian Quanguo 1% Renkou Chouxiang Diaocha Ziliao* [2015 national 1% population sample survey materials]. Beijing: Zhongguo Tongji.

SYC (Annual). *Zhongguo Tongji Nianjian* [Statistical yearbook of China]. Beijing: Zhongguo Tongji.

Tucker, Catherine, and Jennifer Van Hook (2013). "Surplus Chinese Men: Demographic Determinants of the Sex Ratio at Marriageable Ages in China." *Population and Development Review* 39 (2): 209–229.

Wang, Feng (2005). "Can China Afford to Continue Its One-Child Policy?" *AsiaPacific Issues*, no. 77 (March). Honolulu: East-West Center. Accessed at http://www.eastwestcenter.org/publications/can-china-afford-continue-its-one-child-policy.

Wang, Feng (2010). "The Future of a Demographic Overachiever: Long-Term Implications of the Demographic Transition in China." *Population and Development Review* 37 (Supplement): 173–190.

Wang, Feng, Yong Cai, and Baochang Gu (2012). "Population, Policy, and Politics: How Will History Judge China's One-Child Policy?" *Population and Development Review* 38 (Supplement): 115–129.

Wei, Shang-Jin, and Xiaobo Zhang (2009). "The Competitive Saving Motive: Evidence from Rising Sex Ratios and Savings Rates in China." NBER Working Paper no. 15093, National Bureau of Economic Research, Cambridge, MA, June 18.

Yao Xinwu and Yin Hu, eds. (1994). *Zhongguo Changyong Renkou Shuju* [Frequently used data on China's population]. Beijing: Zhongguo Renkou.

Yi Fuxian (2012). *Daguo Kongchao: Fansi Zhongguo Jihua Shengyu Zhengce* [Big country with an empty nest]. Beijing: Zhongguo fazhan.

Zeng, Yi, and Therese Hesketh (2016). "The Effects of China's Universal Two-Child Policy." *Lancet* 388:1930–1938.

Zhang, Haifeng, Hongliang Zhang, and Junsen Zhang (2015). "Demographic Age Structure and Economic Development: Evidence from Chinese Provinces." *Journal of Comparative Economics* 43:170–185.

Zhang, Shanyu (2003). *Zhongguo Renkou Dili* [China population geography]. Beijing: Kexue Publishing House.

9 노동과 인적자본

Labor and Human Capital

중국의 7억 7,000만 명의 노동자들은 세계 최대의 노동력이며 이는 모든 선진국들의 노동력을 합한 것보다 더 많다. 중국이 성장하고 거대한 구조 변화를 겪으면서 노동의 본질이 급격히 변화해 왔으며 현재도 변화하고 있다. 불과 10년, 20년 전만 해도 노동자들은 특히 농촌에서 심한 육체노동에 종사했다. 바위를 부수고 도랑을 파거나 70~80파운드의 짐을 짊어진 남녀가 가파른 산비탈을 오르내리는 등 기계가 더 잘 수행할 수 있는 작업에 사용되는 노동력을 흔히 볼 수 있었다. 이런 광경은 완전히 사라진 것이 아니며 많은 노동자들은 여전히 반복적인 육체노동에 종사하고 있지만, 기계가 많은 힘든 작업을 떠맡았고 노동은 이전보다 육체적으로 덜 지치게 되었다. 이제 이 노동력은 자동화가 증가하고 교육수준이 높아지며 화이트칼라 및 서비스 직업들이 증가함에 따라 또 다른 급격한 변화의 물결이 시작되고 있다.

중국은 또한 역사상 가장 거대한 사회적 실험들 중 하나를 거쳤다. 모든 것을 포괄하는 단웨이(작업 단위) 제도가 해체되었고 종합적인 노동시장이 형성되었다. 예전 시스템은 1980년대에 약간 완화되었다가 1990년대에 두 역사적 사건의 복합적인 영향으로 완전히 붕괴되었다. 첫째, 경쟁의 증가와 낮은 생산성으로 휘청거리던 국영기업체제는 마침내 파산하고 훨씬 작은 규모로 재건되었다. 1996~2003년 사이에 중국은 공기업 인력의 40%인 거의 5천만 명을 해고했다. 둘째, 덜 숙련된 이주 노동자들이 도시로 대거 유입되면서 완전히 새로운 일련의 시장 제도가 형성되었다. 중국의 현대 노동경제는 이 두 가지 사건에 기반을 두고 있다.

비용이 많이 들더라도 기능적인 노동시장의 창출은 경제발전을 위한 필수적인 전제조건이었다. 중국이 개혁기에 접어들었을 때 근본적인 비교우위는 풍부한 저비용 노동력이었다. 이러한 이점은 새로운 회사에 인력을 배치하고 효율적으로 사용할 수 있어야만 실현될 수 있다. 중국의 세계시장 복귀는 노동집약적인 제조업의 신속한 규모 확대 능력에 달려 있었다. 일단 그것이 이루어지면, 가장 시급한 과제는 그 노동력을 향상시키고 보다 정교한 생산 작업으로 이동하는 것이었다. 노동시장이 잘 작동할 때 그들은 이러한 변화를 주도한다. 기능적인 노동시장은 특정한 기술과 교육을 필요로 하고 보상하는 일자리를 창출한다. 근로자들은 훈련과 교육을 받을 동기가 있고, 기업은 재능이나 훈련을 받은 근로자들을 찾아내고 보상할 동기가 있다.

오늘날 근본적인 변화의 물결이 다시 노동시장을 재편하고 있다. 비숙련 노동자의 공급 증가가 점점 줄어들기 시작한 것처럼, 경제의 급속한 성장과 노동 수요의 증가로 미숙련 노동자들의 임금이 인상되기 시작했다. "저렴한 중국"의 등장을 촉진했던 노동시장이 이제 종말을 예고하고 있다. 본 장은 중국 노동력의 짤막한 설명으로 시작한다. 그 후 지난 수십 년간의 노동시장의 제도적 변혁을 다룬다. 그리고 다음과 같은 질문을 제기한다. 중국 노동시장은 교육 및 경험과 같은 생산적인 속성에 얼마나 잘 보상하는가? 우리는 인적자본과 이주에 대한 수익과 관련된 증거를 조사한다. 본 장은 최근의 수요와 공급의 변화를 직접 다루면서 결론을 내리고 "Lewis 전환점" 개념이 현재의 변화를 이해하는 데 좋은 틀인지에 대해 논의한다.

9.1 오늘날 중국의 노동력

중국의 역동적인 노동력은 비교 우위의 주요 원천이다. 중국의 노동력은 젊으며 부양률이 낮고 남녀 모두 노동 참여율이 높다(8장). 게다가 오늘날 중국의 노동자들은 다양한 제도적 방식으로 고용되어 노동경제에 상당한 유연성을 부여하고 있다. 다음 절에서 알 수 있듯이, 노동력 부문도 급격히 향상되고 있다. 향후 중국의 고령화 문제에 많은 관심을 기울였기 때문에 오늘날 중국의 노동력은 특히 도시지역에서 상당히 젊다는 점을 강조할 필요가 있다. 모든 도시와 농촌 취업자들의 평균 연령은 점점 높아지고 있지만, 2010년에 미국이 42세인 데 비해 39세였다. 도시 노동자 평균은 이것보다 훨씬 더 젊어서 36세에 불과하다. 왜냐하면 도시 노동자들은 주로 시골에서 온 젊은 이주자들에 의해 지속적으로 보충되고, 도시 노동자들은 일찍 퇴직하기 때문이다. 더구나 도시 근로자는 농촌 근로자보다 부양가족이 적다(도시 근로자는 100명당 31명, 농촌 근로자는 100명당 52명)(Census, 2010). 이것은 매우 적응력이 좋은 도시 노동력을 만들고, 비록 중국이 이미 인구학적 보너스로 대부분의 이득을 얻었지만, 부양률이 낮은 젊고 적응력이 있는 노동자들의 이익에 대한 갑작스런 손실은 없다는 것을 상기시킨다. 대신에 노동력은 점차적으로 노령화되고, 그 후 노동자들이 은퇴함에 따라 부양률은 높아진다.

그림 9.1은 연령별 인구 대비 고용 비중을 나타낸다. 남성과 여성 모두 최고의 근로기간 동안 농촌 남성의 경우 97%에서 도시 여성의 경우 75%에 이르는 높은 노동 참여율을 보이고 있다. 사회주의 시대에는 도시 여성 노동 참여율이 현저히 높았으나, 여성들은 국가 부문의 해고로 불균형적으로 고통을 겪었으며, 현재 가정에서 새로운 역할을 담당하기 위해 노동 참여를 줄이고 있다(Hare, 2016). 그러나 대학교육을 받은 여성의 노동 참여

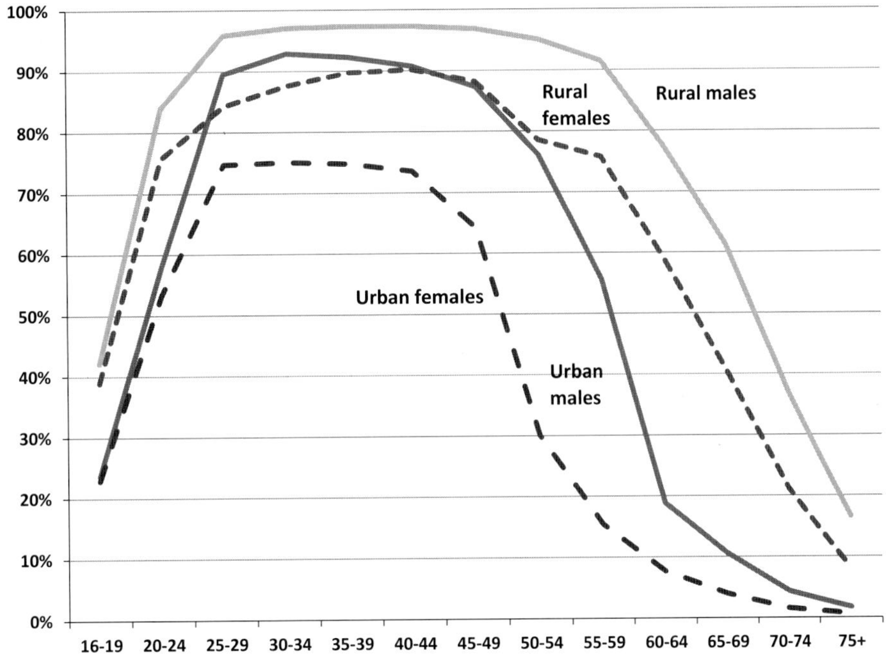

그림 9.1 연령별 노동 참여
자료: Census 2010 (2012, pp.839–841, pp.847–849).

율은 남성 못지않다. 고등교육의 확대로 현재 도시 남성과 여성들은 평균 22세에 노동인구에 진입하는 반면, 대부분의 농촌 사람들은 19세에 노동인구에 들어간다.

특히 두드러진 것은 비교적 젊은 연령의 도시 노동자들 특히 여성이 노동시장을 떠나는 것이다. 1990년대 말 국영기업 축소과정에서 많은 근로자들이 조기 퇴직을 했고, 도시에 조기 퇴직의 기준이 정착되었다. 법정 정년이 55세이지만 대부분의 도시 여성들은 50대 초반에 퇴직한다. 60세가 훨씬 넘은 도시 남성들은 거의 일하지 않는다. 농촌에는 아직도 본질적으로 은퇴자가 없고, 대부분의 남자들은 60대 후반에도 여전히 일을 하고 있다. 긴 노동시간은 조기 퇴직과 함께 고려해야 한다. 2010년 주당 평균 노동시간은 45시간이었고, 노동자의 38%는 주 48시간 이상을 근무한다. 당연히 이 근로자들은 그들이 조기 은퇴했다고 생각한다.

1978년에는 중국 노동자의 99%가 공기업에 속했으며, 그들 중 3/4은 여전히 농촌집체 및 관련 기업인 농장에 있었다. 도시지역에서는 근로자의 78%가 국유기업, 22%는 집체기업에서 일했다. 소수의 자영업자(15만 명), 주로 노인 상인이나 수리공은 어떻게든 30여 년 동안의 사회주의 동원시기에도 독립성을 유지했다. 오늘날 도시 고용은 소유 형태와 직업 유형에 따라 다양하다. 그림 9.2는 2013년 도시 고용의 주요 구성요소를 보여

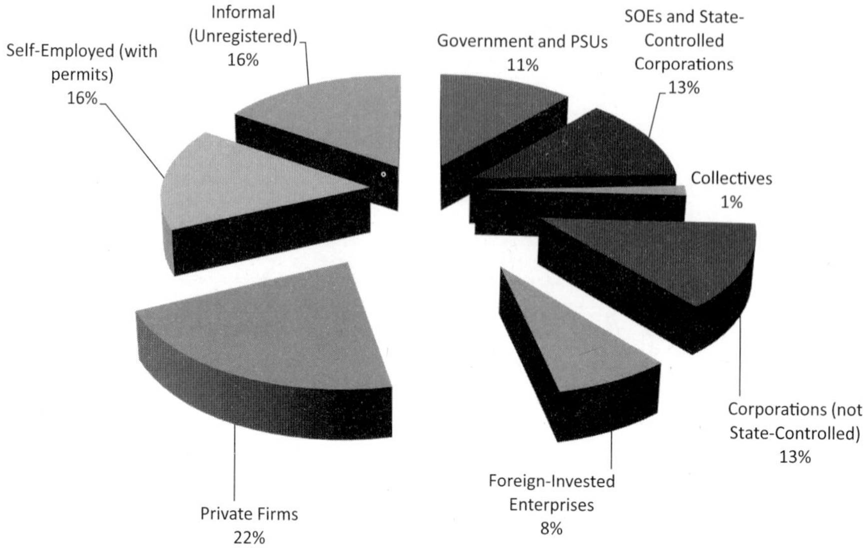

그림 9.2 소유 형태별 도시 고용(2013)
자료: *SYC* (2014) and *Labor Yearbook* (2014).

준다. 이들은 공공부문, 민간부문, 비공식부문의 세 가지 큰 범주로 분류될 수 있다. 공공부문은 도시 고용의 정확히 1/4을 차지하고(그러나 도시 호구를 가진 영주권자 비중이 훨씬 더 높음), 정부, 비영리 공공 서비스 단위(public seivice unit, PSU), 그리고 국유기업(state-owned enterprise, SOE) 등 세 가지 주요 구성요소를 가지고 있는데, 여기에는 정부가 지배적 지분을 갖고 있는 기업이 포함된다. 도시집체도 포함되지만 전체 고용의 1.5%로 줄었다. 공식적인 대규모 민간사업 부문은 고용의 43%를 차지한다. 여기에는 외국 및 국내 법인(정부가 통제하는 기업 제외)과 다양한 법률 형태의 민간기업이 포함된다(14장). 마지막으로 전체 고용의 32%를 차지하는 소규모 비공식부문이 있는데, "자영업자"로 등록된 가족사업자는 원칙적으로 가족 이외의 7명으로 제한되어 있다. 비공식 등록되지 않은 부문도 있는데 등록에 신경 쓰지 않는 소기업에 해당한다. 가족과 미등록 사업자는 사회보험 프로그램에 참여할 가능성이 거의 없다는 점에서 "비공식"이며, 낮은 임금과 부정기 임금을 지급한다.

9.2 중국 노동의 제도적 변화

마오주의 체제는 비정상적으로 노동을 통제했다. 6장에서 1960년대 이후 농촌에서 도시로의 이주가 기본적으로 어떻게 중단되고 도시 거주가 특권 지위가 되었는지 기술했다. 실제로 도시지역 내에서의 일자리 이동을 포함한 모든 종류의 이동은 급격히 감소했다. 정부는 1960년대 초부터 모든 도시 고용을 직접 통제했다. 정부는 고졸이나 대졸자의 95%를 일터로 배정하고 기업들이 스스로 고용이나 해고 결정을 내리는 것을 허용하지 않았다(Bian, 1994). 국가가 근로자의 직업을 결정했고, 직업은 평생직이었다. 근로자들은 해고될 수 없었지만 그만둘 수도 없었다. 1978년 중국 도시 전체의 37,000명(전체 정규직의 0.05%)이 그만두거나 해고됐다. 이것은 소비에트 사회주의와는 전혀 다른 체제였다. 소비에트 연방에서는 육체노동자들이 거의 해고되지 않았지만 자유롭게 일을 그만둘 수 있었고 종종 그렇게 했다. 구소련의 자발적 직업 이직률은 중국보다 200배 이상 높았다(Granick, 1987, p.109). 1978년 이후 시장경제로의 이행이 시작되었을 때, 중국 체제의 극도의 경직성은 점진적인 개혁의 진전을 늦추고 시장경제의 도입을 방해하는 심각한 장애 요인으로 여겨졌다. 결국, 도시 사회 시스템 전체가 일터를 중심으로 구축되었기 때문에 일자리를 잃는 것은 거의 모든 서비스와 사회 안전망에 대한 접근을 잃는 것을 의미했다. 그런 의미에서 해고 노동자들은 도시 거주자들을 정치 체제에 묶는 암묵적인 사회계약을 훼손하고 노동자 계급을 대변한다는 공산당의 주장을 비웃을 것이다. 따라서 노동시장의 창출은 개혁가들의 가장 중요한 과제 중의 하나였지만 또한 가장 민감한 과제이기도 했다.

그 결과 처음에는 변화가 느렸다. 갱신이 가능한 5년의 계약 제도를 통해 제도에 약간의 유연성이 있었지만 실제로 해고된 사람은 거의 없었다. 실제로 국영기업, 공공서비스 단위 그리고 정부 일자리를 포함한 국가의 총 고용규모는 1978년 7,500만 명에서 1996년 1억 1,200만 명으로 증가했다. 개혁이 시작된 지 18년이 지난 1996년 현재, 국가 고용은 여전히 도시 고용의 대부분을 차지했고, 중국의 점진적인 이행 전략의 첫 번째 단계는 다음과 같은 많은 특징들을 보여 주고 있다. 공공기업은 고용과 생산량 증가의 상당부분을 창출했다. 국가 일자리가 보호되었기 때문에 개혁은 "패자 없는" 것이었다. 그리고 시장화는 상품시장에서 시작되었고 노동시장으로 천천히 확대되었다. 그 후 1990년대 중반부터 이 모든 제도적 설정은 극적으로 바뀌었다. 국영기업들은 점점 더 많은 경쟁 압력에 시달리면서 불필요한 근로자들을 해고하기 시작했다. 5장의 그림 5.3은 1996년 이후 국영기업 근로의 급격한 감소를 보여 준다. 중국의 시장경제로의 이행에서 "충격요법(Big-Bang)"으로 간주될 만한 것은 비자발적 해고의 급속한 증가와 정부부문의 극적인 축소이다.

9.2.1 전환점: 정부부문 축소

정부부문 축소를 지배하는 광범위한 정책은 "큰 것에 집중하고, 작은 것을 놓아라(抓大, 放小; 14장 참조)"이다. 실제로 그것은 중앙정부가 수백 개의 대형 국영기업의 구조조정을 직접 관리했지만 지역 차원에서 수만 개의 중소기업들에 대한 의사결정을 남겨두었다는 것을 의미했다. 기업 경영자, 정부 직속 감독관, 지방 시장(市长) 및 성장(省长)

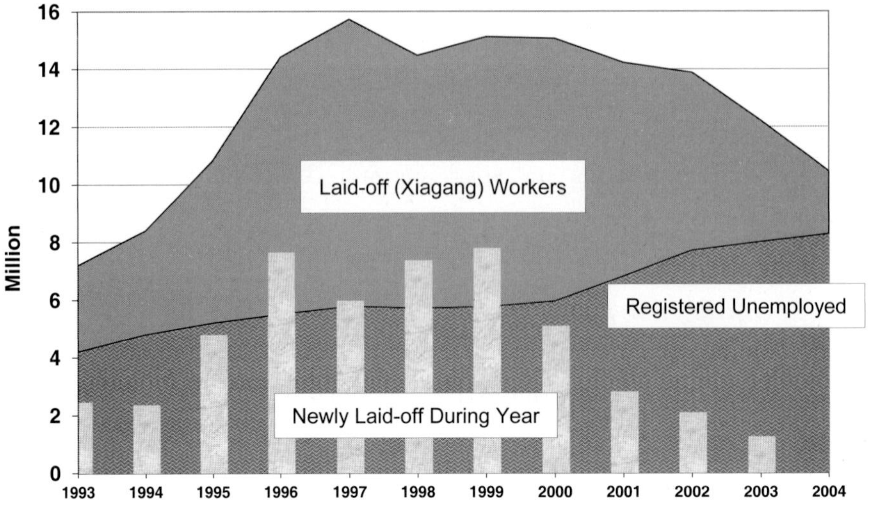

그림 9.3 해고자 및 실업자
자료: *Labor Yearbook* (1996－2004); *Labor and Social Security Yearbook* (2004, 478); Yang Yiyong (1997); Mo Rong (1998).

으로 구성된 지역 의사결정권자들은 경쟁 압력과 막대한 손실, 그리고 (잠재적인) 민영화 기회에 대응했다. 놀랄 것도 없이, 그 과정은 분권화되었고 조정되지 않았으며 때로는 혼란스러웠다. 그러나 동시에 해고된 공유기업(SOE) 근로자들의 대량 처리는 사회공학을 위한 대규모 시도였다. 공유기업 근로자들이 당면한 실업 충격을 완화하기 위해 상당한 비용과 노력이 투입되었다. "잉여 근로자"는 "해고(下岗)"로 지정되었다가, 재교육 및 구직 지원을 위해 새로이 만들어진 재취업센터(reemployment center, REC) 관할로 이전되었다. 아마도 더 중요한 것은, REC는 근로자의 사회보장 및 복지기금을 지불하는 대체 노동단위가 되었고 일반적으로 근로자에게 최대 3년 동안 급여를 지급했다. 상하이나 베이징과 같은 번영하는 도시에서는, 해고 근로자가 국가 고용에서 점차적으로 벗어나면서 5년 정도의 과도기적 지원을 받을 수 있었다. 그러나 덜 번영한 도시들은 일반적으로 높은 수준의 지원을 유지할 수 없었다. 실제 결과는 다양한데, 전반적으로 해고 근로자들은 소득과 생활수준이 크게 감소하는 것을 경험했다(Appleton et al., 2002).

그림 9.3은 거의 5,000만 명의 사람들이 정부 및 도시 집체기업에서 일자리를 잃은 광범위한 변화의 패턴을 나타낸 것이다. 세로막대는 매년 해고되는 기업 근로자의 수를 보여 준다(1997년부터 공식 데이터, 1996년까지는 추정 데이터). 해고는 1996~1999년까지 4년 동안 연평균 720만 명으로 정점에 달했다. 전체적으로, 1993~2003년 사이에 SOE, 도시 집체기업, 공공서비스 사업에서 5,000만 명의 근로자들만 해고되었다. 2003년은 대량 해고의 마지막 해였으며 그 후 공공기업의 고용은 안정되었다.

9.2.2 실업

1993~2003년의 해고는 심각한 실업문제로 이어졌다. 1950년대 이후 중국이 모두를 위해 일거리를 찾느라 고군분투했던 것과 1978~1980년 하방 청년들이 도시로 돌아와 일거리가 필요했던 것에 이어, 중국의 3차 실업 대란이었다. 이 사건 이외에도, 중국은 새로운 일자리를 창출하는 도시경제가 꾸준히 성장하고 있음에도 불구하고 도시로의 이주를 막음으로써 기본적으로 고용문제를 농촌으로 전가할 수 있었다. 남녀를 불문하고 모든 도시 학교 졸업생을 직장에 배정하기가 쉬웠다. 노동 및 생산 시장의 자유화와 결합된 1980년대의 급격한 노동력의 성장은 1990년대 중반에 이르러 점차 이러한 구조를 변화시켰다. 그림 9.3의 음영부분은 1993~2004년 동안의 실업자 수를 두 가지 범주로 보여 준다. 공식적으로 "해고된" 근로자는 "실직한" 근로자와 다른 범주에 속했다. 이 두 가지 범주를 합치면 중국의 도시 실업자 수를 합리적으로 정확하게 계산할 수 있다. 도시 실업자의 수치는 1997년에 거의 1,600만 명으로 정점에 달했고 2002년에는 1,400만 명을 약간 밑돌면서 5년 동안 증가세를 유지했다. 따라서 중국의 도시 실업률은 도시 노동자의 10%(도시 거주 허가 포함)로 정점을 찍은 뒤 약 5년간 8% 이상에 머물렀다. 완전 고용에 익숙한 도시 인구에게 이것은 큰 충격이었다. 중국의 일부 지역에서는 실업이 중요한 사회적 문제가 되었다. 침체된 경제와 거대하고 경쟁력 없는 중공업 공장의 유산이 있는 헤이룽장성(黑龙江省) 북동부 지역의 실업률이 높았으며, 재취업센터(REC)들은 1997년 공유기업(SOE) 평균 임금의 6%에 해당하는 급여를 해고 근로자들에게 지급하였는데, 상하이의 43%와 비교된다. 헤이룽장성은 기존의 연금 의무를 이행할 수 없었으며, 1997년 공유기업 퇴직자 50만 명이 연금을 받지 못했다(Mo Rong, 1998). 대규모 시위로 인해 중앙정부가 개입하여 헤이룽장성의 연금 채무를 일부 떠맡게 되었다. 중국의 다른 도시들은 상하이와 헤이룽장성 사이에 놓여 있었다.

2003년 이후, 중국의 가속화된 경제는 도시 실업자들을 처리하기 시작했다. 2005년에도 여전히 일자리를 찾지 못한 해고 노동자들은 공식 실업자 범주로 다시 유입되었다. 확실히, 조기 퇴직을 한 수백만 명의 근로자들은 일손을 놓고 있거나 임시직 일자리를 위해 비공식부문으로 옮겨 갔다. 그러나 세계무역기구(WTO) 가입 후 중국에 수출 붐이 일어나면서 경제는 유휴 노동력을 대부분 흡수하고 수백만 명의 농촌에서 도시로의 이주민도 흡수했다. 2009년 글로벌 금융위기 직전, 경제는 완전고용 상태로 돌아섰고 위기로 인한 노동 수요에 대한 충격은 온건했다. 사실, 이주 노동자들의 유입은 도시 노동시장에 새로운 조정 메커니즘을 제공한 것으로 보인다—경제가 침체되면 이주 노동자들이 가장 먼저 고통을 느끼고 그들의 고향 마을로 돌려보내질 수 있다. 이런 식으로 도시의 정규직 일자리는 다시 1990년대에 잃어버린 것처럼 보였던 안정감을 갖게 된다. 노동 공급의 느린 성장은 또한 등록된 도시 실업률을 낮게 유지하는 데 도움이 되었다.

9.2.3 이주 노동자

6장에서 설명한 바와 같이, 1990년대에 농촌 이주민들이 21세기 들어 가속화되었던 속도로 도시로 유입되기 시작했다. 이주민들은 점점 더 광범위하게 일자리를 채웠다. 처음에 이주 노동자들은 건설 인력, 행상, 음식 판매업 등으로 일하면서 도시경제의 틈새를 메웠다. 그러나 도시경제가 성장하고 구조조정이 되면서 이주노동에 대한 수요도 늘어났다. 이주민의 직업을 "비숙련"으로 특성화하는 것이 일반적이지만 신중해야 한다. "비숙련"은 "정규교육을 많이 받지 않음"을 의미한다. 오늘날 중국의 젊은 도시 이주민들은 보편적으로 읽고 쓸 수 있고, 거의 모든 사람들이 중학교 교육을 받으며, 상당한 비율이 고등학교와 심지어 일부는 대학 교육을 받고 있다. 이들은 컴퓨터와 스마트폰을 가진 "비숙련" 근로자들로 20~30년 전의 "비숙련 근로자들"과는 전혀 다른 포부를 갖고 있다.

이주민들은 광범위한 분야에서 일자리를 찾는다. 그러나 그들의 고향 마을 이외의 사람들 중 94%는 임금 노동자이며 단지 6%만이 자영업을 운영한다. 제조업이 가장 큰 고용주(35%)로, 특히 연안의 수출 중심지역에 많다. 소규모에서 대규모에 이르기까지 노동집약적인 공장들은 이주 노동에 의존한다. 한 가지 극단적인 사례가 선전(深圳) 룽화(龙华)의 Foxconn 단지로, 23만 명의 근로자중 90%가 농촌 출신의 젊은 여성 이주민이다. 건설업은 두 번째로 큰 이주 고용주(23.5%)로 주로 남성을 고용하고 있다. 소매업, 식품업, 가정 서비스업 등이 24.5%를 차지한다(NBS Migrant).

이주 노동자들은 도시경제의 대부분의 분야에서 점차 중요해졌다. 이들 직업 중 상당수는 언젠가 나타나 다음날 일을 할 수 있다는 공통점이 있다. 노동자들을 위한 활발한 인력시장이 있다. 비공식부문의 노동자들이 항상 스스로 일자리를 찾는다는 것을 의미하는 것이 아니다. 고용을 촉진하는 시장 중개자들이 있는데 정부가 운영하는 고용센터, 건설팀을 모집하는 노동 "작업팀" 팀장, 그리고 대규모 공장의 고용 에이전트가 이에 해당한다. 이들 시장은 형태가 다양하고 유동성이 높으며 거래가 빠른 것이 특징이다.

9.2.4 도시 노동시장의 발전: 세분화된 시장

따라서 이제는 도시 노동력 내에서 도시와 농촌 노동자를 나누던 과거 구분을 대체하는 새로운 구분이 존재한다. 이러한 전환의 전반적인 윤곽은 도시 전체 고용 수에서 알 수 있다. 비록 그 수치들이 비공식부문의 적용범위에 있어서 정확하지는 않지만, 새로운 현실에 대한 명확한 그림을 제공한다.

그림 9.4는 공식 데이터에 의한 도시 고용의 진화를 보여 준다. 몇 가지 눈에 띄는 추세가 보인다. 공무원과 공공서비스 단위(业务单位) 근로자의 절대 수는 거의 변하지 않고 지난 10년 동안 느리지만 꾸준히 증가했다. 국유기업과 집체기업은 급격히 줄어든 반면 "신규기업"으로 분류된 그룹은 증가했다. 이러한 새로운 기업 형태는 현대의 유한책임회사와 합자회사뿐만 아니라 몇 가지 특유의 과도기적 형태도 포함된다. 정부는 많은 대형

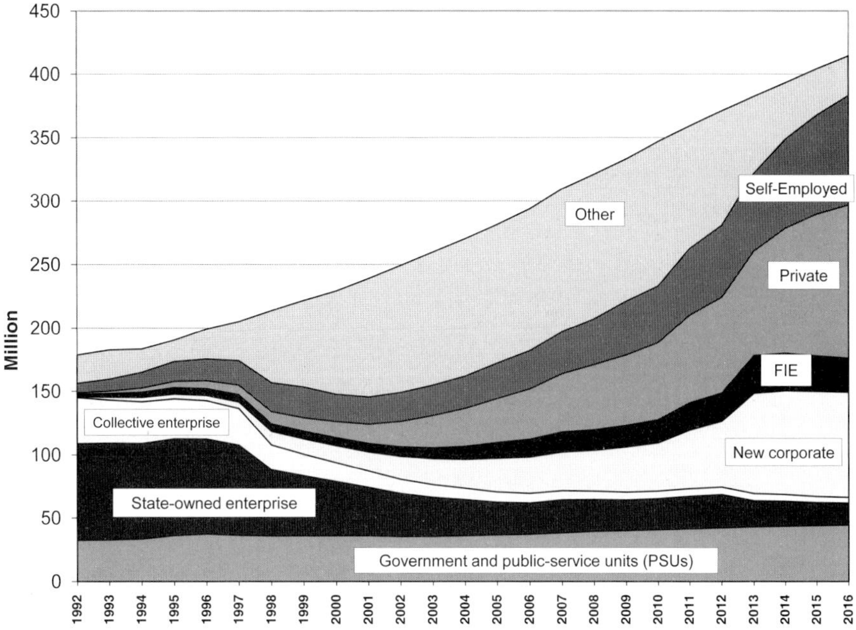

그림 9.4 소유와 등록에 의한 도시 노동력
자료: *SYC* (2016).

"신규 기업" 회사들의 지배 지분을 가지고 있다. 따라서 2011년에는 이 범주에 속하는 총 4,600만 명의 근로자 중 2,000만 명이 정부가 통제하는 기업에서 일했다(14장).

이러한 모든 새로운 기업 형태를 국유 및 집체기업, 공무원, 그리고 도시의 외국인투자기업(foreign-invested enterprise, FIE)과 함께 하나의 대규모 정부 및 기업 부문으로 분류하는 것이 타당하며, 편의상 이를 도시의 공식부문이라고 부른다. 이 부문에서는 거의 모든 근로자가 사회보장 및 기타 복지 규정을 적용받으며, 대부분이 도시 호구를 가지고 있다. (이 부문은 등록된 민간기업은 제외하며, 대부분이 소규모이다. 일부 개인소유 기업은 규모가 크지만 이들은 유한책임법인으로 등록될 가능성이 높으며, 이 경우 "신규 기업" 고용에 포함된다.) 이 정의에서 도시의 공식부문은 앞서 설명한 국가부문 축소의 여파로 1996년 1억 5,200만 개에서 2003년 1억 550만 개로 감소했다. 그러나 2003년 이후 이 부문의 고용이 반등했는데, 처음에는 점진적으로 증가하다가 2012~2015년에는 1억 8,000만 명으로 급증했다.

1996년과 2015년 사이에 2억 명에서 4억 명으로 두 배 증가한 도시 노동시장 성장의 대부분은 개인, 자영업자, 그리고 "기타" 부문에서 발생했다. 이 세 가지 범주는 비공식(informal) 또는 "준공식(semiformal)" 부문을 구성하는데, 대부분의 근로자들은 사회보장 혜택을 받지 못하고 도시 호구가 없다. “기타” 고용은 단순히 점검과 인구조사로 도시 노동력 전체 규모가 드러나기 때문에 존재하는 것으로 알려진 노동자를 나타내지만, 등록된 조직 형태에는 열거되지 않는다. 비공식부문—개인기업, 자영업 및 기타—의 전체 규모는 2000년 도시 공식부문의 규모를 넘어섰고 2015년에는 2억 2,600만 명으로 증가했다. 국가통계국(National Bureau of Statistics)은 2009년부터 총계를 “민간(private)”과 “비민간(nonprivate)”이라고 하는 두 가지 범주로 분류한 임금관련 자료를 발표했다. 비공식부문의 사람들이 대부분인 민간부문과 일부 민간 유한책임 기업에서 2015년 평균연봉은 40,000위안을 약간 밑돌았다. 공유기업은 물론 정부, PSU, 그리고 SOE 등이 포함된 비민간 부문에서의 연봉은 62,000위안(“도시 임금”으로 정기적으로 보고되는 수치)이었다. 민간 임금은 비민간 임금 대비 2009년 55.6%에서 2015년 64%로 인상되었다. 이것은 숙련/비숙련 임금 비율의 압축을 반영할 수 있지만(9.7절 참조), 현재 조직화된 기업부문의 민간고용이 더 크기 때문에 단순히 분류 효과일 수 있다. 제조업 및 건설업이 민간 노동인력의 45%를 차지한다(NBS Private, 2015).

이주민과 도시 거주자는 일반적으로 별도의 노동시장에 존재하며 이주자는 비공식부문에, 도시 거주자는 공식부문에 속해 있다. 이주자들은 노동이 특히 지치거나 지루하고 근로자들에게 관심이 없는 건설이나 섬유공장과 같은 특정 직업 분야를 지배하고 있다. 이 영역에서 기업들은 훨씬 저렴하면서 더 열심히 일하는 사람들로 알려진 농촌 이민자들의 고용을 선호한다. 일반적으로 도시가구등록을 한 도시민들은 업무가 덜 피곤하고 덜 지저분하며 교육능력을 발휘할 수 있는 화이트칼라 직업을 선호한다. Meng, Shen, and Xue(2013)는 도시가구등록으로 도시 근로자의 직업 분포의 급격한 변화를 기록하고 있다. 1988년에는 도시 호구 보유자의 40%가 생산직 종사자였으나 2009년에는 27%로 감소하였고, 같은 기간 사무직이나 서비스업 종사자의 비율은 30% 미만에서 거의 45%로 증가했다. 따라서 도시 호구 근로자들은 이주민들이 맡은 일자리에서 물러났다. 도시에서는 과거 도농 간 격차의 특징을 일부 재현한 분할된 노동시장이 생겨났다.

중국 정부는 많은 도시경제, 특히 도시 노동시장을 공식 규제시스템에 통합하기 위해 노력하고 있다. 2008년 노동법은 모든 사업주에게 노동계약과 제한적인 임의 해고 그리고 노동자의 사회보험 참여를 의무화했다. 그러나 이 조항의 이행은 더디게 진행되고 있다. 많은 기업인들은 임금이 급상승하는 시점에 인건비를 너무 많이 올린다고 주장한다. 정부는 2013년부터 사업자 등록요건의 부담을 덜하게 함으로써 신규 및 기존 사업자 등록에 대한 인센티브를 높였다. 결과적으로, 공식부문과 비공식부문의 경계는 바뀔 수 있다. 그림 9.4는 2013년 신규기업 및 민간기업 고용 모두에서 급격한 증가를 보여 준다. 노동시장의 급격한 변화에도 불구하고, 많은 도시 거주자들은 공식부문의 일자리를 어느 정도 보호해 온 반면, 대규모의 새로운 이주민들은 비공식부문에 머물러 있다.

9.3 오늘날 중국의 노동시장은 얼마나 잘 작동하는가?

중국의 노동시장 제도는 극적으로 변화했다. 그들은 오늘날 얼마나 잘 작동하는가? 그들은 어떤 특성에 대해 보상하는가? 노동시장은 개인과 일자리뿐 아니라 특정 기술과 역량을 특정 직위의 필요성과 일치시켜야 하기 때문에 매우 특별한 형태의 시장이다. 사람들은 매우 불완전한 정보에 기초하고 오랜 시간에 걸쳐서 기술을 습득하고, 경험을 쌓고, 위험을 감수하는 결정을 하기 때문에 이 시장에서의 "마찰"은 특별히 높다. 시간이 흐르면서 어떤 종류의 기술은 숙련에 의해 향상되고 훨씬 더 가치 있게 되는 반면, 어떤 기술은 변화하는 상황에 직면하여 빠르게 쇠퇴한다. 더욱이, 직업을 바꾸는 것은 위험하고 직업별 인적자본을 버려야 하고 비용이 많이 들기 때문에 시장에서의 거래비용이 높다. 따라서 노동시장은 경제학자들이 종종 시장거래에 대해 내리는 단순화 가정, 즉 시장 결정은 완전한 정보와 제로 거래비용으로 이루어진다는 가정을 위반한다.

그러나 노동시장이 특별히 요란하다면, 또한 특별히 강력한 영향력도 있다. 노동시장 결정은 일생 동안 개인에게 영향을 미치고 삶의 질에 직접적으로 영향을 미친다. 또한 경력은 초기 성과를 바탕으로 누적되기 때문에, 경력 초기의 노동시장 상황은 그 사람의 직장생활 전반에 걸쳐 진전과 소득에 영향을 미친다. 그들의 사업이 투명하지 않은 경우에도, 그들을 알지 못하는 경우에도 노동시장은 늘 작동하며 우리의 삶에 큰 영향을 미친다. 이런 맥락에서 중국은 주목할 만한 시험 사례를 제시한다. 중국은 본질적으로 활발한 노동시장을 갖추는 데 약 25년이 걸렸다. 이러한 극적인 제도적 변화는 노동시장 성과에 어떤 영향을 미쳤을까?

9.3.1 최소임금모델(Mincer Wage Model)

효율적인 노동시장은 생산성이 높은 노동자에게 보상한다. 그러나 생산성은 거의 직접적으로 관찰할 수 없다. 개인은 직접 측정할 수도 없고 때로는 외부인도 분명하게 인식할 수 없는 적응성, 영리함, 협동성 등을 통해 생산성을 높일 수 있을 것이다. 관찰할 수 없는 특성들이 있지만, 다양한 관찰 가능한 특성의 중요성을 측정함으로써 노동시장에 대한 많은 이해를 얻을 수 있다. 이를 위한 가장 중요한 분석 도구는 이 접근법을 개척한 경제학자 Jacob Mincer의 이름을 딴 Mincerian 임금 회귀이다. Mincer는 개인들의 횡단면 자료를 가지고 수년간의 교육을 포함한 일련의 설명 변수에 대해 임금을 회귀분석했다. Mincerian의 교육의 수익은 노동자의 교육기간에 대한 계수였다. (Mincer는 1950년과 1960년 인구조사 데이터를 사용하여, 추가 교육기간으로 인해 미국 근로자의 임금이 5%에서 10%까지 증가한다는 것을 발견했다.) 동일한 접근방법을 사용하여 연공서열, 성별 그리고 실무교육을 포함한 다른 특성의 가치를 조사할 수 있다.

Mincerian 모델은 단순하고 설명력이 있다. 큰 데이터는 비교적 쉽게 가져올 수 있다.

더욱이 가계조사 등 다양한 출처의 데이터를 활용할 수 있어 선택 편향 문제나 공식 데이터의 의도적인 왜곡 가능성을 식별하고 피할 수 있다. 이것은 특히 중국 상황에서 중요하다. 마지막으로, Mincerian 모델은 안정적이고 일관된 결과와 함께 많은 국가들에서 추정되었다. 본 장에서 Mincerian 상관관계는 다음과 같은 세 가지 목적을 위해 사용될 것이다. (1) 시장제도와 그 결과에 대한 정보제공, (2) 노동시장이 개인에게 제공하는 인센티브, 특히 수익이 가장 높은 특성에 대한 투자 결정과 관련하여 인센티브를 밝히는 것, 그리고 (3) 소득분배와 불평등의 결정요인 분석.

관측 가능한 특성이 관측할 수 없는 일부 개별 특성의 존재를 종종 나타낼 수 있다는 점에서 Mincerian 모델을 사용할 때 가장 큰 어려움은 계수를 해석하는 것이다. 예를 들어 교육의 경우, 교육에 대한 투자수익보다는 선천적 지능을 나타내는 신호의 가치를 추정할 수 있다. 이러한 문제들은 이후의 논의에서 염두에 둘 필요가 있다. 그러나 이 접근법은 해석의 일부 변동성을 허용하더라도 그 가치가 있다. 다음 절에서는 교육의 수익과 관련된 증거를 검토한 후, 근로자의 생산성과 관련이 있을 수 있는 세 가지 특성 즉 경험, 공산당원, 성별 등을 간략하게 검토한다.

9.3.2 교육의 수익: 지식 프리미엄

사회주의 체제는 공공비용으로 국민에게 기초교육을 제공하고 문자습득과 기본적인 산업기술을 보급하였다. 그러나 그 시스템은 더 높은 수준의 기술이나 교육을 받은 개인에 대한 보상은 매우 형편없었다. 계획경제 시대 말기(1970년대 후반 1980년대 초반)에 중국 도시소득의 결정요인을 연구하기 시작했을 때, 그들은 더 많은 교육을 받은 개인들 사이에서 소득이 지속적으로 높지 않다는 것을 발견했다. 높은 소득에 대한 다른 상관관계들은 유의미했다. 공산당 당원, 남성, 그리고 높은 연공서열은 모두 높은 소득과 관련이 있었다. 그러나 교육은 수입을 크게 늘리지 않았으며 교육의 개인적 수익은 거의 없었다.

이 결과는 당시 중국의 시스템이 시장경제가 온전히 기능하는 상황과 얼마나 달랐는지를 보여 주고 있다. 아마도 잘 기능하는 시장경제의 가장 근본적인 요건은 투자가 새로운 생산량과 소득을 창출하는 데 성공하는 한, 자신의 투자에 의해 창출되는 소득을 거둘 수 있을 것이라는 확신을 가질 수 있다는 것이다. 교육에 대한 투자는 경제의 전반적인 생산성을 증가시킨다. 시장경제가 기능하기 위해서는 사회적 생산성을 높이는 투자가 그 사람에게도 개별적인 보상을 제공해야 한다. 그 경우에만 사람들은 사회적으로 생산적인 투자를 할 동기를 갖게 될 것이다. 교육비가 비싸기 때문에, 정부가 원한다고 해도 전체 비용을 부담할 수 있을 것 같지는 않다. 개별 가정은 불가피하게 교육비의 상당부분을 부담할 것이다. 그러므로 더 생산적인 경제를 위해 필요한 지속적이고 건전한 투자를 위해서는 교육의 사적 수익에 대한 보장이 필수적이다. 교육의 수익은 노동시장이 어느 정도 발전했는지 그리고 인적자본에 투자하는 사람들에게 적절한 보상을 제공할 수 있는지 보

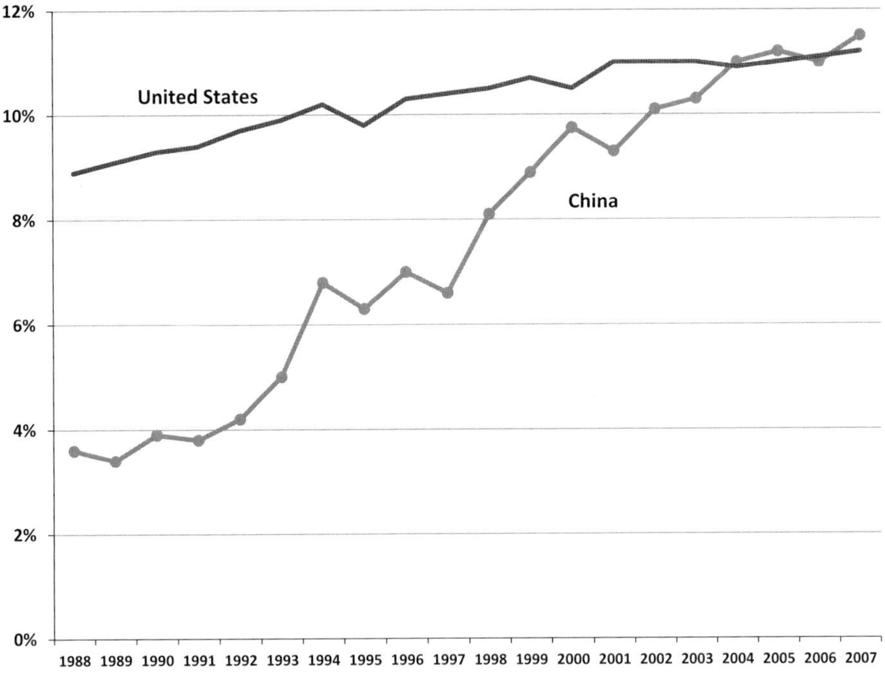

그림 9.5 추가 교육 연도에 대한 수익률, 중국 도시 및 미국(1988~2007)
자료: Ge and Yang (2011).

여 주는 유용한 지표이다.

많은 문헌에서 중국 도시에서의 교육에 대한 수익 변화를 조사해 왔다. 이 문헌의 일관된 결론은 1990년대 초에 교육의 수익률이 증가하기 시작했고 그 다음 10년 동안 괄목할 만한 증가세를 지속했다는 것이다. Zhang et al.(2005)은 연간 데이터를 사용하여 1988년부터 2001년까지의 중국 도시에서의 교육의 수익을 추적했으며 Ge and Yang(2011; 그림 9.5)은 2007년까지 결과를 갱신했다. Ge and Yang은 1980년대 후반과 1990년대 초에 도시 근로자가 학교 교육을 1년 늘리면 소득이 매년 4% 가깝게 증가한다는 것을 보여 주었다. 이는 당시 미국 수준(9%)을 크게 밑돌았다. 1990년대 초에 측정된 교육의 수익은 매년 11% 이상 지속적으로 증가하기 시작했으며, 이는 미국 수준에 수렴되었다. 교육의 수익이 선진국에서 반드시 더 높은 것은 아니라는 점에 유의해야 한다. 가난한 나라에서는 교육이 부족하기 때문에 교육이 더 가치가 있다고 기대할 만한 이유가 있다. Psacharopoulos and Patrinos(2002)는 많은 국가의 연구를 조사한 결과, 1년간 학교 교육에 대한 평균 수익률은 9.7%이지만 저소득 국가(10.9%)에서 높은 것으로 나타났다. 2000년경부터 중국의 교육 수익률은 세계 평균에 근접한 10%에 육박했다. Meng(2012)은 2008~2009년에 수익률이 감소한 것으로 보고했는데, 이는 많은 신규 대학졸업생이 노동시장에 진입했기 때문일 수 있다. 그러나 Hu and Hibel(2014)은 2003년보다 2010년에 대학 학위 수익이 더 높다는 것을 발견했다.

중국에서도 다른 나라와 마찬가지로 추정된 교육 수익의 일부는 사실 선천적 능력을 나타내는 기능이다. Appleton, Song, and Xia(2005)는 1988년부터 2002년까지 4년 동안 도시 소득을 포괄하는 풍부한 데이터 세트를 이용했다. 횡단면으로 추정된 교육 수익률은 1988년 3.6%에서 2002년 7.5%로 증가했으며 이는 Zhang et al.(2005)의 연구결과와 거의 일치한다는 것을 발견했다. 그들은 (패널) 데이터를 사용하여, 측정된 교육성과를 낮출 수 있는 관찰되지 않은 개별 속성(고정 효과)과 직업 효과에 대해 통제할 수 있었다. Li, Liu, and Zhang(2012)은 관찰되지 않은 속성을 통제하기 위해 수백 세트의 쌍둥이 데이터를 사용하였다. (쌍둥이는 가족 배경을 공유하고 있고 그들의 타고난 지능은 높은 상관관계를 가지고 있다.) 그들은 쌍둥이 사이의 공통된 고정 효과를 감안한다면, 대략 1년 교육에 대한 성과는 8.4%에서 3.8%로 감소한다는 것을 발견했다. 그들은 중국에서 특히 중등교육은 생산성을 향상시키기보다는 대학에서 개인을 선발하는 역할을 하는 암기 위주의 시험 지향성을 가지고 있다고 주장했다. 이와 대조적으로 대학 및 직업 교육은 생산성 향상 목적에 기여하는 것으로 보인다.

이러한 결과는 점점 경쟁이 치열해지는 노동시장과 일치한다. 그들은 중국 노동시장이 계획경제 시대가 그들에게 물려준 명백한 왜곡된 기능을 극복하는 것을 보여 준다. 어떻게 이런 극적인 변화가 일어났을까? 1990년대에 많은 교육을 받은 근로자들이 새로운 고소득 일자리를 얻게 되었다. 예를 들어, 외국인 투자 기업들이 교육받은 도시 근로자들의 임금을 높였다는 것은 널리 알려져 있다. 외국인 투자 기업들은 경영과 영어 능력 등 다양한 기술을 가치 있게 생각하고 있으며 이들의 노력은 교육수준이 높은 근로자들의 임금에 상승 압력을 가하고 있다(Guo and Sun, 2014). 같은 기간 "철 밥통"은 깨졌고, 이전에 모든 사람들에게 가능했던 안전하고 안정적인 소득은 없어졌고, 덜 교육받은 근로자들은 해고될 가능성이 훨씬 더 높았고, 급격한 소득 감소를 경험했다. 한 중요한 연구에서, 매년 교육은 해고 가능성을 1%p 낮추는 것으로 밝혀졌다(Appleton et al., 2002). 따라서 해고는 교육을 덜 받은 노동자들의 소득에 하방 압력을 가했다.

교육수익의 증가는 개인이 자신의 인적자본을 투자할 수 있는 인센티브를 제공하고 경제에 필요한 기술 축적에 실질적으로 기여한다. 교육수익 증가 자체가 교육받은 노동자의 공급이 증가하고 있다는 것을 의미하는 것은 아니다. 다른 시장에서와 마찬가지로 기술시장에서도 공급이 증가하면 균형 가격이 낮아질 것으로 예상된다. 따라서 지식 프리미엄의 증가는 중국이 점점 더 기술집약적인 경제로 나아가면서 기술 수요의 증가를 나타내거나, 보다 근본적으로 특정 기술을 자신들에 대한 필요에 맞도록 하고, 이러한 기술의 소유자들에게 적절하게 보상할 수 있도록 하는 시장제도의 발전을 나타내기도 한다.

9.4 인적자본과 교육적 성과

노동시장은 이제 더 많은 교육을 받은 근로자들에게 보상한다. 중국의 인적자본 축적에 대한 증거는 무엇인가? 근로자들이 실제로 그들의 교육적 성과를 높였는가? 표 9.1은 기준연도들에서 중국 인구의 교육적 성과를 보여 준다.[1] 중국이 문화혁명에서 벗어났을 때, 교육적 성과의 특이한 패턴을 가진 저소득 국가였다. 개혁시대 초기에 실시된 1982년 인구조사(표 9.1의 1열 참조)를 보면, 저소득 국가의 기초교육이 상당히 널리 퍼져 있고 성인 인구의 2/3가 어느 정도 공식적인 학교교육을 받았다는 것을 알 수 있다. 인구의 1/3이 문맹이거나 반문맹자이었지만, 이는 이 당시 인구의 절반 이상이 문맹인 인도보다 현저히 적었다. 그러나 중국 인구의 11% 미만이 중고등학교를 다녔고, 1% 미만은 대학교육을 전혀 받지 못했다. 이 당시 인도는 1인당 대졸자가 중국보다 3배나 많았다. 따라서 중국의 문맹자 비율은 인도보다 현저히 낮았지만, 대졸자 비율도 마찬가지였다.

개혁시대에는 특히 고등교육에 대한 투자가 빠르게 증가했다. 문화혁명의 평등주의에 대한 반발로, 1980년대와 1990년대에는 초등교육, 특히 농촌지역의 교육자원이 소외되었다. 이것은 1990년대 후반에 정부가 기초교육을 보다 효과적으로 강조하기 시작할 때

표 9.1 중국 인구의 교육성과(%)

15세 이상 인구	1982	1990	2000	2010	2015
고등교육(12년 초과)	0.9	1.7	4.7	11.0	14.9
상위 중등교육(12년까지)	10.0	9.4	14.4	16.1	18.2
하위 중등교육(9년까지)	23.8	27.2	39.1	42.4	39.9
초등교육(6년까지)	30.8	43.2	32.9	24.1	21.0
정규교육 못 받음	34.5	18.5	9.0	6.4	6.0

도시 고용, 2015			
고등교육(12년 초과)	32.2	대학원 졸업	1.9
		4년제 대학	14.4
		기술학교	15.9
상위 중등교육(12년까지)	25.6		
하위 중등교육(9년까지)	34.0		
초등교육(6년까지)	7.5		
정규교육 못 받음	0.6		

자료: Census 2010; Census 2015.

1. 표 9.1의 범주는 전반적인 교육 성취도를 과시하는 경향이 있는 포괄적인 방식으로 정의된다. 각 부문은 부분적인 성취도를 포함하기 때문에 1년 또는 2년 동안 출석도 포함되며 졸업은 필요하지 않다. 3차 교육의 상당부분은 3년제 전문대학과 기술학교로 구성되어 있다. 또한 광범위한 학위부여 성인교육 프로그램도 포함되어 있다.

까지 농촌지역에서는 일부 퇴보하는 결과를 낳았다. 9년간의 교육을 의무화하고 젊은이들 세대의 문맹을 없애기 위한 계획이 도입되었는데, 처음에는 경제발전과 예산자원이 충분하여 성(省)들 스스로 그 노력을 지원할 수 있었다. 2005년 무렵부터 이 계획은 진정한 보편적인 범위를 달성하기 위해 극적으로 확장되었다. 이 계획들은 학교교육을 받지 않거나 초등교육이 몇 년밖에 되지 않는 성인의 비율을 줄였다. 이와 관련, 2015년에 문맹률이 남성 2.9%, 여성 8.0%로 감소했다(Census, 2015).

교육 피라미드의 꼭대기에서, 진보는 1990년대 말부터 매우 빨랐다. 2001년부터 2011년까지 대학을 졸업한 학생은 100만 명에서 600만 명으로 급증했고, 그 이후로는 느리게 성장했다. 표 9.1의 인구조사 결과는 1982년부터 2015년까지 33년 동안 15배 증가한 대학교육 인구비중의 급격한 증가를 보여 준다. 현재 인구의 약 15%가 고등교육을 받고 있는 중국은, 역시 빠르게 고등교육을 확장하고 있는 인도를 추월하고 있다.

그럼에도 불구하고, 기술과 교육을 받은 사람들은 상대적으로 공급이 부족하다. "대학"의 수치는 기술학교에서 몇 년 동안 훈련을 받은 많은 사람들을 포함하고 있으며, 선진국들과의 격차는 여전히 매우 크다. 미국에서는 25세 이상 인구의 84%가 고등학교 졸업자이며, 52%는 대학을, 26.7%는 4년 이상의 대학교육을 수료했다(미국 인구조사국). 그러나 중국의 대도시에서는 미국과의 격차가 훨씬 작다. 표 9.1의 아랫부분은 중국 도시 근로자의 32%가 어느 정도 대학교육을 마쳤다는 것을 보여 준다. 중국의 거대한 인구 때문에, 도시지역에서 빠르게 성장하는 고도의 기술 분야를 지원하기 위한 숙련된 인재를 충분히 공급할 수 있다(15장 참조).

중국의 평균 기술수준은 여전히 낮다. 2015년에도 중국 근로자의 2/3가 9년 이하의 교육을 받았다. 중국은 중산소득 국가로서, 비록 빠른 속도로 그 기술들을 개발하고 있지만, 여전히 광범위한 생산기술들이 부족하다. 더욱 걱정되는 것은 도시와 농촌의 교육격차가 커지고 있다는 점이다. 오늘날 도시지역에서는 거의 모든 학생들이 고등학교를 졸업하며("중상부") 이 중 거의 절반은 상위 교육기관으로 가고, 농촌지역에서는 오늘날에도 고등학교를 학생의 절반만이 졸업하고 대학에는 소수만이 진학한다. (Khor et al., 2016은 이 문제를 논의하여 교육부에서 농촌 중등학교의 출석률을 과대평가한다는 것을 보여 주었다.) 중국 농촌지역에서의 중학교("하위") 교육은 오늘날 도시에서 비숙련적인 일을 할 수 있는 이주자를 준비시키기에 충분하지만, 중국의 미래 고숙련 경제에는 매우 불충분하다. 중국의 학령기 아동의 70%가 농촌에 있기 때문에 이는 중국 정책 입안자들에게는 절박한 문제이다.

보다 넓은 의미에서 경제발전은 물리적 자본의 건설에 의존하는 것과 마찬가지로 인적자본의 축적에 달려 있다. 정부 계획문서에 "교육발전을 가속화하는 것이 우리나라의 엄청난 인구 압력을 풍부한 인적자원의 비교우위로 전환하는 기본 경로"라고 기술되어 있다(Eleventh Plan Suggestions, 2005, section 30). 중국은 이미 새로운 도시 노동력 진입자들로 인적자본을 획기적으로 늘려 양질의 인적자원을 대거 창출함으로써 이런 방향으로 첫발을 내디뎠다. 두 번째 큰 단계는 농촌 노동력 진입자들이 지니고 있는 인적자본을 똑같이 극적으로 업그레이드하여 전체 청년 노동력의 기술수준을 높이는 것이다. 이런 일이 일어나도록 하기 위해서, 국가 정부는 아마도 보편적인 초등교육과 중등교육을 위한 기금을 마련해야 할 것이다. 세 번째 단계는 불가피하게 시간이 더 걸리는 것으로, 젊은 근로자들이 경험과 성숙함을 얻고, 학력이 낮은 고령 근로자들이 은퇴하고, 성인 교육과 실무 교육으로 중장년 근로자들의 기술을 높임으로써 근로자 전체적으로 기술을 확산시키는 것이다. 이런 점에서 인적자본은 경제성장에 중요한 투입요소이지만, 모든 근로자의 인적자본을 늘리는 것은 매우 오랜 시간에 걸친 노력이 필요하다. 실제로, 그것은 100년이 넘는 기간 동안 인구와 노동력을 변화시키면서 전체 성장과정과 밀접한 관계가 있다.

9.5 다른 특성의 수익

교육은 기본적으로 생산성이 높지만 다른 근로자 특성이 생산성에 미치는 영향은 모호하다. 사실상 나이와 실질적으로 동일한 노동 경험은 사회주의 중국에서 본질적으로 연공서열 임금체계로 충분한 보상을 받았다. 개혁시대에는 경험에서의 수익은 완만하게 줄었지만 사라지지는 않았다(Appleton, Song, and Xia, 2005; Zhang et al., 2005; Zhou, 2000). 이러한 변화는 보다 큰 시장 경쟁과 일치하는 것 같다. 젊은이들에 의해 습득된 기술들은 더 가치 있게 되었고, 일부 나이 든 사람들의 실무경험은 쓸모없게 되었다. 반면에, 수년에 걸친 직장생활로 전문지식과 생산성은 여전히 증가한다. Meng(2012)은 고용기간의 수익률이 절대규모에서 감소하고 있으며, 조기에(30년 경력보다는 20년 경력에서) 정점을 찍고 있음을 보여 주었다. 나이와 경험은 역동적이고 변화하는 기술 및 시장 환경에서 보상이 덜하다.

사회주의 중국에서 공산당 당원은 상당한 소득 차이로 보상을 받았다. 시장화가 교육의 수익 증가를 가져올 것이라고 예상하는 것이 당연했던 것처럼, 시장화가 공산당 당원의 수익률 감소를 가져오는 것도 대부분의 분석가들에게는 당연해 보였다. 실제로 이런 일은 일어나지 않았다. Appleton, Song, and Xia(2005) and Zhou(2000) 모두, 개혁시대에 당원의 수익이 늘어난 것을 발견했다. Appleton, Song, and Xia에 따르면 1988년부터 1999년 사이에 프리미엄이 7%에서 20%로 올랐다가 2002년 약간 감소했다. 이 결과는 공산당원들이 시장화 시대에 더 가치 있게 된 지식과 기술을 가지고 있었음을 보여 주는 것인가? 혹은 오늘날 공산당원들이 개인의 이익을 위해 시장경제에 개입하는 기회를 누리고 있다는 뜻인가? 또 다른 해석은 당원 가입으로 나타난 정보에 의존한다. Li et al.(2007)은 공산당은 까다로운 선발과정을 거치며 의도적으로 엘리트를 뽑으려 한다고 언급했다. 그들은 당원의 수익이 약 10%라는 것을 알아냈지만, 관찰되지 않은 속성(지능이나 근면 등)을 통제하기 위해 쌍둥이 연구를 사용했을 때 이 수익은 완전히 사라졌다는 것을 발견했다. 이런 패턴에 대한 가장 간단한 설명은 우수한 소득창출 능력과 상관관계가 있는 고유한 특성에 따라 당원을 선정한다는 것이다. 어쨌든 당원은 그러한 특징들을 시장에 알리는 데 도움이 되기 때문에 공산당원은 계속해서 개인들에게 긍정적인 경제적 이익을 가져다준다.

사회주의 시대에는 임금의 성별 격차가 비교적 미약했다. 여성은 경영에서 불충분했지만 이 제도는 "동일노동 동일임금"의 하나였다. Appleton, Song, and Xia(2005)는 비교 가능한 수준의 경험과 교육수준의 남녀 임금 격차인 성별 격차가 1988년 12%에서 1999년 22%로 증가했다가 2002년 19%로 다시 떨어진 것을 발견했다(2000년 미국의 25%와 비교). 수많은 연구들에서 이 패턴에 대한 변화가 나타났다. Meng(2012)은 성별 격차가 1988년 8%에서 2007년 23%로 증가한 것을 발견했다. 성별 격차가 차별에서 비롯된 것이라면, 그것은 경쟁시장의 실패를 나타낸다. 성별 격차의 확대는 아마도 앞에서 설명한 여성 노동력 참여의 감소를 일부 설명할 수 있을 것이다. 구조조정 과정에서 국영기업에서 해고될 가능성이 남성보다 여성이 더 높았다. 반면 여성은 남성보다 약간 높은 기술 프리미엄을 누리고 있다. 이는 저숙련 직종에서 성차별이 강하며 근로자들이 고숙련 직종으로 이동함에 따라 상대적으로 감소한다는 것을 의미한다. 2007년경부터 여성은 전체 대학생의 절반 이상을 차지하고 있으며, 희망컨대 여성 졸업생이 더 나은 교육을 받은 근로자가 되고 미래에 지속적인 성별 격차를 줄일 수 있는 좋은 위치에 있음을 나타낸다.

9.6 노동시장 세분화: 심층적인 모습

앞서 소개한 Mincerian 체계는 도시 노동시장의 세분화를 자세히 들여다보는 데 활용할 수 있다. 일반적으로, 두 모집단은 그들이 소유한 속성과 그 속성에 대해 받는 수익을 기준으로 비교할 수 있다. 농촌에서 도시로 이주하는 이주민들은 직업선택에 장벽과 제약에 직면해 있다. 결과적으로 도시 노동시장에서 이주민의 특정부문에서의 속성에 대한 수익은 호구(도시거주 허가)를 가진 노동자의 속성과 다를 수 있다. 예를 들어 이주민들은 교육수준이 낮지만, 도시 영주권자에 비해 교육 수익률(낮은 기술 프리미엄)도 낮다. Xue, Gao, and Guo(2014)는 2005년과 2010년의 대규모 조사를 바탕으로 이주자 임금 모델을 추정했다. 비공식부문 이주자들의 시간당 임금이 23% 더 낮고, 비공식부문에서도 도시거주 허가증이 없는 사람들은 7.6% 더 낮다는 것을 발견했다. 이주민들은 교육수준이 낮으며 이로 인한 소득차이가 1/3(37%)이 넘는 것으로 나타났다. 또한 이주민들은 그들이 받는 교육에 대해 낮은 기술 프리미엄을 받는다. 즉, 1년간의 교육은 비공식부문에서 4.6%, 2010년에 공식부문에서 9.6%의 임금이 인상되었다. 따라서 교육 차이보다 낮은 기술 수익과 거주허가 불이익이 소득격차를 더 많이 가져온다. 모든 추정이 이 놀라운 결론에 동의하는 것은 아니며, 합의점을 찾기 위한 작업이 진행 중이다. 잠재적인 정책적 의미는 상당하다. 이주민들의 교육 수익률이 낮을 경우, 그들은 교육에 투자할 동기가 적으며 교육을 장려하기 위해 고안된 정책은 효과적이지 않을 수 있다. 반대로 노동시장의 차별 정도를 줄이는 정책은 성공할 수 있는 범위가 넓다.

9.7 도시로의 이주 결정

서로 다른 근로자 특성별 수익을 검토했는데, 우리는 이제 6장에서 논의한 농촌에서 도시로의 이주 현상으로 돌아가 개별적인 의사결정 과정을 보다 면밀하게 검토해 보기로 한다. 이주자들은 더 높은 소득을 추구하며 기회를 찾아 움직인다. 따라서 우리는 도시 임금과 농촌 소득의 차이가 이주를 설명하는 가장 중요한 요인이 될 것으로 기대한다. 또한 기본 전제는 개인이 아닌 가구가 이주 결정을 내린다는 것이다. 이주는 초기에 비용이 많이 들기 때문에 가계는 이주하기 위한 초기 비용, 특히 젊은 성인의 초기 비용을 보조해 주어야 한다. 이는 이주가 가계에 장기적인 이익을 가져다줄 것으로 기대하기 때문이다. 따라서 도시와 농촌의 개인 소득격차가 도시로의 이주를 이해하는 올바른 출발점임에도 불구하고, 그것은 시작에 불과하다. 예를 들어, Taylor, Rozelle, and de Brauw(2003)는 대가족일수록 이주자의 초기 비용을 지원할 수 있고 농업생산을 더 쉽게 유지할 수 있기 때문에, 1990년대에 대가족 가운데 한 사람이 이주할 확률이 28% 증가했다는 것을 발견하였다.

중국의 독특한 제도적 특징들도 이주 결정에 영향을 미친다. 토지의 소유권이 일정정도 토지를 시용하는 농가에 달렸기 때문에 출생지에서 토지와의 유대는 매우 강하게 남아 있다. 이주민들은 집체 토지(6장)에 대해 사실상의 “사용하거나 잃거나” 정책을 우려하고 있다. 새로 이주한 지역에서는 중국의 호적제도로 인해 도시에서의 생활은 추가적인 비용과 위험이 수반되어, 정착비용을 증가시킨다. 더구나 앞서 논의한 것처럼, 도시의 노동시장은 심각하게 세분화되어 있고, 몇몇 직군은 이러한 이주자들에게 아직 개방되지 않고 있다. 이러한 이유들 때문에 중국에서 도시로의 이주는 한시적인 “체류” 후에 결국에는 고향으로 돌아가기 쉽다. 실제로 여기저기서 목격되는 이주자의 상당 부류는 이러한 체류의 특성을 보여 주고 있다. 만일 이러한 현상이 중국에서 더욱 중요한 것으로 밝혀지면, 중국 농촌지역의 발전형태에 상당한 영향을 미치게 될 것이다.

사실상 이주민들이 결혼과 자녀 양육과 같은 장기적 삶의 목표를 달성하기 위해 그들의 출신지로 되돌아가는 경우가 자주 관찰된다(Hare, 1999). 이러한 귀향한 이주민들을 어떻게 이해해야 할까? 그들은 도시의 삶에서 실패하고 고향으로 돌아온 것일까? 아니면 상대적으로 교육수준이 높은 사람들로, 도시에서 새로운 경험을 쌓고 기업가적 아이디어를 가지고 돌아와 출생지에 크게 기여할 수 있는 사람들인가? Zhao(2002)는 중국의 6개 성의 귀향 이주민들을 연구했다. 그녀는, 나이가 많거나 결혼한 사람들이 귀향하기 쉽고,

이주민이 도시에 머무르는 기간이 길어질수록 귀향할 확률이 감소한다는 것을 발견했다. 어쩌면 놀라운 사실은 교육수준이 높을수록 고향으로 돌아올 가능성이 높다는 점이다. 이러한 특징들은 그들의 고향에서 결실을 맺을 수 있는 유용한 기술과 경험을 가진 귀향자들일 수도 있다는 것을 시사하고 있는 것 같다.

교육과 이주 간의 상호작용은 특히 주목할 가치가 있다. 이주에 관한 대부분의 연구에서 교육은 이주를 장려하는 것으로 밝혀졌다. 실제로, 농촌지역에서 교육의 경제적 가치의 상당부분은 노동자가 자신의 출신지 밖으로 이주하여 더 높은 소득을 찾을 가능성이 높아진다는 사실에서 비롯된다. 그러나 중국에서 이주를 연구한 초기의 연구들에서는 교육과 이주의 관계가 극히 미약한 것으로 나타났다. Zhao(1999)는 쓰촨성(四川省)을 대상으로 연구한 결과, 교육이 출생지역 내에서 비농업 직업을 가질 확률을 높이지만, 이주의 가능성에 대해서는 영향이 미약하다는 것을 발견했다. Hare(1999)의 허난성(河南省) 샤이현(夏邑县)을 대상으로 한 집중 연구에서도 비슷한 결과를 발견했다. De Brauw and Giles(2005)는 농촌지역 고등학교 교육과 이주의 상호작용을 연구하여, 고등학교 교육은 소득을 증가시키는 데 거의 도움이 되지 않았고, 그 결과 이주가 아마도 고등학교 진학에 대한 하나의 대안이 될 수 있음을 밝히고 있다. 이러한 연구들은 중국 체제의 제도적 경직성이 이주의 긍정적인 혜택을 제한하고 있을지도 모른다는 것을 시사한다. 만일 교육이 이주의 혜택을 높이지 못한다면, 이주에 의해 창출될 수 있는 잠재적인 모든 기회가 중국적 맥락에서 제한될 수 있다는 것이다.

젊은 노동자들은 이주 또는 지방의 비농업 기업에의 취업을 통해서 비농업 직업에 점점 더 전문화되어 가고 있고, 이는 이주 결정에 영향을 미치고 있을지도 모른다. 이러한 젊은 노동자들 중 많은 사람들은 농업에 대한 직접적인 경험이 부족하거나 전혀 없다. 이들은 도시에 장기적으로 체류할 가능성이 더 크고, 일반적으로는 자신의 출신지에서 농업을 선택할 수 없는 노동자들이다. 여성 이주민의 비율은 여전히 남성보다 낮지만 빠르게 증가하고 있다. 이러한 현상은 중국에서의 이주가 이전 세대의 일시적 체류 형태가 아니라 젊은 세대가 새로운 형태의 대규모 이동으로 진행하고 있음을 시사한다. 그러나 이 변화된 이주의 패턴이 유지되기 위해서는 중국 도시의 노동시장이 증가한 노동력 유입을 흡수할 수 있어야 할 뿐 아니라 그들에게 제공되는 기회를 확대할 수 있어야만 한다.

9.8 노동 공급과 Lewis 전환점

중국은 노동시장에서 심각한 변화를 겪고 있고 이는 상당히 느린 성장세를 시사하고 있다. 수십 년 동안 농촌의 풍부한 노동력 공급, 높은 자연 성장률, 그리고 (가장 중요한) 급격히 증가하는 농촌에서 도시로의 이주는 비숙련 노동력의 공급이 무궁무진하다는 것을 의미했고, 미숙련 노동자의 임금은 매우 느리게 성장했다. 그러나 2004년경에는 비숙련

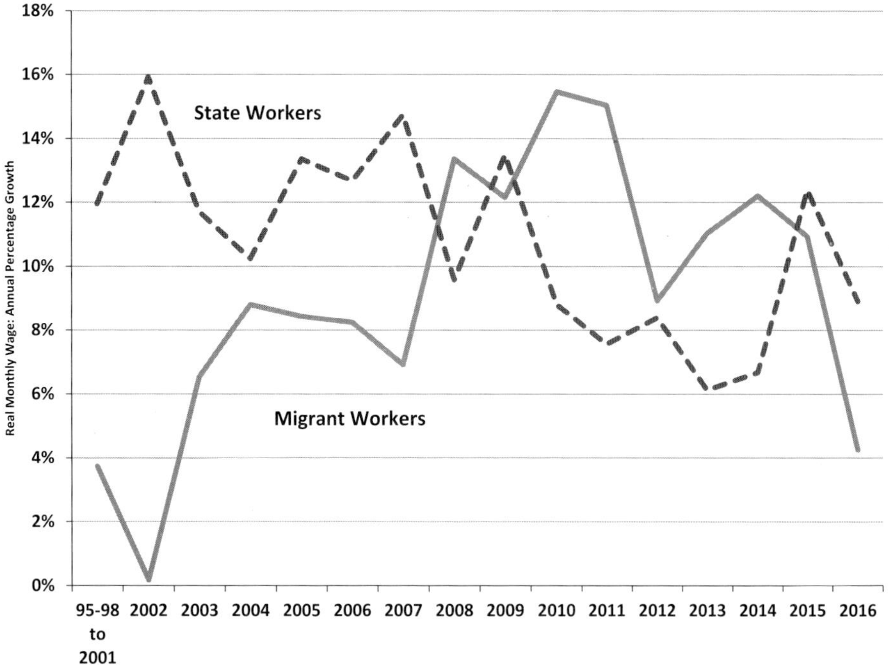

그림 9.6 임금 상승: 이주 노동자 및 정부 노동자
자료: Lu (2012); NBS Migrant (2017).

노동에 대한 수요가 공급보다 더 빠르게 증가하기 시작했고 그 결과 비숙련 노동자들, 특히 이주 노동자들의 임금이 급격히 증가하기 시작했다. 북경대학교의 Feng Lu는 이주 노동자의 임금에 대한 가능한 연구들을 종합적으로 정리했다. 그는 이주 노동자 임금이 적어도 1990년대 중반에서 2002년까지 매우 느리게 증가했다는 것을 발견했지만 이 시기의 자료가 적어서 신뢰할 수 없다. 2003년과 2007년 사이에 이주자의 실질임금 증가율(물가상승률 보정)은 연간 7.8%로 가속화되었다. 그림 9.6에서 알 수 있듯이 2007년 이후 임금은 더욱 가속화되었으며 이후 2015년까지 8년 동안 연평균 12.4%의 성장률을 보였다. 2016년 임금 증가세가 둔화됐지만 그 당시 임금은 2002년의 거의 4배에 달했다. 2008년과 2014년 사이에 이주 노동자 임금 증가율이 국영기업 노동자들보다 현저히 앞섰고, 이들의 격차는 줄어들었다. 21세기 초반 중국 수출의 급격한 증가는 10년 동안의 매우 느린 성장 끝에 이주자 임금을 상승시켰고, 2007년 이후 성장이 가속화되었다. 결과적으로는, 4배의 임금 인상은 의류와 장난감 같은 전통적인 노동집약적 수출 산업의 수익성을 떨어뜨렸다. Li et al.(2012)은 이 변화를 "저렴한 중국 노동력의 끝"이라고 언급하였다.

장기적인 상대적 정체 국면에서 급성장 국면으로 넘어가는 미숙련 임금의 패턴은 많은 중국경제학자들에게 중국이 이른바 "Lewis 전환점"을 통과했음을 시사한다. Lewis 전환점은, 빈곤하고 낙후된 경제의 경우, 농촌에는 활용도가 낮은 잉여 노동력이 많다는 생각에 근거하고 있다. 개발 초기단계에 현대 산업과 도시 서비스는 일정한 임금으로 농촌 노동력을 활용할 수 있다. 그러나 "잉여" 노동의 풍부한 공급이 소진되고 농업부문의 노동자를 활용하기 위해서는 임금 인상이 필요하다. (즉, 노동 공급이 완전히 탄력적이지 않다.) 원래의 Lewis 모델에 따르면, 이러한 변화는 주로 농촌경제의 변화하는 환경을 반영한다. 더 많은 젊은 노동자들이 농촌을 떠나지만 농업 생산성이 높아짐에 따라 도시나 수출 지역으로 이주하려는 잉여 노동력이 더 이상 존재하지 않는다. 이러한 종류의 변화는 모든 성공적인 개발도상국에서 일어난다. 분명히 이러한 현상이 중국에서 발생했다. 많은 농촌지역에서 모든 젊은이들이 떠났고, 근처에서 비농업적인 직업을 구할 수 있고, 나이 든 사람들은 농장을 떠나려고 하지 않는다. 이러한 노동력 변화는 경제에 더 광범위한 구조적 변화를 강요한다.

Lewis 전환점의 개념은 논란의 여지가 있다. 그 개념에 반하는 세 가지 주장이 있다. 첫째, 아직 농촌을 떠나려고 하는 상당한 미취업 노동력이 있다는 이유로 중국이 Lewis 전환점에 도달했다는 것을 부인하는 사람도 있다(Knight, Deng, and Li, 2011의 8천만 명의 추정치 참조). 이와 관련, 임금 추세는 순환적 현상(2005~2007년 큰 무역호황)과 농산물 교역조건 개선의 반영이라는 주장도 있다(Yao and Zhang, 2010). 마지막으로 일부에서는 이 개념이 농민들의 관찰된 소득 극대화 행태와 모순된다고 생각하기 때문에 원칙적으로 거부한다(Ge and Yang, 2011). 이것들은 중요한 주장들이다. 그러나 중국에서의 Lewis 전환점이라는 아이디어의 본질은 노동 공급이 거의 완벽하게 탄력적인 공급에서 상대적으로 비탄력적인 공급 중 하나로 넘어갔다는 것이다. 그림 9.7에서 노동 수요가 증가함에 따라(오른쪽으로 이동) 결국 노동 공급 곡선의 수평에서 상향 기울기 구간으로 이동한다. 이는 농촌과 도시 사이의 장벽이 낮아지면서 이전에는 제한되었던 엄청난 노동자의 흐름을 불러일으킨 중국의 상황에 맞는 것으로 보인다. 오늘날 농촌에서 활용되지 않은 근로자들은 보통 나이가 많고, 거주지에 정착을 원하며, 이주 의향이 낮고, 해안 근처의 접근 가능한 지역에 사는 경우가 드물다. 따라서 그들이 농장을 떠나게 하는 데 필요한 실질임금이 상승하고 있다.

9.9 결론

중국의 노동시장은 점점 더 경쟁이 치열해지고 노동자들의 생산적인 특성을 보상하는 데 더 효과적인 것으로 보인다. 도시와 농촌 지역 모두 교육에 대한 수익이 증가하고 있다는 증거가 있다. 그럼에도 불구하고 중국의 노동시장은 여전히 제도적 장벽과 불완전한 시

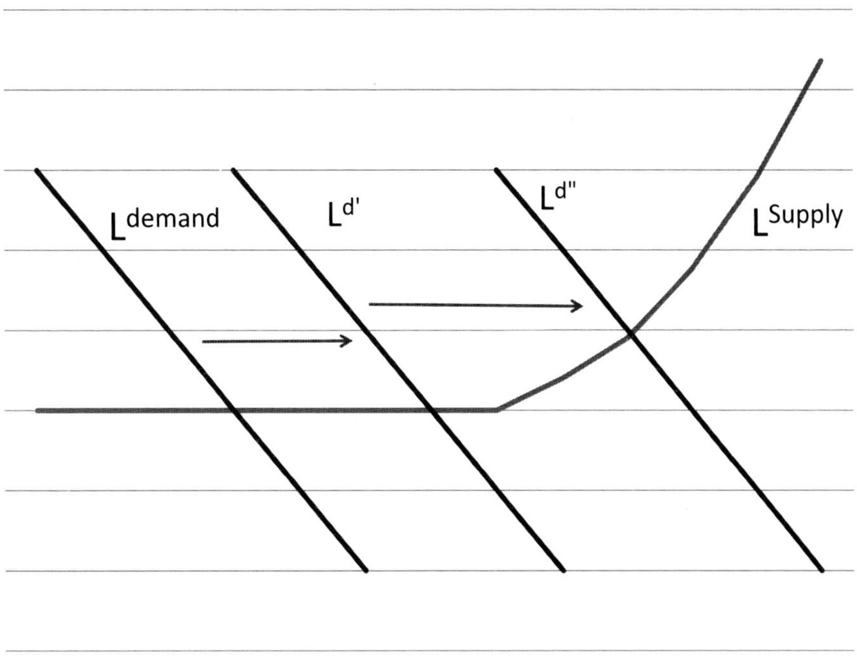

그림 9.7 노동력 공급: 탄력적에서 비탄력적으로
Labor supply: From elastic to inelastic.

장에 의해 왜곡되어 있다. 초기의 도농 간 직업의 절대적인 분리는 없어졌지만, 농촌 이주민들이 비공식부문에서 압도적으로 일을 하는 세분화된 도시 노동시장으로 대체되었다. 노동시장 통합을 위한 추가적인 단계가 시급하며 이는 중국경제의 생산성을 크게 향상시킬 것으로 기대할 수 있다.

더 넓은 시각에서, 중국의 노동시장은 현재 극적인 변화에 직면해 있다. 이로 인해 비용 조건의 큰 변화를 예고하고 있으며, 의심할 여지 없이 앞으로 몇 년 동안 중국은 더 느리게 성장할 것이다. 앞 장에서 논의했던 인구학적 요인은 Lewis 전환점과는 논리적으로 별개지만 노동력의 영향을 강화하고 심화시킬 것이다. Lewis 전환점은 근본적으로 농업부문 한계 노동자의 생산성과 비농업 경제의 임금에서 비롯되는 반면, 노동력 성장은 수십 년 전에 이루어진 출생의 결정에 달려 있다. Lewis 전환점에 도달하자마자 노동연령인구의 성장이 끝나는 것은 우연의 일치이다. 미숙련 임금이 급격히 증가한 후 20여 년 만에 노동력 성장이 끝난 아시아의 초기 성장국가들에서는 그렇지 않았다. 중국에서는 이 두 가지가 동시에 발생하여 필요한 조정의 규모가 커질 것이다.

Bibliography

더 읽을 거리

Li et al.(2017)은 논의를 몇 단계 앞으로 진행하지만 쉽게 접근할 수 있다. Li et al.(2012)과 Meng(2012)은 보다 진보된 노동관련 자료를 명쾌하게 제시한다. 이 해석의 주요 지지자인 Cai and Du(2011)로 시작하는 Lewis 전환점에 대한 토론은 모든 측면에 큰 기여를 하고 있으며 China Economic Review의 특별호를 구성하고 있다.

참고문헌

Appleton, Simon, John Knight, Lina Song, and Qingjie Xia (2002). "Labour Retrenchment in China: Determinants and Consequences." *China Economic Review* 13 (2–3): 252–276.

Appleton, Simon, Lina Song, and Qingjie Xia (2005). "Has China Crossed the River? The Evolution of Wage Structure in Urban China During Reform and Retrenchment." *Journal of Comparative Economics* 33:644–663.

Bian, Yanjie (1994). "Guanxi and the Allocation of Urban Jobs in China." *China Quarterly*, no. 140 (December): 973.

Cai Fang and Du Yang (2011). "Wage Increases, Wage Convergence, and the Lewis Turning Point in China." *China Economic Review* 21:601–610.

Census 2010 (2012). Census Office, State Council, and Population and Employment Division, National Bureau of Statistics. *Zhongguo 2010 Nian Renkou Pucha Ziliao* [China 2010 census statistics]. 3 vols. Beijing: Zhongguo Tongji.

Census 2015 (2016). Population and Employment Division, National Bureau of Statistics. *2015 Nian Quanguo 1% Renkou Chouyang Diaocha Ziliao* [Materials on the 2015 1% sample population survey]. Beijing: Zhongguo Tongji.

de Brauw, Alan, and John Giles (2005). "Migrant Opportunity and the Educational Attainment of Youth in Rural China." July 6. Accessed at http://www.msu.edu/~gilesj/adjg1final.pdf.

de Brauw, Alan, Jikun Huang, Scott Rozelle, Linxiu Zhang, and Yigang Zhang (2002). "The Evolution of China's Rural Labor Markets During the Reforms." *Journal of Comparative Economics* 30:329–353.

Eleventh Plan Suggestions (2005). Chinese Communist Party Central Committee. "CP Center Suggestions on Setting the 11th Five Year Plan for National Economic and Social Development." October 11.

Ge, Suqin, and Dennis Tao Yang (2011). "Labor Market Developments in China: A Neoclassical View." *China Economic Review* 22 (4): 611–625.

Granick, David (1987). "The Industrial Environment in China and the CMEA Countries." In Gene Tidrick and Chen Jiyuan, eds., *China's Industrial Reform*, New York: Oxford University Press.

Guo, Qian, and Wenkai Sun (2014). "Economic Returns to English Proficiency for College Graduates in Mainland China." *China Economic Review* 30:290–300.

Hare, Denise (1999). "'Push' and 'Pull' Factors in Migration Outflows and Returns: Determinants of Migration Status and Spell Duration Among China's Rural Population." *Journal of Development Studies* 35 (3): 45–72.

Hare, Denise (2016). "What Accounts for the Decline in Labor Force Participation Among Married Women in Urban China, 1991–2011?" *China Economic Review* 38:251–266.

Hu, Anning, and Jacob Hibel (2014). "Changes in College Attainment and the Economic Returns to a College Degree in Urban China, 2003–2010: Implications for Social Equality." *Social Science Research* 44:173–186.

Khor, N., L. Pang, C. Liu, F. Chang, D. Mo, P. Loyalka, and S. Rozelle (2016). "China's Looming Human Capital Crisis: Upper Secondary Educational Attainment Rates and the Middle-Income Trap." *China Quarterly* 228:905–926.

Knight, John, Quheng Deng, and Shi Li (2011). "The Puzzle of Migrant Labour Shortage and Rural Labour Surplus in China." *China Economic Review* 22:585–600.

Labor and Social Security Yearbook (various years). Ministry of Labor and Social Security, ed. *Zhongguo Laodong he Shehui Baozhan Nianjian*. Beijing: Zhongguo Laodong Shehui Baozhang.

Labor Yearbook (various years). National Bureau of Statistics, Department of Population, Social, Science, and Technology Statistics, and Ministry of Labor and Social Security, Department of Planning and Finance, eds. *Zhongguo Laodong Tongji Nianjian* [Yearbook of labor statistics of China]. Beijing: Zhongguo Laodong.

Li, Hongbin, Lei Li, Binzhen Wu, and Yanyan Xiong (2012). "The End of Cheap Chinese Labor." *Journal of Economic Perspectives* 26 (4): 57–74.

Li, Hongbin, Pak Wai Liu, and Junsen Zhang (2012). "Estimating Returns to Education Using Twins in Urban China." *Journal of Development Economics* 97 (2): 494–504.

Li, Hongbin, Pak Wai Liu, Junsen Zhang, and Ning Ma (2007). "Economic Returns to Communist Party Membership: Evidence from Urban Chinese Twins." *Economic Journal* 117 (523): 1504–1520.

Li, Hongbin, Prashant Loyalka, Scott Rozelle, and Binzhen Wu (2017). "Human Capital and China's Future Growth." *Journal of Economic Perspectives* 31 (1): 25–48.

Lu, Feng (2012). "Trends in Wages of Migrant Workers in China, 1979–2010." *Zhongguo Shehui Kexue* [Social sciences in China], no. 7, 45–65.

Meng, Xin (2012). "Labor Market Outcomes and Reforms in China." *Journal of Economic Perspectives* 26 (4): 75–102.

Meng, Xin, Kailing Shen, and Sen Xue (2013). "Economic Reform, Education Expansion, and Earnings Inequality for Urban Males in China, 1988–2009." *Journal of Comparative Economics* 41 (1): 227–244.

Mo Rong, Jiuye (1998). *Zhongguo de Shiji Nanti* [Employment: China's problem of the century]. Beijing: Jingji Kexue.

NBS Migrant (Annual). "2015 Nian Nongmingong Jiance Diaocha Baogao" [2015 migrant monitor and survey report]. April 28, 2016. Accessed at http://www.stats.gov.cn/tjsj/zxfb/201604/t20160428_1349713.html.

NBS Private (Annual). "2015 Nian Chengzhen Siying Danwei Jiuye Renyuan Pingjun Gongzi 39589 Yuan" [2015 urban private employment average wage 38,589 RMB]. May 13, 2016. Accessed at http://www.stats.gov.cn/tjsj/zxfb/201605/t20160513_1356093.html.

Psacharopoulos, George, and Harry Anthony Patrinos (2002). "Returns to Investment in Education: A Further Update." World Bank Policy Research Working Paper no. 2881, September.

SYC (Annual). *Zhongguo Tongji Nianjian* [Statistical yearbook of China]. Beijing: Zhongguo Tongji.

Taylor, J. Edward, Scott Rozelle, and Alan de Brauw (2003). "Migration and Incomes in Source Communities: A New Economics of Migration Perspective from China." *Economic Development and Cultural Changes* 52 (1): 75–101.

Xue, Jinjun, Wenshu Gao, and Lin Guo (2014). "Informal Employment and Its Effect on the Income Distribution in Urban China." *China Economic Review* 31:84–93.

Yang Yiyong (1997). "China's Unemployment Problem: Current Conditions, Trends, and Appropriate Measures." In Liu Guoguang, Wang Luolin, and Li Jingwen, eds., *1998 Nian Zhongguo Jingji Xingshi Fenxi yu Yuce: Jingji Lanpi Shu* [1998 China economic conditions, analysis, and projections: Economic blue book]. Beijing: Shehui Kexue Wenxian.

Yao, Yang, and Ke Zhang (2010). "Has China Passed the Lewis Turning Point? A Structural Estimation Based on Provincial Data." *China Economic Journal* 3 (2): 155–162.

Zhang, Junsen, Zhao Yaohui, Albert Park, and Xiaoqing Song (2005). "Economic Returns to Schooling in Urban China, 1988 to 2001." *Journal of Comparative Economics* 33:730–752.

Zhao Yaohui (1999). "Labor Migration and Earnings Differences: The Case of Rural China." *Economic Development and Cultural Change* 47 (4): 767–782.

Zhao Yaohui (2002). "Causes and Consequences of Return Migration: Recent Evidence from China." *Journal of Comparative Economics* 30:376–396.

Zhou Xueguang (2000). "Economic Transformation and Income Inequality in Urban China: Evidence from Panel Data." *American Journal of Sociology* 105 (4): 1135–1174.

10 생활수준: 소득, 불평등 및 빈곤

Living Standards: Incomes, Inequality, and Poverty

경제성장의 궁극적인 목표는 삶의 질을 향상시키는 것이다. 소득증가는 빈곤과 위험을 줄이고 소비와 여가를 증진시킬 수 있는 부를 사회에 제공한다. 그러나 성장은 이러한 혜택을 인구 전체에 자동으로 확산시키지는 않는다. 소득과 불평등, 빈곤의 관계는 복잡하고 삶의 질에 대한 개념은 정확하게 정의하기 어려울 수 있다. 중국은 이러한 개념들 사이의 복잡한 관계를 보여 주는 전형적인 예이다. 1978년 이후 중국은 가계소득이 엄청나게 빠르게 증가했고 중국인들은 35년 전보다 훨씬 더 잘살고 있다. 또한 극빈층의 수도 급격히 감소하고 있다. 그러나 같은 기간 동안, 소득분배는 훨씬 더 불평등해졌다. 소득증가는 연안지역의 도시 가구들이 가장 빠르고, 서부 및 북부 지방의 농촌 가구는 가장 느렸다. 따라서 중국 사회는 훨씬 더 부유해지고 가난은 줄어들었지만 훨씬 더 불평등한 사회가 되었다. 소득 불평등이 악화되었다는 것은 수천만 저소득층의 생활수준이 같은 성장이 균등하게 확산되었을 경우보다 덜 향상되었다는 것을 의미한다.

2009년 이후 불평등(공식적인 측정에 의한)이 평준화되면서 하락하기 시작했다. 이러한 변화는 경제의 극적인 구조 변화 때문이며, 그 시기에 Lewis 전환점이 발생했다는 간접적인 증거를 제공한다. 정부 정책도 상당한 기여를 했다. 정부 정책은 농산물 가격과 농촌 소득을 전반적으로 지원하는 방향으로 전환되었을 뿐만 아니라 사회복지 사업비 지출도 증가시켰다. 비록 비교 기준에 비해 아직 사회복지 요소가 미약하지만 이미 빈곤층의 생활수준은 향상되었다.

앞 단락에서 설명한 중국 소득의 기본 추세는 중국에서 입수할 수 있는 거의 모든 자료에서 뚜렷이 나타난다. 이러한 기본적인 추세에 대해서는 논쟁의 여지가 없다. 그러나 어느 나라에서도 빈곤, 불평등 그리고 복지 등을 정확하게 측정하는 데 필요한 자료는 수집하기 어렵기 때문에 중국의 가계소득에 대한 보다 정확하고 근본적인 특성 규명은 어렵다. 더욱 중요한 것은 중국경제의 특징인 "대도시와 농촌의 격차, 소득의 특성 그리고 개혁기간 동안 가계소득 구성의 변화" 등은 자료 수집과 해석에서 모두 어려움을 겪고 있다는 사실이다. 비교의 관점에서 중국인들의 생활수준에 대한 평가는 특히 복잡하다. 본 장에서는 주요 이슈들을 소개하고 우리가 알고 있는 지식의 현재 상태를 보여 준다.

10.1 소득 성장

중국의 가계소득은 빠르게 증가했다. 중국을 자주 방문하는 사람은 의류와 주택의 수준이 향상되고 더 다양하고 잘 준비된 음식 등 놀라운 증거를 쉽게 볼 수 있다. 이러한 극적인 변화에 대한 통계자료의 가장 좋은 출처는 1970년대 후반부터 중국 통계학자들이 매년 실시해 온 대규모 가계조사이다. 통계학자들은 통합된 틀을 만들기 위해 표본들을 통합하고 농촌가계의 높은 가처분 소득을 보고하기 시작한 2013년까지 농촌과 도시의 두 가지 큰 표본을 조사했다.[1] 본 장은 가계소득의 성장에 대해 이 자료에 대한 개요로 시작한다. 이 자료들은 우리가 알고 있는 많은 것의 기초가 되며 사실상 중국경제에 대한 모든 분석에 포함되어 있다. 표 10.1은 도시 및 농촌의 가계소득 자료를 나타낸 것으로, 공식적인 소비자 물가지수와 함께 2015년 불변가격으로 환산한 것이다. 이 자료에 따르면 농촌과 도시 가계의 소득은 모두 매우 빠르게 증가하여 2015년 가계소득은 1978년의 10배 이상 증가하였다. 농촌과 도시 두 지역의 급격한 소득증대에 대한 일반적인 상황은 확실히 정확하다.

자료를 더 자세히 살펴보면, 도시소득은 개혁기간 동안 지속적이고 견고하게 성장했지만 농촌소득은 세 가지 다소 다른 시기를 경험하였음을 알 수 있다.

- 개혁 초기인 1978년부터 1985년까지는 농촌소득이 매년 약 15%씩 매우 빠르게 성장하였다. 이 놀라운 성과는 농업소득을 증가시키고 가족 구성원들을 비농업 직종에 종사하게 한 초기 농업개혁의 성공에 따른 결과였다. 도시소득이 매년 7%의 비율로 증가함에 따라 농촌가계가 상당히 따라잡을 수 있었다. 그러나 1970년대 후반의 가계소득 데이터는 이후의 데이터보다 훨씬 약취하다는 점을 인정해야 한다(아래에서 설명).
- 오랜 기간인 1985~2009년은 농촌소득 성장이 상당히 느리게 진행된 기간 중 하나로, 연평균 성장률이 5%로 떨어졌다. 1990년대 말 도시가계가 국가부문의 축소라는 고통을 겪으면서 이 시기 중반에 도시소득 증가세가 둔화되기는 했지만 도시소득은 상당히 빠르게 증가했다(7.4%). 국가부문 축소작업이 완료된 후 급속한 회복은 도시소득 증가를 장기적 추세로 되돌려 놓았다.
- 2009년부터 2015년까지 농촌 가계소득 증가세가 크게 가속화되어 도시 가계소득 증가율을 크게 웃돌았다. 도시소득 성장추세가 소폭 상승하는 경향을 보인 반면, 농촌소득 증가율은 거의 10%로 증가했다.

따라서 1980년대 중반에 도시와 농촌의 격차가 최소 수준에 이른 후, 약 20년 동안 다시

1. 6장 참조. 이 장은 표 10.1과 같은 시점 간 비교를 위해 "가계소득"의 이전 정의를 유지한다.

표 10.1 1인당 실질 가계소득의 증가

	1978	1985	2009	2015
농촌의 1인당 실질 가계 순소득				
2013년 불변가격	약 750	1,918	6,139	10,772
연평균 증가율		14.4%	5.0%	9.8%
도시의 1인당 실질 가처분소득				
2013년 불변가격	2,276	3,650	20,377	31,790
연평균 증가율		7.0%	7.4%	7.7%

자료: *SYC* (various years).

확대되었다. 지난 10년 동안만 격차가 안정되고 줄어들기 시작했다. 이것은 6장의 논의와 일치하며 자료에서도 분명하게 나타난다.

불행히도, 실질소득 증대에 대한 계산은 생활수준 증대에 대한 정확한 설명에 의존할 수 없다. 변화가 가장 빨랐던 1978~1985년에는 이용 가능한 농촌 소비자 물가지수가 없다. 공식자료에는 또 다른 한계가 있다. 가계조사는 농촌 주민과 거주허가 도시민만을 대상으로 하기 때문에 2013년까지 이주자와 일시적 신분인 사람들은 조사대상이 아니었다. 또한 소득을 측정하는 방식에 있어 도시와 농촌 사이에 상당한 차이가 있으며, 현물 소득과 자가 주택의 귀속임대료를 평가하는 방식에서도 시간이 지남에 따라 차이가 있다. 이러한 문제들은 비교 가능성을 제한하고 개혁 초기에 농촌소득 성장률을 과장하고 또한 개혁 초기 이외의 기간 동안 도시 및 농촌 소득 성장을 다소 과장할 수 있다. 이런 결점에도 불구하고 급격한 소득증가에 대한 정황은 분명하다. 또한 가계조사는 평균적인 소득 증가에 대한 단순한 수치를 넘어서 또 다른 분석이나 다양한 연구를 위해 사용할 수 있는 매우 풍부한 데이터를 제공한다. 다음으로는 빈곤과 불평등의 추세를 조사하는 과정에서 가계조사로부터 얻은 데이터를 좀 더 발전시키려는 노력에 대해 논의할 것이다.

10.2 빈곤

10.2.1 농촌의 빈곤

성장은 빈곤을 감소시키며 중국경제개혁의 큰 성공 중 하나는 빈곤층의 수가 극적으로 줄어든 것이다. 도시 거주자 중에서는 극히 일부만이 빈곤에 처해 있기 때문에 빈곤은 기본적으로 농촌의 현상이다.

10.2.2 공식적인 빈곤선

중국은 1985년 처음으로 공식 빈곤선을 설정한 이후 두 차례나 빈곤선을 상향 조정했다.

이 경험은 한 나라가 발전함에 따라 빈곤에 대한 개념이 어떻게 변화하는지 보여 준다. 1985년 연간 200 RMB에 불과했던 초기 빈곤선은 완전히 극빈자들을 포함하는 엄격한 것이었다. 2010년 이후에는 2차 개정으로 공식 빈곤선을 1,274에서 2,300 RMB(2010년 가격으로 매년 조정)로 상향 조정했다. 1985년에서 2010년 사이에 물가가 4배 정도 증가한 후에도 새로운 빈곤선은 초기의 거의 3배였다. 빈곤선이 설정된 곳은 중국 농촌인구의 대다수가 이 빈곤선 근처에 있기 때문에 큰 차이를 만든다. 2011년 정부는 2020년까지 빈곤 해소라는 야심찬 목표를 세웠다. 이 목표는 비현실적으로 보일 수 있다. 그러나 지금까지 중국의 빈곤 감소에 대한 성과가 두드러져 장기적 목표달성을 위한 좋은 출발이 이루어졌다.

10.2.3 국제적으로 비교 가능한 세계은행의 빈곤선

빈곤을 평가하는 공통기준을 제공하기 위해 세계은행은 "하루에 1달러" 빈곤선 개념을 도입했다. 기본적인 생각은 만약 지출의 50%가 식비로 사용된다면, 이 정도의 소득은 생존을 위한 충분한 칼로리를 구입할 수 있을 것이라는 것이었다. 이후 세계은행은 소득을 설명하기 위한 대규모 가계조사와 함께 빈곤층이 구입하는 상품(특히 음식)에 대한 물가를 수집하기 위해 많은 노력을 기울였다. 이렇게 하여, 그들은 국가 간 빈곤 발생률을 의미 있게 비교할 수 있었다. 전 세계적인 인플레이션으로 인해, 하루 1달러 기준도 최근에 1.90달러로 수정되었다(2011년 구매력평가지수(PPP) 계산에 기초; PPP에 대한 설명은 7장의 박스 7.2 참조). Ravallion and Chen(2007)은 문제를 바로잡고 중국 측 수치를 세계은행 표준과 비교할 수 있도록 중국 자료를 대폭적으로 수정했다. 다양한 공식적 추정과 비교한 Ravallion and Chen의 중국 농촌의 빈곤 추정은 그림 10.1에 나타나 있다. 농촌 빈곤의 극적인 감소는 명백하다. 1970년대 말 중국에서 빈곤은 심각하고 만연해 있었으며 오늘날까지 사라지지 않았다. 더욱이 경제 불안이 커지고 의료 접근성이 낮아져 빈곤층의 입지가 더욱 위태로워지면서 개혁기간 상당기간 동안 저소득층의 취약성이 증가했다. 2005년 이후에야 이러한 취약성의 증가 추세가 멈추었다. 이런 조건에도 불구하고 중국의 빈곤 감소 기록은 예외적이었다.

그림 10.1은 여러 데이터 계열을 일관된 체계에 포함하며 수년간 사용된 네 가지 빈곤선 사이의 관계를 보여 준다. 중국인들의 소득이 증가함에 따라 중국의 공식적인 빈곤선은 세계은행 기준보다 훨씬 낮은 수준에서 중간 빈곤선(2008년) 그리고 보다 관대한 기준(2010년)으로 발전했다. 이 선들은 빈곤 감소에 대한 일관된 이야기를 제공하지만, 각각은 주어진 시간에 빈곤 발생률에 대해 약간 다른 상황을 제공한다. 중국의 공식적인 데이터는 농촌의 빈곤층 인구의 수(인원 수)와 비율(인원 수 지수)을 기록하고 있어 상당히 완벽한 통계적 자료를 제공하고 있다.

농촌 경제개혁 초기인 1978년에서 1985년 사이에 농촌 빈곤이 급격히 감소했다. 중국

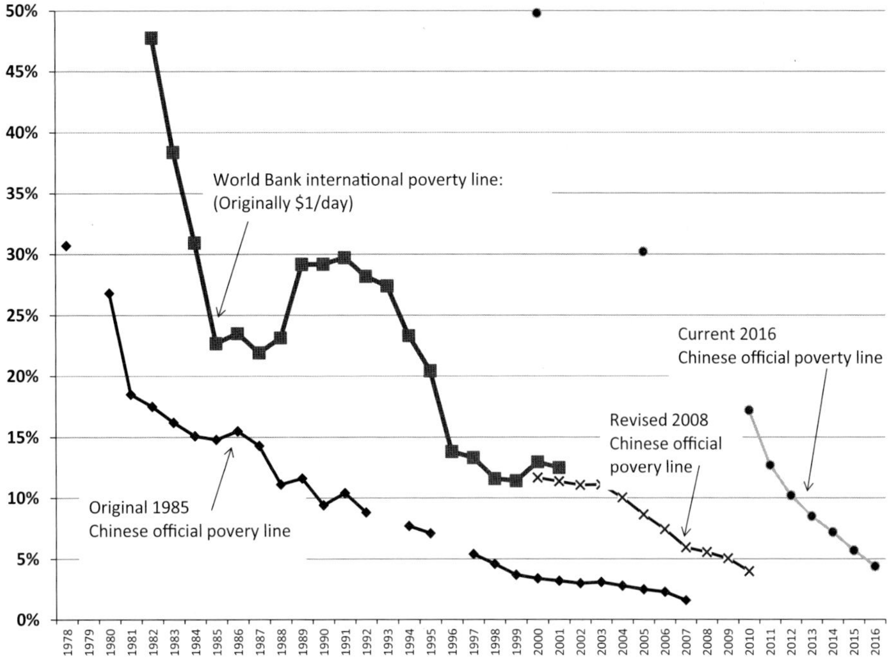

그림 10.1 농촌의 빈곤인구 비중(상이한 빈곤선)
자료: *SAC* (2016, 70); Ravallion and Chen (2007).

의 공식적인 빈곤선에 따르면 1978년에는 31%의 농민이 빈곤했지만 1985년에는 15%에 불과했다. 세계은행의 "하루에 1달러"를 기준으로 하면 빈곤층이 더 많았지만 빈곤 감소의 성과는 비례적으로 더 컸다. Ravallion and Chen(세계은행) 추정에 따르면 1982년 농촌인구의 48%가 빈곤했고 1985년에는 23%에 불과했다. 더욱이 1985년 데이터를 역산한 Ravallion and Chen은 1978년 농촌인구의 70%가 빈곤한 것으로 계산했다. Ravallion and Chen이 사용한 데이터가 1978년의 신뢰할 수 있는 구매력 추정을 뒷받침하기에 충분한 자료인지는 분명하지 않지만 보다 근본적인 문제는 빈곤의 특성 차이이다. 1978년 빈곤층의 대부분은 "사회주의 빈곤층"으로, 이는 개념적으로 구별되는 두 그룹으로 나눌 수 있다(실제로는 뚜렷한 구분선은 없었음). 한 그룹은 물질적인 생활수준은 낮았지만, 기능적인 집단체제의 일부였다. 그 결과 그들은 토지에 대한 접근, 기초소득 보장, 심지어 기초적인 의료서비스에 접근할 수 있었다(11장). 측정된 수입은 낮았지만, 그들은 다른 나라에서의 낮은 수입과 극도로 위태로운 생활을 하는 토지가 없는 노동자와 같이 궁핍하지는 않았다. 또 다른 그룹은 극심한 빈곤에 처해 있었고 그들의 집단적 제도는 실패했다. 농부들은 소득보장이나 의료서비스를 전혀 받지 못했다. 이 그룹은 소득이 낮을 뿐만 아니라, 다른 나라의 "하루에 1달러 이하" 빈곤층처럼 건강상의 문제나 농작물 작황실패에 지속적으로 취약했다. 사회주의 빈곤층인 이 두 그룹의 상대적 규모에 대한 자료는 없지만, 추측하건대, 극빈층이 1978년 농촌인구의 1/3 정도였을 수도 있다는 것이다(초기 중국의 공식적 빈곤선이 암시함).

그 후 Ravallion and Chen은 인플레이션이 많은 농부들의 소득을 잠식함에 따라 1985년 이후 빈곤이 반등하였음을 입증하였다. 이러한 반등은 많은 중국의 가계들이 하루 1달러의 빈곤선에 가깝기 때문에 단기간에 심각한 문제가 될 수 있다. 이 대규모의 "빈곤선 근처의 빈곤층"은 상황이 약간 악화되자 빈곤선 아래로 떨어졌다. 빈곤층의 수는 증가했으며, 1989년부터 1993년까지 매년 평균 2억 5,000만 명이 넘는 농촌인구가 하루 1달러 빈곤선 아래에 있었다. 1990년대부터 가계조사와 물가 데이터가 개선되고 제도적 변화가 둔화되고 있기 때문에 기간 간 비교가 유효하다는 확신을 갖게 된다. 2008년 중국의 공식적인 빈곤선은 세계은행의 하루 1달러 기준과 거의 동일하기 때문에 기간 간 비교를 일관되게 할 수 있다. 2010년까지 빈곤선 아래의 농촌인구는 2,700만 명으로 감소했다. 20년 동안 거의 90%의 빈곤 감소는 괄목할 만한 성과이다.

2010년까지의 빈곤 감소의 성공은 두 가지 중요한 정책 변화를 가져왔다. 새롭고 훨씬 더 온건한 공식적인 빈곤선이 채택되었고 2020년까지 빈곤을 없앤다는 야심찬 계획이 만들어졌다. 앞서 설명한 새로운 빈곤선 때문에 2010년 빈곤인구는 2,700만 명에서 1억 6,600만 명으로 급증했다. 빈곤층 수가 크게 증가한 것은 얼마나 많은 중국인들이 빈곤선 근처에 있었는지를 다시 한 번 강조하게 한다. 빈곤선이 거의 2배로 늘어남에 따라 빈곤층이 6배나 증가했다. 중국 통계학자들은 또한 이 빈곤선이 과거 기준연도에 적용될 경우 어떤 의미가 있었는지에 대해 다음과 같이 말했다. 1978년에는 농촌인구의 97%가 이 선 아래로, 그리고 1995년에는 60%가 이 선 아래로 내려갔을 것이다. 이와 같은 이유로, 이것들은 대략적인 근사치로 간주해야 한다.

빈곤구제 목표는 제13차 5개년 계획(2016, p.9, pp.105~108)에서 보다 구체적인 형태로 제시되었다. 이 계획은 2015년에 빈곤층으로 지정된 5,500만 명의 사람들을 2020년까지 모두 빈곤에서 벗어나게 한다는 구속력 있는 목표를 설정했다—지정된 가난한 현(县)에서 약 3,000만 명이 주로 인프라와 사업투자 증대를 통해 빈곤에서 벗어날 것이다; 약 1천만 명의 사람들이 도시에 일자리를 얻기 위해 이주하고; 약 1천만 명의 사람들이 보다 생산적인 환경으로 이전될 것이다. 경제개발을 통해 빈곤에서 벗어날 수 없는 사람들을 위한 국민 복지 파일을 마련해야 한다. 이것은 매우 야심찬 목표이다. 2016년 현재 중국은 여전히 4,300만 명의 농촌인구가 빈곤선 아래에 있다. 그림 10.1에 표시된 공식 자료에 따르면 이는 농촌인구의 4.4%이다. 그러나 중국 통계학자들은 농촌 가구등록과 최근에 등록이 변경된 모든 사람들을 포함한 농촌인구 정의를 분모로 사용한다. 이 인위적인 분모인 9억 8,000만 명 대신 2016년에 실제로 농촌지역에 거주하는 5억 9,900만 명의 사람들을 사용한다면 빈곤층은 4,300만 명으로 농촌인구의 7.4%에 달한다. 빈곤 퇴치에서 중국의 주목할 만한 성공에도 불구하고 농촌에는 여전히 빈곤한 인구가 있으며 빈곤 퇴치는 실제로 어려울 것이다.

10.2.4 빈곤 추세에 대한 설명

농촌 빈곤의 급속한 감소를 설명하는 경제적 요인은 무엇인가? 1980년대 초반에 농촌 빈곤이 급격히 감소했는데, 그 이유는 몇 가지 일시적 요인이 극적인 방식으로 결합되었기 때문이다. 농민에 대한 차별이 심했던 초저가 수매가격이 인상됨에 따라 농산물 교역조건이 크게 개선되었다. 농민들에 대한 현대적 투입물 공급이 급격히 증가했고, 인민공사의 해체로 농업인들이 더 열심히 일하고, 농경문화에 투입물을 보다 효율적으로 배분할 수 있게 되었다. 토지는 처음에는 매우 평등하게 분배되었고, 사실상 모든 사람이 자신의 몫을 가지게 되었다. 중국 여러 지역에서 주기적으로 토지를 재분배한다는 것은 마을 내 빈곤층이 존재하고 있으며, 토지가 없는 노동자가 거의 없다는 것을 의미한다. 더구나 개혁 이전의 농촌에는 빈곤이 만연해 있었기 때문에 전반적인 경제성장은 빈곤을 줄이는 데 상당히 효과적이었다. 개혁 초기에 빈곤이 급격히 감소했다는 것은 이전의 명령경제 체제가 대규모로 빈곤을 발생시켰다는 것을 간접적으로 보여 준다. 그 체제의 나쁜 요소들을 개선하기 위해 취해진 각각의 개별적인 조치들이 빈곤을 감소시켰다. 일단 1980년대 중반까지 그러한 조치들의 효력이 줄고 따라서 빈곤이 감소하는 속도는 필연적으로 느려질 수밖에 없었다.

빈곤을 줄이는 일이 어려워지자 정부는 보다 적극적인 정책을 펼쳤다. 1986년 국무원은 빈곤구제추진그룹(Leading Group for Poverty Reduction)을 설립하여 중국의 빈곤구제 전략에 중점을 두고 빈곤한 현(县)을 지정하는 프로그램을 시작했다. 1993년부터 중국 현의 약 20%가 "가난한 현"으로 지정되어 특별지원을 받을 수 있게 되었다. 이 592개 현은 세 종류의 지원을 받았다. 보조금으로 개발된 대출이 가계와 기업에 제공되었다. 농업은행이 관리하는 저렴한 신용이 수익사업에 대한 투자를 장려하기 위해 고안되었다. 일용 식량 프로그램은 지역 기반시설 프로젝트를 지원했다. 이 프로그램에서 정부는 노동자들에게 재료와 음식을 제공하고, 마을은 노동력을 제공한다. 마지막으로 공공투자사업의 재원 마련을 위해 지방정부에 예산교부금이 지원되었다(Ang, 2016). 이러한 프로그램에 대한 재원은 30년 동안 지속되어 왔으며, 변동은 있지만 평균 GDP의 약 0.2%를 차지하고 있다. 2020년까지 빈곤을 없애겠다는 목표에는 이들 각 가난한 현들을 체계적으로 하나씩 졸업시키고 프로그램을 단계적으로 폐지하는 것이 포함된다.

이 프로그램에 대한 평가는 엇갈렸다. 중국의 가난한 현(县)들이 특히 환경적으로 지속가능성의 한계에 직면한 인구밀집지역인 아이후이-텅청선(2장 참조) 주변 벨트에 흔하기 때문에 지리적 목표는 어느 정도 의미가 있다. 그러나 가난한 현 주민의 상당수는 가난하지 않고, 가난한 현 이외의 지역에 상당한 수의 가난한 사람들이 있기 때문에 목표는 다소 부정확하다. 게다가, 가난한 현으로 보내진 많은 자원들은 결국 지방정부 관료체계를 확대시키고 필수적이지 않은 것에 소비되었다. 그럼에도 불구하고 엄격한 평가에 따르면 목표지역 지정이 가난한 현의 경제성장을 매년 약 1% 정도 증가시켰다(Park, Wang and Wu, 2003 ; Meng, 2013). 정부의 빈곤구제 프로그램은 긍정적인 영향을 미쳤지만 농촌 빈곤의 급격한 감소는 설명할 수 없다. 그 대신 전반적으로 급속한 경제성장이 빈곤층 감소의 주요 동력이 되어 왔으며 세 가지 중요한 정책 관련 요인은 경제성장이 빈곤 감소에 미치는 긍정적인 영향을 촉진시켰다.

첫째, 비농업부문의 일자리 및 이주의 급격한 증가는 가난한 가정에 도움이 되었다. 이주제한을 없애는 정책들이 매우 유리하게 작용했지만 결코 보장된 결과는 아니었다. 일부 현(县)에서는 자원이 없는 지역 주민들이 외부 기회를 이용하고 이주하는 것이 불가능하다고 판단하기 때문에 빈곤지역이 "빈곤 함정"의 역할을 한다. 중국에서는 비교적 용이한 지역에서 이주가 시작되었지만 세기가 지난 후, 가난한 지역의 농촌 거주자들은 부유한 지역 출신들에 비해 이주 가능성이 약간 낮았다. 가난한 농민들은 농업에서 벗어날 수 있었고, 이주는 빈곤을 줄이는 데 큰 영향을 미쳤다. 농촌인구의 하위 5분위는 2002~2012년까지 10년간 총 소득에서 임금과 급여의 비중이 26%에서 43%로 증가하였다(Wu, 2016). 이런 상황에서 급속한 경제성장의 혜택은 농촌의 빈민층으로 흘러갔다.

둘째, 가난한 농민들은 2003년 이후 정부의 농업정책 변화로 혜택을 받았다(11장). 언급한 바와 같이 농지의 분배는 균등했기 때문에 토지가 없는 농민이 거의 없고, 빈곤층은 농업세 폐지의 혜택을 받고 곡물재배에 대한 상당한 보조금을 받았다. 2003~2006년 사이 농촌 세금 및 수수료 취소만으로도 농촌소득이 약 5% 증가했고 소득분배 하위 20%에 미치는 영향이 비례적으로 더 컸다. 이러한 수수료의 발생은 불규칙했고 종종 퇴행적이었다. 한 계산에 따르면, 가장 낮은 5분위는 1988년에 6.5%의 세율을, 1995년에는 12%를 납부했다. 그러나 2007년까지 세율은 거의 0.3%로 떨어졌다(Li and Sicular, 2014). 농산물 교역조건은 빈곤에 상당한 영향을 미친다. 빈곤의 극적인 감소는 농산물 가격이 높았던 1993~1996년 기간 동안 발생했다. 2003년 이후 정부 정책은 때때로 상당한 비용을 들여 농산물 가격을 높고 안정되게 유지하는 것을 목표로 하고 있으며, 이로 인해 빈곤이 줄어들었다.

셋째, 정부의 복지지출은 일정부분 빈곤층에 전달된다. 지난 10년 동안 농촌지역에서 기본적인 최저소득 지원프로그램이 실시되었다. 5,300만 명의 사람들이 공식 빈곤선의 약 절반인 1,250 RMB의 최저소득 보조금을 받는다. 그러나 이 프로그램의 목표가 잘못되었기 때문에 빈곤을 몇 퍼센트만 줄인다는 연구결과가 있다(Li and Sicular, 2014). 다른 정부 사회복지 프로그램들도 빈곤층에게 혜택을 준다. 농촌 협동조합의 의료지원과 무료 초등교육은 모두가 이용 가능하지만 빈곤층에 불균형한 영향을 미친다.

10.2.5 도시의 빈곤

대부분의 개발도상국과는 달리 중국의 빈곤은 주로 농촌에서의 현상이었다. 과거에 정책은 이주를 제한함으로써 도시인구를 낮게 유지했고, 그 후 모든 사람들에게 공공부문 일자리를 보장했다(6장과 9장 참조). 중국의 개방 이후 대부분의 경제성장은 도시들에서 일어났다. 전통적으로 도시민들은 안정적인 사회복지 환경과 기본적인 욕구에 대해 광범위하게 정부 보조금을 받았다. 오늘날 이 보장된 혜택은 사라지고 있지만 빈곤선 이하의 소득을 가진 도시 영주권자(도시거주 허가자)는 거의 없다. Ravallion and Chen은 도시 생활비가 농촌보다 41%나 높아(2002년) 빈곤의 문턱을 높였지만 2001년에는 도시인구의 0.5%만이 빈곤상태라는 사실을 발견했다. Li and Sicular(2014, p.21)는 세계은행의 1.25달러/일당 빈곤선을 사용하여 2007년 도시 주민의 0.44%가 빈곤을 겪고 있는 것을 발견하였다. 비록 도시들이 조금 불평등해지고 실업과 장애가 심각한 경제적 어려움을 초래할 수 있지만, 절대빈곤에 처한 영구적인 도시 거주자는 극소수에 불과하다. 놀랍게도 빈곤선 아래에 있는 이주민의 비율은 실제로 0.17%에 불과하다. 이것은 아마도 이주자들이 도시에서 일을 하고 있고, 노동 연령이 압도적으로 많고, 신체적으로 건강하며, 부양가족이 거의 없기 때문일 것이다. 거의 모든 이주자들이 일하고 있기 때문에 빈곤층이 거의 없다. 반면에, 일부 도시 거주자들은 고령자 또는 병약자들로 국가의 지원이 없으면 빈곤에 빠지게 된다.

10.3 불평등

사회주의 경제 하에서 중국 사회는 이원론적이지만 평등주의적이었다. 즉, 도시와 농촌 주민의 격차는 컸지만(사회는 이원론적), 도시와 농촌 각 부문 내에서 소득은 상당히 평등했다(평등주의). 우선, 1970년대 후반과 1980년대 초반의 농촌개혁은 도농 간 격차를 줄였다. 그 결과 중국은 도시와 농촌 모두 평등성이 높은 상황일 때 덜 이원론적이었다. 그 결과 1983~1984년 무렵 중국은 아마도 그 이전의 어느 때보다 평등했고 심지어 사회주의 체제에서보다 더 평등했다. 그림 10.2에서 알 수 있듯이, 소득으로 측정한 1983년 중국의 전체 지니계수(Gini coefficient)는 0.28로, 일본(1993년 0.25) 및 독일(2000년 0.28)과 비교될 정도로 세계에서 가장 평등한 국가 중 하나가 되었다. 중국의 도시 사회는 평등했으며, 특히 도시의 지니계수는 0.166에 불과했다.

당시 중국의 지니계수가 낮았던 것이 얼마나 이례적이었는지는 강조할 만하다. 일반적으로 큰 나라들은 지니계수가 더 높고(자연의 부존자원이 더 많이 다양하기 때문에) 중국은 확실히 크다. 또한 중하위권 경제는 전형적으로 선진국에 비해 지니계수가 높은데, 중국은 1983년 확실한 저소득 경제였다. 비슷한 수준의 평등은 이전의 작은 사회주의 국가들에서 볼 수 있지만, 그들 대부분은 매우 작고 1983년에 중국보다 훨씬 소득이 높았다. 거대하고 개발도상국인 중국은 예외적으로 평등한 사회였다. 대부분의 개도국에서는 도시가 시골보다 불평등하기 때문에 중국 도시의 수치는 특히 이례적이었다.

그러나 1980년대 초반부터 중국의 불평등은 꾸준히 그리고 거침없이 증가했다. 그림 10.2에서 알 수 있듯이, 농촌과 도시 지역 모두에서 불평등이 꾸준히 증가했다. 도농 간 격차가 크기 때문에 매년 국가 전체의 불평등은 농촌이나 도시보다 높다. 더욱이 도농 간 격차가 2008~2009년에 다시 벌어졌기 때문에 전체 불평등은 도시 또는 농촌 불평등보다 훨씬 더 증가했다. 중국의 전체 지니계수는 2009년 0.49에 도달한 후 완화되었다. 중국의 불평등 증가 속도와 규모는 전례가 없다. 더욱이 이러한 지니계수는 앞에서 설명한 대규모 가계조사에서 추정한 것으로 이는 의심할 여지 없이 가장 소득이 높은 가구를 많이 생략했고 따라서 실제 불평등을 과소평가했다는 것을 의미한다. (이는 모든 국가에서 가계조사에 근거하여 측정할 때 나타나는 특징이다.) 중국은 이제 일반 중진국 소득국가보다 불평등하다. 중국은 아직 브라질(0.547, 적극적인 복지 프로그램 때문에 감소하고 있지만)의 극심한 불평등 특성에는 근접하지 않았다. 그러나 현재 중국은 인도(0.339), 인도네시아(0.381)와 같은 아시아 주요 개발도상국이나 태국(0.430), 또는 심지어 멕시코

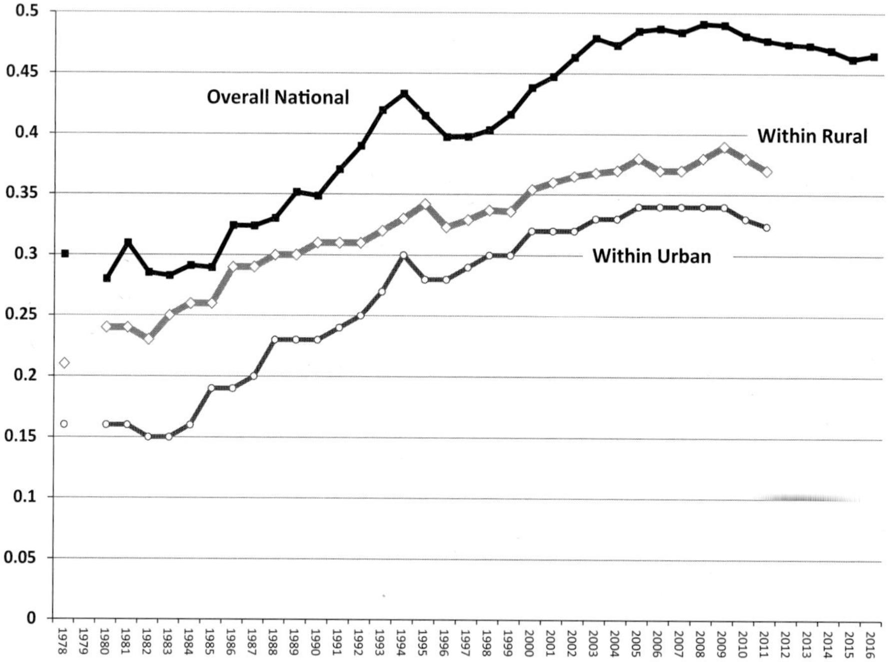

그림 10.2 중국 지니계수의 추이: 도시, 농촌 및 국가 전반
자료: UNDP China (2016); UNDP (2016); update to 2016 from Ning (2017).

(0.472)와 같이 전통적으로 상당히 불평등하다고 여겨지는 국가들보다도 훨씬 더 불평등하다(중국을 제외한 모든 지니계수의 출처는 World Development Indicators). 현재 중국의 불평등 수준은 개발도상국 범위의 상위권에 있다. 중국의 규모와 지리적 다양성에 비추어 볼 때 이런 현상을 예상할 수 있지만, 중국의 과거 기록과는 극적인 변화이며, 사회의 소득분배가 그렇게 빨리 악화된 다른 사례는 없을지도 모른다. 부수적으로, 중국의 지니계수는 2010년에 0.408로 상승하고 있는 미국을 앞질렀다. 따라서 20년 동안 중국은 일본과 거의 동등한, 가장 평등주의적인 사회 중 하나에서 미국보다 더 불평등한 사회가 되었다. 그러나 그림 10.2에서 보듯이 2008~2009년 이후 이 추세는 역전되었고 공식적인 자료에 중국의 지니계수가 감소하는 모습을 보이고 있어 환영할 만한 발전이다. 비록 하락폭은 크지 않지만 7년 동안 지속되어 2015년 0.462에 도달한 후 2016년에는 0.465로 소폭 상승했다.

10.3.1 불평등 추세의 원인

중국에서 소득분배의 극적인 변화의 이면에는 어떤 경제적 요인이 있을까? 많은 요인들이 기여했다. 중국 불평등의 가장 중요한 단일 요인은 도농 간 격차이다. 6장에서 보았듯이 사회주의 제도는 도농 간 격차를 강화했고 이 점에서 불평등에 기여했다. 처음에는 시장개혁의 혜택이 농촌 주민들에게 돌아갔기 때문에 이 격차가 줄었다. 그러나 궁극적으로 시장개혁은 도시경제 성장의 가속화로 이어졌기 때문에 불평등에 기여하게 되었다.

경제발전과정은 불가피하게 중기적으로는 불평등 증가로 이어진다는 주장이 제기되기도 한다. 경제발전의 선구자인 Simon Kuznets는 개발 초기단계에서는 불평등이 증가하지만 이후 단계에서는 감소할 것이라고 주장했다. Kuznets의 논리는 현대적 경제성장의 성과가 처음에는 몇몇 한정된 지역에서 고소득을 창출하는 반면 대부분의 전통적인 경제는 낮은 소득을 유지하지만, 그 후에는 성장이 대부분의 경제로 확산된다는 것이다. 이 예측의 첫 단계는 다음 세 가지 요인에 의해 증폭된 중국에서는 분명히 사실인 것 같다. 즉, 확산을 제한하는 중국의 거대한 크기와 지리적 다양성, 자연적으로 연안 도시에 집중하는 대외무역과 투자의 촉매 역할, 그리고 사회주의 제도의 유산. 그 결과 고소득이 빠르게 성장하는 연안 도시에 집중되면서 불평등이 증가했다.

도시와 농촌 부문 내에서도 불평등이 증가했다. 도시경제에서는 각종 자본에 대한 수익이 급격히 증가했다. 개혁 전에는 아무도 소득을 창출할 수 있는 자본을 소유하지 않았으며 유일한 소득은 노동 소득이었고, 따라서 평등의 수준이 높았다. 개혁 이후 도시민들은 자본과 기술 그리고 새로운 경제의 혜택을 누릴 수 있는 기회를 가진 사람과 그렇지 않은 사람 사이에 점점 차별이 생기게 되었다. 자산 소득은 총 소득의 일부로 증가했으며 훨씬 불균등하게 분배되었다. 9장에서 논의한 바와 같이 인적자본으로의 수익은 상당히 증가했으며 인적자본은 상대적으로 불균등하게 분배되었다. 운이 좋든 부정부패를 통해서든 시장왜곡에 의해 발생되는 기회를 잘 활용할 수 있는 위치의 개인의 능력 또한 도시 불평등에 기여했다. 농촌지역에서 소득의 가장 불평등한 부분은 향진(乡镇)기업(TVE)과 개별(个体)기업에 의해 창출된 임금과 이윤에 대한 기회였다. 그런 기회가 농촌으로 확산되면서 처음에는 도시 교외지역(11장)에 고도로 집중되어 있어 농촌 전체를 더욱 불평등하게 만들었다.

중국은 개인소득세를 부과하지만 불평등을 줄이는 효과는 거의 없다(Xu and Yue, 2012). 누진소득세가 불평등을 크게 줄여 지니계수를 10p 정도 낮추는 미국을 비롯한 대부분의 선진국과는 대조적이다. 예를 들어 미국의 세전 지니계수는 0.51이지만 과세소득의 경우 소득세와 이전(transfers) 후에는 0.40이다(OECD, 2016). 가계소득세는 소수의 도시 임금소득자에게 영향을 미친다. 가계가 아닌 개인에게 부과되며, 관리는 비효율적이다. 많은 고소득 가구가 소득세를 탈루한다. 그동안 중국은 누진적 소득세의 힘을 이용해 높은 불평등 수준을 완화할 기회를 놓쳤다.

중국이 고비를 넘겼는데, 이제 중국의 불평등이 줄어들기 시작할까? 광범위하게 구조적, 경제적 관점에서 보면, 중국이 불평등이 줄어드는 단계에 도달한 것은 분명한 듯하다. Lewis 전환점 모델은 구조적 변화가 불평등을 줄이기 시작할 것임을 암시한다. Lewis 모델에 따르면, 비숙련 노동에 대한 임금은 초기 노동잉여가 흡수될 때까지 개발 초기단계에서 크게 향상되지 않는다. 산업과 도시부문이 점진적으로 확대되어 농촌의 잉여 노동을 흡수하고 나서야 미숙련 노동자들의 임금이 빠르게 증가하기 시작할 것이다. 대만에 대한 연구를 바탕으로 Lewis 모델을 공식화한 Fei and Ranis(1964)는 Lewis 전환점 이후 불평등이 감소해야 한다는 것을 보여 주었다. 중국에서는 특히 2008~2014년(9장) 사이에 이주자 임금의 급속한 성장이 지니계수의 안정에 기여했다. Lewis 모델이 맞다면 앞으로 불평등 감소추세는 계속될 것이다.

동시에, 중국 정부의 정책은 복지에 훨씬 더 관심을 가지게 되었다. 농촌에서 새로운 의료보험 프로그램과 소액의 퇴직기금이 마련되었다. 정부 정책은 (1) 세금 인하, (2) 곡물 농가에 직접 보조금 지급, (3) 복지지출 증가, (4) 농산물의 높은 가격 유지를 통해 농촌소득을 높이고자 한다. 이러한 정책들은 누적적으로 불평등을 낮추는 데 영향을 미칠 수 있다. 이런 방향으로 경제 구조적인 힘과 정부 정책이 계속된다면, 중국의 불평등이 2008~2009년경 안정된 이후 미래에는 하락할 것이라는 희망이 있다.

10.3.2 기타 소득에 대한 설명

앞에서 다룬 소득 불평등에 대한 논의는 여전히 몇 가지 중요한 한계를 가지고 있다. 가계조사에 따르면, 소득 측정은 소득 표준에 대한 정의와 조사범위에 의해 제한된다. 소득의 정의와 관련해서, 도시 거주자는 기존 소득 측정치(주로 현금)에 의해 잘 파악되지 않는 수당 또는 보조금 서비스로서 상당한 추가소득을 받았다. 농촌 거주자도 비 현금 소득을 받지만 이 소득의 형태는 도시지역과는 완전히 다르며 둘 다 시장경제에서 예상했던 것보다 계획경제 하에서 달랐다. 서양 학자들과 중국 국가통계국 간의 야심찬 협력인 중국 가계소득 프로젝트(China Household Income Project, CHIP)는 도시와 시골 거주자들의 모든 중요한 소득원을 보다 폭넓게 설명하기 위해 수년에 걸쳐 노력해 왔다. 이 국제 팀은 1988년, 1995년, 2002년, 2007년 그리고 2013년 등 5개의 기준 연도에 해당하는 중국 성(省)들의 대표적인 부표본을 가지고 일반적인 가계조사를 보완하는 일련의 조사를 실시하였다.

Khan and Riskin(2005)의 분석에 따르면, 중국은 1980년대에는 기존의 통계보다 상당히 불평등했는데 이는 주로 도시 거주자들이 상당한 혜택을 받았기 때문이다. 도시소득을 완벽하게 회계처리 했다면 도시소득은 55% 높아진다. 도시 거주자들은 특히 무료로 제공되는 배급표의 내재적 가치를 감안할 때 상당한 보조금 수입을 누렸다. 또한 작업단위로 공급되는 주택에 거주하는 동안 대부분 임대료가 매우 낮기 때문에 상당한 주택 보조금의 혜택을 받았다. 놀랍게도 농촌소득을 완벽하게 회계처리 하면 거의 40%가 증가했는데, 이는 주로 자가 주택의 귀속 가치와 시장가격으로 자체 재배한 식품의 재평가 때문이다(조달가격 대신). Khan and Riskin(KR)은 1988년 전체 국가의 지니계수를 0.38로 계산했는데, 이는 Ravallion and Chen(RC) 추정치 0.33을 크게 웃도는 것이다. 그러나 이후 KR의 국가 Gini가 RC의 Gini보다 빠르게 상승하지 못했는데 이는 1995년까지 숨겨진 도시 보조금이 대부분 없어지거나 명시적인 형태로 전환되었기 때문이다. 배급표는 폐지되었고, 보조금이 지급된 주택은 민영화되었다. 2002년에 도시 종합소득은 화폐소득보다 29% 더 높았으며, 농촌 가계소득 추정치는 현재 종합소득이 화폐소득보다 33% 높은 것으로 나타났다. 비 현금 소득을 포함하면 도시와 농촌 가구의 차이는 실질적으로 변하지 않았기 때문에 KR의 계산법은 이제 RC의 표준적인 계산과 매우 유사한 결과를 산출했다. 두 방법 모두 동일한 지니계수 0.45를 산출하였다(RC의 마지막 기준연도는 2001년, KR은 2002년 기준).

중국의 가계조사는 다른 나라들과 마찬가지로 소득분포의 끝부분에 있는 극도로 부유하고 극도로 가난한 사람들을 지나치는 것 같다. 특히 부유한 사람들은 그들의 고소득을 외부인에 의해 조사받도록 강요할 동기가 거의 없다. Li Gan et al.(2014)은 이 장애를 극복하기 위한 흥미로운 노력을 발표했다. 그들은 대표적인 표본가계 조사도 활용하지만, 재산관리 중심의 조사도 활용한다. 조사관들은 조사 참여를 권유하는 데 유달리 집요했고 부유한 가구가 참여할 수 있는 인센티브를 제공했다(재산관리 방법 제공). Li Gan et al.은 전체 소득에서 사업소득의 높은 비율을 발견했는데 2011년에 상당히 높은 소득 Gini 0.61을 계산했다. 이 놀랄 정도로 높은 수치는 중국에서 "진정한" Gini라고 볼 수 없으며, 또한 불평등을 측정하는 정기적인 가계조사에서 과소 계상할 수 있는 다른 나라들과 부유한 가구를 비교하는 것도 어렵다. 그러나 Li의 조사는 공식적인 불평등 측정의 계산에서 누락될 수 있는 회색(gray) 및 기업가 소득의 잠재적 규모를 분명히 보여 준다. Li Gan et al.은 또한 세금과 복지정책이 중국의 지니계수를 줄이는 데 무시해도 될 정도의 기여를 하고 있다는 것을 확인한다.

10.4 물리적 삶의 질에 대한 지표

본 장에서 논의된 소득 자료와 관련한 일부 복잡함을 감안할 때, 생활수준, 특히 보건, 신체적 안전, 그리고 웰빙(well-being)을 직접 반영하는 다른 지표들을 살펴보는 것이 좋다. 물리적 삶의 질 관련 지표(Physical Quality of Life Indicator, PQLI)는 생활수준에 대한 또 다른 시각과 중국을 다른 나라와 비교할 수 있는 방법을 제공한다. 특히 개발 초기단계의 경제성장은 PQLI의 개선과 밀접한 관련이 있다. 더욱이 PQLI는 삶의 질 향상에 대한 보다 직접적인 척도를 제공한다.

10.4.1 기대수명

PQLI의 다양한 구성요소 중에서 가장 중요한 것은 아마도 출생 시 기대수명일 것이다. 기대수명은 건강과 영양이 인간 신체에 미치는 영향을 요약하고, 저개발의 특징인 다른 종류의 건강 위험과 비교하여 환경 위험(일반적으로 산업화 사회의 부산물)의 순 영향에 대한 정보를 제공한다.[2] 중국의 기대수명은 비교적 높다. 중국의 인구조사는 풍부한 데이터를 제공하지만 출생신고를 적게 하는 것에 대한 세심한 조정이 필요하다(8장). UNDP China(2016)와 Cai(2013) 둘 다 2000년과 2010년의 인구조사를 조정하였고 출생 시 기대수명은 비슷하게 증가했으며 2010년 여성의 기대수명은 77.4세로 동일했다. UNDP China는 여성과 남성의 기대수명 격차가 5년으로 더 컸는데 남성의 기대수명은 Cai의 74.1세에 비해 72.4세로 추정하고 있다. 이러한 기대수명은 1인당 소득이 훨씬 높은 중남미 전체와 거의 같지만 평균수명이 78세인 선진국에 비해 적다.

21세기 초반까지 급속한 경제성장 기간 동안 건강, 극빈층의 영양, 여성의 사회적 역할 등을 지원하는 제도가 악화되었다는 것을 감안하면 기대수명이 꾸준히 개선된 것은 고무적인 일이다. 기대수명 통계는 모든 것을 감안할 때, 경제성장의 긍정적인 영향이 부정적인 영향보다 더 크다는 것을 보여 준다. 에이즈(AIDS)로 가장 심각한 피해를 입은 국가를 제외하고 수명은 사실상 전 세계 어디에서나 증가했으며, 중국의 기대수명 증가도 예외적인 것이 아니다. 실제로 35년 전 중국은 낮은 소득에 비해 이례적으로 인상적인 기대수명 데이터를 가지고 있었다. 더 최근에는 소득이 기대수명을 따라잡았고 여전히 기대수명이 비교적 좋은 나라이긴 하지만, 다른 나라들과 비슷한 형태를 보이고 있다.

2. 또한 평균 기대수명을 계산할 때 각 개인은 하나의 단위로 동등하게 계산된다. 우리가 소득변화를 조사할 때 소득을 웰빙(well-being)변화의 대리변수로 사용하면, 고소득자의 복지가 저소득층의 복지에 비해 암묵적으로 더 많이 계산된다.

10.4.2 기타 보건관련 지표들

다른 건강관련 지표들도 기대수명과 밀접한 관련이 있다. 중국의 영아사망률(생후 1년 이내에 사망)은 1991년 1,000명당 50명에서 2014년 1,000명당 8.9명으로 비교적 낮다. 이 숫자는 OECD 수준(2013년 6.5명)에 가깝지만 8장에서 논의한 것처럼 출생아 신고 누락을 제대로 수정했는지는 미지수다. 그러나 저체중 신생아의 비율은 6%에 불과해 선진국 수준에 가깝고 비교적 건강한 출생 환경을 뒷받침하고 있다. 또한 사망원인의 변화도 중요하다. 경제발전 초기단계에는 전염병이 어린이와 성인 모두에게 큰 피해를 입히고 대다수가 사망한다. 그러나 이러한 사망원인은 위생과 예방의료에 대한 적절한 투자로 비교적 쉽게 줄일 수 있다. 중국은 이미 이러한 초기 장애물을 통과했다. 어린이의 85%가 주요 소아질병에 대해 면역이 되어 있다. 오늘날 중국은 "제2의 보건혁명"과 관련된 도전에 직면하고 있다. 주요 사망원인은 선진국과 유사하다. 가장 중요한 것은 심장질환, 암 그리고 폐질환이다. 이것들은 단순한 전염병이 아니라 고령화, 체중 및 생활방식의 문제와 관련된 만성질환이다. 환경오염도 흡연과 마찬가지로 주된 발병 원인이며 에이즈를 포함한 성적 접촉으로 인한 전염도 중요한 보건문제로 대두되었다.

10.4.3 교육

또 다른 중요한 PQLI는 교육이다. 중국의 식자율은 2015년 성인 인구의 94.6%로 꽤 높으며 이는 중남미 평균 92%를 크게 웃도는 수치이다. 문맹률은 나이와 밀접한 관련이 있어서 빠르게 완화시킬 수 없다. 2015년 인구조사에 따르면 45세 미만의 모든 연령층에서 문맹률은 2% 미만이지만 고령층에서는 매우 높았다. 식자율 데이터는 PQLI에 대한 중국의 비교적 확실한 성과를 보여 준다. 사회주의 체제 하에서 30년 동안 중국은 소위 기본적인 욕구에 상당한 관심을 기울이는 개발전략을 추진했다. 국민의 기초적인 보건 및 교육 서비스 제공에 중점을 두는 것은 20년 전에 이미 기초수준 지표가 좋았다는 것을 의미한다. 기초 의료 서비스, 전염병 통제, 식자율 그리고 기초교육 등은 이미 비교론적 관점에서 강력한 성과를 거두었다. 지난 20년 동안 좋은 성과는 점차 교육과 보건 분야에서 더 발전된 수준의 지표로 확대되었다.

10.4.4 인간개발지수(HDI)

유엔개발계획(UNDP)의 인간개발지수(Human Development Index, HDI)는 다수의 PQLI를 대표한다. HDI는 많은 국가에서 사용되고 있으며 가중평균 기대수명, 식자율, 학교등록, 그리고 가격 조정된 PPP 기준 1인당의 GDP를 반영한다. UNDP는 또한 중국의 성(省)에도 동일한 정보를 제공하는 일련의 중국 인간개발보고서(China Human Development Reports) 발간을 후원했다(표 10.2). 보고서는 중국의 성(省)들을 서로 비교하고 다른 개발도상국과도 비교할 수 있는 편리한 방법을 제공한다. 오른쪽 칼럼은 2014년 여러 국가들과의 비교와 1980년부터 2014년까지 5년간의 굵은 글씨로 표시된 데이터가 있는데, 이는 중국이 "낮은 인간개발"에서 "높은 인간개발"로 꾸준히 증가하고 있음을 나타낸다. 확실히 거의 모든 국가가 증가했지만, 중국이 최저에서 최고로 줄곧 이동한 유일한 국가이다. 아이러니하게도, 중국의 HDI 향상에 대한 성공은 PQLI 향상에 대해서보다 덜 보여 준다. 앞서 언급했듯이 1980년 중국은 낮은 소득수준을 감안할 때 기대수명이 긴 유별나게 건강한 사회였다. 따라서 초기에 상대적 수준 향상의 대부분은 이미 양호한 PQLI를 따라잡은 중국의 소득에서 비롯되었다.[3] 그러나 2000년 이후 교육 기여도의 개선은 증가했으며 동시에 중국의 HDI 순위는 1980년 이후 급속히 향상되었다. 비교를 해 보면, 1980년과 2014년 사이 중국은 파키스탄이나 아이티보다 낮은 수준의 인간개발에서 브라질, 태국, 터키 등 중소득 국가의 수준에 근접한 수준으로 이동했다.

표 10.2는 또한 중국 성(省)들 사이에 상당한 차이가 있음을 보여 준다. 중국 성들의 대부분과 전국 평균은 멕시코, 브라질과 거의 같은 "높은 인간개발" 범위의 중간에 속한다. 베이징, 상하이, 톈진 등의 지방자치단체는 폴란드나 칠레에 견줄 정도로 매우 높은 수준의 HDI이며, 한국의 지방자치단체와 거의 비슷한 수준이다. 랴오닝(辽宁), 저장(浙江), 장쑤(江苏) 등 가장 부유한 해안지역의 성들의 HDI는 "높음"과 "매우 높음"의 경계에 있다. 칭하이(青海), 간쑤(甘肃), 윈난(云南), 구이저우(贵州) 등 4개 성의 HDI는 이집트, 인도네시아, 베트남 등과 비슷한 "중간"에 속해 있다. 가장 형편이 좋지 않은 곳은 티베트로, 인도보다 점수가 약간 낮다. 확실히, 상대적 순위의 상당부분은 도농 간의 격차(6장 참조)와 각 성의 도시 거주민의 비율을 반영한다.

10.5 결론

중국의 경제성장이 복지(well-being)에 기여한 정도를 알려 주는 단일 지표는 없다. 그러나 여러 지표들의 조합을 통해 합리적으로 정확한 그림을 그리고 중국을 다른 개발도상국들의 상황과 비교할 수 있다. 중국의 1인당 GDP(환율 기준)는 2016년 8,000달러 이상으로 중간소득 국가 가운데 중간 수준이다. 2016년 PPP로 평가한 1인당 GDP는 14,000달러로 약간 상승했다. 사실, 중국의 복지 수치는 우리가 1인당 GDP를 계산할 때 예상하는 것보다 훨씬 더 좋아 보인다. 중국의 HDI는 2011년 PPP 기준 GDP가 약 50% 높은 중소득국(터키, 멕시코, 브라질)과 비슷한 수준이다. 의심할 여지 없이 이러한 차이점의 일부는 상대적으로 평등하고 사회주의적인 중국의 과거 유산을 반영한다. 30년 전 농촌을 통해 확산된 기초 건강과 교육은 오늘날에도 계속해서 국민 복지에 영향을 미치고 있다. 그러

3. UNDP는 지난 몇 년 동안 지수를 수정했다. UNDP China(2016, p.29)는 1980년부터 2010년까지 중국의 HDI 개선에 도움이 되는 분해(decomposition)를 제공한다. 소득증가가 56%, 교육개선이 35%, 보건이 10%를 차지했다.

표 10.2 인간개발지수(HDI) 비교(2014년)

중국의 성(省)		국가	
최고 HDI			
		노르웨이	0.94
		미국	0.92
		홍콩	0.91
		한국	0.90
베이징	0.87		
상하이	0.85		
톈진	0.84	폴란드	0.84
		칠레	0.83
고 HDI			
랴오닝, 저장, 장쑤	0.80	말레이시아	0.79
광둥, 내몽골, 산둥, 지린	0.77	터키, 멕시코, 브라질	0.76
푸젠, 헤이룽장	0.76		
후베이, 산시(陜西), 충칭	0.75		
산시(山西), 허베이, 후난, 하이난	0.74	**중국(2014년)**	0.73
허난, 닝샤, 장시	0.73	태국	0.73
신장, 쓰촨, 안후이	0.72	콜롬비아	0.72
광시	0.71		
중 HDI			
		중국(2010년)	**0.70**
칭하이, 간쑤	0.69	이집트	0.69
		인도네시아	0.68
윈난, 구이저우	0.67	필리핀, 베트남	0.67
		인도, 온두라스	0.61
티베트	0.60		
		중국(2000년)	**0.59**
		파키스탄	0.54
		중국(1990년)	**0.50**
저 HDI			
		아이티	0.48
		중국(1980년)	**0.42**

자료: UNDP China (2016); UNDP (2015, pp.212-215).

나 지난 20년 동안의 불평등 추세는 중국이 더 이상 이러한 과거의 정책으로부터 혜택을 얻지 못할 것이라는 사실을 말해 준다. 미래의 삶의 질 향상은 성장의 혜택을 사회 전체에 최대한 널리 확산시키기 위한 성장정책이 어떻게 만들어지는가에 더욱 좌우될 것이다.

Bibliography

더 읽을 거리

Li and Sicular(2014)는 본 장에서의 논의를 크게 확장하고 CHIP에서 나오는 편집된 자료들을 보다 심층적으로 설명하고 있다. 가장 최근자료는 Li, Sato, and Sicular(2013)를 보기 바란다. UNDP 중국 웹페이지인 http://hdr.undp.org/en/countries/profiles/CHN은 여러 측면에서 탐구를 가능하게 하는 훌륭한 자원이다.

참고문헌

13th Five Year Plan (2016). National People's Congress. *Zhonghua Renming Gongheguo Guomin Jingji he Shehui Fazhan Dishisange Wunian Guihua Gangyao* [People's Republic of China outline 13th Five Year Plan for economic and social development]. March 17. Accessed at http://news.xinhuanet.com/politics/2016lh/2016-03/17/c_1118366322.htm.

Ang, Yuen Yuen (2016). *How China Escaped the Poverty Trap.* Ithaca, NY: Cornell University Press.

Cai, Yong (2013). "China's New Demographic Reality: Learning from the 2010 Census." *Population and Development Review* 39 (3): 371–396.

Fei, John, and Gus Ranis (1964). *Development of the Labor Surplus Economy.* Homewood, IL: Irwin.

Khan, Azizur, and Carl Riskin (2005). "China's Household Income and Its Distribution, 1995 and 2002." *China Quarterly*, no. 182, 356–384.

Li, Gan, Zhichao Yin, Nan Jia, Shoo Xu, Shang Ma, and Lu Zheng (2014). *Data You Need to Know About China: Research Report of China Household Finance Survey 2012.* Berlin: Springer.

Li, Shi, Hiroshi Sato, and Terry Sicular, eds. (2013). *Rising Inequality in China: Challenges to a Harmonious Society.* New York: Cambridge University Press.

Li, Shi, and Terry Sicular (2014). "The Distribution of Household Income in China: Inequality, Poverty and Policies." *China Quarterly*, no. 217, 1–41.

Meng, Lingsheng (2013). "Evaluating China's Poverty Alleviation Program: A Regression Discontinuity Approach." *Journal of Public Economics* 101:1–11.

Ning, Jizhe (2017). "Press Conference, Statistical Bureau Director Responds on 2016 Economic Results." January 20. Accessed at www.stats.gov.cn/tjsj/sjjd/201702/t20170120_1456268.html.

OECD (2016). "Dataset: Income Distribution and Poverty." Data extracted on November 22, 2016 from http://stats.oecd.org/.

Park, Albert, Sangui Wang, and Guobao Wu (2002). "Regional Poverty Targeting in China." *Journal of Public Economics* 86 (1): 123–153.

Ravallion, Martin, and Shaohua Chen (2007). "China's (Uneven) Progress Against Poverty." *Journal of Development Economics* 82:1–42.

SAC (Annual). *Zhongguo Tongji Zhaiyao* [Statistical abstract of China]. Beijing: Zhongguo Tongji.

SYC (Annual). *Zhongguo Tongji Nianjian* [Statistical yearbook of China]. Beijing: Zhongguo Tongji.

UNDP (United Nations Development Programme) (2015). *Human Development Report 2015: Work for Human Development.* New York: UNDP. Accessed at hdr.undp.org/sites/default/files/2015_human_development_report.pdf.

UNDP China and Development Research Center of the State Council (2016). *China National Human Development Report 2016: Social Innovation for Inclusive Human Development.* Beijing: China Translation & Publishing House. Accessed at http://www.cn.undp.org/content/china/en/home/library/human_development/china-human-development-report-2016.html.

Wu, Guobao (2016). "Four Factors That Have Driven Poverty Reduction in China." Blogpost, October 21. Accessed at https://www.weforum.org/agenda/2016/10/four-factors-that-have-driven-poverty-reduction-in-china.

Xu, Jing, and Ximing Yue (2012). "Redistributive Impacts of the Personal Income Tax in Urban China." In Shi Li, Hiroshi Sato, and Terry Sicular, eds., *Rising Inequality in China: Challenges to a Harmonious Society*, 362–383. New York: Cambridge University Press.

III 농촌 경제
THE RURAL ECONOMY

오늘날의 중국 농촌, 2005년 양수오(阳朔), Chuck Morrow 제공

11 농촌 조직
Rural Organization

농촌사회의 근본적인 단위인 중국 촌락은 20세기 후반에 두 차례의 극적인 혁명에 휩쓸렸다. 제1차 혁명은 1950년대 동안 모든 촌락을 농촌집체로 전환하고 수억 명의 농민을 동원하여 사회주의 농촌을 건설하였다. 두 번째 혁명은 첫 번째 혁명과 마찬가지로 극적이었는데 농촌집체들을 해체시키고 1979년 이후 농촌의 많은 부분을 현대화하고 시장경제로 도약시켰다. 이 두 혁명 모두 중국 농촌에 예전의 특징들을 각인시켰고 전통 촌락에 만연한 유산을 덧씌웠다. 오늘날 중국 농촌에는 제3의 변화의 물결이 일어나고 있다. 한편 대규모의 이주로 인해 많은 젊은이들이 시골에서 빠져나갔고 다른 한편으로는 정부의 전례 없는 관심과 함께 "새로운 사회주의 농촌"을 건설하기 위해 상당한 자원이 투입되었다. 이름처럼 사회주의적이거나 이전의 두 차례 변화만큼 혁명적이지는 않지만 현재의 일련의 정책 변화는 농촌사회를 위에서부터 아래로 바꾸고 있다.

본 장에서는 중국 농촌을 오늘날의 모습으로 만드는 데 일조했던 농촌 조직의 극적인 변화를 살펴본다. 11.1절은 중국 농촌의 전통적이고 유기적인 조직을 살펴본다. 11.2절에서는 농촌집체의 성격과 독특한 특징, 조직 변화의 과정, 그리고 해체에 대해 살펴본다. 11.3절은 중국 농촌의 제2차 혁명에 대해 고찰한다. 혁명적인 변화가 농업생산에 미치는 영향은 분명히 긍정적이긴 했지만 농촌집체의 서비스 제공에 대한 대안을 찾지 못한 것이 공공재 공급의 감소로 이어졌고, 농촌의 보건과 교육에도 영향을 미쳤다는 점을 강조하고 있다. 11.4절은 지난 10년 동안 농촌의 공공재 체제 재건과 농업과 농촌사회로의 자원 재구축을 위해 추구해 온 대부분의 하향식 혁신에 대해 살펴본다. 11.5절은 본 장의 마무리 절이다.

11.1 중국의 촌락

중국에는 330만 개의 자연 촌락이 있으며 거의 모든 중국 농민은 한 곳에 살고 있다(Agricultural Census, 2008, p.24). 대도시 주변의 발달된 지역은 원래 분리된 마을이었던 것이 지금은 교외 산업단지와 무질서하게 뻗어나간 도시 외곽지역에 통합되어 밀집된 형태를 보여 주고 있다. 도시에서 멀리 떨어진 외딴 지역에서는 촌락의 규모가 줄어들고 정착지는 대여섯 채밖에 되지 않는다. 몇몇 지역에서는 농민들이 개별 농장에 산다. 특히 남부의 일부 촌락은 집성촌(集姓村)으로 알려진 성(姓)이 같은 가구들로 구성되어 있기도 하다. 정부는 "촌락위원회"를 두어 기초적인 자치기관으로서의 역할을 하고 1980년대 초에 해체된 농촌집체의 기능을 일부 수행하도록 하는 행정촌락의 구상을 추진했다. 2012년 말에 이들 행정촌락이 588,000여 곳이나 되었다. 행정촌락은 보통 여러 개의 자연촌락이나 아주 작은 촌락을 포함하고 있으며 촌락위원회가 기능하지 않는 촌락도 있다.

촌락들은 현대화 수준과 외부 세계와의 연결 수준에서 매우 다양하다. 더 번영하는 지역에서는 보통 2층 높이인 철근콘크리트 주택이 표준이 되어 현재는 전체 농촌주택의 절반을 차지하고 있다. 나머지는 주로 나무와 벽돌로 이루어져 있으며 약 10%는 여전히 진흙이나 흙을 이겨 지어진 집이다. 농촌은 현대적 통신망과 빠르게 연결되고 있다. 현재 거의 모든 촌락에 유선전화와 휴대폰이 있고 가구당 평균 2대의 휴대폰을 가지고 있다. 그러나 번창하는 해안 삼각주 외곽의 많은 촌락들은 여전히 현대적인 기반시설이 제한되고 있다. 수돗물과 개선된 가정용 조리시설(가스나 전기레인지)은 소수만이 이용할 수 있으며 대다수는 석탄 및 밭이나 숲에서 모은 짚이나 나뭇가지로 불을 피워 요리한다. 실내는 어둡고 연기가 자욱하며 실내공기는 오염되어 있다. 중국 농촌의 모든 지역이 현대 기술과 중국의 현대화에 영향을 받았으나 전통적인 방법이 여전히 존재하고 있다.

촌락의 주된 활동은 농사를 짓는 것이다. 농사 이외의 다른 일을 해야 할 때 촌락사람들은 일반적으로 장이 서는 근처 읍내로 가는데 그 시장은 일주일에 한두 번 혹은 열흘에 한 번 정기적으로 열린다. 마을사람들은 읍내에 가서 농산물을 팔고 가축을 매매하며 다른 생산품이나 소비재를 구입한다. 중국 농촌지역 전체는 오래전부터 "표준적인 시장지역"으로 느슨하게 조직되어 왔는데, 시장이 있는 읍내(镇)와 하루 걸으면 시장에 쉽게 접근할 수 있는 주변 촌락들로 구성되어 있다(Skinner). 읍내(镇)시장은 촌락 주민과 더 큰 외부세계와의 주요 접점이며 대부분의 읍내시장은 2016년 말 현재 31,775개 향진(乡镇) 중에 있다. 표준적인 시장지역은 대량이주와 휴대폰 도입 이전의 평범한 촌락사람들이 접하는 세계의 전부였으며 사실상 일상적으로 마주치는 모든 사람들의 활동의 근거지였다.

11.2 농촌집체

1949년 이후 중화인민공화국 정부는 전통적인 농촌사회를 새로운 조직 구조로 개조했다. 사회주의 조직들은 전통적인 농촌조직과 크게 다르지 않았지만 기존의 조직들은 점차 새로운 형태로 바뀌고 국가로부터 새로운 기능을 부여받았다. 가장 근본적인 변화는 농민을 농촌집체로 조직하는 것이었으며 이는 개별 가구의 농산물 생산을 담당했다. 1950년대 중반부터 1980년대 초까지 농촌집체는 지배적인 농촌조직이었다. 국가가 갑자기 진로를 바꿔 1980년대 초 해체하기 전까지 농촌집체는 국가가 농촌생활에 간섭하고 변형적인 접근(transformative approach)을 위한 주요 도구였다.

사회주의 경제의 전성기 동안 기획자들은 공산품 가격과 임금에 비해 저렴한 가격으로 농산물을 안정적으로 공급할 수 있는 농촌조직을 필요로 했다. 사회주의 전체의 개발 전략은 산업투자를 위해 자원을 동원할 수 있는 국가의 능력을 전제로 했기 때문에 국가는 농촌에서 자원을 추출할 수 있어야 했다. 농경지에 직접 농업세를 부과했지만 훨씬 더 중요한 것은 농산물, 특히 곡물을 국가가 정한 낮은 가격으로 의무적으로 수매하는 형태로 부과하는 암묵적인 세금이었다. 1950년대 초에 이미 국가는 농민들에게 가장 중요한 두 가지 시장작물인 곡물과 면화를 정부에 고정된 가격에 판매할 것을 요구하였다. 따라서 농촌집체의 주요 역할은 농업 생산을 정비하는 것이었지만 농촌에서 농업 잉여를 쉽게 추출할 수 있도록 설계되었다. 동시에 중국 지도부는 농촌조직을 이용하여 농촌생활의 성격을 변화시키는 데 전념했다. 마오쩌둥은 중국 농민들이 "가난하고 무지하다"는 유명한 말을 남겼는데 이는 농민들을 모범적인 사회주의 시민으로 개조할 수 있다는 것을 의미한다. 농촌집체는 새로운 사회 서비스와 개선된 생산투입을 제공하는 저렴하고 효과적인 방법으로 여겨졌다. 따라서 집단화에 의해 만들어진 농촌조직들은 모두 기능적이었다. 순수하게 경제적인 기능 외에도 농촌집체는 필연적으로 국가의 정치적 통제를 농촌까지 확대하는 도구였다. 1970년 이후, 정부의 산아제한 정책은 정치적 통제의 범위를 개인가족 영역으로 확대했다. 농촌집체는 정부의 농촌주민 통제를 도왔고 정부가 농촌에서 추진하던 경제적, 정치적 혁신들을 전달하는 통로를 제공했다.

11.2.1 농촌집체의 특징

농촌집체의 주요 기능은 농업생산인데 다음과 같은 세 가지 기본적인 특징이 있었다.

1. **토지는 통합되었고 공동으로 경작한다.** 농촌집체는 마케팅이나 서비스 제공에만 국한된 것이 아니라 농업 자체를 포함하며 이러한 기본 특성으로 인해 다른 국가의 농업 협동조합과는 차이가 있었다. 토지 소유권은 그 촌락의 거주자들을 의미하는 "집체"로 이전되었다. 개별 농가는 집과 몇 마리의 가축을 소유할 수 있었고 경지면적의 3~10%에 해당하는 "개인 토지(私人土地)"를 경작할 수 있었다. 다른 모든 생산적인 자산은 농촌집체가 소유하고 있었다.
2. **집체는 기본적인 회계단위였다.** 농촌집체는 농업 투입물을 구매하고(종종 신용으로) 공동으로 경작하며 수확한 생산물을 판매했다. 집체는 신체 건강한 노동자에게 매일 작업량을 할당했고 작업은 공동으로 수행되었다. 집체는 수확물 판매로 얻은 수입으로

표 11.1 농업조직의 변화

자연 단위	1956–1958	1958–1959	1962–1981	1982–현재
표준 장터지역 (마을 장터)		인민공사* (5,000가구 이상)	인민공사 (2,000가구)	향(乡, 3,000가구) 정부 및 경제적 기업
대규모 촌락	APC* (100-250가구)		생산대대 (大村, 200가구)	촌락
작은 촌락이나 이웃마을	팀(团队)		팀* (团队, 30-40가구)	
가구	가구	가구	가구	가구*

*기초 회계단위
자료: Author, based on Skinner (1964–1965).

투입물 구입비용을 상환하고 집체가 관리하는 여러 기금에 돈을 적립했다. 이러한 비용과 기금을 차감한 후에야 집체는 순 소득을 계산하고 농가에 분배하였다. 농가는 현물(식용 곡물)과 현금 수입을 모두 받았다. 적립되는 가장 중요한 집체기금은 적립(또는 투자)기금과 공공복지기금이었다.

중국 농촌의 전통적인 사회적 구조에 점차 적응하면서 이 기본 회계단위(농촌집체)의 규모는 시간이 지남에 따라 변화하였다. 1950년대, 특히 1955~1956년 겨울에 농민들은 농업생산자협동조합(Agricultural Producers Cooperative, APC)으로 조직되었는데 대체로 큰 촌락 규모였다. 대약진운동 시기인 1958년 회계단위는 보통 5,000가구 이상 되는 새롭고 훨씬 큰 단위인 인민공사(人民公社)로 확대되었다(표 11.1 참조). 이 거대하고 관리하기 힘든 조직은 적절한 인센티브 없이 너무 많은 일을 하려고 하다가 농촌을 재앙으로 이끌었다. 대약진운동 직후 세 가지 중요한 변화가 있었다. 첫째, 인민공사는 일반적으로 전통시장을 포함하는 표준적인 시장지역과 일치하도록 조정되었다. 이것은 대체로 오늘날의 읍내(乡镇)와 같다. 둘째, 회계단위는 예전의 APC보다도 훨씬 작은 단위로 축소되었다. 이것은 촌락(村庄)이나 작은 마을(小村庄), 혹은 더 큰 마을의 이웃에 해당하는 30~40가구의 비교적 작은 집단인 "팀(团队)"이다. 이 팀은 1962~1981년 사이에 주요 회계단위가 되었다. 마지막으로, 이 전체 구조는 인민공사, 생산대대(大村) 그리고 팀(团队)으로 구성된 3단계 계층 구조로 구성되었다. 인민공사, 큰 촌락은 산업 발전 및 보건 · 복지와 교육, 치안 등 준정부 기능을 포함한 대부분의 비농업 기능을 수행했다. 이러한 기본적인 조직형태는 1980년대 초반까지 지속되었다.

3. **순 이익은 작업점수에 따라 가계에 분배되었다.** 개인들의 작업 또는 작업일수에 따라 획득한 작업점수는 1년 동안 작업장부에 기입된다. 연말에 수확이 끝나면 농촌집체의 총 순이익을 계산하여 한 해 동안 획득한 총 작업점수에 따라 분배된 후에 비로소 집체

구성원들은 작업점수를 알 수 있었다. 1978년 새로 부활한 가계조사에 따르면 분배된 농촌집체의 연평균소득은 1인당 88.5위안(당시 환율로 50달러 조금 넘음)이었다. 그러나 이 가운데 70% 이상(63위안)을 곡물로 받았다. 또한 가계의 현금 소득은 텃밭에서 키운 작물이나 가축 판매(36위안) 그리고 친인척 송금을 포함한 "기타소득"(9위안)이었다. 농촌집체가 현금으로 나눠주는 25.5위안을 합치면 전체 가계 현금수입은 70.5위안으로 전체 가계소득(133.5위안)의 절반을 조금 넘었다. 다시 말해, 농촌집체들의 수익 창출은 불완전하였다. 가계는 현금소득의 대부분을 가계 활동으로 벌었으며 주요 식량은 농촌집체에 의존했다(NBS, 1985).

농촌집체는 작업점수제도를 통하여 소득분배를 총체적으로 통제했다. 어떤 집체들은 노동자들에게 효과적으로 동기를 부여하고 감독비용을 최소화하며 사회주의 이상과 부합할 수 있는 방법을 찾기 위해서 여러 작업점수 할당방법을 실험했다. 문화혁명 시기에 농촌집체들은 마을회의 앞에서 각 노동자들이 자신의 작업 기여도를 평가한 뒤 대중이 논평과 비판을 하는 "노동보수 평의제도(大寨制度)"를 이용하도록 압력을 받았다. 그러나 대부분의 지역에서는 작업이나 노동일수에 대해 작업점수가 일상적으로 할당되었다. 대부분의 농촌집체들은 생존 수준에 머물러 있었고 그들의 경제적 취약성을 너무 잘 알고 있어서 많은 유토피아적 실험에 기꺼이 빠져들려고 하지 않았다. 노동점수는 단지 농장 노동에 대해서만 주어지는 것이 아니라 교육이나 의료 등 집체가 가치 있는 것으로 간주되는 모든 활동에 대해 부여될 수 있었다. 이런 방식으로 농촌집체는 돈을 버는 활동과 돈을 벌지 않는 활동을 구분지을 수 있었다.

11.2.2 실제적인 농촌집체

원칙적으로 농촌집체는 가격 등 경제 신호에 대응하는 시장지향적 협동조합일 수 있었다. 그러나 실제로는 집체의 의사결정 자율성이 심각하게 제한되었다. 농촌집체는 국가에 곡식을 공급하는 데 필요했고 경제적, 사회적 그리고 정치적 등 세 가지 목적을 달성하는 데 이용되었다.

일차적인 경제적 목표는 농업생산을 조직하는 것이었다. 농촌집체들은 이 작업에서 분명히 실패했다. 그들은 농민들이 매일 아침 출근하도록 인센티브를 만들었지만(그렇지 않으면 노동점수를 받지 못할 것임) 농민들이 하루 종일 열심히 일하도록 동기를 부여하는 것은 더욱 어려웠다. 특히 작업이 공간적으로 분리되어 있고 계절 내내 전문적으로 수행되어야 했기 때문에 40~50가구 사이에서 농촌집체가 작업을 조정하기는 어려웠다. 오랜 기간 동안 얼굴을 맞대던 관계는 가장 중요한 업무의 합리적이고 효과적인 수행을 보장할 수 있지만, 더 열심히 일하거나 더 효율적인 형태의 업무조직을 개발하기 위한 인센티브는 제공하지 않았다. 중국 대부분의 농업생산 유형에 규모의 경제가 없었기 때문에 농촌집체가 더 큰 단위로 조직된다 해도 효율성을 향상시킬 수 없었다.

그러나 농촌집체들은 자원을 동원하여 생산에 사용할 수 있는 총 투입량을 늘릴 수는 있었다. 초창기에는 농토를 차지하고 있던 묘지가 경작되고 흩어져 있던 토지들이 통합되었다. 이런 방식으로 농촌집체는 경작지를 증가시켰다. 농번기 동안 농촌집체는 노동력을 동원하고 또한 이에 보상을 했다. 크고 작은 건설공사들이 겨울 동안 진행되었다. 1970년대에는 주로 관개시설을 건설하고 보수하는 등 매년 몇 주씩의 농한기 건설공사에 1억 명(농촌 노동력의 30%)의 노동자가 동원되었다. 1920년대에는 보통의 농민이 1년에 160일밖에 일하지 않았지만 1970년대 후반에는 1년에 200~275일 정도 일을 하고 있었다(Vermeer, 1988, p.157).

농촌집체는 농업지원을 위한 상업활동을 조직하는 편리한 방식이기도 했다. 생산자 서비스는 명목상 독립적이지만 농촌집체 조직에 통합된 농촌신용협동조합(RCC)과 공급마케팅협동조합(SMC)이 제공했다. 각각은 인민공사 본사(읍내시장 또는 향진)에 지부를 두어 산하 기관의 클러스터를 형성하였다. RCC는 가계저축을 모아서 농촌사업에 유동성을 제공했다. SMC는 농업이 발전함에 따라 필요한 대부분의 현대적 농업 투입물을 공급했고 농민들이 판매한 대부분의 잉여 농산물을 구매했다. 더욱 중요한 것은 특히 1970년 이후(13장)의 농촌산업 발전에서 농촌집체의 역할이었다. 농촌집체의 사회적 기능은 사회복지서비스, 특히 교육과 보건의 제공뿐만 아니라 위험에 대한 보험도 포함되었다. 작업점수제도는 농촌집체가 사회복지서비스를 제공하기 위해 구성원들에게 세금을 징수할 수 있게 하는 매우 편리한 제도였다. 사회복지서비스 제공을 위해 필요한 것은 지역 교사나 의료진에게 작업점수를 부여하는 결정뿐이었다. 1970년대 중반까지 이 시스템은 기초적인 사회복지서비스 네트워크를 만들었다(나중에 논의함). 예를 들어, 이 제도는 120만 명의 농촌 교사들에게 보수를 지급했고 학교의 어린이 수를 전례 없는 수준으로 증가시켰다. 농촌집체는 위험에 대한 완충 역할도 수행했다. 집체 내에서는 토지 제공을 보장하고 극단적으로 곤궁한 경우에는 약간의 복지비용이 제공되었기 때문에 위험에 덜 노출되었다. 1979년 당시 비록 농촌집체가 가계당 지불한 복지비용은 평균 3위안에 불과했지만(NBS, 1985, p.129, p.132) 약 1,500만 가계가 국가 또는 집체로부터 다양한 종류의 지원을 받았다. 많은 가계가 분배된 주요 식량에 대해 농촌집체에 빚을 지고 있었고 많은 가난한 농촌집체들은 정부에 대해 체납상태였는데 이 "채무"는 절대 상환되지 않을 것이었다. 기초적인 안전망은 아주 낮은 소득수준에서 형성되어 있었다.

마지막으로 농촌집체는 당연히 정치적 기능도 수행하였다. 농촌집체는 사상교육과 세뇌를 위한 통로였다. 집체 등록을 통하여 정부의 승인을 받지 않은 이주를 통제하고 인구이동을 막기 위해 사용되었다. 1970년 이후 농촌집체는 농촌의 산아제한에 활용되었다. 농촌집체는 세 단계 집체구조의 일부였지만, 인민공사는 농촌지역에서 가장 낮은 수준의 정부 기능을 일부 담당했다.

농촌집체는 농업생산을 위해서는 비효율적인 조직이었지만 그 외 농촌의 사회생활 및 경제생활을 조직화하는 데에는 적절한 제도였다. 특히 대약진운동이라는 혹독한 교훈이 있은 후, 1962년부터 1982년까지의 농촌집체 체제는 상당히 안정적으로 정착했다. 인민공사, 생산대대, 생산팀의 세 단계로 이루어진 집체 체제는 전통적인 사회구조에 상당히 잘 적응했다. 인민공사 본사는 시장이 있는 읍내에 설치되었고 인민공사는 대략 표준적인 장터 지역과 일치했으며 생산대대는 큰 촌락 지역과 일치했다. 생산팀은 서로를 잘 알고 얼굴을 맞대고 교류하는 개인들로 구성된 적당한 크기의 촌락의 하부단위로 바뀌었다. 1978년에 평균적인 생산팀은 167명의 남자, 여자 그리고 아이들로 이루어졌다. 예컨대 이 기본적인 회계단위는 1950년대의 소련의 집단농장이나 APC나 인민공사보다 훨씬 작았다. 생산팀은 농업에 특화되어 있었다. 경제적, 비경제적 기능을 모두 포함한 대부분의 비농업 기능은 생산대대와 인민공사가 담당하였다. 따라서 세 단계로 이루어진 집체 체제는 조직 형태로는 합리적이고 효과적인 노동분업 형태이기도 했다. 이러한 조직 형태는 1980년대 초 극적인 변화가 있을 때까지 약 20년 동안 지속되었다.

11.2.3 농촌집체의 농업정책적 환경: "곡물우선"

실제로 농촌집체는 곡물생산에 대해 지속적인 압력을 받았다. 문화혁명의 유명한 슬로건인 "곡물을 핵심고리로 삼는다(以粮为纲)"는 "곡물우선주의" 정책을 잘 표현해 주고 있다. 곡물생산에 대한 정치적 강조는 전체 개발전략의 필수요소로 볼 수 있다. 농민으로부터 낮은 가격으로 곡물을 의무적으로 조달하는 것은 암묵적인 세금으로 작용하여 농민들이 간접적으로 산업화 추진비용의 상당부분을 부담하게 만들었다. 그러나 곡물가격이 낮았기 때문에 농민들은 판매를 위해 곡물을 재배할 동기가 없었다. 일단 농민들은 생계에 필요한 곡물만 수확하게 되면 국가가 그러한 부담스러운 숨겨진 세금을 부과하지 않는 보다 수익성 높은 사업(경제적 작물 또는 가계 부업)을 추구하고 싶었을 것이다. 이를 막기 위해 중국 정부는 집체 체제를 이용하여 농촌가계에 곡물조달 목표를 달성하거나 초과하도록 비경제적인 압력을 가했다. 이러한 압박이 농업 성장을 지연시키는 데 상당한 영향을 미쳤으며 Lardy(1983)가 보여 주듯이 비용이 컸다.

- 조달 할당량은 정량적 목표의 역할을 했고 종종 단위 면적당 목표치로 보완되었다. 농민들은 각 작물에 얼마나 많은 토지를 사용할지를 결정할 자유가 없었기 때문에 자신의 소득 극대화 전략을 세울 수 없었다.
- 많은 농촌집체들은 소득이 감소하더라도 곡물생산량을 증가시킬 수밖에 없었다. 벼 경작에 적합한 부유한 양쯔강 삼각주에서도 수확량을 극대화하기 위해 집체는 연간 삼모작을 해야 했다. 그들은 점점 더 노동집약적인 생산전략을 도입하여 묘목 이식 그리고 비료와 관개시설을 확충하였다. 이렇게 추가로 투입된 비용은 추가로 생산된 곡물의 값보다 더 비쌌다(Wiens, 1982).
- 지역의 곡물 자급자족은 문화혁명 기간 동안 모든 지역에서 강조되었다. 곡물 경작에

적합하지 않은 지역도 곡식을 재배했다. 그 결과 지역 특화 기회를 상실하고 지역 간 곡물거래가 감소했다.

- 비곡물인 농작물은 상대적으로 무시되었다. 총 곡물생산량은 1955~1957년과 1977~1979년 사이에 매년 2.2%씩 증가했다. 이 기간 동안 면화 생산량은 연간 1.5%, 유지종자 생산량은 0.5% 증가에 그쳤다(날씨의 영향을 줄이기 위해 3년간 평균). 이 기간 동안 인구가 매년 2%씩 증가했기 때문에, 1인당 곡물생산량은 매년 0.2% 증가한 반면, 1인당 면화와 유지종자 생산량은 감소했다(12.1절과 그림 12.1). 대약진운동 이후 중국이 곡물을 수입하기 시작했기 때문에 가용한 곡물이 다소 증가하였고 조달 부담은 약간 감소하였으며 농민들이 곡물을 보유하여 소비할 수 있게 되었다.
- 획일적인 곡물우선정책은 역설적으로 광범위한 지역적 결과로 이어졌다. 어떤 지역은 정책이 잘 수행되었는데, 특히 "안정적인 고수확 지역"으로 지정된 현(县)의 1/5에서 곡물 조달의 약 절반을 차지했다. 그들은 비료, 기계 그리고 전력과 같은 현대적 투입물에 우선적으로 접근할 수 있었고 농업에서의 "녹색혁명"의 혜택을 누릴 수 있었으며(12장에서 논의) 실질적으로 향상된 생활수준을 경험했다. 곡물생산에서 비교우위를 갖지 못한 지역은 어쨌든 곡물의 자급자족에 힘쓸 수밖에 없었다. 이 목표를 달성하기 위해서는 본질적으로 모든 토지에서 곡물을 경작해야 했고 이전의 특수 작물을 포기해야 했다. 반면에 초기에 곡물생산에 있어 비교우위에 있었던 지역들은 녹색혁명 기술로 할당량을 채운 다음 그들의 땅의 일부를 현금성 작물로 전용하여 소득을 올릴 수 있었다. 이러한 효과들은 때때로 가장 비교우위가 적은 지역에서 더 많은 농작물을 경작하는 왜곡된 "역(逆)특화"를 낳기도 했다.

11.3 농촌에서의 두 번째 혁명: 농촌개혁, 1979~1984년

1978년 이후 농촌지역에서의 정책완화는 5장에서 설명한 바와 같이 폭발적인 변화를 이끌었다. 1978년 12월 제3중전회는 농촌사회의 주요 변화를 야기할 농촌정책을 비교적 온건하게 조정했다. 실제로 처음에는 (1) 농산물 조달가격의 전면적인 인상과 (2) 농촌집체의 자기 경영권에 대한 이론적 권리를 재확인하는 두 가지 정책만 새로 채택되었다. 개인 농사는 명백하게 비난받았다. 곡물 조달가격이 높아짐에 따라, 농민으로부터 비경제적인 방법으로 곡물 잉여금을 차출할 필요가 줄어들었다. 정책 입안자들은 농촌에 새로운 특화 패턴이 나타나도록 하기 위해 곡물우선정책을 점차 완화하고 몇 년 동안 곡물수입까지 강화했다. 높은 가격과 비경제적인 강요가 줄어들면서 농촌집체들을 위한 의사결정 자율성은 현실로 다가왔다.

그러나, 농촌집체의 자율성이 확대되면서 예상치 못한 결과가 곧 나타났다. 일부 지역에서, 집체들은 작업점수가 할당되는 방식에 대해 더 급진적인 변화를 실험하기 시작했다. 일부 집체들은 투입물(노동일수, 평판 또는 노력 등)에 대해 작업점수를 할당하는 대신, 특정 작업그룹이나 가계의 보수를 특정 토지 단위당 생산된 산출물에 대해 작업점수를 할당하기 시작했다. 일부는 더 나아가 개별 가계와 집체 토지의 일부를 계약하여 경작하게 하기도 했다. 그러한 실험은 그 당시까지 시행되던 집체 체제의 한계를 분명하게 시험하는 것이었다. 1978년과 1979년 사이에 쓰촨성과 안후이성에서는 개별 가계 농업에 대한 농민들의 실험이 용인되고 보호되었다. 이들 지방은 대약진 기간 동안 큰 어려움을 겪었으며 1970년대 후반에는 덩샤오핑(邓小平)의 측근인 자오쯔양(赵紫阳)과 완리(万历)가 각각 통치했다. 실험에 성공한 후, 지방 지도자인 자오쯔양은 국무원 총리로 승진했고 당연히 허용 가능한 지방 정책과 실험의 범위를 넓혔다. 초기에는 가장 급진적인 정책은 상대적으로 빈곤하고 외진 지역으로 한정되었고, 곡물 잉여 지역은 중요한 정부 조달의 안정을 위해 엄격하게 통제되고 있었다. 가난한 지역에서 실험이 성공적으로 나타나면서 정책의 허용범위는 꾸준히 증가했다.

1981~1982년에 명확하게 선호되는 조직 시스템으로서 "농가계약" 또는 "농가책임제"로 알려진 가계의 토지계약을 국가적으로 정의한 프로그램이 등장했다. 1982년 말까지 농가의 90% 이상이 어떤 형태로든 가족농으로 되돌아왔다. 처음에 토지는 1년 동안 또는 단 한 번의 수확을 위해 가계와 계약을 맺었다. 그러나 이 제도가 효과적으로 작동하기 위해서는 계약기간이 길어져야 한다는 것을 즉시 알게 되었고, 대부분의 농촌집체들은 3년 계약으로 전환하였다. 토지계약은 곧 5년, 15년, 심지어 어떤 지역에서는 50년 계약으로 연장되었다. 그러자 매우 극적인 일들이 일어났다.

11.3.1 농촌조직의 변화에 따른 생산의 급증

세 가지 극적인 추세 전환이 동시에 일어났다. 첫째, 곡물생산의 성장이 극적으로 가속화되었다. 이것은 곡물우선정책이 폐지된 이후 특히 두드러졌고 농촌가계들은 경작하고 판매할 농작물의 효율적인 조합을 찾을 수 있는 자유가 더 많았다. 곡물에 대한 강조가 줄었음에도 불구하고 1977~1979년부터 1983~1985년 사이 곡물생산 증가율은 이전 2.2%에서 연평균 4.1%로 껑충 뛰었다. 이전의 최고치는 연간 3억 톤이 조금 넘었지만 1984년에는 수확량이 4억 700만 톤으로 급증했다. 몇 년 만에 처음으로 충분한 곡식이 생산되었고, 당시 중국인의 식습관에서 차지하는 곡물의 중요성을 감안하면 이 성과는 핵심이었다. 둘째로, 생산증가는 사실상 다른 모든 농업부문에서도 훨씬 더 가속화되었다. 면화와 유지종자 생산이 각각 연간 15%, 16%씩 증가했으며 육류생산도 급증하여 연간 10% 가깝게 증가했다.

셋째, 아마도 가장 주목할 만한 것은 이러한 생산증가가 농민들이 농업에 투입하는 노동량을 줄이면서 발생했다는 것이다. 자신들의 노동시간이 농촌집체 기획자들이 평가한 노동시간보다 가치가 더 높다는 것을 보여 주었다. 농민들은 노동력을 자유롭게 할당할

표 11.2 헥타르(hectare)당 노동일수

	1953	1978	1985	2004	2015
쌀	250	421	328	178	93
면화	300	908	643	n.a.	256
밀	120	461	218	122	70

자료: Taylor (1988, p.740, p.747); Li (2013); NBS Rural Department (2016, pp.275-276, p.279).

수 있게 되면서 더 열심히 그러나 더 적은 시간 동안 일했다. 주요 작물에 대한 노동력 투입은 농촌집체 하에서 20년 동안 꾸준히 증가한 후 감소하였다(1978년에서 1985년까지 감소; 표 11.2 참조). 농부들은 그저 자신들의 농장에서 더 열심히 일했을 뿐이다. 또한 농부들은 때때로 토지 단위당 생산가치가 낮음에도 불구하고 적은 노동량을 필요로 하는 농작물 쪽으로 경작을 전환했다. 수수, 기장, 사탕무 등은 모두 생산량에서 비중이 증가되었다. 이 작물들은 느리게 자라고 비교적 낮은 가치의 작물로, 적은 노동력 투입을 필요로 한다. 그 후 이러한 변화로 농민들은 비농업 활동을 자유롭게 할 수 있게 되었다(13장). 농촌개혁은 인센티브와 정책환경이 정해지고 나면 더 적은 투입으로 더 많은 생산이 가능하다는 것을 보여 주었다. (21세기 후반 이주와 과학의 발전으로 농업기술이 근본적으로 바뀌면서 토지 단위당 노동투입량이 급격히 감소했다. 표 11.2 및 12장의 논의를 참조.)

농촌의 변화가 빨랐던 것은 농가책임제가 빠르게 채택되었기 때문이다. 그러나 농촌제도의 다른 측면들은 더 천천히 변화했다. 국가는 곡물의 대부분을 계속 확보해 갔다. 국가가 최소 의무 할당량을 초과하는 조달에 대해 시장가격에 가까운 프리미엄을 지불하는 등, 여러 단계의 가격을 사용하려는 움직임이 있었다. 한편 자유시장은 국가 기구 밖에서 성장했다. 그러나 정부는 1990년대까지 시장거래 체계의 주요 요소, 특히 면, 주요 곡물, 비료에 대한 체계적인 통제를 유지했다. 2000년이 되어서야 정부는 마침내 면화 가격을 자유화하고 직물공장들이 농부들로부터 직접 면화를 구입할 수 있도록 했다.

11.3.2 행정 촌락과 촌락자치단체

성공적인 농촌개혁의 결과로 집체의 역할은 극적으로 바뀌었다. 농촌집체가 붕괴된 곳도 있었다. 마을 관리들은 가족농장에서 해야 할 일이 많이 있다는 것을 알게 되었다. 토지가 개인가구에 임대되면서 집체들은 핵심 기능 요소와 주요 정당성을 잃게 되었다. 인민공사는 정부의 일부 기능을 수행하고 있었기 때문에 인민공사를 향진(乡镇)으로 바꾸는 것은 쉬웠으며 공식적인 정부 계층에서 지역적으로 맨 아랫부분을 담당하게 되었다. 수익성 있는 기업들을 설립한 인민공사들은 지방정부가 감독하는 법인으로 분리했다. 이와는 대조적으로 촌락(村庄)은 중국 정부조직의 일부가 아니며, 지금까지 그래 본 적도 없다. 그러나 촌락들은 여전히 다양한 중요한 결정에 직면했다. 상황이 변했으므로 토지계약 절차를 변경해야 하는가? 이주가 발생하고 가족 규모가 바뀌었으므로 촌락이 토지를 재분배해야 하는가? 지역 공공재에 얼마를 투자해야 하는가? 촌락에서는 지역 공공재에 대해 어떻게 지불해야 하는가?

중국 정부는 1980년대부터 농민들이 이러한 문제를 해결할 수 있도록 행정 촌락 조성을 지원해 왔다. 자연 촌락보다 크고 제도화된 행정 촌락은 촌락 주민들을 대변하며 아직도 모든 농촌 토지를 소유하고 있는 "집체"를 대표한다. 1987년 법은 총선을 통해 촌락들이 그들의 위원회를 선정할 수 있도록 허용했고, 1998년 촌락위원회 기본법은 이것을 전국적으로 일반적인 규칙으로 만들었다. 촌락위원회는 18세 이상의 촌락 주민 모두의 선거에 의해서 선출된다. 이 실험은 매우 성공적이었다. 경제학자들은 공개선거의 점진적인 확산을 이용하여 촌락 지도자들의 직접선거가 공공재의 촌락 공급에 미치는 영향을 조사해 왔다. 촌락 선거가 긍정적인 경제적 영향을 미쳤으며 공공지출의 수준을 높이고 지역 공공재 공급을 증가시켰다는 증거는 풍부하다(Wang and Yang, 2007; Luo et al., 2010; Martinez-Bravo et al., 2011). 더욱이 지도자가 직접 선출되는 촌락은 지도자의 재선이 주민들의 승인에 의하기 때문에 도로 등 양질의 공공재를 제공한다(Wong et al., 2017). 직선제가 더 젊고 교육수준이 높은 지도자를 선출한다는 증거도 있다. 촌락 선거는 일부 성에서 향진(乡镇)까지 확대하는 시범 프로그램이 시도될 정도로 충분히 성공적이었지만 이러한 실험은 계속되지 못했다.

마을자치체의 성공에도 불구하고 적절한 수준의 공공재를 제공할 수 있는 자원을 가진 촌락이 별로 없었다. 정부는 1980년대 들어 농민들로부터 강제조달을 중단했지만 2005년경까지 촌락 주민들은 정부 지출을 많이 받지 못한 채 여전히 세금을 납부했다. 그 결과 촌락위원회는 자원이 매우 부족한 환경에서 활동했다. 특히, 공공서비스를 제공하는 데 필요한 세금과 수수료에 대해 어려운 결정을 내려야 했지만 지역 농민들의 분노는 컸다. 1990년대 대부분의 기간 동안 촌락들은 그들 스스로 생계를 꾸려 나가도록 남겨졌다.

11.3.3 개혁의 부작용: 농촌 공공서비스의 축소

농업생산 개혁의 성공은 농촌집체가 농가보다 농업의 효율성이 낮다는 것을 결정적으로 보여 주었다. 그러나 집체의 붕괴로 인해 농촌에서 공공서비스 제공이 사라졌다. 농촌집체가 의료서비스와 교육을 제공하는 데 중요한 역할을 했었는데 집체가 붕괴되자 이러한 서비스 공급이 감소한 것이다. 여기서 우리는 농촌지역의 의료서비스 시스템에 대해 집중적으로 논의할 것이지만 그 과정은 초등교육과 심지어 관개시설망(12장)과 같은 물리적 인프라에 관해서도 비슷한 과정을 경험했다. 농촌집체는 농촌에서 기본적인 수준의 의료서비스 제공 시스템을 만드는 데 있어 중요한 요소였다. 10장에서 설명한 바와 같이 기대수명과 기본적인 보건환경을 개선하는 능력은 기초적인 의료서비스를 제공하는 농촌조직의 제도에 달려 있었다. 제공된 서비스 수준은 기초적인 것이었지만, 이 시스템은 다음의 세 가지 중요한 요소를 제공했기 때문에 전반적인 보건에 큰 영향을 미쳤다. 첫째, 예방적(치료와는 대조적으로) 의료서비스에 투자하는 효율적인 방법, 둘째, 간단한 질병과 부상에 대한 기본적인 치료, 셋째, 적어도 일부 지역에서는 상급 의료서비스로의 의뢰 시스템 제공. 따라서 대부분의 촌락에는 처음으로 기본적인 의료서비스, 위생 및 예방관리체계가 도입되었다. 또한 농촌집체들은 물에 잠긴 논에 들끓는 신체를 쇠약하게 하는 주혈흡충증(schistosomiasis)을 유발하는 달팽이 퇴치 캠페인에 많은 사람들을 동원하기도 했다.

문화혁명은 농촌의 의료서비스에 대한 관심을 증가시켰다. 마오쩌둥은 1965년 6월 "의료서비스 업무의 초점이 농촌지역으로 옮겨져야 한다"고 선언했으며, 이는 진정으로 긍정적인 결과를 가져온 몇 안 되는 마오쩌둥 구호 중 하나였다. 1970년대 중반까지, 의료서비스 네트워크가 시골에 형성되었다. 농사를 계속 짓는 시간제 의료 종사자인 의료보조원들은 2개 그룹으로 구성되었다. 생산대대 수준의 "맨발의 의사들"은 일반적으로 그들의 유일한 의료 훈련인 현(县)의 읍내에서의 6주간 훈련과정에 참여했다. 그리고 간단한 응급처치 및 위생 과정만을 수강했을지도 모르는 의료교육을 덜 받은 작업팀의 구급대원들이 있었다. 1970년대 중반까지 150만 명의 맨발의 의사들과 350만 명의 작업팀 구급대원들이 그 일을 하고 있었는데, 보통 촌락에서는 1년 내내 자신의 거주지에서 한두 명의 시간제 의료보조원을 이용할 수 있을 정도로 충분했다.

의료보조원들은 생산대대와 생산팀 차원에서 모두 작업점수를 받았다. 따라서 실제적으로는 의료보조원들에게 작업점수를 지급하는 것은 농업 노동에 할당된 작업점수가 감소한다는 것을 의미하기 때문에, 지역 공동체의 생산에 대한 세금으로 보상받았다. 그 대신에 그들의 서비스는 일반적으로 지역 주민들에게 무료로 제공되었다. 따라서 대부분의 중국 농민들은 "협동조합 의료서비스"라고 불리는 초보적인 의료보험제도의 적용을 받았다. 간단한 통증이 있는 경우, 농민들은 지역의 의료보조원에게 치료받을 수 있었다. 만약 질병이 더 심각하다면 인민공사나 현(县)의 읍내 병원에 의뢰할 수 있다. 대략적인 추정에 따르면 1970년대 말에 농촌인구의 약 70~80%가 협동조합 의료서비스로 보호되었다.

1980년대 인민공사는 이 시스템으로 유입되던 자원이 차단됨에 따라 붕괴되었다. 생산팀은 더 이상 작업점수를 배정하지 않았으므로 보건의료 노동자들에게 보상할 방법이 없었다. 일부 공동체는 향진기업(township and village enterprise, TVE; 13장 참조)을 설립했으며, 이러한 기업들을 독립된 기업으로 전환하는 것은 쉬웠다. 만약 그들이 수익성 있는 TVE를 가지고 있다면, 지역 공동체는 이러한 수입을 사용하거나 사회 서비스 지원을 위해 농가계약의 일환으로 공동체에 지불하는 "지대(rent)"를 설정할 수 있었다. 그러나 소수의 지역 공동체만이 자원을 가지고 있었고 이런 방식으로 의료서비스에 자금을 지원할 수 있었다. 따라서 의료보조원의 수는 1970년대 최대치의 1/4 미만으로 급격히 감소했다. 농촌 병원의 병상 수는 1985년 농촌 주민 1,000명당 1.5개로 정점에 도달한 후

2003년 0.72개로 꾸준히 감소하였다(Zhang and Kanbur, 2005). 자원의 부족으로 1990년대 중반까지 협동조합 의료서비스의 적용범위는 인구의 10% 미만으로 감소했다. 1998년에 농촌 주민들은 건강관리비의 87%를 호주머니에서 지불한 반면, 도시민들은 44%만을 지불했다(Zhang and Kanbur, 2005, p.193).

중앙정부는 1980년대와 1990년대 동안 농촌 의료서비스 재건을 위한 다양한 모델을 고려했지만 노력이 일관되지 않았고 자금조달이 불충분했다. 그 후 2003년에 이전에는 알려지지 않았던 전염성이 높고 때로는 치명적인 질병인 중증급성호흡기증후군(SARS)이 중국 전역에 급속히 퍼졌다. 농촌 이주민들 수백만 명이 도시를 떠났고 어떤 경우에는 질병을 가지고 왔다. 도망 온 이주민들이 고향 마을로 녹아들면서 중국 지도자들은 이들을 돌볼 농촌 의료시스템이 없다는 현실에 직면했다. 이 질병이 중국 농촌에 뿌리를 내릴 경우, 치료를 하거나 격리하거나 감염의 확산을 추적할 수 있는 충분한 의료시설이 없었다. 이 새로운 질병은 결과적으로는 여름 시즌에 갑자기 세력을 잃었고 알 수 없는 이유들로 인해 그것이 나타난 속도만큼 빨리 사라져 버렸다. 그러나 이 같은 위기상황은 중국의 산산조각 난 농촌 의료시스템을 재건하기 위한 정책 입안자들의 결의를 강화시켰다.

11.4 신사회주의 농촌: 정부의 지원정책 수립

2005년경 농촌에 대한 중국 정부의 정책에 중요한 변화가 일어났다. 이후 "더 주고 덜 받고 활기차게"라는 구호로 요약된 농업에 대한 일련의 주요 정책변화가 잇따라 채택되었다. 슬로건은 농업과 농촌에 대한 지원을 늘리고 농업에 대한 직간접적인 세금 부담을 낮추며 토지시장을 포함하여 농촌시장을 개선하기 위한 정책을 수행해야 함을 의미한다. 2005년 중에 완료된 농업세 폐지는 직접적으로 농업소득을 약 5% 증가시켰다. 이러한 정책변화가 여러 차례에 걸쳐 이루어졌다. 그것들은 도시 이주에 미치는 영향 때문에 6장에서 논의되었다. 그리고 12장에서는 생산부문으로서 농업에 미치는 영향을 다룰 것이다. 여기서 우리는 정책변화가 촌락생활과 농촌사회의 조직에 미치는 영향을 살펴본다. "신사회주의 농촌"의 개념은 제11차 5개년 계획(2006~2010년)에 포함되어 있으며 농촌생활에 미치는 영향과 관련, 복잡한 정책들을 명료하게 표현하고 있다. 핵심 요소는 중국 농촌지역의 공공서비스를 재건하는 결정이었다.

11.4.1 농촌 공공재 체제의 재구축

중국 정부가 새로운 농촌의 공공재 체제를 구축하기 시작했을 때, 그것은 정부의 도움을 거의 또는 전혀 받지 않고 운영되었던 농촌집체 이후 20여 년의 마지막을 장식했다. 의료, 교육 그리고 연금에 대한 새로운 제도가 도입되었으며 의료 및 교육 분야에서 변화가 가장 두드러졌다(20장 참조). 신협동의료시스템(New Cooperative Medical System,

NCMS)의 시범적인 시행은 2003년부터 시작되어 2005년 전국으로 확대됐다. NCMS는 중증질환이나 상해에 대한 보장을 제공하는 보험 프로그램으로, 상위 정부로부터 보조금을 받는다. 처음에 이 프로그램은 매우 빈약했다. 정부는 단지 20위안을 지원했고 참가자들은 가족당 10위안을 냈다. 그런데 지속적이고 빠르게 증가하여 2016년에 가구당 평균 150위안에 비해 정부기여금은 참가자당 420위안으로 증가했다. 그 성과는 놀라운 것이었다. 2013년 국민보건조사 결과 농촌 주민의 97%가 어떤 형태로든 건강보험 적용을 받는 것으로 나타났다(NCMS 74% 차지). 보장범위는 관대하지 않았는데, 즉 NCMS 회원은 실제로 입원비의 50.1%를 환급받았으며 일인당 가계소득의 33%에 해당하는 하루 입원비(3,309위안)에 대해 본인이 지불하는 평균 비용은 여전히 큰 부담이었다. 그 결과 NCMS 회원의 8.2%가 비용 때문에 진료를 원치 않는다고 신고했다(Center for Health Statistics, 2016). 그러나 의료서비스를 원치 않는 비율은 10년 전 동일한 방법으로 측정했을 때의 26.6%보다는 크게 감소했다.

NCMS 프로그램의 급속한 확장으로 인한 다른 단점들도 드러났다. 첫째, 기초 수준의 보건시설 공급이 빠르게 늘지 않아서 환자들은 종종 더 큰 읍내나 도시에 있는 더 큰 병원으로 가야 한다. 의료인의 급여 지급이 계속 지연되어 숙련된 의사나 간호사의 공급이 부족하다. 더구나 NCMS의 보험 기능은 제한적이어서, 심각한 질병이나 부상은 훨씬 덜 충격적이지만 총 지급액에 상한선이 있어서 보험의 효과를 제한하고 치명적인 사건은 여전히 큰 경제적 영향을 미친다. 만약 보험금이 임계 금액보다 적은 금액일 경우에는 상환되지 않는다. 이러한 문제들은 공중보건에 대한 개선점과 투자의 분명한 방향을 보여 준다.

초 · 중등교육의 이용가능성도 빠르게 확대됐다. 수십 년 동안 정책은 보편적인 초등교육을 필요로 했지만 이를 달성하기 위한 자원이나 조직적인 투입은 제공하지 않았다. 그러나 신사회주의 농촌정책이 시행되면서 마침내 교육 범위를 확대할 수 있는 자금이 마련되었다. 2006년 이후 지방정부는 농촌에서 의무교육을 무료로 제공할 것으로 기대되었다. 정부 지원금은 2006년 학생 1인당 약 100 RMB에서 500(초등)과 700(중등)으로 증가했다. 등록률이 점차 증가하였다(단, 9.4절 참조). 가난한 가정의 학생들은 향진(乡镇)이나 현(县)의 기숙학교에 다니도록 장려하고 그들의 생활비는 정부가 일부 또는 전액 부담했다. 전일제 기숙학교를 위해 집을 떠나는 것은 어린아이들에게 힘든 일이 될 수 있지만, 특히 외진 지역에서 입학정원을 늘리는 데는 효과적이다.

11.4.2 촌락의 재건

향진(乡镇)이나 현(县)의 기숙학교에 대한 지원은 신사회주의 농촌 프로그램의 또 다른 특징을 보여 준다. 이 프로그램은 소수의 현대화된 읍내에 활동이 집중되도록 설계되었다. 더 밀도가 높고 더 작은 촌락을 개발하기 위해 토지를 세심하게 관리한다는 것이 신사회주의 농촌 계획의 필수적인 부분이다. 지방 공무원들은 개발을 위해 토지를 확보하고 수익을 창출하기 위해 인구를 집중시킬 강력한 동기를 가지고 있다(6장 참조). 멀리 떨어진 촌락이라도 성(省) 내에서라면 도시 인근 토지가 비농업용지로 전환될 수 있도록 일부 농경지의 허용을 성(省) 지도자를 통해 유도할 수 있다. 신사회주의 농촌 프로그램은 고층건물의 고밀도 단지 건설을 포함하는 경우가 많다. 이런 모습은 오늘날의 중국 어디에서나 농촌을 지나는 고속열차의 창문을 통해 볼 수 있다.

비록 그들이 더 많은 물리적 편의시설을 제공하지만, 이 새로운 주택계획이 추하고 지나치게 획일적이라고 생각하는 촌락 주민들에게 항상 환영받는 것은 아니다. 이 프로그램은 특히 티베트와 중국 주변부의 다른 지역에서 논란이 되고 있는데, 농촌사람들은 농업과 목축을 병행하는 데 익숙하고 밀집된 콘크리트 마을에 갇혀 사는 것을 좋아하지 않는다. 이러한 특징들은 신사회주의 농촌 프로그램이 정부가 규정한 대로 농촌사람들에게 강요하는 하향식 프로그램이라는 사실을 보여 준다.

거주지 집중 정책은 부분적으로 외부로의 이주에 대한 대응이다. 농업 노동력의 절대 규모는 1990년대 초반부터 절반으로 줄었고, 많은 사람들이 마을을 떠났다. 어떤 곳에서는 마을이 "공동화"되었다. 청년들이 떠나고 어린이와 노인의 비율이 더 높아졌다. 이런 현상이 발생하여 방이나 집 전체가 비어 있는 경우에도 일반적으로 주택과 텃밭은 가족들에 의해 유지된다. 6장에서 논의된 바와 같이, 재산권 제도는 이러한 행동을 장려하고 새로운 현실을 수용하기 위해 부분적으로만 조정되었다. 신사회주의 농촌은 정착형태를 압축하기 위한 노력이다. 도시와 가까운 곳은 전반적인 도시화 과정을 촉진하고 더 먼 지역에는 전통적인 중국 마을에 일종의 소규모 도시화를 도입하는 것이다.

11.4.3 새로운 예산제도에 대한 정부의 적응

새로운 농촌정책을 수용하기 위해 중국의 재정제도는 근본적으로 재편되었다(20장). 중앙정부는 새로운 농촌 사회 서비스 네트워크를 위한 자금을 지원하기 시작했고 동시에 지방 공공재와 시책에 자금을 지원했던 농업세와 수수료 그리고 할증료 모두를 폐지했다. 그 결과 지방정부는 상위 정부의 재정 이전에 훨씬 더 많이 의존하게 되었다. 현(县)정부는 현재 대부분의 자금을 상위 정부에서 받고 있으며 향진(乡镇)의 예산은 현(县)정부 수준의 예산으로 점점 통합되고 있다. 교육 같은 부서들—이전에는 지방정부의 가난한 의붓자식들—은 하향식 보조금이 잘 조달되어 상대적으로 자원이 풍부해졌다. 정부의 지시에 따라 현(县)과 향(乡)은 점점 더 많은 돈과 권력을 가지게 되었다. 반면에 촌락들은 새로운 정부 예산을 거의 받지 못했다. 공식적인 정부 행정구획 체제에 속하지 않는 자치단체인 촌락들은 정부 간 이전을 통해 분배되는 재정자원에 대한 자동 청구권이 없다.

그 결과, 2005년 이래로 촌락은 농촌정책에서 덜 중심적인 역할을 담당하게 되었다. 정책과 인력에 대한 결정은 실행에 필요한 자원을 통제하는 향진(乡镇)이나 심지어 현(县)정부의 더 직접적인 영향을 받는다. 불가피하게 촌락 선거의 중요성은 감소했지만 선거는 여전히 정기적으로 치러지고 경쟁이 치열하다. 주민들은 중요한 결정이 더 이상 촌락 수준에서 이루어지지 않고 있다고 느낄지도 모른다. 현(县)과 향(乡)은 자원이 있고 결정이 내려지는 곳이다. 촌락사람들은 훨씬 더 부유해졌지만 자신의 삶에 대한 통제력이 떨어졌다고 느낄 수도 있다.

11.4.4 토지 통합과 농업 사업

가계에 토지가 계약되자마자 일부 정책 입안자들은 농장이 너무 조각나 있다고 우려하기 시작했다. 아주 작은 농장들의 보급이 중국 농촌의 생산성 향상을 막았다는 증거는 없지만 노동자들이 농업을 떠나면서 어떤 형태로든 토지 통폐합이 이루어져야 한다는 것은 명백하다. 이주자들은 계약한 토지를 다른 가족들에게 임대할 수 있어 가장 효율적인 농부들이 머물면서 더 큰 농장을 경작할 수 있다.

1990년대 들어 토지시장은 빠르게 부상했다가 그 이후로는 느리게 발전해 왔다. Agricultural Census(2008, p.199)에 따르면 중국 경작지의 10.8%만이 임대 또는 임차되었다. 즉, 농지의 거의 90%가 마을에서 직접 계약한 가족이 경작하고 있거나 아니면 그 가족의 "개인 텃밭"의 일부였다. 상당한 지역적 차이도 있다. 즉, 허베이성, 허난성, 산둥성 등 거의 전 중국 북부 평원에서는 경작지의 5% 미만이 임대 또는 임차되고 있고, 기계화된 곡물농사가 가능한 헤이룽장성 동북부에서는 27.9%, 고도로 상업화된 절강성에서는 24.3%이다. 토지시장이 아직 전국적인 잠재력을 개발하지 못한 것은 분명해 보인다.

6장에서 논의한 바와 같이, 많은 제도적 장애물이 토지시장의 발전을 저해한다. 가계들은 토지에 대한 안전한 소유권을 가지고 있지 않았으며 그들이 영구적으로 떠나면 그들의 토지가 사라질 수 있다(Deininger et al., 2014). 외부인들은 공식적 그리고 비공식적으로 지역 촌락의 토지 임대가 제한되어 있다. 중국 정부는 토지 조사와 소유권 부여, 토지 재산권을 강화하기 위해 꾸준히 그러나 천천히 움직였다. 2013년 초에 중국 정부는 모든 농촌 토지에 대한 조사, 등록 및 소유권 제공에 착수했다. 그 후, 모든 농민들이 (촌락으로부터) 영구적인 계약상 사용권을 등록할 수 있고, 계약상 권리를 잃지 않고 해당 토지를 임대하거나 임차할 수 있다고 발표되었다. 은행 대출의 담보로 토지를 사용하는 것이 2016년에 명시적으로 허용되었다.

그 모든 것에도 불구하고, 중국 정부는 마을 토지관리를 위해 점점 더 선호하는 방식을 보여 주었다. 이 모델에서 촌락은 합자법인을 설립하여 토지를 소유한다(원주민을 주주로 함). 그런 다음 더 크고 더 효율적인 농장을 만들려고 하는 농부들(보통은 현지인)에게 토지를 임대한다. 이런 기업형태가 중국 농촌에 확산되었다. 촌락의 관점에서 볼 때, 이 기업들은 많은 장점을 가지고 있다. 그들은 종종 촌락 지도자들이 농촌 토지를 비농업 용도로 전환시키는 규칙을 적용할 수 있게 한다. 정부 정책은 농업-기업 결합을 선호하기 때문에, 농작물과 농산물 가공을 결합한 마을 기업들은 종종 더 많은 여유를 갖게 된다.

따라서 기업들은 촌락과 촌락 구성원들이 토지를 고부가가치 용도로 전환함으로써 얻는 이익을 획득할 수 있도록 한다. 기업 구조는 촌락 지도자들이 촌락민을 영입하면서도 수익성 있는 상업활동을 할 수 있도록 한다.

경제력과 제도적 변화로 인해 통합과정이 가속화될 수 있다. 중국의 최고 농업 경제학자 중 한 명인 Jikun Huang(2016)은 2008년부터 2013년 사이에 북부와 북동부 지역 토지의 약 25%가 7헥타르(17에이커) 이상의 농장으로 통합되었다고 주장한다. 이러한 통합의 상당부분은 촌락 소유의 기업들에 의해 관리되고 있으며 많은 혜택이 지역 주민들에게 돌아간다. 전통적인 촌락 공동체는 이전보다 인구가 적지만 전통의 의미와 정체성을 간직하고 있다.

11.5 결론

중국 농촌은 수십 년에 걸쳐 연속적으로 혁명적인 변화를 겪어 왔다. 오늘날 농촌은 도시화가 지배적인 중국에서 새로운 시대를 맞이하고 있다. 농촌은 더 이상 국가의 차출 압력을 받지 않지만 오히려 농민들의 지속적인 유출로 인해 그 기초가 약화되는 것이 목격되고 있다. 다음 단계에서는 도시화와 상업화의 힘이 지속적으로 침투함에 따라 전통적인 농촌의 자립은 더욱 쇠퇴할 것으로 보인다.

Bibliography

더 읽을 거리

Chan, Madsen, and Unger(2009)는 1984년 원판을 개정하고 마오주의, 개혁 그리고 세계화를 다루는 수십 년간의 변화를 통해 광둥성의 한 촌락에 대해 완벽하게 설명하고 있다. Skinner(1964~1965)는 여전히 읽을 만한 가치가 있다. Cao Jinqing(2000)은 직접적인 관찰과 현실에 근거한 분석을 병행하고 있다.

참고문헌

Agricultural Census (2008). *Zhongguo Dierci Quanguo Nongye Pucha Ziliao Zonghe Tiyao* [Comprehensive abstract of materials from the Second National Agricultural Census]. Beijing: Zhongguo Tongji.

Cao Jinqing (2000). *China Along the Yellow River.* Trans. Nicky Harman and Huang Ruhua. London and New York: Routledge Curzon.

Center for Health Statistics (2016). [Quinquennial Report]. *2013 Nian Diwuci Guojia Weisheng Fuwu Diaocha* [2013 fifth analysis report of National Health Services survey in China]. Accessed at www.nhfpc.gov.cn/mohwsbwstjxxzx/s8211/201610/9f109ff40e9346fca76dd82cecf419ce.shtml.

Chan, Anita, Richard Madsen, and Jonathan Unger (2009). *Chen Village: Revolution to Globalization.* Berkeley: University of California Press.

Deininger, Klaus, Songqing Jin, Fang Xia, and Jikun Huang (2014). "Moving Off the Farm: Land Institutions to Facilitate Structural Transformation and Agricultural Productivity Growth in China." *World Development* 59:505–520.

Huang, Jikun (2016). "China's Agriculture and Policies: Challenges and Implications for Global Trade." Presentation at the 60th AARES Annual Conference, Canberra, ACT, February 2–5.

Lardy, Nicholas (1983). *Agriculture in China's Modern Economic Development.* New York: Cambridge University Press.

Li, Zhou (2013). "China's Agricultural Development." In Ross Garnaut, Cai Fang, and Ligang Song, eds., *China: A New Model for Growth and Development*, 147–178. Canberra: ANU E-Press.

Luo, Renfu, Linxiu Zhang, Jikun Huang, and Scott Rozelle (2010). "Village Elections, Public Goods Investments and Pork Barrel Politics, Chinese Style." *Journal of Development Studies* 46 (4): 662–684.

Martinez-Bravo, Monica, Gerard Padró i Miquel, Nancy Qian, and Yang Yao (2011). "Do Local Elections in Non-democracies Increase Accountability? Evidence from Rural China." NBER Working Paper no. 16948, National Bureau of Economic Research, Cambridge, MA, April.

NBS (1985). *Zhongguo Sheui Tongji Ziliao* [China social statistical materials]. Beijing: Zhongguo Tongji.

NBS Rural Department (Annual). *Zhongguo Nongcun Tongji Nianjian* [China rural statistical yearbook]. Beijing: Zhongguo Tongji.

Skinner, G. W. (1964–1965). "Marketing and Social Structure in Rural China." 3 parts. *Journal of Asian Studies* 24:3–43, 195–228, 363–399.

Taylor, Jeffrey (1988). "Rural Employment Trends and the Legacy of Surplus Labour, 1978–86." *China Quarterly*, no. 116 (December): 736–766.

Vermeer, Eduard (1988). *Economic Development in Provincial China: The Central Shaanxi Since 1930.* Cambridge: Cambridge University Press.

Wang, Shuna, and Yang Yao (2007). "Grassroots Democracy and Local Governance: Evidence from Rural China." *World Development* 35 (10): 1635–1649.

Whiting, Susan, and Dan Wang (forthcoming). "The Rural Economy." In Weiping Wu and Mark Frazier, eds., *The Sage Handbook of Contemporary China*. Vol. 1. London and Thousand Oaks, CA: Sage Publications.

Wiens, Thomas (1982). "The Limits to Agricultural Intensification: The Suzhou Experience." In U.S. Congress Joint Economic Committee, ed., *China Under the Four Modernizations*, 462–474. Washington, DC: U.S. Government Printing Office.

Wong, Ho Lun, Yu Wang, Renfu Luo, Linxiu Zhang, and Scott Rozelle (2017). "Local Governance and the Quality of Local Infrastructure: Evidence from Village Road Projects in Rural China." *Journal of Public Economics*. doi: 10.1016/j.jpubeco.2017.06.006.

Zhang, Xiaobo, and Ravi Kanbur (2005). "Spatial Inequality in Education and Health Care in China." *China Economic Review* 16:189–204. See the sources cited therein as well.

12 농업: 기술, 생산 및 정책

Agriculture: Technology, Production, and Policy

여러 해 동안 식량 확보는 중국이 직면한 가장 중대한 도전이었다. 중국의 농업이 증가하는 인구를 먹여 살릴 수 있을지에 대한 기본적인 의문은 대약진운동의 실패로부터 1980년대까지 미해결로 남아 있었다. 오늘날 이 질문은 확실하게 해결되었다. 즉, 지난 35년 동안 중국의 농업은 수억 명의 노동자들을 농업생산에서 해방시키는 동시에 중국을 먹여 살리는 데 필요한 생산성과 복원력을 보여 주었다.

오늘날 중국 식량 경제의 풍요 뒤에는 중국의 농업을 변화시킨 기술혁명이 있다. 농업을 단지 경제의 전통적인 분야로 생각하는 것, 즉 한정된 비옥한 토지에 구속되고, 날씨에 의존하고, 과거의 패턴에 얽매이는 것은 잘못된 일이다. 농업부문이 역동적인 도시경제에 노동력을 제공해야 하는 것은 사실이지만 농업 자체가 건강하고 성장하는 경우에만 발생할 수 있다. 성공적인 개발의 가장 역설적이면서도 가장 보편적인 패턴 중 하나는 농업이 성장하고 생산성이 높아지더라도 전체 경제에서 차지하는 비중은 줄어든다는 것이다.

이와 같은 역설을 해결하기 위한 열쇠는 기술변화가 생산을 다른 투입물의 유용성에 어떻게 적응시키는지, 그리고 기술변화 자체가 상대적으로 풍부한 투입물에 의해 어떻게 형성되는지를 살펴보는 것이다. 중국의 경우 상대적으로 부족한 토지가 농업의 발전을 방해하기보다는 발전을 가능하게 하는 기술변화의 궤적을 형성했다. 본 장의 첫 번째 부분에서는 농업경제의 공급측면을 살펴본다. 먼저 생산 추이를 검토하고(12.1절), 다음으로 기술변화 과정이 특히 "녹색혁명"의 영향을 통해 중국 농업을 어떻게 재편해 왔는지를 보여 준다(12.2~3절). 이런 변화로 중국은 농업부문 노동력이 절반으로 줄었음에도 불구하고 식량부족에서 벗어날 수 있었다. 전반적인 생산성이 빠르게 증가했을 뿐만 아니라 농업부문은 매우 다양한 요소투입물의 조합에 적응할 수 있는 유연성을 가지고 있었다.

12.4절에서는 수요측면을 논의한다. 경제 전반에 걸쳐 소득이 증가함에 따라 가계가 농업에 요구하는 제품이 변화한다. 1980년대 초까지 중국의 식생활은 압도적으로 곡물을 기반으로 했다. 가계가 부유해짐에 따라 편리한 가공식품과 육류 등 보다 다양한 식단을 요구했다. 소비자들은 보다 고품질의 다양한 식단을 선호하게 되고 이러한 요구는 농작

물에서부터 관련된 생산, 가공, 마케팅 체인에 이르기까지 농업경제의 모든 측면에 영향을 미친다.

농업정책이 12.5절의 주제이다. 모든 국가는 농산물 가격의 변동을 완화하고 기본적인 식량안보를 유지하기 위해 어느 정도 농업시장에 개입한다. 그러나 여러 국가들은 농업에 얼마나 세금을 부과하거나 지원할 것인지, 그리고 농업분야를 얼마나 개방할 것인지에 대해 서로 다른 선택을 한다. 중국의 농업정책은 21세기 초부터 급격히 변화하여 농업에 대한 세금을 대폭 인하하고 농업부문의 보조금 및 보호를 위한 일련의 정책을 채택하고 있다. 게다가 중국은 그 정책의 의미를 어느 정도 재해석하면서도 "곡물 자급자족" 정책을 고수해 왔다. 이러한 정책들은 목표를 달성했지만 많은 비용이 들었고 미래에 도전적인 문제들을 제기하고 있다. 마지막 12.6절에서는 가격, 기술 그리고 농업 관행의 지속가능성 사이의 관계를 간략하게 살펴본다. 제한된 재배면적에 다량의 화학비료와 농약이 사용되면 생산량은 증가하지만 장기적으로는 환경적 스트레스가 더 커진다.

12.1 농업 생산량 증가

중국의 전통농업은 매우 정교해서 인간의 노동력과 유기농 비료를 집중적으로 사용하여 토지에서 가능한 한 높은 수확량을 얻도록 적응되었다. 또한 현대적 투입물을 크게 적용하지 않고 전통적인 기술(수세기 동안의 실험을 통해 정제되긴 했지만)에 의존했다는 점에서도 선견지명이 있었다. 대략 1970년 이후 새로운 기술과 산업 투입물이 처음으로 중국 농촌에 유입되기 시작했고 중국 농업의 진정한 기술적 변화는 1970년대 말 중국의 경제개혁과 동시에 가속화되기 시작하였다.

곡물은 단연 중국 농업의 가장 중요한 산물이다. 1956~1957년 곡물생산량은 2억 톤에 육박해 인구를 먹여 살리기에 충분했으며 2015년에는 6억 2,000만 톤으로 3배 이상 늘었고, 같은 기간 중국 인구는 2배를 약간 넘었다. 그림 12.1은 이러한 데이터를 일인당으로 표현하고 1949년 이후 중국의 농업개발에서 여러 기간을 명확하게 구분하고 있다. 수평선은 일인당 300kg의 곡물 수준을 나타낸다. 주로 곡물을 기본으로 하는 식단의 경우, 이는 대략 충분한 식량 수준이다. 종자 및 비축을 위해 수확량의 일부를 남겨두고 제분공장에서의 손실을 감안한 후, 만약 음식이 균등하게 분배된다면 일인당 하루에 필요한 칼로리(약 2,000칼로리)를 제공하기에 충분하다. 첫 번째 기준 기간은 1955~1957년이다. 11장에서 논의했던 새로 형성된 농촌집체는 관개면적을 확대하고 농민들을 토지개량에 투입하는 일수를 늘려서 투입량을 늘렸으며 곡물은 균등하게 분배되었다. 결과는 아마도 전통적인 기술이 달성할 수 있는 양에 가까웠을 것이다. 일인당 300kg의 생산량, 즉 인구를 먹여 살릴 수 있는 양이었다.

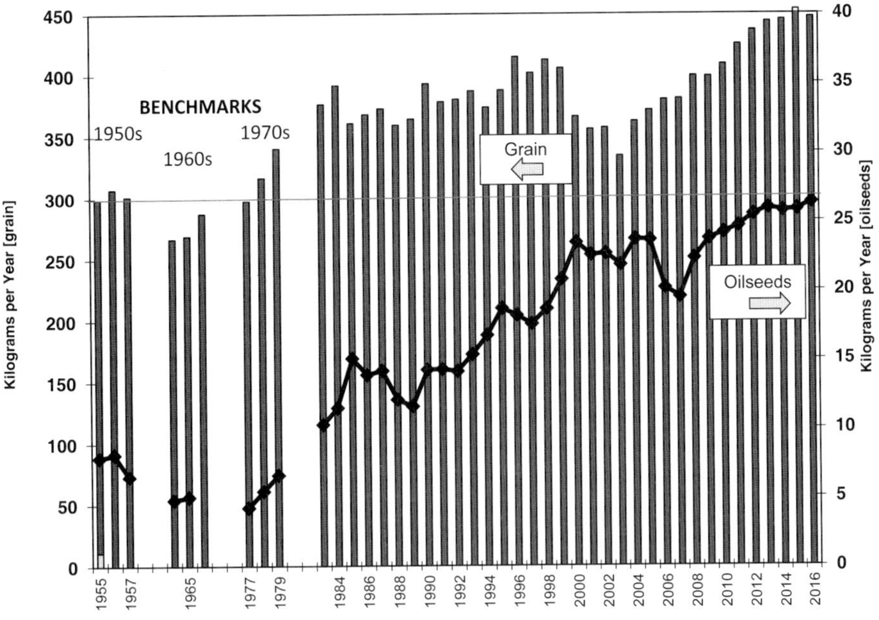

그림 12.1 일인당 농업생산량
자료: *SYC* (1991, p.357; 2015, pp.407–408).

막상 이 수준은 유지되지 않았다. 대약진운동의 잘못된 정책으로 생산량이 급감했고 심지어 회복 이후에도 1964~1966년 기준 1인당 생산량은 1955~1957년 수준을 훨씬 밑돌았다. 유지종자(그림 12.1 참조)와 육류에서 나오는 기름과 칼로리의 소비량이 여전히 매우 낮다는 점을 고려하면, 이는 수천만, 아마도 수억 명의 사람들이 영양부족 상태에 빠졌다는 것을 의미한다. 중국은 엄격한 곡물배급을 도입하고 곡물을 수입하기 시작했다. 10여 년이 지난 1978년이 되어서야 일인당 생산량은 1950년대에 달성했던 일인당 300kg 수준을 회복했다. 1960년대 후반과 1970년대에 중국의 농업은 주로 토지 이용의 증대, 즉 주어진 토지에 더 많은 노동력을 투입하고 이를 촉진하기 위해 삼모작과 이종 재배를 포함한 새로운 곡물재배 방식의 개발을 통하여 성장했다. 11장에서 설명한 바와 같이 곡물 우선주의 농업정책은 다른 작물을 희생시키면서 곡물에 절대적인 우선권을 부여했다. 심지어 일인당 곡물생산량의 더딘 증가조차 일부 중요한 비곡물 농작물의 생산량 감소를 상쇄하는 비용으로 달성되었다. 예를 들어 그림 12.1에서 알 수 있듯이, 1970년대에 일인당 유지종자의 생산량은 1950년대보다 현저히 낮았다. 식물성 기름의 하루 평균 사용량은 큰 숟가락 하나에도 못 미쳤고 기름은 엄격하게 배급되었다. 중국 요리는 튀김과 볶음에 식물성 기름이 필요하다는 것과 기름 한 큰 술은 한 접시에도 부족하다는 점을 고려하면, 중국 가정의 식단은 칼로리가 적절하더라도 단조롭고 검소하였다는 것을 알 수 있다.

1979년부터 정책이 급격히 바뀌면서 생산량이 급증했다. 농민들은 그들의 경제활동에 대해 훨씬 더 많은 통제권을 부여받았으며, 이는 농민들이 더 열심히 일할 뿐만 아니라 시장 수요에 더 효과적으로 부응하기 위해 더 나은 인센티브에 반응함에 따라 일회성 이득이 매우 컸다. 일인당 생산량은 1984년 풍년기에 급증한 후 완만하게 증가하여 1996~1999년에는 사상 유례가 없는 수준인 일인당 400kg에 이르렀다. 이 정도 수준이면 국민들이 소비할 수 있는 필요한 양을 넘어섰고, 1999년 이후 농민들은 시장 신호에 따라 농작물을 재배하여 곡물을 유지종자를 포함한 비곡물 농작물로 전환했다. 실제로 비곡물 제품의 증가는 곡물의 증가보다 더욱 두드러진다.

2003년의 보통 수준의 수확 이후 새로운 성장기가 시작되었다. 곡물 경작면적과 생산량은 2015년까지 12년 연속 매년 증가했다. 이러한 성장단계를 설명하는 두 가지 추세는 동물사료 재배를 위한 토지 전환과 2003년 이후 농업지원으로의 정책전환으로, 나중에 논의된다. 전반적으로 개혁시대 이후 중국의 생산량은 최저 생활수준을 여유롭게 상회하였으며 강건하고 다양하게 성장하고 생산성은 향상되었다. 이러한 변화 뒤에는 농업제도와 인센티브의 커다란 변화(제11장에서 논의됨)뿐만 아니라 기술적 변화인 "녹색혁명"도 있다.

12.2 녹색혁명

"녹색혁명"이라는 용어는 농업 생산량을 획기적으로 증가시키는 현대적 투입물의 통합 패키지를 말한다. 녹색혁명의 세 가지 핵심 요소는 개량된 종자, 화학비료 및 관개이다. 녹색혁명을 일으킨 과학적인 돌파구는 1960년대와 1970년대 국제 과학자 팀, 특히 필리핀의 국제 쌀 연구소(International Rice Research Institute, IRRI)와 멕시코의 국제 옥수수와 밀 개량센터(International Maize and Wheat Improvement Center)에서 달성한 것이다. 동시적이지만 이와는 별개로, 중국의 농학자들은 농산물 생산을 실질적으로 증가시킬 수 있는 잠재력을 가진 새로운 종자 품종을 생산하기 시작했다. 1978년 이후 중국 과학자들은 국제센터와 긴밀히 협력해 왔으며 별도의 초기 연구 프로그램에서 많은 유사점이 분명해졌다. 사실 녹색혁명의 세 가지 요소는 종자 개량, 비료 및 관개 등 중국의 전통적 벼 재배의 기반이 된 것과 같다(3장). 녹색혁명은 과학적인 방법의 체계적인 적용에 의해 각 요소를 변형시킨다. 농부의 종자 선택은 체계적인 육종 프로그램으로 바뀌고 결국 유전자 조작, 유기비료 보충 그리고 화학비료로 대체되며, 관개는 펌프 설치로 기계화된다.

12.2.1 보완적 투입물

녹색혁명 기술의 중요한 특징은 그들이 보완적인 투입물 패키지를 구성한다는 것이다. 각 투입물의 생산성은 다른 기술의 존재에 의해 현저하게 향상된다. 따라서 효율성을 극

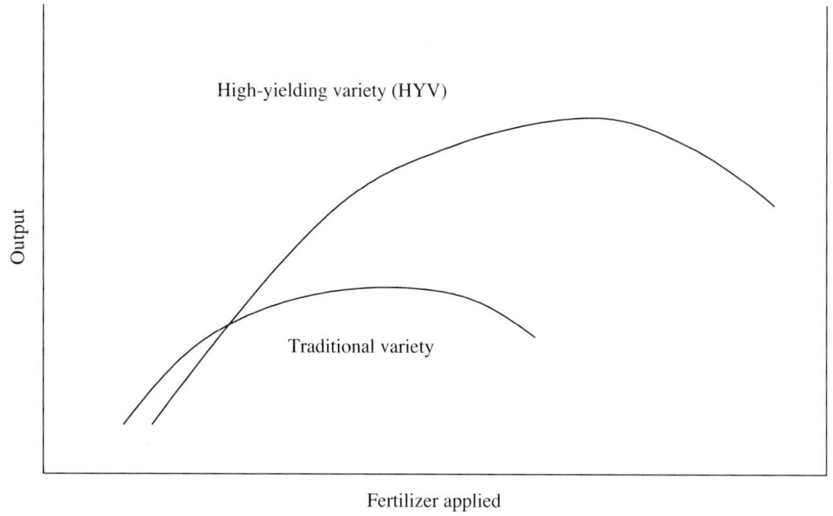

그림 12.2 기술의 선택
자료: Author.

대화하기 위해 함께 실행해야 하는 녹색혁명 기술의 조합이 있다. 이러한 상호보완성을 보여 주는 간단한 방법은 비료 살포에 대한 다양한 농작물 품종의 생산량을 살펴보는 것이다. 그림 12.2는 화학비료의 살포로 전통 품종의 수확량이 어느 정도까지 증가하는가를 보여 준다. 소위 고수확품종(high-yield variety, HYV)이라고 불리는 녹색혁명 작물은 비료가 없다면 반드시 더 생산적이지는 않다. HYV는 농민이 훨씬 더 넓은 경작지에 비료를 살포하고 지속적으로 많은 수확량을 얻을 수 있기 때문에 우수하다. 결론적으로 토지 단위당 생산량이 훨씬 더 많은 것은 더 많은 비료 살포량과 관련이 있다.

12.2.2 관개

1949년 이후 중국에서 개발된 녹색혁명 기술 세 가지 중 첫 번째는 관개 및 배수시설 개선이었다. 1950년대 초반부터 전통적인 관개시설이 정비되고 새로운 사업이 추진되었다. 그림 12.3은 관개면적의 확장을 보여 준다. 관개사업은 겨울철 농한기에 동원된 인민공사의 노동력에 의해 추진되었다. 관개면적은 1960년대와 1970년대에 걸쳐 급속도로 증가했으나 1980년대에 관개면적의 확대가 갑자기 중단되었는데, 이는 인민공사 해체 이후 공공재 공급이 붕괴된 것을 나타냈다(11장). 그러나 1990년대에 관개면적에 대한 새로운 조직 형태가 마련되어 농민들에게 물 공급을 할 수 있게 되면서 성장이 재개되었다.

관개면적의 확장은 전력기계, 특히 전기 펌프의 도입으로 촉진되고 물 제어 효율도 향상되었다. 1950년대에는 인력이나 가축의 힘으로 물을 끌어올렸다. 오늘날 관개면적의 2/3가 기계 펌프를 사용하며 고수확품종(HYV) 생산에 필요한 보다 정확한 물 관리가 가

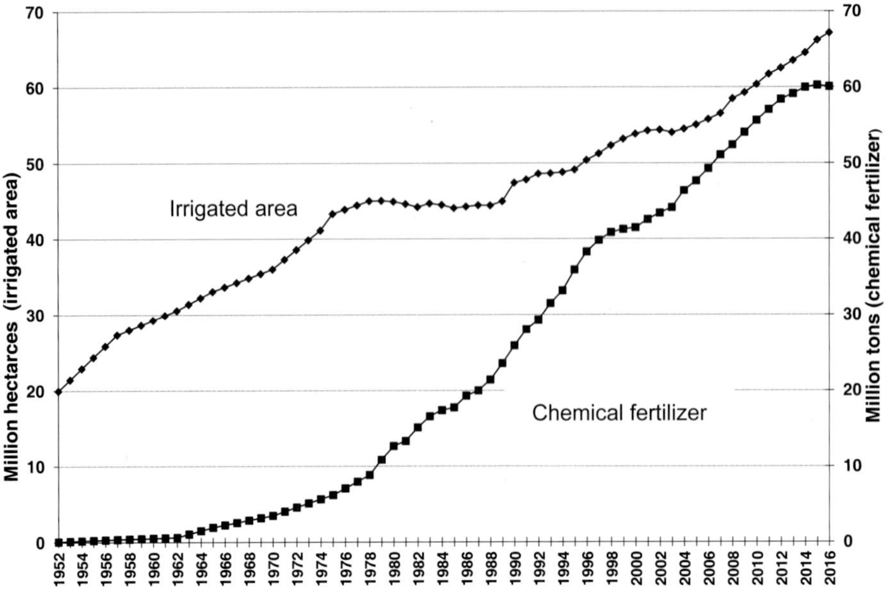

그림 12.3 비료와 관개면적
자료: *SYC* (1991, 323, 331, 356; 2015, 400).

능하다. 수만 개의 전기 및 디젤펌프가 중국의 관개시스템을 가동시킨다. 이는 녹색혁명이 중국의 밀 지역, 특히 화북평야까지 확대되도록 하는 데 엄청난 영향을 미쳤다. 2장에서 언급했듯이, 황하지역 전체는 만성적으로 물이 부족하여 도시, 산업 및 농업용수 사용자들의 경쟁이 심하다. 이 지역은 비옥한 토양과 풍부한 일광을 가지고 있지만, 관개시설 없이 녹색혁명의 혁신은 수행될 수 없었다. 1970년대에는 지하 30m의 대수층(지하수를 품고 있는 지층)에서 담수를 끌어올릴 수 있는 수중 펌프가 도입되었으며 그 이후 수백만 대의 펌프가 설치되었다. 밀 수확량이 급증하여 전통적으로 높은 쌀 수확량을 거의 따라잡았다. 그러나 이러한 대수층의 과도한 개발은 오늘날 화북평야의 밀 생산량을 감소시킬 수도 있는 물 위기로 이어지고 있다(21장).

12.2.3 개량종자

녹색혁명을 구성하는 세 요소 중 두 번째는 개량된 종자이다. 종자를 개량하는 데 꼭 필요한 두 가지 단계가 있는데, 첫 번째 단계는 연구를 통해 적절하고 생산적인 종자를 개발하는 것이고, 두 번째 단계는 농업확장 서비스를 통해 종자를 농민들에게 전달하는 것이다. 1950년대 중화인민공화국은 중국농업과학원(Chinese Academy of Agricultural Sciences, CAAS)을 정점에 두고 다층연구체제를 구축했다. 농민들은 개량품종을 육성하기 위한 다양한 유전 물질의 가치를 오랫동안 인정해 왔으며, CAAS는 해외에서 종자를 수입하고 중국 외곽지역에서 품종을 수집했다. 농작물육종 프로그램에는 선택과 교배와 같은 기존 농작물육종뿐만 아니라 오늘날 탁월한 첨단 유전공학 기술로의 점진적인 이동도 포함되어 있었다. 모든 성(省) 차원의 농업과학원과 현(县)에서의 농업확장 서비스와 함께 중국은 오늘날 세계에서 가장 큰 종자 생산 및 분배 시스템을 구축했다. 대약진운동(GLF)과 문화혁명은 이 제도의 성장을 방해했지만, 문화혁명이 한창일 때에도 현(县), 인민공사, 생산대대 차원에 농업기술, 연구 그리고 확장조직이 생겨나면서 일부 진전이 있었다(표 11.1 참조). 기초연구는 상대적으로 소홀했지만 품종을 현지 조건에 적응시키고 새로운 품종을 전파하는 데 중점을 두었다. 1979년 이후 연구들이 재건되었고 기초연구가 부활했다. 성(省) 및 그 이하 차원의 연구소들은 지역 여건에 초점을 맞추고 있으며, 전반적으로 다른 나라에 비해 분권화되어 있다.

농업연구의 가장 중요한 결과물은 고수확품종(HYV)의 종자 개량이다. HYV 중에서는 왜성—생물의 크기가 그 종(种)의 표준 크기에 비하여 작게 자라는 특성—품종이 녹색혁명의 결정적 돌파구였다. 왜성 품종들은 줄기가 짧고 뭉툭해서 비료를 주면 쓰러질 위험이 있는 키 크고 가는 줄기를 생산하는 대신 더 많은 식물의 에너지를 곡물에 공급한다. 그 결과 왜성 품종은 비료로부터 엄청난 양의 영양분을 흡수할 수 있어 그림 12.2에서와 같은 형태를 보인다. 세계 녹색혁명의 시작은 필리핀 IRRI가 혁신적인 고수확 왜성 IR-8을 발표한 1966년이라고 알려져 있으나, 사실 중국 과학자들은 1964년에 진정한 고수확 왜성 품종의 쌀을 독자적으로 개발했다. 이와 같은 독립적 발견은 과학자들이 연구분야에서 동일한 문제에 대한 유사한 해결책을 내놓는 것을 보여 준다.

또 다른 성공적인 경험은 잡종 품종의 도입과 확대였다. 매우 다른 모 품종에서 잡종을 번식시킬 때, 종종 더 높은 생산성("잡종 강세")을 나타내지만 무균 상태의 자손과 함께 있기 때문에 다음 세대 농작물의 종자로 사용될 수 없다. 잡종 옥수수는 1961년에 도입되었지만 쌀은 전형적으로 자가수분을 하기 때문에 쌀이 더 어려웠다. 1970년대에 중국에서 유명 과학자가 된 위안룽핑(袁隆平)은 1976년에 상업적으로 출시된 잡종 쌀을 개발하여 빠르게 퍼졌고 오늘날에는 쌀 면적의 절반 이상을 차지하고 있다. 중국이 하이브리드 품종을 널리 보급할 수 있었던 것은 신세대 종자를 농가에 공급하는 데 농업 확장 서비스에 대한 상당한 신뢰가 있었기 때문이다. 이것이 사회주의 기간 동안 만들어진 제도적 인프라의 예이다. 실제로 문화혁명 기간 동안 강화되었고, 후에 시장개혁 기간 동안 급속한 기술변화와 견실한 생산량 증가에 기여했다.

오늘날 중국의 식물 과학자들은 특히 쌀과 면화에 관한 유전자 연구의 최전선에 있다. 21세기 초에 세계의 여러 팀들이 쌀 게놈(genome)의 염기서열을 분석하기 위해 경쟁했다. 오늘날에는 10여 개국의 공동노력으로 쌀 염색체의 완전한 지도화가 공개되었으며, 이미 식물의 연구방식을 변화시키고 있다. 쌀은 세계에서 가장 중요한 식량 작물로, 전 세계 쌀의 90%가 아시아에서 생산되고 소비되고 있다. 중국에서 쌀은 칼로리의 가장 중요한 단일 공급원이다. 이제 비타민과 단백질이 첨가된 새로운 종류의 쌀이 보급되고 있다. 유전자 변형 Bt 면(Bt cotton)에는 해충에 덜 취약하게 만드는 유전자가 들어가 있다. 면화는 특히 많은 양의 살충제를 살포하면 잠재적으로 곤충 저항과 독성, 다농약 혼합제의 하향 나선형을 만든다. Bt 면화는 1990년대 중반 CAAS에 의해 개발되어 1997년에 출시되었다. 면화에 살포되는 농약을 거의 2/3 수준으로 줄일 수 있고 중국 북부 면화작물을 활성화시켰다(Pray et al., 2002; Huang et al., 2003). 중국은 다른 어느 나라보다 농업에 관한 연구개발에 더 많은 비용을 투자하고 있으며 생명공학에 대한 광범위한 노력은 다른 많은 농작물에도 응용이 될 것이다. 그러나 지금까지 중국은 유전자 변형 식물의 상업화에 매우 신중한 태도를 보여 왔다. 2015년에 심은 면화의 90% 이상이 Bt 면화였는데 이것은 유전자 변형 식물을 재배하는 데 사용된 거의 모든 면적을 차지했다.

12.2.4 비료와 농약

녹색혁명을 구성하는 세 번째 요소는 화학비료와 살충제를 포함한 농약이다. 전통적 시스템에서 중국 농민들은 헥타르당 최대 6톤에 해당하는 다량의 유기질 비료를 토양에 뿌렸다. 유기질 비료는 전통 품종에 충분한 영양분을 공급하지만, 노동집약도가 매우 높고 다루기 불편하며, 현대 HYV만큼의 수확량 증가를 가져오지 못한다. 화학비료는 처음에는 전통적인 노동집약적 유기비료를 보강하는 데 사용되었지만 1960년대와 1970년대에 정부는 비료의 가용성을 개선하기 위해 대대적으로 노력하기 시작했다. 처음에는 질이 낮은 질소비료를 생산하는 소규모 지방공장이 추진되었다[첫 번째 향진기업(TVE)]. 1973~1974년 중앙정부는 13개의 대형 합성 암모니아 및 요소 공장 수입을 위한 외환 지원을 약속했고, 이는 국내 질소비료산업의 토대가 됐다. 그림 12.3에서 알 수 있듯이 비료 공급은 1978년 이후 실제로 시작되었고 1996년까지 4배로 증가했으며 일시 중단되었다가 2003년에 다시 시작되었다. 20세기 초부터 전통적인 유기비료의 투입량이 급격히 감소하기 시작했다(Liu, Huang, and Zikhali, 2014). 유기비료는 많은 단점에도 불구하고 장기적으로는 토양의 비옥도와 구조를 유지하는 데 기여하기 때문에 유감스러운 일이다. 더욱이 전통적인 인간의 폐기물 재활용 시스템이 종료된다는 것은 또 다른 오염물질을 적절히 처리해야 한다는 것을 의미한다.

12.2.5 조각 정리하기

1980년대에 녹색혁명의 모든 요소들이 마침내 자리 잡았다. 중국은 지금까지 확장된 관개 분야, 왜성 쌀과 잡종을 포함한 HYV, 그리고 수십만 곳의 마을에 첨단기술을 보급할 수 있는 대규모 농업확장 서비스를 가지고 있었다. 없어진 것은 화학비료뿐이었다. 따라서 세 가지 요소가 모두 동시에 존재할 때 비로소 실현될 수 있는 잠재적인 기술적 이득이 있었다. 화학비료의 추가로 1980년대 초 새로운 인센티브로 인한 생산량의 급증이 향후

20년 동안 꾸준하고 지속적인 성장으로 변화될 수 있도록 했다.

이러한 기술혁명의 완성은 농촌개혁을 이끄는 제도혁명과 거의 동시에 일어났다. 기술 변화는 특히 녹색혁명의 나머지 요소들과 함께 마지막으로 이룩한 화학비료의 상호보완성을 고려할 때 중요했다(Stone, 1990). 농촌개혁의 인센티브의 특성은 생산성 향상에도 필수적이었다(McMillan, Whalley, and Zhu, 1989 ; Lin, 1992). 개혁된 인센티브와 기술 변화 모두 중국의 농업발전을 견인했다는 점을 인식하는 것이 중요하다. 실제로 이 둘을 완전히 분리할 수가 없다. 개선된 인센티브 하에서 농민들은 어떤 작물을 재배하고 어떤 투입물을 구입해야 하는지에 대해 훨씬 더 나은 결정을 내린다. 예를 들어, 1970년대 중반의 농민들은 비료에 대해 소극적이었고 만족스럽지 못했지만 그 이후의 개혁은 농부들에게 비료를 사용하여 더 많은 생산을 할 수 있도록 하는 강력한 동기를 부여했다. 결과적으로 향상된 인센티브는 시장개발과 궁극적으로는 적절한 신기술에 대한 탐구를 촉진했다.

12.3 농업기술의 선택과 혁신

녹색혁명 투입물의 상호보완성에 대한 전술한 논의는 농업 투입물을 상자에서 꺼내 기술에 의해 미리 결정된 고정된 비율로 사용된다는 인상을 줄 수 있다. 이는 사실과 무관하다. 중국의 농업은 다른 곳과 마찬가지로 토지나 노동과 같은 생산요소의 가용성에 적응한다. 농업 생산과정에서 농민의 투입물 사용과 그 상대적 비율은 상대적 희소성과 그에 따른 상대적 가격에 의해 결정된다. 녹색혁명 기술을 사용하는 경우에도 마찬가지이다.

그림 12.4는 경제학자들이 농업생산(또는 모든 종류의 생산)에서 기술의 선택을 분석하는 표준적인 방법을 보여 준다. 가로축은 토지량을 나타내고, 세로축은 생산과정에서 사용되는 노동량을 나타낸다. 곡선은 등량곡선이다. 등량곡선의 어느 지점에서든 주어진 산출량 x는 그래프의 해당 지점에 상응하는 토지와 노동력의 양을 사용하여 생산될 수 있다. (원점에서 더 멀어질수록 더 큰 생산량을 나타낸다.) 등량곡선의 다른 점들은 다양한 요소(투입물) 비율을 나타낸다. 다양한 투입물 조합을 연속적으로 사용하여 x를 생산할 수 있기 때문에 등량곡선은 곡선이다. 평평한 직선은 토지가 풍부하고 노동력이 부족한 경제, 즉 미국의 상대 가격을 나타낸다. 토지가 풍부하고 값이 싸기 때문에 한 근로자의 임금은 넓은 면적의 임대가치와 같다. 비용을 최소화하기 위해 미국의 농민은 B지점에서 x를 생산할 것이다. 중국경제에서는 노동력이 풍부하지만 토지는 부족하고 따라서 비싸다. 훨씬 더 가파른 직선은 한 노동자의 임금이 단지 작은 토지의 임대가치와 같은 중국의 상대적 가격을 보여 준다. 비용을 최소화하기 위해 중국의 농민은 A지점에서 x를 생산하게 된다. 중국의 농민은 미국의 농민에 비해 노동집약적인 생산공정을 사용하여 작은 면적의 토지에 많은 양의 노동력을 투입할 것이다. 이것은 상대가격과 비용 최소화의 간단한 응용이다.

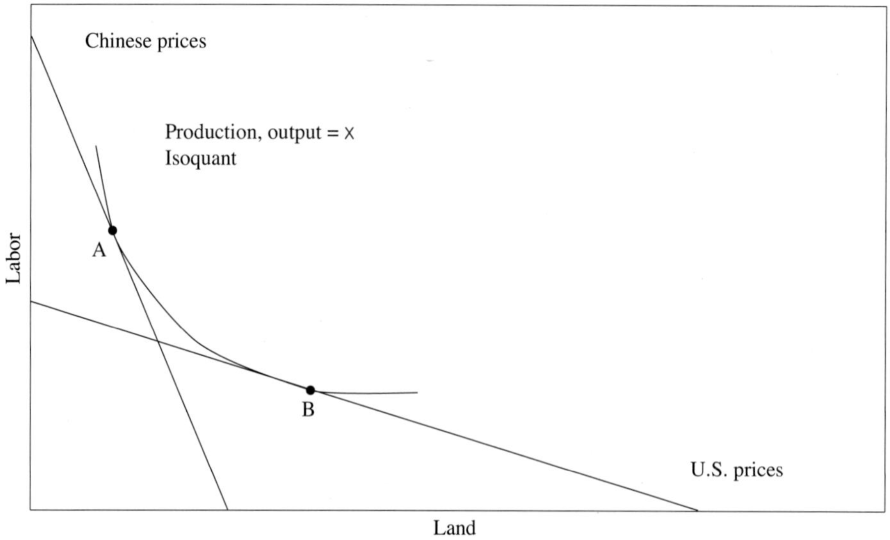

그림 12.4 녹색혁명: 내비성(fertilizer responsiveness)
자료: Author.

12.3.1 유인 혁신

이러한 간단한 분석은 기술변화의 보다 도전적인 영역으로 확장될 수 있다. “유인 혁신(induced innovation)” 가설은 기술적 변화 역시 상대적으로 부족한 자원을 절약하고 상대적으로 풍부한 자원을 사용하기 위한 비용 최소화에 대한 필요에서 비롯된다고 명시하고 있다. 중국 농민들은 특히 희소한 토지를 절약할 수 있는 새로운 기술, 즉 기존의 토지 자원을 보다 집중적으로 사용할 수 있는 기술을 중시할 것이다. 따라서 그들은 그들의 토지에 더 많은(상대적으로 싼) 노동력을 투입할 수 있는 새로운 기술을 모색하고 채택할 것이다. Hayami and Ruttan(1985)은 1880년부터 1980년까지의 기간 동안 미국과 일본의 농업발전을 비교함으로써 이것을 증명했다. 두 나라의 발전 경로는 크게 달랐다. 땅은 풍부하지만 상대적으로 노동력이 부족한 미국에서는 부족한 노동력을 대체하기 위해 동력기계가 개발되었다. 노동력이 풍부하고 상대적으로 토지가 부족한 일본에서는 상대적으로 부족한 토지를 대체하기 위해 고수확 종자, 비료 그리고 물 제어 프로그램 등이 개발되었다. 비록 발전 경로는 달랐지만, 성장률과 생산량 수준은 비슷했다. 이러한 북미 및 동아시아 경험에 의해 암시되는 다른 경로가 그림 12.5에 나타나 있다(그림 12.4와 축이 다르다는 점에 유의). 우리는 두 경로의 초기 부분에 각각 “트랙터화”와 “화학비료화”라고 표시할 수 있다.

중국은 일본과 마찬가지로 20세기 대부분의 기간 동안 기술발전의 근본적인 목적이 토지 단위당 수확량 향상, 즉 “동아시아 패턴” 과정을 따랐다. 1950년대부터 1970년대 말까

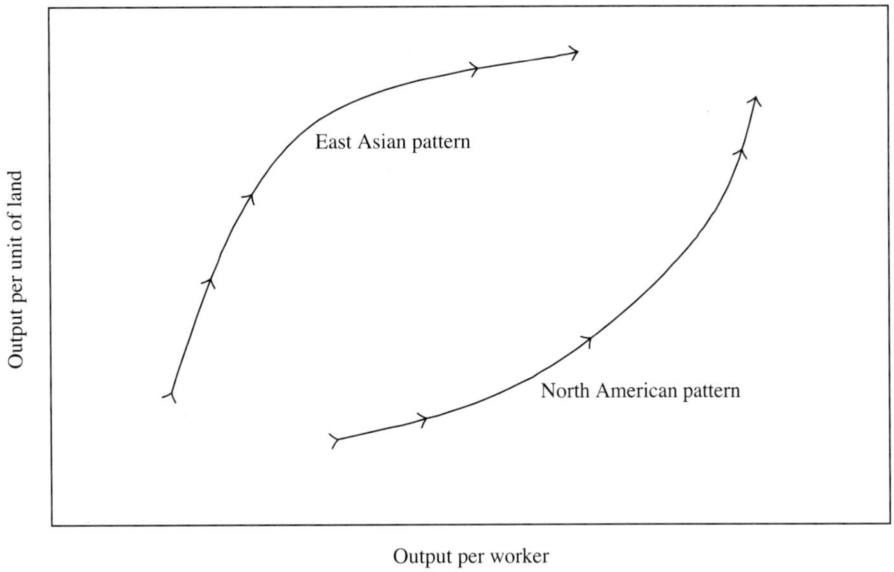

그림 12.5 유인 혁신(induced innovation) 경로
자료: Derived from Hayami and Ruttan (1985).

지 중국은 토지 단위당 생산량은 증가하는 반면 농민 일인당 생산량은 상대적으로 적게 증가함에 따라 유인 혁신 경로는 주로 "위로"(북향) 이동했다. 중국에서 농민들은 농촌에 갇혀 있고 대체소득을 얻을 수 있는 가능성이 제한되어 있었기 때문에 노동력이 특히 저렴했다. 1980년대 이후 경제개혁은 농촌 밖에서 노동자들에게 새로운 기회를 열어 주고 가계가 노동자의 기회비용을 결정할 수 있도록 했다. 1990년대 들어 노동자들이 대거 농촌을 떠나기 시작한 반면 생산량은 계속 증가했다. 2016년까지 전체 농업종사자 수는 정점에 달했던 1991년 3억 9,000만 명보다 45%(약 1억 7,500만 명) 감소했다. 노동자들이 농촌을 떠나면서 남아 있는 노동자 일인당 생산량은 훨씬 더 빠르게 증가했다. 그림 12.5에서 중국은 동아시아 패턴이 "오른쪽"(동쪽)으로 변한 지점에 이르렀다. 표 11.2는 1985년 이후 토지 단위당 노동력 투입이 지속적으로 급격하게 감소하고 있음을 보여 준다.

이러한 과정의 구체적인 예는 남부 절강성의 생산성이 높은 벼농사 지역에서 찾아볼 수 있다. 풍부한 물과 긴 생장기를 가지고 있지만 경작지의 이용가능성을 심각하게 제약하는 구릉 지형을 가지고 있는 절강성에는 정교한 관개 네트워크를 갖추고 있어 녹색혁명 기술을 쉽게 채택할 수 있었다. 처음에 집체 지도자들은 복잡한 윤작, 간작 및 교대작에 의존하여 매년 여러 농작물을 심기 위해 노동력을 동원했다. 한 작물이 익어 가는 동안 다른 작물을 서로 다른 수확일정으로 교대로 심었다. 성수기에는 다른 작물을 수확하는 동안 한 작물을 옮겨 심고, 마을의 모든 가용인원이 밭에서 일하곤 했다. 집체농장은 곡물생산을 극대화하라는 곡물우선정책으로부터 압박을 받고 있었고 노동시장이 없는 상황에서도 노동력이 풍부한(저렴한) 요소라는 것을 알고 있기 때문에 이러한 극도로 노동집약적인 기술을 수행했다. 이후에 비교적 부유하고 상업화된 지역의 농민들은 처음으로 풍부한 비농업부문에서의 고용기회를 갖게 되었다. 농장 노동의 기회비용이 크게 증가했다. 농민들이 스스로의 의사결정에 대한 권한을 되찾았을 때 다품종 수확은 상당히 감소했지만 화학비료와 농약 사용량의 증가로 경지 면적당 높은 수확량과 증가세를 유지했다. 절강성에서는 노동자 일인당 생산량이 크게 증가했고 기술변화가 이러한 증가세를 촉진시켰다.

12.3.2 농촌에서의 요소 비율과 동력

1977년까지만 해도 중국 농촌에서는 기계력보다 동물력이 더 중요했다(그림 12.6). 그런데 그 이후 중국 농민들이 사용할 수 있는 기계적인 동력은 10억 킬로와트로 10배 증가했다. 중국의 농촌은 이제 전기가 통하고 기계화되었다. 1950년대에는 소나 말, 노새, 낙타 등의 역축(draft animal)이 매우 매력적이었다. 그 이유는 쟁기를 끌 수 있을 뿐만 아니라 유기비료를 생산하고 운송수단이 되며 비상식량 공급원도 되기 때문이었다. 가격이 하락하고 가용성이 높아지면서 기계가 동물로부터 할일을 꾸준히 인계받았고 기계화는 이제 중국 농업의 변화에서 화학화를 보완하고 있다.

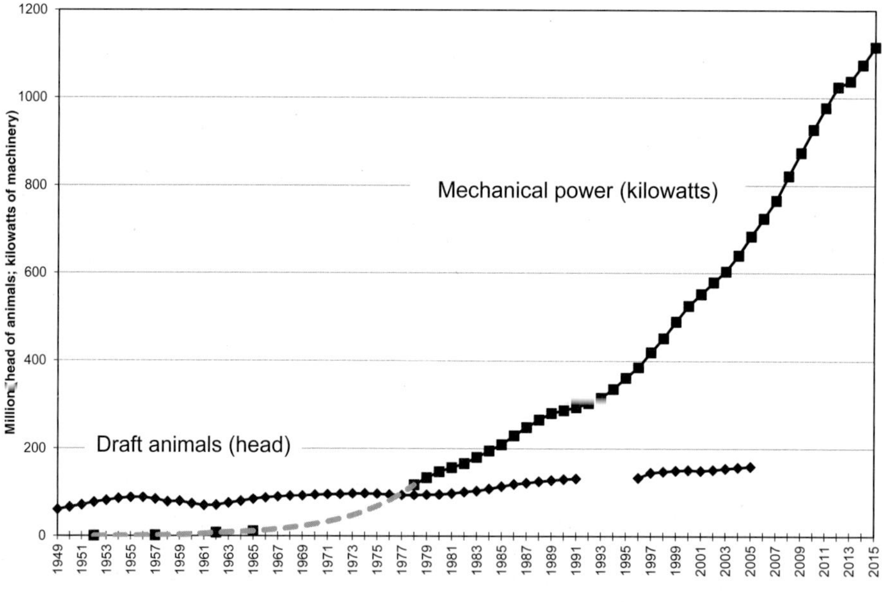

그림 12.6 농촌의 동력
자료: *SYC* (2016 and earlier editions).

중국의 기계화 경로는 몇 가지 독특한 특징이 있다. 노동력 증대 기술, 특히 트랙터화는 중국이 처음에는 다소 무비판적으로 차용했던 소련의 "빅 푸시(Big Push)" 산업화 전략의 전통적인 특징이었다. 사회주의 시대에 중국이 "좌파" 단계에 있을 때 정책 입안자들은 대규모 집체로 밭을 통합하고 경작할 수 있는 대형 트랙터 제공을 강조하곤 했다. 그러나 농부들은 이런 부적합한 대형 트랙터들을 밭에서 사용하는 것을 거부하고 대신 트럭으로 개조하여 벽돌과 비료를 농촌 일대로 운반했다. 개혁이 시작된 후 농가들은 대형 트랙터를 완전히 폐기했다. 그러나 소형 "보행" 트랙터는 기동성이 좋고 가격이 저렴하며 중국의 작은 밭에 적합했기 때문에 급속도로 늘어났다. 대형 트랙터의 점유율은 1978년 38%에서 2000년 7%로 떨어졌다. 그 후 노동력이 농촌을 떠나고 농장이 통합되기 시작하자(11.4.4절), 농민들은 노동절약 기술의 필요성을 다시 평가하기 시작했다. 노동이 더욱 가치 있게 되면서(그림 12.5에서 동아시아 패턴의 "동쪽으로" 전환 이후) 대형 트랙터에 대한 수요가 되살아났다. 2015년까지 총 비축량의 1/4이 넘는 600만 대의 대형 트랙터가 작동했다. 상대적인 요소 가격의 변화는 전형적인 노동절약형 혁신인 대형 트랙터에 대한 수요의 부활을 유도했다.

12.3.3 산출량, 총수익 및 총 요소생산성

앞서 논의한 내용은 오늘날 중국 농업의 기술변화와 생산의 성장을 고려할 준비를 하도록 한다. 기술변화는 요소 투입물의 조합에서 극적인 변화를 가능하게 하면서도 여전히 생산량의 극적인 성장을 지원한다. 가장 분명한 것은 2016년 농업 노동인구는 2억 1,500만 명인데 1991년 정점을 찍은 뒤 1963년 이전으로 후퇴한 것이다. 표 11.2는 2015년까지 주요 작물의 헥타르당 노동 투입량이, 집체시대의 인위적인 투입이 철회된 이후인 1985년보다 60~70% 감소했음을 보여 준다. 같은 기간 농업 부가가치는 3배로 늘어 연평균 4%씩 성장했으며 경작지는 소폭 증가했을 뿐이다. Cao and Birchenall(2013)은 노동투입량을 제대로 측정했을 때 1991~2009년 중국 농업의 총 요소생산성이 연평균 6.5%의 비율로 성장해 실로 주목할 만한 기록이라고 주장했다.

중국 농업은 매우 집약적이고 화학화된 농업으로의 이동을 계속함으로써 이러한 성과를 달성했다. 밀, 쌀 그리고 섬유 작물의 중국 생산량은 2010년 세계 평균보다 50%를 조금 웃돌았다(FAO, 2013). 중국은 최근 급격한 감소에도 불구하고 여전히 헥타르당 노동자가 세계 평균의 약 2배에 달한다. 가장 중요한 것은 중국 농민들이 농작물 헥타르당 질소비료를 세계 평균의 거의 5배나 많이 사용하는 것이다. 인산염과 칼륨의 사용 역시 전세계 평균의 3~4배 수준이며 농약 살포는 비례적으로 훨씬 크다. 중국 농업은 여전히 토지 단위당 높은 투입량과 높은 산출량을 자랑한다. 미국과의 차이가 특히 두드러진다. 미국의 밀과 식물섬유의 수확량은 세계 평균에 가깝다(미국의 쌀은 틈새작물이며 수확량이 매우 높다). 헥타르당 미국의 비료 투입량도 세계 평균에 가깝다. 차이점은 미국의 헥타르당 노동자 수가 중국의 2% 미만이라는 점이다. 최근의 변화에도 불구하고 현저하게 다른 요소부존은 중국의 토지증대 기술 패키지와 미국의 노동증강 기술 패키지 사이의 차이가 여전히 명백하다는 것을 의미한다.

12.4 다변화와 구조변화

중국 농업은 앞 절에서 설명한 증대 과정 외에도 다양화 과정 또한 거치고 있다. 다양화는 다른 작물은 다른 종류의 지형에 적합하기 때문에 생산 효율을 높인다. 중국과 같은 큰 경제는 서로 다른 지역들에 적합한 농작물 재배를 특화하고 다른 지역들과 교역함으로써 효율적 이득을 얻을 수 있다.

12.4.1 수요 다변화

소득이 높을수록 다양한 식품에 대한 수요가 발생한다. 사람이 먹을 것이 부족할 때는 밥 한 그릇이 전부이다. 소득이 늘수록 가계는 자연스럽게 음식 선택에 있어 안전성, 다양성, 참신성 그리고 편리성 등을 추구하게 된다. 1961년부터 2013년까지의 소비추세를 개괄한 그림 12.7은 1960년대 중반의 만성적 영양실조에서 1970년대와 1980년대의 적절하지만 단조로운 식단을 통해 오늘날 식품 소비의 풍부함과 다양화에 이르기까지 꾸준히 증가하고 있음을 보여 주고 있다.

중국의 전통적인 식단은 곡물 소비(중국 정의에서 곡물은 곡류, 콩, 감자를 포함한다)가 지배적이었다. 1978년 말, 중국의 평균 식단에서 칼로리의 94%가 식물성 제품에서 섭취되었다(그리고 곡물에서 86%). 더욱 놀라운 것은 단백질의 90%를 식물성 제품(곡물에서 83%)에서 얻었고, 동물성 제품에서는 10%에 불과했다는 점이다. 1978년은 하루 평균 소비량이 마침내 2,000칼로리로 회복된 해이기도 하며 이 수준 이상에서 다변화가 시작되었다. 2013년 기준 중국인의 평균 열량은 식물에서 77%, 곡물에서 54%를 섭취했다.

가계소득이 중산층으로 이동하면서 육류, 신선한 과일과 채소, 가금류, 계란 등 다양한 식품에 대한 수요가 비례 이상으로 늘어난다(소득탄력성이 1개보다 크다). 식생활의 전환은 탄수화물에서 더 높은 수준의 단백질, 지방, 설탕으로 소비를 이동시킨다. 이러한 변화는 처음에는 건강에 긍정적이다. 더 다양한 식단은 더 많은 비타민과 미네랄을 제공한다. 어린 시절의 유제품 소비는 성장 장애요인을 줄이고 더 크고 단단한 뼈대를 생성한다. 처음에 낮은 수치에서 증가된 단백질은 긍정적이다. 그러나 이러한 변화가 계속됨에 따라 건강에도 부정적인 영향을 미치게 된다. 이전에는 거의 존재하지 않았던 II형 당뇨병을 포함하여 비만과 만성질환이 심각한 문제가 되기 시작한다. 이러한 모든 변화가 오늘날 중국에서 진행되고 있다.

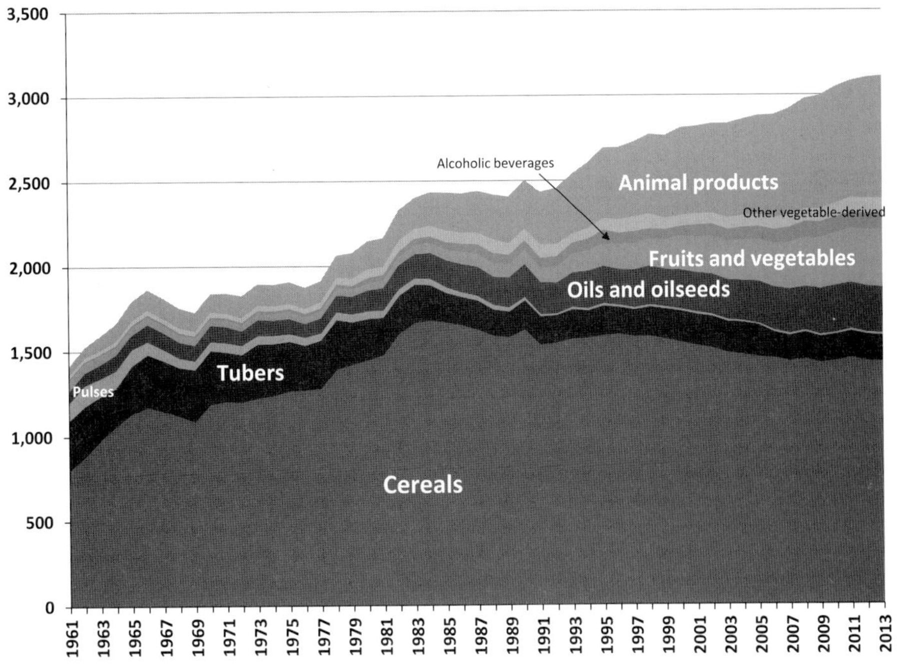

그림 12.7 평균 소비(하루 일인당 총 칼로리)
자료: Food and Agriculture Organization, *Food Balances*, accessed at http://faostat3.fao.org/download/FB/FBS/E.

12.4.2 산출물 구성에서 파생된 변화

식생활 개선은 농업 시스템에 새로운 수요를 창출한다. 잘사는 가정이 더 맛이 좋은 쌀과 밀로 이동하면서 기장과 수수에 대한 수요는 사라진다. 이러한 변화에도 불구하고, 지배적인 주식인 쌀과 밀에 대한 수요는 안정화되었다가 조금씩 하락하기 시작한다. 쌀과 밀의 일인당 소비는 1983년과 1993년 이후 각각 정체되었으며 2013년 소비는 8%, 21% 감소했다. 곡물에 대한 가계 소비의 감소에도 불구하고 고기나 육류 제품에 대한 수요는 사료 곡물, 즉 사료에 대한 파생 수요를 창출하기 때문에 전체적인 곡물 수요는 계속해서 증가하고 있다. 육류생산은 소비자에게 칼로리를 전달하는 비교적 비효율적인 방법이다. 동물들은 식물성 칼로리를 보다 고가치 식품으로 전환하지만, 비교적 비싼 전환 과정에서 칼로리를 잃는다. 중국 곡물생산의 지속적인 증가는 육류로 가장 쉽게 전환되는 품종에 의해 주도되었다. 옥수수 생산량이 2012년 쌀 생산량을 넘어 사상 처음으로 중국 최대 수확량을 기록했다. 주로 수입되는 콩도 훨씬 더 중요해졌다. 이러한 변화는 쌀과 밀의 직접 소비 비율(83~87%는 직접 식탁으로 간다)과 콩과 옥수수(8~12%만 직접 소비되고 나머지는 동물사료 또는 추가 가공)의 차이로 충분히 설명된다(Xu and Jia, 2015).

곡물과 유지종자(특히 콩에서 추출한)와 비타민, 단백질 보충제를 혼합한 새로운 동물사료산업이 발전하고 있다. 이러한 현대식 사료시스템은 주로 돼지를 대규모로 사육하는 새로운 사업에 사용된다. 돼지고기는 세계 돼지의 절반 이상을 사육하는 중국에서 단연 가장 큰 동물성 단백질 공급원이다. 이러한 수요를 충족시키기 위해 새로운 전문화된 가계 생산자와 대규모 상업 생산자가 발전했다. 세기가 바뀐 후, 이 생산자들은 대대로 농가에서 몇 마리의 돼지를 키웠던 전통 가계를 빠르게 대체하기 시작했는데, 주로 음식물 찌꺼기와 푸성귀를 먹였다. 한편 새로운 사육시스템과 함께 새로운 가축사육장, 도축장 그리고 마케팅 네트워크도 개발되었다. "기업형 농업"이 중국에서 빠르게 발전하고 있다(Schneider and Sharma, 2014).

12.4.3 현대적 식량공급체인

보다 정교한 운송 및 저장시스템도 개발되었다. 중요한 고리는 냉장보관이다. 냉장트럭과 창고가 "저온유통체인"을 구성하여 냉동되어 준비된 신선한 식품을 슈퍼마켓에 공급한다(Twilley, 2014). 오늘날 거의 모든 중국 도시 가정과 심지어 대부분의 농촌 가정에서도 냉장고를 가지고 있고 그들의 식비 중 점점 더 많은 부분을 슈퍼마켓에서 소비하고 있다. 이는 새로운 식품가공 산업의 창출을 자극하는 동시에 전통적인 농업 분야에 새로운 요구를 하고 있다. 이러한 발전과 더불어 하부가 견고한 중국의 전통적인 경제도 활력과 지속력을 계속해서 보여 주고 있다. 중국의 모든 도시에는 수많은 농민시장이 있으며 냉동 또는 냉장되지 않은 다양하고 신선한 농산물과 고기가 풍부하게 공급된다. 이것은 친숙한 소규모 교역 모델의 회복력을 증명한다.

12.5 농업정책

세계의 토지의 양은 제한되어 있지만 그 땅에서 생산할 수 있는 식량의 양에 대한 실질적인 제한은 없다. 농민들이 더 많은 노동력, 에너지 그리고 기술자원을 기꺼이 투입하는 한, 그들은 땅에서 더 많은 농산물을 생산할 수 있다. 기후변화가 생태계 생산성의 급격한 붕괴로 이어지지 않는 한, 농업은 수확체감의 법칙을 따르지만 수익이 없는 것은 아니다. 실제 생산되는 식량의 양은 투입물 가격과 농업 생산물의 가격에 의해 결정된다. 번기적으로 농산물 가격은 정부의 농업정책에 큰 영향을 받는다. 정부는 농업에 대한 세금 또는 보조금 지급, 토지정책, 농산물 가격정책 그리고 대외무역 정책(국경에서의 규칙 및 세금 관리) 등 광범위한 정책을 통해 농업의 수익성에 영향을 미친다.

12.5.1 농업정책 수명주기

농업정책은 많은 나라에서 공통된 궤적을 따른다. 경제가 좋지 않을 때 정부는 농업에 세

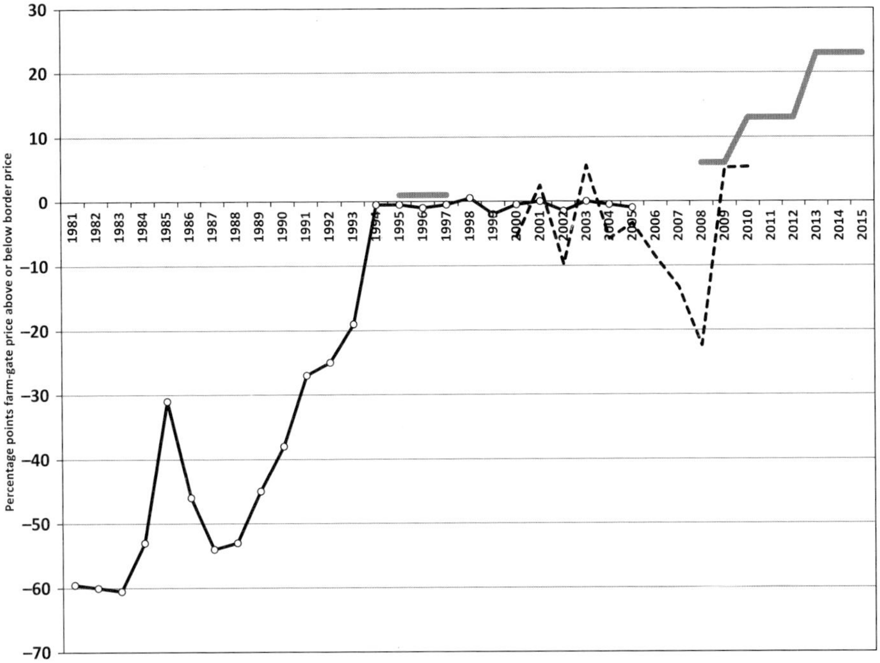

그림 12.8 국경가격(border price) 대비 농장가격(farm-gate price)

자료: 1981 through 2005, aggregate of 11 commodities from Huang et al. (2009, figure 80); 2000–2010, simple average of 4 commodities from Huang, Yang, and Rozelle (2015); three-year averages for 1995–1997 and 2008 through 2015 from OECD (2011, 2013, 2015, 2016).

금을 부과하는데, 이는 세수나 투자 잉여의 유일한 원천이다. 경제가 발전함에 따라 정부는 농업에서 세금 등을 덜 받기 시작하고 더 많은 정부지출을 투입한다. 정부정책은 다른 부문과 거의 같은 비율로 농업에 세금을 부과한다는 점에서 중립적이다. 그러나 대부분의 경우 여기서 그치지 않는다. 개발이 계속됨에 따라 정부는 농민들을 위한 전반적인 지원체제로 전환할 수도 있다. 이것은 일본과 한국에서 사실이었으며 특히 쌀 재배 농민을 위해 매우 높은 보조금 제도를 제정했다. 유럽연합(EU)과 미국도 자국 농민들을 보호하기 위해 강력한 정책체제를 구축했다. 다시 말해 국가들은 농업에 대한 과도한 세금 부과를 중단할 뿐만 아니라, 중립적 정책을 넘어 보조금과 보호체제로 바로 "과잉" 이동하고 있다. 수십 년 후, 많은 선진국들은 비례적으로 매우 작아진 농업부문에 돌아가는 보조금의 양을 줄이려고 노력하면서 중립적으로 되돌아섰다.

농업정책의 수명주기는 적어도 부분적으로 중국에 적용된다. 1990년대 중반 중국은 농민들에게 가장 징벌적이었던 국가조달제도를 시작했다. 그림 12.8은 정부정책이 농산물 가격에 미치는 효과를 요약한 세 가지 다른 연구를 보여 준다. 그들은 농민들의 국내가격과 국제가격(수입상품을 배달하기 위한 비용, 보험 그리고 화물운송료 포함)을 비교하고 있다. 1980년대 내내 농부들에게 주는 가격은 국제가격의 절반 또는 그 이하였다.[1] 그림 12.8의 자료에는 11개 상품의 총 가격이 나와 있지만, 상품마다 가격이 크게 다르며, 쌀에 대한 가격 불이익이 가장 컸다. 이 가격 차이는 1994년에 사라졌다. 1994년부터 2005년까지 10년간 중국의 농산물 가격정책은 기본적으로 중립적이었다. 이런 정책기조는 중국의 세계무역기구(WTO) 가입 노력과 양립하였다. 중국의 WTO 가입 약속은 WTO가 한 국가가 농업을 보호할 수 있는 물량에 대해 제한을 부과하기 때문에 보조금제도를 설정할 수 있는 선택권을 배제하는 것처럼 보였다(각국에 대해 구체적인 한도가 협상되기는 하지만).

중국은 2007~2008년 세계 식량(및 에너지) 가격의 급등으로 이러한 중립적인 정책기조에서 벗어났다. 당시 상당한 인플레이션 문제의 원인이 되었을 국제가격과 함께 정책입안자들은 국내 식품가격이 상승하도록 내버려두기보다는 여러 가지 조치를 취했다. 이들은 정부 비축물량에서 쌀, 밀, 옥수수 등을 팔았고 세금을 부과하고 궁극적으로 식용곡물의 수출을 금지했다(Huang, Yang, and Rozelle, 2015). 따라서 중국은 세계 식량가격이 매우 높았던 짧은 기간 동안 자국 농민들에 대한 간접적인 세금을 재개했다. 글로벌 금융위기와 함께 국제가격이 급락하자 중국의 정책 결정자들은 잠재적인 미래 충격으로부터 보호하기 위해 농업에 더 많은 자원을 투입할 필요가 있다는 시각으로 전환된 것으로 보였다. 정책 입안자들은 국내 최저보장가격을 꾸준히 올리기 시작했다. 2014년 세계 식량과 에너지 가격이 다시 큰 폭으로 하락했을 때 중국의 국내 최저보장가격은 세계 가격을 크게 상회하는 수준을 유지했다(그림 12.8). 이런 정책기조는 중화인민공화국에서 전혀 전례가 없는 일이다.

중국은 다른 선도국들과 마찬가지로 농산물 가격정책에 대한 중립적인 입장을 넘어서서 자국 농민들을 위한 광범위한 보호주의정책 체제를 구축했다. 확실히 과잉조치의 일정부분은 2014~2015년의 예상치 못한 세계가격 하락을 반영하고 있으며 정책 입안자들이 세계가격의 충격을 완화시키는 데 기인했을 수 있다. 실제로 2015년 말과 2016년에 농가 지원가격의 꾸준한 상승세는 결국 멈췄고 정책 결정자들이 비용증가와 비축물량을 우려하면서 일부 가격은 소폭 내렸다. 그러나 오늘날 정책 입안자들은 중립적인 체제로 되돌아갈 의욕을 거의 보이지 않는다. 그림 12.8에 보이는 가격추세는 세금과 농업의 지원 및 보호를 위해 고안된 광범위한 보조금을 포함하는 농업정책 체제의 한 부분일 뿐이다.

12.5.2 가격, 세금 및 보조금: "적게 가져가고 많이 투입하기"

11장에서 논의했듯이 중국은 21세기 초에 신농업정책 체제로 전환했다. 중국은 2005년 농업세를 폐지했는데, 이는 최근 몇 년 동안 농업 부가가치의 5~7%를 차지했었다. 거의 동시에, 특히 곡물 생산자들을 대상으로 다양한 새로운 보조금들이 도입되었다. 2008년부터 이러한 보조금은 급격히 증가하기 시작했다. Gale(2013)에 따르면 가장 중요한 보

1. 이는 농민들이 곡물을 수출하는 것이 수익성이 있었음을 의미하지만 그렇게 할 수는 없었다.

조금 유형은 다음과 같다.

- 곡물 생산자를 위한 직접 지급 및 "일반 투입" 보조금. 이 두 가지 보조금은 전통적으로 곡물생산에 할당된 면적을 기준으로 정부예산에서 농민들에게 직접 지급하는 것이다. 2008년 이후 빠르게 증가하여 2012년에는 농업 부가가치의 약 2.4%를 기록했다.
- 구체적인 투입 또는 프로젝트 보조금. 개량종자나 농기계를 지원하는 20여 개 이상의 품목은 주로 지방정부가 자금을 지원한다. 2011년 농업 부가가치의 약 4%에 해당한다.
- 주요 품목에 대한 최저 보장가격. 중국은 2004년 시장가격이 그 수준 이하로 떨어지면 고품질 쌀을 아주 높은 가격에 사겠다고 공약하면서 최저 보장가격을 도입했다. 그 후 밀, 옥수수, 콩, 유지, 면화 등에 대한 최저 보장가격이 도입되어 2015년 말까지 매년 인상 또는 유지되었다.

이러한 프로그램들은 주요 농업지원 및 보호체제에 추가된다.

12.5.3 토지 이용정책: 1억 2,000만 헥타르 "레드라인"

중국은 2006년 제11차 5개년 계획에서 1억 2,000만 헥타르의 경작지를 유지하기로 했다. 이것은 지방의 토지사용 결정에 통합되고 중앙정부가 집행하는 "강력한 목표"가 될 것이었다. 이 목표의 채택은 중국의 농지가 개발로 손실되고 있다는 우려에서 촉발되었는데 정부 계획가들은 경작지가 약 1억 2,200만 헥타르로 감소했다고 믿고 있었기 때문이다. 그들은 1억 2,000만 헥타르로 라인을 유지하기로 결정했고 이 "레드라인(red line)"은 5개년 계획에 통합되었다(Xu and Jia, 2015). 레드라인은 본질적으로 경작지의 순 손실을 막기 위한 약속이었다. 국가 목표치인 1억 2,000만 헥타르가 각 성으로 세분화되어 자체 경작지의 레드라인을 유지해야 했다.

이러한 긴급함으로 정부는 2009년에 새로운 토지조사를 의뢰하여 상당한 자원을 배치하고 원격탐사 및 현장연구를 통합하였다. 중국이 지금까지 조사한 것 중 가장 정확한 것으로, 이 조사에 따르면 중국의 경작지는 1억 3,540만 헥타르인 것으로 나타났다(표 1.1 참조). 갑자기 1억 2,000만 헥타르를 유지해야 한다는 절박함이 그렇게 크지 않아 보였고, 정부는 대응방안을 결정하는 동안 4년간 결과 보고를 미루었다. 이전의 자료는 중국 농민들이 수년에 걸쳐 재배한 상당한 새로운 면적을 놓쳤다. 곡물사료로의 전환은 이미 실질적인 활동을 장려했다. 옥수수는 쌀이나 밀을 재배할 수 없는 더 가파르고 비가 덜 오는 언덕에서 재배할 수 있다. 더욱이 이번 조사는 중국 정부가 과세에서 농지 보조금으로 전환한 이후, 그리고 새로운 계약상 사용권이 개별 농가에 할당되고 있던 기간에 이루어졌다(11.4.4절). 농민들은 이제 세무당국에 토지를 숨기는 대신, 토지 사용권이 등록될 수 있도록 토지가 신고되었는지를 확인할 동기를 갖게 되었다.[2]

---

2. 토지 번호의 복잡한 역사에 대한 설명은 Xu and Jia(2015)를 참조하라. 이들은 중국의 토지 자료가 농민과 국가 간의 정치적, 제도적 관계를 반영하는 일종의 타협임을 보여 주었다.

정부 정책 입안자들은 결국 새로운 수치들은 무손실 정책을 바꿀 필요가 없다는 것을 깨닫고 지방정부 차원에서 엄격한 집행을 계속해 왔다. 이 정책은 토지를 농업에 국한시키고, 토지를 소유한 농민들의 토지 가치를 떨어뜨린다. 토지전환 과정을 통제하는 지방정부 관리들은 과도한 양의 토지를 개발구역을 포함한 산업 및 공공 프로젝트로 전환하는 경향이 강하기 때문에 일부 도시 토지전환을 통제하기 위한 정책이 필요하다(6장). 무제한 투기와 토지전환은 분명히 심각한 문제를 일으킬 수 있다. 그러나 이러한 투기를 막기 위한 엄격한 "레드라인" 접근법은 비용이 많이 드는 방법이다.

12.5.4 농업무역과 곡물 자급률

중국은 "곡물 자급자족" 정책을 시행하고 있다. 자급자족은 원래 모든 곡물의 95%가 국내에서 생산된다는 의미로 정의되었으나 2012년 이후 자급자족은 다음과 같이 재정의되었다. 중국은 주요 곡물(밀, 쌀, 옥수수)에서는 "절대" 자급자족을 유지해야 하지만 비식품 곡물에서는 그렇지 않다. 전체적인 (광의의) 곡물 자급률은 85%까지 떨어질 수 있다. 사실 표 12.1에서 알 수 있듯이 이미 그러한 상황이다. 중국은 여전히 3대 핵심 식량 곡물인 쌀, 옥수수, 밀에서 98% 이상의 자급률을 유지하고 있지만 콩의 85%가 수입되고 있다. 대부분의 옥수수는 동물사료로 사용되지만 생산은 부분적인 지원 때문에 빠르게 성장했다.

중국의 농업지원과 자급자족 정책은 국내 곡물가격이 세계가격보다 상당히 높음을 암시한다. 국내 곡물생산량은 빠르게 증가했으며 순 곡물 총 수입량은 미미한 수준이었다. 많은 사람들은 WTO 가입이 이러한 결과를 제약할 것으로 예상했다. 실제로 중국의 농업지원 정책은 WTO 규정을 준수하도록 구체적으로 제정되었다. WTO 규정은 특정 유형의 보조금("Red Box")을 금지하고 장기적인 생태계 생산성이나 연구에 보조할 수 있도록 단기적으로 지정된 "Green Box" 보조금을 허용한다. 가격유지를 위한 지급을 포함한 "Amber Box" 보조금은 농업 부가가치의 8.5%로 제한된다. 이는 2013년경부터 총 지원금이 Amber Box 한계에 매우 가깝고 심지어 이를 능가할 수도 있지만 중국이 대체로 준수하고 있었다는 것을 의미한다. 중국은 또한 WTO 회원국 협상의 일환으로 저율관세할당(tariff rate quotas, TRQ)이라고 하는 저관세 곡물수입의 고정된 한도까지 허용하기로 합의했다. 쌀과 옥수수, 밀의 TRQ는 각각 530만 톤, 720만 톤, 960만 톤으로 그 이상은 고율 관세가 발생할 것이다. 국내가격이 세계가격을 크게 상회하고 있다는 점을 감안하면 이들 TRQ가 충분히 활용될 것으로 예상되지만 표 12.1에서 알 수 있듯이 아직 그렇지 않다. 이것은 설명되지 않았다.[3]

---

3. TRQ의 절반은 국유기업에, 절반은 민영기업에 제공된다. 국유기업들은 수입을 제한하라는 압력에 반응할 수도 있지만 밀의 수입은 TRQ의 절반에도 미치지 못한다. Amber Box 지불한도는 가격에 대한 고정 기준연도(1996~1998년)에 따라 계산되므로 현재 세계가격 하락에 영향을 받지 않는다.

표 12.1 곡물 생산과 수출입(2014) (단위: 백만 톤, %)

	생산	수입	수출	순 수입	총 공급	자급자족
쌀	178.0	3.9	0.5	3.4	181.4	98.1%
옥수수	218.5	3.1	0.0	3.1	221.6	98.6%
밀	112.5	1.9	0.0	1.9	114.4	98.3%
3KG*	509.0	8.9	0.5	8.4	517.4	98.4%
콩	13.8	75.0	0.2	74.8	88.7	15.6%
3KG + 콩	522.8	83.9	0.7	83.2	606.0	86.3%

*KG는 주요 곡물(key grain)로서 쌀, 옥수수, 밀을 뜻한다.
자료: Lockett (2015), from National Bureau of Statistics and Customs Administration.

모든 국가는 식량안보를 고려해야 한다. 중국은 규모가 크기 때문에 더욱 그렇다. 세계시장에서 판매되는 쌀, 옥수수, 밀의 총량은 약 3억 2,000만 톤으로 중국 국내 생산(5억 5,000만 톤)의 절반을 조금 넘는다. 일본과 대만이 오랫동안 해 왔던 것처럼 중국이 국제 곡물시장에서 수요의 40%를 끌어낸다면 거대한 시장조정과 심각한 가격인상이 있을 것이다. 아직도 중국의 자급자족 정책에는 상당한 경제적 비용이 수반된다. 제한된 토지 부존을 고려할 때 중국은 놀랍게도 적은 양의 식량을 수입한다. 반면에 제조업(종이펄프, 면화, 고무, 목재)과 동물용 사료제품(특히 콩)에 공급하는 엄청난 양의 농업원료를 수입한다. 이러한 방식으로 살펴보면 중국은 매우 많은 양의 토지 대체 물자를 세계시장에 의존하고 있다. 또한 농산물의 순 수입국임에도 불구하고 중국은 노동집약형 농산물(수산물, 채소, 꽃, 차)을 상당량 수출하고 있다. 곡물 자급률이 낮아지면 중국은 세계화 기회에 더 많이 적응할 수 있게 될 것이고, 곡물의 세계시장에 대한 의존도는 더 커지지만 아마도 농업용 원료를 덜 수입하거나 노동집약적인 농산물을 더 많이 수출하여 무역의 균형은 비슷하지만 효율은 더 높아질 것이다.

12.5.5 농업정책 체제의 시사점

보조금, 토지 유지, 곡물 자급자족이라는 세 가지 정책이 서로 잘 맞고 상호간 보강하는 것이 확실해야 한다. 경작지 레드라인(red line)은 토지를 농업에 몰입시키고 토지의 기회비용을 사실상 억제한다. 가격지원은 농산물 가격을 인상하고 수입제한은 국내가격이 세계가격을 상회할 때 그 가격을 유지하기 위해 필요하다. 마지막으로 직접보조금은 생산가격에 대한 모호한 영향과 함께 농가의 순이익으로 직결된다. 이러한 정책들은 곡물재배의 수익성을 크게 향상시킨다. 정책들은 가격에 미치는 영향을 통해 농업의 강화, 곡물 생산의 확대, 그리고 비료와 기계의 사용을 장려한다. 정책이 도입된 이후 12년 동안 곡물 생산량이 매년 증가하고 있는 것은 놀라운 일이 아니다.

정책들은 비용이 많이 든다. 보조금을 지원하기 위해 상당한 예산지출이 필요할 뿐만 아니라, 가격유지 제도에서 정부는 많은 양의 곡물을 사들여야 한다. 중국은 현재 곡물과 면화 재고가 엄청나게 많다. 이들은 유지비용이 많이 들고 병충해와 부패로 상당한 양의 곡식이 손실된다. 중국은 아마도 계속해서 농산물 순 수입국이 될 것이지만 이를 수행하기 위한 많은 다른 방법들이 있으며 시장에 의존하는 것이 가장 효율적인 방식을 발견하는 가장 효과적인 방법이 될 것이다.

긍정적인 측면에서 이 정책 체제는 투기꾼들과 정부 관리들에 의한 농경지 대량 침식과 국제 곡물 공급의 갑작스런 중단 등 두 가지 위험으로부터 보호한다. 게다가 이러한 정책들은 오랫동안 중국 사회의 가장 가난한 계층이었던 농촌 가계에 소득지원을 제공한다. 이러한 대규모 보조금 프로그램이 시행될 무렵에 중국의 지니계수가 완만하게 하락하기 시작한 것은 우연이 아니다. 세금감면, 보조금, 그리고 가격지원의 조합은 농촌 평균소득의 20~30% 증가를 쉽게 책임질 수 있다. 이것은 더 평등한 사회에 큰 기여를 할 것이다.

12.6 결론: 지속가능한 농업을 향하여

중국의 농업은 지난 40년간 괄목할 만한 성공을 거두어 중국경제 전반의 극적인 성장과 변혁을 가능케 했다. 오늘날에는 식량이 풍부하다. 동시에 중국은 농업부문에서 이끌어낸 성과에 대해 상당한 대가를 치렀으며 중국의 현재 농업관행의 지속가능성에 대해 의문을 제기하는 것은 합당하다. 다음과 같은 세 가지 문제가 있다.

첫째, 환경의 지속가능성이 보장되지 않는다. 농업의 강화가 이미 시행했던 것보다 훨씬 더 추진될 수 있거나 추진되어야 한다는 것은 명확하지 않다. 중국과 인근 해안의 환경은 화학비료의 과도한 양의 영양소로 인해 (호수, 강, 바다) 물에 과중한 부담이 되고 중요한 수역의 부영양화로 이어지고 있다(21장). 농약으로 인체에 해로운 것으로 알려진 중금속 잔류물이 남아 있다. 2015년 이 문제에 대한 특별조사 결과, 카드뮴, 니켈, 구리, 비소, 수은, 납, DDT 그리고 다환 방향족 탄화수소(polycyclic aromatic hydrocarbon, PAH) 등 독소로 오염된 농지가 수백만 헥타르에 달했다. 독성 농약은 새와 동물의 생명을 해치고 있다. 중국은 농약을 가장 많이 사용하는 국가로, 농약 사용량 세계 2위인 미국에 비해 헥타르당 4.8배의 농약을 사용한다. 화북평원의 대수층 고갈은 앞서 언급되었다. 지하수와 지표수 공급원은 둘 다 심각한 과잉개발의 징후를 보이고 있다. 허베이성 일부 지역의 지하수 수위는 연간 1m 이상 떨어지고 있다. 이 문제는 농민들이 밀과 옥수수를 교대재배하는 화북평원의 이모작 방식으로의 전환으로 더욱 악화되었다(Lohmar et al., 2003; Yang et al., 2017). 농민들이 가파르거나 건조한 농지를 산림이나 초원으로 되돌리는 것에 대해 보상받는 "곡물의 녹색으로의 전환" 정책은 2007년에 극적으로 축소되었다(NBS Rural, 2016, p.61). 이 모든 환경문제는 투입비용을 억제하면서 생산가격을 올리는 농업정책에 의해 악화되었다. 그 결과 높은 생산량을 유지하기 위해 높은 수준의 물, 토지, 비료 및 농약을 사용하게 된다. 2016년 이후 비로소 이러한 정책들이 어느 정도 완화되었다. 그림 12.3에서 알 수 있듯이 2016년의 비료 사용은 비록 0.3%에 그쳤지만 사상 처음으로 감소했다.

둘째, 중국의 식량 자급자족 정책은 중국경제에 상당한 비용요인으로 작용한다. 보조금의 직접적인 재정적 비용은 감당할 수 있지만 정책을 뒷받침하는 데 필요한 관세와 비관세 장벽 네트워크는 많은 상호 연결된 시장에서 수요를 다른 방향으로 전환시키고 시장화에 대한 진행을 지연시킨다. 중국경제가 부유해지고 고도화되며 농업에서 노동인구의 비중이 계속 줄어들면서 현 정책의 친생산적 영향을 축소하는 것이 경제적으로 더 효과적인 시대가 올 것이다. 곡물생산량이 느리게 증가하는 보다 지속가능한 농업으로 전환한다고 해서 고부가가치 제품의 지속적인 성장과 농촌소득의 지속적인 증가를 막을 수는 없을 것이다.

마지막으로 중국의 농업 노동력이 줄어들고 고령화되고 있다. 농장 노동자의 중위연령(2006년 제2차 농업 총 조사에서 측정)은 42세였으며 급격히 증가하고 있다. 중국 농업의 가능성과 도전 모두 급변하고 있다. 농업이 적응하고 지속적으로 성장할 수 있는 여력이 있다는 것은 확실하다. 중국의 정책 입안자들이 일반적인 농업정책의 수명주기를 따를 경우 점차적으로(그러나 서서히) 보다 중립적인 정책으로 전환하기 시작할 것이다. 이것은 더 지속가능한 농업경제에 기여할 것이다.

Bibliography

더 읽을 거리

Lohmar et al.(2009)은 농촌경제의 개요로서 사실상 모든 범위의 문제를 다루고 있다. Lin(1992)은 농업생산함수 추정을 바탕으로 명료하고 효과적인 주장을 하는 고전적인 글이다.

참고문헌

Cao, Kang Hua, and Javier A. Birchenall (2013). "Agricultural Productivity, Structural Change, and Economic Growth in Post-reform China." *Journal of Development Economics* 104:165–180.

FAO (Food and Agriculture Organization) (2013). *FAO Statistical Yearbook 2013: World Food and Agriculture*. Rome: Food and Agriculture Organization. Accessed at http://www.fao.org/docrep/018/i3107e/i3107e00.htm.

Gale, Fred (2013). *Growth and Evolution in China's Agricultural Support Policies*. Economic Research Report no. 153. Washington, DC: U.S. Department of Agriculture.

Hayami, Yujiro, and Vernon W. Ruttan (1985). *Agricultural Development: An International Perspective*. Baltimore: Johns Hopkins University Press.

Huang, Jikun, Ruifa Hu, Carl Pray, Fangbin Qiao, and Scott Rozelle (2003). "Biotechnology as an Alternative to Chemical Pesticides: A Case Study of Bt Cotton in China." *Agricultural Economics* 29:55–67.

Huang, Jikun, Yu Liu, Will Martin, and Scott Rozelle (2009). "Changes in Trade and Domestic Distortions Affecting China's Agriculture." *Food Policy* 34:407–416.

Huang, Jikun, and Scott Rozelle (1996). "Technological Change: Rediscovering the Engine of Productivity Growth in China's Rural Economy." *Journal of Development Economics* 49:337–369.

Huang, Jikun, Jun Yang, and Scott Rozelle (2015). "The Political Economy of Food Price Policy in China." In Per Pinstrup-Andersen, ed., *Food Price Policy in an Era of Market Instability: A Political Economy Analysis*, 362–383. New York: Oxford University Press for the United Nations University—World Institute for Development Economics Research (UNU-WIDER).

Lin, Justin Y. (1992). "Rural Reform and Agricultural Growth in China." *American Economic Review* 82:34–51.

Liu, Ying, Jikun Huang, and Precious Zikhali (2014). "Use of Human Excreta as Manure in Rural China." *Journal of Integrative Agriculture* 13 (2): 434–442.

Lockett, Hudson (2015). "Cereal Dysfunction: China's Grain Self-Sufficiency Policy Lives On After Its Official Demise." April 7. Accessed at http://www.chinaeconomicreview.com/cereal-dysfunction.

Lohmar, Bryan, Fred Gale, Francis Tuan, and Jim Hansen (2009). *China's Ongoing Agricultural Modernization: Challenges Remain After 30 Years of Reform.* Economic Information Bulletin no. 51. Washington, DC: U.S. Department of Agriculture.

Lohmar, Bryan, Jinxia Wang, Scott Rozelle, Jikun Huang, and David Dawe (2003). *China's Agricultural Water Policy Reforms: Increasing Investment, Resolving Conflicts, and Revising Incentives.* Agriculture Information Bulletin no. 782. Washington, DC: U.S. Department of Agriculture, Economic Research Service. http://www.ers.usda.gov/publications/aib782.

McMillan, John, John Whalley, and Lijing Zhu (1989). "The Impact of China's Economic Reforms on Agricultural Productivity Growth." *Journal of Political Economy* 97 (4): 781–807.

NBS Rural Department (Annual). *Zhongguo Nongcun Tongji Nianjian* [China rural statistical yearbook]. Beijing: Zhongguo Tongji.

Nyberg, Albert, and Scott Rozelle (1999). *Accelerating China's Rural Transformation.* Washington, DC: World Bank.

OECD (Annual). *Agricultural Policy Monitoring and Evaluation.* Accessed at http://www.oecd-ilibrary.org/agriculture-and-food/agricultural-policy-monitoring-and-evaluation_22217371.

Ray, Carl, Jikun Huang, Ruifa Hu, and Scott Rozelle (2002). "Five Years of Bt Cotton in China: The Benefits Continue." *Plant Journal* 31 (4): 423–430.

Schneider, Mindi, with Shefali Sharma (2014). *China's Pork Miracle? Agribusiness and Development in China's Pork Industry.* Washington, DC: Institute for Agriculture and Trade Policy. February. Accessed at http://www.iatp.org/documents/china%E2%80%99s-pork-miracle-agribusiness-and-development-in-china%E2%80%99s-pork-industry.

Stone, Bruce (1990). "Evolution and Diffusion of Agricultural Technology in China." In Neil G. Kotler, ed., *Sharing Innovation: Global Perspectives on Food, Agriculture, and Rural Development*, 35–93. Washington, DC: Smithsonian Institution.

SYC (Annual). *Zhongguo Tongji Nianjian* [Statistical yearbook of China]. Beijing: Zhongguo Tongji.

Twilley, Nicola (2014). "What Do Chinese Dumplings Have to Do with Global Warming?" *New York Times*, July 25. http://www.nytimes.com/2014/07/27/magazine/what-do-chinese-dumplings-have-to-do-with-global-warming.html.

Xu Dianqing and Jia Shuaishuai (2015). "The 1.8 Billion *Mou* Red Line for Cultivated Area." In Qiu Dong, Xu Dianqing, and Zhao Nan, eds., *2011 Guomin Hesuan Yanjiu Baogao* [National accounts research report], 1–98. Beijing: Zhongguo Caizheng Jingji.

Yang, Xiao-Lin, Yuan-Quan Chen, Tammo S. Steenhuis, Steven Pacenka, Wang-Sheng Gao, Li Ma, Min Zhang, and Peng Sui (2017). "Mitigating Groundwater Depletion in North China Plain with Cropping System That Alternate Deep and Shallow Rooted Crops." *Frontiers of Plant Science* 8:980. doi: 10.3389/fpls.2017.00980 PMCID: PMC5463059.

13 농촌의 산업화: 향진기업에서 타오바오촌(淘宝村)까지

Rural Industrialization: From Township and Village Enterprises to Taobao Villages

농촌산업은 수세기 동안 중국경제의 중요한 부분이었지만 1978년부터 1996년까지 향진기업(TVE)의 황금기 동안 특히 중요한 역할을 했다. 이 기간 동안 TVE는 중국경제를 명령경제에서 시장경제로 변화시키는 데 촉매 역할을 했다. 도시들에 비해 통제가 훨씬 덜 엄격한 농촌지역에서 생겨난 TVE는 국유기업들에게 경쟁을 촉발하고 경제 전반에 시장화 과정을 추진했다. TVE는 농촌소득을 증가시키고 농장에서 방출되는 농촌 노동력을 흡수하며 도시와 농촌의 격차를 줄이는 데 일조했다. TVE는 이 기간 동안 특이한 소유구조와 기업지배 구조 때문에 다른 기업 형태와 차이가 있었다. 농촌의 인민공사에 의해 시작되었고 초기에는 대부분의 TVE는 공동으로 소유되었다. 따라서 TVE는 급속하게 성장하는 공유기업의 특이한 현상을 보여 주었고 이전에 다른 공유(국영)기업이 보유하고 있던 독점권을 해소하는 경쟁적 환경을 제공했다. 서로 다른 조건에 적응한 다양한 TVE 모델이 등장했고 결국 중국경제의 거의 모든 부분을 근본적으로 변화시켰다.

농촌기업은 제도적 실험의 중심이었으며 1949년 이후 네 번의 연속적인 변화를 경험했다.

- 1950년대에 농업이 집체화되었을 때 전통적인 농촌 사업은 사라졌다. 농촌집체들은 곡물재배에 중점을 두라는 지시를 받았으며 공급과 마케팅 협동조합은 남은 비농업 활동을 이어받았다. 문화혁명(1966~1976) 당시 정부는 시장 대신 "농업을 영위할" 인민공사와 생산대대 산업을 지원했다.
- 1978년 이후 황금기 동안 농촌기업은 시장의 수요에 자유롭게 대응하고 돈을 벌 수 있게 되었다. 인민공사와 생산대대는 TVE로 이름을 바꾸고 중국 농촌경제, 나아가서는 중국을 탈바꿈시켰다.
- 1990년대에 TVE가 민영화되었다. 더 치열한 경쟁과 공정한 경쟁의 장에 직면했고 더 관대한 이념적 환경으로 거의 모든 집체 소유의 TVE들이 민간기업이 되었다.
- 2000년 이후 TVE는 산업클러스터와 같은 새로운 형태로 유기적으로 발전해 왔다. 이

> 클러스터들은 보통 수백 또는 수천 개의 소규모 가계 기반 기업과 협력하는 소수의 대기업을 포함한다. 2009년경 중국 농촌에 인터넷이 설치된 후, 수백 개의 농촌들은 인터넷을 사용하여 국내는 물론 세계시장에까지 진출하기 시작했다.

중국 농촌 기업인들의 유연성과 제도적 창의성은 새로운 형태를 계속 추구하고 있다.

13.1 향진기업의 기원

3장에서 기술한 바와 같이 소규모 가계를 기반으로 하는 농촌사업의 우위는 중국의 전통경제를 "하부구조가 견고한" 경제라고 부르도록 만들었다. 농촌가계에서는 면화를 방적, 방직하고, 누에를 기르고, 비단실을 뽑았다. 국수와 진흙벽돌을 만들고, 상품을 시장에 내놓았으며, 상점과 사업을 운영하였다. 가장 중요한 비농업 활동은 농산물을 가공하고 이를 시장상품으로 전환하는 수공예 작업이었다.

농촌에서의 농산물 재배와 가공 간의 유기적인 연결고리는 명령경제 하에서 끝났다. 4장에서 설명한 것처럼 1950년대 국가가 농산물에 대한 독점적 통제를 확립했을 때 농촌의 가공업은 필연적으로 공급이 차단될 수밖에 없었다. 곡물, 면화, 비단, 땅콩, 콩은 비농업 사업의 주요 공급원으로서 수확 직후 국가가 가져갔다. 1950년대 동안 농촌은 탈산업화되었다. 농촌인구가 농촌집체로 조직됨에 따라 비농업 생산은 감소하였고, 사실상 국가가 모든 제조업 생산을 인수하였다(Fei Xiaotong, 1957[1989]). 이러한 정책들은 명령경제 시스템 구축에 필수적인 부분이었지만 그 폐해는 곧 명백해졌다. 이전에 부업활동으로 인해 소득의 비중이 높았던 상업화된 농촌지역에서 가계소득이 감소했다. 이전에 번창하고 인구밀도가 높은 일부 지역이 일인당 가용한 아주 적은 양의 농경지에서 많은 인구를 부양하는 것이 어렵다는 것을 알았다. 국영공장이 대량생산에 들어가면서 많은 전문 수공업자들이 쇠퇴했다.

대약진운동(GLF, 1958~1960년) 당시 여러 정책 중 하나는 인민공사를 만들어 악명 높은 "뒤뜰 철강공장"을 비롯한 건설팀을 창단하고 공장을 운영하도록 독려함으로써 농촌의 농업에 대한 과도한 의존을 바꾸려는 노력이었다. 그러나 4장에서 기술한 바와 같이 농업으로부터의 인력 유출은 참담한 것으로 판명되었고 GLF는 붕괴되었다. 사실상 인민공사가 지원하는 모든 기업들은 1961~1962년의 GLF 위기 이후 문을 닫았다.

문화혁명 시대에 농촌산업 발전을 위한 두 번째 시도가 있었다. 1970년 이후 마오주의의 "새로운 대약진" 시기에는 "인민공사와 생산대대 기업" 아래 국가가 지원하는 새로운 농촌 산업화 물결을 장려했다.[1] 이번에는 GLF를 무력화시키는 문제를 피하기 위해 주의

1. 11장에서 설명한 바와 같이 1982년에 인민공사는 향진(乡镇)으로 개칭되었고, 생산대대는 촌락(村)으로 되돌아왔기 때문에, 인민공사와 생산대대 기업은 향진과 촌락 기업이 되었다. 일관성을 유지하기 위해 그들을 향진기업 혹은 TVE라고 부를 것이다.

를 기울였다. 농촌을 벗어나는 노동자의 이동이 엄격하게 통제되었고, 농촌의 산업들은 농촌집체에 연결되어 있었으며, 농촌산업은 끊임없이 "농업을 지원"할 것을 촉구했다. 농촌산업은 1970년대 문화혁명 시대의 정책 하에서 급속히 회복되기 시작했다.

1970년대의 농촌 산업화는 주로 농산물을 가공하던 전통적인 농촌산업과는 매우 달랐다. "농업을 지원"하라는 새로운 권고는 생산물을 농업에 공급하는 것을 의미하는 것으로 좁게 해석되었다. 1970년대 정책은 철강, 시멘트, 화학비료, 수력발전, 농기구 등을 포함하는 농촌의 "5대 소기업"을 강조했다. 농촌산업은 중공업 중심의 빅 푸시(Big Push) 개발전략을 모방할 것으로 예상되었다. 공장들은 도시 공장에 비해 작지만 대부분의 국가들의 전통적인 농촌의 수공업이나 작업장에 비해 규모가 크고 자본집약적인 산업이었다(Wong, 1982). 그들은 투자 단위당 또는 전체적으로 많은 고용을 창출하지 못했다. 1978년까지 전체 농촌 노동력의 6%만이 인민공사와 생산대대 기업(현재의 향진기업)에서 일했으며 또 다른 2%의 노동력은 인민공사와 생산대대 기업 밖에서 비농업 활동(아마도 소규모 거래 또는 운반)에 종사했다. (보통 이들은 촌락에서 집단적으로 운영되는 "팀기업(團隊企業)"이었지만 때로는 개인에 의해 운영되기도 했다.) 일부 부문은 생존을 위해 정부 보조금을 요구했다. 1970년대의 농촌산업은 명령경제의 특유한 파생물이었다. 이들은 주로 현지 고객들에게 서비스를 제공하는 소규모 기업이었기 때문에 중앙계획에 이들을 포함시키는 것은 비현실적이었다. 대신 이들은 기존의 농촌 집체조직으로 통합되었다. 인민공사와 생산대대 산업에서 얻은 수익은 집체로 갔고, 집체들은 이를 공동체 인프라와 복지 프로그램에 사용했으며, 또한 모든 집체 노동자들의 노동점수의 가치를 높이는 데 사용되기도 했다. 때로는 생산대대 산업 종사자들에게 작업점수가 지급되었다(Wong, 1988, pp.18~21). 어떤 의미에서 농촌집체들은 국가가 독점하고 있는 산업부문에서 창출된 수익의 일부를 공유하고 있었다. 마오시대 중국은 농촌산업 진흥으로 잘 알려져 있었지만, 육성된 산업유형은 1950년대에 억압된 소규모 비농업 활동의 밀집된 네트워크를 대체할 수 없었다.

13.2 향진기업 발전의 황금기

1979년에 중앙정부는 극적으로 농촌기업으로 정책을 전환했다. 농촌 경제정책의 광범위한 자유화로서 농산물 구매에 대한 국가 독점을 완화하여 농촌 시장에 더 많은 농산물을 허용하고 농촌기업들이 가공을 위해 이용할 수 있도록 하였다. 새로운 정책은 "농산물이 농촌에서 가공되는 것이 경제적으로 합리적일 때는 농촌기업이 점진적으로 가공업을 이어받아야 한다"는 것이었다(SRC, 1984, pp.97~104). TVE는 집체기업이었기 때문에 여전히 이념적으로 안전했다. 일단 농산물 조달에 대한 독점이 깨지고 농촌산업들이 농산물 가공을 할 수 있게 되면, 그들은 본질적으로 어떤 수익성 있는 활동도 자유롭게 할 수 있었다. 또한 도시기업들도 TVE에 작업을 하청하도록 장려되었다. 물론 국영기업과 국가조달 독점기업들은 독점을 유지하기 위해 싸웠고, 민감한 분야에서는 정책의 우여곡절이 있었고 진행은 더뎠다. 그럼에도 불구하고 지방정부 공무원들은 TVE 발전의 경제적 의미를 재빨리 인식하고 TVE의 적극적인 지지자 및 옹호자가 되었다. 때로는 "지방-정부 협동조합주의(local-government corporatism)"라고 불리는, TVE와 정부와의 새로운 형태의 긴밀한 협력이 농촌에 등장했다(Oi, 1992). 실제로 많은 지역에서 TVE는 가난에서 벗어날 수 있는 유일한 길이었다.

TVE는 폭발적인 성장으로 대응했다. 1978년과 1990년대 중반 사이에 TVE는 분명히 중국경제의 가장 역동적인 부분이었다. TVE 고용은 1978년 2,800만 명에서 1996년 1억 3,500만 명으로 증가해 연간 9%의 성장률을 보였다. 1978년 GDP의 6% 미만을 차지했던 TVE 부가가치는 GDP도 매우 빠르게 성장하고 있음에도 불구하고 1996년 GDP의 26%로 증가했다. 비농업 소득의 증가는 농촌소득을 증대시켰고 도시와 농촌의 격차를 줄이는 데 기여했다. 그 동안 TVE의 성장세가 빨랐을 뿐만 아니라 기존 국유기업(SOE)에 대한 경쟁을 유발하고 전환과정 전반에서 "동력" 역할을 해 왔기 때문에 중국경제의 변혁에 중요한 역할을 했다. 1980년대와 1990년대 초반에 걸쳐 TVE와 SOE의 경쟁이 치열하게 전개되었다. 공격적인 TVE가 기본 비용에 맞춰 가격 관계를 주도하면서 SOE의 독점 이익이 잠식되었다. SOE는 TVE의 경쟁적인 공격에 직면하여 살아남기 위해 새로운 인센티브 프로그램을 구현하고 효율성을 개선해야 했다. 대외무역에서 TVE는 중국 수출기업들이 노동집약적인 새로운 제조업으로 진출할 수 있는 기회를 제공했다. 결국 TVE는 사실상 중국경제의 모든 측면을 변화시켰다.

13.3 고속성장의 원인

농촌산업이 그렇게 빠르게 성장할 수 있었던 이유는 무엇일까? 한 가지로 대답할 수는 없지만 다음의 유리한 다섯 가지 요인이 합쳐져서 농촌산업 성공에 기여했다. 즉, 유리한 기반, 독점적 지대를 활용할 수 있는 능력, 유리한 제도적 환경, 전통적인 입지 패턴의 부활, 그리고 조직의 유연성 등이다.

1. **TVE가 직면한 생산요소-가격비율은 중국의 부존자원을 정확하게 반영하고 있다.** 1978년 중국의 기본적인 경제적 부존자원은 풍부한 노동력과 한정된 토지, 그리고 부족한 자본이었다. 빅 푸시(Big Push) 전략의 가장 큰 불합리성 중 하나는 자본집약적 산업에 우선순위를 두었다는 것이다. 도시공장은 가격이 크게 왜곡되었다. 도시공장은 총 노동자 보수가 상당히 넉넉해 노동비용은 높았고(6장, 9장) 무상으로 배분되거나 이자에 많은 보조금이 제공되는 경우가 많아 자본비용이 낮았다. 그에 반해서 TVE는 중

국의 실질 요소부존을 정확히 반영하는 요소가격에 직면했다. 1980년대까지 농촌기업 노동자의 급여는 국영기업 노동자의 60% 미만이었고, 총 보수도 도시 노동자의 절반에도 훨씬 못 미쳤다. 일단 TVE는 마오쩌둥의 5대 소기업의 구속에서 벗어나자 생산요소의 기본적인 활용을 위해 빠르게 적응했다. TVE는 보조금을 받는 자본에 거의 접근할 수 없었다. TVE 자본의 대부분은 시장금리와 가깝게 조달되거나 기회비용이 높은 내부 조달기금에서 조달되었다. 그 결과 TVE의 고정자본 대비 노동비율은 국영산업의 9배였다. 그림 13.1은 TVE(이 경우 촌락기업)가 저임금의 경쟁우위가 가장 컸던 자본-노동비율이 낮은 부문에 특화된 것을 보여 준다. 현실적인 생산요소-가격 관계에 직면하여 TVE는 중국경제에 가장 적합한 수익성이 있는 사업부문을 찾을 수 있는 적절한 인센티브를 가지고 있었고, 장기적으로는 그들에게 유리한 경쟁적 지위를 확보했다. 경제적 기반은 TVE에게 유리하였다.

2. **TVE는 국영기업을 위해 조성된 독점적 지대를 공유할 수 있었고 따라서 수익성이 매우 높았다.** 1978년 자본의 평균 수익률은 32%였다. 세금을 포함한다면—TVE는 지방정부에 의해 만들어지는 경우가 많았고, 지방정부는 조세수입의 일정부분에 대해 청구할 수 있었다—자본의 단위당 총 수익률과 세율은 40%이다(여기서 자본은 감가상각된 고정자본과 모든 재고의 가치로 정의된다). 높은 수익률은 단순히 앞에서 설명한 생

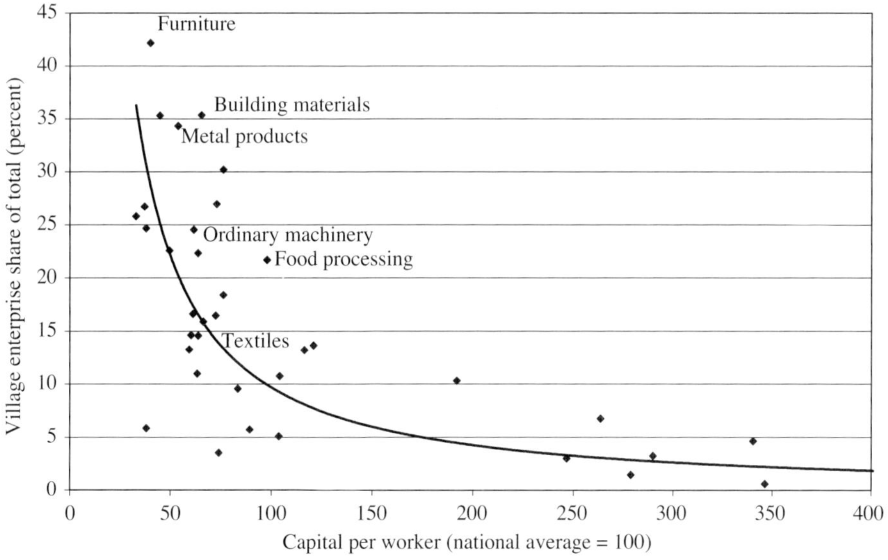

그림 13.1 총 산출물×자본집약도에서 향진기업의 비중(1995)

자료: Third Census Office (1997, 5, 46-197, 198-233) provides village-level and total national capital and labor, respectively.

산요인의 더 현실적인 사용과 그로 인한 비용절감의 결과만은 아니었다. 실제로 그 후 몇 년 동안 TVE가 성장하고 규모의 경제를 달성하고 더 넓은 지원서비스 네트워크를 개발했지만 수익성은 꾸준하고 가파르게 감소하였다.

급속한 성장 패턴과 꾸준히 감소하는 수익성을 어떻게 설명할 수 있을까? 초기에 TVE들은 국영공장을 위해 만들어진 보호된 시장의 혜택을 누릴 수 있는 위치에 있었다. 중국 정부는 산업에 대한 국가의 독점을 완화함으로써 TVE가 이전에 보호되었던 시장에 진입하여 독점이익의 일부를 공유할 수 있게 했다. 초기 진입자들이 누린 혜택은 초과이윤이라고 할 만큼 충분히 컸다. 국영기업들은 높은 이윤으로 보호되었기 때문에 처음에는 경쟁을 거의 인식하지 못했다. 저가로 원자재를 구입할 수 있는 한 비슷한 제품을 생산하는 소수의 TVE에도 무관심했다. 그러나 점차적으로 TVE들의 진입이 계속되면서 TVE 기업들 사이 그리고 TVE들과 국영기업들 사이의 경쟁은 독점이익과 이윤폭을 잠식하기 시작했다.

TVE는 비어 있는 틈새시장에 상품을 공급하면서 급부상했다. 이 빈 틈새시장들은 두 가지 이유로 존재했다. 비효율적인 명령경제는 특정상품, 특히 다양한 소비재를 공급하지 않았으며, 따라서 TVE의 등장은 그 당시까지 대부분 충족되지 않았던 요구를 충족시키게 되었다. 원저우(溫州) 지역 TVE들의 초기 성공은 단추, 리본, 고무밴드 등 다양한 색상과 사양을 갖춘 품목들을 전문으로 하는 소규모 기업에서 비롯됐다. 10억 인구의 시장을 위해 이 품목들을 생산하여 폭발적인 성장을 가져왔다. 또한 농촌소득의 급격한 증가와 농촌 경제정책의 완화로 인해 여러 부문에 새로운 시장이 형성되었다. 예를 들어 농촌의 주택건설이 시작됨에 따라 이 새로운 시장에 건축자재를 공급하기 위해 농촌의 신산업이 발전하게 되었다. 두 상황 모두에서 초기 참가자는 초과이윤을 거둘 수 있었고 잠재적인 초과이윤의 존재는 자연적으로 신규기업들의 급속한 진입으로 이어졌다. 점차적으로 진입하는 참가자들로 경쟁적인 시장이 조성됨에 따라 초기의 예외적인 이익은 잠식되었다.

3. **TVE들을 둘러싼 제도적 여건이 TVE의 발전에 유리했다.** 지방정부는 TVE 발전에 열정적으로 참여했다. 실제로 5.6절에 설명된 독특한 정치경제는 TVE 성장과 함께 처음 등장했다. 초기에는 지방정부들도 많은 TVE를 소유하고 있었다. 비록 TVE는 "집제"로 분류되었지만 이는 회사가 노동자 소유의 협동조합이라는 의미가 아니라 농촌집체나 향진(乡镇) 전체의 소유였는데, 실제로는 지방의 향진정부에 의해 대표되었다. 이후 1980년대부터 TVE의 소유는 다양해져서 많은 민간기업들이 포함되었지만 지방 공무원들은 여전히 TVE의 발전에 강력한 인센티브를 가지고 있었다. TVE는 지역경제에 고용과 자금을 제공하였는데 두 가지 모두에 대한 유일하고 현실적인 원천이기도 했다. 지방정부의 지원은 최소한 세 가지 방법으로 TVE에 유리한 환경을 조성하는 데 기여했다.

a. 농촌산업에 대한 공식적인 세금이 낮았기 때문에 자금이 지역에 남겨졌다. 농촌기업들은 일반적으로 매우 낮은 세율, 특히 수익에 대한 낮은 세율을 누렸다. 그에 반해, 국영기업들은 정부의 가격정책으로 혜택을 받았지만 한편으로는 매우 높은 세율(때로는 100%)을 적용받았다. 농촌기업들은 높은 세금에 대한 부담 없이 가격정책의 혜택을 누렸다. TVE로부터 징수한 평균 수익세율은 1980년 6%에 불과했고, 1986년까지 20% 내외로 점차 증가하다가 이 수준을 유지하고 있다. 향진기업은 전체 수익의 약 30%를 농업이나 지역의 사회서비스를 지원하기 위해 지방정부에 지불했다. 지방정부들은 이들 자금이 "예산 외" 항목으로 분류되어, 상급 정부와 공유할 필요가 없기 때문에 환영했다. 그 대신 대부분의 지방정부는 이 자금을 높은 수익을 낼 수 있는 TVE에 대한 신규투자나 사업확장에 재투자하였다.

b. 지방정부가 TVE의 보증인 역할을 했기 때문에 은행자금을 이용할 수 있었다. TVE에 대한 지방정부의 후원으로 이들 신사업들의 자본 접근성이 크게 향상되었다. 이와는 대조적으로, 사회주의 경제의 다른 변혁의 경험은 새로운 창업기업이 급증하고 있지만 이들 기업들은 자본에 접근하는 데 어려움을 겪고 있으며 그 결과 자본이 부족하고 소규모로 유지되고 있다. 중국의 지방정부 관리들은 중개자 및 보증인의 역할을 수행하여 지역 은행들에게 대출이 상환될 것이라는 확신을 주었다.

TVE에 대한 지방정부의 보증인 역할과 지원에도 불구하고 TVE는 대부분 어려운 예산제약에 직면하고 있었다. 즉, 지방정부의 후원은 근본적으로 지역사회 전체가 실패에 따른 비용을 흡수하도록 함으로써 새로운 창업기업들이 초래하는 위험을 분산시키는 데 기여했다. 실패했거나 잘못된 투자에 대한 책임이 없음을 의미하는 연성 예산제약은 중국의 농촌경제에 재앙이 되었을 수도 있었고 창업기업에 대한 완벽한 예산제약이 최적의 방식일 것 같지는 않다. 오히려 지방정부가 창업기업에 제공하는 일정액의 "보험"이 복지를 거의 확실하게 향상시켰다. 지방정부는 시장에 진입하는 위험의 일부를 부담함으로써 창업기업의 보다 큰 규모의 생산, 기계화 방식의 출범, 그리고 가장 작은 형태의 가계생산에서 벗어나 규모의 경제를 활용할 수 있도록 했다.

c. 기존 신용기관은 TVE를 지원하도록 쉽게 조정되었다. 지방정부가 농촌기업으로의 자금유입을 촉진함에 따라 이들 기업들은 비교적 풍부한 가계저축을 활용할 수 있었다. 중국의 전통적인 신용클럽과 다른 형태의 비공식 신용시장이 잘 이용되었다. 1980년대 중국 농촌의 가계저축이 급증하면서 지역의 농촌신용협동조합(rural credit cooperative, RCC)에 대한 자금공급이 빠르게 확대됐다. 명목상 독립적이고 지역적으로 통제되는 금융협동조합인 RCC는 사실 개혁 이전에는 주로 농촌지역의 저축을 도시용도로 이전하는 데 활용되었었다. 개혁의 시작과 함께 RCC들은 더 많은 자금을 확보하고 있었을 뿐만 아니라 훨씬 더 많은 비율을 지역에 대출해 줄 수

있었다. 그 결과 RCC가 TVE의 주요 재원으로 부상했다. 현지자금은 현지에 머물렀으며 수익이 높았던 개혁 초기에 성공적으로 TVE를 발전시켰던 지역들은 다시 자금을 생산에 투입하여 빠르게 눈덩이처럼 불릴 수 있었다.

4. 전통적인 경제적 유대관계의 부활은 도시근교 지역 농촌산업의 성장 촉진을 의미했다. 중국의 농촌산업의 성장은 도시근교 지역에서 먼저 일어났다. 농촌산업은 연안지역에 불균형할 정도의 비율로 집중되어 있었다. 1988년 연안에 인접해 있는 3개 성(장쑤성, 저장성, 산둥성)은 중국 농촌인구의 17%를 차지했지만 전체 농촌산업의 43%로 전체 향진기업 수준 산업생산량의 정확히 절반을 차지했다. 이러한 지리적 집중은 자연스러운 현상이었다. 이들 지역은 도시성장에 필요한 입지적 자산을 더 많이 보유하고 있어서 산업발전을 시작하기 위한 조건이 더 좋았다. 결국 도시가 발전했기 때문에, 도시 자체뿐만 아니라 도시의 배후지 전반에 걸쳐 생산성을 높이는 교통망, 통신, 시장, 기술 그리고 기타 조건도 제공할 수 있었다. 따라서 도시경제의 파급효과로부터 혜택을 받은 지역에서 "농촌" 기업들이 번창했다는 사실은 놀라운 것이 아니다.

오히려 놀라운 것은 이러한 도시와 농촌 사이의 유기적인 연결고리가 명령경제 기간 동안 너무나 철저하게 단절되어 있었다는 점이다. 그 결과 1970년대부터 시작된 도시와 농촌의 연결고리의 회복이 완만했음에도 불구하고 근교산업의 빠른 성장으로 이어졌다. 근교지역 농촌기업의 성장은 도시 국영기업과 농촌공장 간의 직접적인 협력에 의해 촉진되었고, 주로 하청계약 형태로 이루어졌다. 성급 도시인 베이징, 상하이 및 텐진에서는 농촌산업 생산량의 60~80%가 대규모 도시공장과 하도급 관계에 있는 기업에 의해 생산되는 것으로 추정된다. 이들 도시인근 지역에서의 비율은 약간 더 낮았으나 상하이에 있는 회사들과의 연계가 "장쑤성 남부지역의 TVE 발전에 결정적인 역할을 했다"(Tao Youzhi, 1988, p.100). 이러한 방식은 가족관계에 의해 촉진되었다. 도시로 이주한 농촌사람들과 문화혁명 시기에 상하이로부터 농촌으로 하방한 도시청년들이 농촌기업의 창업을 도왔다. 나중에 농촌기업들은 특히 기술자들과 은퇴한 도시 노동자들에게 높은 급여를 지급하며 도시로부터 인재를 구했다. 도시 국유기업(SOE)들은 기꺼이 협력했다. 국영기업들이 이윤에 더 많은 관심을 갖게 되면서 비용을 줄이려고 노력했고, 특히 의류산업에서 농촌기업들에 대한 하도급 계약은 점점 더 매력적이 되었다. 이러한 관계를 통해 도시기업들이 국영산업 시스템의 엄격한 제약에서 벗어날 수 있었다. 농촌기업들과 관계를 맺음으로써 국영기업들은 낮은 비용으로 토지 및 노동력에 접근할 수 있고, 통제된 국가부문보다 더 유연하게 운영될 수 있다.

5. 조직의 다양성이 성장을 수용했다. TVE 발전의 단순하지만 중요한 측면은 TVE가 추구해야 할 하나의 조직모델이 없다는 점이었다. TVE는 때로는 정부가 운영했지만 점차 더 사적인 형태가 되었다. TVE는 때때로 관료적이지만 적응력이 뛰어났다. 이런

점에서 이들은 획일적인 조직형태를 채택할 수밖에 없었던 SOE와는 매우 달랐으며 이러한 유연성의 결과로 TVE는 광범위한 기회에 적응할 수 있었다. 13.4절에서 보게 되겠지만, 농촌산업화의 다양한 지역모델이 성장했으며 각 모델은 서로 다른 경제상황에 적합했다.

사적으로 운영되는 TVE의 비중은 꾸준히 증가하고 있다. 1980년대에 기업가들은 새로운 소규모 기업을 시작하였고 집체의 후원 하에 설립된 많은 기업들이 사실상 사기업들이 되었다. 이 기업들은 정치적으로 안전했기 때문에 종종 관행적으로 회사를 집체로 등록하기도 했다. 지방 관리들은 농촌산업화가 확산됨에 따라 기업가들과—때로는 상호이익을 목적으로, 때로는 약탈적인 목적으로—동맹을 맺었다. 1990년대 후반 이후, 개인사업에 대한 부정적인 이미지가 사라지면서 TVE는 대부분 사기업이 되었다. 전 기간 동안 TVE는 단일 조직형태에 구속되지 않았고 다양한 선택의 장단점을 확인하면서 지역에 적응할 수 있었다.

결론: 급속성장의 원인. 농촌기업은 명령경제 체제의 틈새에서 성장했다. 향진기업의 성공적인 성장은 이 체제와 분리해서는 이해할 수 없다는 것은 분명하다. 1950년대에 전통적인 다각화된 농촌경제를 파괴한 명령경제는 1980년대에 새로운 다각화된 농촌경제의 출현을 위한 독특한 조건들을 만들었다. 명령경제의 영향은 특히 초기 농촌기업의 수익성, 농촌기업의 차등적 조세부과, 그리고 신생 농촌기업과 기존 국영 도시기업과의 긴밀한 연계 등에서 특히 뚜렷하다. 게다가 농촌기업의 독특한 준공공적 특성은 이들 기업에 대한 자금공급에 도움이 되었다. 이러한 "인위적인" 조건은 1980년대 농촌산업의 폭발적인 성장의 가장 강력한 원인에 가까웠다.

그러나 추가적으로 보다 근본적인 고려사항이 호의적이지 않았다면 농촌기업의 성장은 뿌리를 내리지 못했을 것이다. 이 가운데 농촌기업과 중국의 요소부존 사이의 기본적 적합성이 가장 중요하다. 중국의 거대한 규모가 결정적인 역할을 했다. 중국에 2,000여 개의 현(县)이 있고 백만 개 이상의 촌락이 있다는 단순한 사실이 농촌산업 성공에 결정적이었다. 어느 향진(乡镇)이 소규모 명령경제를 운영하려고 할 때에도 그것은 궁극적으로 수천 개의 다른 향진과 촌락과의 경쟁에 노출되었다. 기업들이 수익을 낼 수 없을 때 촌락 외부에서 그들을 구제해 줄 사람은 없었고 결국 파산할 수밖에 없었다. 이렇듯이 근본적으로 경쟁적인 환경 속에서 각 향진 혹은 촌락은 상대적으로 경성 예산제약에 직면하게 되어 지역 자체의 기업을 경제적으로 성공시켜야 한다는 것을 알게 되었다. 농촌기업들은 국영기업들에 경쟁을 야기했지만 그들 자체도 경쟁과정을 통하여 형성되었다. 궁극적으로 이러한 경쟁 환경은 지방정부의 통제와 경제체제의 전체적인 왜곡으로 인해 농촌기업들이 힘들었던 일부 불이익들을 극복하기에 충분했을 것이다.

13.4 향진기업 발전의 다양한 지역모델

향진기업은 중국의 각기 다른 지역조건에 따라 각기 다른 지역에서 상이한 패턴으로 발전하였다.

13.4.1 장쑤성 남부(쑤난) 모델

장쑤성 남부, 즉 "쑤난(蘇南)"은 상하이 주변 양쯔강 삼각주의 번창하고 발달한 지역으로 수세기 동안 경제적으로 가장 발전한 지역 중 하나이다. 이곳에서 향진기업(TVE) 발전의 지배적인 모델은 향진(乡镇) 정부가 주도적인 역할을 유지하는 모델이었다. 이곳의 TVE는 1970년대 초반에 시작되어 일찍이 번창했지만 농촌에서는 여전히 집체체제가 확고하게 자리 잡고 있었다. 도시 국유기업(SOE)과의 하청 및 기술지원 관계가 중요했다. 이 지역은 역사가 길고 자본이 풍부했기 때문에 TVE는 다른 지역의 TVE보다 규모가 훨씬 크고 자본집약적이며 높은 기술수준을 가지고 있었다. 게다가 TVE가 확대되면서 촌락정부는 통제권을 유지하고 심지어 민간기업을 다른 곳에 설립했을 때도 "집체적" 소유권을 유지했다.

초기부터 도시 근교에서 발전한 TVE들은 어디든 장쑤 모델의 요소들을 가지고 있었다. 입지적 이점과 기업가적 리더십이 있는 도시근교 지역은 집체체제 하에서 초기에 TVE를 발전시켰고, 이후 촌락의 지도자들은 10년 이상 통제력을 유지할 수 있는 자원을 갖게 되었다. 이 촌락들은 지도자들이 사업단지 전체를 운영하는 일종의 "기업촌락"을 개발하는 경향이 있었다. 이와 동시에 이들 기업촌락은 정부의 사회서비스를 유지하며 이전에는 집체가 제공하던 공공재를 계속 제공하였다. 이러한 기업촌락들은 대개 외부인들을 환영하지 않았는데, 그들은 지역주민들의 수익성 있는 일자리와 혜택, 기회 등을 보호하기를 원했기 때문이다.

13.4.2 원저우 모델

원저우(溫州)는 장쑤성 남부에서 남쪽으로 약 300km 떨어진 저장성 인근 해안에 있지만 쑤난과 지리적 환경이 매우 다르고 TVE 발전 모델도 매우 다르게 진화했다. 해안가에 위치하고 있지만 지리적 조건이 열악하고 도시에서 멀리 떨어진 원저우는 장쑤성 남부에서 매우 중요한 도시의 영향을 받지 못하였다. 원저우 경제는 폭발적 성장 초기부터 민간 소유에 기반을 두고 있었다. 원저우에 있는 기업들은 처음에는 개별 가계에 기반을 둔 작은 회사였고 일상적인 생활물품에 특화되어 있었다. 원저우 사업은 우선 단추, 리본, 플라스틱 ID카드 지갑과 기타 일상용품들을 판매하며 번창했다. 원저우 판매원들은 그 후 중국 전역으로 이 상품들을 가져갔고 국영기업들이 아주 형편없이 생산하거나 아예 생산하지 않는 다양하고 저렴한 상품들에 대한 시장의 수요를 만족시켰다.

원저우(溫州)는 1970년대 이후 기업가 정신의 오랜 문화적 전통과 눈부신 경제성장을 이룬 매우 특별한 곳이다. 그러나 원저우 모델의 요소들은 유리한 도시근교 지역이 아니었지만 농민들이 기꺼이 기업가적 기회를 포착할 수 있는 곳에서 생겨났다. 이들 지역에서는 집체들이 수익성 있는 TVE들을 발전시키지 못했기 때문에 집체들은 허약했고 개혁 과정의 초기에 사라진 경우가 많았다. 이에 따라 개인소유의 기업들이 기회에 부응하여 생겨났고 자연스럽게 시장에 중점을 둔 노동집약적인 분야에 진출하게 되었다. 실제로 원저우 모델 발전에서 가장 두드러지는 특징은 생산의 모든 측면을 시장에 강하게 의존하고 있다는 것일 것이다. 예를 들어 원저우 단추산업은 단추 생산공정의 개별 단계에 특화된 개별 가계들을 중심으로 발전했다. 어떤 가계가 플라스틱 조각을 단추모양으로 둥글게 가공하여 전문화된 시장에서 다른 가계에 판매하면 이 가계는 둥근 단추에 구멍을 뚫어 단추를 완성한다. 다음으로 단추카드에 단추 장착을 전문으로 하는 다른 그룹의 가계들은 다른 전문화된 시장에서 완성된 단추를 구입할 것이다. 단추가 장착된 단추카드는 다른 시장에서 판매상들에게 팔릴 것이다. 이러한 일련의 과정을 거치는 방식으로 시장과 연계한 생산체인이 생겨났다. 이러한 패턴이 상품마다 반복적으로 나타났으며 많은 민간기업들, 심지어 민간은행들도 원저우 모델에서 발전했다.

13.4.3 주강 삼각주(PRD) 모델

홍콩과 광저우 사이의 동남부 광역권의 핵심지역인 주강 삼각주(Pearl River delta, PRD)에서 향진기업(TVE)은 외국인 투자에 힘입어 급속도로 발전했다. 이 모델은 삼각주에서 성장한 홍콩 기업인들이 고향으로 돌아와 협동조합 방식의 사업을 시작하며 개척한 모델이다. 이들 거래에서 촌락 지도자들은 촌락의 자산 관리자로서 토지 임대, 수출가공계약 체결, 노동 및 사회문제 조정 등의 역할을 수행했다. 남부 장쑤성 모델과 마찬가지로 인근 도시(홍콩) 기업과 지방정부가 함께 중요한 역할을 했다. 생산은 큰 공장을 중심으로 빠르게 증가했지만 주강 삼각주의 공장들은 일반적으로 수출을 위한 노동집약적인 경공업 제품을 생산하였다.

PRD 모델과 쑤난(蘇南) 모델의 큰 차이는 주강 삼각주가 국내외적으로 훨씬 개방적이라는 점이다. 물론 이러한 모델의 번영은 대외무역과 투자에 대한 개방성에 달려 있다. TVE들 중 일부는 외국(또는 홍콩) 소유였지만 이러한 촌락들은 중국의 다른 지역 출신 노동자들에게도 꽤 개방적이었다. PRD는 대규모 노동집약적인 수출공장 가동을 위해 노동자들이 필요했고, 따라서 이주노동자에게는 중국 최대의 이주지가 되었다. 주강 삼각주의 촌락민들은 이 지역을 국내외 모두에게 개방함으로써 지리적인 “지대(rent)”를 얻었다.

13.4.4 TVE 발전의 실패 또는 부재

13.3절의 항목 4에서 설명했듯이, TVE 발전은 경제적 잠재력이 큰 지역에 고도로 집중되

어 있었다. 반대로 중국에는 TVE 발전이 미약하거나 존재하지 않는 지역이 많았다. 중국 농촌의 많은 지역들에 TVE가 없었는데 운송비용이 많이 들거나 교통이 어려운 외딴 지역에는 TVE가 활용할 사업기회가 거의 없었다. 지역경제에 기여할 TVE가 없는 지역은 소득이 매우 낮았고 촌락정부는 자원이 거의 없었으며 공공서비스는 취약해서 거의 존재하지 않았다. 이러한 지역에서 외부로의 이주는 가계가 소득을 증가시키는 몇 안 되는 방법 중 하나였으며, 2005년 이후 국가정책이 바뀌기 전까지는 촌락들이 지역사회 서비스와 발전을 위한 더 나은 선택권이 없었다.

13.5 새로운 세기의 향진기업(TVE)의 변화

1990년대 중반 이후 TVE 부문 전체가 극적인 변화를 겪었다. 첫째, TVE는 더욱 도전적인 외부 환경에 직면했고 전체적인 성장률이 크게 둔화되었다. 둘째, 이러한 외부 압력에 직면하여 TVE는 구조조정을 거쳐 주로 개인소유의 기업으로 탈바꿈했다. 마지막으로, TVE가 새로운 도전과 기회에 적응하면서 새로운 형태의 경제적 협력과 경쟁이 증가했다.

13.5.1 변화하는 향진기업의 경제 환경

1990년대 중반 중국의 경제 환경에 근본적인 변화가 일어났다. 이 변화는 5장에서 논의된 경제개혁전략의 변화와 관련이 있었다. 거시경제정책이 보다 긴축적이고 인플레이션을 억제하는 입장으로 전환되었듯이 정부 정책은 시장을 만들고 규제제도를 수립하는 방향으로 이동했다. 은행신용은 제한되었고 은행들은 더 많은 책임을 지게 되었다. 이러한 변화로 인해 TVE의 경쟁 환경은 더욱 어려워졌으며 TVE의 급속한 성장이 갑자기 중단되었다.

그림 13.2는 모든 TVE들의 고용 상황을 보여 준다. 1980년대와 1990년대 초반 TVE는 농촌주민들을 위해 수백만 개의 새로운 일자리를 창출했지만 1996년 이후 TVE 일자리 창출 속도는 급격히 감소했다. TVE의 고용은 2년 동안 감소하다가 완만한 성장을 재개했다. 거시경제 상황이 어려워짐에 따라 농촌과 도시 기업 모두 시장경제의 치열한 경쟁에 대처해야 했으며 상점을 폐쇄하거나 보다 효과적인 시장전략을 개발하여 대응했다. 소비재 시장이 만성적인 부족에서 거의 모든 상품을 정기적으로 구매할 수 있는 시장으로 바뀌면서 종종 TVE끼리 직접적으로 경쟁하게 되었다.

시장의 통합과 경쟁의 심화로 TVE는 더 이상 보호되지 않았다. TVE가 이용할 수 있는 틈새시장은 거의 없었다. 게다가 소득, 특히 도시 소득이 증가함에 따라 소비자들은 TVE가 기존의 구식 기술로 제공할 수 있는 것보다 고품질의 제품을 요구하게 되었다. TVE는 경제에서 특별한 역할이 없어져 버린 것 같았다. TVE는 1996년 이후 계속 성장했지만, 과거보다는 전반적으로 GDP 성장률에 더 가까운 속도로 성장했다. TVE는 전반

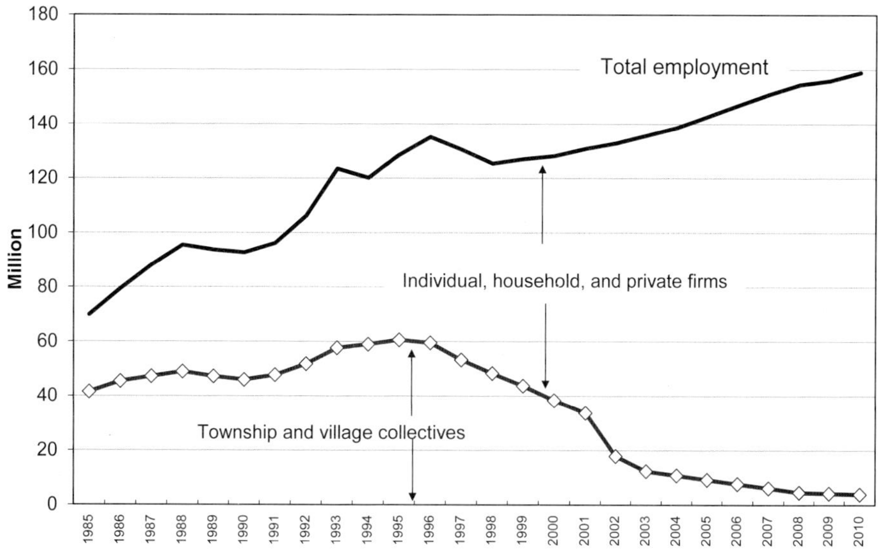

그림 13.2 향진기업의 고용
자료: TVE Bureau (2003); *TVE Yearbook* (2011).

적으로 덜 특별해졌지만 경제의 사유화 과정을 이끌었다.

13.5.2 향진기업의 구조조정: 대규모 사유화

그림 13.2는 TVE의 소유권 구성의 극적인 변화를 보여 주고 있다. 집체 소유의 TVE는 처음에 TVE 분야에서 지배적이었다. 1980년대 이후 민간기업은 급속도로 성장했고 1995년까지는 집체 TVE의 고용도 증가했는데, 당시에도 집체는 여전히 TVE 고용의 거의 절반을 차지했다. 그러나 그 후 10년 사이에 상황은 크게 변했고 2005년경에 집체기업은 전체 TVE 고용에서 아주 작은 비중을 차지하고 있었다. 소유권 관련 수치는 정확하지 않다. 초기에는 집체기업인 것처럼 가장하고 운영하던 사기업들이 있었다. 국가 정책이 민간기업을 수용하면서 이들 기업들은 실체적 정체성을 인정받게 되었다. 반면, 집체 소유의 TVE 수에서 지방정부가 소수 지분을 가지고 있는 많은 기업을 제외한다. TVE는 농촌집체에서 파생되었지만 오늘날 그들은 주로 민간기업들이다.

따라서 TVE가 공공소유 기업이라는 독특한 지위는 1978년부터 1996년까지 "황금기"의 결정적인 특징이었다. 다른 이행기 경제에서는 중국의 TVE처럼 공기업이 주도적인 역할을 한 경우가 없다(비슷한 규모의 농촌경제를 가지고 있던 베트남에도 공공소유의 TVE는 없었다). TVE의 공유제를 설명하기 위한 광범위한 해석들이 제시되었다. TVE의 공공소유는 중국 특유의 협동적 문화의 결과이며 현지 주민들이 명시적 계약 없이 인센티브 문제를 해결할 수 있게 되었다고 하는 극단적인 해석이 있다(Weitzman and Xu, 1994). 이러한 설명은 인구이동이 없이 지역주민들이 서로 반복적으로 대면하여 상대할 수밖에 없었던 TVE 발전 초기단계를 설명하는 데는 가장 타당한 것 같다. 또 다른 극단적 관점은, 공유제인 TVE는 중앙정부가 부과한 정치적 제약과 불안정한 사유재산권에 대해 적절하게 적응한 것으로 간주된다(Chang and Wang, 1994). 이러한 양극단 사이에서 일부는, 시장이 많이 없거나 낙후된 환경에서 지방정부가 지역 경제발전을 위해 신용, 토지 및 경제적 관계에 대한 접근을 활용할 수 있었다고 주장했다. 지방정부는 기업 수준의 운영상의 유연성과 함께 지역사회 차원에서는 상대적으로 경성 예산제약을 받는 다각화된 기업처럼 운영될 수 있다. Qian and Jin(1998)은 각 성(省)들의 상품시장과 신용시장 발전수준의 차이에 따라 공유제의 차이점을 설명했다. 공유제 TVE는 때때로 지방정부 공무원들에게 동기를 부여하는 데 있어서 적절한 균형을 맞추는 것으로 간주되기도 했다. 공유제는 상급 정부들의 수탈로부터 지역 이익을 보호하는 한편, 지방정부 공무원들은 강력한 인센티브와 함께 경성 예산제약을 받았다.

경제적 환경의 변화는 점차적으로 공공소유의 혜택을 줄이고 비용을 증가시켰다. 시장경쟁과 인구이동이 증가함에 따라 TVE 보유자인 지방정부는 TVE 관리자들에게 보상하기 위해 보다 강력한 인센티브 제도를 도입했다(Chen, 2000; Chang, McCall, and Wang, 2003). 공유제의 잠재적 결점들이 점차 뚜렷해졌다. 시장이 발전하면서 후원자인 지방정부 공무원은 더 이상 필수불가결한 것이 아니었다. 사유화는 이러한 변화하는 환경에 대한 지방정부의 대응으로 점차 확산되었다(Dong, Bowles, and Ho, 2002; Li and Rozelle, 2003). 동시에 국가의 이념적 제약도 완화되고 있었으며 많은 외부 요인들이 동시에 변화하였다.

13.5.2.1 국가 정책과 지방 통제

1990년대 중반에 정부는 민간기업에 대해 금기사항을 점진적으로 해제했으며, 이때 지방정부는 공기업을 사유화할 수 있는 권한을 갖게 되었다. 정부 정책의 변화는 필수 전제조건이었지만 TVE 사유화 과정은 지방정부에 의해 통제되었다. 그 결과로 우리는 인센티브 기제를 통하여 사유화를 달성했던 실험과정을 추적할 수 있고 또한 광범위한 사유화의 성과와 실행방법들도 관찰할 수 있다.

13.5.2.2 시장 환경과 사유화

13.5.1절에서 제품시장에서의 경쟁의 격화가 1996년 이후 TVE 부문의 제도적 변화의 중요한 동인이었다는 일반적인 주장을 제기했었다. 경쟁 심화는 또한 사유화와 관련된 특정 요소 시장에도 영향을 미친다.

노동시장. 향진기업(TVE)들은 국유기업(SOE)들이 채택한 평생고용 시스템이 없었지만 공유제의 TVE는 종종 지방정부로부터 현지 고용을 최대한 유지하도록 압력을 받았다. 더욱이 공유제 기업들은 어려운 시기에 직원들을 해고하는 것이 어려웠다. TVE들에 의한 노동 흡수의 둔화는 사적 소유 증가로의 전환과 확실히 관련이 있었다.

더욱이 중국경제가 점점 시장화되면서 TVE 관리자들은 기회비용의 급격한 변화를 목격했다. TVE 관리자들은 오랫동안 비교적 높은 소득과 특권을 누려 왔지만 이들의 비교대상은 지역공동체였고, 개인적으로 부유한 관리자는 거의 없었다. 1990년대 들어 민간부문이 성장하고 개인소유의 부가 현저해짐에 따라 관리자들은 촌락 밖에서 수익성이 좋은 기회를 보게 되었다. 최고경영자들은 공기업이 제시하는 적당한 보상에 대해 만족하지 않았으며 사유화 옵션이 없었다면 그들은 TVE 부문을 떠났을 것이다.

자본시장. 은행들은 1990년대에 정책 입안자들이 위험과 수익성에 중점을 두도록 유도하는 개혁을 시행함에 따라 새로운 인센티브 환경에 직면했다. 은행들은 정부의 지원을 받는 회사들에게 자동적으로 대출하는 대신에 대출 프로젝트를 보다 신중하게 심사하고 회사의 수익성 여부에 따라 차등을 두기 시작했다. 심지어 일부 은행은 필요할 경우 압류할 수 있는 담보가 있는 사기업에 대출하는 것을 선호하기도 했다(공기업의 자산 확보가 훨씬 더 어려웠다). 보다 "사업적인" 금융부문은 공유제 TVE의 이익의 일부를 잠식하여 사유화 방향으로 압박하기도 했다. TVE 수익성은 1980년대에 정점을 지난 이후 크게 감소했기 때문에 지방정부는 지방정부 TVE를 무차별적으로 지원할 가능성이 적었다.

다양한 형태의 시장이 사유화에 영향을 미쳤지만 가장 근본적인 영향은 제품시장의 극심한 경쟁이었다. 서로 다른 소유 형태의 상대적 효율성에 대한 평가와 시장 압력으로 인해 지방정부들은 점점 더 개인소유를 선호하게 되고 그들의 TVE를 사유화로 전환했다. 관리자들이 촌락의 정무를 관리하면서 여러 개의 직함을 가지고 성공적으로 사업을 운영하는 것은 불가능해졌다.

13.5.2.3 내부자 사유화

TVE 사유화는 지방에서 시작되고 통제되었기 때문에 그 형태와 과정은 지역마다 다양했다. 그러나 여러 사례 연구들은 "내부자 사유화"가 아마도 가장 일반적인 사유화 형태라는 것을 보여 주었다. 즉, TVE 사유화는 일반적으로 현직 경영자나 밀접한 관련이 있는 공무원들이 사유화된 기업의 상당한 지분을 소유하게 된다. 표 13.1은 산둥성과 장쑤성의 3개 지역에 대한 연구결과를 보여 준다. TVE에서 명백한 내부자 사유화 수준은 정부가 관리하는 사유화 과정에서 비교적 드물다. 정부들은 종종 내부자 사유화를 저지하고 기업의 가격을 높이기 위해 외부 입찰자들을 유치하기 위해 노력한다. 내부자들은 그 회사에 대해 많은 특정 정보를 알고 있으며 아마도 그 회사를 매각하려는 정부 관리들이 알고 있는 것보다 그 회사의 가치에 대해 더 잘 알고 있을 것이다. 그 결과 사유화로 인해 공공자산에 대한 부패와 약탈의 기회가 주어진다는 명백한 도덕적 해이 문제가 있다. 현직 경영자

표 13.1 사유화된 향진기업의 지분 분포(산둥성과 장쑤성의 3개 지역, 2000년)

지분보유자	보유지분율
경영자	53
경영자 이외의 이사회 임원	25
노동자(비경영자)	18
지방정부	3
기타	2

자료: Dong, Bowles, and Ho (2002, p.421).

들은 회사의 과거 실적을 조작할 수 있는 위치에 있으며 더 낮은 가격에 매입할 수 있도록 회사 상황을 더 나쁘게 보이게 한다. 사유화가 이루어지는 시점에 가격을 모니터링하는 것이 어렵기 때문에 내부자 사유화는 공공자산에 대한 분명한 위험요소를 보여 준다.

내부자 사유화에도 장점은 있다. 현직 경영자들은 경험이 풍부하고 회사에 대해 잘 알기 때문에 사유화 이후 경영에 도움이 될 것이다. TVE 경영자는 집체소유 하에서도 회사와 유달리 긴밀한 관계를 유지하는 것으로 종종 관찰되었다. 어떤 경영자는 집체 후원 하에 회사를 설립한 기업가인 경우도 있다. 이 경우 경영자들은 사유화된 회사의 일부 소유에 대한 정당한 주장을 할 수 있다. 역설적이게도 중국이 공식적으로 "사유화"를 수용한 적이 없고 "구조조정"과 같은 모호한 완곡어법을 선호한다는 사실은 중앙정부가 개방적이고 투명한 사유화 과정에 대해 지방정부에 적합한 제도적 틀을 제공하는 것을 불가능하게 했다. 동시에 TVE는 농촌지역 공동체 구성원들 사이의 지속적인 대면 관계 속에서 생겨난 지역적인 현상이다. 그런 의미에서 TVE 경영과 TVE 사유화는 모두의 사업이었으며 사유화와 구조조정은 지역공동체의 눈높이에서 이루어졌다.

13.5.2.4 사유화 과정의 제도적 실험

TVE 사유화에 대한 지역적 통제는 자연스럽게 인센티브 메커니즘을 이용한 실험으로 이어졌다. 일반적으로 이러한 실험들은 사유화로 가는 통로였으며 이는 결국 압도적으로 우세한 TVE 소유형태로 귀결되었다(표 13.2). 따라서 이러한 실험의 대부분은 사유화 과정에서 도덕적 해이를 통제하고 지역공동체의 이익을 보호하기 위한 노력으로 보아야 한다. 특히 주목할 만한 세 가지 실험은 다음과 같다.

- 일부 공공 TVE는 보통 "주식협동조합"이라고 불리는 노동자 소유의 합자회사로 전환되었다. 가장 중요한 지방 프로그램으로 산둥성 주청(诸城)에서는 노동자들이 주식매입권을 할당받았다. 경영자들은 일반근로자의 20배까지 배당을 받을 수 있었는데 평균은 4배 정도였다는 점에서 배당비율이 같지 않았다. 한 사람 몫의 가격은 약 5,000위안으로 대략 노동자의 연간 임금에 해당되었는데 적절한 시기에 지불하거나 유리한 융자가 가능했다. 1년 후 노동자들은 그들의 주식을 다른 노동자들에게 매도할 수 있

었다. 이 실험의 목적은 노동자들에게 회사에 참여할 권리를 부여하는 동시에 합자회사의 명확한 재산권 구조를 창조하는 것이었다. 주청(诸城)의 경험은 시범사업으로 전국에 알려졌으며 2010년에는 합자협동조합 노동자가 250만 명에 달했다(표 13.2).

- 많은 지역에서 정부는 회사의 지분을 보유했고 한편으로는 새로운 개인 경영자와 합작회사를 설립했다. (이 경우 지방정부는 표 13.1에 나타낸 경우보다 훨씬 더 많은 지분을 보유하였다.) 실제로 오늘날 중국 TVE에서 사유화된 기업을 분류하기 어려울 수 있는데 이는 지방정부가 20~50% 범위의 지분을 보유하고 있기 때문이다.
- "조건부 사유화"는 일반적인 관행이었다. 많은 지역에서 지방정부는 현직 경영자들과 선택사항에 직면하고 있었다. 즉, 부채가 없는 TVE를 "고가"(장부가치 이상)로 또는 "저가"(장부가치 이하)로 매입하고 지방정부에게 향후 5~10년 동안의 이익의 일부를 지불하기로 동의하는 것이다. 이 경우 "조건"은 미래 이익에 대한 분배이다. 이것은 본질적으로 정보를 공개하도록 하는 장치이다. 만약 경영자들이 회사가 이익을 증대시킬 것이라고 믿는다면, 오늘 더 높은 가격을 제시하는 것이 그들에게 유리할 것이다. 반면에 회사의 미래 전망에 대해 회의적이거나 불확실하다면 그들은 오늘 더 낮은 가격을 지불하는 것을 선호할 것이다. 이러한 메커니즘은 중국의 상황에서 심각할 것으로 예상되는 내부자 정보 문제를 극복하는 데 도움이 될 수 있다(Li and Rozelle, 2003).

과거 집체소유가 지배적이었던 장쑤성 남부와 같은 지역에서도 사유화가 빠르게 진행되었다. 그 지역은 여전히 여러 면에서 독특하지만, 집체소유 하의 TVE 발전이라는 독특한 쑤난(蘇南) 모델은 점차 퇴색되고 있다.

13.6 21세기 농촌의 산업클러스터의 출현

1990년대 사유화 물결 이후 TVE는 계속 진화하며 성장했고, 중국경제의 변화로 한때 다른 형태의 기업과 TVE를 분리했던 경계는 점차 모호해졌다. 일부 TVE는 성공적인 민간 다국적 기업이 되었다. 예를 들어 완샹자동차(万象汽車)는 연간 200억 달러의 수익을 내고 미국에 대규모 투자를 하는 등 세계 최대 자동차부품 공급업체 중 하나가 되었다. TVE 성장의 많은 온상지역이 농촌에서 도시로 전환되었다. 대략 2010년 이후 TVE를 독특한 기업 형태로 취급하는 것은 더 이상 의미가 없다. 점진적인 변화가 농촌산업을 계속해서 개선하고 있다.

가장 중요한 발전은 농촌과 도시 근교에 경쟁력 있는 "산업클러스터"가 출현한 것이다. 산업클러스터의 핵심은 특화된 단일 제품을 생산하는 많은 기업들이다. 전형적인 산업클러스터는 서로 경쟁하지만 상대적으로 완전한 산업 체인의 연결고리를 형성하기 위

표 13.2 소유 구조에 따른 향진기업의 고용 현황(2010년)

	고용자 수(백만 명)	비중(%)
국내자본 기업	149.2	93.9
개인/가족기업	60.8	38.3
사기업	56.5	35.6
유한책임회사	21.0	13.2
집체기업	3.9	2.5
합자회사	3.6	2.3
주식협동조합	2.5	1.6
합작회사	1.0	0.6
홍콩/타이완 투자기업	5.6	3.5
해외투자	4.1	2.6
합계	158.9	100.0

자료: *TVE Yearbook* (2011, p.137).

해 협력하는 수백 개의 소규모 기업들로 이루어져 있다. 클러스터는 서너 개의 큰 회사가 수많은 작은 회사들과 협력할 수 있다. 그러나 생산공정의 여러 단계들 사이에서 예외적으로 세분화되어 있는 노동분업이 일반적이다. 작고 경쟁력 있는 회사들은 극도로 좁은 분야에 특화되어 있다. 기업들 간의 관계는 상당히 복잡할 수 있지만, 그들은 일반적으로 유연성과 장기적 협력관계 사이에서 균형을 이루는 효율적인 시장에 의해 조정된다. 클러스터(cluster)는 일반적으로 경공업 소비재를 생산한다. 산업클러스터는 저장성에서 가장 먼저 생겨났으며(세기 초에 잘 알려진 519개의 산업클러스터; Qian, 2003), 우리는 이러한 저장성 클러스터에서 원저우 모델의 요소들을 확실히 찾아볼 수 있다. 오늘날 중국 산업클러스터 현상의 시초는 확실히 저장성에도 있는 이우(義烏)이다. “소상품 시장”으로 유명한 이우는 수백 개의 전문화된 산업클러스터의 중심에 있다. 이우 상품시장은 산업클러스터가 아니라 세계 최대 도매시장으로 전 세계 상인들이 모여들어 수천 개의 특화된 클러스터에 대한 조정과 판매가 이루어지는 지점이다(Yiwu Market Guide, 2017). 예를 들어 양말산업 클러스터는 이우로부터 약 1시간 거리에 있는 주지시(諸暨市)에 집중되어 있는데, 이우와 함께 세계 양말의 50% 이상을 생산한다고 주장하고 있다. 다른 산업클러스터는 칫솔과 크리스마스 장식품, 전동공구와 저전압 전기장비, 홍보물품, 유화 복제품 등을 생산한다.

산업클러스터는 중국만의 것이 아니라 세계 여러 곳에서 일어나는 현상이다. 브라질의 신발산업이나 이탈리아의 의류 및 명품산업은 많은 동일한 특징들을 보인다. 그러나 우리는 중국의 클러스터에서 TVE 발전 초기의 원저우 모델뿐만 아니라 전통경제의 특징인 몇몇 전형적인 중국적인 요소들을 확인할 수 있다. 일련의 작은 중간재 시장을 통해 더 큰 시장과 연결되는 수많은 소규모 생산자들의 군집화는 중국에서 오랜 전통을 가진 산업조직의 한 형태이다. 오늘날 이러한 형태의 조직이 부활하면서 세계시장에서 중국 제품의 경쟁력이 급상승한 산업들이 많이 있다. 실제로 이우(義烏) 사례에서 알 수 있듯이 TVE의 수출지향성은 여전히 강세를 유지하고 있다. TVE는 시장의 도전과 기회에 대응하여 지속적으로 변화와 구조조정을 하고 있다.

13.7 끝맺는 말: 타오바오촌

2009년 이후 인터넷이 중국 전역으로 확산되면서 관찰자들은 타오바오(淘宝网)를 통해 많은 가계가 비슷한 물건을 생산하고 마을 전체가 소비자에게 직접 판매하는 새로운 현상을 주목하기 시작했다. 타오바오는 중국의 전자상거래 대기업 알리바바(阿里巴巴)의 한 계열사로 미국의 이베이(eBay)와 유사한 웹사이트이며 아마존(Amazon)과 같이 상품을 판매하는 곳이다. "타오바오촌"은 인터넷 연결 및 B2C(기업 대 소비자) 비즈니스 모델과 결합한 전통적 산업클러스터의 모든 특징을 가지고 있다. 타오바오촌들은 다른 산업클러스터들과 마찬가지로 대량 판매시장이지만, 다른 틈새시장에서 특정한 요구조건을 가진 단일 저가상품 유형에 특화된 경향이 있다. 타오바오촌은 다른 시장에서 평가된 특정한 기능과 변화를 제공하기 위해 그들의 유연성을 최대한 활용한다. 최고의 제품은 의류, 가구, 신발 및 가죽가방이다. 타오바오촌은 전통적인 산업클러스터와 마찬가지로 일반적으로 매출의 절반 이상을 차지하는 단일 주력 상품에 특화한다. 그들은 특정한 생산투입물을 공급하기 위해 근처에 다른 특화된 촌락이 필요할 수도 있다. 타오바오촌은 B2C 상점으로 그 뒤에 B2B(기업 대 기업) 관계의 네트워크가 있을 수 있다. 중국에서 가장 큰 타오바오촌의 클러스터는 놀랄 것도 없이 저장성 이우에 있다. 37개의 이우 촌락이 인터넷 판매업을 중심으로 재편되어 있다. 위치 이외에 가계들은 인터넷 연결과 디지털 기술에 대한 약간의 지식만 있으면 되는데 이 기술은 종종 시골에서 도시로 이주했던 이주자가 제공할 수 있다.

2009년 이후 타오바오 촌락은 급속도로 확산되어 2016년 8월 현재 Ali Research Center(알리바바 자회사)가 1,311개의 촌락에 위치하고 있다. 이 촌락들은 30만 개 이상의 웹사이트를 운영하고 있으며 약 84만 명의 정규직 또는 파트타임 근로자가 고용되어 있는 것으로 추정된다(Ali Research Center, 2017). 이는 중국 농촌 비농업 인력의 0.5%에 불과하지만, 그럼에도 불구하고 타오바오촌은 중국 농촌산업의 현재와 미래에 대해 많은 것을 말해 줄 수 있다.

첫째, 중국의 농촌, 특히 도시 근교에서 제도적 혁신이 여전히 진행되고 있으며, 그 이유는 과거와 동일한데, 즉 상대적으로 낮은 요소비용(토지와 노동력)에 기초한 제도적 유연성과 도시 시장 및 기반시설과의 근접성이 결합되어 있다는 점이다. 물론, 기반시설의 정의는 크게 바뀌었다. 타오바오촌의 경우 기반시설의 핵심부분은 일반적으로 도시지역에서만 이용가능한 광대역 인터넷 연결이다. 타오바오촌은 인터넷에 의해 가능한 낮은 거래비용과 낮은 생산비용의 결합으로 혜택을 볼 수 있는 매우 좋은 위치에 있다.

둘째, 인터넷으로 타오바오촌들을 어느 곳에나 설치할 수 있는 것처럼 보이지만 실제로는 위치가 여전히 중요하다. 2016년 타오바오촌의 분포는 1980년대 TVE의 분포와 이상할 정도로 비슷했다. 타오바오촌 전체의 97%가 저장성, 광둥성, 장쑤성, 푸젠성, 산둥성, 허베이성에 있는데 이 6개의 성은 (이 순서 그대로) 1980년대에 TVE 발전을 주도했던 성들이다.

타오바오촌은 대체로 지방정부 관리로부터 상당한 지원을 받는다. 황금시기의 TVE의 경우와 마찬가지로 지방 공무원들은 기업발전이 지역공동체에 경제발전과 소득증대를 가져올 수 있는 몇 안 되는 실현가능한 경로 중 하나로 보고 강력하게 지지하고 있는 것으로 보인다. 알리바바의 연구원들은 지정된 “가난한 현(县)”[4곳은 하북성 핑샹(平鄉)]에서 발견한 10개의 타오바오촌을 집중 조명했다. 산둥성 다지진(大吉鎮)에 2개의 타오바오촌이 개발된 이후, 지방 관리들은 촌락에서 도시로 이주한 사람들을 설 명절 이후 집에 머물도록 설득하는 캠페인을 벌여 1,200 이상의 가계에 광섬유 케이블을 설치했다(Ali Research Center, 2016, pp.19~20).

중국의 농촌산업은 과거의 많은 경제적 특징들이 오늘날에도 여전히 유효하다는 것을 보여 준다. 인구밀도가 높고 상업화된 중국 농촌의 유산이 여전히 중국에 유리하게 작용하고 있고, 기업가적 지방정부 공무원과 현지 기업의 중국 특유의 환경 또한 여전히 작동하고 있음을 보여 준다. 경제적 교류의 혜택은 매우 다른 비용에 직면해 있는 시장참여자들 사이에서 발생할 때 가장 크다는 일반적인 경제 원리를 보여 준다. 마지막으로 중국이 지속적인 제도적 유연성과 시장 확대를 허용한다면 상당한 경제적 이득을 얻을 수 있음을 보여 준다.

Bibliography

더 읽을 거리

향진기업(TVE)에 관한 문헌은 아주 풍부하다. 첫째, 이 주제를 소개하는 풍부한 설명과 사례연구 자료가 있다. 예를 들어, Byrd and Lin(1990)은 사례연구와 분석작업을 결합하기 위해 중국과 국제 학자로 구성된 팀을 구성했다. 둘째, TVE 현상의 제도적 기반에 관한 흥미로운 문헌이 있다. Chang and Wang(1994), Che and Qian(1998), and Weitzman and Xu(1994)는 이 문헌에서 중요한 이정표다. Yiwu Market Guide 영어 웹사이트는 방문할 가치가 충분히 있다.

참고문헌

Ali Research Center (Annual). *Zhongguo Taobaocun Yanjiu Baogao* [Research report on China Taobao villages]. Hangzhou: Ali Research Center. (Year of publication is one year after year in title). Accessed at http://i.aliresearch.com/file/20170125/20170125164026.pdf.

Byrd, William, and Qingsong Lin, eds. (1990). *China's Rural Industry: Structure, Development, and Reform*. New York: Oxford University Press.

Chang, Chun, Brian P. McCall, and Yijiang Wang (2003). "Incentive Contracting Versus Ownership Reforms: Evidence from China's Township and Village Enterprises." *Journal of Comparative Economics* 31:414–428.

Chang, Chun, and Yijiang Wang (1994). "The Nature of Township-Village Enterprises." *Journal of Comparative Economics* 19 (3): 434–452.

Che, J., and Qian Yingyi (1998). "Insecure Property Rights and Government Ownership of Firms." *Quarterly Journal of Economics* 113 (2): 467–496.

Chen, Hongyi (2000). *The Institutional Transition of China's Township and Village Enterprises: Market Liberalization, Contractual Form Innovation and Privatization*. Aldershot: Ashgate.

Dong, Xiao-yuan, Paul Bowles, and Samuel P. S. Ho (2002). "The Determinants of Employee Ownership in China's Privatized Rural Industry: Evidence from Jiangsu and Shandong." *Journal of Comparative Economics* 30:415–437.

Fei Xiaotong (1957 [1989]). *Rural Development in China: Prospect and Retrospect*. Chicago: University of Chicago Press.

Li, Hongbin, and Scott Rozelle (2003). "Privatizing Rural China: Insider Privatization, Innovative Contracts and the Performance of Township Enterprises." *China Quarterly*, no. 176 (December): 981–1005.

Oi, J. (1992). "Fiscal Reform and the Economic Foundations of Local State Corporatism in China." *World Politics* 45 (1): 99–126.

Qian, Pingfan (2003). "Development of China's Industrial Clusters: Features and Problems." *China Development Review* 5 (4): 44–51.

Qian, Yingyi, and Hehui Jin (1998). "Public Versus Private Ownership of Firms: Evidence from Rural China." *Quarterly Journal of Economics* 113 (3): 773–808.

SAC (Annual). *Zhongguo Tongji Zhaiyao* [Statistical abstract of China]. Beijing: Zhongguo Tongji.

SRC (System Reform Commission) (1984). *Jingji Tizhi Gaige Wenjian Huibian, 1977–1983* [Collected economic system reform documents, 1977–1983]. Beijing: Zhongguo Caizheng Jingji.

Tao Youzhi (1988). *Sunan Moshi yu Zhifu zhi Dao* [The southern Jiangsu model and the road to prosperity]. Shanghai: Shanghai Shehui Kexue Yuan.

Third Census Office (1997). Disanci Quanguo Gongye Pucha Bangongshi, ed. *Zhonghua Renming Gongheguo 1995 Nian Disancia Quanguo Gongye Pucha Ziliao Huibian* [The data of the Third National Industrial Census of the People's Republic of China in 1995]. Vol. 1, *Zonghe, Hangyezhuan* [Overall, sectoral]. Beijing: Zhongguo Tongji.

TVE Bureau (2003). TVE Bureau, Ministry of Agriculture. *Zhongguo Xiangzhen Qiye Tongji Ziliao, 1978–2002* [China township and village enterprise statistical materials, 1978–2002]. Beijing: Zhongguo Nongye.

TVE Yearbook (Annual). Zhongguo Xiangzhen Qiye Nianjian Biaji Weiyuanhui [China Township and Village Enterprise Yearbook Editorial Commission], ed. *Zhongguo Xiangzhen Qiye Nianjian* [China township and village enterprise yearbook]. Beijing: Zhongguo Nongye.

Weitzman, Martin, and Chenggang Xu (1994). "Chinese Township-Village Enterprises as Vaguely Defined Cooperatives." *Journal of Comparative Economics* 18 (2): 121–145.

Wong, Christine (1982). "Rural Industrialization in the People's Republic of China: Lessons from the Cultural Revolution Decade." In Joint Economic Committee, U.S. Congress, *China Under the Four Modernizations*, 394–418. Washington, DC: U.S. Government Printing Office.

Wong, Christine (1988). "Interpreting Rural Industrial Growth in the Post-Mao Period." *Modern China* 14 (1): 3–30.

Yiwu Market Guide (2017). "Yiwu Market Guide." Accessed at http://www.yiwu-market-guide.com/yiwu-market.html.

IV 도시 경제
THE URBAN ECONOMY

도시 상업의 번영: 상하이 캉후이(康輝) 쇼핑몰의 홍등(Micah Fisher-Kirshner 제공)

14 산업: 소유와 지배구조

Industry: Ownership and Corporate Governance

1978년 이후 중국은 여러 차례의 산업혁명을 거쳤다. 중국 산업의 기술 및 제도적 기반은 거의 모든 면에서 변모했다. 2016년 산업생산량은 1978년에 비해 약 50배였으며 산업성장은 중국경제의 변화를 이끌었다(7장). 완전히 새로운 산업이 만들어졌고, 구조적인 변화가 엄청났으며, 중국은 세계 산업의 공장으로 부상했다. 이런 성과는 중국이 명령경제시대의 제도를 내세우고 시장기조로 전환하지 않았다면 불가능했을 것이다. 산업부문의 제도적 변화는 계획경제에서 시장경제로의 이행의 중심이었고, 특히 명령경제의 핵심이었던 국유산업에서 그러했다. 오늘날 중국은 국가 독점에서 다양한 소유 형태의 혼합으로 성공적으로 이행했다. 그림 14.1에서 알 수 있듯이 2015년 국영기업은 대기업 산업수익의 23%를 차지해 국내 민간기업(34%)보다 현저히 적으며 외국인투자기업(22%)과 거의 같다. 또한 이러한 다양한 형태의 회사들은 대부분의 산업 제품시장에서 치열하게 경쟁한다. 아마도 지난 35년간 중국의 제도적 변화에서 가장 중요한 한 가지 사실은 산업경제가 국내외 민간기업이 주도적인 역할을 하는 시장경제가 되었다는 점이다(Lardy, 2014).

그러나 중국의 산업은 단순한 일반적인 시장 모델이 아니다. 중국의 산업경제는 중앙정부와 지방정부 모두에서 국유기업의 중요한 역할로 인해 독특하다. 또한 1990년대 후반 획기적인 발전 이후 2005년경 시장지향적 제도개혁의 진행은 뚜렷하게 둔화되었다. 마지막으로 중국이 1980년대부터 21세기까지 수행한 제도적 변화는 기적의 성장단계에서 중국의 산업화를 지원하기에 분명히 적절했다. 꾸준히 증가하는 비용의 영향을 상쇄하기 위해 혁신과 꾸준히 증가하는 효율성이 요구되는 다음 성장단계인 기적성장 단계는 질적으로 다른 과제를 제시한다. 중국의 산업제도들은 이러한 도전들을 충족시키기 위해 점점 더 강력하고 정교해질 필요가 있을 것이다.

최근 가장 두드러진 성과 중 하나를 자세히 살펴보면 현 상황에 대해 어느 정도의 통찰력을 얻을 수 있다. 2015년 판매수익을 기준으로 한 Fortune Global 500대 기업 중 중화인민공화국에서 93개 기업이 선정되어 중국 언론에서 큰 찬사를 받았다. 이 가운데 76

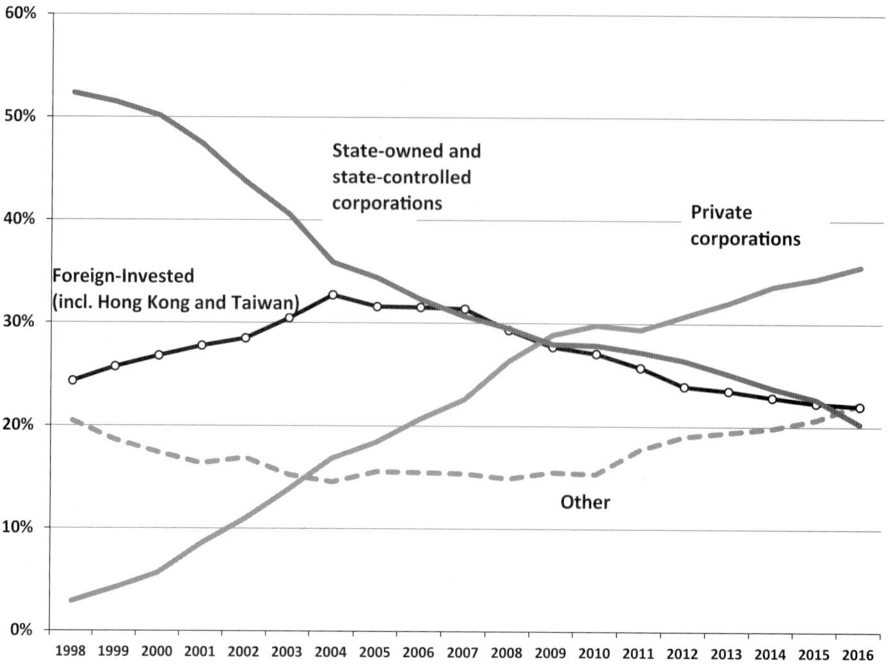

그림 14.1 산업 판매수익의 소유별 구성

자료: *SYC* (2016, tables 13-1 through 13-4). Data are for revenue from principal lines of business.

개는 거의 모든 산업분야의 비금융 회사이다. 자세히 살펴보면 76개 기업 중 68개가 국유기업(SOE)임을 알 수 있다. 더 놀라운 것은 47개가 세계 최대 지배주주인 중앙정부의 국가자산감독관리위원회(State Asset Supervision and Administration Commission, SASAC)가 소유하고 있다는 점이다. (사실 이 기관은 거의 아무도 들어 본 적이 없는 세계에서 가장 부유한 조직일 것이다.) 특히 주목할 만한 것은, 이들 거대 SOE의 대부분이 그들의 엄청난 수익을 위해 보호받는 국내시장에 의존하고 있다는 사실이다. 이 때문에 Nolan(2014, p.763)은 "중국의 SOE가 세계 유수의 기업을 따라잡기에는 거리가 멀다. 중국의 (국영) 기업들은 고소득 국가의 세계에서 가장 경쟁이 치열한 시장에서 무시될 만큼의 점유율을 차지하고 있다"라고 결론지었다. 이들 기업은 규모가 커지고 효율성이 향상됐지만 글로벌 영역과는 거리가 멀다.

Fortune Global 500대 기업에는 8개의 중국 민간기업이 있는데, 이 역시 상당한 숫자다. 그럼에도 불구하고 1996년 시작된 국가부문의 대규모 축소 이후 20년이 지난 지금도 대기업부문이 거의 국유기업에 의해 지배되고 있음을 말해 주고 있다. 외부 관찰자는 지난 40년 동안 중국 산업의 급변하는 성장을 감안할 때, 국내 환경에서는 미묘하고 다루기 힘든 장벽 때문에 역동적인 글로벌 기업으로 성장하지 못한 유망한 민간기업들이 있었을 것이라는 의구심을 갖고 있다. 중국에서는 민간기업의 성장을 장려하지만 반드시 크고 강력하게 성장할 필요는 없는 듯하다.

본 장은 서로 다른 소유제도와 관련된 세 부분으로 나뉜다. 첫 번째 부분은 현재 중국의 다양하고 경쟁력 있는 산업환경을 창출한 역동적인 소규모이고 혼합형이면서 민간이 운영하는 기업을 설명한다(14.1절). 또한 매우 광범위한 시장참여자들이 구 국영독점을 대체하는 역동적인 과정과 등장했던 활기찬 경쟁 환경을 설명한다(14.2절). 두 번째 부분은 국영기업으로 초점을 옮기고 이 관점을 이용하여 기업지배구조와 관련된 다양한 이슈들을 논의한다. 그것은 공공소유(14.3절), 기업 수준의 지배 제도(14.4절), 공공소유권을 행사하는 기관(14.5절), 기업금융(14.6절) 등에서 직면하는 딜레마로부터 시작된다. 14.7절에서는 국영산업의 부문별 구성과 집중을 검토한다. 본 절에서 제기된 모든 문제는 국가부문을 넘어서며 중국 국내외 민간기업과의 비교가 이루어진다. 마지막으로 국제적 관점에서 중국의 소유제도의 가장 두드러진 특징을 살펴본다(14.8절). 중국은 대규모 민영화를 거치지 않고 이행기를 거쳤는데, 이는 적어도 초기에는 잘된 결정이었다. 그러나 그 결과 오늘날 중국경제에서 국가부문은 많은 기업지배구조 문제를 야기하고 있다.

14.1 소규모, 혼합, 민간 기업의 진입

중국 산업에서 제도적 변화를 몰고 온 가장 중요한 요인은 경쟁이 치열한 제품시장을 꾸준히 창출한 신생기업의 진입이었다. 경쟁적인 제품시장은 회사를 훈련시키고 더 효율적이 되도록 요구하는 가장 중요한 외부 힘 중 하나이다. 진입자들은 매우 다양한 그룹이었다. 13장에 기술된 향진기업은 초기에 촉매 역할을 했고 지방정부의 지원으로 종종 자본을 조달하고 상당한 규모로 진입할 수 있었다. 1990년대에 중요한 원동력이었으며 세계시장 및 공급업체와의 경험뿐만 아니라 높은 수준의 기술을 도입한 외국인 투자기업은 17장에 기술한다. 그들은 2004~2006년에 산업생산의 최고 점유율을 달성했다(그림 14.1). 다음 절에서는 먼저 소규모 산업의 부활이라는 규모의 관점에서 진입과정을 설명한 후 혼합기업과 민간 가족기업이라는 두 가지 국내 소유형태를 설명한다.

14.1.1 소규모 산업의 진입과 (재)창출

오늘날 중국 산업의 다양한 소유구조는 수십 년간 진입과 시장변화 과정을 통해 만들어졌다. 1978년 경제이행 전환 직전에 중국의 산업은 수천 개의 유사한 공공소유의 조직들로 구성되어 있었다. 전통적인 국유기업(SOE)이 지배했고 각 SOE는 일반적으로 1개 공장(다수의 공장은 존재하지 않음)으로 구성되어 있어 대부분의 산업은 도시에 있었고 중간 규모였다. 중국은 계획경제 하에서 중소기업이 극소수였지만 잠재력은 컸다. 그 결과 소기업들의 성장이 개혁의 전반인 첫 10년의 지배적인 이야기였다. 거의 모든 개발도상국들은 중요한 역할을 하는 실질적인 소규모 부문을 가지고 있다. 대기업과 산업집단에 많은 관심을 기울인 일본과 같은 경제에서도 소기업들은 고도성장시대 발전에 중요한 역할을 수행하였다. 예를 들어 도쿄 오타구(大田區)에 있는 소규모 기계 기업들의 밀집된 네트워크는 "일본의 기계공업에 결정적인 기반을 제공했다"(Seki, 1994, p.61). 중국은 전통경제의 형태를 되살려 그러한 소기업 부문이 출현하도록 허용함으로써 엄청난 생산성 향상을 이루었다(13.6절). 다양한 종류의 소기업이 등장하여 소외된 시장을 이용했다. 앞 장에서 설명한 원저우 모델은 이러한 기업가적 대응의 한 예이다.

1997년까지 중국 당국은 "큰 것에 집중하고, 작은 것을 놓아라(关注大, 放小)"라는 정책을 채택했고, 이는 본질적으로 소규모 부문을 신생기업과 민간기업에 양도한 것이었다. 그들은 민간기업이 소규모로 남아 있는 한 선의로 방치했으며 가능한 한 간섭을 줄이고 소규모 부문을 부활시키는 데 만족했다. 그러나 1998년 소기업들이 전체 산업생산량의 43%를 차지함에 따라 상대적인 중요성이 최고조에 달했다. 1997년 이후 치열한 시장경쟁으로 인해 많은 소기업들이 운영하고 있던 보호된 틈새시장을 박탈당하여 문을 닫아야 했다. 이 무렵 TVE의 고용 증가세가 급격히 둔화되었다(그림 13.2). 물론 성공적인 신생기업들은 소기업으로 출발하여 중견기업이나 대기업으로 성장했다. 시간이 지나서 소규모 부문을 추적할 수 있는 일관된 비교 자료는 사용할 수 없지만 가장 최근의 경제조사에서는 2013년에 200만 개 이상의 소기업들이 산업인력의 30%에 해당하는 4,200만 명의 노동자를 고용한 것으로 나타났다.[1] 소기업은 여전히 중국 산업경제의 중요한 부분이며 특히 의류, 건축자재 채굴, 금속제품 및 수리 분야에 종사한다.

14.1.2 혼합기업

1980년대 개혁정부는 기존 조직에서 분리해 기업을 설립하는 등 여러 종류의 기업가 정신에 대해 환영하는 태도를 취했다. 이것은 특히 첨단기술 분야에서 두드러졌는데, 정부는 항상 첨단기술 산업을 육성하기 위해 노력하고 있으며 특히 제도 혁신과 기업가 정신을 지지하고 있었다. 소규모 신생기업이 저기술 분야에 경쟁을 가져온 반면, 혼합기업(hybrid firm)들은 종종 새로운 첨단기술 분야의 개척자였다.

중국의 혼합기업에 대한 정확한 정의는 없지만, 혼합기업의 성장패턴에는 세 가지 주요 특성이 있다. 첫째, 지배적인 경영사나 경영그룹이 있는 경우가 많은데, 대개 상당한 소유지분을 가지고 있다. 경영자는 종종 수익성 있는 기업을 관료 조직에서 분리하자고 먼저 제안하는 사람이다. 이 회사들은 개인화된 결단력 있는 리더십을 가지고 있기 때문에 빠르게 움직인다. 그들은 관료적인 기업이 아니다. 둘째, 이 회사들의 소유권은 분리되어 있으며 보통 100% 개인소유가 아니다. 지방정부나 다른 정부기관이 직접 또는 중개인

1. 소규모 부문에 대한 자료는 1998년 이후 통계학자들이 "규모 이상" 기업들에 대한 정보만을 수집함에 따라 급격히 감소한다.

을 통해 소수 지분을 보유하는 경우가 많다. 이들 기업은 주식시장에 상장되기도 하는데, 이 경우 보통 소수의 주식을 매도한다. 홍콩, 대만 그리고 해외 기업들도 종종 지분을 보유하고 있다. 공유 소유권은 일반적으로 기업가와 지방정부를 포함한 다른 주주들 사이의 이해관계를 조정하는 데 사용된다. 셋째, 주식 지분에 국한되지 않고 여러 형태의 통합은 글로벌 생산과 혁신 네트워크를 통해 이들 기업을 해외 참가자와 연결시킨다. 제조업 계약(양방향 모두), 연구 제휴, 라이선스 및 기타 여러 형태로 국내외 기업이 연결된다.

그러한 하이브리드 기업의 전형적인 초기 예가 후에 Lenovo라고 불리는 Legend Computer이다. 1984년 중국과학원 컴퓨터과학연구소(Computer Science Institute)에서 분리되어 만들어진 Legend는 외국 컴퓨터의 재판매로 시작해 점차 조립단계에 들어갔다. Legend는 실제로 주력 제조업체가 된 적은 없지만 강력한 국내 중국 브랜드, 국내 디자인 및 유통망, 그리고 우수한 공급망을 개발했다. Legend는 노트북 조립품의 100%를 대만 계약업체에 아웃소싱하여 글로벌 생산망에 창의적으로 통합했다. 이 단계를 발판으로 Legend는 2004년 말 IBM의 개인용 컴퓨터 사업부를 인수하기 위해 대담하게 움직였다. 인수의 일환으로 Lenovo는 미국 사모펀드 회사들로부터 상당한 투자를 받았고, 이들 투자자들은 전략적 파트너가 되었다. 그 후 새로운 통합회사는 홍콩 증권거래소에 상장되었다. 이 주식은 원래 회사였던 Beijing Legend Company의 지분이 36%이며(통제권 유지에 충분함) 중국과학원은 Beijing Legend 지분의 1/3을 유지하고 있다. Legend/Lenovo는 노스캐롤라이나(IBM 개인용 컴퓨터 사업부의 원래 본사)에 실질적인 본사와 설계기능을 유지하며 기본적인 방법으로 국제화했기 때문에 극단적인 예다. 그러나 이러한 특징들은 대부분 혼합 형태를 어느 정도 보여 준다.

Lenovo와 마찬가지로, 중국의 주요 정보기술 회사들인 TCL, Founder, ZTE, Datang, SMIC 등이 혼합기업으로 특징지어질 수 있다. 이들은 실질적인 공공 및 민간 소유 지분, 복잡한 역사, 그리고 외국과의 연계를 가지고 있다. 첨단기술 분야에서 혼합기업이 가장 두드러진 것은 우연이 아니다. 기술적으로 정밀한 산업을 육성하려는 열망에서 비롯된 국가의 관대함은 실리콘 밸리 모델을 멀리 바라보면서 기업가적이고 창업 경제를 지원하도록 설계된 기업지배구조의 혁신으로 이어졌다. 이런 독특한 기회들의 결합은 어떻게 해서든지 이러한 요소들을 하나로 모아 성공적인 기업을 만드는 방법을 찾으려는 도전적인 오너 경영자들을 끌어들였다.

오늘날 중국경제의 여러 부문에서 혼합기업을 관찰할 수 있다. 많은 경우에 혼합 형태는 원래 정부기관에서 일하는 설립자에 의해 세워진 회사이다. 그의 고용주는 처음에 그에게 자본을 제공하고 사업을 시작할 시간과 공간을 주었을 것이다. 1990년대에 환경이 자유화되면서 많은 경영자들이 기업의 경영권을 장악하는 한편 정부는 소수 소유지분을 유지했다. 예를 들어, Wahaha Beverage(娃哈哈飲料; 중국 최대 음료 생산업체)는 항저우에 본사를 두고 카리스마 넘치는 오너 기업가 쭝칭우(宗慶后)가 지배하는 대형 소비재 기업이다. 그러나 이 회사가 설립된 시 정부는 회사의 소유지분 46%를 유지하고 있는데 이는 이 회사가 지역학교에서 분리되어 나온 기원을 반영하고 있다.[2] 그런 회사들은 때때로 "사적으로 운영"하는(民營) 기업으로 분류되기도 하는데 이는 그들이 개인소유라는 것을 의미하지만 공식적인 소유구조에 대해서는 애매하다. 가장 큰 민영기업은 Huawei인데, Huawei는 정확하게 종업원소유 기업이다.

14.1.3 민간기업

대부분의 창업 소기업은 가계기업이었고, 많은 TVE는 사실상 민간기업이었으며 때로는 촌락이나 진(鎭)의 감독이 느슨했다. 따라서 민간기업은 처음부터 중요했다. 중국은 처음에는 통상 8인 이하인 "가계기업"을 허용했고 규모가 훨씬 커질 수 있는 "민간기업"만 단계적으로 허용했다. 따라서 공식적으로 등록된 개인사업체는 도시에 비해 상대적으로 뒤떨어졌다. 2004년에야 민간기업으로 등록된 사업체의 고용이 도시 노동력의 10%에 이르렀고 2015년에는 28%에 달했다.

오늘날 중국 산업에서 민간사업은 지배적인 소유형태지만, 민간기업 지배구조에 대한 체계적인 작업은 상대적으로 거의 없었다. 우리가 아는 것은 중국 민간기업들이 다른 아시아 민간기업들과 일부 특성을 공유한다는 것이다. 그들은 가족경영, 다양화, 밀착형 기업 구성, 그리고 내부금융에 의존하는 경향이 있다.

14.1.3.1 가족기업의 지배

중국의 거의 모든 민간기업들은, 심지어 가장 큰 기업들까지도 창업자와 직계가족이 지배하고 있다. 2010년 500대 비정부 기업을 대상으로 한 조사에서 자연인이 307개 기업의 지배지분을 보유하고 있는 것으로 나타났으며, 이 목록에는 Legend와 같은 "혼합기업"도 포함되어 있다(Feng, Ljungwall, and He, 2015). 다른 조사에서는 민간기업의 85% 이상이 가족이 지배하고 있는 것으로 나타났다. 당연히 가족지배는 거대한 소규모 변두리 지역의 가계와 미등록 업소를 포함한 소규모 사업체에서 훨씬 더 가능성이 높다.

중국의 많은 민간기업은 다각화된 가족기업(diversified family businesses, DFB)의 범주에 속한다. DFB는 중국 밖에서의 비즈니스 및 사회학 문헌에 잘 설명되어 있다(Hamilton and Biggart, 1988; Wong, 1985). 세계에서 가장 부유한 사람들 중 일부는 홍콩과 동남아시아에 있는 DFB의 수장들이다. 그러나 중국에서는, 개인 사업가들이 훨씬 더 저자세를 유지하도록 요구된다. 그들은 지방 관리들과 좋은 관계를 형성하고 경제발전의 공동의 목표에 대한 그들의 헌신을 강조해야 한다. 2012년 대규모 조사에서 민간기업 소유

2. 쫑칭우(宗慶后)는 역외 지주회사 등 지주회사의 복잡한 시스템을 통해 지배력을 유지하고 있다. Wahaha는 2000년대 중반 국제합작투자 파트너인 Danone과의 심각한 분쟁에 연루되었고 이로 인해 소유권과 기업구조의 많은 세부사항이 공개되었다.

자의 약 1/3이 공산당 당원이었다. Li et al.(2008)은 최고경영자가 당원인 민간기업이 은행신용에 더 잘 접근할 수 있고 법률체제에 더 큰 신뢰를 나타낸다는 것을 발견하였다. 더구나 이러한 효과는 시장과 법률제도가 취약한 지역에서 더 강했다. 가족회사들은 가족구성원들 사이의 강한 신뢰와 충성심에 분명한 이점이 있다. 그러나 자본에 대한 접근 및 활용, 그리고 전문 경영인 활용에 있어 덜 효과적일 수 있다.

14.1.3.2 사업 다각화

일정 규모 이상의 민간기업은 다각화 경향이 강하다. 그들은 관련이 없는 것처럼 보이는 광범위한 분야에 생산자산을 배치한다. Du, Lu, and Tao(2015)는 사기업은 정치적 보호가 필요하기 때문에 다각화한다고 주장했다. 민간기업은 상당한 설치비용을 부담하며 공무원들과 긴밀한 관계를 형성해야 한다. 일단 그렇게 되면 지리적 관할권 내에서 소중한 정치적 보호를 받게 된다. 이 지리적으로 특정한 관계 자본은 그들이 초기 사업분야에서 개발한 부문별한 전문지식보다 더 가치가 있다. 그 결과 Du, Lu, and Tao는 경험적으로 기업들이 여러 부문에 걸쳐 다각화를 하며 관할권 내에서 확장할 가능성이 더 높다는 것을 발견했다. 게다가 이러한 영향은 정치적 개입이 더 크고 경제적 비용이 더 큰 경우에 더 가능성이 높으며, 기업가가 전직 정부관료 또는 SOE 관리자 및 SOE 간부일 때 더 강력하다. 민간기업들은 번창하기 위해서는 규제완화가 필요하고 지역 공공재 제공이라는 명분 아래 부과되는 비공식적 부담금을 최소화할 필요가 있다. 이러한 발견은 DFB에 관한 국가 간 문헌과 일치한다.

중국에 국제 영업이 도입되면서 민간 영업조직의 복잡성이 증가했다. 대만과 홍콩 기업은 중국 본토에 많은 자회사를 설립했고 이들 사업에서는 현지 가족구성원과 협력하는 경우가 많았다. 동시에 중국 기업들은 특히 홍콩에 해외법인을 두는 것이 유리할 수 있다는 것을 알게 되었다. 때때로 중국 기업들은 단순한 홍콩법인을 설립하기도 하고, 또 다른 경우에는 국경을 넘어 자회사들과 지주회사들의 복잡한 연계가 만들어지기도 한다.

14.1.3.3 법적 지위

세계은행 기업조사 프로젝트는 2012년 중국 내 2,700개 민간기업을 대상으로 인터뷰를 했다(World Bank and IFC, 2014). 이 보고서는 중국 기업들이 동아시아나 전 세계에 있는 기업들보다 공기업(“공개” 또는 “폐쇄” 즉 주식공개 거래 여부)의 형태로 조직될 가능성이 훨씬 낮다는 것을 발견했다. 표본 기업의 5.3%만이 두 종류의 유한책임회사 중 하나로 조직되었는데, 이는 동아시아의 21.6%와 대조적이다. 중국에서는 50.8%가 단독 소유권이며 39.7%가 다양한 종류의 동업관계였다.

14.1.3.4 금융

중국의 민간기업들은 특히 은행 시스템에서 외부 금융에 접근하기가 어렵다고 정기적으로 보고한다. 대부분의 개인회사는 규모가 작고 신생기업이기 때문에 이것은 놀라운 일이 아니다. 중국은행들은 대출하기 전에 민간기업에 상당한 담보를 요구하는 것으로 알려져 있다. 앞에서 인용한 세계은행 조사에 따르면 민간기업은 투자자금의 90%를 내부적으로, 은행에서 4.5%, 그리고 자기자본에서는 3%만 조달한 것으로 나타났다. 내부조달자금의 비중은 다른 동아시아 국가의 민간기업(72%, 15%)과 일반적 중상위권 경제(62%, 23%)에 비해 높고 은행 비중은 낮다. 은행자금조달 의존도가 높은 SOE와도 큰 대조를 이룬다. 조사 대상 민간기업이 언급한 "주요 장애물"은 "금융 접근성"(22%)이 가장 많았고 "비공식 부문의 관행"(20%)과 "세율"(15%)이 뒤를 이었다. 떠오르는 그림은 재정적으로 제한된 환경에서 영향력 있는 관리들에 대한 접근 또는 보호가 성공의 중요한 결정요인이 될 수 있는 민간기업 중 하나이다.

14.2 다양하고 경쟁력 있는 산업경제

오늘날 중국의 영업환경은 경쟁이 치열하며 여러 분야에서 서로 다른 유형의 기업들 간에 정면승부가 벌어지고 있다. 예를 들어, 소비자들은 최고 품질의 다국적기업(Apple, Samsung), 국내 고급 혼합기업(Lenovo, Xiaomi), 대량판매 민간기업(Oppo) 또는 값싸고 브랜드가 없는 싸구려 복제품 제조업체에서 제조한 휴대폰 중에서 선택할 수 있다. 회색시장의 저급(山寨) 전화기는 현재 아프리카와 남아시아에서도 상당한 시장을 개척했다. Brandt and Thun(2010)은 건설기계산업의 경쟁에 대해 기술했다. 처음에는 Caterpillar와 Komatsu 등 외국계 기업들이 프리미엄 시장 부문에 진출하여 고가의 최고급 기계를 판매한다. 점차 Sany(三一重工)와 Zoomlion(中聯重科) 같은 중국 혼합기업들이 프리미엄 품질은 아니지만 상당히 저렴한 기계를 판매하면서 중급품질 부문으로 시장을 넓힌다. 품질이 낮지만 저렴한 장비를 판매하는 소규모 지역회사들이 살아남는다. 이러한 치열한 경쟁 패턴이 중국 산업의 대단한 활력을 설명해 준다.

우리는 "Doing Business" 데이터베이스의 세계은행그룹(2016) 설문조사로부터 제도적 환경에 대한 기준을 수립할 수 있으며, 여기에는 많은 국가와 주요 경제 중심지(중국의 경우 상하이와 베이징)에 대한 기준들이 포함된다. 2016년 6월에 인허가 획득에 필요한 일수, 계약 집행 비용, 소액주주 보호 등 45개 지표를 조사한 결과 중국은 190개국 중 78위를 차지했다. 이것은 중국의 발전 수준을 감안할 때 거의 정확히 예상할 수 있는 것으로, 중국의 발전 수준은 저개발국보다 높지만 대부분의 선진국보다는 훨씬 낮다. 이 조사에서 계약 집행, 재산 등록, 신용 가용성, 그리고 파산절차에서 베이징과 상하이는 높은 순위를 차지했다. 창업의 용이성, 세금, 그리고 소액투자자 보호 등에 대한 점수는 저조했다. 현재까지 가장 어려운 과제는 건축허가를 받는 것이었다.

14.3 소유권과 공익

중국의 정책 입안자들은 과감하게 시장진입을 허용했지만 기존 국유기업들을 변화시키는 데는 신중했다. 중국은 국영기업 사유화 프로그램을 명쾌하게 수용한 적이 없으며 많은 공식적인 성명은 공공소유, 특히 국가소유를 "통합되고 발전되어야 하는" 경제의 장기적인 특성으로 묘사하고 있다(Ji, 2014). 그 결과 산업에 대한 국가 소유권은 지속되어 왔고 시장지향적인 개혁이 시작된 지 거의 40년이 지난 후에도 계속해서 논란이 되고 논쟁이 지속되고 있다. 국가 소유권은 그 자체로 중요하며, 게다가 국가 소유권은 소유권과 기업지배구조에 관련된 문제들을 보는 중요한 프리즘 역할을 할 수 있다.

왜 정부는 회사를 소유하는가? 박스 14.1에서 기술한 바와 같이 소유권은 잔여소득과 잔여지배권(계약의무를 이행한 후)을 처분할 수 있는 권리로 정의될 수 있다. 소득과 지배권은 소유권에 함께 묶여 있지만, 공공 소유주에게 있어서 이 두 가지 소유권 사이에 양립할 수 없는 긴장이 있다. 공공 소유자는 지배권 강조(공공목표 달성)와 소득권 강조(수익 창) 사이에서 실질적인 선택을 해야 한다. 국유기업에 대한 국가 간 연구에 따르면 공공소유에 대한 효율적 처벌은 존재하지만 국유기업이 이윤을 극대화하고 비용을 절감하기 위해 적절한 인센티브를 제공하는 경우에는 상당히 작을 수 있다는 사실이 지속적으로 밝혀져 왔다. 다시 말해서, 정부가 간섭하지 않고 효율성과 이익 극대화에 보상을 하면 공기업도 민간기업만큼 효율적일 수 있다. 국유기업들이 투명성, 경쟁성, 그리고 경성 예산제약의 환경에서 운영된다면 이 성과는 크게 촉진될 것이다.

이러한 특성은 중요한 질문을 던진다. SOE가 민간기업과 똑같이 행동해야 한다면, 굳이 국유기업을 소유할 이유가 있는가? Qian(1995)은 정부가 면밀한 감시나 시장규율 없이 기업에 많은 자율권을 부여할 경우 "태만함"이 불가피하고 부패와 자산수탈이 심각해질 것이라고 지적했다.[3] 반면 정부가 기업을 면밀히 감시할 경우 정치적 간섭이 불가피하다. "정치적 간섭"은 고용 유지, 인상적인 쇼 프로젝트나 신기술에 투자하거나 정부의 감시자에게 개인적으로나 정치적으로 혜택을 주는 행위까지 "평등한" 방식으로 지역에 걸쳐 투자를 분배하는 모든 비영리 최대화 작업을 말한다. 공공소유에서, 경영자와 정치인은 모두 경제외적인 목표를 추구할 동기를 가지고 있다. 공공 소유주들은 세 가지 경쟁적인 목표를 가지고 있다. 그것은, 공공기업의 자율성과 효율성을 향상시키기 위한 인센티브 제공, 경영상의 해이와 특히 부패를 통제하기 위한 감독 강화, 그리고 발전적인 또는 공익적인 목표를 지정함으로써 공공소유를 정당화하는 것이다. 어느 정도 이것은 "불가능한 삼위일체(impossible trinity)"이며 이러한 목표들 사이의 모순은 SOE에 대한 일관

3. 여기서 "태만함(slack)"은 안락한 삶이나 수월한 혜택 또는 철저한 부패를 포함하는 경영자의 개인적 이익으로 기업의 자원을 전용하는 것으로 정의된다. "자산수탈(asset stripping)"이란 민간이 자산에 대해 과소지급할 수 있도록 하는 어떤 종류의 거래를 통해 공공자산을 사적 소유로 전환하는 것을 말한다.

된 정책을 설계하는 것을 어렵게 만든다.

이러한 문제는 오늘날에는 중요하지만 산업개혁의 초기단계에서는 굳이 다룰 필요가 없었다. 1978년 중국의 산업은 본질적으로 100% 공공소유였다(SOE는 생산량의 77%, 도시집체는 14%, 농촌 TVE는 나머지 9%). 시급한 문제는 공공부문의 효율성이 점진적인 개혁으로 개선될 수 있을 것인가, 아니면 과감하고 파괴적인 사유화 프로그램을 통해 획기적으로 구조를 변경하는 것이 더 나은가 하는 것이었다. 계획경제 하에서의 기업은 현대적이고 시장지향적인 기업과 너무 멀리 떨어져 있었기 때문에 점진적인 개혁은 어려웠다. 계획경제 하에서 "기업"이라고 불리던 것은 실제로 거대한 관료주의의 구성요소였다. 기업은 사회주의 주식회사라는 거대한 단일 기업의 하나의 생산 부서와 같았다. 그것은 시장 사업과 연계한 전략 계획, 마케팅, 물류 또는 인사 능력을 가지고 있지 않았다. 정부가 기업의 이윤을 모두 챙기고, 관리자들은 부처와 지방정부가 할당한 무수한 업무를 수행하고 다기능 사회단위인 단위(单位)(6장)의 업무를 운영하느라 바빴다. 가장 근본적인 문제는 기업 경영자들에게 자율성과 인센티브를 제공하는 것이었다.

사회주의 기업을 이윤지향적인 기업으로 변형시키기 위해서는 여러 차원의 변화가 필요했다. 5장에서 기술한 바와 같이 개혁의 첫 번째 기간(1984~1989년) 동안 개혁가들은 다양한 인센티브 장치를 실험하여 관리자들에게 주어지는 보상을 크게 높이고 인센티브를 수익성과 밀접하게 연결시켰다. 개혁가들은 SOE들이 고정된 양의 이익(일반적으로 그들의 생산 및 공급 계획 규모와 연계되어 있는데, 이 또한 동결되었다)을 넘기기로 약속하는 계약 제도를 채택했다. 이 접근방식에 따라 SOE 경영자들은 높은 인센티브와 마진으로 시장가격에 접근할 수 있었다. 이러한 "인센티브화" 접근방식은 관료주의적인 경제를 해체하고 기업들이 시장경쟁에 대응할 수 있도록 방향을 바꾸는 데 도움을 주었다.

박스 14.1 소유권과 지배구조

소유권은 자산이나 조직에 대한 잔여 권리로 정의될 수 있다. 권리는 이미 명시적으로 약속되거나 계약에 의해 할당되지 않은 자산이나 자원에 대한 권리라는 점에서 잔류한다. 즉, 소유자는 모든 계약상 의무를 이행한 후에 자산에 어떤 일이 일어날지를 결정할 권리가 있다.

잔여 권리에는 크게 두 가지 유형이 있는데, 자산이 창출하는 수익권과 자산을 물리적으로 지배할 수 있는 권리이다. 자산은 수익을 창출하고, 소유자는 은행가와 채권 보유자에게 계약상 지급한 후 남은 순익을 누린다. 물론 소유자는 손실의 위험도 감수해야 한다. 마찬가지로, 물리적 지배는 계약이나 공공 규제에 의해서도 공유되거나 제한될 수 있지만, 소유자는 계약에 의해 달리 명시되지 않거나 법률에 의해 금지되지 않는 지배의 어떤 측면에 대해서도 잔여 권리를 누린다.

기업지배구조는 계약에 의해 명시되지 않은 결정을 내리는 데 사용되는 제도를 말한다. 즉, 소유자의 잔여 권리가 행사되는 수단이다. 기업지배구조 제도는 주주들이 경영자에게 책임을 위임하는 방식에 각별히 유의하면서 기업 내 참여자 간 권리와 책임의 분배를 명시한다. 기업지배구조 시스템은 기업 업무에 대한 의사결정을 위한 규칙과 절차를 기술한다. 이를 통해 그것은 회사 목표가 확립되는 구조와 성과를 감시하고 회사 목표를 달성하기 위한 수단을 제공한다(OECD, 2004).

1993년까지 산업경제는 계획에서 벗어났고 새로운 개혁단계를 준비할 수 있었다.

1990년대에 중국에서는 공기업들이 이익에 초점을 두어야 하고 근본적인 SOE 개혁이 필요하다는 사실상의 정책 합의가 이루어졌다. 국가 세입 감소의 위기에 직면한 정책 입안자들은 통제권보다 이익 극대화와 소득 권리가 더 중요하다는 데 흔쾌히 동의했으며, SOE에 추가적인 업무가 배정된 경우는 거의 없었다. 1990년대 중반 이후 경쟁이 치열해졌고 중국 개혁가들은 고통스러운 실업 급증으로 기업들이 직면하고 있는 예산제약을 크게 강화했다. 만성적인 손실을 초래하는 기업들은 마침내 문을 닫거나 매각하는 일이 조용하지만 대규모로 진행되었다. 총 산업 SOE의 수는 1990년대 중반 12만 개에서 2003년까지 3만 4,000개로 감소했는데 여기에는 모든 국영기업이 포함된다. 경쟁이 치열해지고 예산제약이 심해지자 국가부문이 대폭 축소되었다. 이러한 조건 아래 정책 입안자들은 나머지 국영기업들이 직면하고 있는 문제들을 해결하는 일에 착수할 수 있었다. 다음 질문들은 가장 중요한 내용들을 포함하고 있다. 어떤 기업 수준의 기업지배구조 제도가 적합했는가? 국영기업에 대한 정부의 소유지분은 실제로 어떻게 행사되어야 하는가? 국영기업들은 어떻게 자금을 조달해야 하는가? 국영기업은 어떤 부문에서 활동을 유지해야 하는가? 각 질문에 대해 다음 절들에서 논의한다.

14.4 기업지배구조: 기업 차원의 제도

국유든 민간이든 모든 기업에 대해 기업지배구조 제도를 설립하기 위한 필수조건은 회사법이다. 1994년 중국의 회사법은 기업 그리고 궁극적으로 전체 규제 및 소유 제도를 위한 법적 체계를 제공했다. 그 이전에 중국은 특정 유형의 기업을 다루기 위한 특별법[예: 외국 합자기업에 관한 법률(1979년), 국가 기업법(1988년)]만 있었다. 14.1절에 기술된 초기 진입기업과 창업기업은 어떤 종류의 법적 헌장에도 없었다. 이와는 대조적으로 회사법은 다른 소유권 형식에 대해 통일된 법적 체계를 제공했다. 그것은 어떤 소유권 형태에도 적용될 수 있는 다양한 법적 형식을 제공함으로써 기업들 간의 공평한 경쟁의 장을 만들려고 노력했다. 가장 중요한 것은 대기업을 위한 합자회사들과 더 작고 더 긴밀한 소유주 그룹을 위해 고안된 더 단순한 유한책임회사들이었다. 후속 법령들은 동업관계 및 개별사업에 대한 규칙으로 제도를 완성했다.

14.4.1 기업화

또한 회사법은 SOE를 “기업화” 즉 기존의 SOE를 기업의 법적 형태로 전환하여 시장경제에 보다 적합하게 만드는 틀을 제공하였다. 회사법은 이제 정부 소유와 회사의 법적 지위 사이에 구분이 있다는 것을 의미했다. 즉, 국영기업은 구 국가 기업법에 따라 조직된 전통적인 SOE이거나 국가가 지배지분을 가지고 있는 새로운 기업일 수 있다.[4] 국유기업은 정부가 100% 지분을 소유했더라도 주주와 이사회를 두어야 한다. 따라서 회사법에 따른 조직개편은 전통적인 SOE가 기업지배구조 절차를 개선하고 현대화하는 첫 단계였다. 개별 SOE는 단계적으로 기업으로 재편하는 것으로, 기존 SOE는 각각 합자회사나 보다 단순한 유한책임회사로 전환되면서 점차 사라질 것이라는 의도였다.

기업 형태는 기업 경영진의 이익과 소유주의 이익을 일치시키는 데 도움이 된다. 중요한 제도는 회사의 이사회이며 회사법에서 회사의 최고 권한을 가진다고 명시하고 있다. 국가는 회사의 주주 자격으로 이사회 구성원을 임명하며 순수한 주주의 역할로 재정의된다. 결국, 이것은 회사의 경영자들이 이제 이사회에 대해서만 책임을 지게 되므로 회사의 자율성이 높아진다.

14.4.2 혼합 소유권에 대한 법적 근거

마지막으로 회사법은 혼합 소유권을 위한 새로운 법적 체계를 만들었다. 혼합기업에 대한 논의에서 알 수 있듯이 혼합 소유권은 항상 중국 기업환경의 특징이었다. 그러나 기업형태는 혼합 소유형태의 훨씬 더 복잡한 발전을 허용하고 있다. 여러 당사자가 소유권을 공유하면 해당 지분은 공통분모인 자기자본으로 축소되고, 자신의 지분으로 투표를 통하여 관심사를 표명한다. 이제 주주들은 분배 가능한 이익이라는 공통의 이익을 공유하며, 소유주들이 수익성이라는 단일 목표에 집중하고 그에 따라 경영자에게 인센티브를 제공하도록 장려한다(Clarke, 2010). 원하는 경우, 새로운 기업형태는 사유화를 위한 수단이 될 수도 있다. 왜냐하면 연속적인 지분거래는 일반에 매각되어 잠재적으로 정부지분을 0까지 줄일 수도 있기 때문이다.

기업형태는 재편된 SOE들이 주식시장에 상장될 수 있도록 허용함으로써 소유권이 다양해지고 투명성이 실질적으로 향상되었다. 상장이 많은 돈을 모을 수 있기 때문에 매력적인 상장을 신속하게 할 수 있는 강력한 동기를 부여했다. 1998년 Sinopec, CNPC(Petrochina), 그리고 China National Overseas Oil Corporation(CNOOC) 등 3개 국영 원유회사는 부분적으로 경쟁하고 잠재적으로 통합된 원유회사로 재편되었다. 각 기업들은 자사의 최고 품질의 자산을 완전히 기업화된 자회사로 포장했으며 2000년 4월부터 2001년 2월 사이에 뉴욕과 홍콩 증권거래소에 상장했다. Sinopec은 소수 지분을 35억 달러에 매각했고 BP, ExxonMobil, Shell 등이 각 기업에서 상당한 지분을 매입했다. 이는 당시 세계에서 가장 큰 주식시장 상장 중 하나였으며 중국 원유 메이저를 세계에서 가장 높은 가치를 지닌 회사들 중 하나로 만들었다.

그러나 신속히 움직이기 위해 중국 정부는 사실상 모든 귀중한 원유 및 가스의 생산

---

4. 결과적으로, 국가부문을 정확하게 기술하려면 이 책 전반에 걸쳐 수행된 것처럼 이 두 범주를 모두 포함해야 한다. 일부 범주의 데이터는 여전히 "국가 및 국가 통제 기업"의 보다 포괄적인 정의에서는 이용할 수 없다.

및 정제시설을 상장된 차량에 담았고, 금전적 손실을 입은 서비스 및 복지회사들은 대부분 "후임자(存续)"나 "뒤에 남겨진" 기업에 담았다. 예를 들어 CNOOC가 상장된 후 상장사 직원은 1,000명, 뒤에 남겨진 기업의 직원은 16,000명이었다. 상장사는 수익성이 높았으며 배당금은 뒤에 남겨진 기업의 상당한 손실을 상쇄하는 데 사용되었다. 새로운 상장기업을 매력적으로 만들기 위해서는 심각한 과잉인력이 해결되어야 했다. 2000년까지 약 36만 명의 노동자들이 CNPC에서 해고되었으며 중국 동북부의 유명한 원유 도시 다칭(大庆)에서 불안을 야기했다(Downs, 2008). 사실상 모든 SOE는 상장기업으로 이 길을 따랐다.

14.4.3 불균일한 진행

회사법의 시행은 지지부진했다. 기업화 과정에 대한 자료는 단편적이지만 2004년까지 국영기업의 약 30%, 2008년까지 64%가 기업화된 것으로 보인다. 개혁의 가속화를 선언한 획기적인 제18차 3중전회(三中全會)가 열리는 2013년 현재, 국영기업의 80%가 기업화되었지만 최상위 계층에 있는 가장 거대한 대규모 기업들은 포함되지 않았다(Ji, 2010; SASAC, 2009, pp.57~58; 2014, p.685). 따라서 회사법이 통과된 지 거의 20년이 지난 후, 국영기업의 상당부분이 기업화를 위한 첫 번째 단계를 밟지 못했고 전통적인 SOE는 여전히 흔했다. 게다가 많은 국영기업들은 이사회가 없거나 명목상의 이사회를 갖고 있었다. 국영부문은 부분적인 개혁의 패턴으로 정착했다. 완전히 기업화되고 상장된 기업들은 거의 변화되지 않은 정부 기관들에게 보고하였다. 2013년 3중전회(5장)에서 정책 입안자들은 변화의 속도를 가속화하겠다고 공언했고, 2017년 말까지 모든 SOE를 회사법에 따라 개편하고 이사회를 설립해야 한다고 선언했다. 이와 관련, 주식시장에 국유기업의 부분적인 상장은 잠재적으로 소유와 지배구조의 점진적이고 심층적인 변혁의 시작이었다. 대기업들은 수익성이 매우 높은 자회사를 만들어 주식시장에 상장하는 데 급급했다. 그러나 모기업들을 법인으로 전환하고 이사회를 선임하고 투명성을 높이기 위한 과정은 훨씬 느리게 진행되었다. 그 결과 상당한 직원과 자산을 가졌지만 투명하지 않고 개혁적이지 않은 뒤에 남겨진 기업들이 광범위하게 설립되었다. 이는 기업과 상장 자회사 사이에서 이해관계자 간의 거래에 엄청난 기회를 제공하였다. 이와 유사하게 상장기업은 점진적으로 국가 지분을 매각하여 기업을 분산된 지분 보유기업(공기업이나 국유기업과는 매우 다른)으로 전환하는 과정의 첫 번째 단계가 될 가능성이 있다. 이런 일은 일반적으로 일어나지 않았다. 대신에 정부는 일반적으로 주식시장에 상장된 대형 SOE 자회사의 다수 또는 다수의 지배력이 있는 소수의 지분을 유지했다.

14.4.4 혼합 소유권: 2013년 이후 부활

2013년 이후의 개혁 프로그램은 "혼합 소유권 제도" 개발에 역점을 두었다. 혼합 소유권은 1980년대 이후 중국 기업개혁의 특징이 되어 왔음에도 불구하고 개혁 문서는 이 용어를 되살려 새롭게 강조했다. 혼합 소유권은 공무원들에게 더 많은 융통성을 주므로 다양한 방식으로 해석될 수 있다. 경우에 따라 혼합 소유권은 지방정부가 문제가 있는 SOE의 대주주 지분을 민간 소유주에게 매각할 수 있도록 하는 체계로 작용했다. 종업원 소유권 계획은 혼합 소유권의 일환으로 추진되어 왔으며 오랜 지연 끝에 2016년 말과 2017년에 시범 시행에 들어갔다. 반면에 혼합 소유권은 정부가 개발지원을 원할 때 SOE가 민간기업의 지분을 가져갈 수 있다는 의미로도 해석되었다.

혼합 소유권은 오늘날 국영기업들이 "완전히 경쟁적인" 부문에서 운영되는 것으로 분류될 때 가장 큰 가능성을 보여 준다. 그러한 기업들은 기업화를 가속화하라는 지시를 받고 있다. 그들은 다수의 지분을 가지고 있더라도 외부 투자자들을 끌어들일 수 있고 가능한 경우 주식시장에 상장될 수 있다. 게다가 자연독점으로 여겨졌던 부문들 내에서 잠재적으로 경쟁적인 사업들을 발굴하기 위한 노력이 이루어지고 있다. 예를 들어 대형 원유회사들은 그들의 휘발유 주유소를 민간에 개방하고 있다. 상하이는 더 나아가 모든 회사를 경쟁력 있는 회사, "기능적인" 회사 또는 공공서비스로 분류했다. 이러한 실행계획은 인센티브를 개선하고 시장화를 가속화하며 특히 지역 차원에서 사유화를 촉진할 수 있는 잠재력을 가지고 있다. 여전히 불명확한 것은 완전히 경쟁적인 부문에 있지 않은, 상업기업의 하위그룹에 있는 기업들을 처리하는 방법이다. 게다가 많은 대형 중앙정부 회사들은 현재 여러 시장에 수백 개의 자회사를 보유하고 있다. 이들 회사들의 분류는 아직 시작되지 않았으며 어떤 원칙이 적용될지 여전히 불분명하다. 2013년 이후의 개혁 프로그램에는 긍정적인 역할을 수행할 수 있는 중요한 요소가 포함되어 있지만, 많은 부분이 이행과정을 어떻게 해석하느냐에 달려 있다.

14.5 공공소유 기관 및 그들의 임무

실제로 소유권을 행사하는 기관은 공공소유가 추구하는 목표를 결정한다. 그 기관들은 기업 경영자들에게 동기를 부여하고 그들의 행동을 효과적으로 형성하는 보상체계를 확립한다. 명령경제 하에서 산업부와 지방정부의 산업국은 관료적 종속을 통해 주요 소유권 기능을 행사했다. 대부분의 중앙정부 산업 부처는 1998년 주룽지의 관료적 통합 프로그램의 일환으로 폐지되었고 중앙정부의 SOE는 아무런 공식적인 소유자 없이 실제로 이전과 같이 5년간 기능했으며, 거미줄 같은 이해관계와 전통적인 관료적 관계에 내재되어 있었다.[5] 중국은 2003년이 되어서야 공공 소유권을 행사하기 위해 특별히 고안된 기구를 설립하였다.

5. 회계방식의 감독은 취약한 "국가자산관리국(State Assets Management Bureau)"에 의해 행해졌다.

14.5.1 소유권 관리기관: SASAC의 등장

국가자산감독관리위원회(State Asset Supervision and Administration Commission, SASAC)는 2003년 정부기업에 대해 정부의 소유권을 행사할 수 있는 "소유권 기관"으로 설립되었다. SASAC는 정부 내에서 감독책임이 있는 관료들이 짜낸 진화적인 창조물이었다. 그럼에도 불구하고 그것의 창설은 정부통제를 관료적 종속이나 규제가 아닌 "소유"로 정의하는 데 있어서 분명한 단계를 보여 주었다. 창설과 동시에 중앙 SASAC는 목록에 명시된 196개 기업의 소유권을 부여받았다. 그런데 이들 196개 기업은 사실상 수천 개의 자회사를 거느린 거대 기업들로서 가장 큰 SOE였다. 2013년 말 현재 중앙 SASAC는 자회사를 포함한 총 38,000개 이상의 기업에서 9조 3,000억 위안의 국가자산을 관리했다(그림 14.2). 중앙 SASAC는 현재 지방정부가 완전히 "소유"하고 있는 수천 개의 다른 국유기업에 대한 소유권 청구를 할 수 없었다(점차적으로 지방정부들은 자체 "지방 SASAC"를 설립). 중앙 SASAC가 설립된 후 지방정부는 자체적으로 회사를 구조조정하고 때로는 사유화하거나 폐쇄할 수 있는 더 많은 여유를 가지게 되었다. 지방정부가 운영하는 공장은 중앙정부의 공장에 비하면 규모가 작았고, 광범위한 분야에서 운영되었으며, 경쟁부문에 더 많이 노출되어 결과적으로 수익성이 낮았다. 표 14.1에서 알 수 있듯이, 중앙 SASAC의 국가산업 노동자 비중은 2002년 23.7%에서 2013년 43%로 증가했으며, 중국 노동력의 대규모 확충에도 불구하고 여전히 SASAC 산업노동자는 2013년 국가 전체의 8.1%를 차지하고 있다. 중앙 SASAC의 대기업은 국가부문에서 점점 더 중요한 부분이 되어 갔다.

중앙 SASAC는 기업지배구조를 개선하고(여기서 논의) 국유기업을 구조조정하여 국가소유를 지속할 명분이 있는 분야에 집중한다는 야심찬 두 가지 의제로 시작했다(14.7절). 이 두 의제 모두 처음에는 국영부문을 수익성으로 되돌리자는 합의된 목표를 따랐다.

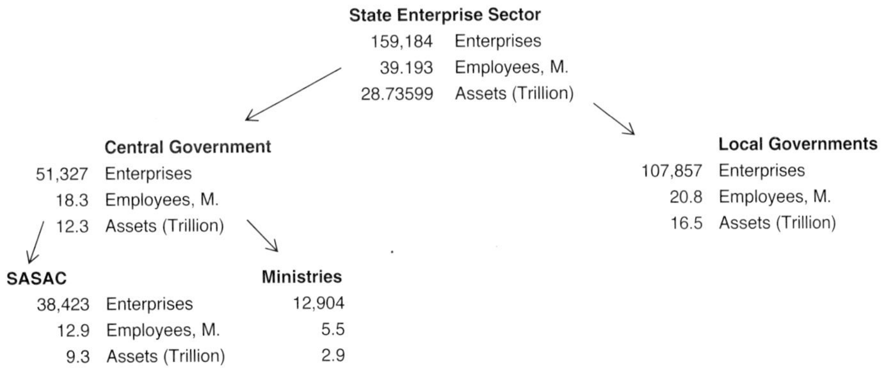

그림 14.2 국가부문의 지도

자료: SASAC (2014, pp.685–697). Includes all nonfinancial enterprises.

14.5.2 SASAC의 기업지배구조 의제

SASAC의 기업지배구조 의제는 기업화 과정을 수행하는 것이었다. 이사회를 포함하여 완전한 기업지배구조 제도 전체를 개발하는 것이 목표였다. 이사회는 권한을 가져야 하며 상당수의 외부 독립이사가 있어야 한다. 많은 경우에 SASAC는 "100% 상장"될 기업을 목표로 할 것이다. 이는 가장 매력적인 자산 중 일부가 아닌, 기업의 모든 자산을 단일 법인으로 합쳐서 주식시장에 상장해야 한다는 것을 의미했다. 이것은 더 나은 투명성과 감독을 제공하고 다양한 소유지분을 대표할 수 있는 이사회를 위한 길을 준비할 것이다.

SASAC는 회사의 CEO들을 위한 일률적인 인센티브 계약 모델도 공포했다. 거의 모든 SASAC 기업은 수익이 지배적인 역할을 하는 3년 성과 계약에 서명한다. 100점의 등급을 설정한다. 점수의 약 1/3은 연간 수익(약정된 목표와 관련), 또 1/3은 장기 자본 수익률 또는 자산 증가, 그리고 마지막 1/3은 기업 또는 부문별 목표를 위한 것이다. 이러한 목표들이 효율성과 성장, 수익과 가치 사이의 균형을 유지하는 합리적인 역할을 수행하게 된다. 물론 이러한 작업들은 수년간 발전해 온 것이다. 경영자는 100점을 만점으로 해서 성과에 따라 A~E등급을 받는데, A등급을 받은 경영자에게는 기본급의 최대 3배의 인센티브가 지급된다.

14.5.3 SASAC 권한의 제약

SASAC 설립은 확실히 개선된 것이었다. 공공 소유권의 가장 큰 문제들 중 일부는 공공의 이익을 적극적으로 옹호하기 위해 고안된 전문 "소유 기관"이 없었기 때문이다. 처음부터 SASAC는 가치가 큰 자산에 대한 소유권을 부여받았다. 그러나 SASAC의 권한에는 잔여 지배권과 잔여 소득권에 모두 영향을 미치는 중요한 제약이 있었다. 다음의 세 가지 제약이 가장 중요하다.

첫째, SASAC가 명목상 소유하는 가장 큰 중앙 SOE들은 사실 강력한 자율적 행위자

표 14.1 중앙 SASAC의 국영기업 노동자 비중

	2002	2008	2013
총 국영기업 노동자(백만 명)	**50.3**	**36.7**	**39.193**
중앙 SASAC 노동자	8.6	11.4	12.876
중앙 SASAC 비중	17.1%	31.0%	32.9%
총 국영산업 기업 노동자(백만 명)	**24.9**	**18.6**	**18.3**
중앙 SASAC 노동자	5.9	7.7	7.9
중앙 SASAC 비중	23.7%	41.2%	43.0%
총 규모 이상 산업 노동자(백만 명)	**54.7**	**88.4**	**97.2**
중앙 SASAC 비중	10.8%	8.7%	8.1%

자료: SASAC (2014, pp.685–697; and earlier volumes); *SYC* (2016, tables 13-1 through 13-4).

들이다. 가장 큰 SASAC 회사들은 산업부로부터 만들어졌으며 협력하는 관료 및 공무원들의 강력한 네트워크에 의존할 수 있고 강력한 정치적 후원자가 있을 수도 있다. 예컨대 권력형 정치인이자 정치국 상무위원인 저우융캉(周永康)이 부패 혐의로 몰락한 뒤 그가 중국 국가원유회사 지배권을 이용해 가족을 부유하게 하고 강력하고 위험한 정파를 구축한 사실이 드러났다. 저우의 추락은 가장 큰 SOE의 관리자에 대한 감독이 불충분하다는 사실을 일깨워 주었다. SASAC는 직원 수가 적고 독립적인 정치적 영향력이 거의 없기 때문에 감독이 제한적이다.

둘째, SASAC는 그것의 통제권을 실현하는 수단이기 때문에 임명권을 가져야 한다. 그러나 공산당 체제의 현실은 모든 주요 인사문제에 대해 당이 궁극적인 결정을 내린다. 53개 SASAC 기업의 최고경영자 겸 이사회 의장(차관급)은 공산당 중앙위원회 조직국이 직접 임명한다. 이러한 직위는 상당한 자원을 통제하는 중요한 후원직으로 간주되어 당의 통제 아래 있다. 결과적으로 진정한 SASAC 인력의 힘은 소기업에 대해 그리고 대기업의 부관리자 수준에 머문다.

셋째, SASAC는 2007년까지 SASAC 기업이 벌어들인 순수입(수익)의 흐름을 직접 통제하지 못했다. 1990년대 중반 SOE가 거의 이익을 얻지 못하던 시기(아래 참조)에 정부는 세후 수익에 대한 주장을 포기했다. SOE가 수익성으로 돌아간 후에야 SASAC는 정부 "배당"에 따른 수익의 일부를 주장할 수 있었다. 이러한 배당금은 2007년에 SOE 수익의 5%로 시작되었고 이후 15~20%대로 증가했다. SASAC의 자금 회수는 재무부가 감독하고 있으며 SOE는 여전히 세후 수익의 대부분을 보유하고 있다.

14.5.4 새로운 소유권 관리기관

2013년 이후의 개혁 프로그램은 "국가자본 투자 및 운영회사(State Capital Investment and Operations companies, SCIO)"라고 하는 새로운 투자기금그룹에 일선의 소유권 이양을 요구했다. 이는 논리적인 발전이었다. SASAC는 그것의 목표나 성공 지표를 명확히 명기하지 않고 점진적이고 잠정적인 방법으로 설립되었다. 보다 의식적으로 설계된 소유권 펀드는 소유권 개혁을 진전시키는 데 중요한 단계가 될 수 있다. 그러나 정책 입안자들은 이러한 SCIO의 본질에 대해 동의하기 어렵다는 것을 금방 알게 되었다. 두 가지 경쟁적인 개념이 생겨났다. 그 중 하나는 SCIO는 싱가포르 정부가 설치한 Temasek SWF의 국부펀드(sovereign wealth fund, SWF)와 같아야 한다. 이는 SOE를 국부의 한 요소로 인식하고 이윤을 극대화할 수 있도록 관리한다는 점을 분명히 해야 한다. SWF는 직접적 통제권을 행사하지 않으며, 대신에 장기 수익률을 극대화하는 방식으로 자산 포트폴리오를 관리하려고 한다. 자산관리에 대한 SWF의 강조는 곧 급속한 고령화를 겪게 될 중국과 같은 사회에 특히 적절할 수 있다.

경쟁 개념은 개발 및 구조조정 목표를 추구하기 위해 통제권을 보다 효과적으로 행사할 수 있는 SCIO를 옹호하였다. 이러한 유형의 SCIO는 반드시 투자 수익률을 극대화하는 것이 아니라 더 높은 수준에서 할당된 목표들의 균형을 맞추려고 할 것이다. 기존의 소유기관(중앙 및 지방 SASAC)의 후원으로 SCIO를 창설해야 한다는 이 개념은 궁극적으로 우세했다. 이 선도적인 SCIO는 매우 명확한 개발목표를 가지고 있다. 2015년의 실행문서에서 그들은 "국가안보에 영향을 미치는 중요한 산업과 핵심부문에 국가자본을 투자해야 하며 (그리고) 국가 경제의 우월한 수준에 영향을 미치는 … 국가자본은 핵심 경쟁력을 가진 우수기업에 집중되어야 하고 … 혁신주도 개발전략을 수행하는 SOE의 핵심적이고 모범적인 기능을 충분히 발휘하여 제조업 강국이 되고 기술혁신에서 기업의 지배적인 위치를 강화하며, 과학인력 양성에 중요성을 부여해야 한다"(CCP and State Council, 2015, article 14)고 밝히고 있다. 이러한 SCIO는 명백히 정부의 통제권을 주장하고 SOE에 새로운 목표를 부여하려는 노력을 나타낸다.

따라서 새로운 SCIO를 위한 제도적 형태의 선택은 소득과 통제권 사이의 긴장에 대한 대응, 그리고 보다 광범위하게는 공공 소유권에 대한 "삼위일체 불가능"의 존재에 대한 대응으로 볼 수 있다. 정책 입안자들은 두 가지 유형의 통제권을 모두 선호하는 것으로 나타났다. 시진핑 정부가 표방한 부패척결 캠페인이 진행 중인 점을 감안할 때, 관리 태만과 특히 부패를 통제하기 위한 감독 강화는 매우 중요하다. 정책 입안자들은 기업에서 공산당의 직접적인 역할을 포함하여 감독 제도를 강화했다. 동시에 정책 입안자들은 기업에 더 발전적인 목표를 부여함으로써 공공소유를 정당화하려고 노력했다. 이러한 목표들 사이의 모순과 긴장은 일관성 있는 SOE 개혁정책의 설계를 어렵게 하고 강화된 감독과 수많은 목표들은 경영 자율성과 인센티브의 감소로 이어질 수도 있는 위험을 야기하며 기업지배구조 제도의 다른 곳에서 이루어지는 개선을 상쇄할 수 있다.

14.6 국가 산업부문의 수익성 및 금융

SOE 수익성은 1978년부터 롤러코스터를 타고 있다. 명령경제 하에서 SOE는 보호된 시장에서 운영되었고 충분한 수익을 창출했다. 1978년 개혁 초기에 SOE 수익은 엄청나서 GDP의 14%를 차지하였으며 이 모든 것은 정부 예산으로 인계되었다. 새로운 기업의 진입으로 경쟁이 심화되었고 SOE의 초과이익은 점차 감소했다. 1996년에는 수익이 거의 제로였고, 정책 입안자들은 위기에 직면했다. 9장에서 설명한 SOE의 축소와 해고 및 평생고용의 종료는 시장경쟁이 SOE에 미치는 영향에 대한 피할 수 없는 대응으로 볼 수 있다. 보호된 독점이익의 감소는 필연적으로 산업금융의 모든 측면에 영향을 미쳤다. SOE가 정부에 줄어든 자금을 인계함에 따라 정부는 투자를 위해 SOE에 훨씬 적은 돈을 제공했다. SOE는 명령경제 하에서 장기투자에 자금을 조달하지 않았던 은행으로 눈을 돌렸다. 정책 입안자들은 점차 산업부문에 대한 자금조달을 위해 은행대출에 대한 의존도가 높은 쪽으로 옮겨 갔는데, 이는 경제 전반에 걸쳐 중대한 결과를 가져온 결정이었다. 운좋게도 가계는 저축률이 빠르게 높아지고 있었고 은행들은 이러한 저축을 기업부문으로 돌리기 시작했다(19장).

SOE는 향후 상환능력에 대해 크게 우려하지 않고 은행신용으로 점차 전환했고 SOE의 부채는 꾸준히 증가했다. 1990년대 중반까지 SOE는 이익 감소와 부채 증가의 결합에 직면했다. 기업과 은행 간의 관계를 측정하는 데 일반적으로 사용되는 척도는 주주 자본에 대한 총 은행부채의 비율 또는 부채-자기자본 비율(때로는 레버리지 비율이라고도 함)이다. 표 14.2를 보면 명령경제 하에서 부채비율이 12%로 매우 낮았음을 알 수 있다. Holz(2003, p.140)는 "정부가 예산을 통해 산업활동에 대한 직접적 자금조달을 점차 포기하면서 그 비율이 올라갈 수밖에 없었다"고 지적했다. 1994년까지 부채-자기자본 비율은 꾸준히 상승하여 211%로 정점에 도달했다. 이 높은 비율은 금융산업에서 은행들의 주요 역할로 잘 알려진 1990년대 일본이나 한국과 비슷했다. 부채 수준의 급격하고 지속적인 증가와 상대적으로 높은 수준은 낮은 수익과 함께 중국의 정책 입안자들에게 경종을 울리기에 충분했다. 1990년대 중반까지 거의 부채가 없는 상태이던 중국 기업들은 20년도 안 되어 세계에서 많은 부채를 지고 있는 회사들이 되었다. 현금 흐름이 증발하고 부채가 누적되면서 중국의 SOE는 사실상 부실화됐다. 1997년에 아시아 금융위기가 터졌고 특히 한국을 강타했는데, 한국은 레버리지 비율이 높은 기업집단인 재벌이 취약했고 많은 기업들이 파산했다. 이는 중국의 정책 입안자들에게 경종을 울렸고 국가부문의 구조조정을 위한 단호한 정책으로 대응했다.

1998년경부터 개혁과 구조조정 프로그램은 SOE의 재무상태를 근본적인 방식으로 바꾸기 시작했다. 그림 14.3에서 알 수 있듯이, 국가 산업의 수익성(총 자산으로 정규화)은 1998년부터 2007년까지 꾸준히 증가했다. 국영기업들은 성공적인 개혁과 비효율적이고 부채가 많은 SOE들의 폐쇄로 물론 이득을 보았다. 또한 남아 있는 가장 큰 SOE는 새로

표 14.2 부채-자기자본 비율

중국: 국유산업, 1978년	12%
중국: 국유산업, 1994년	211%
중국: 국유산업, 1998년	180%
중국: 국유산업, 2006년	129%
중국: 국유산업, 2015년	163%
국가 비교: 1988~1996년 평균	
한국	347%
일본	230%
미국	103%

자료: *SYC* (table 13-5), for state-controlled corporations; comparisons from Claessens, Djankov, and Lang (1999, 9).

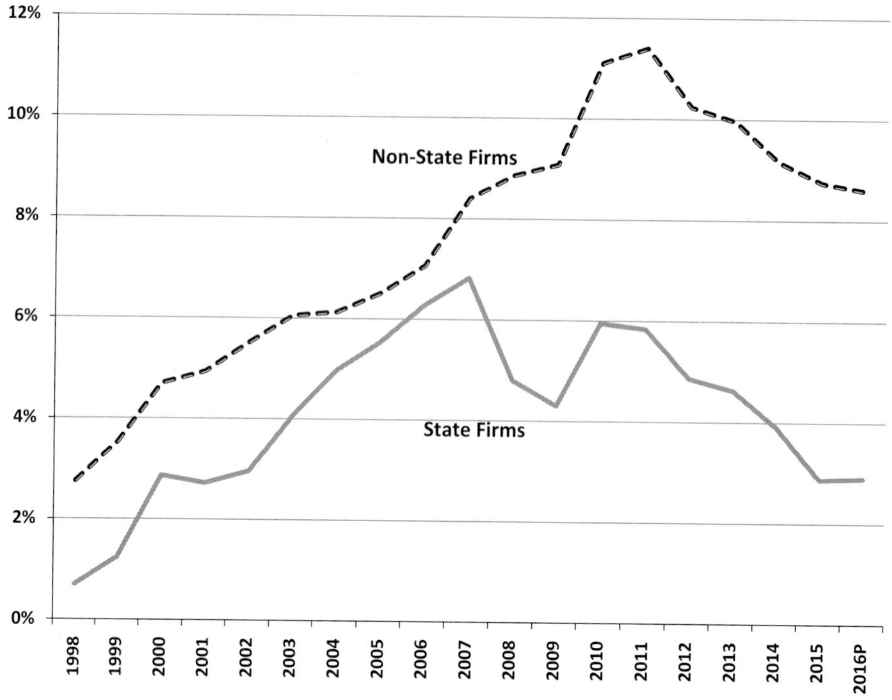

그림 14.3 산업자산의 수익률

자료: Calculated from *SYC* (2016, tables 13-3 and 13-5; and earlier volumes). Updated from http://data.stats .cov.cn.

운 과점경쟁체제를 보호하기 위해 정부가 만든 다양한 종류의 진입장벽에 의해 보호되었다. SOE는 서로 경쟁하지만 반드시 새로운 시장 진입자를 맞이할 필요는 없다(14.7절). 마지막으로 정부는 은행들이 SOE에 대한 부실대출을 탕감할 수 있도록 하기 위해 은행 시스템에 수십억 달러를 투입했다(19장). SOE 수익성 증가는 2007년까지 비국가부문의 수익성 증가를 면밀히 반영했으며 중앙 SASAC의 총 수익은 1조 위안이라는 심리적 이정표에 도달했다.

그러나 2008년에 국영기업 수익성과 비국영기업 수익성이 갈리는 전환점을 맞았다. 국영기업의 수익성은 글로벌 금융위기의 영향으로 하락했는데 이는 정부가 부양정책이 일환으로 투자 프로젝트에 자금을 투입하도록 요구하였기 때문이다(18장). 2010~2011년 국영기업 수익성이 안정되는 동안에도 비국영기업과의 격차는 여전히 컸고, 수익성은 계속 감소했다. 그 결과 2006년 이후 부채비율은 다시 서서히 증가하기 시작하여 2015년에는 163%에 달해 일본과 미국 사이였다(표 14.2). 산업체의 부채 수준은 중국에서 가장 높은 수준이 아니며 부동산과 인프라에 대한 부채가 비례적으로 훨씬 더 높다. 그럼에도 불구하고 산업 SOE의 부채 증가는 중국 전체 부채 수준의 증가에 기여해 우려를 낳고 있다(19장). 보다 일반적으로 2000년대 중반 거의 사라졌던 SOE와 비SOE 간의 큰 수익성 격차가 지금은 고착화된 것으로 보인다. 이는 정책 입안자들이 SOE에 대한 지배권 행사와 소득권 행사 사이에서 취한 선택과 관련이 있을 수 있다.

14.7 국가부문의 부문별 구성

오늘날의 국가부문은 1996년에 시작됐던 국가부문의 대규모 축소에서 벗어났다(9장). 수만 개의 SOE와 도시 집체기업이 문을 닫았고 수백만 명의 노동자가 해고되었다. 그림 5.3에서 알 수 있듯이 SOE 산업 종사자는 1992년 4,600만 명에서 2007년 1,800만 명으로 감소했다가 안정되었다. 그 수준은 오늘날에도 동일하다. 2013년 경제조사는 SOE 산업 근로자를 1,890만 명으로 집계했는데 이는 총 1억 4,800만 명의 국영기업 근로자의 13.5%에 불과하다. 오늘날의 국가부문은 진입 및 경쟁의 힘과 소유기관인 SASAC의 정책에 의해 형성되었다.

14.7.1 경쟁 과정

그림 14.4가 보여 주듯이, SOE는 자본집약적 부문(여기서는 자본/노동비율로 측정)에서 더 큰 존재감을 갖는다. 자본 요건이 까다롭지 않은 업종(섬유, 의류, 플라스틱 및 금속제품)에서는 진입장벽이 거의 없었고, 향진기업(1차)과 민간기업(나중에)이 진입하여 점차 지배적인 지위를 확립했다. 자본 요구사항이 더 많은 경우 SOE는 중요한 위치를 유지할 수 있었다. 이는 SOE가 민간기업보다 더 저렴한 자본에 더 쉽게 접근할 수 있다는 것을 보여 주는 많은 문헌들의 내용과 일치한다. 값싼 자본은 국영기업에게는 경쟁우위, 민간기업에게는 진입장벽으로 작용해 왔다. 또한 행정적 진입장벽은 여러 분야에서 국영기업을 보호한다. 예를 들어 천연자원의 사적 소유에 대한 공식적인 장벽은 원유와 가스를 효과적으로 국영기업이 유지하도록 만든다. 기계공업의 일부분, 특히 국방과 관련된 부분에서 국영기업들은 대부분 경쟁에서 보호된다. 국영기업들은 일반적으로 정부 규제가 중요한 역할을 하는 전력과 같은 공익사업에서 지배적인 역할을 유지해 왔다. 일부 국영기업들이 거의 모든 산업에서 활동하고 있지만 많은 경우 그 영향은 미미하다. 몇몇 남아 있는 국영기업들은 민간기업들이 그 산업들을 지배한 지 오래되었음에도 불구하고 여전히 의류와 플라스틱 꽃을 만들고 있다.

14.7.2 SASAC의 구조조정 의제

경쟁적인 맹공에 직면한 SASAC는 중앙정부 자산을 구조조정하고 합리화를 추구하면서 일부 영역에 국가소유가 확대될 수 있다는 생각을 결코 버리지 않았다. 1997년 이후의 "큰 것에 집중하고, 작은 것을 놓아라(关注大, 放小)"라는 정책은 이미 가장 경쟁력이

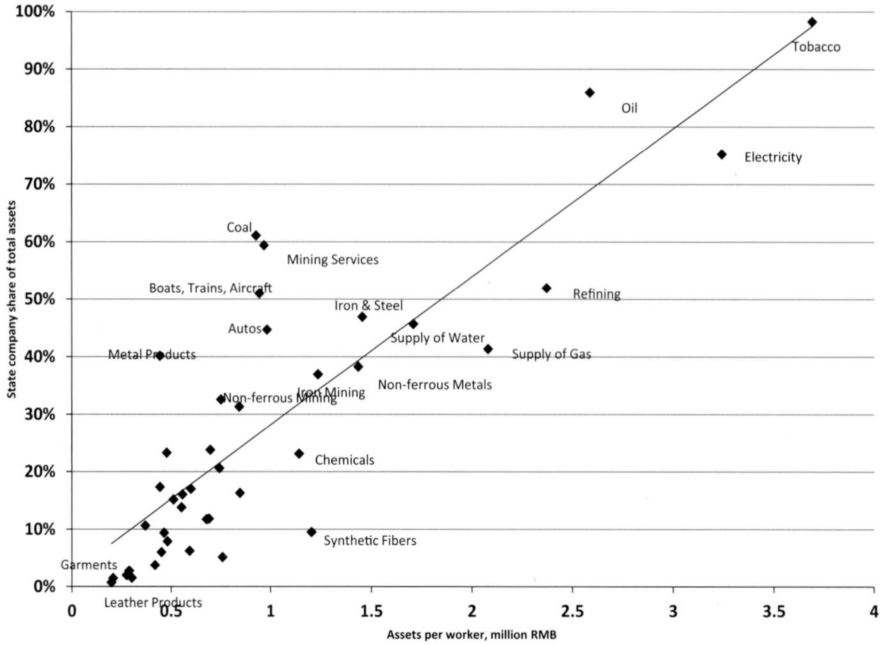

그림 14.4 국영기업의 부문별 자산 비중
자료: Economic Census (2013).

있다고 여겨졌던 국가부문의 특정요소들을 강화하려는 열망을 보여 주고 있다. 그러나 SASAC는 여러 부문에서 철수할 것으로 예상했지만 어떤 부문에서도 완전히 철수한다는 방침을 세운 적은 없었다. 대신에 SASAC는 다음과 같은 세 가지 목표를 추구했다.

a. **과점 경쟁을 만든다.** 주룽지 중앙정부의 독점은 일반적으로 두세 개의 경쟁회사로 나뉘어 있었는데 원유, 통신 및 중요한 군사산업 기업에서도 그 모델을 뒤따랐다. 대형 SOE는 전략부문에서 비SOE 진입자로부터 보호되지만 SOE 사이에서는 서로 경쟁하도록 만들었다.
b. **자산을 몇 가지 부문에 집중한다.** SASAC는 국가보안, 천연자원 또는 자연독점 특성을 가진 부문에 자산을 집중하려고 노력해 왔다. 2005년 SASAC 대표는 국가가 군사산업, 전기, 원유, 통신, 석탄, 민간항공, 운송 등 7개 분야에서 "전면적인 통제"를 유지해야 한다고 선언했다. 그리고 철강, 전자, 기계 제작, 그리고 자동차를 포함한 다른 9개 분야에서 센터는 기술적으로 앞선 많은 기업들의 소유권을 유지해야 한다.
c. **핵심 사업에 집중한다.** SASAC 기업은 "비핵심" 진입을 철회하거나 축소해야 한다. 중앙 SASAC 기업의 총수는 100개 이하로 축소되어야 한다.

이러한 지침은 실용적이었고 SASAC의 올바른 방향을 가리켰다. 과점경쟁의 창조는 확실히 정책 입안자들의 이익에 기여했다. 몇몇 대형 국영기업들은 운영과 생산성을 향상시키는 한편 진입장벽은 전체 이익을 위해 높게 유지했다.

14.7.3 오늘날 구조조정 의제

실제로 SASAC의 구조조정 의제는 많은 장애물에 부딪혔다. SASAC는 국영기업이 어떤 분야를 점유해야 하는지 그리고 결정적으로 어떤 분야를 떠나야 하는지에 대한 명확한 원칙을 명확히 표현할 수 없었다. 결과적으로 모든 분야의 기업들은 잠재적으로 불공정한 경쟁의 가능성에 대처해야 했다(SOE가 자본에 대한 접근성이 더 저렴하거나 규제 선호도를 받는 범위까지). 대형 SASAC 기업이 "핵심 사업"을 고수한다는 목표는 효과적으로 실현되지 않았다. SASAC 기업들은 대규모의 다각화된 대기업을 형성했고, 이러한 다각화의 속도는 2009년 이후 증가한 것으로 보인다. 대량의 돈을 빠르게 투자해야 한다는 압력이 가해지면서 SOE들은 많은 새로운 분야에 뛰어들었다. 그림 14.2의 숫자는 평균적인 최상위 SASAC 기업이 450개 이상의 자회사를 가지고 있으며 때로는 4개, 5개, 심지어는 6개의 계층으로 조직되어 있음을 의미한다. 중앙정부 부문은 거대한 피라미드로서 관료조직에서 기업 네트워크로 대부분 전환되었다. 그러나 피라미드의 꼭대기에 있는 가장 큰 회사들은 거의 독점권을 가지고 특권적 지위를 제공하며 가장 변화가 적다. 피라미드의 밑바닥에는 많은 우수기업들이 시장지향적인 기업으로 철저하게 구조조정 되었고 상당수의 기업들이 치열한 경쟁 속에서 번성하고 있다. 그러나 경쟁적 이해관계가 얽히고설킨 관료주의적 완강함, 기관 상실, 투명성 결여, 그리고 고질적인 문제들이 뒤섞인 중앙 SASAC 바로 아래 거대기업들 특히 상위권에서는 전환 과정이 여전히 불완전하다.

마지막으로 과점경쟁에 대한 의지도 2006~2008년을 전후해 약화된 것으로 보이는데, 거대하고 국제적으로 경쟁력 있는 기업을 만들려는 노력이 국내 경쟁력을 보존하려는 욕구를 압도했기 때문이다. SASAC는 민간항공기 생산과 철도 장비를 시작으로 몇몇 전략적 부문의 기업들을 합병하기 시작했다. 2016년까지 10개 이상의 대형 중앙 SASAC 기업들의 합병이 이루어졌다. 이 정책은 국영기업들이 직면하고 있는 경쟁 압력의 힘을 약화시키고 보호정책과 진입장벽의 유혹을 증가시킬 위험이 있다. 2013년 이후의 개혁 추진은 경쟁부문을 발굴하고 확장하려는 것이다. 그러나 경쟁부문이나 비경쟁부문이 지정되는 원칙은 거의 바꾸지 않는다. 그런 점에서 2003년 이후 SASAC가 내세웠던 초기 실용적 구조조정 정책을 대신할 수는 없었다.

14.8 결론

35년 넘게 중국은 산업에서 다양한 소유권을 가진 놀랍도록 활기차고 경쟁적인 시스템을 만들어 냈다. 어떤 면에서는 산업의 전환이 다른 어떤 분야보다 철저했는데, 그 이유는 산업이 빅 푸시 전략 하의 정부 통제에서 민간소유 기업이 지배하는 부문으로 바뀌었기 때문이다. 이러한 변화의 배경에는 중국 산업의 비범한 성장과 세계의 공장으로의 부상이 있다.

놀랍게도 국영기업들은 여전히 중요한 역할을 하고 있다. 그러나 SOE와 이를 효율적으로 운영하기 위한 가장 적절한 기관의 역할에 대한 의문점은 여전히 풀리지 않고 있으며, 향후 국가부문의 진화에 대한 명확한 합의는 나오지 않고 있다. 이에 따라 SOE의 수익성이 떨어지고 중국의 국부와 복지 증진에 만족할 만한 기여를 할 수 없게 되었다. 변혁과정을 돌아보면 엄청난 성공과 지속적인 실패 모두에 영향을 받는다. 가속화된 첫 번째 개혁기간은 그 기간 동안 개혁전략을 제한한 한계에도 불구하고 산업부문에서 명백한 성공으로 판단되어야 한다. 국영기업의 포기 없이 그리고 결과적으로 치명적인 경제의 쇠퇴 없이 전반적인 명령구조가 침식되고 해체되었다. 변환의 두 번째 단계는 첫 번째 단계를 훨씬 넘어섰지만, 비교의 관점에서 보면 성과가 덜 인상적이다.

중국의 산업경제는 시장화가 심하고 경쟁이 치열하기 때문에 그 자체가 완전히 시장화되지 않은 기업 수준의 관리기관이 성공하리라고는 상상도 할 수 없다. 다른 시장경제에서는 대기업들이 오래전부터 소유권과 경영권의 실질적인 분리를 제도화해 왔다. 경영자의 인센티브는 자본시장 운영, 또는 주주나 은행의 직접 감독을 통해 주주의 목표와 일치한다. 중국에서는 기업 수준의 기업지배구조 기관들은 민간기업이나 국영기업에서 그들의 잠재력을 충분히 발휘하지 못했다. 민간과 국영 산업분야 모두에서 현대적이고 투명한 기업들이 성장할 수 있는 범위가 있다.

국가부문 내에서는 기업수준의 기업지배구조와 권위 있는 소유기관 모두의 발전에 대한 제약이 있어 경영 재량권에 대한 감독이 심각하게 결여되어 있다. 경영자들은 이사회, 그들을 임명한 공산당 위원회, 인센티브 계약을 맺은 소유권 기관, 자금을 대는 은행, 그리고 외부시장에 어느 정도 책임이 있다. 그러나 이들 기관 중 크고 강력한 국영기업의 CEO를 면밀히 감독할 수 있는 능력과 동기가 있는 기관이 없다. 극히 광범위한 경영 재량권은 경우에 따라 남용될 수밖에 없다. 부패에 대한 처벌은 가혹하지만 전체적인 제도적 환경은 특히 노골적이지 않으면 적발과 처벌이 상대적으로 어렵다. 경영자는 자회사와 합작기업 설립에 대한 재량권이 넓어 관련 당사자 거래의 범위가 넓다. 공공자원을 실제 시세보다 약간 낮은 가격으로 경영자와 사적인 관계가 있는 특권기업에 판매하는 것은 비교적 쉽다. 시진핑이 2013년 이후 시작한 반부패 캠페인은 이런 폐해 사례들을 많이 찾아냈다. 어떤 면에서는 공산당과 관련 징계제도가 경영자에 대한 감독을 강화하고 있다는 것은 놀라운 일이 아니다.

가장 일반적인 두 가지 기업 감독 시스템을 고려하여 중국의 현재 시스템을 비교할 수 있다. 첫째, 주식시장 기반의 제도에서는 상대적으로 공공정보 공개요건이 강하며, 법과 규제에서 소액주주 보호에 대한 강조가 비교적 강하다. 불만족스러운 "주주"들은 주식을 매도하고 기업을 빠져나가므로 주가가 실적에 민감한 지표로 작용하고, 주가가 낮으면 경영진의 교체로 이어지는 경우가 많다. 둘째, 주요 감독방법은 때때로 "통제 기반"이라고 불린다. 실제로 은행이나 창업자 가족은 일반적으로 경영성과를 감독한다. 유럽대륙과 일본에서는 은행이 기업의 행태를 감시하는 데 훨씬 중요한 역할을 하기 때문에 이 제도를 "대륙" 또는 "일본식" 시스템이라고 부르기도 한다. 이 시스템에서 감독은 은행과의 관계나 공급자 및 고객과의 관계를 통해 기업에 대한 내부자 정보에 접근할 수 있는 그룹에 의해 행사된다. 이 제도는 영미식 제도보다 노동자의 이익을 포함한 광범위한 주주 집단의 이익을 수용한다.

오늘날 중국은 이 시스템들 중 어느 것도 적합하지 않다. 중국 주식시장은 소유권과 지배권에 대한 적절한 공시나 이의제기권을 가지고 있지 않다. 중국 SOE들은 자본 공급자로서 은행에 크게 의존하지만 오래된 국가소유 전통 때문에 은행들은 기업성과를 공격적으로 감독할 능력도 명확한 권한도 가지고 있지 않다. 따라서 중국에서는 기업지배구조 문제가 여전히 해결되지 않고 있다. 이러한 이유로 2013년 이후의 개혁 프로그램은 국영기업 지배구조의 개선을 강조하였다. 그나마 다행인 것은 기업지배구조 개선으로 실현할 수 있는 실질적인 효율성 향상이 있다는 점이다. 그러나 SOE에게 추가적인 새로운 임무를 맡기는 것은 이러한 잠재적 이득을 저해할 수 있다. 2013년부터는 전반적인 경제성장을 지속하기 위해 기존 임무인 수익성 개선, 대규모 및 국제적인 가시화, 높은 수준의 투자유지 등과 함께 기술개발과 환경개선 등에 국영기업들이 앞장서도록 요구되어 왔다. SOE를 여러 가지 목표를 달성하기 위한 도구로 사용하는 경향은 이러한 기업들이 국가발전과 복지증진에 기여하기 위한 필수 전제조건인 생산성 및 수익성 향상에 대한 그들의 집중을 떨어뜨릴 수 있다.

Bibliography

더 읽을 거리

Brandt and Thun(2010)은 중국에서의 경쟁의 본질에 대해 전달하는 역할을 잘 하고 있으며 Nolan(2014)은 균형 있는 평가를 하고 있다. 좀 더 자세한 내용은 Hsieh and Klenow(2009)를 참조하라.

데이터의 출처에 대한 참고사항

가장 일관된 자료는 대기업 자료이다. 여기에는 연간 생산가치가 500만 위안(당시 약 60만 달러) 이상인 국유기업과 비국유기업이 포함되며 2011년 2,000만 위안(2016년 기준 300만 달러)으로 상향 조정됐다. 1998년 이후 연간 데이터는 소규모 기업을 포함하지 않는다. 국영기업은 전통적인 국유기업과 국가가 지배지분을 가지고 있는 합자회사 및 유한책임회사들을 포함한다. 그림 14.4에서 분모는 매입가격 기준 총 자산이므로 이는 잡음이 있는 수익성 측정 기준이다.

참고문헌

Brandt, Loren, and Eric Thun (2010). "The Fight for the Middle: Upgrading, Competition, and Industrial Development in China." *World Development* 38 (11): 1555–1574.

CCP (Chinese Communist Party) and State Council (2015). "Guiding Opinions on Deepening Reform of State-Owned Enterprise." August 24. Accessed at http://news.xinhuanet.com/politics/2015-09/13/c_1116547305.htm.

Claessens, Stijn, Simeon Djankov, and Larry Lang (1998). "East Asian Corporations: Growth, Financing and Risks over the Last Decade." *Malaysian Journal of Economics* 35 (1/2): 137–156.

Clarke, Donald C. (2010). "Law Without Order in Chinese Corporate Governance Institutions." *Northwestern Journal of International Law and Business* 30:131–199.

Du, Julan, Yi Lu, and Zhigang Tao (2015). "Government Expropriation and Chinese-Style Firm Diversification." *Journal of Comparative Economics* 43:155–169.

Economic Census (2013). *Zhongguo Jingji Pucha Nianjian 2013* [China economic census yearbook]. 4 vols. Beijing: Zhongguo Tongji.

Feng, Xingyuan, Charister Ljungwall, and Guangwen He (2015). *The Ecology of Chinese Private Enterprises.* Singapore: World.

Hamilton, Gary, and Nicole Biggart (1988). "Market, Culture, and Authority: A Comparative Analysis of Management and Organization in the Far East." *American Journal of Sociology* 94 (Supplement): S52–S94.

Holz, Carsten A. (2003). *China's Industrial State-Owned Enterprises: Between Profitability and Bankruptcy.* Singapore: World Scientific.

Hsieh, Chang-Tai, and Peter J. Klenow (2009). "Misallocation and Manufacturing TFP in China and India." *Quarterly Journal of Economics* 124 (4): 1403–1448.

Ji, Xiaonan (2010). "Correctly Understand the Debate About the State Advancing While Private Capital Retreats." *New State Capital*, August 9. Accessed at http://www.xinguozi.com.cn/article/show/130/0/1.

Ji, Xiaonan (2014). *Jianchi he Wanshan Jiben Jingji Zhidu Shilun* [Ten essays on adhering to and improving the basic economic system]. Beijing: Shehui Kexue Wenxian.

Lardy, Nicholas (2014). *Markets over Mao: The Rise of Private Business in China.* Washington, DC: Peterson Institute.

Li, Hongbin, Lingsheng Meng, Qian Wang, and Li-An Zhou (2008). "Political Connections, Financing and Firm Performance: Evidence from Chinese Private Firms." *Journal of Development Economics* 87 (2): 283–299.

Nolan, Peter (2014). "Globalisation and Industrial Policy: The Case of China." *World Economy*, 747–764.

OECD (Organisation for Economic Co-operation and Development) (2004). "OECD Principles of Corporate Governance." Accessed at www.oecd.org/dataoecd/32/18/31557724.pdf.

Qian, Yingyi (1995). "Reforming Corporate Governance in China." In Masahiko Aoki and Hyung-ki Kim, eds., *Corporate Governance in Transitional Economies: Insider Control and the Role of Banks*, 215–252. Washington, DC: World Bank.

SASAC (Annual). State Asset Supervision and Administration Commission. *Zhongguo Guoyou Zichan Jiandu Guanli Nianjian* [China state-owned assets supervision and management yearbook]. Beijing: Zhongguo Jingji.

Seki Mitsuhiro (1994). *Beyond the Full-Set Industrial Structure: Japanese Industry in the New Age of East Asia.* Tokyo: LTCB International Library Foundation.

Shanghai Stock Exchange (2003). *Corporate Governance Report.* Shanghai: Shanghai Stock Exchange.

SYC (Annual). *Zhongguo Tongji Nianjian* [Statistical yearbook of China]. Beijing: Zhongguo Tongji.

Wong, Siu-lin (1985). "The Chinese Family Firm: A Model." *British Journal of Sociology* 36 (1): 58–72.

World Bank and IFC (2014). *Enterprise Surveys: China Country Profile.* Accessed at http://www.enterprisesurveys.org/data/exploreeconomies/2012/china.

World Bank Group (2016). "Doing Business: Ease of Doing Business in China." Accessed at www.doingbusiness.org/data/exploreeconomies/china/.

15 기술과 산업 정책
Technology and Industrial Policy

중국이 중상위 소득국가로 성장하면서 중국의 제반 역량은 성숙해지고 새로운 영역으로 확장되고 있다. 동시에 고성장시대가 끝나면서 새로운 성장 동력을 모색하고 있다. 이러한 필요성으로 인해 중국의 정책 입안자들은 기술과 생산성 향상의 경제성장 기여도를 높이는 "혁신 주도" 경제를 추구하고 있다. 중국의 기술 도전은 "중진국 함정"이라는 맥락에서 암묵적으로 또는 명시적으로 언급되기도 한다. 이는 경제가 저소득 상태에서는 쉽게 성장할 수 있지만 경제가 중간소득 단계에 도달한 다음에는, 성장은 기술혁신과 높은 품질 및 지속적인 혁신을 요구하는 시장부문에서 경쟁할 수 있는 능력을 포함하여 일반적인 기술이 아닌 다른 형태의 기술을 필요로 한다. 중간소득의 "함정"은 논쟁의 여지가 있지만 확실히 중간소득국에 대한 "도전"은 있다. 중국은 중간소득 국가를 통과하여 선택받은 고소득 국가로 도약할 것인가? 이 질문을 결정하는 가장 중요한 요소는 중국이 세계의 과학과 기술의 중요한 부분을 채택해서 적응하고 변화시키고 기여하는 속도가 될 것이다.

2005년부터 중국의 정부정책은 기술개발에 대한 직접적인 정부지원을 강력하게 추진해 왔다. 아마도 중국을 첨단기술의 미래로 이끌 필요성만큼 중국의 정책 입안자, 기업 경영진 그리고 도시 대중을 효과적으로 통합하는 이슈는 없을 것이다. 이러한 필요성은 강력한 기술노력으로 이어졌고 이는 또한 중국 정부로 하여금 특정 산업분야 육성에 직접적인 정부의 역할을 포함하는 일련의 산업 혹은 "기술산업" 정책을 개발하도록 이끌었다. 따라서 1978년 이후 전반적인 추세는 시장경제가 성장함에 따라 정부의 직접적인 개입이 감소하였지만 첨단기술 분야의 경우는 2003년 이후 정부의 개입이 꾸준히 증가하고 있다. 첨단기술 분야는 오늘날 정부가 개입하여 경제를 이끌려고 시도하는 가장 중요한 분야이다. 중화인민공화국은 그 시작부터 기술개발에 전념해 왔지만 기술진보를 추구하는 전략들의 효과는 엄청나게 다양해진 것이 현실이다. 현재 정책의 효과는 아직 결정되지 않았으며 이 장의 마지막 부분에서 논의된다.

본 장에서는 먼저 기술진보를 분석하는 일반적인 체계를 제시하고 오늘날 중국이 그 중 어디에 속하는지를 보여 준다. 여기에는 중국의 기술노력과 인적자원 기반에 대한 검토가 포함된다. 또한 중국의 기술정책에 대한 논의로 눈을 돌려 중국의 기술정책이 지난 수년간 어떻게 변해 왔는지에 대해, 즉 중국이 강력하게 기술개발에 전념해 오면서 2003~2006년 이후 보여 준 극적인 전환점에 대해 설명한다. 기술성과에 대한 예비평가를 제시하고 기술개발과 관련된 몇 가지 중요한 이슈에 대해 논의하기로 한다.

15.1 체계

기술은 경제와 경제발전에 어떻게 기여하는가? 7장에서 우리는 생산요소인 토지, 노동, 인적자본 그리고 자본이 결합되어 생산량과 소득을 산출하는 총생산함수에 대해 논의하였다. 기술은 총생산함수에서 직접적인 하나의 독립변수는 아니지만 총생산함수의 배경이 되며, 어떤 생산요소들의 조합이 가능한지를 결정하는 일련의 청사진이라고 생각할 수 있다. 따라서 기술진보는 생산자들에게 주어진 생산요소 투입물의 조합으로부터 보다 많은 산출물을 얻을 수 있는 방법을 가르쳐 주는 보다 우수한 청사진의 집합이라고 할 수 있다. 그런데 기술진보는 어디에서 오는가? 기술은 아주 드문 경우에 한해서만 예상치 못한 영감에서 나오며 새로운 기술들은 12장에서 설명한 농업생산성 향상을 위한 노력과 같이 더 나은 해결책을 찾기 위한 의도적인 노력의 과정에서 나타난다. 이러한 노력의 과정은 시간과 돈이라는 자원을 필요로 한다.

이는 경제적 측면에서 기술을 분석하는 한 가지 접근방식이 기술노력, 인적자원 기반, 그리고 생산과정에 어떤 아이디어와 기술이 적용되는지를 결정하는 인센티브라는 세 가지 요소를 고려하는 것임을 시사한다(Cliff, 1998). 기술노력은 연구개발(R&D)에 사용되는 자원의 양을 나타낸다. 여기서 인적자원 기반은 사람들이 일하는 방식에 변화를 가져오게 하는 모든 종류의 제도를 포함하는 가장 넓은 의미로 해석된다. 이 세 가지 요소들은 함께 총생산함수와 유사하지만 완전히 별개의 지식생산함수를 구성한다.

기술지식 = f (R&D, 인적자원, 인센티브)

지식생산함수의 산출물인 지식은 무형이며 직접 측정할 수 없다. 따라서 특허, 과학저널 발표 등 다양한 대용물들을 대신 사용할 수 있다. 그러나 이러한 대용물들은 분명히 가치는 있지만 마찬가지로 명백한 함정 또한 갖고 있기 때문에(나중에 논의됨) 신중하게 분석해야 한다.

경제적 관점에서 기술지식의 가장 중요한 점은 자본, 노동 및 인적자본을 새로운 방식으로 결합하여 전체 생산성을 높일 수 있다는 것이다. 지식생산함수의 산출물인 기술지식은 총생산함수의 투입물들의 더 나은 결합방법을 제공한다. 따라서 기술지식의 증가는 개별기업 또는 전체경제 수준에서 측정할 수 있는 총요소생산성의 증가로 나타나야 한다.

그러나 기술지식의 영향은 점진적으로 확산되며 상당한 시간이 경과해야 그 영향이 명백해진다. 더욱이 기술지식의 효과는 제도의 질과 인센티브의 적절성과 같은 다른 장기적 요인들과 혼동될 수 있다. 따라서 우리는 기술지식이 연구와 인적자원에 대한 적절한 투자로 생산될 수 있고 기술지식이 경제를 보다 생산적으로 만든다는 점은 확신하지만, 이러한 연계의 정확한 규모와 본질을 증명할 수 있는 능력에 대해서는 겸허해야 한다.

이는 수년간에 걸친 혁신과 기술에 대한 연구결과들에서 과학과 기술이 생산성에 미치는 영향은 점진적이라는 것을 일관되게 발견했기 때문에 특히 그렇다. 즉, 주요 혁신들로부터 얻는 경제적 생산성 증가의 극히 적은 부분만이 본 발명이 이루어졌을 때 실현된다. 생산성 증가의 대부분은 다양한 점진적 변화들이 비용을 절감하고 효율성을 개선시키는 "두 번째(beta)" 단계에서 발생한다. 증기기관에서 마이크로프로세서에 이르기까지 획기적인 아이디어는 처음에는 전체적인 생산성에는 미미한 영향만 미치는 독창적인 제품이나 프로세스를 생산한다. 그러나 동일한 기본기술을 적용하는 연속적인 세대들은 이후 수십 년에 걸쳐 지속적으로 점진적인 생산성 증가를 가져온다. 그 전형적인 예가 1890년대 중반에 새로 "발명되어" 생산된 디젤엔진이다. 오늘날의 디젤엔진은 당시와 동일한 기본기술을 사용하지만 발명 당시보다 백배는 더 효율적이고 놀라울 정도로 신뢰할 수 있다. 이러한 패턴은 수많은 기술진보[특히 전기와 같이 사실상 경제의 모든 분야를 바꿔놓은 30여 가지 "범용 기술(general-purpose technologies)"]에도 해당된다. 이러한 일반적인 이해를 바탕으로 중국의 기술노력에 대해 검토해 보기로 하자.

15.2 기술노력

한 국가는 기술개발에 얼마나 많은 노력을 기울여야 할까? 기술은 공공재 특성을 가지고 있다. 즉, 어떠한 혁신가도 혁신이 가져다주는 사회적 이익 전체를 차지할 수는 없다. 따라서 순수한 시장기능만으로 기술개발에 대한 투입수준을 결정하게 하는 것은 최상의 선택이 아니며 정부개입의 역할도 분명히 있다. 일반적으로 한 나라의 1인당 GDP가 높을수록 연구개발비가 GDP에서 차지하는 비중이 크다. 이 규칙성을 어떻게 해석해야 할까? 오늘날 현대적 기술 대부분은 부유한 나라들에서 나오고 있으며 개발도상국들은 거의 글로벌 기술혁신에 기여하지 못한다. 선진국들은 더 큰 경제규모의 더 높은 비중을 연구에 투자하기 때문에, 지속적인 혁신의 흐름은 선진국에서 나오고 있고, 기본적으로 미래 기술 대부분도 선진국에서 나올 것이다. 한편 이러한 상황은 이미 기술의 최첨단에 있는 선진국들의 유리한 위치를 강화하는 경향이 있지만 다른 한편으로는 후발 개발자들에게도 잠재적인 이점을 제공한다. 선진국과 개발도상국 간에는 상당한 기술격차가 있기 때문에 개발도상국들에게는 선택할 수 있는 엄청난 양의 현대 기술들이 있다. 개발도상국들은 위험하고 불확실한 연구에 자원을 투자하는 대신, 최고의 현존 기술들을 선택, 이전, 적응하는 데 집중하고 이 기술들을 저렴한 자국의 생산요소들과 결합시킴으로써 자국 기업들이 세계적인 경쟁우위를 구축할 수 있다. 이 따라잡기(catch-up) 전략은 장기간에 걸쳐 작동해야 한다.

그러나 개발도상국들은 이러한 잠재적 이점을 활용하는 데 있어 커다란 어려움에 직면하고 있다. 사용 가능하고 적절한 기술인지를 식별하기 위해서는 시간과 기술이 필요하다. 신기술이 도입되더라도 이것을 생산현장에서 직접 사용하게 하기 위해서는 상당한 노력과 자원이 소요될 수 있고 다양한 기술적 결함들이 해결될 때까지 상당기간 동안은 생산성과 수익성이 일반적으로 낮기 마련이다. 더욱이 선진국 기업들은 점점 더 그들의 기술을 소득원으로 보고 특허나 비밀로 자기들의 지적재산권(intellectual property right, IPR)을 보호하고 있다. 개발도상국들은 기술능력을 개발하기가 어렵고 나아가 기술 리더들을 따라잡는 것은 거의 불가능하다는 것을 알게 되었다. 실제로 일본 이후에는 한국, 대만, 싱가포르 등 동아시아 경제만이 기술 따라잡기의 성공사례로 부각되고 있다.

기술개발 프로그램을 성공적으로 관리하기 어렵기 때문에 개발도상국들은 그 대안으로 점점 더 외국인 직접투자(foreign direct investment, FDI)를 환영하고 있다. 오늘날 대부분의 개발도상국들은 외국 투자자들이 유망산업들을 구축하는 데 기여해 주기를 바라고 있으며 이들 산업의 지식 및 기술 역량이 점차 자국 경제의 나머지 분야로 파급되기를 기대한다. 이러한 전략은 부족한 R&D 자원을 대체하고 확장시킬 수 있다. 1990년대의 중국이 이 범주에 속한다. 제한된 R&D 자원으로 중국은 FDI를 폭넓게 개방하고 글로벌 생산 및 혁신 네트워크에 빠르게 통합되었다(17장). 이 기간의 중국의 정책은 1950년대부터 1970년대까지 국내투자를 촉진하는 한편으로 국내로 유입되는 FDI를 제한했던 일본과 한국의 국가산업정책 시기와는 사뭇 달랐다. 그러나 오늘날 중국은 다국적기업에 대한 의존도를 확실하게 줄이고 국내 기술노력을 증가시키고 있다. 이러한 국내 자원의 증가는 서로 다른 기술정책들 사이에서 선택을 해야 하는 위험이 높아졌다. 즉, 잠재적으로는 더 많은 것을 얻을지 모르지만 실패하거나 방향을 잘못 잡은 정책의 비용 또한 그에 상응하여 더 높아질 것이다.

15.2.1 국제적 관점: 기술노력의 일반적인 패턴

성공적인 개발도상국들의 일반적인 R&D 지출 패턴은 매우 분명하다. 중하위권 소득국가들은 R&D 지출 비중이 상대적으로 매우 적어서 일반적으로 GDP의 1%에도 못 미친다. 이들 국가들은 처음부터 끝까지 재발명한다는 것은 아무 의미도 없기 때문에 이들은 외국 과학의 식별과 적응에 적당한 돈을 쓴다. 경제가 중간소득 단계에 접근함에 따라 이들 국가들의 고유기술 노력은 증가한다. 이들은 기존 기술들에 보다 깊은 적응을 하고 가장 앞선 선진경제에 보다 근접한 기술을 흡수하며 일부 제한된 기초연구에도 참여한다. 이제 R&D 지출이 증가하기 시작하는데, 예를 들어 한국과 대만의 경우 1980년대 초 중

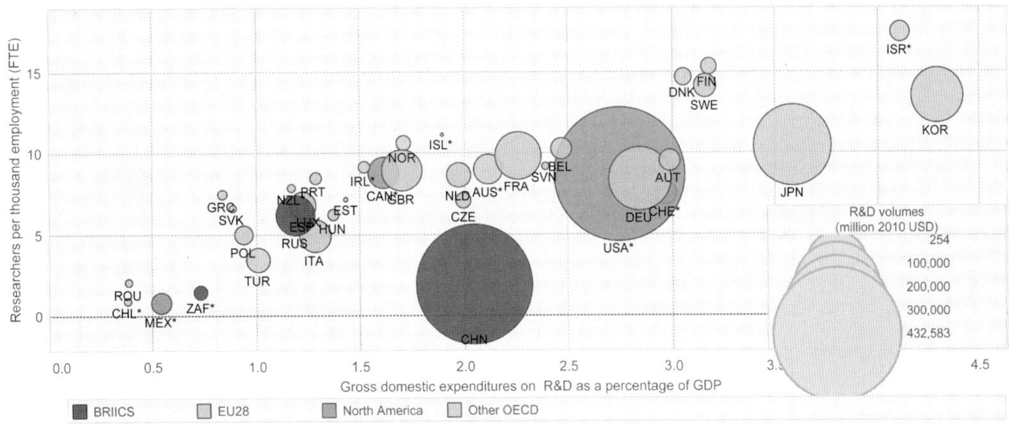

그림 15.1 연구개발에 투입되는 인적·재정적 자원(2014)
자료: OECD, accessed at http://www.oecd.org/innovation/inno/researchanddevelopmentstatisticsrds.htm.
*2014년 이전의 최신 데이터

간소득국가 단계에 도달하면서 R&D 지출 비중은 GDP의 1%를 상회하기 시작했고 1990년대에는 2%를 상회하기 시작했다. 그림 15.1은 오늘날의 상황을 나타낸 것으로, 대만의 R&D 지출 비중은 GDP의 3%를 상회하고 있고, 한국의 R&D 지출 비중은 GDP의 4.3%로 세계에서 가장 높다. 일반적으로, 미국과 독일과 같은 선진국들의 R&D 지출 비중은 GDP의 2.8~2.9% 수준이며, 스칸디나비아 국가들과 일본의 R&D 지출 비중은 GDP의 3%를 상회하는 수준이다.

그림 15.2는 중국이 현재 기술노력을 빠르게 증가시키고 있음을 보여 준다. 중국의 R&D 지출 비중은 2002년 처음으로 GDP의 1% 수준을 넘어섰고 2014년에는 GDP의 2%를 돌파했다. 중국의 기술노력은 1인당 GDP 기준으로 1990년대 중반에는 기대수준을 다소 하회했지만 현재는 기대수준을 상회하고 있다. 중국의 현재 기술노력은 EU 28개국 평균보다 약간 높으며 20년 전 한국과 대만 수준이다. 총량적으로 중국은 이제 미국에 이어 일본보다 앞선, 세계에서 두 번째로 큰 규모의 자원을 R&D에 투자하고 있다.

15.2.2 중국 기술노력의 궤적

사실상 중국은 경제발전과 함께 기술이 꾸준하게 증가하는 표준 형태를 따르지 않았다. 대신 1950년대부터 1978년까지 중국은 저소득국가임에도 불구하고 첨단기술 전략을 추구했다. 국방산업 육성을 위해 이용 가능한 지적자원을 동원하고, 특히 중국과학원(Chinese Academy of Sciences, CAS) 내에 엘리트 연구소들을 설립했다. "과학 및 기술관련 목적의 정부지출"(1989년부터 이용 가능해진 R&D 통계의 대체물)은 중국이 첫 번째 원

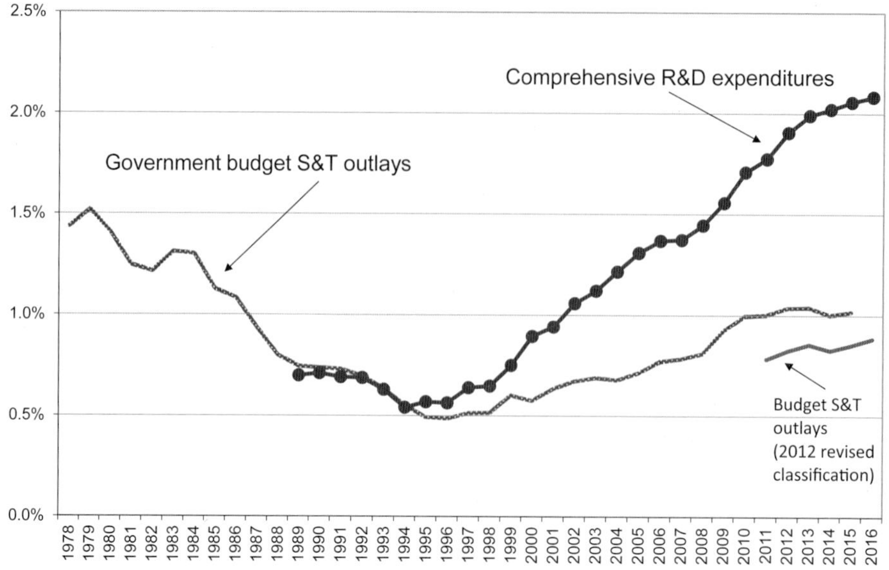

그림 15.2 연구개발비 지출(GDP 비중)

자료: *SAC* (2017, p.21, p.71, p.173); *SYC* (2016, table 20-1; and earlier volumes); Technology Statistics Office (1990). Classification of budgetary outlays was changed in a 2012 regulation; figure shows both series for available years.

자폭탄 실험에 성공한 1964년 GDP의 1.7%로 가장 높았으며 1950년대 후반부터 1978년까지 평균 GDP의 1.4%를 차지했다. 문화혁명의 명백한 반지식주의에도 불구하고 중국은 핵심적인 기술노력을 위해 매우 부족하고 소중한 지적자원을 동원했다. 특히 군사적인 기술노력이 성공을 거두었는데 원자폭탄과 수소폭탄, 대륙간 미사일 등이다. 이러한 커다란 노력은 4장에서 설명한 명령경제와 빅 푸시(Big Push) 전략의 핵심 부분이었다.

소련은 1950년대 중국의 기술 후원자였다. 소련은 중국의 산업 및 군사 기술의 모든 면에 지대한 영향을 미친 기술들뿐만 아니라 기술 채택을 위한 인센티브를 만드는 핵심 기관들을 이전했다. 연구와 혁신의 국가시스템 전체의 조직구조는 중국과학원의 엘리트 연구기관들을 시작으로 소비에트 모델에서 나왔다. Roy Grow(1984, p.262)는 이러한 소련의 행동을 "세계 역사상 가장 큰 국제 공동 기술이전"이라고 불렀다. 1960년대 초 중국과 소련이 갑자기 갈라섰을 때 중국은 소련을 대체할 파트너 국가들도 없었고 기술에 대한 시장 접근성도 거의 없었던 시기로 주요 기술원천에서 차단되었다. 중국은 소련에 대한 기술의존 정책에서 갑자기 기술자립 정책으로 선회할 수밖에 없었다. 1960년대 중반부터 1970년대 중반까지 10년 동안 중국은 군사적인 기술개발 노력을 착실히 수행해 나갔고 특정 산업기술을 갖고 있는 몇 개의 공장도 수입했다. 목적은 특히 야금과 합성섬유 분야에서 이러한 기술들을 분해하여 모방하고 복제하는 것이었다. 또한 발전 장비 규모 확대 등 소련으로부터 물려받은 일부 기술에서도 점진적인 개선이 이루어졌다. 그러나 전반적으로 중국과 세계의 기술격차는 더 커졌다. 세계 기술진보로부터 차단된 중국은 스스로 살아남아야 했다. 중국은 소련이 이전한 절반쯤 완성된 공장들을 효율적인 규모로 확대시키지 못했고(자동차) 여러 야심찬 개발 프로그램(항공기 등)들은 실패하였다. 과학 및 기술진보의 중요한 원천으로부터 차단된 중국은 대규모 기술노력에도 불구하고 점점 더 뒤처지게 되었다.

개혁시대 초기에 중국은 다른 분야에서는 시장화를 시작했지만 정부의 R&D 지출 비중은 높게 유지하려고 노력했다. 그림 15.2에서 알 수 있듯이, 과학기술(S&T)에 대한 정부 예산지출은 1986년까지 GDP의 1% 이상을 유지했다. 그러나 국유기업(SOE)의 수입이 감소하고 GDP에서 차지하는 예산비중이 감소하면서 정부의 이러한 높은 R&D 지출 노력은 지속할 수 없었다. 더욱이 기존의 "임무지향적" 접근방식과 종종 군사관련 R&D는 경제적 효과가 낮다는 이유로 비난을 받았다. 정책 입안자들이 실행 가능한 모델을 찾으면서 R&D는 축소되었다. 1989년 처음으로 R&D 통계가 발표되었을 때, 중국은 GDP의 약 0.7%만을 R&D에 투자하는 것으로 나타났고, 1994년 R&D 투자는 GDP의 0.6% 아래로 떨어졌다. 이 무렵 중국은 R&D 지출의 표준적인 패턴이 보여 주는 수준 또는 그 이하에서 R&D 지출 비중을 유지하였다. 그러나 중국의 정책 입안자들은 일반적이기를 원하지 않았으며 중국은 GDP에서 차지하는 R&D 비중을 1% 이상으로 올리려고 적극적으로 노력했다.

2000년 이후 중국의 R&D 지출은 증가하고 다양화되기 시작했다. 그림 15.2에서 알 수 있듯이 총 R&D 지출은 과학 및 기술에 대한 정부지출보다 훨씬 더 빠르게 증가했다. (2012년 정부예산 지출의 재분류로 이러한 과학 및 기술에 대한 정부지출은 GDP의 약 0.2% 정도 감소하였다.) 총 R&D 지출의 빠른 증가는 부분적으로 기업차원에서의 훨씬 더 크게 증가된 R&D 투자 노력에 기인한다. 중국 자료에 따르면, 총 R&D 지출의 75%가 기업차원에서 이루어진 것으로 나타난다. 이러한 기업차원의 R&D 비중은 1990년대 후반 정부가 운영하는 수백 개의 연구기관을 기업으로 재분류하고 R&D 노력과 R&D 판매를 강력하게 유도하는 일련의 보완정책들을 발표하면서 급증했다.

따라잡기(catch-up) 과정에 있는 경제에서 기대할 수 있듯이 중국 R&D 투자의 대부분은 개발(development) 쪽에서 이루어지고 기초연구에 대한 투자는 상대적으로 적었다. 중국 R&D 지출의 개발, 응용연구, 그리고 기초연구 비중은 각각 84%, 11%, 5%로 나타났고 이에 비해 미국은 각각 63%, 19%, 18%로 나타났다. 기초연구에 대한 미국의 R&D 투자 비중이 훨씬 더 높게 나타나는 것은, 중국에서는 훨씬 덜 중요한 경로인 대학기반 연구에 대한 미국의 정부지출에 그 이유가 있다.

15.3 인적자원

인적자원은 피라미드에 비유할 수 있다. 엘리트 과학자와 지식인이 정점에 있고, 폭넓은 문해력과 수학적 능력 및 기계적 능력을 갖춘 노동자들이 그 하부에 있다. 계획경제 시대를 벗어나 중국은 이미 단조, 용접, 가공 등 기본적인 제조기술의 폭넓은 기반을 갖추고 있었다. 또한 이러한 기술을 보급하고 개선한 직업훈련과 인증프로그램도 많았다. 세기가 바뀔 무렵 국유기업과 공익근무에 종사하는 5,600만 명의 국가 근로자 중 절반이 1,200만 명의 교사를 포함하여 일종의 기술 자격증을 소지하고 있었다(SAC, 2005, p.184). 정상에는 CAS와 중국공과대학(Chinese Academy of Engineering, CAE)이 세계의 선두 또는 그 근처에 있는 과학기술 연구 우수자 집단을 갖추고 있었다. 그러나 중간단계에서 중국은 약세였다. 대량생산과 통합생산단지의 효율성이 크게 뒤처져 있었고 중국에는 첨단기술을 가진 일류기업이 거의 없었다. 중국은 이런 역량을 강화하기 위해 교육시스템을 통해 기술력을 고도화하기 위해 대대적인 노력을 기울여 왔다.

중국의 인적자원 확대노력은 1990년대 후반 변곡점에 이르렀다. 3차 교육기관(대학과 기술학교)의 연간 졸업생 수는 상대적으로 느리게 증가하여 100만 명 미만이었다. 그런데 기술개발을 가속화해야 하는 필요성과 1990년대 후반 급증한 실업(9장)에 대한 우려로 대학교 신입생 수가 빠르게 증가하기 시작했다. 2001년에는 대학 졸업생 수가 100만 명에 달했고, 2008년에는 500만 명으로 급증했다. 이후 대학 졸업생 수는 점진적으로 증가하여 2016년에 700만 명에 달하게 되었는데, 이공계 전공이 전체 졸업생의 약 45%를 차지하였고, 경제학, 경영학, 법학 등이 25%를 차지하였다.

이 숫자들을 다른 나라들과 비교하기 위해서는 먼저 3차 교육을 두 가지 주요 구성요소로 나누어야 한다. 학생들은 4년제 대학과 3년제 기술학교를 거의 같은 비율로 졸업한다. 3년제 기술학교는 미국의 커뮤니티 칼리지와 대략 비슷한 수준의 교육을 제공한다. 4년제 대학만 비교하면 중국은 2015년 공학과 과학 분야에서 약 140만 명이 졸업하여 학사학위를 취득했는데 이는 미국의 같은 분야 4년제 대학 졸업생 수인 60만 명보다 많다. 그림 15.3은 지난 15년 동안의 두 국가의 추세를 나타낸다. 이 기간 동안 기술자와 과학자의 노동력 유입은 중국이 미국보다 훨씬 크다. 물론 미국과 중국 간에 여전히 대학교육의 질적인 차이가 있으며 또한 중국 3차 교육의 급속한 확대로 일시적으로 중국 졸업생의 평균 질이 낮아졌을 것이다. 더욱이 현재 미국 노동력의 평균 수준은 여전히 중국에 비해 월등히 높다. 미국은 노동력의 50% 이상이 커뮤니티 칼리지 이상의 학력을 가지고 있는 반면, 표 9.1에서 보듯이, 중국은 노동력의 14.9%만이 3차 교육을 받은 것으로 나타난다. 그러나 도시지역만 놓고 보면 중국은 노동력의 32%가 3차 교육을 받아 미국 도시지역 노동력과의 격차가 훨씬 좁으며 그 격차도 빠르게 좁혀지고 있다.

기술 피라미드의 최상단에서는 해외에서 공부한 중국인들이 중요한 역할을 하고 있다.

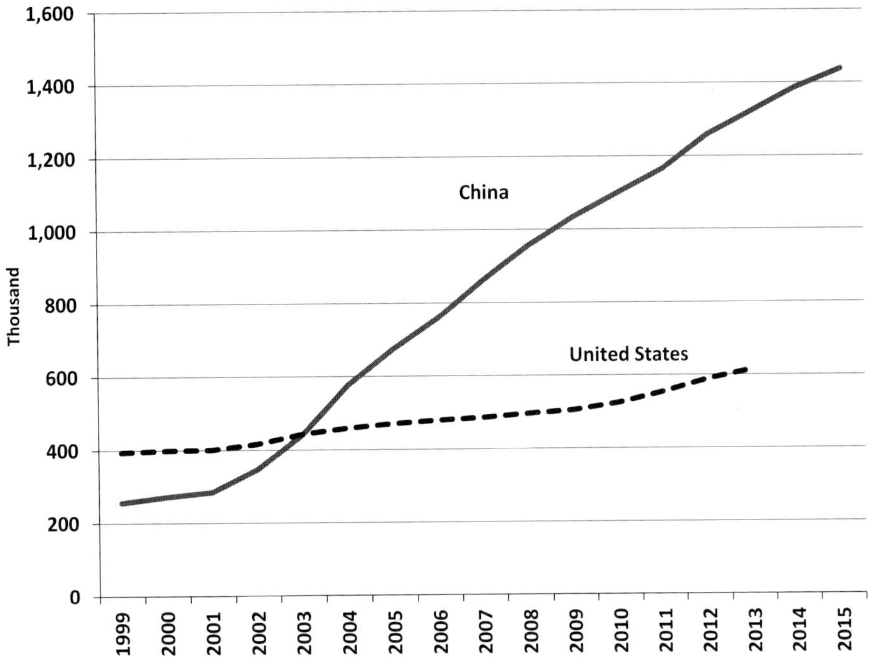

그림 15.3 이공계 졸업생(4년제 대학)
자료: *SYC* (2016, table 21-13; and earlier volumes).

2016년까지 중국의 해외유학생은 총 450만 명에 달하고 미국으로의 유학생이 압도적으로 많으며 지금까지 총 해외유학생의 58%인 260만 명이 중국으로 돌아왔다. 1999년 이후 중국 정부는 학생들이 자발적으로 귀국하도록 독려하기 위해 많은 노력을 기울여 왔으며 중국의 경제호황으로 더 많은 해외유학생들이 귀국하게 되었다. (2009년 이후 귀국 비율은 크게 증가했다.) 외국에서 고급 학위를 받은 중국 과학자와 기술자들이 중국의 인적자원 성장에 엄청난 기여를 했다. 많은 해외유학생들이 미국이나 다른 외국에서 일해 본 경험을 가지고 돌아왔고 이것이 그들의 가치를 높여 주었다. 중국으로 돌아온 해외유학생들은 높은 교육을 받은 것으로 나타났는데 Wang and Bao(2015, p.13)의 조사에 따르면 41%가 박사학위를 갖고 있는 것으로 나타났다. 최근 해외에서 귀국하는 유학생들의 박사학위 비율은, 어린 나이에 해외로 나간 학생들이 더 많아져서 이전에 비해서는 분명히 낮아졌지만 이들 귀국한 해외유학생들은 여전히 중국 사회에서 전반적으로 가장 높은 교육을 받은 그룹이다. 귀국한 유학생들은 새로운 첨단기술의 신생기업들을 육성하고 교육기관을 업그레이드하는 데 엄청나게 큰 역할을 해 왔다. 해외유학생들이 돌아오지 않는 경우에도 이들은 중국의 국내 과학자와 기술자들을 국제 연구 및 혁신 네트워크와 연결해 주는 역할을 한다(Zweig and Wang, 2013).

2008년 중국 정부는 해외에서 성공한 중견 학자들의 귀국을 장려하기 위한 프로그램을 도입했다. 흔히 "1,000인 인재 프로그램"으로 불리는 이 프로그램은 정교수 수준에서 5년에서 10년의 업무경력을 갖고 있는 55세 이하의 뛰어난 학자들을 중국으로 데려온다. 2011년부터는 "젊은 1,000명 인재 프로그램"을 추진하여 2015년까지 40세 이하의 학자와 기술자 2,000명을 중국으로 데려왔다. 국가 프로그램 이외에도 모든 지방정부와 여러 산업계에서 현재 유사한 프로그램을 운영 중에 있다.

이러한 해외 채용 프로그램들은 수십만 달러 상당의 급여 보조금과 특별 연구비 지급으로 논란이 되기도 하며, 질투심을 유발하고 암묵적으로 중국 국내 학위를 과소평가하게 한다. 그러나 가장 생산적인 연구기간을 이미 마친 해외 학자들에게는 특히 매력적일 수 있다(이 점이 젊은 학자 유치 프로그램을 만든 동기의 하나이다). 이들 중견 학자들은 젊은 학자들에게 조언을 해 줄 수 있고 현대적인 연구소 설립과 과학에 유리한 정책을 위해 로비를 할 수도 있다. 기술전략으로서 오로지 이러한 프로그램에만 의존하는 것은 잘못이겠지만 기술력의 전체 피라미드를 목표로 하는 전략의 일부로서의 이러한 프로그램은 긍정적인 역할을 할 수 있다.

사실 우리가 중국에서 보는 것은 모든 단계에서 강화되고 있는 거대한 인적자원의 피라미드이다. 그 거대한 크기 때문에 중국은 총 기술인력 보유에서 인상적이다. R&D에 종사하는 인력은 2016년 현재 385만 명으로 급증했다. 중국은 다른 어떤 나라보다 더 많은 과학자와 기술자들이 연구에 종사하고 있다. 이 대규모의 과학자 및 기술자 집단의 평균 수준은 아직 상대적으로 낮지만 이는 중국의 요소부존(factor endowment)에 상응하는 것이다. 인력은 상대적으로 저렴하고 기술인력을 높은 수준으로 훈련시키는 데 필요한 고급 인적자본은 상대적으로 부족하기 때문에 이들의 가치는 높다. 중국은 기술노력을 증가시키기 위해 노동집약적인 경로를 따르고 있으며 상대적으로 저렴한 비용으로 인력의 질을 높일 수 있는 추가적인 기회가 있을 수 있다.

15.4 기술개발전략

중국의 정책 입안자들은 새로운 기술에 대한 투자와 중국의 기술력 향상의 필요성에 대해 높은 수준의 합의를 유지해 왔다. 기술노력과 인적자본 기반이 모두 빠르게 확장되고 있는 지금, 기술개발전략의 선택은 그 어느 때보다 중요해졌다. 그러나 기술개발 육성이라는 목표는 변함이 없지만 이 목표를 달성하기 위해 채택된 정책들은 극적인 변화를 겪고 있다. 넓은 의미에서 지난 40년 동안 시계추는 먼저 더 개방적인 방향으로 향한 다음 2003~2006년 이후에는 보다 더 정부가 개입하는 산업 및 기술정책으로 방향을 틀었다. 이 폭넓은 궤적 안에서도 서로 다른 구체적인 정책들이 끊임없이 변경되었다. 더욱이 중국은 여전히 세계경제에 깊이 통합되어 있기 때문에 1990년대의 개방성과 2006년 이후의 개입주의가 복합적인 균형작용을 하며 결합되어 있다고 볼 수 있다.

15.4.1 자립경제에서 개방경제로, 1978~2003년

중국은 1978년 기술자립이라는 앞 시대로부터 물려받은 전략과 함께 개혁시대로 접어들었다. 이후 중국은 일련의 연속적인 정책들을 시행하면서 차근차근 자립에서 개방으로 나아갔다.

자립경제. 사회주의 시대에 중국의 높은 R&D 노력은 고전적인 "임무수행(mission-push)" 방식의 R&D였다. 중국의 지도자들은 몇 가지 핵심 목표를 세웠고 기획자들은 이 목표를 달성하기 위해 많은 돈을 들이면서 여러 분야에 걸쳐 다양한 기술을 갖춘 유연성 있는 연구그룹을 조직했다. 이러한 접근법은 우선순위에 대한 폭넓은 합의가 있을 때 잘 작동할 수 있는데 중국에서는 핵무기와 전략미사일 개발에 있어 성공적이었다는 평가를 받았다(Feigenbaum, 1999). 그러나 이러한 접근방식은 민간경제로의 기술이전에는 바람직하지 않다. 보안에 대한 집착은 오늘날까지도 가장 재능있는 과학자들과 기술자들 주위에 비밀장벽을 만든다. 기획자들이 민간경제를 돕겠다는 의지를 가지고 연구에 자금을 지원할 때, 그들은 기술이전에 효율적이지 못하다. 기획자들은 자신이 자금지원을 하는 기술을 평가할 수 있는 기술적 능력을 가지고 있지 못하기 때문에 과학자들은 자신들의 연구의 경제적 중요성에 대해 거의 감독을 받지 않으면서 자기 자신만의 연구를 자유롭게 추진할 수 있다. 과학자들과 기술자들은 자신의 새로운 발견물을 상업화할 동기가 없으며 공장 경영자들은 실험실에서의 혁신을 추구하고 실행할 동기가 거의 없다. 세계 과학으로부터의 격리는 특히 이러한 문제점을 심화시켰고 정책 입안자들도 이러한 단점들을 잘 알고 있었다.

해외 기술의 중앙집중식 구매. 기술적 고립에서 벗어나기 위해 정책 입안자들은 글로벌 기술리더들로부터 산업용 기계를 대량 구입했다. 1978년 이후 중국의 원유판매가 목표대로 이루어지지 않아 첫 번째 대규모 산업용 기계 수입 계약은 실패했지만, 공장과 장비에 내재된 기술에 대한 정부의 외화지출은 여전히 높았다. 1980년대에 중국은 공장 및 장비에 내재된 기술 수입을 위해 468억 달러를 지출했는데, 이는 당시로서는 큰돈이었다(Gu, 1996). 이런 접근방식은 비용이 많이 들고 1980년대 중국의 예산수입이 감소하면서(20장 참조) 중국은 더 이상 고급기술 구매라는 사치를 감당할 수 없다는 것이 분명해졌다.

조건부 외국인 직접투자(FDI). 다음 단계는 중국과 기술을 공유하는 대가로 중국시장에 대한 특권적 접근으로 보상을 받을 수 있는 기술 파트너로서 최고의 다국적기업(MNC)들을 찾는 것이었다. 1980년대에는 서로 어느 정도 독점력을 가진 양측 간에 야심찬 협상들이 보통 몇 년을 질질 끌며 진행되었다. MNC들은 그들의 가장 최첨단의 기술들을 내주고 싶어 하지 않았고 중국은 매우 제한적이고 포괄적인 거래를 추구했다. 따라서 중국의 정책 입안자들이 희망했던 대규모 기술이전 프로젝트들은 거의 성공하지 못했다.

그러나 개별적인 성공들은 있었다. Mu and Lee(2005)는 합작회사 Shanghai Bell Alcatel(贝尔阿尔卡特)이 "기술에 대한 시장거래 접근" 정책의 성공적인 사례라고 주장했다. 벨기에의 Bell 계열사인 이 외국 파트너는 글로벌 기술리더는 아니었지만 상당히 정교한 디지털 텔레콤 스위치 기술을 갖고 있었고 기술이전을 위한 관대한 조건에 기꺼이 동의했다. 중국 정부의 우편 및 이동통신부(Ministry of Post and Telecom)는 프로젝트 챔피언이 되었고 많은 중국 기술자들을 교대로 이 합작회사에서 근무하도록 했는데 이는 Huawei(华为)와 ZTE 텔레콤 같은 매우 성공적인 회사들을 포함하여 중국 이동통신장비 제조업체들이 전문지식을 개발하는 데 매우 중요한 역할을 하였다. 오늘날 중국의 정책 입안자들은 이러한 제한적인 양자 간 대타협 모델에서 벗어나고 있지만 중국은 자신들이 충분한 협상력을 가지고 있다고 생각할 때에는 "기술에 대한 시장거래 접근"이라는 강력한 기술 협상을 계속 추진하고 있다.

FDI 개방. 1992년 이후 중국은 다수의 경쟁력 있는 외국의 기술공급 업체가 중국시장에 진출할 수 있도록 하는 보다 일반적인 접근방식을 채택하였다. FDI는 바로 시작되어 향후 10년간 중국 신기술 도입의 주된 원천이 되었다. 다국적기업들은 중국 국내시장에 접근하려는 시도를 통해서 뿐만이 아니라 중국을 첨단기술 품목들의 글로벌 생산 네트워크에 빠르게 통합시키면서 중국에서 점점 더 중요한 기술 제공자가 되었다. 세기가 바뀔 무렵 중국은 외국인 투자자들을 광범위하게 허용하는 제도를 구축했다.

15.4.2 국내 기반 확충

연구개발 자금. 중국은 기술적으로 외부에 보다 많이 개방되었지만, 국내 기술기반을 넓히고 정부의 기술지원 효율성을 높이기 위한 조치들을 취했다. 연구기관에 대한 예산은 삭감됐지만 일부는 경쟁적인 보조금제도로 대체되었다. 기초과학과 연구를 위해 연구기관들은 현재 국립자연과학재단(National Natural Sciences Foundation)과 기타 자금지원 기관에 신청서를 제출하고 있다. 출범 연월을 딴 새로운 "86-3 프로그램"은 10개 우선 분야의 특정 목적의 연구팀에게 자금을 지원했다. 이 프로그램은 본질적으로 종잣돈(seed funding) 지원 성격으로 그다지 크지 않은 금액의 연구자금을 지원했는데, 이로 인해 때로는 그 효과가 제한되기도 했지만 연구자금의 지원과정을 변화시켰고 11년 후 97-3 프로그램에 의해 계승되었다. 새로운 "토치(Torch)" 프로그램은 기술 확산을 지원하기 위해 기업의 기술 채택을 위한 은행융자를 제공하고, "스파크(Spark)" 계획은 향진기업의 기술 업그레이드를 위한 자금을 지원한다. 은행 신용과 융합된 소액 자금지원으로, 이러한 프로그램들은 중국 정부의 연구와 기술 확산 지원을 보다 전략적이고 효과적으로 만들었다.

확산(spin-off) 장려. 1980년대에 정책 입안자들은 민간경제에 기술을 확산시키기 위해 연구기관들에게 보다 강력한 동기를 부여했다. 연구소와 대학들이 기업에 기술서비스를 제공하여 돈을 벌 수 있도록 허용하였고 영리목적의 자회사를 설립할 수 있도록 했다. 이러한 관대한 입장은 14.1.2절에 기술된 "혼합기업(hybrid firm)"의 탄생을 이끌었고, 이들 중 상당수는 중요한 첨단기술 기업이 되었다. 성공한 Legend/Lenovo는 베이징 북서부 중관춘(中关村) 첨단기술구역에서 중요한 존재가 되었다(Segal, 2003 ; Xie and White, 2004). 베이징대(北京大)와 칭화대(清华大) 모두 자회사형 첨단기업과 비지니스 파크(business parks)를 설립했다. Lenovo만큼 성공적인 확산기업은 많지 않았지만 민간 확산기업들의 탄생은 정책 입안자들이 첨단기술 기업들에게 기꺼이 제공하는 추가적인 영역이기 때문에 중국경제자유화의 결정적인 국면을 보여 주는 것이었고 보다 폭넓은 개혁의 장을 마련한 것이었다.

국내 기업가정신 지원. 1999년 이후 중국 민간기업들은 첨단기술 분야에 진출하기 위해 전방위적인 지원을 받기 시작했다. 정부는 대규모 국유기업(SOE)만을 선호하는 대신에 소규모 민간 창업 기업, 학교 및 연구소의 기술집약적 확산 등 사실상 모든 기술적으로 앞선 기업들을 "국가" 기업으로 보고 지원하기 시작했다. 민간기업들은 또한 기술적 우위 확보를 위해 외국기업들과 경쟁하는 국가적인 챔피언이 될 수도 있었다. 새로운 세기가 시작될 때 중국 국내의 기업환경은 어떤 소유 형태의 기업이든 기술개발에서 역동적인 역할을 할 수 있도록 충분히 자유화되어 있었다.

15.4.3 글로벌 생산 네트워크에 통합

1980년대와 1990년대를 거치면서 중국은 빠르게 세계무역에 통합되었다. 대만, 홍콩, 한국의 투자는 대만과 한국의 기업들로 하여금 기술적으로 보다 까다로운 제품생산으로 빠르게 업그레이드할 수 있게 하였고, 중국은 기술력이 낮고 노동집약적인 제품생산을 인수했다(17장). 세기가 바뀌면서 주목할 만한 변화가 일어났다. 대만과 한국의 기업들이 노동집약적인 첨단기술제품의 생산도 중국으로 이전하기 시작했다. 가장 두드러지는 예가 노트북 컴퓨터였다. 2001년 이후 사실상 노트북 컴퓨터 조립 전체 공정이 중국으로 넘어갔다. 게다가 이러한 생산 재편은 하나의 초경쟁적인 산업을 만들었다. 오늘날까지 중국에 있는 대만기업에서 조립된 노트북 컴퓨터가 세계 노트북 생산의 90% 이상을 차지하고 있다. 어떤 누구도 경쟁할 수 없다.

이러한 글로벌 생산 네트워크의 빠른 구조조정은 중국을 첨단기술 강국의 반열에 올려놓는 것처럼 보였다. 그림 15.4에서 알 수 있듯이 중국은 2000년까지 첨단기술 수출에서 미미한 역할을 했지만 2005년에는 미국을 제치고 세계 최대의 첨단기술 수출국으로 부상했다. 첨단기술 수출은 지속적으로 빠르게 증가하여 2012년에는 5,000억 달러를 돌파하였다. 이러한 중국의 갑작스런 등장은 중국의 첨단기술 성공에 대해 일부 과장된 찬사를 불러일으키기도 했지만, 이것이 일어난 일의 본질은 아니었다. 정확하게는 중국은 기술적으로 가장 덜 까다로운 생산단계에 특화되었기 때문에 이러한 연계는 처음부터 기

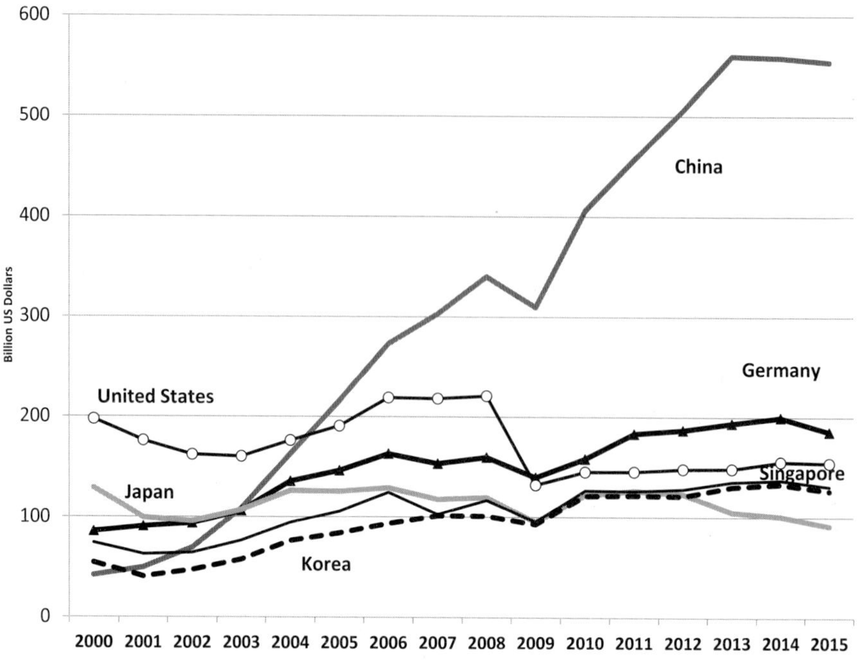

그림 15.4 첨단기술 수출
자료: OECD data via World Development Indicators.

술개발에 거의 영향을 미칠 수 없었다. 중국이 iPhone이나 노트북 컴퓨터와 같은 첨단부품을 내장한 완제품을 수출할 때에도 이것이 중국 고유의 기술역량으로 확산되는 효과는 크지 않았다.

15.4.4 지역 혁신 시스템

세기가 바뀔 때까지 중국은 서로 다른 능력과 다양한 정책환경을 갖춘 특징적인 지역 혁신 클러스터들을 개발해 왔다. 이러한 다양성은 힘의 원천이었다. 지방정부들은 시범 프로젝트와 기타 실험적인 방법을 시도했고 서로 다른 부문과 기술에 투자했으며 외국 투자자들과도 각기 다른 관계를 발전시켰다. 중앙정부가 "핵심기술"에 대한 관리를 강조할 때에도 지방정부들은 경제적으로 큰 보상이 따르는 점진적인 "빠른 추종자(fast-follower)" 전략에 투자하는 경우가 많았다. 많은 문헌들이 지역 시스템들의 출현과 서로 다른 특징을 설명하였으며 중앙의 정책 입안자들과의 상호작용을 통해 더 나은 정책성과를 가져온 방식에 대해 기술했다(Breznitz and Murphee, 2011; Liu Xielin, 2009; Segal, 2003).

가장 중요한 3개의 지역 시스템은 베이징, 광둥, 상하이 지역이었다. 베이징 클러스터는 최상위권 대학(베이징대, 칭화대)과 CAS 및 CAE 두 아카데미를 중심으로 베이징 서북부 지역에 고급 과학 인력이 특히 많이 집중되어 있어서 혜택을 받았다. 중관춘(中關村) 지역은 Lenovo와 같은 엘리트 연구기관의 분사 기업들의 본거지가 되었다. 이 클러스터는 중국 인터넷경제의 인큐베이터가 되었고 다른 많은 참여자들을 첨단기술 경제로 끌어들였다. 21세기에 들어서면서 중관춘은 벤처 캐피털 기업, 신생기업 인큐베이터, 그리고 엔젤투자자까지 포함하는 혁신관련 기관들을 위한 완전한 생태계를 개발했다. 최근에는 많은 다국적기업들이 풍부한 고급인재들을 활용하기 위해 중관춘 지역에 연구시설을 세우고 있다.

중국 남부에서는 활기찬 첨단 클러스터가 선전(深圳) 경제특구에서 성장했다. 아마도 가장 두드러진 것은 통신장비를 생산하는 종합적인 제조업체들의 성장이었다. 한쪽 끝에는 가장 기술적으로 정교한 기업인 Huawei가 있는데 Huawei는 오늘날 중국에서 가장 혁신적인 개별 기업이자 수많은 국제특허를 취득한 글로벌 기업이다. 또 다른 쪽 끝에는 소위 산자이(山寨) 전화 생산업체들이 대거 포진해 있다. "산자이(山寨)"라는 말은 "모조품"으로 번역되기도 하는데 그것은 값이 싼 복제품이나 기존제품의 유사제품을 생산하는 모든 작업을 의미한다. 일반적으로 이들은 최신제품에 2단계 뒤처진 대만의 Mediatek나 상하이의 Zhangxun(掌迅; Spreadtrum, 展讯)과 같은 회사의 저렴한 통신 칩세트를 구입하여 자체 제작한 본체에 끼워 넣어 이름 없는 핸드폰을 생산하는 소규모 회사들이다. 여기서 생산된 저가의 핸드폰들은 때때로 혁신적이고 매력적이었으며 이들은 중국 농촌지역과 많은 개발도상국들에서 상당한 시장을 발견했다. 일부 "산자이" 기업들은 대규모 제조업체와 수출기업으로 성장하기도 했다. 선전 클러스터의 표어는 베이징 중관춘의 표어들과는 매우 달라서 개방성, 유연성, 그리고 저렴한 가격에 신속하고 저급한 해결책을 선호한다. 이러한 선전의 통신 클러스터는 13.6절에서 다루는 향진기업(TVE) 기반 산업 클러스터와 유사성이 있다. 이곳에서 정부와 대학의 연구는 거의 역할을 하지 못했다.

상하이를 중심으로 한 양쯔강 삼각주(Yangtze River delta, YRD) 전체 지역 또한 혁신적인 활동의 클러스터가 되었다. 대만의 컴퓨터 기업들을 포함한 외국기업들은 YRD에서 중요한 역할을 했지만 결코 지배적인 역할을 하지는 못했다. 대부분의 대만 노트북 조립기업들은 장쑤성 쿤산(昆山)을 중심으로 위치해 있다. 자동차산업과 관련된 대규모 공장단지들도 점진적인 산업혁신의 중요한 동인이 되었다. 막대한 산업역량과 상대적 개방성은 이 지역을 혁신 강자로 만들었다. 항저우에 본사를 둔 Alibaba의 부상은 YRD를 베이징에 견줄 만한 중국 인터넷경제의 중심지로 만들었다. 중국의 거대한 규모는 각 클러스터가 자기들의 능력으로 남들과 다른 클러스터를 만드는 것을 가능하게 했고 동시에 클러스터마다의 정책의 다양성은 그 자체가 각 클러스터 성장의 원천이 되었다.

15.4.5 성과와 불만족

2003년에는 중국의 혁신적인 비즈니스 환경이 극적으로 개선되었다. 인적자원에 대한 투자가 성과를 거두고 있었고 새로운 중국기업들이 등장하고 있었으며 외국 투자자들과의 협력관계가 구축되었다. 게다가 거의 모든 기술정책의 움직임이 시장화, 자유화, 개방화의 방향으로 진행되었다. 직접적인 정부 개입은 축소되었다. 예를 들어 집적회로 제작, 차세대 원자력발전소 및 민간항공기 사업과 같은 정부의 모든 주요 대형 기술 프로젝트들이 소리 없이 단계적으로 축소되었다. 정부 정책은 인적자원 구축, 대학 및 연구기관 강화, 세제 혜택 등 다양한 정책을 통한 기업들의 자체 기술역량 개발 강화에 중점을 두고 있었다. 기술드라이브를 효과적으로 지원할 수 있는 기관과 정책을 지속적으로 발굴했으며, 비록 많은 정책이 성공하지 못했지만 실패한 정책은 잘라내 버렸기 때문에 그 결과 기술노력은 다양하고 여러 갈래로 이루어졌으며 보기에는 성공적이었다. 중국은 스스로 초래한 후진성에서 벗어나 세계 기술현장에서 중요한 역할을 하고 있었고 기술을 빠르게 발전시키는 복합적인 정책을 찾아냈다.

그러나 후진타오(胡锦涛)와 원자바오(温家宝)의 새 정부(2003~2013년)는 이에 만족하지 못했다. 그들은 더 많은 일을 하려고 했고, 예산자원이 회복되면서 정부는 "큰 일을 성취"하기 위한 수단을 갖게 되었다. 정책은 항상 야심찼지만 한정된 예산자원(5장, 20장)의 제약을 덜 받게 되자 이제는 더욱 야심만만해졌다. 정책 입안자들은 중국이 처한 일부 상황에 대해 불만을 표시했다. 첫째, 중국에서 외국인 투자기업들이 차지하고 있는 커다란 역할이 불만이었다. 전자 하드웨어 부문은 빠르게 성장했지만 이들 대부분은 외국기업들이었다. 자동차산업에서 주요 외국기업들은 모두 국내 국영기업들과 합작사업을 하고 있었지만 합작사업의 국내 파트너들이 기술적으로 업그레이드하는 데 거의 도움이 되지 않는다고 생각했다. 둘째, 글로벌 생산 네트워크에의 통합방식이 불만을 유발했다. 중국의 정책 입안자들과 기술 지식인들은 중국이 세계 생산 네트워크의 수익성이 낮은 연결고리에 갇혀 있는 것으로 보았다. 지배적인 해석은 글로벌 생산 네트워크는 두 곳에서 높은 수익성을 보여 주고 있다. 시작(upstream) 단계에서는 기업들이 연구와 설계에 종사하면서 고수익의 가치 있는 지적재산을 생산하고, 최종(downstream) 단계에서는 기업들이 마찬가지로 고수익을 창출하는 브랜드와 판매 및 마케팅 네트워크를 관리한다. 이와는 대조적으로 중국은 진입장벽이 낮고 비슷한 경쟁자가 많으며 수익성이 낮은 일반 제조와 조립 위주의 생산활동을 하는 중간 구간에 갇혀 있는 것으로 보았다. 중국 정책 입안자들은 최종생산물이 값비싸고 기술력이 높은 제품임에도 불구하고 중국은 이 글로벌 생산 네트워크에 저임금, 저기술 노동력으로 기여하면서 낮은 수익의 슬럼가 즉 "격리지역(ghetto)"에 빠져 있다고 보았다.

또한 세계무역기구는 2001년부터 2005년 사이에 중국의 정책 입안자들에게는 새로운 제약이 되는 내용들을 단계적으로 도입하였다. 외국 다국적기업들에게 적용해 오던 일부 전통적인 수단들, 예를 들면 부품 현지조달 요구 등은 이제 사용할 수 없게 되었다. 정책 입안자들은 첨단산업 육성을 위한 새로운 수단들을 찾기 시작했고 결국 중국 정부는 과거에 비해 훨씬 더 첨단산업에 개입하게 되었다. 마지막으로 기술정책은 모든 곳에서 국가안보와 얽혀 있다. 중국 정책 입안자들은 정보기술이 전통적인 방위산업들을 변화시키는 것을 보았기 때문에 국가안보에 필수적인 기술들을 통제하려고 했다.

15.5 2006년 이후 기술-산업 정책으로의 전환

2003년 원자바오 정부 출범 직후부터 중국의 기술개발과 혁신정책은 변화하기 시작했고, 2006년에는 새로운 정책이 구체적으로 나타났다. 이때부터 중국 정책 입안자들은 기술-산업 정책을 연속적으로 발표하는데 이러한 정책들은 꾸준하게 규모가 커지고 정교해졌다. 이들 정책들은 지난 20년과 비교하여 상당한 방향 전환을 보여 준다. 이러한 모든 주요 정책의 동기에는, 이전의 특정산업 발전을 목표로 한 정부개입의 감소 추세와는 반대로 특정산업의 발전 촉진을 목표로 하는 정부개입이 포함된다. 또한 모든 정책은 "국가챔피언" 기업의 설립은 물론 중국 안에서의 독립적인 기술능력의 창출을 강력하게 강조한다는 점에서 국수주의적이다. 이를 위한 발언과 지원된 자원을 보면 이러한 정책을 추진하기 위한 노력은 2006년 이후 꾸준히 증가해 왔다.

15.5.1 과학기술 중장기계획(2006년)

과학 및 기술 중장기계획(Medium-Long Range Plan, MLP)은 다년간의 계획과정의 결과였다. MLP는 중국 기술혁신을 위한 전반적인 환경을 개선하고, 특히 국내 기술혁신 역량을 향상시키기 위한 많은 단계를 구상하고 있다(Chen and Naughton, 2016). MLP는 "토착형 혁신"이라는 용어를 도입하여 그 목적 중 하나를 설명하였는데 이는 대학과 연구소를 포함한 중국 참여자, 특히 중국기업이 별도의 독자적인 기술혁신 능력을 개발하는 것이다. 이후 몇 년 동안 이 목표는 항상 특별 슬로건으로 내세운 것은 아니지만 중국의 기술과 산업 정책의 중심에 남아 있었다.

MLP는 16개의 "대형과제(Megaproject)"(표 15.1)를 지정했다. 이 프로젝트들은 대규모 정부지원 사업들이었지만 특정한 산업에 사용할 목적으로 선택되었다. 즉, 이 프로젝트들은 과학정책이 아니라 주로 산업정책이었다. 그 목적은 정부자금을 경제에 대한 파급효과가 가장 크고 즉각적인 R&D 분야에 지원하는 것이었다. 대형과제들은 2008~2009년 글로벌 금융위기 기간 동안 자금조달 노력이 가속화되면서 점차적으로 증가했다.

15.5.2 전략적 신흥산업(2010년)

2008~2009년 경제위기를 거치면서 새로운 일련의 산업정책이 나타났고 이는 2010년 중앙정부 계획에서 전략적 신흥산업(strategic emerging industry, SEI)으로 공식화되었다.

SEI는 7개의 대그룹으로 분류된 20개 산업부문으로 구성된다. 표 15.1에서 알 수 있듯이 대형과제와 후속 SEI 프로그램 사이에는 많은 산업부문의 중복이 있다. 일부 SEI 계획들은 개별 대형과제들의 직접적인 연속이었고 대부분의 대형과제들은 후속 SEI들과 어느 정도 관련이 있었다. 그러나 중요한 차이는 대형과제가 전적으로 정부 자금지원 프로젝트인 반면, SEI는 산업정책이었다. SEI에서는 일부 정부자금을 기업들의 발전과 성장을 위한 유리한 여건을 조성하는 "시장 조성"을 위해 사용하는 한편 기업참여자들로 하여금 SEI 산업부문에 투자하도록 유도하기 위해 폭넓은 수단들을 동원하였다.

SEI 프로그램은 2008~2010년에 등장한 새로운 지적 정당성(intellectual justification)에 의해 동기가 부여되었다. SEI 계획에는 그 산업부문이 앞으로 크고 중요하게 될 것으로 예상되는 부문뿐만 아니라 세계 어느 곳에서도 아직 완전히 터득되지 않은 질적으로 새로운 요소들을 가지고 있는 산업부문들을 포함했다. 이러한 산업들은 현재 확고한 위치를 차지하고 있는 기존 기업이나 국가가 없기 때문에 중국에게도 경쟁할 수 있는 기회를 제공하는 것으로 보았다. 그러므로 SEI 전략은 "신산업은 후발주자들에게도 도약의 기회를 준다"고 한 Perez and Soete(1988)의 통찰력을 반영했다고 볼 수 있다. SEI 프로그램은 중국의 현재 제조비용의 이점을 고려할 때 혁신으로부터의 수익은 충분하다는 자신감과 결합된 높은 수준의 기술 기회에 대한 중국의 대응이었다. SEI의 접근방식은 "새로운 기술혁명의 유리한 고지를 장악하라"(Wan, 2009, p.1)는 슬로건으로 자주 요약된다. 중국은 2008~2009년의 글로벌 위기 동안 미국을 포함한 많은 선진국 정부가 이를 타개하기 위해 적절한 여러 부양책과 산업정책의 일환으로 특정 신흥산업의 육성을 선택했다는 사실로부터 분명히 영향을 받았다. 이러한 요소들은 SEI에서도 재생에너지(태양광 및 풍력)와 전기자동차 부문 등이 두드러진다는 점에서 특히 뚜렷하다. 따라서 SEI 접근방식은 새로운 산업분야를 개발하기 위해 중국의 산업을 선진 시장경제 기업들과 직접 경쟁하도록 했다.

15.5.3 중국제조 2025(Made in China, 2015)

2015년에는 새로운 산업정책이 등장했다. 가장 눈에 띄는 정책은 "중국제조 2025"와 "인터넷 플러스(Internet Plus)"이다. 이 두 프로그램의 공통점은 무엇보다도 전통산업을 포함한 다른 생산부문에 정보기술을 적용한다는 점이다. "중국제조 2025"는 노동, 토지 및 환경 비용 상승의 영향에도 불구하고 중국이 앞으로도 지속적으로 세계의 지배적인 제조업자로 남기 위해 중국 제조업을 업그레이드하는 것이 목표이다. 어떤 의미에서 "중국제조 2025"는 중국이 중진국 함정에 빠지지 않기 위해 고안한 계획으로, 향후 중국의 발전에 있어서 산업이 계속 중요한 역할을 할 수 있도록 하기 위한 것이다.

보다 구체적으로 "중국제조 2025"는 산업용 로봇, 센서 네트워크를 장착한 최첨단 컴퓨터 공작기계, 고객맞춤형 서비스지향 생산을 통한 "스마트 팩토리"를 지향한다(Wub-

표 15.1 산업정책의 부문별 목표

	16개 대형과제(2006~2015년)		20개 전략적 신흥산업(2010~2020년)
			에너지절약과 환경보호
			a. 효율적인 에너지 기계
1	수질오염 관리 및 처리	→	b. 환경보호
			c. 재활용 및 재사용
			차세대 정보기술
2	ULSI 반도체 제조	→	d. 차세대 인터넷
3	차세대 광대역 무선	↗	e. 핵심 전자부품
4	핵심 전자부품 및 고급 소프트웨어	→	f. 고급 소프트웨어 및 정보서비스
			생명공학
5	주요 신약 개발	→	g. 바이오 의약품
6	주요 전염병 대책	↗	h. 바이오메디컬 엔지니어링
7	유전자 변형과 식물 육종	→	i. 생물학적 농업
			j. 바이오 제조업
			고성능 정밀기계
8	대형 여객기	→	k. 상업용 항공기
9	고해상도 지구관측시스템	→	l. 위성 및 응용프로그램
10	유인 우주비행 및 달 착륙	↗	m. 철도 및 운송기계
			n. 해양공학 장비
11	고성능 수치제어 공작기계	→	o. 지능형 제조장비
			신에너지
12	대형 오일 및 가스; 석탄 가스화		p. 풍력 발전
13	대형 고압 원자로 기술		q. 태양광 발전
			r. 바이오매스 에너지
14–16	미공개 군사 프로젝트 3건		**신소재**
			s. 신소재
			신에너지 차량
			t. 전기자동차 및 플러그인 하이브리드

자료: Chen and Naughton (2016).

beke et al., 2016). "중국제조 2025"는 독일의 "산업 4.0" 프로그램과 비슷한 점이 많은데, 두 프로그램 모두 정부지원을 통해 정보기술을 "전통적인" 기계산업에 통합시키려 하고 있다.[1] 중국의 프로그램은 두 가지 면에서 더 야심적이다. 첫째, 중국의 현재 산업기술은 일반적으로 "산업 2.0" 수준이기 때문에 중국의 프로그램은 훨씬 더 큰 격차를 뛰어넘어야 한다. 둘째, 중국은 독일 정부가 책정한 비교적 적은 경비(10억 달러 미만)보다 훨씬

1. 1780년대 영국에서 첫 산업혁명이 일어난 후, "산업 2.0"은 1800년대 후반부터 시작된 광범위한 전기화와 대량생산을 말한다. 1970년대에 시작되어 선진국에서 구현된 "산업 3.0"은 전반적인 생산과 업무 프로세스의 전산화된 최적화와 결합된 개별 프로그램이 가능한 공작기계와 로봇을 말한다. 산업 4.0은 "첨단 인터넷과 통신기술, 내장형 시스템 및 지능형 기계의 조합을 특징으로 한다"(Wubbeke et al., 2016, p.13).

더 많은 돈을 쓸 것이다. “중국제조 2025”의 목표는 로봇공학과 3-D 프린팅과 같은 특정 분야를 목표로 하는 것이기도 하지만 중국의 모든 산업을 업그레이드하는 것이다. 한편 “중국제조 2025”는 2006년 “토착형 혁신”이 처음 제안된 이후의 강력한 국수주의적인 목표를 명백하게 지속하고 있다. 이 프로그램은 중국 국내기업들이 첨단장비와 부품의 공급자로서 외국기업들을 대체하는 것을 명백하게 제시하고 있으며 이 프로그램과 관련된 다양한 참고문서들에는 이와 관련된 수많은 뚜렷한 목표와 목적들이 포함되어 있다.

“인터넷 플러스”는 산업분야에서는 “중국제조 2025”와 겹치기는 하지만 보다 광범위한 반면 덜 상세한 프로그램이다. “인터넷 플러스”는 근본적으로 정부가 보건의료, 정부부문, 교통 및 전력 인프라, 교육, 전자상거래 등 모든 분야에 인터넷 적용을 지원하는 프로그램이다. 두 프로그램 모두 야심찬 프로그램이며 중앙정부 부처와 지방정부의 구체적인 실행 방안을 촉발하는 최상위 지침으로서의 역할을 한다.

15.5.4 계획 및 프로그램의 확산

“중국제조 2025”와 “인터넷 플러스”는 SEI 프로그램을 특징짓는 부문별 표적 개입보다 더 넓은 비전을 갖고 추진된다. 그러므로 이들 프로그램들이 여전히 시행되고 있는 SEI를 대체하는 것이 아니라는 점을 강조하는 것이 중요하다. 오히려 이 프로그램들은 SEI를 보완하고 강화한다. 결과적으로 정부 프로그램의 확산은 극도로 복합적인 정책 지형을 만들어 낸다. 다시 시작된 중국 정부의 행동주의는 현재 기술산업과 환경목표를 통합하는 임무를 맡아 다시 경제에서 새로운 중요성을 갖게 된 5개년 계획에도 새로운 관심을 갖게 하고 있다(Kennedy and Johnson, 2016). 적어도 30~40개의 중앙정부 계획은 5개년 계획과 보다 광범위한 전략계획을 어떻게 수행해야 하는지 상세히 설명하고 있으며 말 그대로 수백 개의 지방정부 계획도 마찬가지로 영향을 미친다. 따라서 기술-산업 정책은 경제 전반에 걸쳐 정부의 개입을 증가시키는 중요한 동인이 되었다.

첨단기술 산업의 진흥은 거의 틀림없이 오늘날 중국 정부의 핵심적인 경제개발 정책임이 분명하다. 기술개발은 무역정책과 인적자원 정책을 포함하여 현대 경제정책의 많은 측면들을 연결하는 “하나로 만드는 실”과 같다. 따라서 기술정책의 수많은 가닥 하나하나를 기업가들뿐만 아니라 모든 단계의 관료들과 기획자들이 매우 진지하게 받아들이고 있다.

15.6 첨단기술 개발의 다단계 프로그램

중국 산업정책의 야심찬 목표는 다양한 정책수단을 통해 달성되는 것이다. 정책 입안자들은 많은 동일한 기업에 중복되고 동시에 영향을 미치는 질적으로 다른 수단을 사용한다. 예를 들어 Xu, Zhou, and Sun(2013)은 SEI 지원을 위해 중앙정부가 채택한 정책을 집계,

분류한 결과 2011년 1월부터 2013년 6월까지 30개월 동안 중앙정부가 363건의 SEI 지원 정책을 공포한 것으로 나타났다. 같은 연구그룹은 풍력산업에서 연구보조금, 수입부품에 대한 세금감면, 국산화 요건, 면세 그리고 차등 전력 관세가 끊임없이 혼합되어 인센티브 환경을 형성한다는 것을 보여 주었다(Zhou et al., 2013). 이러한 정책들은 지식집약적 산업의 발전을 지원하기 위해 정부와 기업 행위자들의 인센티브를 일치시키려 한다.

15.6.1 재정 지원

여기서는 일부 정책들만 기술되었지만 수많은 구체적인 정책들은 첨단기술 산업에 대한 재정 지원을 제공하는 객관적이고 누적된 효과를 갖는다.

15.6.1.1 세금 감면

기업의 R&D 지출을 사실상 무상으로 하기 위해 조세법 전부 개정안이 제정되었다. R&D 부분공제, 신기술 및 관련 컨설팅 서비스 판매소득 전액에 대한 세금 감면, 그리고 R&D에 사용되며 중국에서는 구할 수 없는 장비의 수입에 대한 세금 감면 등이다.

15.6.1.2 보조금 신용

저비용 신용의 종류로는 첨단기술 중소기업을 지원하기 위한 국내 자금, 대기업의 특정 사업에 대한 이자 보조금, 그리고 수출입은행의 첨단기술 수출 지원 등이 있다.

15.6.1.3 조달 특혜

국내 첨단기술 기업들은 정부조달에서 일반적인 특혜를 받을 권리가 있다. 칩이 내장된 ID카드의 경우처럼 정부조달정책이 구체적으로 국내 IT개발을 지원하는 것을 목표로 하는 경우도 있다.

15.6.1.4 "첨단기술 기업" 현황

"첨단기술" 자격을 갖춘 기업은 법인소득세율이 낮다(30% 국세가 아닌 15%). 또한 첨단기술을 가진 기업은 중앙이나 지방정부가 일반적으로 자금을 지원하는 특정 프로젝트에 대한 보조금에 접근할 수 있다. 지방정부의 지원에는 더 낮은 토지와 유틸리티 가격도 포함될 수 있다. 첨단기술 기업들은 초기에 증자 자산 순 가치의 35%를 스톡옵션이나 혁신가와 기업가에 대한 기타 보상을 위해 적립할 수 있었다.

15.6.2 투자 펀드

세기가 바뀔 무렵, 중국에는 작지만 활기찬 벤처캐피탈 산업이 설립되었다. 자금의 대부분이 정부기관에서 직간접적으로 나왔지만 소수의 외국 벤처 투자가들도 중요한 역할을 했다는 점이 특이했다. 국내 민간자금도 점차 상당해졌다. 기존 증권거래소에 새로운 첨단기업의 상장을 허용하는 조항이 2000년대 초반에 만들어졌고 새로운 상장 장소가 설립되었다(19장). 이런 식으로 벤처캐피탈은 공개상장을 통한 탈출 옵션을 갖췄다.

2013년에 정부는 기술정책에 대한 광범위한 비공개 재평가를 실시했는데 이는 상대적으로 느린 SEI 개발에 대한 불만을 반영한 것으로 추정된다. 이 평가의 가장 분명한 정책결과는 부문별 투자기금에 대한 약정이 증가한 것이었다. 참을성 있고 관대한 국가 재정 지원 주식의 투자자들은 경쟁적인 사업개발 제안을 유치하고, 기업의 수명주기의 여러 단계에 투자하며, 일반적으로 신기술 기업에 대한 정부투자의 효율성을 향상시킬 수 있는 더 많은 유연성을 가질 것이라고 생각되었다. 이러한 접근방식은 첨단기술 산업에 대한 자금지원을 다시 급증시켰다. 전반적인 설명은 없지만 약정 규모가 매우 크다는 점은 분명하다. Kennedy and Johnson(2016, p.27)에 따르면 2015년 말 현재 정확한 수치는 아니지만 2조 1,800억 위안(328억 달러)의 자금 약정이 있었다. 특히 선호된 분야는 반도체로 국가, 지방정부, 그리고 지방자치단체가 모두 자금을 마련했다. Yoshida(2017)는 4,650억 위안(약 700억 달러)의 IC 자금에 대한 약정을 보고하고 있다. 확실히 이것들은 실제 투자가 아닌 약속이다. 그럼에도 불구하고 새로운 투자로 유입되는 돈의 양은 분명히 상당할 것이다.

15.6.3 수요측면 정책

SEI 프로그램은 신흥산업에 대한 수요를 지원하기 위한 정부자원의 체계적인 사용을 포함하고 있다. 이 프로그램은 중장기 과학기술 계획(MLP)의 "토착형 혁신" 프로그램의 일환으로 개발된 정부조달 프로그램에 뿌리를 두고 있었다. 오늘날 정부는 인공위성 등 일부 SEI의 주요(또는 단독) 고객이다. 상업용 항공기와 같은 경우, 국유기업은 시험되지 않은 항공기를 주문하면서 선도적인 고객 역할을 한다. 정책은 광범위한 수요에 대한 지원도 제공한다. 예를 들어 전기자동차와 플러그인 하이브리드의 구매는 후한 세금감면과 리베이트를 받으며, 정책 입안자들은 그러한 산업을 지원하기 위해 태양광과 풍력 발전으로 받은 발전차액지원(feed-in tariff, FIT)을 인상했다.

15.6.4 규제 환경

규제 체계는 혁신을 지원하는 제도적 생태계의 필수적인 부분이다. 중국이 확고한 기반과 지배적인 시장기반 시스템으로 이동함에 따라 규제는 훨씬 더 중요한 역할을 했다. 동시에 규제기관들은 산업정책에서 점점 더 중요한 부분이 되었다.

15.6.4.1 기술표준

중국 정책 입안자들은 규제 국가의 필수적인 부분인 일련의 기술표준을 제정했다. 이것은 종종 국내기업들의 경쟁우위를 창출하기 위해 행해졌다. 기술표준에는 차세대 DVD, 3세대 디지털 전화통화 방식(TD-SCDMA), 그리고 암호화 등이 포함되었다(Linden 2004). 통신표준은 가장 큰 통신사업자인 차이나모바일(中国移动)에 배정되어 3G 시장에서 유리한 출발을 했다.

15.6.4.2 지적재산권 보호

중국은 지식재산권 보호장치가 없이 개혁시대로 접어들었다. 중국은 1980년대에 특허청인 국가지식재산국(State Intellectual Property Office, SIPO)과 베이징 및 상하이의 전용 지적재산권 심판소 등 지적재산권 보호를 위한 법적 · 규제적 체제를 만들었다. 이 제도적 기구는 국제표준과 법률을 준수하며 집중적으로 활용된다(아래 참조).

15.6.4.3 인터넷 통제

널리 알려진 바와 같이 중국은 주요 경제국 중 다른 어떤 나라보다 인터넷에 대한 국가통제가 훨씬 더 강력하다. 이 통제는 분명히 정부의 많은 목표들을 달성한다. 이 통제의 한 가지 중요한 효과는 Google(谷歌), Facebook(脸书), Microsoft(微软) 등 외국기업의 중국 진출을 막고 Alibaba(阿里巴巴), Baidu(百度), Tencent(腾讯) 등 국내기업을 보호한다는 것이다. 이들 세 거대기업은 모두 가공할 능력을 갖춘 개인 창업기업들이다. 이들은 잠재적으로 글로벌 경쟁력을 갖춘 거대기업이지만 중국의 인터넷 규제로 인해 거의 완벽하게 국내시장 보호 혜택을 누리고 있다.

15.6.4.4 신흥부문의 가벼운 규제

인터넷의 어떤 부분에 대한 다소 엄격한 통제와는 대조적으로 중국의 정책 입안자들은 일부 신흥부문에 대해 관용적 규제를 채택함으로써 혁신의 위험 중 일부를 기꺼이 흡수하려고 한다. 가장 좋은 예는, "핀테크(fintech)"라고 하는 인터넷을 통한 금융서비스의 성장이다. 중국의 거대한 인터넷 기반을 감안할 때 이것은 매우 유망한 영역이다. 중국 당국은 알리바바와 같은 거대 인터넷기업들에게 결제서비스와 머니마켓 펀드를 출시할 수 있도록 허용했다(19장). P2P 대출 플랫폼이 급증했다. 이러한 핀테크 개발은 약간의 감독 또는 건전성 규제로 진행될 수 있었다. 규제기관은 이러한 신흥부문의 발전가능성에 영향을 받은 것이 분명하다.

15.6.5 국내기업 육성을 위한 제도의 비대칭적 활용

앞의 절들에서 설명한 개발은 혁신을 지지하는 제도적 체계를 만드는 데 필수적이었다. 동시에 사실상 이들 제도가 만들어지자마자 국내기업을 보호하고 특권을 주는 도구로 활용되기 시작했다. 이는 중국 내수시장의 장점을 활용하고 국내기업들이 시장수요에 대응할 수 있도록 하기 위해 의도적으로 설정한 기술표준에서 처음으로 명백해졌다. 중국의 휴대전화망은 2009년부터 몇 년 동안 주요 글로벌 표준과 양립할 수 없는 별도의 3G 시분할연동코드분할다중접속(TD-SCDMA) 시스템을 운영하다 4G로 넘어갔다가 이제는 5G로 넘어가면서 3G 표준이 무용지물이 되었다. 특히 초창기 중국 지적재산권(IP) 법원은 외국기업이 청구하기 어렵게 하고 국내기업을 상대로 마침내 청구가 성립되자 극히 작은 손해배상 판결을 내렸다. 그 이후 중국 IP 법원은 많이 개선되었지만 지역적 보호주의는 여전히 중대한 문제이다. Long and Wang(2015)은 (국내) 원고들이 외부 관할권보다 본국 관할의 IP 법원에서 긍정적인 판단을 받을 가능성이 훨씬 높다는 사실을 발견했다. 중국 독점금지법 제55조는 지적재산권과 독점금지의 연관성을 느슨하게 다루고 있다. "공정하고 합리적이며 비차별적(fair, reasonable, and nondiscriminatory, FRAND) 조건"으로 "필수" 특허를 허가해야 한다는 요건은 전 세계적으로 적용되지만, 중국에서는 다른 나라보다 더 엄격하게 해석되는 경우가 있어 외국기업이 피해를 입고 있다. 요컨대, 규제 체계의 수립은 일반적으로 혁신적이지만 중국의 산업정책을 담당하는 사람들에게 특정부문에 개입하고 국내기업을 육성하기 위한 새로운 도구를 제공했다.

15.6.6 다양하고 중복적인 인센티브

앞 절들의 증거를 종합하면 정책 입안자들이 다양한 정책수단을 사용한다는 것을 분명히 알 수 있다. 중국의 전반적인 기술-산업 정책의 기조는 공급측면, 세제, 규제, 수요측면 그리고 투자정책의 중복적이고 보강되는 결합으로 이루어져 있다.

15.7 성과

15.1절에서 논의한 바와 같이 지식 생산 기능의 결과는 두 가지 관점에서 검토해야 한다. 경제적 관점에서 기술혁신이 경제의 총 요소 생산성(총계 혹은 부문별)에 기여하는지 여부에 가장 관심이 있으나 현재 상태로는 아직 알 수 없다. 기술정책은 정량화된 입력과 출력이 필요한 세부 연구를 적용하기에는 너무 복잡하고 너무 최근의 것이다. 또한 정책은 긍정적 효과와 부정적 효과(15.8절)를 모두 가지고 있어 신중하게 연구할 필요가 있다. 중국의 엄청난 기술적 노력이 중국경제에 어떤 영향을 미치고 있는지 말하기에는 아직 이르다. 기술적인 관점에서 볼 때 비록 이것이 아직 경제의 생산성 향상에 기여하지 않았더라도 새로운 지식창출을 나타내는 결과물에 관심이 있다. 지식을 직접적으로 측정할 수는 없지만 새로운 지식창출의 중요한 두 가지 대용물은 특허와 학술적인 논문들이다.

15.7.1 특허

특허는 지식생산의 유용한 중간지표 역할을 한다. 발명특허 출원 건수는 중국이 지적재산권을 심각하게 받아들이고 있다는 명백한 증거를 제공한다. 미국의 경우 2000년 이후 특허 건수가 두 배 늘어난 60만 건에 육박하고 있다. 중국에서는 2016년 신청이 130만 건으로 급증했다(그림 15.5). 미국에서는 2008년 이후 특허 출원의 절반가량이 외국기업이나 개인에 의해 신청되고 있다. 중국에서는 2004년까지 특허출원의 절반가량이 외국기업

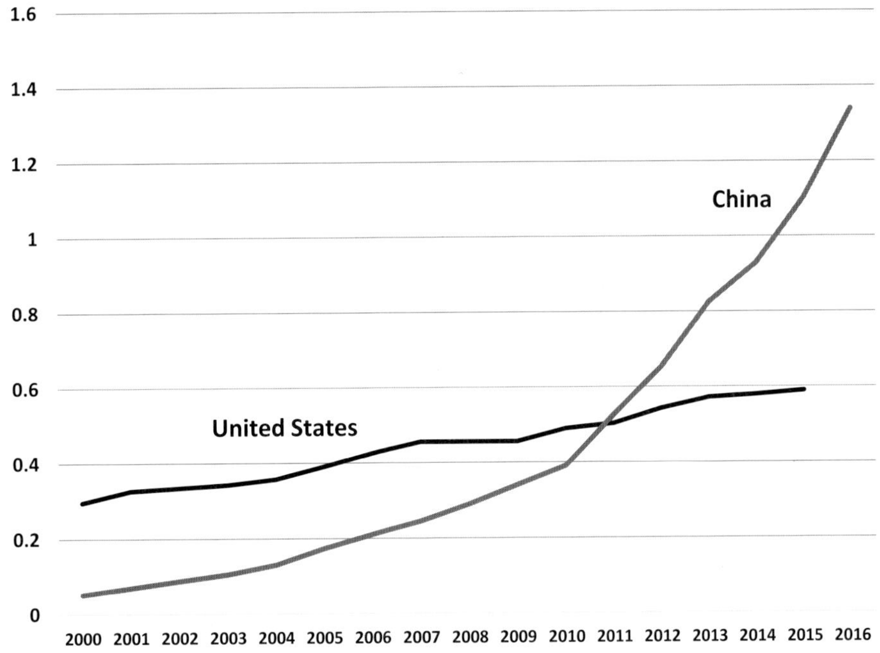

그림 15.5 발명특허 출원, 미국 및 중국(백만 건)
자료: State Intellectual Property Office of the PRC, accessed at http://www.sipo.gov.cn/; U.S. Patent and Trademark Office, accessed at https://www.uspto.gov/web/offices/ac/ido/oeip/taf/us_stat.htm.

에 의해 출원되었지만 그 이후 국내출원이 가속화되어 현재 발명특허 출원의 88%를 차지하고 있다.[2]

중국의 특허출원은 특허를 장려하기 위한 정부정책에 의해 상승 추세에 있다. 대부분의 작업 단위는 특허출원에 대해 현금 보너스를 제공하고 모든 관련비용을 지불한다. 기업 특허출원은 기업들이 원하는 "첨단기술 기업"을 달성하도록 도와주며 세율을 낮춘다. 공무원들에게는 해당 지역의 총 특허출원이 그들의 성공 지표들 중 하나이다. 필연적으로 이는 실제 혁신가치와 무관한 특허항목에 대한 인센티브가 있다는 것을 의미한다. 쉽게 말하면 많은 정크 특허가 있다. Hu, Zhang, and Zhao(2017)는 특허 증가가 주로 이전에 특허를 내지 않았던 기업에서 비롯됐으며 특허와 연구개발 투입물, 노동생산성 산출물 모두 상관관계가 약하다는 것을 발견했다. 이러한 이유들로 인해 2011년 중국이 특허출원을 많이 받았을 때 중국이 어떤 의미에서 미국을 능가했다고 생각하는 것은 어리석

2. 여기서는 발명특허만 고려했지만 중국도 디자인과 실용특허를 발급한다는 점에 유의하라. 이러한 것들은 특허 심사원이 검토하지 않으며 일반적으로 다른 시스템의 특허와 비교되지 않는다. 대부분의 출원은 결국에 승인이 되나 상당히 지연되기 때문에 일반적으로 출원이 승인된 특허보다 특허 활동의 더 나은 지표로 간주된다.

은 일일 것이다. 좀 더 정확히 말하면 중국의 특허는 Goodhart의 법칙, 즉 "측정값이 목표가 되면 좋은 측정값이 되지 않는다"는 것을 보여 준다.

Boeing and Mueller(2016)는 후속 특허출원에서 특허가 얼마나 자주 인용됐는지를 바탕으로 특허품질지수를 개발했으며 중국 특허의 품질은 2001년 비 중국 특허 평균 품질의 44.9%로 2009년에는 30.4%로 떨어진 것을 발견했다. 그러나 이 추정은 세계 과학계의 대부분에서 영어의 지배에 따른 편향으로 중국어로 된 특허의 인용이 줄어들 수 있다. 특허의 가치는 분야별로 매우 다양할 것이다. 극단적으로 중국은 세계 생명과학 특허의 10%를 차지하지만 출시된 신약은 2%에 불과해 특허가치가 낮다는 것을 알 수 있다(McKinsey Global Institute, 2015, p.95). 반면 프라운호퍼연구소는 "산업 4.0"(15.5.3절) 분야에서 중국의 특허를 연구했는데 그들은 중국이 어느 나라보다도 많은 수의 특허를 출원했다는 것을 발견했다. 그런 다음 개별적인 중국 특허에 대한 상세한 분석을 수행했는데 여기에는 "고도로 혁신적인 발명품 … 특히 에너지효율적인 무선센서 네트워크와 네트워크 구조"를 포함하고 있다(Fraunhofer Institute, 2015). 중국의 특허 수확량은 어느 정도 할인되어야 하지만 확실히 전부는 아니며 지식 창출이 빠르게 성장하고 있다.

15.7.2 학술논문

2011년 세계 과학논문에서 중국 저자가 차지한 비중은 12.2%로 1980년의 0.2%보다 높아졌다. 2007년 이후 중국은 미국에 이어 연간 두 번째로 많은 학술논문을 작성했다. 인용횟수는 학술논문(또는 특허품질)의 영향을 평가하는 기본적인 지표이다. 중국이 개발도상국—따라서, 전반적인 과학적 성과의 질이 선진국보다 낮다—이기 때문에, 그리고 출판의 성장이 매우 빨라서 인지가 늦어질 수 있기 때문에, 중국 논문에 대한 인용횟수가 뒤처질 것으로 예상한다. 사실 중국은 국가 인용횟수에서 4위이다. Fu, Frietsch, and Tagscherer(2013)는 2009년까지의 데이터를 사용하여 몇 가지 유용한 지표를 개발했다. 그들은 중국 논문이 인용되는 비율이 세계 평균에는 못 미치지만 꾸준히 증가하고 있다는 것을 발견했다. 따라서 극적인 양적 성장과 함께 꾸준한 질적 향상도 있었다. 즉, 중국은 국가적으로 인용 빈도수에서 78위를 차지하고 있어 선진국들을 따라잡지 못했지만 질적 지표를 사용해도 양적 지표에 나타나는 따라잡는 과정은 비슷하게 나타나고 있다.

15.8 기술정책 문제

중국 기술정책의 거의 모든 측면이 빠르게 변화하고 있다. 혁신과 혁신정책에 대한 근본적인 질문은 앞으로 진행될 풍부한 의제를 제공한다. 가장 중요한 질문으로 다음과 같은 것들이 있다.

적절한 지출 수준은 어느 정도인가? 거의 모든 선진국에는 새로운 산업분야의 출현을 장려하는 프로그램이 있지만, 이 프로그램의 규모는 중국보다 훨씬 작다. 예를 들어 독일의 "산업 4.0" 프로그램은 주로 기술 로드맵으로 구성되었고 2016년까지 약 1억 8,000만 달러의 자금이 지원된다(Wubbeke et al., 2016, p.7). 미국 연방정부는 매년 과학 연구에 약 500억 달러를 지출하고 있으며 국립보건원(National Institute of Health)이 가장 큰 수혜자이다. 미국도 독일도 산업 진흥에 매년 수십억 달러 이상을 지출하지 않지만 중국은 산업 진흥에 엄청난 돈을 투자하고 있다.

기술 진흥에 대한 투자수익률은? 현재 중국이 실행하고 있는 전반적인 투자나 이러한 투자의 수익 규모를 계산하는 것은 불가능하다. 더 많은 정보를 이용할 수 있게 되면 명백한 수익률은 이전의 질문에 대한 답을 얻는 데 도움을 줄 것이다.

정부의 개입이 얼마나 왜곡되어 있는가? 기업인들은 일반적으로 정부 보조금을 환영한다. 그러나 정부의 산업정책은 일반적으로 일부 투자자에게 보조금과 암묵적 보증을 제공하고 과도한 진입을 유도한다. 이로 인해 자원의 낭비와 산업의 건전한 발전을 위한 인센티브가 왜곡된다. 중국 태양광 패널업계의 경험은 정확히 이런 현상을 보여 준다. 대규모 진입으로 단위생산비용이 급격히 감소하고(전 세계 태양광 발전 촉진) 몇몇 중국 기업이 세계적으로 유명해졌다. 그러나 이 산업에 진출한 대다수 기업들이 파산했으며 수십억 달러의 잘못된 투자금을 탕감해야 했다. 그 산업은 비용과 편익에 대한 세심한 평가를 기다리고 있다. 이러한 왜곡을 고려할 때 정부의 지원을 받는 경쟁자들을 상대로 최고의 아이디어를 가진 혁신가가 성공할 수 있겠는가? 혁신가가 시도해 볼 가치가 있는가?

국제 협력과의 균형은 무엇인가? 국내투자를 강조하고 국내기업을 보호하고 육성하는 것이 오늘날 중국 기술정책의 기본적인 특징이다. 이것은 필연적으로 기술수입과 기술협력의 기회를 덜 중요시하는 것을 암시하고 있다. 개발도상국들은 다국적기업(MNC)들과 경쟁 및 협력의 복잡한 관계를 맺고 있다. 한편 MNC들은 혁신을 통한 이익을 위해 지적재산권(IP)의 통제를 원한다. MNC들은 글로벌 생산 네트워크 내에서 비용절감을 위한 강력한 인센티브를 갖고 있으며, 이는 생산비용을 낮출 수 있다면 국내 저비용 기업으로 작업을 이전하는 것을 의미한다. 1990년대 이전에는 주로 "외주"였던 제조공정의 기술수준이 낮았기 때문에 중국은 기술이 낮은 "격리지역(ghetto)"이었다. 그러나 오늘날 수직전문화 공정 또는 "모듈화" 공정은 과거보다 훨씬 진보했고, 제조업 가치사슬을 분리하고 재배치한 것과 같은 힘으로 소프트웨어, 엔지니어링, 그리고 연구개발과 같은 지식집약적인 서비스뿐만 아니라 보다 숙련된 제조공정을 아웃소싱할 수 있는 기회를 만들어 내고 있다. 이러한 활동들은 기술 향상에 대한 새로운 경로를 제공한다. 그러나 MNC들이 이 과정을 익숙하게 받아들이기 위해서는 중국의 협력회사들이 MNC의 IP를 존중한다는 신뢰가 있어야 하며 신뢰가 무너질 경우 IP를 보호하는 법적 시스템에 대한 믿음을 가져야 한다. 국내기업에 대한 지나친 특혜가 글로벌 생산 네트워크 내에서 첨단기술 이전을 늦춤으로써 중국에 의도하지 않은 타격을 주는 것일까? 보다 넓게 보면, 세계적인 기술변화에 직면하여 역동적인 중국과 글로벌 기업들 간의 더 긴밀한 분업에 의해 추가적인 효율성 향상이 이루어지고 시장은 경쟁과 협력의 균형을 결정할 수 있다. 중국의 혁신정책은 그러한 이익을 허용하는가?

15.9 결론

중국의 기술변화 속도는 인상적이며 가속화될 것 같다. 우리가 본 것처럼, 중국은 이제 다양한 채널을 통해 상당한 기술적인 노력을 기울였다. 정책 입안자들의 접근방식은 유연하고 적응적이었다. 인적자원 기반은 현재 비교적 낮은 기반에서 빠르게 성장하고 있으며 이러한 성장은 더 빨라질 조짐을 보이고 있다. 기술 채택을 지원하는 기관과 인센티브는 지난 몇 년 사이에 극적으로 변화했다. 동시에 중국은 다국적기업들과의 긴밀한 협력의 한계에서 벗어나고 있다. 결과적으로 급속한 상승으로 이어질 전망이지만, 다양한 산업 및 기술문제에 대한 마찰도 증가하고 있다.

중국의 기술과 산업 정책의 궁극적인 영향이 무엇이든, 중국이 혁신에 갖는 많은 이점을 인식하는 것이 중요하다. 첫째, 중국은 거대한 시장이다. 새로운 발명품들은 대량판매 시장의 요구에 성공적으로 만들어질 때 가장 큰 경제적 영향을 미친다. 19세기와 20세기 초에 미국은 국내시장의 규모와 높은 소득수준으로 엄청난 이득을 얻었다. 오늘날 중국은 시장규모에서 비슷한 우위를 점하고 있으며 1인당 국민소득이 낮다는 과거의 단점을 극복하고 있다. 이러한 장점은 모바일 인터넷에서 가장 뚜렷이 나타난다. 중국은 세계에서 가장 많은 수의 휴대폰(2015년 말 가입자 12억 7,000만 명)을 보유하고 있기 때문에 중국 회사들은 세계에서 가장 인기있는 특정 응용프로그램(application)을 개발하기에 가장 적합하다.

둘째, 중국은 거대한 제조기반을 가지고 있다. 많은 혁신은 특히 제조업에서 학습을 통해 일어나는 비용절감형 혁신이다. 중국 제조업체들은 중국 공장이 집중되어 있는 밀집된 생산클러스터에서 빠르게 확산될 생산적 혁신의 연속적 흐름을 만들 것이다. 좋은 정부 정책은 이것을 보강할 수는 있지만 그것을 대신할 수는 없다.

마지막으로, 중국에는 기업가적이고 위험을 감수하는 인력이 있다. 이러한 세 가지 요소를 모두 보여 주는 중국의 최근 혁신은 "자전거 인터넷"이다. Mobike, ofo, Ubike 등 몇몇 경쟁업체들은 사용자들이 휴대폰에서 GPS를 이용하여 자전거를 빌릴 수 있는 시스템을 만들었다. 사용자는 자전거를 예약한 후 15분 이내에 자전거의 QR코드를 스캔하여 잠금을 해제하고 결제카드 충전을 시작할 수 있다. 자전거는 이용 후 어디에든 두고 갈 수 있으며 배터리는 사용하는 동안에 재충전된다. 핵심기술도, 정부정책도, 보조금도 없는 그야말로 혁신적인 비즈니스 모델이다. 2016년 현재 경쟁업체들은 빠르게 성장하고 있으며 소비자에게 가장 좋은 서비스를 제공하는 기업이 중국시장에서 승리하고 아마도 전 세계로 확장될 것이라는 것을 알고 있다.

Bibliography

더 읽을 거리

중국의 기술과 혁신에 관한 문헌은 풍부하고 방대하다. McKinsey Global Institute(2015)는 독창적이고 신선한 해석이다. Wubbeke et al.(2016)은 최근 중국의 정책을 우수한 그래픽을 사용하여 폭넓게 비교하고 있다.

참고문헌

Boeing, Philipp, and Elisabeth Mueller (2016). "Measuring Patent Quality and National Technological Capacity in Cross-Country Comparison." ZEW Discussion Paper no. 16-048 (June). Accessed at http://ftp.zew.de/pub/zew-docs/dp/dp16048.pdf.

Breznitz, D., and M. Murphree (2011). *Run of the Red Queen: Government, Innovation, Globalization, and Economic Growth in China*. New Haven, CT: Yale University Press.

Chen, Ling, and Barry Naughton (2016). "An Institutionalized Policy-Making Mechanism: China's Return to Techno-industrial Policy." *Research Policy* 45:2138–2152.

Cliff, Roger (1998). "China's Potential for Developing Advanced Military Technology." July 8. Santa Monica, CA: Rand Corporation.

Feigenbaum, Evan (1999). "Soldiers, Weapons and Chinese Development Strategy: The Mao Era Military in China's Economic and Institutional Debate." *China Quarterly* 158 (June): 285–313.

Fraunhofer Institute (2015). "Analysis of Industry 4.0 in China: Analysis of Chinese Patenting Activities." March 30. Accessed at https://www.iao.fraunhofer.de/lang-en/about-us/press-and-media/1218-industry-4-0-china-moves-into-the-fast-lane.html.

Fu, Junying, Rainer Frietsch, and Ulrike Tagscherer (2013). "Publication Activity in the Science Citation Index Expanded (SCIE) Database in the Context of Chinese Science and Technology Policy from 1977 to 2012." Fraunhofer ISI Discussion Papers Innovation Systems and Policy Analysis no. 35 (August). ISSN 1612-1430. Karlsruhe.

Grow, Roy F. (1984). "Soviet Economic Penetration of China, 1945–1960: 'Imperialism' as a Level of Analysis Problem." In Steven J. Rosen and James R. Keith, eds, *Testing Theories of Economic Imperialism*, 261–281. Lexington, MA: Lexington Books.

Gu Yuefang (1996). "On the Position of Technology Import in the Process of Industrial Development." In Jiao Xionghua, ed., *Zhongguo Jishu Yinjin de Jingyan yu Tansuo* [An exploration of China's technology import experience], 8–45. Beijing: Zhongguo Biaozhun.

Hu, Albert, Peng Zhang, and Lijing Zhao (2017). "China as Number One? Evidence from China's Most Recent Patenting Surge." *Journal of Development Economics* 124:107–119.

Kennedy, Scott, and Christopher Johnson (2016). *Perfecting China, Inc.: The 13th Five-Year Plan*. Washington, DC: Center for Strategic and International Studies.

Linden, Greg (2004). "China Standard Time: A Study in Strategic Industrial Policy." *Business and Politics* 6 (3): Article 4.

Liu, Xielin (2009). "National Innovation Systems in Developing Countries: The Chinese National Innovation System in Transition." In Bengt-Ake Lundvall, Jan Vang, K. J. Joseph, and Christina Chaminade, eds., *Handbook of Innovation Systems and Developing Countries*, 119–139. Cheltenham: Edward Elgar.

Long, Cheryl, and Jun Wang (2015). "Judicial Local Protectionism in China: An Empirical Study of IP Cases." *International Review of Law and Economics* 42:48–59.

McKinsey Global Institute (2015). *The China Effect on Global Innovation* (October). Accessed at http://www.mckinsey.com/business-functions/strategy-and-corporate-finance/our-insights/gauging-the-strength-of-chinese-innovation.

Mu, Qing, and Keun Lee (2005). "Knowledge Diffusion, Market Segmentation and Technological Catch-up: The Case of the Telecommunication Industry in China." *Research Policy* 34 (6): 759–783.

Perez, C., and L. Soete (1988). "Catching-up in Technology: Entry Barriers and Windows of Opportunity." In Giovanni Dosi, ed., *Technical Change and Economic Theory*, 458–479. London: Pinter.

SAC (Annual). *Zhongguo Tongji Zhaiyao* [Statistical abstract of China]. Beijing: Zhongguo Tongji.

Segal, Adam (2003). *Digital Dragon: High-Technology Enterprises in China*. Ithaca, NY: Cornell University Press.

SYC (Annual). *Zhongguo Tongji Nianjian* [Statistical yearbook of China]. Beijing: Zhongguo Tongji.

Technology Statistics Office, NBS (National Bureau of Statisdtics) (1990). *Zhongguo Kexue Jishu Sishinian, 1949–1989* [Statistics on science and technology of China, 1949–1989]. Beijing: Zhongguo Tongji.

Wan, Gang (2009). "Develop the Newly Emerging Strategic Industry; Seize the Commanding Heights of a New Round of Development." *Keji Ribao* [Science and technology daily], October 25.

Wang, Huiyao, and Yue Bao (2015). *Reverse Migration in Contemporary China: Returnees, Entrepreneurship and the Chinese Economy*. New York: Palgrave Macmillan.

Wang, Huiyao, David Zweig, and Xiaohua Lin (2011). "Returnee Entrepreneurs: Impact on China's Globalization Process." *Journal of Contemporary China* 20 (70): 413–431.

Wubbeke, Jost, Mirjam Meissner, Max J. Zenglein, Jaqueline Ives, and Björn Conrad (2016). "Made in China 2025: The Making of a High-Tech Superpower and Consequences for Industrial Countries." Berlin. MERICS Papers on China, no. 2. Accessed at https://www.merics.org/en/merics-analysis/papers-on-china/made-in-china-2025/.

Xie, Wei, and Steven White (2004). "Sequential Learning in a Chinese Spin-off: The Case of Lenovo Group Limited." *R&D Management* 34 (4): 407–422.

Xu Guannan, Zhou Yuan, and Sun Lihong (2014). "A Retrospective Analysis of Policies Relating to the Strategic Emerging Industries in the First Half of the 12th Five Year Plan." In China Engineering Technology Development Strategy Research Academy, ed., *Zhongguo Zhanlue Xinxing Chanye Fazhan Baogao* [China strategic emerging industries development report], 128–136. Beijing: Kexue.

Yoshida, Junko (2017). "Much Ado About China's Big IC Surge: Myth and Reality of China's IC Fund." *EE Times*, June 22, 2017. Accessed at http://www.eetimes.com/document.asp?doc_id=1331928.

Zhou, Y., G. Xu, T. Minshall, and J. Su (2013). "A Policy Dimension Required for Technology Roadmapping: Learning from the Emergence of Chinese Wind Turbine Industry." *International Journal of Environment and Sustainable Development* 12 (1): 3–21.

Zweig, D., and H. Wang (2013) 'Can China Bring Back the Best? The Communist Party Organizes China's Search for Talent." *China Quarterly* (215): 590–615. doi: 10.1017/S0305741013000751.

V 중국과 세계경제

CHINA AND THE WORLD ECONOMY

내수용으로 판매되는 수출품, 2006년 베이징 왕푸징(王府井)

16 국제무역

International Trade

지난 40년 동안 중국은 고립된 경제에서 세계 최대의 무역국으로 탈바꿈했다. 중국은 2009년 세계 최대 수출국이 되었고 2012년에는 세계 최대 무역국(수출 + 수입)이 되어 독일과 미국을 각각 앞질렀다. 중국은 이제 거대한 대륙 경제로서는 예외적인 개방 수준을 달성했다. 정점을 찍은 2006년 중국의 총 상품교역액(수출 + 수입)은 GDP의 65%에 달해 같은 해 미국(21%), 일본(28%) 또는 인도(32%)보다 월등히 높았다. 2006년 이후 인도와 일본은 GDP에서 차지하는 무역 비중이 증가했지만, 중국은 급속한 GDP 성장으로 인해 그 비중이 줄어들고 있다. 그러나 여전히 무역이 중국의 성장과 현대화를 이끄는 중요하고 역동적인 부문이라는 데는 의심의 여지가 없다.

기초경제학은 국가들이 교역을 통해 이익을 얻는다고 가르친다. 서로 다른 부존자원을 가진 경제들은 교역을 통해 이윤을 낼 수 있다. 경제주체로서의 국가들은 풍부한 생산요소를 집약적으로 사용하는 생산물을 수출하고 희소한 생산요소를 집약적으로 사용하는 재화를 수입하는 경향이 있다. 중국은 이 일반 원칙에 대한 충분한 증거를 제공한다. 풍부한 노동력과 빈약한 토지를 가진 중국경제는 1970년대 이후의 무역 개방을 통해 노동집약적인 상품수출(의류, 신발, 장난감)을 촉발하고 주요 식량 및 원자재 수입을 가능하게 함으로써 엄청난 혜택을 받았다. 세계경제로의 통합이 심화되면서 중국은 자본집약적이고 기술집약적인 정교한 기계를 수입할 수 있었다. 이러한 무역이 아니었다면 중국의 급속한 성장은 상상도 못했을 것이다. 수출은 노동집약적인 제조업 부문을 중국의 그 어떤 부문보다 빠르게 확장시켜 고용과 소득을 창출할 수 있게 했고 수입 원자재 및 체화된 기술의 공급은 중국이 비용을 빠르게 절감하고 효율성을 개선토록 했다.

국제무역은 또 다른 방법으로 기적적인 성장을 촉진시켰다. 중국 기업들에게 사실상 무한한 시장을 제공함으로써 구조적 변화가 방해 없이 진행될 수 있도록 했다. 시장 포화는 장애요인이 되지 않았고 중국의 수출은 전 세계 구석구석까지 퍼져 나갔다. 거대한 무역으로부터의 직접적인 이익뿐만 아니라, 이러한 이익에 접근하고자 하는 욕구는 또한 국내경제에서 시장지향적 개혁의 주된 간접적인 동력으로 작용하였다. 무역 자유화는 처음부터 중국경제개혁 과정의 필수적인 부분이었다. 수년간의 무역성장 끝에 2001년 12월 11일, 중국이 세계무역기구(WTO)에 가입하면서 새로운 무역정책 개혁 국면이 시작되었다. WTO 가입은 세계 경제공동체 참가국으로 발전한 중국을 상징하기도 했다. 중국이 경제적으로 고립된 국가 중 하나에서 세계적인 주요 경제주체로 전환되기 위해서는 거대한 제도적 변화가 필요했다. 국제 개방과 국내 경제개혁은 상호보완적인 과정으로서 1978년 이후의 시기를 설명하기 위해 "개혁개방(改革开放)"이라는 하나의 단어로 사용하기도 한다. 이 장에서는 무역의 양적 성장과 이를 가능하게 한 제도적 변화에 대해 살펴본다.

오늘날 세계경제에서 무역과 투자는 점점 더 밀접하게 연관되어 있다. 중국의 무역은 광범위한 동아시아 경제 구조조정의 일부였던 외국인 투자에 의해 주도되었다(17장 참조). 중국은 직면한 기회를 활용하기 위해 일련의 자유화 정책을 채택했다. 홍콩과 대만의 기존 수출업자들과의 긴밀한 관계를 발전시키고 내수시장을 보호하면서도 수출가공무역에 대해 비교적 자유주의적 원칙을 채택할 수 있는 이중적 무역체제를 구축했다. 이 원칙들은 중국이 당시에 발전하고 있던 국경을 초월한 생산네트워크에 긴밀히 통합될 수 있게 하였다. 오늘날 중국 무역의 모든 주요 특징들은 상품 구성, 기술적 고도화 그리고 국제 파트너 구성과 같은 네트워크 측면에서 쉽게 이해할 수 있다. 본 장은 중국의 향후 무역 성장에 대한 몇 가지 논의로 끝을 맺는다.

16.1 배경

16.1.1 초창기

중국은 중화인민공화국 초기였던 1949년부터 1960년 사이에 무역의 방향을 태평양 국가들에서 소련으로 극적으로 바꾸었다. 전통적인 태평양 무역은 중단되었지만 중국은 무역과 원조에 대한 개방적인 입장을 유지했고 이런 무역과 원조는 대부분 소비에트 블록에서 발생했다. 1952~1960년 사이 중국 무역의 2/3 이상이 공산권 국가와의 거래였으며 소련과의 교역이 48%를 차지했다. 무역은 중국의 경제개혁에서 선도적인 부문을 차지했고 1955년에는 전체 무역이 국내총생산(GDP)의 약 12%까지 성장했다. 중국은 제1차 5개년 계획(1953~1957년; 4장 참조)의 핵심이었던 완성된 산업 플랜트와 함께 기계, 철강, 디젤연료 등 산업용 자재를 수입했다. 그리고 중국은 섬유와 가공식품을 수출했으며 소련은 중국이 적정수준의 무역적자를 견지할 수 있도록 신용을 확장했다. 중국의 광적인 투자로 인해 수입기계에 대한 수요가 증가함에 따라 대약진운동(1958~1960년)은 초기에 사회주의 국가들과의 교역을 더욱 증대시켰다.

16.1.2 경제 고립주의

대약진운동(GLF) 붕괴에 이은 경제위기와 기근은 중국경제의 모든 면에 극적인 변화를 초래했다. 중국은 국제적으로 고립된 경제로 길고 느린 후퇴를 시작했다. 1960년 이후 소련과의 단절은 최대 교역 파트너와의 실질적인 거래관계 중단을 의미했다. 소련으로부터의 수입은 급감하였는데 1970년까지 소련과의 교역은 중국 전체 무역의 1%에 불과했다. 1959년에서부터 1970년 사이에 무역은 전혀 증가하지 않았는데 1970년도 수출은 1959년과 정확히 일치했다(22.6억 달러). 대약진운동 직후의 위기에서 공산품 수입은 대폭 삭감되었고 부족했던 외환은 절실하게 필요한 곡물 수입에 이용되었다. 따라서 1970년대 초반에 중국경제는 세계경제와는 유리되어 있었다. 1970년, 1971년의 수입 및 수출은 GDP의 5%에 불과했다. 동시에 서방과의 관계는 멀고 때로는 위협적이기도 했다. 중국은 1971년까지 전시태세를 유지하면서 국제적으로 뿐만 아니라 중국 내에서 지역적인 자급자족을 의도적으로 장려했다. 대외무역 체제는 세계시장 세력으로부터 격리되었다.

중국은 자력갱생정책을 도입했다. 사실 중국은 이 시기에 수출할 것이 별로 없었다. 대약진운동(GLF)의 여파로 중국 가계들은 최저생계수준에 근접했고 기존에 중국이 수출하던 식량과 경공업 소비재의 국내 물량도 부족했다. 부족했던 외환은 캐나다, 호주, 아르헨티나로부터 곡물을 수입하는 데 사용되었고 쓸 수 있는 나머지 외환은 원유와 철강 등 몇 가지 주요 산업자재를 수입하는 데 쓰이도록 조심스럽게 절약해서 사용해야 했다. 중국의 새로운 중공업 생산품은 해외시장에 수출하기에 적합한 품질이 아니었다. 어쨌든 문화혁명에 몰두해 있던 중국은 해외시장에 대한 정보가 거의 없었다. 중국 수출의 1/4은 가장 큰 시장이었던 홍콩으로 갔다. 소련의 기술공급이 단절된 중국은 아쉬운 대로 일본과 유럽의 신기술 공급자들로부터 선택적으로 소규모 구매를 할 수밖에 없었다.

1970년대 중반, 최악이었던 문화혁명으로부터의 경제가 회복되기 시작했다. 경공업 소비재, 특히 섬유제품 공급이 증가하면서 수출이 가능해졌다. 더 중요한 것은 중국의 주요 생산지인 다칭(大庆)의 원유 생산량이 급증하여 중국이 원유 수출을 시작했다는 것이다. 세계시장과의 재결합을 통해 중국이 큰 이득을 얻을 수 있다는 것이 명백했다. 그런데 그렇게 할 수 있는 방법으로 무엇이 있을까? 외화벌이가 증가함에 따라 중국은 서구와 일본의 기술 수입에 박차를 가했다. 비료공장과 제철소가 절실하게 필요한 기술품목 목록의 앞부분에 있었다. 이런 교역관계는 계속 증가할 것으로 보였고 1977~1978년에는 기술 수입 계획을 야심차게 몇 배로 확대하였다. 그러나 유전개발계획이 실패했을 때, 수입에 필요한 외환을 어디서 조달할지는 불분명했다. 중국은 처음으로 자신들의 명령경제 교역시스템으로 인해 야기되는 본질적인 문제에 직면하게 되었다. 개방 초기에 심각한 단기적인 외환위기로 인해 중국은 체계적으로 경제를 개방하기 시작했다.

16.1.3 무역 강국으로의 중국의 부상

1978년 중국은 주목할 만한 30년 과정의 경제개방에 돌입했다. 그 결과는 그림 16.1과 그림 16.2에 나타나 있다. 그림 16.1에서 보듯이 무역은 1970년대 말 정책개혁에 빠르게 반

그림 16.1 수출과 수입(GDP에서의 비중)
자료: *SYC*, updated from General Administration of Customs.

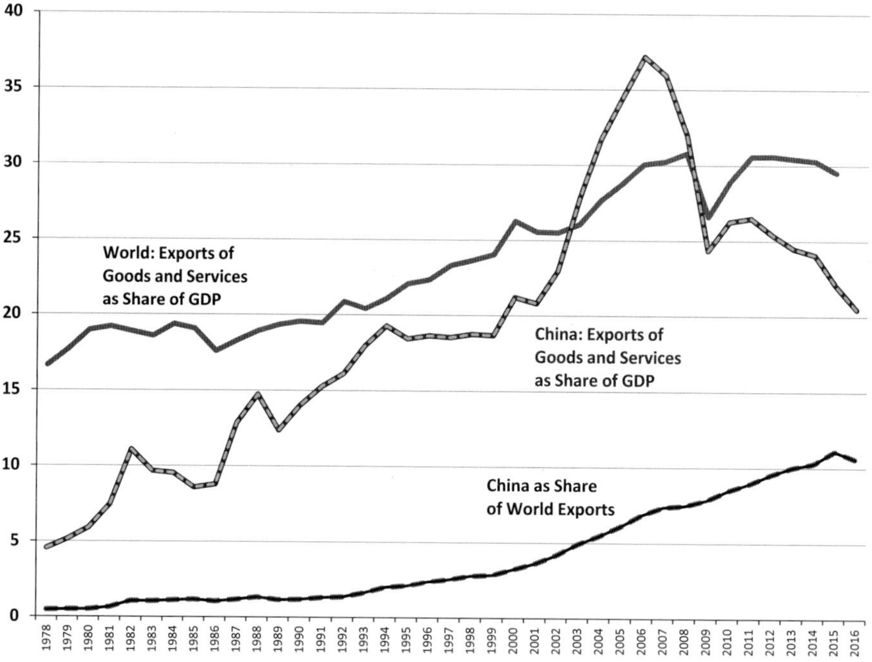

그림 16.2 세계 속 중국의 수출
자료: World Bank, World Development Indicators (WDI).

응했고 지속적으로 고속 성장했다. 2001~2002년까지 수출과 수입의 GDP 점유율이 5%에서 20%로 증가했고 이 과정에서 중국경제는 변화해 갔다. 이런 성과를 감안하더라도 그 다음에 일어난 일은 주목할 만하다. 중국의 무역성장은 WTO 가입과 성공적인 개혁의 결과로 2002년 이후 가속화되었다. 수출은 2006~2007년 GDP의 35%까지 치솟아 수입을 앞질렀고 사상 처음으로 대규모 상품 무역수지 흑자를 냈다(2007년 GDP의 7.4%로 정점을 찍음). 그림 16.2는 2001~2002년까지 중국이 무역개방의 세계 평균 수준(수출/GDP 비율로 측정)을 막 따라잡았음을 보여 준다. 2002년 이후에는 세계 평균보다 훨씬 더 개방됐는데, 이는 중국의 커다란 크기와 대륙적 특성(보통 무역비중이 낮음)을 감안할 때 놀라운 결과였다. 2007년부터는 중국의 무역 비중이 크게 낮아졌다. 무역 비중은 2008~2009년 글로벌 금융위기 당시 급락 후 안정되었다가 2014년 이후 다시 급격히 떨어졌으며 2016년에는 1998~1999년 수준으로 회귀했다. 중국의 상품 무역수지 흑자는 2010년 이후 GDP의 3% 이하로 감소했다가 2014년 상품가격 하락으로 다시 상승했다. 그림 16.2는 이런 변화에 대해 추가로 조명하고 있다. 중국의 수출 비중은 세계 평균 이하로 다시 떨어졌다. (거대한 대륙경제임을 감안하면 어쩌면 좀 더 예측 가능한 지점으로의 이동이다.) 그러나 2015년까지 전 세계 수출에서 중국의 비중이 계속 상승(점선 표시)한 것이 놀라워 보일 수 있다. 설명하자면, 2008~2009년 글로벌 금융위기 이후 세계 무역과 중국 수출 모두 증가세가 둔화(2014년까지)됐다가 감소(2016년까지)한 것이다. 그러나 다른 나라들에서는 GDP 성장률도 급격히 둔화되어 수출/GDP 비율이 안정되어 있는 반면, 중국의 GDP는 빠르게 지속적으로 성장하여 GDP 대비 수출 비중은 감소했다.

16.2 무역제도 개혁

16.2.1 도전과제

1970년대 후반 중국 지도자들이 개혁하고자 했던 대외무역체제는 중국의 경제 고립을 위해 채택된 전형적인 소련 스타일의 명령경제 교역체제였다. 국내경제는 상품과 화폐의 흐름을 모두 통제하는 "이중 밀폐체계(double air lock)"에 의해 세계경제로부터 엄격하게 분리되었다. 첫 번째 밀폐체계는 중앙정부 통제 하의 대외무역 독점이었다. 12개의 국영대외무역회사(foreign-trade company, FTC)들이 수출입 전부에 대해 독점권을 행사했다. 허가받은 상품만이 이 통제를 통과할 수 있었다. 두 번째 밀폐체계는 외환제도였다. 중국화폐(인민폐, RMB, 또는 위안화)의 가치는 임의로 설정되었고 태환할 수 없었다. 개인은 특별한 허가 없이 인민폐를 당시 구하기 매우 어려웠던 외화와 교환할 수 없었다. 중복적이고 과다한 통제는 상품과 화폐의 흐름을 모두 포괄했다. 이렇게 복잡한 행정 통제를 헤쳐 나갈 수 있는 유일한 방법은 대외무역계획에 포함되는 것이었다.

이중 밀폐체계는 세계경제로부터 국내경제를 격리시키기 위한 것이지만 몇 가지 주요 물자들은 이를 통과할 수 있도록 고안되었다. 국영 대외무역회사(FTC)들은 국내 상품은 계획가격으로, 해외상품은 국제가격으로 사고팔았다. 수입품은 밀폐체계를 통과하면서 국내 계획가격에 따라 가격이 재조정되었고 적자 상품에 대해서는 국영 대외무역회사들이 정례적으로 수익이 나는 상품의 이익으로 교차보조 해 주었다. 따라서 사회주의 가격제도는 세계물가의 영향으로부터 완전히 격리되었다. 4장과 20장에서 논의된 바와 같이 사회주의 가격은 국가산업체계에 특권을 주기 위해 책정되었다. 상대적으로 낮은 농산물 가격과 높은 공산품 가격은 정부 예산으로 확보할 수 있는 국유공장으로 이윤이 집중되도록 하였다. 세계시장의 힘이 국내가격에 영향을 미칠 수 있었다면 사회주의 가격체계와 자원 동원을 위한 정부의 전통적인 제도들을 서서히 무너뜨렸을 것이다. 사회주의 가격체계는 통상 "수입대체산업화(import-substitution-industrialization, ISI)" 개발전략에 의해 만들어진 물가관계의 극단적인 형태이다. ISI 개발전략은 개발도상국이 공산품 수입에 대한 장벽을 세워 그들의 신생산업을 보호하고 산업화를 육성하고자 하는 것이다. 중국에서도 전통적인 대외무역체제의 기능 중 하나가 국유산업을 보호하는 것이었다.

이러한 통제체제 하의 대외무역은 중국 계획당국의 이익에 기여했다. 대외무역의 목적은 중국기업이 생산하지 못하는 재화를 수입하고 국내 물자부족 또는 병목현상(식품이나 원자재)을 해결하거나 (산업기계에 체화된) 현대기술을 들여오는 것이다. 수출은 수입대금을 지불하는 유일한 방법이었기 때문에 일종의 필요악으로 여겨졌다. 계획당국이 특정 재화가 내수경제에 "불필요하다"고 판단하면 수출을 할 수 있었지만, 수출품의 생산비용과는 크게 관련이 없는 반면 비필수재 수입은 엄격히 제한되었다.

1978~1979년 중국 계획당국이 기술수입의 속도를 높였을 때, 그들은 신속히 원래의 계획보다 더 많은 외환을 공급했다. 초반부터 소규모였던 외환보유액은 놀라운 속도로 고갈되었으며 대외무역 개혁은 외환의 원천을 확대하고 다양화하려는 절박한 시도에서 시작되었다. 운이 좋게도 중국은 홍콩을 포함한 역동적이고 수출지향적인 시장에 둘러싸여 있었다. 중국은 대외개방을 시작하면서 이런 역동적인 이웃 국가들에게 의지하기 시작했다.

16.2.2 초기 개혁 단계

중국의 정책 입안자들은 대외무역체계 전체를 혁신해야 하는 엄청난 과업에 매달리기보다는 초기단계로 1978~1979년 광둥성과 푸젠성의 새로운 교역창구를 개방하는 온건하면서도 혁신적인 단계를 밟아 갔다. 이 지방들의 홍콩 및 대만과의 근접성을 이용하고자 하는 것이 목적이었다. 당시 광둥성은 1978년 중국 수출 수익의 1/7을 차지하는 대외무역의 부차적인 지역에 불과했다. 그러나 이웃하는 홍콩은 이미 거대한 교역력을 가지고 있었다. 실제로 홍콩은 이 당시 중국 본토만큼이나 수출을 많이 했다. 중국 개방의 첫걸음은 1978년 홍콩 기업들이 주강 삼각주에 있는 중국기업과 수출가공(export-processing, EP) 계약을 체결할 수 있게 되면서부터이다. 예를 들어, 홍콩 회사는 중국 농촌지역 기업에 원단을 보내 이것을 셔츠로 가공하는 것이다. 이 중국 회사는 가공비를 받지만 원단과 셔츠의 소유권은 항상 홍콩 회사에 있으므로 대외무역시스템의 밀폐체계를 통과할 필요가 전혀 없었다. 이러한 방법으로 홍콩이 기존에 만든 수출-생산망은 중국으로 확대될 수 있었지만 중국의 제조회사들은 (생산된 상품은 수출하도록 요구됐기 때문에) 수입 경쟁에 노출되지 않았다.

그 직후 광둥성과 푸젠성에 경제특구(special economic zone, SEZ) 네 군데가 설치되었다. 17장에서 더 자세히 설명하고 있는 경제특구는 외국 기업들에게 수출가공(EP) 무역을 위한 발판을 제공했다. 다른 수출가공 구역과 마찬가지로 경제특구에서는 수출 생산을 위해 이 구역에서 사용되는 한 수입관세가 면제되었다. 다른 개발도상국들과 마찬가지로 경제특구와 수출가공과 같은 정책들은 중국이 여전히 수입-대체산업화 시스템과 함께 선택적으로 수출을 촉진할 수 있도록 했다. 해당 구역들은 국내 산업보호 시스템을 크게 위협하지 않는 주변지역이었다. 광둥성과 푸젠성에도 기존 대외무역체계 내에서의 특권이 주어졌다. 국영 대외무역회사 산하 지방부서는 그들이 창출한 외환 수입의 보유 권한 및 자치권을 부여받았다. 지방정부 당국은 무역을 확대하기 위해 강력한 인센티브를 개발했고, 두 지방의 공무원들은 무역 촉진을 위해 규정을 개정할 의지가 있는 것으로 유명해졌다. 특례조항과 인센티브, 그리고 무엇보다 홍콩과의 근접성이 광둥성을 근본적으로 변화시켜 수출 동력원으로 만들었다. 이후 15년간 광둥성과 푸젠성 두 지방의 수출은 중국의 다른 지방보다 두 배나 빠르게 증가했다. 이 지방들은 경제의 변방에서 세계무역의 핵심지역으로 완전히 탈바꿈했다. 게다가 나중에 보게 되겠지만, 중개자로서의 홍콩에 대한 의존과 수출가공(EP) 무역의 중요성이라는 두 가지 주요 초기단계는 중국의 무역발전을 지속시켰다.

16.2.3 대외무역체제의 자유화

1980년대 중반까지 중국의 정책 입안자들은 광둥성과 푸젠성에서 전통적인 무역체제에 최초로 균열을 만들어 내고 국가의 주요 무역체제를 자유화하는 과제에 착수했다. 간혹 삐끗하기도 했지만(1985년 수입이 50% 이상 급증) 개혁가들은 1984년과 1986년 사이 잠정적으로 수정된 무역시스템을 만들었다. 4가지 핵심 요소는 (1) 현실적인 환율 설정, (2) 무역시스템의 비독점화, (3) 수입물가 자유화, 그리고 (4) 정상적인 관세시스템 구축 등이다. 그들은 몇 년 안에 무역 규칙을 바꾸었고 오래된 대외무역 독점을 크게 완화시켰으며 이후 무역과 투자의 성장을 위한 토대를 만들었다. 이러한 전환의 정책 단계는 주목할 가치가 있다.

a. 평가절하. 현실적인 통화가치는 성공적인 무역개혁을 위한 전제조건이다. 개혁 이전 중국의 통화는 대부분의 사회주의 국가나 수입대체산업화(ISI) 경제와 마찬가지로 고평가되어 있었다. 1980년 공식 환율은 미국 달러화 대비 1.5 중국 위안이었는데, 이 환율 수준에서는 일반적으로 수출로 인한 수익성이 없었다. 이런 비현실적인 환율로는 어떤 기업도 수출을 통해 이익을 볼 수 없는 한편 수입을 위한 값싼 외환 수요는 엄청났기 때문에 무역 자유화가 이루어질 수 없었다. 그림 16.3은 1986년에 달러 대비 실질적인 인민폐의 공식 환율이 57% 하락한 것을 보여 준다.[1] 그림 16.3은 또한 평가절하 과정에서 중국 정책 입안자들이 이중환율제를 두 차례 도입했음을 보여 준다. 첫 번째, 1981년과 1985년 사이에 "내부결제율(실제 거래가)"이 독점적 대외무역 내의 무역회사들이 수출을 통해 수익을 낼 수 있게 만들었다. 두 번째, 정책 입안자들은 규제가 가벼운 유통시장인 "스왑시장(swap market)"을 만들었는데, 이 시장에서는 대외무역체계 밖의 수출업자들이 그들의 외환수입을 매도할 수 있었다. 이 시장에서 달러는 더 비싼 인민폐 가격에 거래되어 시장 주도적 위안화 평가절하에 기여했다. 이러한 이중환율제도는 대외무역에 적용되는 이중트랙 개혁전략의 사례였다.

1994년 또 다른 개혁단계로 공식 환율을 더욱 평가절하 하여 달러 대비 8.6으로 스왑시장률과 통일시켰다. 동시에 외환에 대한 접근도 자유화되었고 통화는 경상계정에서 태환이 가능하게 되었다.[2] 이로 인해 공식 환율이 개혁시기에 최저수준으로 떨어졌다. 외환시장은 안정화되었고 수출과 수입 모두 급등했다(그림 16.1). 이후 위안화 환율은 기본적으로 달러에 고정되어 2005년 중반까지 달러 대비 8.27로 유지되었다. 1994년과 2005년 사이의 실질 환율변동은 전적으로 국내 물가상승률의 차이에서 비롯되었다(이후의 변동은 아래에 설명).

b. 대외무역체제의 탈독점화. 대외무역에 종사할 수 있도록 허가된 기업들이 급격히 늘어나는 것이 허용되었다. 산업관련 부처들은 국영 대외무역회사(FTC)를 설립할 수 있도록 허용되었고 이전 국가 무역을 독점하던 지방 지부들은 독립되었으며 여러 지방정부와 무역특구들이 무역회사를 설립했다. 1988년에 5,000개의 FTC가 있었으며 모두 국가 소유였다. 10,000여 개의 제조회사에 직접 수출입 권한이 부여됐다. 수출은 수입보다 훨씬 빠르게 자유화되었다. 마찬가지로 중요한 것은, 무역에 대한 계획에서 벗어나 금융 인센티브 방향으로의 전환이 꾸준히 이루어졌다는 것이다. 과거의 낡은 수출

---

1. 실질환율은 중국의 소비자 물가지수와 미국의 GDP 디플레이터를 이용해 두 나라의 인플레이션에 맞춰 조정한다. 통화가치의 변화는 본 장 앞부분에서 언급한 개방도 계산에 영향을 미친다. 평가절하는 개방도의 분모가 되는 GDP(국내 통화로 측정)를 분자가 되는 무역량(달러로 측정)에 비해 상대적으로 감소하기 때문에 경제가 더 개방적인 것처럼 보이게 한다. 또한 미국 달러화에 대한 위안화 환율에 초점을 맞춘다고 해서 다른 세계 통화에 대해 달러 가치가 변화하는 것은 아니다.

2. "경상계정 태환가능"이란 경상계정에서 검증 가능한 거래(예: 수출, 수입, 서비스 거래 또는 수익/이자 지불)를 한 사람은 승인된 거래의 증거를 보여 줌으로써 외환을 구입할 수 있음을 의미한다.

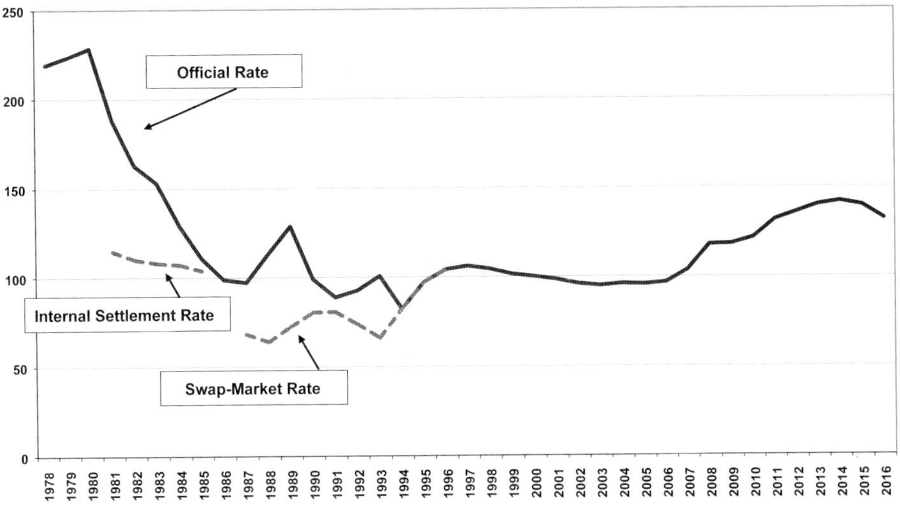

그림 16.3 인민폐의 실질 달러가치(2000 = 100)
자료: Annual nominal RMB/USD rate, deflated by the Chinese CPI and U.S. implicit GDP deflator; *SYC* and Saint Louis Federal Reserve Bank.

조달계획은 1988년 폐지되었다. 산업부문에서 사용되었던 것과 유사한 외환목표 계약 시스템이 FTC에 적용되었다(14장 참조). 지방정부는 중앙정부에 연간 일정액의 외환을 제공하기로 계약하고, 계약금 이상으로 벌어들인 외환은 지방정부가 보유할 수 있었다.

c. 가격 자유화. 세계 물가는 점차 국내 물가에 영향을 미치게 되었다. 수출부문에서 경쟁하는 국영 대외무역회사(FTC)들은 훨씬 비용에 민감해졌다. 대부분 자체적으로 수출하는 FTC는 비용절감 노력의 일환으로 국내 기업과 재계약을 체결했다. FTC는 노동집약적 상품의 저렴한 생산자를 찾았고, 이는 주로 향진기업(乡镇企业, TVE)들이었다. 향진기업 생산제품의 수출 비중은 급증하여 1990년대 중반에는 FTC 수출의 1/5을 차지했다. 수입 측면에서 이 시스템은 세계가격 신호를 국내경제에 전달할 수 있도록 꾸준히 적응되었다. 수입품 가격은 대행체제(agency system)에 의해 책정되기 시작했고 국내가격은 국내 계획가격을 부과받는 대신 세계가격에 수입업자에게 지불하는 수수료를 더한 것과 같아졌다. 강해진 인센티브는 무역회사로 하여금 세계가격에 의해 형성되는 많은 기회에 적응토록 하였다.

d. 관세 및 비관세장벽 시스템. 중국의 개혁가들은 신중하게 실행에 옮겼다. 그들은 실수를 경계하고 수입 급증, 무역 적자 그리고 과도한 경화 부채를 두려워했다. 따라서 개혁세력은 계획무역 체제가 해체되었음에도 불구하고 국내시장 보호수준을 유지하기 위해 높은 관세장벽과 상당한 비관세장벽을 세웠다. 과거 밀폐된 체제 하에서도 관

세는 존재했지만 국영 대외무역회사(FTC)들이 무역 계획을 수행하고 수입과 세금 납부는 필요에 따라 추후 재분배되었기 때문에 관련이 없었다. 1980년대 초에는 향후 20년간 높은 관세를 책정하기 위한 새로운 관세제도가 도입되었다. World Bank(1994, p.56, p.67)의 분석에 의하면 중국의 관세는 여타 고도로 보호받는 개발도상국의 관세와 유사했다. 비가중 평균관세율은 43%, 무역가중 평균관세율은 32%(당시 브라질과 동일)로 나타났다. 비관세장벽(NTB) 또한 중요했다. World Bank(1994)의 조사에 따르면 수입의 51%가 4개 이상의 서로 중복되는 비관세장벽의 영향을 받는 것으로 나타났다. 실제로 비관세장벽과 관세는 "정부의 목표를 달성하기 위해 상호보완적인 방식으로 사용되었다"(World Bank, 1994, p.67). 예를 들어, 불필요한 소비재에는 높은 관세가 부과된 반면, 소비자 "필수품"은 중앙정부가 관리하는 FTC에 의해 독점관리 되었다. 전반적으로 가장 중요한 비관세장벽은 수입 권한이 주로 국영 FTC를 위한 것이라는 점이다. 제조회사는 때때로 제한적인 거래권한을 가지기는 했지만 자신들의 생산에 필요한 물품 수입에 대해서만 허가되었다. 국영무역회사에 적용된 관세, 쿼터 그리고 행정지도 등이 결합되어 중국의 수입은 전반적으로 규제되었다.

1980년대 중반 이후 중국은 높은 관세, 다중 비관세 장벽, 그리고 풍부한 행정적 재량권 등 여러 면에서 수입대체산업화(ISI) 전략을 추구하는 전형적인 개발도상국 시스템을 구축했다. 이러한 조치들은 이전의 계획시스템보다 훨씬 더 좋았다. 꾸준한 개혁은 새로운 수출업자들의 접근을 허용하고 국제물가를 국내경제에 전파하는 등 필수적인 최소한의 유연성을 부여했다. 그러나 부분적으로만 개혁된 시스템은 그 자체로 중국 수출의 극적인 성공을 만들어 낼 만큼 자유롭지는 못했다. 그 대신, 그러한 조치 중 가장 중요한 점은 수출업자들이 기존의 중앙집권적인 대외무역 독점을 간단히 우회할 수 있도록 하는 완전히 분리된 수출가공무역체제가 생성됐다는 것이다.

16.3 이중 무역체제: 수출가공무역의 기이한 이력

1978년 초 광둥성에서 시작된 수출가공계약에 대한 초기 실험은 점차 본격적인 수출가공체제로 성장하였다. 1986년 이후 당시 진행 중이던 아시아 수축-생산 네트워크의 구조조정에서 중국의 기회를 인식한 중국의 정책 입안자들은 "연안개발전략"을 지원하기 시작했다. 향진기업(TVE)을 포함한 연안지역에 위치한 모든 형태의 기업들에게 가공 및 조립 계약에 참여하는 것이 허용되었다. 외국인 투자자들은 중국 연안지역으로 대규모로 진출하기 시작했고 면세로 수입되는 부품 및 원자재의 소유권을 갖는 보다 유연한 수출가공계약을 체결할 수 있었다. 1980년대 후반에 중국은 본질적으로 두 개의 분리된 무역체제를 확립했다. 수출가공(EP)이나 수출가공무역은 "일반무역(ordinary trade, OT)" 체제에서 이

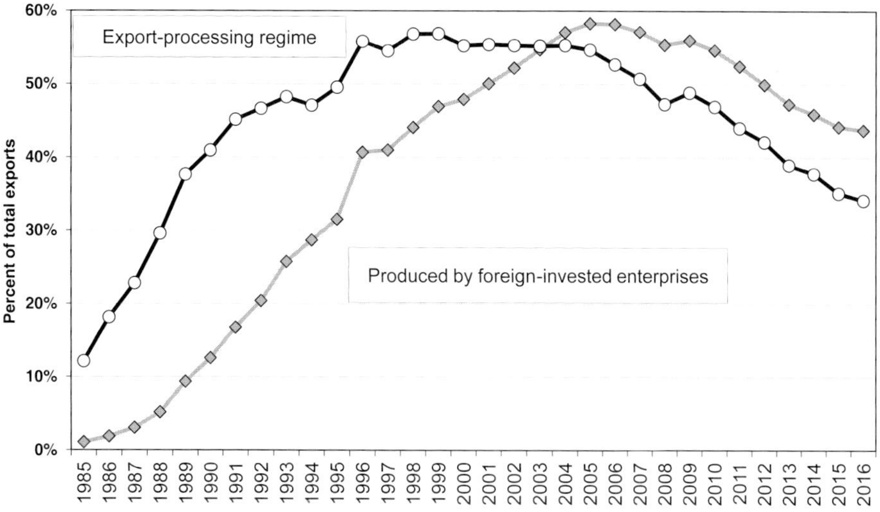

그림 16.4 수출품 가공 체계와 외국인투자기업의 수출 비중
자료: General Administration of Customs.

루어진 중대한 개혁임에도 불구하고 급속히 성장하여 곧 규모면에서 OT를 넘어섰다.

이 두 무역체제는 현재까지도 존재한다. 그러나 그 기능과 상대적 역할은 놀라운 방식으로 달라졌다. 본래 홍콩 기업들이 값싼 중국 노동력을 이용하여 청바지를 만들기 위해 임시방편으로 도입한 수출가공(EP) 무역은 사실상 전 세계 첨단기술 생산네트워크(특히 전자제품)의 필수적인 거대 시스템으로 변모했다. 중국 EP체제의 선례는 동아시아의 선구적 경제들의 무역 전략에서 찾아볼 수 있지만 중국에 도입된 이러한 조항들의 규모 자체는 이례적이다. 대부분의 국가에서 그러한 양허조항은 엄격한 감시를 받는 지정된 EP구역 내로 제한된다. 요컨대 중국은 연안지역 전체에 거대한 EP구역을 만들었다. 비록 중국의 경제특구(SEZ)가 많은 관심을 끌었지만 EP체제의 경계가 경제특구를 넘어 수출주도형 회사가 있는 곳까지 확장되었다는 점이 더 중요하다.

생산요소의 수입에 대한 관세 면제는 EP체제 하에 있는 기업들에게 상당한 비용 상의 이점을 제공했다. 더 중요한 것은 EP체제에서 수출업자들—주로 외국인투자기업(foreign-invested enterprise, FIE)들—이 OT체제 하에서의 무역개발을 제한하는 수입 통제, 독점 관리, 규제 독점의 복잡하고 다루기 어려운 장치들을 모두 회피할 수 있다는 점이다. 이러한 이점을 감안할 때 EP무역은 OT무역보다 훨씬 빠르게 성장했다. 그림 16.4는 이러한 요소들이 만들어 낸 큰 차이를 보여 준다. EP체제와 함께 외국인투자기업은 중국 수출 확대의 원동력이었다. 그림 16.4는 EP무역이 1996년 총 수출의 56%로 증가하여, 그 시점까지 수출증가의 2/3를 차지하였음을 보여 주고 있다. EP수출은 2005년까지 이 점유율을 유지한 뒤 장기간의 꾸준한 하락세에 돌입했다. 주로 홍콩과 대만계 외국인투자기업들은 EP체제에 거의 자동적으로 접근할 수 있었고 종종 특별한 세금감면을 받기도 했다(17장). 외국인투자기업이 총 수출에서 차지하는 비중은 매년 거침없이 증가했다. 1985년 1%에 불과했지만 2005년에는 58%에 이르렀고 2010년까지 그 비중을 거의 유지했다. 작은 규모에서 시작된 외국인투자기업은 점차 중국의 수출 성장의 주체가 되었으며 1992년과 2005년 사이의 수출 증가분의 63%를 차지했다. 외국인 투자를 위한 환경의 자유화는 중국 수출 성공에 핵심적인 역할을 했다. 외국인투자기업 수출증가의 이면에는 국내기업들의 상대적으로 저조한 실적이 있었다. 아이러니하게도 국내 수출업자들은 그들의 수출 잠재력을 충분히 실현하기까지 WTO 가입을 기다려야 했다.

가공무역은 수출용 전자 하드웨어를 생산하는 기업들이 선호하는 방식이 된 세기의 전환 이후에도 지속되었다. 데스크톱과 노트북 컴퓨터, 스마트폰 그리고 통신장비와 같이 복잡한 전자제품들이 중국 연안지역에서 조립되었다. 이 제품들은 대량의 수입 첨단부품, 특히 중앙처리장치와 기타 반도체 및 평판 디스플레이를 필요로 했다(15장). 따라서 가공무역체제는 중국의 첨단 경제와 한국, 대만, 일본의 첨단 경제를 통합하고 삼각무역 형태를 만드는 데 핵심적인 역할을 했다(추후 설명).

2005년 이후 EP수출과 외국인투자기업의 수출 점유율은 점진적으로 감소하기 시작했다. 물론 점유율 하락은 교역 감소와 동일하지 않으며 EP수출은 2014년까지 확대되었고 달러화 기준, 2005년과 비교하여 두 배나 증가했다. 또한 EP무역의 점유율 감소의 일정 부분은 보세구역(법적 목적을 위한 국내 관세체제 밖의 특별구역)을 통한 무역이 차지했다. 이는 2014년 수출의 7%를 차지했다. 따라서 EP무역이 더 이상 중국 수출 확대의 원동력은 아니지만 여전히 세계 최대의 무역시스템 중 하나이며 2014년까지 성장했다. (모든 항목에서 2016년 수출은 2014년보다 감소했다.)

최근까지 중국의 정책 입안자들은 EP무역을 중국 국내기업이 적절한 이익을 얻지 못하는 차선의 무역 유형으로 생각했다. EP기업들은 종종 미국 첨단기술 거대기업들이 설계자인 생산체인의 저부가가치 연결고리에 갇혀 있는 것으로 묘사된다. EP무역의 상대적인 감소는 어느 정도 이런 생각에 기인한다. 특히 전자제품 생산네트워크에서 중국기업들이 일반적으로 노동집약적인 조립단계에 집중되었다는 것은 경험적으로 정확하다. 그러나 이러한 특화는 중국이 생산네트워크에 급속히 통합되었을 때의 상대적인 부존자원을 반영한 것이다. 중국 정부는 2016년이 되어서야 EP수출의 중요성과 이러한 연결고리의 확대 및 고도화 가능성에 눈을 떴다. 어쨌든 EP무역이 상대적으로 감소한 더욱 중요한 이유는 중국의 WTO 가입으로 인해 전반적인 무역환경이 훨씬 더 개방되었기 때문이다. 우리는 이제 그러한 변화를 살펴보기로 한다.

16.4 WTO 가입과 개방경제로의 행보

1990년대 중반부터 기능적인 무역체제를 구축한 성과를 바탕으로 중국은 진정한 개방경제로 나아가기 시작했다. WTO 가입은 강력한 동기부여 요인이었다. WTO 가입을 위한 준비과정에서 수행된 WTO 가입 이전의 개혁들은 그 이후에 수행된 개혁들만큼이나 중요했다. 1994년 외환개혁은 1993년 말과 1994년 초에 동시 시행되었던 재정, 금융, 무역 개혁 조정패키지의 일부였다(5장). 이로 인해 외환시장은 통일되었고 외환에 대한 접근이 크게 자유로워졌다. 정책조정의 장점 중 하나는 국세 체계가 부가가치세(value-added tax, VAT)에 훨씬 더 크게 의존하도록 전환된 것이었다. WTO 규칙은 수출업자들이 수출품에 대한 부가가치세를 환급받을 수 있다. 초기 개혁가들의 의도는 자본계정을 포함한 완전한 통화태환성을 달성하고 중국 통화에 대해 "관리변동환율제도"를 구축하는 것이었다. 이 제도에서는 외환수급 변화에 맞춰 환율이 탄력적으로 조정되지만 중앙은행은 통화 안정을 위해 외환시장에 여전히 개입할 것이다.

WTO 가입이 진행되었음에도 불구하고 이러한 계획들은 결국 실현되지 못했다. 1997~1998년 아시아 금융위기에 이은 거시경제적 난기류에 인민폐(RMB)를 포함한 모든 아시아 통화 가치는 강하게 하락 압력을 받았다. "관리변동환율제"는 미국과 홍콩 달러에 대해 사실상의 고정환율이 되었다. 2002년 이후 중국수출이 급성장하기 시작했을 때 고정환율, 자본계정 태환성 부족 그리고 상대적으로 낮은 인민폐 가치 등이 유지되면서 2005년 이후의 대규모 무역흑자의 계기를 마련했다(그림 16.1; 16.4.3절에서 논의).

16.4.1 변화하는 세계무역기구(WTO) 회원가입의 의의

중국이 1986년 관세 및 무역에 관한 일반협정(GATT: WTO의 전신)에 재가입을 정식으로 신청했을 때 그 과정은 빠르고 비교적 고통스럽지 않을 것으로 보였다. 어쨌든 중국은 당시 시장개혁의 선구자였으며 서구에서도 중국에 대해서 이미 GATT 회원국인 폴란드나 헝가리만큼 호의적인 태도를 보였다. 그러나 중국은 15년이 지난 2001년 12월 11일이 돼서야 마침내 WTO의 143번째 회원국이 되었다. 오랜 협상기간 동안 중국과 세계무역기구들 모두 근본적으로 변화되었다.

1996년 WTO를 탄생시킨 우루과이라운드(Uruguay Round) 협상은 세계무역협상에 근본적인 변화를 예고했다. 초기의 무역협정들은 명확하게 "대외무역 부문"으로 제한되었고 협상은 국경세 및 국경제한에 초점을 두었다. 1996년 이후 협상 대상으로 국내 규제에 점점 더 관심을 기울였다. 부분적으로 이러한 변화는 현대의 선진국들이 주로 서비스 경제이기 때문에 발생했고 따라서 국제협정 대상이 국제무역상품을 넘어서게 되었다. 서비스는 거의 항상 제공 시점에 일부 물리적 실체를 동반하므로 서비스무역에 대한 협정은 불가피하게 수신 또는 수입 국가의 규제 및 투자환경에 대한 협상을 동반한다. 우루과이라운드 동안, 무역 자유화는 개발도상국과 선진국 사이의 “일괄타결(grand bargain)”로 달성되었다. 개발도상국은 자국 농산물과 경공업, 특히 섬유에 대한 더 많은 접근과 섬유 수입쿼터가 선진국 시장에서 없어질 것이라는 약속을 받았다. 선진국들은 개발도상국에서 활동하는 자국 기업들에 대한 접근성 개선과 보호를 약속받았다. 이 일괄타결은 WTO의 창설과 무역협상을 서비스, 투자 그리고 지적재산권과 관련된 새로운 영역으로 확장하는 길을 열어 주었다. 이것은 정확히 WTO 회원국의 조건으로 중국에 요구되었던 조건이었다. 다른 나라에 대한 경공업 수출 접근성을 높이는 대신 중국경제에 대한 폭넓고 공정한 접근을 허용하는 것이다. 이 복잡한 협상 조건에는 처음에 예상했던 것보다 훨씬 더 복잡한 협상과정이 포함되어 있었다.

16.4.2 중국의 WTO 주도 무역개혁

무역부문에서 처음부터 가장 근본적인 이슈는 중국이 일반무역(OT) 체제를 개방해야 한다는 요구였다. 가장 중요한 것은 국내외 민간기업들에게 무역권리를 제공하는 것을 포함, 제약 없는 무역권리를 확대하겠다는 중국의 약속이었다. 마침내 이 새로운 조항들은 2004년 7월 1일부터 발효된 대외무역법에 포함되었다. 이 법에 의거해 중국 정부는 더 이상 무역을 제한된 수의 국영 대외무역회사(FTC)로 제한하지 않았으며 예외적으로 일부 농산물은 여전히 FTC의 독점이 허용되었다. 이 경우 중국은 특정 상품에 대한 저율관세할당(tariff rate quotas, TRQ) 제도를 시행하고 관세인하에 동의하되 수입 급증에 대비해 일정 한도까지만 이를 이행하기로 했다. 가입 협정은 특히 중국이 민간 무역업자에게 최소한의 저율관세할당을 배분하도록 하였다. 보다 접근하기 쉬운 무역시스템에 대한 약속은 대외무역 부문에서 WTO 가입의 가장 중요한 요소였다.

다음으로 가장 중요한 것은 관세 인하에 대한 약속이었다. 중국은 실제 협정이 타결되기 훨씬 전인 1994년 외환개혁 직후부터 WTO 가입을 대비해 관세를 낮추기 시작했다. 평균 명목관세율은 1992년 43%에서 WTO 협상의 돌파구가 된 해인 1999년에는 17%로 단계적으로 축소됐다. 이 협정에서 중국은 2005년까지 평균 공산품관세율을 9.4%까지 낮출 것을 약속했고 이는 2004년에 달성되었으며 평균 농산품관세율을 15%로 낮추었는데 이 비율 역시 손쉽게 달성되었다.

16.4.3 중국의 WTO 가입의 영향

WTO 가입은 중국의 정책 입안자들과 일반 대중들에게 상당한 불안감을 불러일으켰다. 중국 산업이 고도화된 외국 기업을 상대로 경쟁력이 있는지, 중국 농업이 수입식품의 맹공을 견딜 수 있을지에 대한 우려가 있었다. 이것은 근거 없는 우려들로 판명되었다. 중국 산업은 수입 자유화의 경쟁적 도전에 잘 대응했고, (많은 우려가 집중되었던) 자동차 산업마저 WTO 가입 후 확장의 황금기에 접어들었다. 아마도 가장 놀라운 점은 급격한 수

표 16.1 중국 수출: 기업 소유권별 비중

	1995	2005	2016
국유기업	66.7%	22.2%	10.3%
외국인 투자기업	31.5%	58.3%	43.7%
국내 민간기업	0.2%	14.7%	43.6%
집체 및 기타	1.5%	4.8%	2.4%

자료: *China Customs Statistics* (1995, p.12; 2005, p.12); General Administration of Customs.

입 증가 대신 수출 급증세를 경험한 것인데 WTO 가입으로 중국과 세계가 변화한 것이다. 더 이상 FTC가 세계시장의 문지기 역할을 하지 않게 되자 중국 내 기업들은 급속한 팽창의 기회를 잡았다(표 16.1 참조).

WTO 가입으로 인한 생산성 급상승은 잘 예상되지 않았으며 정책 입안자들의 대응도 느렸다. 그림 16.1에서 알 수 있듯이, 중국의 수출은 2003년에서 2007년까지 급증한 반면 수입 증가율은 2004년 이후 뒤처졌다. 2006년부터 2008년까지 GDP의 평균 7%에 달하는 대규모 무역흑자가 발생했다.[3] 이때 중국의 환율은 아시아 외환위기(1997~1998년) 이후 미국달러에 고정된 상태였으며 명목 고정환율(peg)이 느슨해진 2005년 7월 이후에야 소폭 절상되기 시작했다. 그림 16.3에서 알 수 있듯이, 인민폐(RMB) 실질가치는 2005년 말에도 1997~1998년 수준을 여전히 크게 밑돌았다. (고정된 명목환율을 감안할 때, 인플레이션이 미국보다 중국에서 낮았기 때문에 실질가치는 더 낮았다.) 위안화 평가절상은 무역수지 흑자의 증가를 완화하고 세계무역의 균형을 유지하는 데 도움이 되었을 것이다.[4] 실제로 2007년 11월 인민폐 평가절상이 본격적으로 시작된 뒤 벌어진 일이다. 2009년에 중국은 대규모 경기부양 프로그램을 시작했고 (수입을 증가시키는) 국내 수요 확대는 인민폐 절상과 결합하여 2010년에는 흑자를 다시 관리 가능한 수준으로 끌어내렸다. 2011년 중국의 상품무역 흑자는 GDP의 2%로 감소했다가 2016년 GDP의 4.6%로 다시 확대됐다.

중국 무역의 폭발적 성장은 세계무역 관계에 상당한 충격을 주었다. 거대 무역국들의 대규모 무역흑자는 심각한 무역긴장을 유발하며, 이러한 대규모 흑자를 줄이도록 유도할 수 있는 세계적인 메커니즘은 없었다. 2006~2008년 미국을 포함한 많은 나라들은 중국이 자국통화를 더 빨리 평가절상 해 줄 것을 촉구했지만 중국은 이를 국내 정책 입안에 대한 부당한 간섭이라며 비판을 일축했다. 미국에서는 2001년과 2007년 사이 중국으로부터의 수입이 3배 증가하며 상당한 경제혼란이 초래됐다. (미국 세관 자료에 따르면) 미

3. 대규모 흑자나 적자에 대한 절대적인 기준은 없지만 GDP의 4%를 넘는 것은 분명히 "대규모"라는 것이 널리 인정되고 있다.
4. 통화절상은 한 나라의 수출품을 더 비싸게 만들고(따라서 덜 경쟁적) 수입품을 덜 비싸게 만든다(따라서 더 매력적). 따라서 다른 조건이 일정할 때 통화절상은 일정 시차를 두고 무역흑자를 감소시키거나 무역적자를 증가시킨다.

국의 양국 간 무역적자는 2001년 830억 달러에서 2007년 254억 달러 이상으로 급증했다. 이러한 급격한 변화는 미국 국내에서의 조정과정을 압도했다. Autor, Dorn, and Hanson(2013)은 중국 수입품과의 경쟁에 가장 많이 노출된 미국 현지의 노동시장이 가장 많은 피해를 입었으며 무역관련 실업은 해당지역 내의 비무역 또는 수출지향 부문의 고용증가로 채워지지 않았다고 밝혔다. 즉, 무역에 대한 조정에 수반되는 마찰은 경제학자들이 일반적으로 예상하는 것보다 더 대가가 크고 오랫동안 지속되었다. 결과적으로 무역에 따른 비용은 크고 지속적이며 지리적으로 집중되었다. 미국이 무역에서 얻는 이익도 컸지만 (낮은 가격의 형태로) 미국 소비자에게 전역으로 퍼져 있거나 상품을 수입하는 미국 기업들이 더 높은 수익을 가져갔다. 이런 현상 직후 글로벌 금융위기가 이어지면서 미국이 경제성장으로 조정비용을 줄일 수 있는 기회가 없었다.

16.5 무역의 구성

중국 대외무역체제 자유화의 각 단계는 수출과 수입의 급증과 관련이 있다. 그 결과는 자원, 중간재 그리고 부품으로 이루어진 수출품목 등과 결합된 엄청나게 다양한 수출품목군(群)이었다.

16.5.1 수출

1979년 이후 처음에는 수출이 다소 무차별적으로 성장했다. 1985년 말까지만 해도 원유는 중국 최대의 단일 수출로 수출 실적의 20%를 차지했다. 1985년과 1995년 사이에 16.2.3절에 기술된 제도적인 변화는 노동집약적인 상품 수출로 극적인 전환을 가져왔고, 이에 따라 천연자원 기반의 수출이 크게 감소했다. 무역 자유화 이전 중국 대외무역체제의 비효율성을 나타내는 지표 중 하나는 경공업의 노동집약적인 제조업이 중국의 확실한 부존요소에도 불구하고 중국 수출에서 차지하는 비중이 작았다는 점이었다. 그러나 1995년까지 중국의 모든 상위 수출 품목은 노동집약적인 공산품, 가장 두드러지는 것이 섬유 및 의류 수출, 신발, 스포츠용품 그리고 잡화였다.

WTO 가입으로 무역체제의 자유화가 다시 시작되었으며 중국 무역은 다시 급증했다. 전통적인 노동집약적 제조업, 특히 의류의 성장은 여전히 견고했으며 2004년 섬유 수입쿼터가 종료되면서 생산과 수출이 중국으로 이전되었다. WTO 이후의 급상승으로 기계 및 전자제품 점유율이 1995년 22%에서 2007년 47%로 급격히 증가했으며 그 후 안정화되었다. 즉, 이미 노동집약적인 제조업으로 전환한 중국의 수출은 이제 훨씬 자본과 기술집약적인 제조업까지 포함하도록 심화되었다. 이로 인해 중국은 선진국의 전형적인 수출구성제품인 매우 광범위한 생산제품들을 수출하게 되었다. 무역개방은 처음에 중국의 핵심 부존요소를 강력히 반영한 수출품목군(群)으로 이어졌고, 성장이 지속됨에 따라 수출

표 16.2 수출입 상위 품목(2016년, 10억 달러, %)

	수입	비중		수출	비중
반도체	227.0	14.3	컴퓨터, 컴퓨터 부품, LCD	163.2	7.8
원유 및 제품	144.1	9.1	의류	157.8	7.5
자동차 및 자동차 부품	74.4	4.7	전화기 핸드셋	117.1	5.6
농산품(곡물 제외)	69.1	4.4	직물	105.0	5.0
컴퓨터 부품, LCD	59.2	3.7	농산품	72.6	3.5
철광석	57.7	3.6	반도체	61.0	2.9
구리 및 구리광석	47.1	3.0	철강 완제품	54.5	2.6
곡물	41.5	2.6	가구	47.8	2.3
플라스틱 원재료	41.3	2.6	신발	47.2	2.3
석탄	24.5	1.5	자동차 부품	45.6	2.2

자료: General Administration of Customs.

품목군(群)은 자본과 기술의 증가를 구현하는 상품들로 자연스레 확대되었다. 2016년의 주요 수출 및 수입품은 표 16.2에 나와 있다.

반숙련 및 미숙련 노동자의 임금상승은 중국의 노동집약적 수출의 원가 경쟁력을 약화시키고 있었다. 전체적으로 노동집약적 제조업은 2016년 중국 수출의 27.7%를 차지해 2003년 33.5%에 비해 감소했다. 수출 감소분은 섬유와 의류에 집중되었는데 2003년 18%에서 2016년 12.5%로 감소했다. 신발, 장난감, 스포츠용품 등 다른 모든 노동집약적 제조품들은 점유율을 거의 유지해 같은 기간 15.5%에서 15.2%로 하락하는 데 그쳤다. 경쟁력 변화는 서서히 나타나고 있다. 부분적으로는 일부 노동집약적 생산이 임금이 더 낮은 내륙으로 이동했기 때문이며(16.8절) 부분적으로는 중국의 전반적인 비용을 낮게 유지하는 데 도움이 되는 우수한 무역 인프라와 공급업체 네트워크를 반영하고 있다. 표 16.2에서 볼 수 있듯이 전자제품은 여전히 중요하며, 그 점유율은 변함이 없다. 기계, 산업자재, 철강 등의 수출 점유율은 늘어났다. 중국의 수출 구성은 지난 10년간 노동집약적 제품에서 자본집약적 제품으로 꾸준히 변화하고 있음을 보여 준다. 그러나 이러한 변화는 급속한 성장의 맥락에서 이해해야 한다. 2016년 수출은 2003년의 5배였고, 섬유와 의류 수출도 3.3배였다. 세계시장의 관점에서 볼 때 전통적인 노동집약적 제조업에서도 중국의 경쟁력은 여전히 대단하다.

16.5.2 수입

수입은 자원과 자본 그리고 기술집약적 제품에 계속 집중되어 왔다. 이들 수입물량이 많아지면서 중국이 무역으로 얻는 이득도 커졌다. 중국의 가장 중요한 수입품 중 많은 것들이 대부분은 본질적으로 토지 대체재로서의 역할을 하여 중국의 한정된 토지자산을 확장시킨다. 그러나 이러한 수입품의 구성은 지난 10년 동안 크게 바뀌었다. 2003년 중국 수입의 23.9%는 자본집약적 상품으로, 철강, 화학, 합성섬유, 플라스틱 원료 등 중공업에서 생산되는 경우가 많았다. 이 상품들은 중국의 중공업 기반의 상당한 성장이 반영되어 중국 수입의 17%까지 감소했다.[5] 중국은 이제 가공된 산업자재를 수입하는 대신 엄청난 양의 천연자원과 광물을 수입하는데, 이는 전체 수입의 34.2%로 2003년(16.1%)의 두 배가 넘는다. 가장 중요한 범주는 원유와 가스로 구성되어 있으며 전체 수입의 10.1%를 차지한다. 주로 철과 구리와 같은 금속 광석은 수입의 6.6%를 차지한다. 마지막으로 식품, 음료, 유지종자는 수입의 5.8%를 차지한다. 이런 자본 및 토지 집약적인 상품이 수입의 절반 이상을 차지한다. 다음 주요 수입품목은 기계류, 운송기계 그리고 전자제품 등 기술집약적 상품으로 구성된다. 중국에서 조립된 하드웨어용 첨단부품인 전기 및 전자장비는 수입의 28.5%를 차지한다.

중국 무역은 압도적으로 비교우위 원칙에 부합하며 중국 내수경제에 막대한 이익이 될 것이다. 중국은 구리, 철광석, 비료 그리고 점점 더 원유와 같은 몇몇 상품군에 대해 세계시장에서 상당한 영향을 미치고 있다. 이것이 중국 수요가 세계시장을 움직이는 분야들이다.

16.5.3 서비스무역

중국의 서비스무역(수출 및 수입)은 1980년대 중반 GDP의 2%에서 2015년 6.4%로 30년 동안 점진적으로 성장했다. 중국의 서비스무역에는 세 가지 특징이 있다. 첫째, 중국의 GDP 대비 서비스무역의 전체 규모는 세계 평균(13%)의 절반에 불과하다. 1인당 GDP와 함께 서비스무역 비중이 증가하기 때문에 중국이 중소득국 평균(8.8%)과 비교했을 때 차이가 그다지 뚜렷하진 않지만 여전히 인상적이다. 둘째, 2015년 서비스 중 가장 큰 서비스 수입은 "여행 및 관광"(56%)으로 세계 평균(28%)보다 훨씬 높았다. 비여행서비스 수입(1.7%)은 세계 평균(4.7%)보다 훨씬 비중이 낮았다. 셋째, 2012년 이후 서비스무역은 GDP의 1%가 넘는 적자를 지속하고 있다(2015년 1.2%). 서비스무역 적자는 상품무역의 지속되는 흑자와 비교해서 중국의 전체 경상수지 흑자를 줄일 수 있다. 그러나 서비스 수지 적자의 90%는 여행 및 관광 분야에서 발생하며 그 외의 모든 서비스 부문을 합치면 균형에 가깝다.

이러한 패턴은 어떻게 설명해야 할까? 첫째, 큰 규모의 여행 수입은 적어도 부분적이지만 실제적인 현상으로서 중국인 해외여행의 폭발적 증가와 해외유학(해외교육비가 여행에 포함된다)을 반영하고 있다. 그러나 여행자 1명당 매우 큰 지출은 여행 기회가 해외자산을 구입하는 데 사용되면서(17장) 이런 항목은 일부분 자본 도피를 숨기고 있음을 시사한다. 이런 특수 요인을 고려하면 일반적으로 서비스무역이 탄탄한 속도로 성장하는 상품무역보다 뒤처져 있음이 분명하다. 이는 서비스무역 자유화가 상품무역 자유화를 지

5. 65(직물)를 제외한 SITC 범주 5와 6.

연시킨 것으로 보인다. 많은 국가에서 비즈니스 서비스, 금융 그리고 보험이 가장 큰 서비스 수입이지만 중국에서는 아주 작다. 서비스무역은 보통 물리적인 실체와 그에 따른 투자를 요구하기 때문에 수입국에서의 소규모 서비스무역은 느린 서비스 투자환경의 자유화와 관련이 있다(17장).

16.6 기술적 고도화

중국의 전자제품, 특히 노트북 컴퓨터의 수출이 급증한 것은 정말로 인상적이다. 그렇다면 이런 흐름은 중국이 기술 강국이 되고 있다는 의미일까? 자료를 무비판적으로 바라보면, 특히 "첨단기술"로 분류된 중국 수출비중을 보면 답은 "그렇다"이다. 그림 15.4에서 보듯이 중국은 세계 최대의 "첨단기술" 상품 수출국이며 세기 초부터 세계 첨단기술 수출 증가의 거의 모든 부분을 차지하고 있다. 따라서 중국은 놀랍도록 다양하고도 대단히 고도화된 수출경제를 가지고 있는 것처럼 보인다.

그러나 이러한 결론은 오해의 소지가 있는 자료에 근거한다. 사실상 중국이 수출하는 모든 첨단 전자제품은 수출가공(EP)무역체제 하에서 생산되며 85% 이상을 외국인투자기업(FIE)들이 생산한다. 전 세계 전자제품 생산은 여러 나라에서 수행되는 생산, 연구 그리고 서비스를 연계하는 사슬인 글로벌 생산네트워크를 통해 이루어진다. 중국은 이미 여러 글로벌 생산네트워크에서 필수적인 연결고리 역할을 하고 있다. 그러나 중국에서 수출되는 제품과 공정을 조사한 결과 중국은 압도적으로 생산의 최종 조립단계에 집중하고 있는 것으로 나타났다. 이는 노동집약적이고 중간 숙련된 활동이지 최첨단 생산활동은 아니다. 따라서 중국 수출을 기술수준으로 분류해 보면, 최종 생산물은 기술적으로 정교하지만 중국에서 발생한 실제 부가가치(예: 노트북 컴퓨터)는 그렇지 않기 때문에 오해의 소지가 있다. 실제로 중국에서의 부가가치 관점에서 보면 이런 활동은 의류와 장난감 같은 다른 노동집약적 생산물과 같은 부류에 속한다. Upward, Wang, and Zheng(2013)은 전자제품이 중국 공산품 수출에서 단일 품목으로 가장 큰 기여를 했지만 수출가액에서 국내 부가가치(36%) 비중은 가장 낮은 것을 발견했다.

수출 생산의 부가가치와 수출상품의 총 가치를 구별하는 것은 중요하며, 이는 최근 실증적 연구의 주제가 되어 왔다(Koopman et al., 2010; Koopman, Wang, and Wei, 2012). 모든 경제에서 수출 생산의 부가가치는 수출상품의 총 가치보다 적지만, 아마도 EP무역에 의존한 역사 때문에 중국에서는 이 차이가 특히 큰 것 같다. Upward, Wang, and Zheng(2013)은 중국의 공산품 수출에서 국내 부가가치 비중이 2003년 53%에서 2006년 61%로 증가한 것을 발견했다. 그들은 이 비중이 국제적인 맥락에서 상대적으로 낮은 수준이지만 성장률은 빠르다고 주장했다. 이러한 조정은 중국의 무역 고도화, 수출의 다양성 그리고 개방 정도에 대한 우리의 판단에 영향을 미치며, 각각의 경우에 대한 우리의 평가를 낮추게 한다. 그러나 국내 부가가치가 빠른 속도로 증가하는 모습은 중국이 고도화 단계로 빠르게 진입하고 있음을 의미한다. 우리의 평가가 종합적으로 개선될 때쯤이면 중국은 이미 그 평가들을 분석하기 위해 고안된 패턴들을 변화시켰을지도 모른다. 국내 부가가치의 급속한 증가는 글로벌 생산망에 참여함으로써 얻을 수 있는 혜택의 일부를 보여 준다. 중국은 부가가치가 낮은 생산단계에서 출발했지만, 글로벌 생산망에 참여는 기술 차입을 촉진시키고 경험을 통한 학습 혜택과 함께 자국 기업들에게 확산시키는 좋은 방법이었던 것이다.

16.7 교역 상대국

중국의 교역 상대국들의 패턴도 앞에서 설명한 역사를 반영한다(표 16.3 참조). 중국은 한국과 대만과는 막대한 무역적자를, 미국, EU 그리고 홍콩과는 막대한 무역흑자를 내고 있다. 홍콩의 경우 흑자규모는 부차적인 현상으로 홍콩의 미국과 EU와의 흑자와 비슷하다. 이러한 흐름은 대만과 한국(그리고 더 적게는 일본)으로부터의 부품 및 하위부품 수입 패턴을 반영하며, 조립 후에 주로 선진국 시장(일본 포함)으로 재수출하는 형태로 이어진다. 이 삼각 패턴은 중국 무역의 특징이며(중국 내 수출기업이 대만이나 한국의 자회사인 경우가 많기 때문에) 해외 직접투자와 무역 사이의 밀접한 연관성을 반영한다. 중국

표 16.3 중국의 최대 교역국(2015년, 10억 달러)

	수출	수입	무역총액	무역흑자
미국	502.6	150.5	653.2	352.1
일본	160.6	143.1	303.7	17.5
홍콩	261.1	12.8	273.9	248.3
한국	90.2	174.6	264.8	−84.3
독일	103.3	87.7	191.0	15.7
대만	44.9	143.3	188.2	−98.4
오스트레일리아	46.3	73.9	120.2	−27.6
말레이시아	33.2	53.3	86.5	−20.0
영국	63.0	18.9	81.9	44.1
태국	40.9	37.2	78.1	3.7
브라질	30.7	44.3	75.1	−13.6
인도	61.6	13.4	75.0	48.2
베트남	49.4	25.1	74.6	24.3
싱가포르	42.1	27.6	69.7	14.6
네덜란드	38.4	8.8	47.2	29.6

자료: *SYC* (2016, table 11-6).

의 EP거래시스템 도입 이후 생산네트워크의 급속한 국제화와 지리적 재분배가 이러한 삼각무역을 만들었다.

16.8 구조적·지역별 변화 수용

무역의 성장은 이 책의 6장과 7장에 기술된 구조적 변화를 수용했다. 내륙의 성(省)에서 연안의 급성장하는 수출제조지역으로의 장거리 이주는 중국 개발 경험의 핵심이자 구조적 변화의 주된 원동력이었다. 수출부문이 꾸준히 확대되면서 노동공급이 급증하던 시기에는 도시 고용이 꾸준히 확대될 수 있었다. 가장 중요한 것은, 수출 확대를 통해 인력과 생산이 수출지역으로 이동함에 따라 고도의 투자 및 급속한 산업화 성장전략이 차질 없이 추진될 수 있었다는 점이다.

대외무역은 당연히 중국의 연안지역에 혜택을 주었고, 연안지역 성(省)들은 2006년까지 무역관련 수요에 힘입어 내륙지역 성들보다 훨씬 더 빠르게 성장했다(2.6절). 그러나 각기 다른 연안지역들은 서로 다른 시기와 방식으로 무역으로 인한 자극에 반응했다. 초기에는 무역이 남부 연안지방인 광둥성과 푸젠성에 엄청난 자극을 주었다. 표 16.4는 광둥성, 푸젠성, 하이난성 등 남동부 연안지역 성들에서 생산된 총 수출 비중이 1978년 16%에서 1995년 45%로 크게 증가한 것을 보여 준다. 이들 성들은 1980년대 우대정책과 외국인투자 및 EP무역 성장으로부터 가장 많은 혜택을 받았다. 특히 광둥성은 다른 지역보다 "한 걸음 앞서" 경제 모델(economic showcase)이 되도록 장려되었다. 어쩌면 "네 마리 호랑이", 즉 신흥 산업국가인 한국, 대만, 홍콩, 싱가포르에 이어 "다섯 번째 호랑이"가 되도록 장려되었는지도 모른다. 이 초기 기간 동안 남동부의 부상은 전통적으로 중국에서 가장 부유하고 고도화된 경제 광역권이었던 양쯔강 하류지역의 성장을 일깨웠다(2장). 양쯔강 하류지역은 1980년대에 왕성하게 성장했지만 남동부와 같은 방식의 대외무역을 지향하지는 않았다.

표 16.4 중국의 지역별 수출 비중

	1978	1995	2005	2010	2016
동남부	16%	45%	36%	34%	36%
양쯔강 하류지역	35%	21%	38%	42%	37%
북동부/북부 연안지역	40%	22%	18%	17%	15%
나머지 지역	9%	11%	7%	8%	13%

자료: *SYC* (2016, table 11-9); *SAC* (2017, p.96).
주: 동남부(광둥성, 푸젠성, 하이난), 양쯔강 하류지역(상하이, 장쑤성, 저장성), 북동부/북부 연안지역(산둥성, 베이징, 톈진, 허베이성, 랴오닝성, 지린성, 헤이룽장성)

그러나 1990년대 중반 이후 양쯔강 하류지역은 다시 활기를 띠기 시작했다. 상당한 외국인 투자유입에 힘입어(17장 참조) 중국의 수출에서 차지하는 비중이 크게 증가했고 2010년에 이전 최고치를 뛰어넘은 42%로 증가했다. 반면 남동부의 수출 비중은 안정되기 전인 2005년 36%로 감소했는데 이 기간 동안 남동부의 수출은 대부분의 경제에서 꽤 양호하다고 여겨질 정도의 속도로 꾸준히 증가했고, 선전 경제특구에서는 중대한 기술향상이 있었다(15.4.4절).

내륙지역 성(省)들은 수출 비중이 겨우 8%에 불과했던 2010년까지 여전히 후발 주자로 남아 있었다. 그러나 2010년 이후 몇몇 거대 수출업자들이 저임금을 찾아 내륙으로 이동하기 시작했다. 충칭, 쓰촨성, 허난성은 2014년까지 일부 대형 전자조립업체에 대한 입찰을 국가정책이 지원함에 따라 수출을 매우 빠르게 늘렸다. 2016년 내륙지역 성들은 중국 수출의 13%를 생산했다. 따라서 중국의 수출 기적은 사실상 각기 다른 시기에 수출 성장을 이끈 남동부, 양쯔 삼각주 그리고 내륙지역 성들, 이 세 가지 연속적인 물결로 이루어졌다.

나머지 남겨진 지역은 북동부와 북부 연안지역(2.3절)과 밀접하게 연결되어 있으며 상대적으로 이들의 비중은 꾸준히 감소해 왔다. 이들 북부지역은 다각화된 중공업과 원유를 기반으로 1980년대 중국 무역의 주요 지역이었다. 그러나 2016년까지 비중이 15%로 떨어졌고 현재 동북 3성은 중국 수출의 2.6%밖에 생산하지 못하고 있다. 이 지역은 경제적으로 소외될 위험에 처해 있다. 반면 양쯔강 하류지역과 중국 남동부지역은 중국 수출경제에서의 지위를 유지해 왔다. 광둥성은 단일 성으로는 여전히 가장 많은 수출을 하고 있으며 2016년 수출/GDP 비율이 55%로 가장 높다. 이는 수출액(총 가치)이 GDP(순개념)의 100%를 웃돌던 1990년대 중반의 정점에 한참 못 미치는 수준이다. 광둥성은 말레이시아나 태국처럼 수출의존도(각각 67%, 69%)가 높지 않지만 한국(42%)이나 폴란드(52%) 등 수출 강국과 비슷하다. 양쯔강 하류지역의 수출/GDP 비율은 34%로 멕시코(38%)와 거의 같다. 수출이 GDP의 6%를 조금 밑도는 중국 내륙은 브라질(12.5%)에 비해 수출지향성이 상당히 낮다. 개방 정도와 무역의존도에 있어서 중국의 지역들은 큰 차이를 보이고 있다.

16.9 결론

중국은 국내 경제개혁 및 구조조정 그리고 동아시아 경제 구조조정과 함께 외국인 투자가 창출한 기회를 빠르게 수용하면서 성공적인 무역을 달성했다. 중국이 세계에서 가장 폐쇄적인 국가 중 하나에서 가장 개방적인 경제대국으로 발전했고 최소한의 혼란과 무역과 관련된 경제적 고통을 안고 진행되어 왔다는 점을 고려하면, 중국의 성과는 매우 인상적이다. 중국은 마치 말레이시아와 브라질의 연합처럼 매우 개방된 연안경제와 덜 통합된 내륙경제의 연합과도 같다. 게다가 말레이시아나 태국과 같은 나라들의 매우 높은 무역/GDP 비율은 이 나라들이, 특히 전자분야에서 국경을 초월한 국제 생산네트워크의 필수적인 부분으로 참여함으로써 달성된 것이다. 그러한 생산네트워크는 서로 다른 지역에서 비교적 단순한 공정들을 수행할 수 있도록 국경을 넘는 고부가가치 품목의 무역을 포함한다. 이것은 수출부문의 부가가치가 무역량에 비해 작다는 것을 의미한다. 물론 이것은 중국이 이중적 무역체계를 고안하면서 초기에 장려하기 위해 고안된 무역활동과 정확히 같은 종류이다. 그러나 이러한 결과는 우리에게 무역/GDP 비율이 무역상품 부문의 규모가 아닌 무역개방도의 지표임을 상기시켜 준다. 중국 수출부문의 실질 부가가치는 무역/GDP 비율로 추측했을 때보다 국가 총부가가치에서 차지하는 비중이 작다.

중국의 무역 성장은 엄청난 동력을 가지고 있다. 대략적으로 2005년부터 미숙련 노동자들의 임금이 급격히 상승함에 따라 노동집약적 제조업의 원가 경쟁력은 약화되었다. 더욱이 세계경제의 둔화는 선진국의 수요가 더 이상 과거처럼 견고하게 성장할 수 없다는 것을 의미한다. 따라서 대외무역은 21세기의 첫 10년 때처럼 뚜렷하게 미래의 선도적인 부문이 될 것 같지 않다. 2000~2007년 사이 순 수출(수출 − 수입)은 꾸준히 증가하여 총 수요를 증가시켰고, 2008년부터 2014년까지의 순 수출은 (무역흑자 감소와 함께) 감소했다. 이는 무역이 총 수요에 결국 부정적 영향을 미치고 있음을 의미한다. 이렇게 중요한 구조적 변화는 향후 중국의 무역 성장에 막대한 영향을 미칠 것이다.

그러나 중국은 여전히 강력한 무역경쟁력을 유지하고 있다. 중국의 무역 관련 인프라는 세계 최고수준이다(2장). WTO와 관련된 무역 자유화로 무역기회에 대한 접근성이 증가함에 따라 수입비용은 물론 거래비용을 낮췄다. WTO 가입 이후 몇 년 동안 보다 개방적이고 통합된 무역체제를 통해 중국은 세계 무역의 선두에 올랐다. 중국의 요소부존은 선진국과 크게 다르기 때문에 중국은 세계화를 통해 얻을 것이 많다. 풍부한 노동력과 희소한 토지의 중국경제는 비교우위에 기초한 교환으로 큰 이익을 계속해서 얻을 것이며, 역동적이고 상대적으로 잘 교육받은 노동력은 세계적인 모범 사례를 관찰하고 모방함으로써 기술과 기량을 빠르게 흡수할 수 있을 것이다. 세계화를 통해 중국은 아마도 미국을 제외한 세계 어떤 나라보다 더 많은 것을 얻을 수 있을 것이다.

Bibliography

참고문헌

Autor, David H., David Dorn, and Gordon Hanson (2013). "The China Syndrome: Local Labor Market Effects of Import Competition in the United States." *American Economic Review* 103 (6): 2121–2168.

General Administration of Customs. "China Customs Statistics Network." www.chinacustomstat.com/aspx/1/index.aspx.

Koopman, Robert, William Powers, Zhi Wang, and Shang-Jin Wei (2010). "Give Credit Where Credit

Is Due: Tracing Value Added in Global Production Chains." Working Paper no. 16426, National Bureau of Economic Research, Cambridge, MA.

Koopman, Robert, Zhi Wang, and Shang-Jin Wei (2012). Estimating Domestic Content in Exports When Processing Trade Is Pervasive." *Journal of Development Economics* 99:178–189.

SAC (Annual). *Zhongguo Tongji Zhaiyao* [Statistical abstract of China]. Beijing: Zhongguo Tongji.

SYC (Annual). *Zhongguo Tongji Nianjian* [Statistical yearbook of China]. Beijing: Zhongguo Tongji.

Upward, Richard, Zheng Wang, and Jinghai Zheng (2013). "Weighing China's Export Basket: The Domestic Content and Technology Intensity of Chinese Exports." *Journal of Comparative Economics* 41:527–543.

World Bank (1994). *China: Foreign Trade Reform*. Washington, DC: World Bank.

17 외국인 투자와 자본계정
Foreign Investment and the Capital Account

경제의 "개방도"는 수출입뿐만 아니라 자본 유출입에 의해서도 측정된다. 중국은 1978년 이후 자본 이동에 더 개방적이 되었지만 그 과정은 무역 개방보다 더 어렵고 덜 완성되었다. 1978년 이후 처음 20년 동안 중국은 외국인 직접투자(foreign direct investment, FDI) 유입을 폭넓게 개방하였으나 다른 유형의 자본 흐름은 일반적으로 제한되었다. 1990년대 중반부터 중국은 지속적으로 세계 주요 FDI 대상국 중 하나였으며 FDI는 중국의 산업화와 전반적인 개혁과정에서 중요한 역할을 해 왔다.

21세기에 FDI와 다른 경제부문과의 관계가 근본적으로 변화하기 시작했다. FDI는 계속 성장했지만 전체 GDP에 비해 훨씬 더 느렸고, 그 결과 경제에서 FDI 유입이 차지하는 상대적 비중이 수년간 하락하고 있다. FDI 유입의 상대적 비중이 하락했음에도 불구하고 새로운 유형의 외국인 투자와 국외 투자의 중요성은 커졌다. FDI가 중국에 대거 유입될 때 중국의 자본계정은 전반적으로 폐쇄되어 있었고, 유입과 유출 양방향의 금융투자는 대부분 제한되어 있었다. 오늘날 중국이 자본계정을 개방함에 따라 그러한 제약들 중 일부가 해제되고 있다. 이와 동시에 중국의 높은 저축률은 국내 성장둔화와 맞물려 중국이 세계 최대의 아웃바운드 투자국으로 부상하게 하였다. 중국의 저축은 세 가지 주요 형태로 연속적인 파도와 같이 중국으로부터 흘러나왔다. 첫째, 2003년부터 2011년까지 중국의 공식 외환보유액이 아주 큰 규모로 축적되었고, 둘째, 2007년 이후 중국의 아웃바운드 FDI가 매우 빠르게 증가했으며, 셋째, 2011년 이후 다양한 공적 및 민간 금융자본이 중국으로부터 흘러나오기 시작했다. 2016년 현재 중국은 국제적으로 중요한 저축과 투자의 원천국이 되었다. 본 장의 전반부는 중국의 FDI를 설명하고 분석하며 17.7절부터는 시야를 넓혀 모든 중요한 자본 유출입에 대해 논의해 보기로 한다.

17.1 중국경제에서의 외국인 직접투자

외국인 직접투자는 포트폴리오 투자(주식과 채권)와 기타 투자(은행 대출 포함)와 함께 자본계정의 한 항목일 뿐이다. 그러나 FDI는 21세기까지 중국에서 양적으로 중요성이 있는 자본 유입의 유일한 형태였다. 1992년 이후 FDI가 중국에 대거 유입되기 시작했고 중국은 지금까지 전체 개발도상국 FDI의 약 1/3을 차지하여 개발도상국 중 최대 FDI 유치국이 되었다. FDI에 의해 중국에 형성된 세계 제조업 네트워크는 중국과 세계를 재편성했으며 계속해서 세계경제에서 중요한 역할을 담당하고 있다.

17.1.1 전반적 추세

외국인 직접투자는 중국의 초기 산업화에서 중요했다. 상하이 강변의 유명한 와이탄(外滩)은 1930년대 상하이에서 외국기업들이 담당했던 중요한 역할을 생생하게 상기시켜 준다. 그러나 1949년 이후 중국은 1950년대 후반에 마무리된 다른 사회주의 국가들과 함께 운영하던 몇몇 합작회사를 제외하고는 FDI를 폐쇄했다. 1978년 중국이 외국인 투자를 받아들이기로 결정하고 1979년과 1980년 경제특구(special economic zone, SEZ)를 설립함으로써 사회주의 정통성과 급격하게 결별했다. 그러나 이러한 타개책에 이어진 정책과 제도의 변화는 신중하고 점진적이었으며 1980년대에는 지역적으로 국한되어 있었다. FDI 유입은 1980년대에 증가하여 광둥성과 푸젠성의 지역경제에는 중요한 변화를 일으켰지만 전국적인 영향은 1980년대까지 크지 않았다. 그림 17.1에서 알 수 있듯이 1992~1993년에 FDI 유입이 급격히 증가하였다. 홍콩 투자자들이 먼저 움직였고 다른 나라의 투자자들이 그 뒤를 바짝 따랐다. 막대한 FDI 유입이 중국경제를 근본적으로 변화시켰다.

1992~1993년 중국의 정책변화가 투자 급증의 배경이 되었다. 정책은 수용 가능한 FDI의 유형을 극적으로 확대했다. 그 때까지 중국은 FDI를 대부분 제조업 수출(지리적으로 남동쪽 해안)로 제한했다. 중국시장에 대한 접근은 소수의 선택된 외국기업에게만 허용되었다. 1992년부터 중국은 국내시장을 선택적으로 외국기업에게 개방하고 지리적 규제를 완화하기 시작했다. 제조업체들은 중국시장에서 생산물을 판매할 수 있는 권리를 점점 더 많이 부여받았고 부동산과 같은 새로운 부문이 외국인 참여자에게 개방되었다. 처음으로 중국시장의 거대한 잠재적 규모와 빠른 성장이 외국인 투자유치에 직접적인 역할을 했다. 또한 1992~1993년의 정책변화가 특히 중요했는데 이는 10여 년 동안 중국이 제도적 인프라를 자유화하고 구축하는 경험을 쌓으면서 외국인 투자자들과 점진적으로 신뢰를 구축했기 때문이다. 덩샤오핑이 1992년 봄 유명한 "남순강화(南巡讲话, Southern Tour)"를 통해 천안문 사태 이후 남아 있었던 중국의 전반적인 정책방향에 대한 불안감을 해소했고 제도적 기반과 FDI 친화적 정책이 이미 갖추어져 있어 외국인 투자자들이 신속

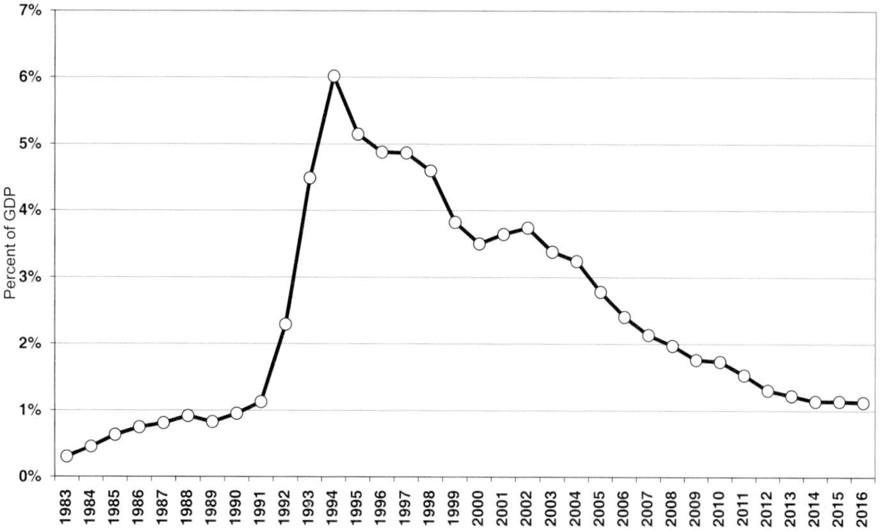

그림 17.1 외국인 직접투자(GDP 비중)
자료: *SYC* (2016, table 11-13; and earlier volumes).

히 반응했다.

그림 17.1은 중국의 GDP 대비 외국인 직접투자의 극적인 상승과 지속적인 하락을 보여 준다. 1980년대에는 FDI가 GDP의 1%를 넘은 적이 없지만 유입이 꾸준히 늘어 1994년에는 GDP의 6%로 상승했다. 그 이후 FDI는 명목 GDP보다 더 느리게 성장해 1999년부터 2004년 사이에 GDP의 3~4%로 하락했으며 2014~2016년에는 1%를 조금 넘는 수준까지 계속 하락했다. 이 비율은 아시아의 두 가지 FDI 정책 모델과 맥락을 같이한다. 1950년대부터 1980년대까지 일본, 한국, 대만 등 선구적 아시아 경제의 특징인 "동북아시아" 패턴에서 FDI 유입은 항상 제한을 받았고 GDP의 1%에 훨씬 못 미쳤다. 이들 국가는 국가 산업정책의 일환으로 FDI의 선별적 유입을 허용했다. 1990년대 후반 이후 한국, 일본, 대만은 모두 FDI에 대한 통제를 완화했지만 이 나라의 유입액이 GDP의 2%에 달한 적은 없었다. 반면 "동남아시아" 모델에서 말레이시아, 태국, 필리핀, 인도네시아 등의 수출주도형 경제는 대체로 FDI를 환영했으며 유입액이 대부분 GDP의 약 4~6%에 달했다. 일반적으로 말하면 중국은 폐쇄경제로부터 FDI에 개방적인 "동남아시아" 패턴—특히 수출지향적인 제조업 부문에서—으로 전환했다. 현재는 FDI에 대한 의존도가 산업정책에 의해 형성되고 축소되는 "동북아시아" 패턴으로 되돌아가고 있는 것으로 보인다.

중국의 FDI는 지역별로 차이가 크다. 중국에서 FDI의 중요성이 가장 높았던 1993년부터 2002년의 10년 동안, 중국의 많은 지역들은 "전형적인" 동남아시아 국가보다 실제로 FDI에 더 개방적이었다. 그 10년 동안 광둥성, 푸젠성, 하이난성 등 3개 동남 해안지방의 연평균 FDI 유입량은 GDP의 12.7%, 베이징과 톈진은 GDP의 8.3%, 상하이와 장쑤성은 GDP의 7.6%에 달했다. 따라서 중국의 개방지역은 고도로 개방된 동남아시아 경제의 약 2배에 달하는 FDI를 수용했으며 이들 지역경제는 FDI 유입에 의해 근본적으로 변화됐다. 중국의 나머지 지역은 영향이 훨씬 적었는데 그 10년 동안 18개 내륙지방의 연간 FDI 유입액의 평균은 GDP의 1.4%였다.

FDI 유입의 절대적 규모는 2011년까지 계속 증가하다가 정체되었다(그림 17.3). 중국의 GDP가 급속히 성장하고 2005년과 2014년 사이에 중국 화폐가 절상되면서(그림 16.3) GDP 대비 FDI 유입액의 비율이 꾸준히 하락했으며 2016년경에 1%로 수렴한 것으로 나타난다. FDI는 더 이상 1990년대와 같이 개혁에 영향을 미치지 못하며 중국은 20년 전에 비해 어느 정도는 FDI에 덜 개방적으로 되었는데 이것은 분명히 중국이 외국인 투자를 덜 반긴다는 것을 반영한다.

그러나 외국인 투자는 중국에서 여전히 매우 중요하다. 많은 분야에서 외국기업들은 현재 잘 설립되어 있으며 내부잉여금을 통해 확장에 필요한 자금을 조달할 수 있다. 이론적으로 외국기업의 재투자된 이익은 FDI 유입으로 반영되어야 한다. 그러나 중국 통계에서는 거의 확실히 과소 계상되고 있다. 한때 FDI를 수출지향 부문과 일부 지역에 묶어 두었던 정책들은 사라진 지 오래되었으며 중국경제의 여러 분야에서 외국인 투자기업(foreign-invested enterprise, FIE)들이 깊숙이 자리 잡고 있다. Enright(2017, p.37)는 2005년 FIE들의 국내매출이 수출액을 넘어섰고 2013년 국내매출이 수출의 2.7배에 달했다고 추계했다. 17.5절에서 논의하겠지만 외국기업의 영향은 제조업에서 특히 두드러진다.

17.2 "경제특구": 투자 체제의 점진적 자유화

중국은 자유화 과정을 개척하기 위해 특구 설립을 이용했다. 오늘날에도 특구는 여전히 존재하며 중요한 기능을 수행하지만 국가경제에서의 역할은 크게 바뀌었다.

17.2.1 경제특구(SEZ)의 기능과 의미

중국 FDI 경관의 특징 중 하나는 다양한 종류의 특별 투자구역의 확산이다. 1979년 중국에 최초의 경제특구(special economic zone, SEZ)를 설립한 것은 경제개방 의지에 대한 가시적인 신호였으며, 그 이후 중국은 새로운 구역의 설립을 통해 모든 자유화의 물결을 나타냈다. 서비스와 금융거래에 대한 보다 자유로운 새로운 체제의 구현을 시험하기 위해 상하이 시범 자유무역지대(Shanghai Pilot Free Trade Zone)의 주도 하에 가장 최근의 일괄조치가 2013년에 시작되었다. 시간이 지나면서 외국인 투자자를 위한 양허정책이 전반적으로 축소되면서 특구는 "덜 특별하게" 되었다. 그렇지만 많은 외국인 투자가 여전히 다양한 종류의 구역에 위치하고 있으며 영업규정은 구역 내에서 여전히 미묘하게 차이가난다. 중국의 정책은 왜 특구에 대해 이러한 성향을 갖는가? SEZ는 제1차 개혁시대(5장에서 기술한 바와 같이)의 중국의 정책결정 패턴을 보여 주는데, 이중트랙 즉 기존 시스템과 함께 또는 기존 시스템의 틈새에 새로운 시스템을 만들면서 시작되는 점진적 개혁이 그것이다. 더구나 그것은 무역 체제의 두드러진 특징이었던 이중적 제도와 일치한다(16장). 특구는 초기의 경직된 체제 내에서 급속한 점진적 개혁이 진행될 수 있도록 해 주었다.

덩샤오핑이 1979년과 1980년 SEZ를 승인한 것은 SEZ가 대외개방에 대한 정부 의지의 상징이 되었음을 의미했다. 중국 내에서 외국기업의 자유 영업을 허용하는 구역은 중국의 외국에 대한 양허의 역사 때문에 민감할 수밖에 없었다. 경제개혁에 반대하는 보수주의자라면 이 구역을 중국 주권을 훼손하는 것으로 의견을 표명할 수 있다. 정확히 이 이유로 SEZ의 설립은 강력한 약속을 상징하는 장치의 역할을 했다. SEZ는 중국이 쉽게 감독할 수 있는 특정 장소에서 개방적인 환경을 유지할 것임을 외국기업들에게 천명함으로써 개혁과정의 신뢰도를 높였다. 동시에, 이 구역은 개혁정책이 논란이 될 때마다 강력한 상징적 역할을 했다. 1984년과 1992년 두 번 연속 덩샤오핑은 선전(深圳) SEZ를 방문해 더 많은 자유화의 물결에 대한 서막으로서 SEZ의 운영을 승인했다.

17.2.2 경제특구의 역할과 확산

초기의 SEZ는 1970년대 이후 아시아에 확산되었던 수출가공구(export-processing zone, EPZ)와 유사했다. 그곳은 낮은 세율, 더 간소화된 행정 및 통관절차, 그리고 가장 결정적으로 부품과 물품 수입관세 면세로 외국인 투자가 장려된 지역이었다(박스 17.1 참조). 따라서 SEZ는 16장에서 설명한 수출가공 체제의 초기 발전형태의 일부였다. 그러나 SEZ는 다른 아시아의 EPZ 이상의 것이었다(박스 17.2 참조). 그것은 국내 경제개혁의 시험대 역할도 했기 때문에 중국의 경제발전에서 더 큰 역할을 할 수밖에 없었다. 예를 들어 SEZ에서는 다른 곳에서 허용되기 훨씬 이전부터 전액 출자된 외국인 자회사가 허용됐다. 더욱이 4개의 초기 SEZ는 경제적으로 중요한 해외의 중국인 그룹(2장)의 관심을 끌기 위한 것이었기 때문에 그것들은 중요한 잠재적 투자자 그룹과 연결됐다. 이러한 모든 상징적이고 체계적인 이유 때문에 SEZ는 중국의 경제개혁에서 매우 중요했다.

1980년대에 지역적으로 극적인 확산이 시작되었다. 하이난섬이 SEZ로 지정됐으며 주하이(珠海), 산터우(汕头), 그리고 샤먼(厦门)의 기존 SEZ는 엄청나게 확장되었다. 이어서 많은 농촌지역을 포함한 광대한 영토를 외국인 투자에 개방한다고 선포되었다. 1990년대 초반, 또 다른 경제특구의 설립을 통해 가속화된 제2기 개혁이 발표됐다. 푸둥(浦东; 상하이 동부) 특구는 중국의 가장 발전된 중심부에 처음으로 SEZ를 만들어 홍보와 약속 장치의 역할을 했다. 선전보다 약간 더 큰 푸둥은 개발이 시작되기도 전에 110만 명의 인구를 보유하고 있었다. 세기가 바뀔 무렵에는 6개 SEZ(최초의 4개와 하이난, 푸둥)

박스 17.1 중국의 경제특구는 아시아의 수출가공구와 어떻게 비슷한가?

중국의 경제특구는 수출가공구의 한 종류이다. 아시아에서 최초의 수출가공구는 1965년 타이완(台湾)의 카오숑(高雄)에 설립되었다. 1980년대에는 아시아에 35개의 수출가공구들이 있었으며 대부분의 국가들에 수출가공구가 있었다. 가장 성공적인 사례는 말레이시아의 페낭 자유무역지역인데, 이것이 말레이시아에서의 핵심적인 전자산업 발달의 시작이었다. 아시아의 모든 수출가공구는 투자자들에게 유사한 유인을 제공했다. 첫째, 부품과 원자재는 관세 없이 그리고 행정적 절차 없이 수입될 수 있고, 수출품도 수출관세나 판매세 없이 그 지역에서 수출될 수 있었다. 그래서 보통의 관세 절차와 관련해서 이 지역들은 자신이 속한 국가의 "외부에" 위치해 있었다. 둘째, 3년에서 10년까지의 기업소득세 감면기간이 제공되었다. 셋째, 허가문제를 조정하는 "일괄처리소(one-stop-shop)"의 설치를 통해서 그리고 보통은 외국인 소유권과 외국인 고용에 대한 제한—나머지 경제부문에서 적용될 수 있는—을 면제함으로써 행정절차를 간소화했다. 넷째, 수출가공구는 그 자체로 인프라를 건설하고 외국기업들에게 공공서비스를 공급—종종 보조되는 우대가격으로—하는 상업적 독립체로서 기능한다.

아시아의 수출가공구는 국내 제조업자들을 위해 마련된 보호장치들을 근본적으로 뒤엎지 않고서도 수출을 촉진할 수 있는 길을 제시했다. 수출가공구는 고용창출과 외화수입이라는 측면에서 이익이 되지만 상당한 세수와 국내의 나머지 경제와의 잠재적 연계를 포기하는 비용으로 수익을 창출했다. 많은 수출가공구들이 서서히 시작되어 처음에는 예상했던 것보다 더 많은 비용을 치르게 되었지만, 이 정책은 그것을 시도해 본 대부분의 국가에서 성공적이라고 여겨져 왔다. 수출가공구에는 초기에 저임금과 수출입 조건의 간편성으로 의류나 전자제품 조립과 같은 부문에 "갈 곳 없는(footloose)" 투자자들이 몰려들었다. 일부 수출가공구는 몇 가지 초기 산업들을 넘어 더 광범한 산업화 과정에 다양한 정도로 기여할 수 있었다. 중국의 경제특구는 아시아의 다른 수출가공구와 이런 모든 근본적인 특징들을 공유하고 있다.

를 포함해 국가 차원의 경제기술개발구역 54개, 국가적으로 인정된 첨단산업구역 53개, 보세구역 15개(상품이 국가의 세관 경계 밖에 합법적으로 보관될 수 있는 구역) 등 수백개의 구역이 있었다.

이 구역들은 외국 투자자에게 세금을 양허해 줄 권한이 있었다. 이 구역들이 면세기간(소득세 없는 3년)을 주고 난 후 소득세율을 낮추어 주는 것이 일반적이었다. 법인세율이 국내기업의 경우 30%인 상황에서 대부분의 외국기업들은 15%의 법정 세율을 부과받았다. 게다가 구역들은 전형적으로 자체 인프라와 건설회사를 조직하여 외국 투자자에게 최신 서비스를 제공했다. 지자체간 경쟁관계(5.4절)를 감안할 때 이들 구역은 외국인 투자를 유치하기 위한 편리한 도구였다. 지방정부는 심지어 호감있는 FIE에 저렴한 토지와 낮은 공공요금을 제공함으로써 지역의 생산과 고용에 기여하도록 하였다.

2013년 이후 시진핑과 리커창에 의해 추진된 경제개혁의 재개와 연결된 여러 개의 새로운 자유무역지대가 출범됐다. 가장 중요한 것은 상하이 시범 자유무역지대였다. 상하이 FTZ는 몇 가지 혁신을 시험하기 위해 설계되었다. 외국기업은 병원, 물류, 보험 등 중국 내 다른 지역에서는 외국인에게 일반적으로 폐쇄되어 있는 서비스부문에서 전액 출자된 자회사를 운영할 수 있도록 허용됐다. 금융규제는 훨씬 덜 엄격했으며 기업들은 대부분의 측면에서 합법적으로 역외로 인정받는 중국 내 사업을 위한 통합금융센터를 설립하도록 장려되었다. 상하이 FTZ는 또한 외국기업들이 명시적으로 제한을 받는 분야를 제외

박스 17.2 중국의 경제특구는 아시아의 수출가공구와 어떻게 다른가?

중국의 경제특구는 아시아의 다른 수출가공구보다 더 "특별할" 수밖에 없었다. 아시아의 다른 수출가공구들은 비록 수입대체산업 정책에 의해 세계시장과 경쟁으로부터 보호되고 있었음에도 불구하고 기본적으로 시장경제 위에 세워졌다. 중국의 경제특구는 계획적이고 관료주의적 경제체제 내에서 만들어졌으며, 따라서 경제특구 내에서의 게임의 규칙들과 국내경제에서의 규칙들 사이에 차이가 더 크게 벌어질 수밖에 없었다.

- 경제특구는 경제개혁을 실험하기 위한 실험실 역할을 했다. 예를 들어 선전 경제특구는 유연한 임금체계(인센티브 지불에 제한이 없었음)와 건설 프로젝트에 대한 유연한 입찰제를 실시한 초기의 선구자였다. 주식시장뿐 아니라 임대를 통한 토지시장의 발전에 대한 실험도 상당했다.
- 경제특구는 수출가공구에 비해 매우 높은 수준의 자율성을 가진 정부기구였다. 초기에 경제특구는 세금, 관세, 그리고 그 지역에서 발생하는 외환수익을 유보할 수 있도록 했다.
- 경제특구는 다양한 기능을 갖고 있었다. 경제특구는 기술, 행정 및 사업의 진보된 경험을 흡수하기 위해 세계로 향하는 창으로 여겨졌다. 특히 선전은 홍콩시민들을 위한 관광, 주택 그리고 기타 서비스를 비롯한 복합적인 장소로 발전했다.
- 중국의 국내기업들도 경제특구에 투자할 상당한 유인을 가지고 있었다. 중국 국내기업은 자신의 자회사—설령 이 회사가 외국기업과의 합자회사가 아니라도—를 설립함으로써 행정적 유연성, 낮은 세율(소득세는 30%가 아닌 15%), 그리고 외부 세계에 훨씬 간편하게 접근할 수 있었다.

이런 다양한 역할과 국내경제에 대한 중요성이 크기 때문에, 다음 표에서 알 수 있듯이, 중국의 경제특구가 아시아의 다른 수출가공구보다 훨씬 크다는 것은 놀라운 일이 아니었다.

중국의 경제특구와 아시아의 수출가공구(km^2)

	초기 1980년의 규모	1990년의 규모
선전(深圳)	327.5	327.5
주하이(珠海)	6.8	121.0
산토우위(汕头)	1.6	52.6
샤먼(厦门)	2.5	131.1
카오슝(高雄), 타이완		0.7
페낭(Penang), 말레이시아		1.2
바탐섬(Batam Island), 인도네시아		36.6
바탄(Bataan), 필리핀		3.4

한 모든 분야에서 영업할 수 있게 하는 네거티브 리스트(negative list) 제도를 선구적으로 이용했다. 상하이 FTZ의 혁신 중 일부는 텐진과 광둥[첸하이(钱海) 금융지구 및 기타 관련지역]에 설치된 FTZ에서도 허용되었다. 이들 구역의 초기 발전이 더디게 진행되어 빠른 진전에 대한 초기의 높은 기대를 실망시켰다. 그러나 이러한 새로운 FTZ의 궁극적인 영향을 평가하기에는 아직 이르다.

17.2.3 경제특구 규칙의 정상화

FDI를 위한 구역 및 지역들 간의 경쟁은 중국의 개방 초기부터 당연한 것으로 받아들여졌지만 중국의 국내기업이 경쟁력을 가지면서 외국기업에 특혜를 제공하는 것에 대한 관심이 낮아졌다. 비록 1994년 조세개혁으로 국내기업에 대한 세율이 통합됐지만 2008년이 되어서 비로소 통합 법인소득세법이 FIE에도 적용됐다. 국내기업과 외국기업에 대한 25%의 단일 국세가 제정되어 2012년까지 단계적으로 시행되었다. 비슷한 시기에 FIE는 현지 기반시설세, 사회보장 및 기타 급여세, 그리고 교육할증세 시스템으로 편입되었다. 특별대우의 여지가 좁아지면서 특구는 불가피하게 덜 특별해질 수밖에 없었다. 그러나 특구는 여전히 존재하며 개별기업의 사업환경에 상당한 영향을 미친다. 지방정부는 외국인 투자를 유치하기 위해 여전히 이 구역을 이용하고 있다. 2017년 내륙의 허난성은 iPhone 조립을 유치하기 위한 특별 보세구역을 조성하기 위해 대만 전자조립 업체인 Foxconn(富士康)의 대규모 투자를 통해 수십억 달러를 쓰고 있다. 특구의 가장 중요한 기능은 온전히 유지되고 있다.

17.3 외국인 직접투자의 영향

FDI는 유치국 경제에 다양한 영향을 미친다. FDI는 저축과 투자의 원천이지만 투자자의 지속적인 사업통제권을 수반한다는 점에서 다른 종류의 자본이동과 다르다. FDI는 경영 경험, 마케팅 경로, 생산기술, 공급 네트워크 관리와 같은 기술과 지식의 묶음을 가져온다. 게다가 FDI는 일반적으로 단기 경제변동의 영향을 받지 않고 장기적으로 유치국에 남아 있는 "인내 자본(patient capital)"으로 여겨진다.

17.3.1 총 저축과 총 투자에 대한 기여

FDI는 외국기업에 의해 자금을 조달하는 고정자본 형성의 한 형태이다. 그것은 저축과 투자에 기여하고 그 결과 구조변화를 촉진한다. FDI의 이러한 측면은 많은 개발도상국들에게 중요하지만 높은 국내 저축과 투자율 때문에 중국에게는 훨씬 덜 중요하다. 7장에서는 중국의 극단적으로 높은 국내 투자율에 대해 논의했다. FDI는 상대적 중요성이 가장 컸던 1993~2002년의 10년 연속 전체 투자의 10% 이상을 차지했다. 투자의 10년 평균인 13%는 개발도상국 평균과 비슷하지만 약간 낮은 수준이다. 유엔 통계에 따르면 중국을 제외한 모든 개발도상국은 1999~2001년 총 고정자본 형성의 약 15%에 해당하는 FDI 유입을 경험했다. 그 이후 중국의 전체 투자는 상승한 반면 FDI는 줄어들어 2012년 이후 총 고정투자의 3%에도 못 미쳤다. 중국의 FDI는 오늘날 총 저축과 총 투자에 대한 중요한 기여 요인은 아니다.

17.3.2 대외무역에 대한 기여

중국경제에 대한 FDI의 가장 크고 분명한 기여는 무역에 대한 기여를 통해 이루어졌다.

최초의 외국 투자자는 홍콩과 대만의 경공업 수출업자였다. 그들은 중국 본토에서 값싼 노동력과 시설을 구했고 선진국 시장과 공급 및 물류관리에 대한 광범위한 경험을 제공했다. 16장에 1990년대 중국의 수출확대 과정에서 FIE가 담당했던 주요 역할을 기술하였다. 1992~2005년 사이에 중국 수출증가의 거의 2/3가 FIE로부터 나왔다. 2000년대 초 제2의 수출 구조조정의 물결로 인해 중국에서 수출용 전자 하드웨어 조립이 생겨났다. 이러한 FDI의 물결로 인해 중국은 정교한 생산기술과 첨단 생산 네트워크에 대해 친숙해질 수 있었다. 2002~2007년 사이에 수출이 4배로 증가한 것은 이 투자 없이는 상상할 수도 없는 일이었다.

17.3.3 기술 이전

15장에서 설명했듯이 FIE는 세기의 전환기에 중국 산업에서 신기술의 가장 큰 원천이었으며 그 후 중국의 국내 연구개발 노력이 가속화되어 외국인 투자의 기여도를 능가했다. FIE는 특허기술의 경제적 혜택을 보지만 경제의 생산성 향상에 기여한다. 또한 FIE는 명확한 전시효과를 가져온다. 국내기업들은 대부분의 FIE의 사업 모델을 빠르게 이해하고 모방할 수 있다. 중국에서 빈번히 발생하는 기업 간 근로자와 관리자의 순환은 FIE로부터 국내기업으로 하드 기술과 소프트 기술을 확산시킨다. 중국으로의 FDI 유입의 첫 번째 물결에서 이 모방은 특히 중요했다. 중국은 수십 년 동안 글로벌 비즈니스에 대한 모든 종류의 지식으로부터 차단되었었다. 초기의 홍콩과 대만 기업들은 선진국 시장과 현대적인 비즈니스 관행에 대해 풍부한 경험을 가지고 있었다. 초기 투자자들은 상대적으로 모방하기 쉬운 의류, 장난감, 신발에 대한 간단한 생산기술을 제공했다. FIE가 보다 정교한 기술을 제공함에 따라 신기술에 대한 학습이 계속 이루어졌지만 보다 복잡한 과정을 통해 진행되었다.

17.3.4 경쟁과 모방

외국기업들은 국내기업들에게 경쟁을 제공한다. 이 경쟁은 제품가격을 낮추고 이윤을 줄임으로써 기업의 대응을 강요한다. 모든 현지기업들이 효과적으로 대응할 수 있는 것은 아니며 일부는 어쩔 수 없이 파산하게 된다. 그러나 살아남은 기업들은 경쟁에 대응하면서 생산성 향상을 보이고 있다. Brandt et al.(2017)은 1995~2007년 중 WTO 관련 관세 인하가 가장 큰 부문에서 중국 산업의 생산성 향상이 가장 컸음을 보여 주고 있다. FIE와의 경쟁도 비슷하지만 국내 경쟁자들은 종종 FIE에 근접해 있으며 직접 관찰과 FIE에서 경험이 있는 직원의 고용을 통해 이득을 볼 수 있는 상황이 주어지기도 한다.

17.3.5 확산 및 개선

가장 중요한 확산 경로의 하나는 공급자 관계이다. 중급기술과 첨단기술 산업은 대부분

공급자를 최종 조립기업에 연결하는 복잡한 네트워크를 지니고 있다. 최종재의 제조업체들이 처음 중국으로 이주했을 때 대부분의 공급품을 수입했다. 예를 들면, 자동차는 처음에 수입 "세트"를 조립했고 컴퓨터 제조업체들은 수입 부품을 조립했다. 초기의 기능과 기술의 확산은 제한적이었다. 그러나 경쟁산업에서 FIE는 복잡하고 다소 모순되는 인센티브에 직면해 있다.

한편으로 FIE는 핵심기술, 지적재산권, 그리고 사업모델을 보호하기 위한 인센티브를 가지고 있다. 경쟁상대로의 지식유출은 회사를 약화시킨다. 외국기업들은 종종 그들의 가장 민감한 연구개발과 지적재산을 본국에 유지하려고 한다. (공정하게 말하면, 그곳에서 고품질의 연구가 더 효율적으로 수행될 수 있기 때문이다.) 전자회사들은 특히 소수의 핵심부품이 가장 가치있는 지적재산을 구현하는 생산체인을 관리하며 이러한 기술들은 인접 가공 및 조립단계로부터 비교적 쉽게 선별될 수 있다. 예를 들어 데스크톱 및 랩톱 컴퓨터의 중앙처리장치가 분명히 그러한 경우이다. 중국의 수출가공(EP) 무역체제는 기업이 소수의 고부가가치 부품을 쉽게 수입할 수 있게 한다. 이러한 사업관행은 투자회사를 보호하지만 FDI로부터 중국의 국내기업으로 파급되는 긍정적 효과도 제한한다.

다른 한편으로 이와 같은 경쟁산업에서는 어떤 제조업체도 고비용 사업모델을 오랫동안 유지할 수 없다. 생산업체들 또한 비용을 낮추기 위해 국내 공급자를 검증하고 그들을 개선시키고자 할 것이다. 공급자로의 지식전파는 경제발전을 촉진하는 동시에 FIE의 경쟁우위를 향상시킨다. 예를 들어, 자동차 제조업체들은 중국에 투자할 부품과 하위 조립품을 생산하도록 그들의 협력업체들을 설득하고 국내기업들이 저비용 공급업체로 성장하도록 도울 필요성이 있음을 신속히 알아차렸다. 이것은 자동차산업에 공급하기 위해 국내 및 외국인 소유 공급업체의 네트워크를 만들게 하는 강력한 동인이 되었다. 이러한 시장 환경에서 Wanxiang(万向)을 비롯한 중국의 국내 자동차 부품업체들이 등장했다. 경쟁산업의 최종재 생산기업들은 현지의 저비용 공급업체가 품질과 신뢰성 측면에서 자격을 갖추도록 돕는 강력한 동기를 가지고 있다.

17.4 중국에 대한 투자 자원

17.4.1 주요 원천지역

중국은 대부분의 투자가 가까운 이웃나라로부터 이루어지며 선진국은 제한된 비중을 차지한다는 점에서 FDI의 유치국으로서 독특한 면이 있다. 이는 중국 FDI의 중요한 특징이지만 중국이 FDI 자료를 수집하는 방식에 의해 과장되어 있다. 중국의 공식자료에 따르면 홍콩은 1985년부터 2016년까지 누적 총액의 52%(1조 8,000억 달러 중 934억 달러)를 차지하는, 의심의 여지가 없는 가장 큰 투자국이다. 마찬가지로 놀라운 점은 미국, EU, 일본 등 3개 선진국으로부터의 FDI 유입이 약 3,000억 달러로 전체 유입의 17%에 불과하다는 점이다. 또한 대만, 한국, 그리고 특히 최근 싱가포르가 담당하고 있는 중요한 역할도 주목할 만하다.

중국의 FDI 자료는 투자를 수행하는 회사의 궁극적인 본거지가 아니라 법적 등록지를 기록한다. "자유무역항"과 조세피난처로 잘 알려진 영국령 버진 아일랜드(B.V.I.)와 케이맨 제도(Cayman Islands), 그리고 사모아(Samoa)는 중국의 큰 투자자였다. 실제로 B.V.I.는 1985년부터 2016년까지 중국에서 두 번째로 많은 투자를 했다. 중국 자료에 따르면 누적 투자에서 원천국의 순위는 홍콩, B.V.I., 일본, 싱가포르, 미국, 대만 그리고 한국 순이다. 그러나 이 목록은 비현실적이며 특히 조세피난처를 통해 해외투자의 상당부분을 송금한 것으로 알려진 대만의 중요성을 과소평가하고 있다. 자료의 문제점을 해결하는 것이 불가능하긴 하지만 그림 17.2는 4개 원천지역으로부터의 투자를 보여 준다. 이 그림은 조세피난처 관할권과 비교해 대만, 한국, 싱가포르를 합친 인접국의 중요성을 대략적으로 나타내고 있다. (물론 대만 이외의 다른 원천국들도 조세피난처를 통해 투자를 했을 수 있다.) 한국의 투자규모 또한 상당히 크다. 중국의 공식 자료에 따르면, 한국의 투

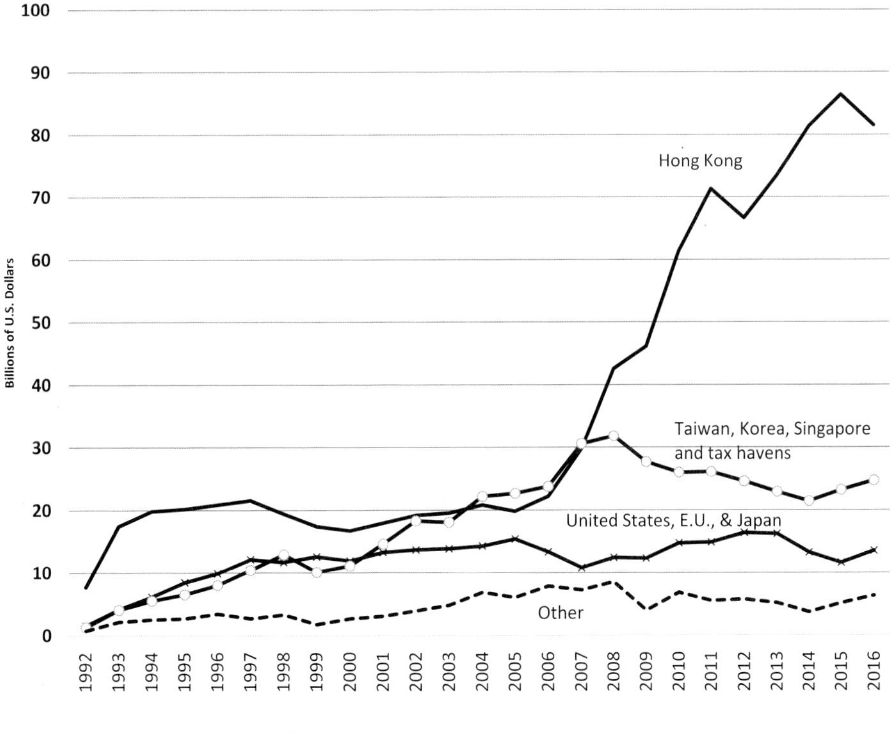

그림 17.2 중국 FDI의 주요 원천
자료: *SYC* (2016, table 11-14; and earlier volumes).

자규모는 몇 년 동안 일본과 미국을 능가했다. 한국기업 삼성은 중국 최대의 단일기업 투자자이다.

미국의 대중국 투자는 중국 자료에 나타난 금액보다 훨씬 더 크다. 중국 기록에 따르면 미국은 1990년부터 2015년까지 중국에 770억 달러를 투자했다. 그러나 Hanemann, Rosen, and Gao(2016)는 상업 데이터베이스와 언론보도, 개별 기업공시를 이용해 중국 내 FDI 기록을 독자적으로 집계했는데, 같은 기간 미국에 본사를 둔 기업의 FDI는 2,280억 달러로 중국 자료의 3배에 달했다.[1] 대만, 미국, 영국 그리고 홍콩은 모두 홍콩, 싱가포르의 자회사뿐 아니라 자유무역항을 통해 투자하는 경향이 상대적으로 강하다. 이 수치는 중국에 유입된 FDI에서 미국이 차지하는 비중이 중국 자료에 나타난 4.6%가 아니라 약 10%임을 강력히 시사한다. 중국 FDI의 최종 공급원의 실제 순위를 재구성해 보면 홍콩, 미국, 대만, 일본, 한국 그리고 싱가포르 순일 것이다.

미국 투자의 가장 큰 부문은 하드웨어, 소프트웨어 및 정보기술 서비스를 포함한 정보통신기술(ICT)이었고, 그 다음 3개 부문은 화학 및 소재, 에너지, 자동차 및 운송장비였다. 미국기업들은 상하이에 투자하는 것을 선호하여 530억 달러를 투자했고 그 다음으로 베이징에 360억 달러를 투자했다. 이는 미국 투자자들이 광둥성과 푸젠성을 지배하고 있는 수출지향적 투자 네트워크에는 덜 깊숙이 관여하고 중국의 내수시장을 더 많이 지향하고 있음을 보여 준다.

2005년 이후 중국의 산업정책에 대한 정부의 개입이 늘어남에 따라(15장) 선진국 투자자들이 불균형적으로 영향을 받았고 그들의 투자유입 비중이 줄었다. 미국의 투자는 2012년 이후 하락세로 돌아섰고, 일본의 투자도 중국과 일본의 관계 악화로 타격을 받았다. 유럽연합으로부터의 투자는 비교적 잘 유지되고 있다. 그러나 오늘날 중국의 FDI는 선진국으로부터의 투자유입의 잠재력을 충분히 활용하지 못하고 있으며 특히 일본과 중국 간의 커다란 잠재적 보완성이 활용되지 못하고 있는 것으로 판단된다. 이는 FDI가 산업화와 기술 고도화의 새로운 물결을 일으키는 데 있어 주도적인 역할을 했던 1990년대와 대비된다.

17.4.2　홍콩의 특수한 역할

홍콩은 단지 중국에서 가장 큰 투자자인 것만은 아니다. 그 역할은 거의 모든 측면에서 특별하다(해외투자와 관련해서는 17.6절 참조). 1997년 7월 1일, 영국의 옛 식민지였던 홍콩이 중국의 특별행정구역(special administrative region, SAR)이 되었다. 따라서 중국의 가장 큰 외국인 투자자는 실제로 외국인이 아니다. 그러나 습관적인 관행을 넘어 홍콩을

1. Hanemann, Rosen, and Gao(2016)는 중국 자료에서는 제외된 일부 금융거래 유형을 포함시켰기 때문에 숫자의 완전한 비교는 어렵다.

"외국인"으로 취급해야 할 이유는 많다. 홍콩은 중국과는 아주 다른 경제 및 행정 시스템을 가지고 있으며 본토에 비해 훨씬 높은 경제발전 단계에 있다. SAR 정부는 무역규제를 포함하여 사실상 모든 중요한 경제적 결정에서 의사결정권을 가지고 있으며 이를 인정받아 홍콩은 WTO를 포함한 일부 국제기구의 독립적인 회원국이었다. 이러한 점을 감안할 때 홍콩을 중국 내의 외국인 투자자로 분류하는 것은 반가운 상식의 승리라고 할 수 있다.

1950년대부터 1970년대에 걸쳐 홍콩은 무역 중심지에서 강력한 효율성을 갖춘 제조업과 금융, 그리고 무역의 중심지로 성장했다. 1980년대에 홍콩이 계속 성장함에 따라 제조업체들은 자연스럽게 혼잡한 도심의 외곽에서 추가적인 공간을 찾았다. 그러나 홍콩이 너무 작기 때문에 도시의 성장은 필연적으로 몇 마일 떨어진 중국으로 기업을 이전하는 것을 의미했다. 홍콩 공장이 교외로 이전하면 "외국인" 투자가 이루어지는 것이다. 홍콩이 중국에 근접해 있다는 점은 자국 투자자들이 다른 나라의 투자자들보다 중국 내부의 정책변화에 대해 더 나은 정보를 갖고 있다는 것을 의미한다. 정책이 바뀌면 홍콩기업들은 중국의 새로운 기회를 이용하기 위해 발 빠르게 움직인다. 홍콩에는 다른 곳에 본사가 있는 많은 법인들의 자회사가 있다. 2015년 홍콩에는 1,400개의 외국기업의 지역본부(미국 307개, 일본 238개, 중국 137개 포함)가 있었다. 다른 곳에서 발생됐지만 홍콩을 경유해 이루어진 투자는 중국 자료에 홍콩의 투자로 나타난다. 중국에 위치한 모기업들은 종종 홍콩 자회사의 투자를 중국으로 다시 되돌리거나, 심지어 이를 위해 소위 "왕복여행(round-tripping)"으로 불리는 자회사를 만들기도 한다. 중국기업들은 외국기업이 누리는 면세와 기타 혜택에 대한 접근성을 얻고자 하는 욕구와 홍콩 자회사를 통한 자금조달에 따른 자율성과 익명성에 의해 동기를 부여받을 수 있다. 하지만 여기서 우리는 조심해야 한다. 홍콩경제는 오랫동안 베이징이 소유한 몇몇 대기업의 본사였다. 중국 상무부(Ministry of Commerce)와 교통부(Ministry of Transportation)가 각각 소유한 China Resources와 China Merchants는 50년 넘게 홍콩에서 활동해 왔다. 이 회사들은 중국 내의 큰 투자자이지만 그들의 활동을 단순한 "왕복여행"으로만 폄하할 수는 없다.

1997년 중국의 특별행정구역이 된 이후 홍콩의 구조조정은 특히 철저히 실행되었고 많은 산업기능을 한꺼번에 잃었는데 이는 서비스, 특히 금융, 회계, 마케팅과 같은 사업서비스와 교통 및 통신 분야에 보다 전문화된 방향으로 옮겨 갔기 때문이다. 2003년 중국과 홍콩은 홍콩기업에게 본토에 대한 특권과 특혜를 부여한 밀접한 경제동반자협정(Closer Economic Partnership Agreement, CEPA)을 체결했다. 그 이후 거의 매년 추가 보완조항으로 원래의 협정을 강화시켜 왔다. 이론적으로 CEPA는 홍콩기업들에게 홍콩이 이미 경험이 있고 명백한 비교우위를 갖고 있는 중국에서의 서비스분야에 탁월한 선발자의 이점을 제공해 준다. 그러나 지금까지는 본토에서 두드러진 역할을 하는 홍콩기업들에 대한 이 협정의 영향은 제한적이었다. 이것이 비공식적인 이해나 규제 차별을 반영하는 것인지 아니면 홍콩기업들의 기존의 본사 근무 선호도를 반영하는 것인지는 불분명하다. 그러나 더 긴밀한 경제 관계는 홍콩에 훨씬 더 많은 본토 활동을 가져왔고 홍콩의 서비스경제의 꾸준한 성장에 기여했다.

17.4.3 중화권

중화인민공화국, 홍콩 그리고 대만 경제 간의 긴밀한 경제적 유대는 이들을 "중화권(China Circle)"이라고 부르는 근거가 된다. 중화권 출현의 토대는 1960년대와 1970년대에 대만과 홍콩이 노동집약적인 제조업 상품 수출, 특히 미국시장에 대한 수출 개발의 성공에 있다. 두 나라는 홍콩의 플라스틱 꽃에서 시작하여 광범위한 스포츠와 여행 상품으로부터 거대한 의류 및 신발 부문에 이르기까지 노동집약적인 경공업 제품을 생산했다. 이 성공은 중국의 정책 입안자들이 이를 관찰하고 경제개혁을 통해 모방하고 반복하려 했기 때문에 개혁시대 초기부터 중국에 중요한 전시효과를 가져왔다. 대만과 홍콩의 수출 성공은 중국이 동아시아 생산 네트워크의 구조조정을 추진하기 시작한 1980년대 중반에 본토에 훨씬 더 직접적인 영향을 미치기 시작했다. 수출업체들은 환율 재조정으로 증폭된 임금과 비용증가로 생산을 저임금 지역으로 옮기게 하는 "밀어내기" 요인이 발생하고 있다는 사실을 알아차렸다.

이 시기에 중국의 외국인 투자 개방으로 노동집약적인 수출생산을 중국 본토로 이전할 수 있는 극적인 기회가 생겼다. 16장에서 설명된 이 발전은 산업 내 무역이 증가하는 전 세계적인 추세의 일부였다. 중국에서는 홍콩과 대만의 대규모 투자가 이루어져야 실현이 가능했다. 생산체인을 지리적으로 분산시키는 경향으로 인해 중간재와 자본재로 구성된 국제무역의 비중이 증가했고 필요한 네트워크를 구축하기 위한 FDI가 증가했다. 이 과정은 대만과 홍콩 기업이 중국 본토에서 사업을 하는 데 드는 거래비용이 낮아 특히 중화권에서 강력했다. 공통의 언어와 관습에 따른 근접성으로 인해 본토의 경제체제가 개방되자 본토에서 쉽고 저렴하게 사업을 할 수 있었다. 정치적 경계를 뛰어넘는 생산체인이 빠르게 구축되어 홍콩과 대만은 고부가가치의 서비스와 기술집약적인 생산에 특화하는 한편 일반 제조업의 대부분은 중국 본토로 이전할 수 있었다.

이러한 구조조정은 의류 및 신발 같은 전통적인 노동집약적 제조업에서 특히 빠르게 진행되었고 기본적으로 1990년대 초에 완료됐다. 예를 들면, 대만회사들은 그들의 신발 생산을 본토로 옮겼고 미국에서는 중국에서 수입한 신발들이 대만에서 수입한 신발들을 "대체"했다. 개인용 컴퓨터 산업에서는 비용 이점이 가장 두드러지는 키보드와 전원공급장치(가장 노동집약적인 제품)의 생산이 가장 먼저 본토로 이동했다. 그 뒤를 이어 모니터와 마더보드의 생산과 2002년 이후 데스크톱과 노트북 컴퓨터 조립이 이동했다.

중국 첨단기술 수출의 85%를 차지하는 외국인 투자기업 상품은 미국 브랜드를 가지고 있지만 대만기업인 경우가 종종 있다. Foxconn(富士康)이나 Quanta(广达) 등 대만기업은 중국공장에서 첨단장비를 조립하고 Apple(与苹果), Dell(戴尔), Hewlett-Packard(惠

普) 등의 미국기업과 안정적인 계약관계를 맺고 있다. 몇몇 대만에 본사를 둔 대형 수출업체들은 본토에서 값비싼 부품들을 고부가가치의 최종 제품으로 조립하는 일을 하고 있다. Foxconn이 가장 크고 잘 알려져 있는 회사로 스마트폰과 데스크톱, 노트북 컴퓨터가 전체에서 큰 비중을 차지하고 있으며 최종 소비재의 위탁생산이 나머지 대부분을 차지하고 있다.

제조업 생산이 중국 본토로 이동하면서 남부 해안지역은 산업화가 빠르게 진행된 반면, 홍콩은 탈산업화되었다. 홍콩 제조업의 노동력은 100만 명이 안 되는 수준에서 정점을 찍었고, 그 후 제조업 일자리의 90%를 잃었다. 대만은 정교한 제조업 부문을 고수했지만 과거보다 적은 수의 노동자를 고용하고 있다. 대만에 남아 있는 제조업은 이제 본토에 있는 시설과 밀접하게 통합되어 있다. 이 점이 중국에 유입되는 FDI에서 대만의 두드러진 역할을 설명해 준다.

홍콩과 대만 모두 꾸준한 소득증가와 상대적으로 낮은 실업률을 동시에 경험하면서 고도로 숙련된 활동으로 업그레이드하는 데 성공을 거두었다. 이 기술 업그레이드 과정은 홍콩과 대만에서 상당히 달랐다. 홍콩은 제조업에서 벗어나 서비스업으로 진출했고, 대만은 제조업을 업그레이드하고 재정비했지만 사업운영과 금융 중심지로서는 부분적으로만 성공을 거두었다. 대만과 홍콩은 둘 다 고소득 경제의 대열에 진입하는 극적인 성공을 경험했지만 오늘날에는 성장 둔화와 인구 고령화로 인해 어려움을 겪고 있다.

17.5 WTO와 외국인 직접투자의 부문별 구성

제조업은 중국으로의 FDI 유입이 세계 나머지 지역의 FDI 유입보다 훨씬 더 큰 부분을 차지하고 있다. 2010년까지 중국 FDI 유입 중 제조업이 절반 이상을 차지했으며 2003~2005년에는 70%를 차지했다. 중국의 제조업 비중은 2012년 44%에서 2015년 31%로 급감했는데 이것은 이례적이다. 2002년 말 개도국 FDI의 38%만 제조업이 차지했고 서비스는 55%를 차지했다. 부동산은 외국인 투자에 있어 두 번째로 중요한 분야로 2008년 이후 유입되는 투자의 20% 이상을 차지한다.

이러한 수치는 중국에 대한 투자에서 부동산이 제외될 경우 서비스는 상대적으로 적은 비중을 차지한다는 것을 의미한다. 일반적으로 중국에 유입되는 FDI의 30% 미만이 서비스였지만 2015년에는 41%로 증가했다. 이는 도소매 무역, 운송 및 통신, 그리고 금융이 모두 투자에서 큰 비중을 차지하고 있는 세계의 다른 지역과 상당한 대조를 이룬다. 이는 중국이 가장 중요한 서비스 분야에 대한 외국인 진출을 제한하고 있었기 때문인 것으로 설명할 수 있다. 중국의 WTO 가입에는 이러한 장벽을 대폭 낮추겠다는 약속이 포함되어 있었으며 WTO 가입으로 서비스부문 개방에 가장 큰 영향이 있을 것으로 예상되었다. 그러나 이러한 영향이 투자 건수에서 명백해지기까지 오랜 시간이 걸렸다. 비록

WTO 가입이 무역이 이루어지는 방식에 큰 영향을 미쳤지만 적어도 부문별 투자구성과 관련하여 외국인 투자에 미치는 영향은 훨씬 더 제한적이었다.

17.6 외국인 직접투자 유출

중국은 10년 이상 FDI를 유치한 후 외부 FDI(outward FDI, OFDI)를 허용하고 촉진하기 시작했다. 처음에 OFDI는 천연자원을 목표로 했으며 국유기업(SOE)들, 특히 대형 중앙 SOE가 주도했다. 글로벌 금융위기가 시작된 후 정책 입안자들은 천연자원에 국한하지 않고 세계적으로 다양한 매력적인 자산이 이용 가능하다는 것을 알기 시작했다. 그림 17.3에서 알 수 있듯이 중국의 OFDI는 지난 10년 동안 비약적으로 급증했고 2016년에는 FDI 유입을 크게 앞질렀다.

유출이 증가하면서 민간기업의 역할이 커지기 시작했고 투자부문은 자원을 넘어 다른 많은 제조업 분야로 확대되었다. 중국 OFDI의 동기가 다양해졌는데 중국기업들은 기업인수를 통해 해외의 전문지식을 습득하는 것은 물론, 자원과 시장에 대한 접근성도 확보하려고 했다. 유입되는 FDI의 경우와 마찬가지로 OFDI에 대한 중국의 공식데이터는 홍콩의 특별한 역할을 보여 준다. 초기에 중국 OFDI의 절반 이상이 홍콩으로 유출되었는데, 이는 홍콩이 해외투자의 유출 및 유입 창구로서의 지속적인 중요성을 증명하고 있다. 불행히도 이러한 데이터는 지리적 또는 부문적 구성에서 중국 OFDI의 실제 분포에 대해 거의 알려주지 않는다. 그 결과 언론보도와 규제신고에 근거하여 중국 OFDI를 추적하는 여러 프로젝트가 생겨났다. 이들은 중국 공식 총계와 비슷한 총계로 집계되는 투자 프로젝트를 찾아냈으며 중국 OFDI의 목적지에 대한 매우 다른 결과를 보여 주었다. AEI(2016) 데이터베이스에 따르면 2005년부터 2016년 중반까지 누적된 중국의 OFDI는 미국이 거의 1,300억 달러로 1위, 호주가 2위(810억 달러), 캐나다(450억 달러), 그리고 브라질(390억 달러) 순이었다. 또한 2015년과 2016년에는 미국의 점유율이 크게 증가했다. Hanemann, Rosen, and Gao(2016)가 수집한 미국 자료도 비슷한 패턴을 보인다. 중국의 대미 FDI는 2013년 미국의 대중국 투자를 따라잡은 후 2013년부터 2015년까지 매년 약 130억 달러에 달하다가 2016년에는 놀랍게도 460억 달러까지 치솟았다(Hanemann and Gao, 2016). 미국 내 완성된 중국의 FDI 저량은 여전히 중국 내 FDI 저량의 1/3 정도에 불과하지만 매우 빠르게 성장하고 있다.

중국은 복잡하고 비용이 많이 드는 해외투자의 신인이며 중국의 투자는 많은 어려움을 겪었다. 중국의 초기 OFDI 전략은 해외자원 탐사를 중심으로 전개되었으며 국유기업들이 주도하였다. 2014년에 전 세계 에너지와 자원 가격의 폭락 이후 이들 투자 중 상당수는 상당한 손실을 입었을 것이다. 호주의 몇몇 대규모 자원 프로젝트는 크게 실패했고 캐나다의 원유 모래에 대한 대규모 투자는 그 당시 수준의 유가로 보아 결코 성과를 거

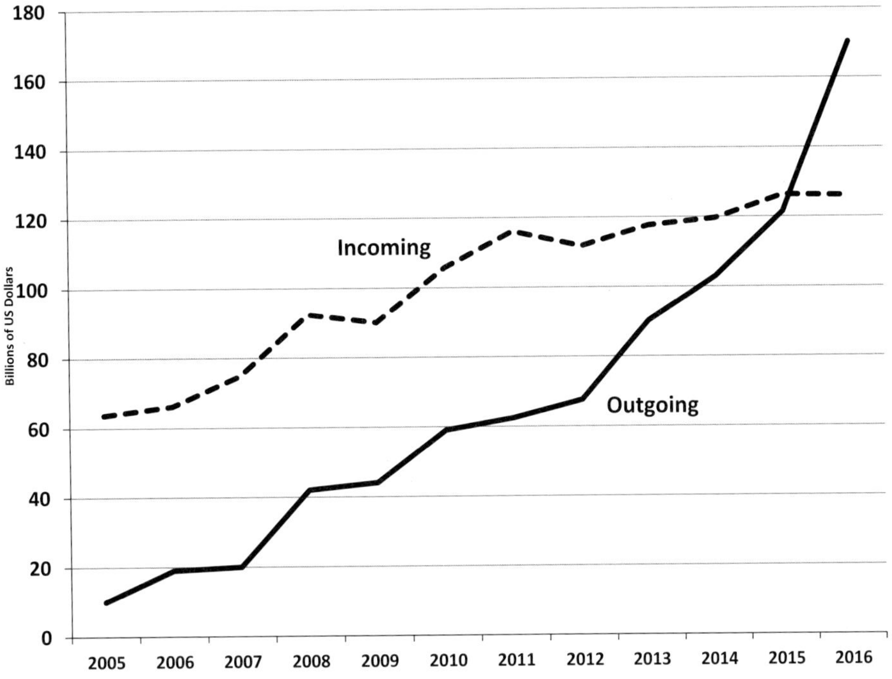

그림 17.3 중국의 FDI: 유입 및 유출

자료: Incoming: *SYC* (2016, table 11-13); Outgoing: Ministry of Commerce, http://www.mofcom.gov.cn.

두지 못했을 것이다. 2014년 이후 자원에 대한 OFDI가 감소했고 금융과 기술에 대한 투자는 빠르게 증가했다. 그럼에도 불구하고 2016년 중반 기준으로 중국의 누적 OFDI의 38%는 주로 원유인 에너지와 전력, 금속은 광석 추출이 주를 이루었고, 부동산(10%), 교통(8%), 금융(8%) 등이 뒤를 이었다. 또한 상대적으로 많은 중국 OFDI 프로젝트는 문제가 많아 거래를 완료할 수 없다(AEI, 2016).

중국 투자 프로젝트의 80%가 넘는 대다수는 인수합병(M&A)이었으며 상대적으로 적은 수의 그린필드 투자(greenfield investment)가 있었다. 모든 선진국의 FDI 대다수가 M&A로 구성돼 있는 반면, 그린필드 투자는 개최국들이 특히 환영한다. 그린필드 투자는 외국인 투자자가 새로운 시설을 건설하고 운영하기 때문에 분명히 새로운 일자리를 창출한다. 또한 M&A의 중요한 동기는 인수 대상 기업이 보유한 스킬과 기술을 습득하는 것이다. 중국은 정부주도의 기술개발에 노력을 기울이고 있으며 해외인수는 그 노력의 일부이다. 이러한 속성의 조합은 중국 OFDI가 미국과 같은 호스트 국가에서 논란이 되고 있음을 의미한다. 실제로 유출과 유입 양방향에서 FDI의 순 비용과 편익에 대한 타당한 논의가 있다.

OFDI가 자원에서 벗어남에 따라 보다 다양한 소유형태로 이동했다. 2013년 이후 비국영기업은 대미국 중국투자의 3/4을 차지했다(Hanemann and Gao, 2016). OFDI의 소유권 다변화는 매우 긍정적인 발전이다. 그러나 이러한 성과는 정치적으로 연결된 소수의 민간기업에 대한 의존성으로 인해 다소 약화되었다. 이 문제는 4개 기업이 은행의 특별감사를 받고 레버리지 축소 지시를 받은 2017년 상반기에 불거졌다. 2015년부터 2016년까지 Anbang Insurance(安邦保险), Dalian Wanda Group(大连万达集团), Fosun Group(福顺集团), 그리고 Hainan Airlines(海南航空) 등 4개 회사가 550억 달러, 즉 중국 해외인수의 18%를 차지했다(Wei and Deng, 2017). 그들은 유력 정치인과 실제 또는 인지된 관계로 은행신용에 대한 특권을 가지고 있었다. 공식적인 중국통계에 따르면 금융규제 단속의 결과로 OFDI는 2017년 상반기 48% 감소한 391억 달러를 기록했다. 이러한 정책이 예상대로 유지된다면 2017년 OFDI는 그림 17.3에 나타난 급속한 성장 패턴을 뒤집고 중국의 유입 FDI보다 크게 떨어질 것이다.

17.7 국제수지와 자본계정

국제수지는 외환의 모든 출처와 용도를 포괄하고 크게 경상수지와 자본수지로 이루어지며 경상수지는 상품과 서비스 무역(16장)으로 이루어진다. 소유권 청구의 이전과 관련된 자본계정에 대해 본 장에서 다룰 것이다. FDI는 자본계정의 중요한 부분이지만 많은 구성요소 중 하나일 뿐이다. 개방된 자본계정이 개설된 국가는 국내 거주자와 외국인이 유가증권(주식과 채권)을 자유롭게 사고 팔 수 있고 은행대출을 허용하고 있다. 결과적으로 이러한 경로를 통한 재정 흐름은 클 수 있다. 중국은 2013~2015년 그와 같은 방향으로 움직였지만 개방된 자본계정을 갖고 있지 않다. 이는 이러한 개방된 경로를 통한 FDI 이외의 자본계정 거래가 상대적으로 작았다는 것을 의미한다. 예를 들어 개인 포트폴리오의 흐름은 작았다. 그러나 이것이 비FDI 자본 흐름이 0이라는 결론으로 이어지는 것은 아니다. 의심스러워 보이는 금융거래들은 국제수지의 다른 요소들에 나타난다. 예를 들어 "오류 및 누락"은 때로는 긍정적이고 때로는 부정적인 항목이다. 단기 무역신용 또한 일부 기간 동안 큰 비중을 차지했다. 그림 17.4는 중국의 국제수지를 단순화하여 보여 주고 있는데 중국의 모든 외환거래를 4개 범주로 분류해 4개의 선으로 나타내고 있다. 네 가지 범주는 (a) 상품과 서비스의 무역수지, (b) 순 FDI, (c) 누적된 공식 외환보유액, (d) 기타(All other)이다. 정의에 따르면 4개의 합계는 매년 0으로 나타난다.

그림 17.4에 표시된 국제수지의 두 가지 요소는 지속적으로 플러스(+)였다. 상품과 서비스 무역수지는 2005년에서 2009년까지 5년 동안 평균 6.8%(16장에서 논의)로 크게 증가했지만, 일반적으로 GDP의 약 +2~3% 수준이다. 순 FDI는 플러스(+)로, 점진적으로 하락한 후 2016년에 마이너스(−)로 전환되었다(FDI의 국제수지 데이터는 이전 절들에

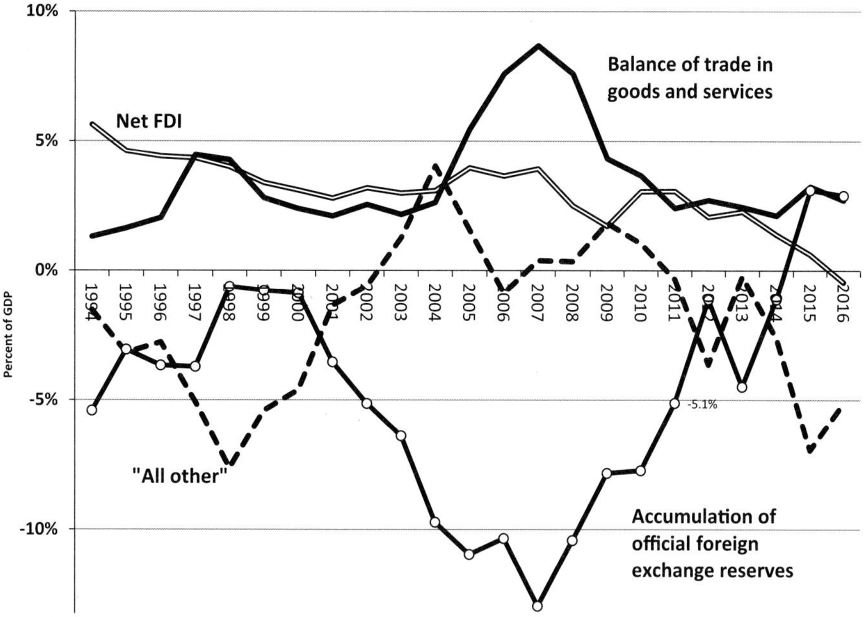

그림 17.4 단순화한 국제수지

자료: Consolidated and simplified by author from State Administration of Foreign Exchange, http://www.safe.gov.cn/wps/portal/english/Data/Payments.

서 사용된 상무부 데이터와 다르다는 점에 유의). 서클라인(circle-line)은 공식 외환보유액의 변화를 보여 준다. 공식 외환보유액의 증가는 마이너스, 즉 자본유출에 해당한다. 중앙은행은 외환보유액이 쌓이면 미국 국채 등 위험성이 낮은 증권에 투자한다. 따라서 공식적인 외환보유액 증가는 국내 보유자가 외국증권을 매입하고 있기 때문에 특별한 종류의 자본유출이다. 마지막으로 그림 17.4에 보이는 "기타"의 첫 번째 요소는 FDI를 제외한 자본계정의 모든 항목의 순 잔액이다. 여기에는 자본계정에 나타나지 않지만 중국의 경우 비공식적인 금융자본 흐름의 통로역할을 하는 것으로 보이는 세 가지 항목이 추가된다. 처음 두 가지는 당기 순 요소수익과 송금으로, 이는 (요소서비스에 대한 지불로) 경상계좌에 표시된다. 마지막 구성요소는 순 오류와 누락이다. 일반적으로 이러한 매우 다른 항목은 국제수지의 다른 범주에 속한다. 그러나 국제수지를 검사하면 이들 품목의 규모와 방향에 상당한 변동이 있으며 함께 움직이는 경향이 있음을 알 수 있다. 이것은 개인과 기업이 자본계정의 환전이 없는 상황에서 많은 다른 경로를 사용하여 자금이 중국을 드나들 수 있음을 시사한다. "기타" 범주는 중국을 드나드는 모든 유동자본 흐름의 순 가치로 간주될 수 있다. 무역수지와 FDI 계정은 지속적으로 플러스이지만, 2014년까지 누적된 공식 외환보유액은 마이너스였다. 이 "기타" 범주는 마이너스에서 플러스로, 그리고 반대로 변동한다. “기타” 범주의 항목은 변동성이 크기 때문에 “핫머니” 또는 투기자본이라고도 한다.

그림 17.4는 중국의 명목상 폐쇄된 자본계정에도 불구하고 금융 흐름은 실제로 매우 크고 변동성이 크다는 것을 보여 준다. 일반적으로, 세 기간 동안의 “기타”의 자본 균형을 살펴보면, 1994년부터 2002년까지 자본은 일반적으로 중국을 떠나고 있었다. 2003년부터 2010년까지 중국의 경기호황에 힘입어 자본은 대규모로 중국으로 유입되었고 위안화 절상에 대한 기대감으로 더욱 고무되었다. 중국은 2003~2010년 동안 무역흑자가 크고 민간자본이 많이 유입됐다. 계정의 균형과 통화절상을 억제하거나 막기 위해 중국 중앙은행은 막대한 외환을 매입하였다. 2004년부터 2010년까지 중국의 누적 외환보유액은 연평균 GDP의 10%를 기록했다.

2012년부터 2016년까지 3차시기 동안 극적으로 다른 모습이 나타났다. 무역흑자는 GDP의 2~3%로 정상으로 돌아왔다. 더 중요한 것은 “기타” 자본 흐름이 마이너스로 돌아서고 변화가 커졌다는 것이다. 균형 면에서 볼 때 중국에서 투기자본이 흘러나왔고 2014~2016년 사이 이 흐름이 상당히 커졌다. 그 결과 2014년 6월에 공식 누적액이 최고점에 도달한 후 감소하기 시작하여 2016년 말에 3조 달러를 약간 상회했다(그림 17.5). 1차와 3차의 유출은 비슷했지만 절대적으로 보면 2015년과 2016년의 총액이 훨씬 컸다. 가장 높은 비율의 유출이 있었던 해인 1998년에는 총액이 790억 달러에 불과했는데 이와 같은 광범위한 방법으로 추정된 유출액은 2015년과 2016년에 각각 7,690억 달러와 6,470억 달러였다.

중국은 자본계정 환전에 대한 규제를 유지해 왔다. 즉, 수출입업자는 거래문서의 제시로 자유롭게 위안화를 외환으로 환전할 수 있는 반면, 개인이나 기업은 많은 대량의 국내외 통화를 사거나 팔 수 없다. 따라서 이론상으로는 국제수지에 반영된 다른 종류의 자본흐름이 상당히 작을 것으로 예상할 수 있다. 그러나 이런 기대는 거짓이다. 자본계정에 대한 명목상의 환전가능성이 없음에도 불구하고 중국을 오가는 유동자금 흐름은 실제로 상당히 크다.

17.8 자본유출 허용

앞 절의 분석을 바탕으로 국제수지의 그림을 더 일반화할 수 있다. 모든 국가에서 국제수지에 대한 정의상 정체성은 경상수지 흑자가 순 자본유출과 같다는 것을 알려준다. 수출보다 많이 수입하는 나라는 소비를 위해 자금을 빌려야 하고, 수입보다 많이 수출하는 나라는 다른 국가들이 상품을 구매할 수 있도록 신용을 제공해야 한다. 또한 자본유출은 국내투자에 대비 국내저축의 잉여와 같다. 지난 20년간 중국의 경상수지가 흑자를 기록했기 때문에 같은 규모의 자본유출을 경험했을 것이다. 이것은 놀라운 일이 아니다. 우리는

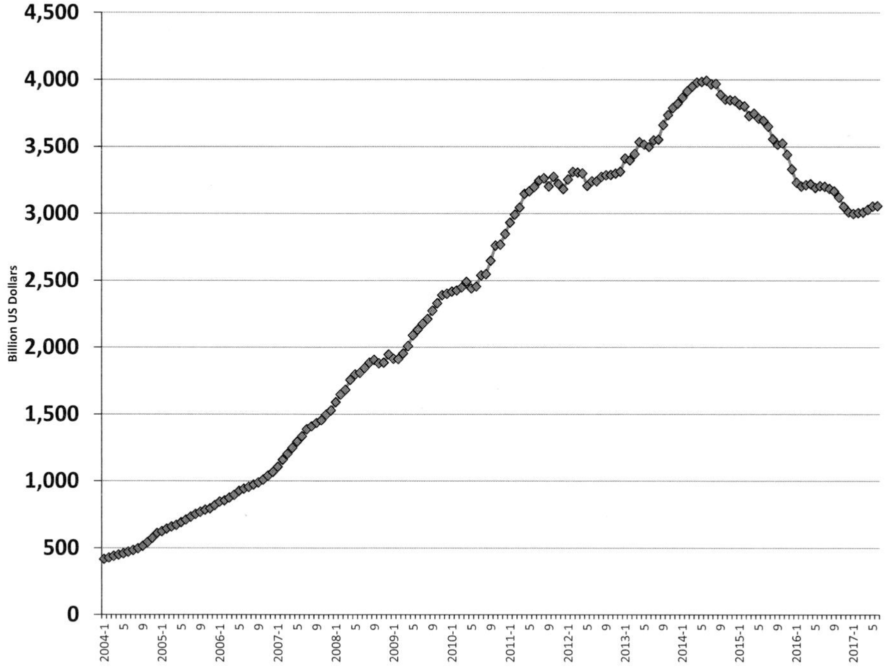

그림 17.5 중국: 공식 외환보유액
자료: State Administration of Foreign Exchange.

이미 중국의 국내 저축률이 매우 높다는 것을 알고 있다(7장). 더구나 중국은 기적의 성장 시대를 벗어나면서 국내 투자기회를 찾기가 더 어려워졌고 총 투자 비중은 2011년 이후 GDP의 4%p 가까이 감소하였다. 이런 관점에서 중국은 저축 "잉여"가 지속되고 있으며 이러한 저축은 경제상황과 정부정책에 따라 다양한 경로를 통해 자본유출이 된다. 실제로 중국은 이러한 유출을 통제하기 위해 세 가지 연속적이고 매우 다른 정책 체제를 채택했다.

17.8.1 공식 외환보유액

금세기 초 10년 동안 중국은 경상수지 흑자를 기록했고, 그림 17.4에 나타난 FDI와 "기타"를 포함하여 민간자본의 순 유입을 경험했다. 이는 중국이 이러한 쌍둥이 흑자를 상쇄하기 위해 공식 외환보유액을 축적하고 있었을 것임을 시사하며 이는 사실이다. 그림 17.5에서 알 수 있듯이, 2004년과 2014년 6월 사이에 중국은 외환보유액을 5,000억 달러 미만에서 3조 9,900억 달러로 늘렸다. 따라서 모든 순(공공과 민간) 유출은 공식적인 외환보유액에 추가되는 형태로 실현되었다.

4조 달러를 보유하지 않는 것보다 4조 달러를 보유하는 것이 더 낫다는 것은 의심의 여지가 없다. 그러나 이렇게 많은 공식 외환보유액을 축적하면 세 가지 중요한 문제가 생긴다.

1. 외환보유액 적립은 국내 통화가치 상승을 억제하는 것과 같다(중앙은행이 일정한 가격으로 외환을 구입하기 위해 필요한 만큼의 추가 국내통화를 발행하기 때문에 국내통화 가치를 현 상태에서 유지함). 통화절상 방지를 통해 2007년 GDP의 8%까지 무역흑자를 증가시켰는데 이는 자원의 잘못된 배분과 교역 상대국과의 무역마찰과 관련이 있다.
2. 급속한 외환보유액 적립은 일관성 있는 국내 통화정책을 운영하기 어렵게 만든다. 국내통화의 과잉발행은 인플레이션 압력에 기여하며 중앙은행은 통화의 영향을 조절해야 한다(18장 참조).
3. 이 막대한 자금이 제한된 범위의 저위험 저수익 증권, 특히 미국 국채에 투자된다. 공식적인 외환보유액은 유용한 준비금이 되기 위해서 안전하고 유동성이 높은 투자를 할 필요가 있다. 불행히도 세계에는 그러한 투자가 많지 않으며 미국 채권이 공급의 대부분을 차지하고 있다. 이는 외환보유액의 수익률이 낮다는 뜻이고 더 중요한 것은 투자가 다양하지 않다는 것이다.

이러한 이유로 중국의 정책 입안자들은 4조 달러의 외환보유액이 중국이 필요로 하는 것보다 많다는 합의를 이뤄냈다. 그들은 다양한 형태의 자본유출을 허용하고 더 높고 안정적인 수익을 창출할 수 있는 보다 진보적인 방식을 찾기 시작했다.

17.8.2 "밖으로": 나가는 직접투자

중국은 2005년경부터 OFDI를 추진하기 시작했으나 OFDI 기회에 대한 접근 자유화는 2011년 이후에 이루어졌다. 어떤 의미에서는 앞에서 논의된 "밖으로" 정책은 더 높은 수익, 더 다양화된 투자구조, 그리고 전략적 경제적 이익을 창출하는 다른 형태의 자본유출을 추구하려는 노력을 나타낸다. "밖으로" 정책은 해외투자를 원하는 기업에 대한 장벽을 낮추었으며 OFDI에 대한 은행 등 금융기관의 지원이 가능한 경우가 많다. 이 의도적인 정책은 유출에 대한 정부의 통제를 줄이고 목적지 국가와 부문뿐만 아니라 소유형태의 꾸준한 다변화를 수반했다.

17.8.3 국부펀드

또한 중국은 정부가 지원하는 해외투자 창구를 찾고 있었다. 중국은 이제 정부와 국가의 장기적인 이익을 위해 투자하는 두 개의 대규모 국부펀드(sovereign wealth fund, SWF)를 설립했다. 이들 SWF의 모든 투자가 해외투자는 아니며 그들의 자산구성에 대한 자료를 가지고 있지 않다. 그러나 이들은 대형 SWF이며 해외자산은 투자의 중요한 부분이다. 중국투자공사(China Investment Corporation)는 2015년 중반 7,470억 달러의 자산을, 세이프 투자공사(SAFE Investment Company)는 5,680억 달러의 자산을 보유했다. 이는 글로벌 국부펀드 중 각각 3위와 6위에 해당한다(SWFI, 2016). 이들 SWF는 외환보유 펀드보다 유동성이 훨씬 작고 잠재적으로 수익률이 훨씬 높은 증권을 보유할 수 있는 권한을 부여받고 있다.

17.8.4 새로운 다자간 금융기관

한 단계 더 나아가 2015년 중국은 중국이 주도하는 새로운 다자간 금융기관의 창설을 후원했다. 아시아 인프라 투자은행(Asia Infrastructure Investment Bank, AIIB)은 세계은행, 아시아개발은행 등과 성격이 비슷한 새로운 지역투자은행이다. 중국은 자본의 30%(그리고 지분에 대한 26.1%의 투표권)를 출자했다. 다른 다자간 금융기관처럼 중요한 의사결정에는 과반수가 요구되기 때문에 중국은 거부권을 가지며 중국인을 첫 번째 책임자로 임명했다. AIIB는 상당한 규모의 중국 저축을 아시아 주변지역의 투자 프로젝트에 투입하는 데 도움을 줄 수 있을 것이다. 다소 유사한 기관인 BRICS Bank(최근에 New Bank로 개칭)가 BRICS(브라질, 러시아, 인도, 중국, 남아프리카)에서도 비슷한 역할을 할 것으로 예상된다. 중국에게 이들 기관은 중국 국내 저축의 해외진출을 촉진하기 위한 수단이며 정교한 자금조달과 평가기법의 적용을 통해 보다 질 높은 사업선정을 장려할 것으로 기대된다. 이들 새로운 (아직 상당히 작은 규모의) 금융기관들은 중국 인접국들의 인프라 프로젝트 자금조달에 국유은행들과 함께 역할을 수행할 계획이다. "일대일로(Belt and Road Initiative)"라고 불리는 프로그램은 중국의 공식적인 자금지원을 제공하고 중국의 이웃 국가들에게 민간자본의 흐름을 유도하고자 한다.

17.8.5 자본유출의 재규제

대규모 자본유출을 규제하는 제3단계는 2016년 말부터 시작되었다. 그림 17.4에서 보듯이 2015~2016년에는 투기자본의 유출이 매우 컸다. "기타" 투기자본의 유출은 2년간 총 1조 4,000억 달러로 연간 GDP의 10% 이상이었다. 이러한 대규모 유출에 직면하여 통화안정을 유지하기 위해서 중국 중앙은행은 빠른 속도로 공식적인 외환보유액을 사용할 수밖에 없었다. 2014년 6월부터 2017년 1월 사이 중국의 공식 외환보유액은 정확히 1조 달러 감소하여 3조 달러까지 떨어졌다. 이전 몇 년 동안 해제됐던 자본유출을 제한하는 행정규제가 서둘러 재조명됐다. 그 결과 그림 17.5와 같이 2017년 외환손실이 빠르게 끝났다. 이로 인해 중국이 진행 중인 자본계정 자유화에 관한 이야기가 갑자기 많아지게 되었다.

2014~2016년 자유화와 대규모 자본유출은 많은 개발도상국들의 자본계정 자유화 시도를 방해하는 많은 문제들에 부딪혔다. 철저한 금융개혁(19장에서 논의)은 양방향으로 자본 흐름에 맞춰 경제를 개방하는 것이지만 국내 금융시장을 외국인 투자자들에게도 매력적으로 만들어야 효과를 볼 수 있다. 중국은 (저축률이 매우 높기 때문에) 모든 가능한 시나리오로 자본을 수출할 것이다. 규제는 이러한 유출을 막을 수도 없고 정부가 통제하

는 채널에 국한시킬 수도 없다. 강력한 자본유입이 전체 자본유출의 일부를 상쇄할 경우에만 중국은 더 많은 자유화를 추진할 수 있을 것이다. 그 결과 아직 달성되지 않은 중국의 주식 및 채권 시장의 보다 철저한 개혁이 필요하다.

17.9 결론

국내외 자본의 흐름은 공식적인 자본계좌 환전의 가능성 부족에도 불구하고 중국경제에 큰 영향을 미쳤다. 앞선 논의에서 FDI가 제조업 능력, 일자리, 그리고 수출시장 등을 중국으로 이전시키는 데 큰 영향을 미쳤다는 것을 분명히 했다. 중국과 다른 동아시아 국가들의 긴밀한 통합, 특히 대만과 홍콩 등 중화권 경제는 극도로 경쟁적이고 유연하며 저렴한 제조업 네트워크를 만들었다. 오늘날 중국은 대규모 자본수출국이 되고 있다. 중국의 저축 수출규모는 세계경제에 지대한 영향을 미칠 것으로 보인다. 이것이 잘 관리되고 안정적이고 투명한 방식을 통해 이뤄진다면 오늘날 저축 및 투자율이 지나치게 낮은 세계경제에 막대한 이익이 될 것이다. 또한 자본계정 개방 프로그램이 성공적으로 추진되면 외국인 투자자들도 중국 증권시장(주식과 채권)으로 다변화를 꾀하면서 큰 양방향 흐름이 나타날 것으로 보인다. 만약 중국에서 불규칙하거나 지하경로를 통해 저축이 나온다면 세계경제에 상당한 불안정한 영향을 미칠 수 있다.

오늘날 중국은 국내경제의 많은 분야에 대한 외국인 투자자의 접근을 점진적이고 절묘하게 제한해 온 민족주의적인 충동과 시장경제로의 이동에서 가장 큰 돌파구가 외국기업에 대한 더 큰 개방성을 수반한다는 것을 인정하는 개혁적 충동 사이에 놓여 있다. 중국 외부자본의 원천 중 FDI의 우위는 예외적인 것으로, FDI 관점에서 측정했을 때 중국의 개방성이 다른 차원에서의 개방성보다 크다는 것을 의미한다. 중국의 정책 입안자들이 직면한 또 다른 주요 선택들은 다음과 같다. 개방이 다시 중국의 새로운 개혁 구상의 일부가 될 것인가? 상하이 자유무역지대는 1980년대 선전(深圳)과 다른 SEZ들 또는 1990년대 푸동(浦东)이 했던 것과 유사한 개혁의 물결과 같은 역할을 할 것인가? 중국이 보다 정교하고 번영하는 경제로 고도화를 꾀함에 따라 중국의 서비스업종에 대한 투자는 더욱 개방될 것인가? 자본계정 개방에 대한 중국의 점진적인 움직임은 결실을 맺을 것인가? 세계경제의 미래 향방은 이런 질문들에 대한 답변에 달려 있다.

Bibliography

더 읽을 거리

Enright(2017)는 생동감 넘치는 문체로 포괄적으로 업데이트했다. Hanemann, Rosen,

and Gao(2016)는 중국의 대미 투자에 대한 회계업무를 업데이트하고 투자문제에 대해 설득력 있게 논의하고 있다. UNCTAD의 연례 세계투자보고서(World Investment Report)는 글로벌 데이터와 현재의 문제에 대한 좋은 논의를 담고 있다.

참고문헌

AEI (American Enterprise Institute) (2016). "China Global Investment Tracker." Accessed at https://www.aei.org/publication/chinas-outward-investment-explodes-and-peaks/.

Brandt, Loren, Johannes Van Biesebroeck, Luhang Wang, and Yifan Zhang (2017). "WTO Accession and Performance of Chinese Manufacturing Firms." *American Economic Review* (forthcoming). Accessed at https://www.aeaweb.org/articles?id=10.1257/aer.20121266.

Enright, Michael J. (2017). *Developing China: The Remarkable Impact of Foreign Direct Investment*. New York: Routledge.

Hanemann, Thilo, and Cassie Gao (2016). "Record Deal Making in 2016 Pushes Cumulative Chinese FDI in the US Above $100 billion." December 30. Accessed at http://rhg.com/notes/record-deal-making-in-2016-pushes-cumulative-chinese-fdi-in-the-us-above-100-billion.

Hanemann, Thilo, Daniel H. Rosen, and Cassie Gao (2016). *Two-Way Street: 25 Years of US-China Direct Investment*. New York: National Committee on U.S.-China Relations and Rhodium Group. Accessed at http://rhg.com/reports/two-way-street-25-years-of-us-china-direct-investment.

SWFI (2016). "SWFI League Table of Largest Public Funds." Sovereign Wealth Fund Institute. Accessed at http://www.swfinstitute.org/fund-rankings/.

SYC (Annual). *Zhongguo Tongji Nianjian* [Statistical yearbook of China]. Beijing: Zhongguo Tongji.

UNCTAD (United Nations Conference on Trade and Development) (Annual). *World Investment Report*. New York: United Nations. Accessed at http://unctad.org/en/Pages/DIAE/World%20Investment%20Report/World_Investment_Report.aspx.

Wei, Lingling, and Chao Deng (2017). "Xi's Sign-Off Deals Blow to China Inc.'s Global Spending Spree." *Wall Street Journal*, July 23. Accessed at https://www.wsj.com/articles/chinas-latest-clampdown-on-overseas-investing-has-president-xis-approval-1500802203.

VI 거시경제와 금융
MACROECONOMICS AND FINANCE

베이징의 중국인민은행 본부, 2006년

18 거시경제정책: 분석도구 및 성과
Macroeconomic Policy: Instruments and Outcomes

잘 짜인 거시경제정책은 성공적인 발전을 위한 필수적인 부분이다. 거시경제정책의 실패는 성장을 저해하지만, 성공적인 거시정책은 문제가 사라짐에 따라 종종 드러나지 않는다. 본 장에서는 경기의 단기변동, 통화와 가격, 재정 및 금융정책 수단뿐만 아니라 경제의 수요측면에 대해서도 다룬다. 이 책의 대부분은 중국의 성장을 만들어 온 자본, 노동, 그리고 기술의 공급과 제도의 장기적인 변화를 다루고 있지만, 본 장에서는 수요와 통화의 단기적인 변화를 살펴보고 이들의 장기 성장과의 상호작용을 고찰한다. 이 책의 주요 주제는 "실물" 경제이다. 본 장에서는 "명목"과 금융변수에 대해 논의한다. 본 장은 이 책의 대부분을 구성하는 실물경제의 설명과 상호보완적이며 19장과 20장에서 다룰 금융 및 재정 제도의 논의를 위한 기초를 제공한다.

거시경제학은 일부 다른 경제 분야들이 얻는 것과 같은 높은 수준의 합의를 이끌어 내지 못한다. 거시경제학자들은 거시경제의 서로 다른 부분들을 조명하기 위해 서로 다른 많은 이론과 방법론을 사용한다. 본 장은 중국이 경험한 가장 독특한 측면을 조명하는 거시경제학의 몇 가지 측면에 초점을 맞춰, 선별적이고 실용적인 접근법을 취한다. 본 장은 거시경제 분석의 몇 가지 핵심 아이디어를 검토한 다음 이를 전반적인 중국의 경험과 연관시킨다. 21세기 중국 거시경제의 격동적인 이야기를 들려주고 중국 거시경제정책의 특징을 간단한 표현으로 결론짓고자 한다. 21세기 중국은 실현가능한 가장 빠른 속도로 성장을 추진하기 위해 케인지안(Keynesian) 경제학의 정책 수단들을 통합적으로 사용해 왔다. 이러한 "초 케인지안(super-Keynesian)" 접근법은 기적과 같은 성장시대를 가져왔지만 현재는 낮아진 성장 잠재력 문제에 봉착해 있다.

18.1 거시경제정책의 목표

훌륭한 거시경제정책은 자원의 완전고용과 안정된 가격, 즉 낮은 인플레이션 하에서의 성장을 제공하는 정책이다. 경제에 대한 충격은 불가피한 것으로 양(+)의 충격일 수도 있고 음(−)의 충격일 수도 있으며 충격이 국내에서 발생한 것일 수도 있고 해외에서 올 수도 있다. 이러한 충격에 직면해서 거시경제정책은 회복력이 있어야 한다. 거시경제의 목표들은 상식적이고 널리 공유되고 있기 때문에, 거시정책이 성공했을 때 그 정책이 옳은 것이었음을 쉽게 인식할 수 있다. 그러나 거시정책이 잘못되면 이를 정상궤도로 되돌리기는 어렵다. 정책 입안자들은 금융정책, 재정정책, 그리고 때로는 환율정책 등 제한적인 정책수단을 가지고 있다. 그런데 서로 다른 거시경제 목표와 서로 다른 기간효과(time lag)를 갖는 거시정책 수단들 사이에는 상충관계(trade-off)가 있다. 원칙적으로 금융정책과 재정정책 모두 거시경제정책의 목표를 달성하는 데 도움이 될 수 있다. 그러나 다음에서 언급할 몇 가지 이유들로 인해 1980년대 이후 거시경제학자들의 관심은 대부분 금융정책과 중앙은행의 역할에 집중되었다.

세계 대부분의 중앙은행들에게는 (항상) 물가안정과 (때때로) 자원의 완전고용이라는 한두 가지 기본 목표가 부여된다. 안정화는 인플레이션과 고용목표에 도달하기 위해 취하는 조치의 파생물로서 달성된다. 물가안정은 전형적으로 낮은 인플레이션을 의미한다. 높은 인플레이션은 특히 가속화되는 경향이 있기 때문에 비용이 많이 든다. (독일처럼) 중국도 초인플레이션에 대한 역사적 기억을 가지고 있고 정책 입안자들과 대중들도 높은 인플레이션에 대해 강한 거부감을 갖고 있다. 그러나 제로 인플레이션이나 (물가가 하락하는) 디플레이션도 마찬가지로 바람직하지 않다. 디플레이션은 소비자들의 구매를 지연시키고 판매량 감소와 생산량 저하의 악순환을 가져오기 때문에 해롭다. 약간의 인플레이션은 기업이 시장경제에서 필요한 개별가격의 지속적인 조정을 원활히 수행할 수 있도록 한다. 따라서 일반적으로 1%에서 2% 정도의 인플레이션이 너무 덥지도 춥지도 않고 적당한 것으로 간주된다.

자원의 완전고용은 경제의 실제 생산량이 최대 잠재 생산량 수준에 도달했거나 거의 접근했음을 의미한다. 그러나 중국처럼 빠른 구조적, 제도적 변화를 경험하고 있는 경제에서 잠재 생산량을 측정하는 것은 쉽지 않다. 실제로 대부분 국가들은 그 경제의 잠재성장률에 대한 일정한 기준을 두고 이 기준과 그 경제의 실업률, 혹은 국내총생산(GDP)의 성장률과 비교하여 자원의 완전고용 정도를 평가한다. 실업률의 경우, 사람들은 통상 직업을 바꾸거나 더 나은 일자리를 찾고 있어 이로 인한 "마찰적 실업"이 필요하기 때문에 가장 바람직한 실업률은 결코 0이 아닐 것이다. 미국의 경우, 연방준비제도이사회(FRB)는 보통 5% 안팎의 실업률을 완전고용과 부합하는 실업률로 간주한다.[1] 중국의 경우 노동시장이 보다 분산되어 있고 실업통계 또한 신뢰할 수 없기 때문에 정책 입안자들이 일

---

1. http://www.federalreserve.gov/faqs/money_12848.htm 참조. 미국 연방준비제도가 노동시장은 다차원적이어서 하나의 통계로 포착할 수 없다는 것을 명시적으로 밝히고 미국은 실업률 통계로 단 하나의 실업률만을 사용하지 않는다고 한 점에 주목할 필요가 있다.

관되게 활용할 수 있는 특정 실업률은 없다. 따라서 중국의 정책 입안자들은 노동시장 상황에 대한 다른 지표들을 관찰하고 있다. 예를 들어, 중국은 2009년 이후 도시 고용기회의 적정성에 대한 지표로서 농촌-도시 이주민의 흐름 변화에 세심한 주의를 기울이고 있다.

나라마다 잠재성장률은 매우 다르다. 국제통화기금(IMF)의 추정치에 따르면 선진국들의 잠재성장률은 지난 20년간 1.3~2.4%로 나타났다(독일이나 일본보다 미국이 다소 높은 수준). 오늘날 대형 개도국(중국 포함)들의 잠재성장률은 5~7.4%(IMF 2015년)로 나타나고 있다. 분명히 중국경제는 지난 수십 년 동안 연평균 10% 이상의 고도성장을 보여 왔는데, 이는 기적성장 시대의 특수한 맥락(급격한 고용증가, 높은 투자, 그리고 급속한 제도적 변화와 생산성 증가; 7장 참조)에서 달성된 것이다. 모든 경제학자들은 중국의 잠재성장률이 2010년경부터 감소하고 있다는 사실에는 동의하는데, 현재의 잠재성장률 수치에 대한 광범위한 합의는 없다. 잠재성장률 추정치는 최대 8%, 최저 4% 수준이다. 따라서 현재 거시경제 정책 입안자들은 목표로 하는 "적절한" 성장률을 결정하기가 매우 어렵다. 중국은 제13차 5개년 계획 기간(2016~2020년) 동안 목표성장률을 연평균 6.5%로 정한 바 있다.

거시경제정책은 실질성장률을 잠재성장률 이상으로 밀어붙일 수는 없다. 만약 통화공급 증가정책이 잠재성장률보다 높은 실질성장률을 목표로 설정된다면 그 결과는 과도한 통화와 신용 공급, 이로 인한 과도하게 높은 인플레이션, 그리고 잠재적으로 금융적 곤란이 뒤따를 것이다. 거시경제정책의 목표를 잠재성장률 이하로 설정하면 과도한 고금리로 이어져 바람직한 투자사업들이 위축되고 잠재적으로 경기침체를 초래할 수 있다. 따라서 잠재성장률을 제대로 파악하는 것이 중요하다. 성장률을 잠재성장률 이상으로 끌어올리려는 시도는 1~2년 동안은 달성할 수 있을지 모르지만 결국은 실패할 수밖에 없다. 게다가, 이러한 시도는 실패하게 되면 거시경제정책을 정상궤도로 되돌리기 어렵기 때문에 비용이 많이 들 수 있다.[2]

거시경제정책은 때때로 "안정화 정책"이라고 불린다. 이 용어는 정책 입안자들이 물가안정과 지속가능한 성장을 달성했을 때에도 각종 충격으로 인해 거시정책이 끊임없이 차질을 빚게 될 수 있음을 강조한다. 예를 들어, 2008~2009년 미국에서 발생했던 글로벌 금융위기(GFC)는 전 세계의 거시경제 정책 입안자들에 엄청난 외부 충격을 주었고 이에 대응한 거시정책을 취하게 만들었다. 각국의 모든 정책 입안자들은 훨씬 더 확장적인 거시경제정책들을 채택했다. 중국의 반응은 특히 적극적이었는데 중국은 재정적자를 증가시켰고 막대한 양의 은행 신용을 경제에 쏟아부었다. 정책 입안자들은 일반적으로 부정적인

---

2. 간접적으로 그리고 장기적으로 거시경제정책은 실질성장률을 어느 정도 높이거나 낮출 수 있다. 거시정책이 안정적이고 성공적이라면 임금상승에 따라 추가되는 한계노동자들과 투자사업의 지속적인 성과로 창출되는 추가 고정자본 등 점진적으로 보다 많은 생산요소들이 경제활동에 참여할 것이다.

수요충격에 이와 같은 확장적인 거시정책으로 전환하면서 대응해야 한다. 마찬가지로 긍정적인 수요충격에 대해서는 정책 입안자들은 경기 과열을 막기 위한 긴축정책으로의 전환으로 이에 대응해야 한다. 한편, 공급측면에서도 충격이 발생할 수 있는데, 공급이 방해를 받을 경우 음(−)의 충격이 발생하고 제도적 변화나 신기술로 생산성이 향상될 때에는 양(+)의 충격이 발생한다. 거시경제 정책 입안자들이 이러한 충격들을 상쇄시키고 이러한 충격들이 경제발전 과정을 방해하는 것을 막을 때 장기성장은 보다 빨라질 것이다.

18.2 중국 거시경제 실적의 단편, 1978~2016년

중국의 거시경제 실적은 완전고용과 안정적 물가수준을 보여 주고 있는가? 일반적으로 이 질문에 대한 답은 중국이 개발도상국이자 사회주의 경제에서 시장경제로 이행하는 과도기 경제라는 특수 상황을 고려할 때 "그렇다"는 것이다. 시장경제로의 전환기에 거시경제정책을 효과적으로 관리하는 것은 힘들고 어려운 일이다. 정책 입안자들은 처음에는 현대적인 금융 및 거시경제 관리를 위한 적절한 수단이 부족한 상태에서, 재정정책과 금융정책 모두 엄청난 도전에 직면하게 된다. 동유럽과 구소련 지역의 과도기 경제들에서 거시경제의 불안정은 높은 인플레이션과 이후 큰 폭의 경기침체를 가져왔다. 대조적으로, 중국은 전반적으로 가장 큰 거시경제적 함정들을 잘 헤쳐 나왔다. 시장경제로의 전환 후 첫 20년 동안은 1990년대 중반을 거치면서 세 번의 심각한 인플레이션을 경험하였다. 그러나 중국의 높은 인플레이션은 상당히 빠른 시간 내에 진정되어, 가계의 금융저축들은 전반적으로 그들의 가치를 유지할 수 있었고, 가장 중요한 것은, 미래에 대한 기대가 심각한 거시경제적 혼란에 수반되는 극단적인 불확실성에 영향을 받지 않았다는 점이다.

물가안정과 관련해 그림 18.1은 중국이 1980년대와 1990년대 물가안정의 어려움을 겪으면서 1997년 이후에는 새로운 인플레이션 체제로 전환되었음을 분명히 보여 준다. 인플레이션은 이전에 비해 훨씬 낮아졌고 변동성도 작아졌다. 평균 인플레이션은 10.1%(1983~1996년)에서 2.0%(1997~2016년)로 하락했고, 월별 인플레이션의 표준편차는 7.8%p에서 2.4%p로 떨어졌다. 이는 진정한 중앙은행이라 할 수 있는 중국인민은행(PBC)의 설립과 통화규율(monetary discipline)의 실시에 따른 주요 성과였다. PBC는 점차 금융정책을 관리하기 위한 다양한 수단들을 발전시켰다. 중국의 1978년 이후의 거시경제정책 체제는 적당히 낮은 인플레이션 환경을 조성하는 데 전반적으로 성공적이었다.

완전고용에 관한 실적은 보다 복잡하다. 분명히 중국의 높은 성장률은 거시경제정책이 경제성장을 돕고 지원하는 데 성공했음을 보여 준다. 더구나 중국은 1990년 이후 커다란 경제침체를 겪지 않았고 2008년 글로벌 금융위기조차 중국경제의 단기 하락만을 가져왔다. 이러한 관점에서 보면 중국의 장기 거시경제 실적은 탁월했다. 특히 1997년 이후는 비교적 낮은 인플레이션과 함께 급속한 성장과 자원의 완전고용을 달성했다. 그런데 이

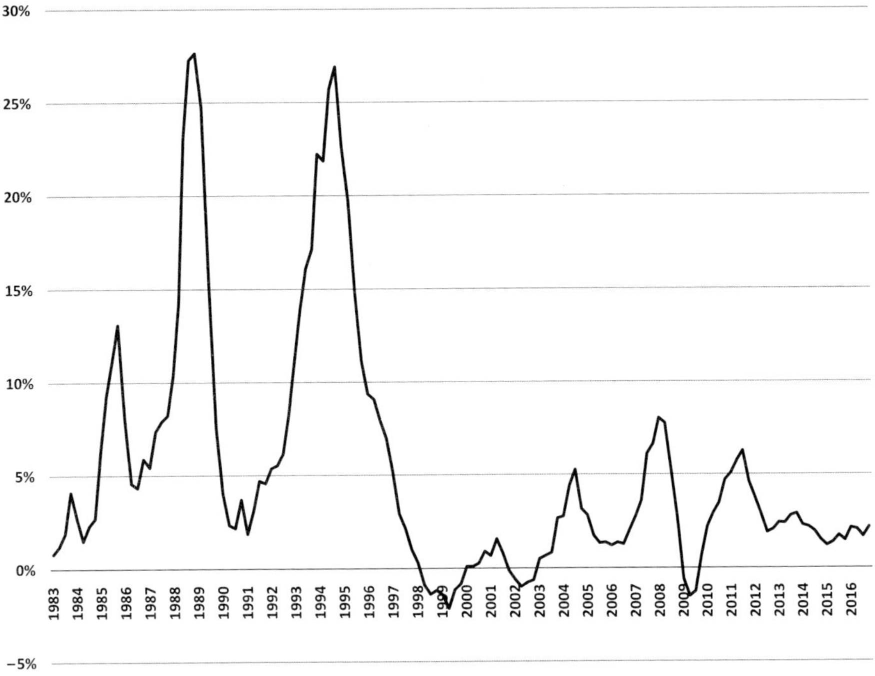

그림 18.1 소비자 인플레이션(1983~2016년)
자료: Monthly data from National Bureau of Statistics, consolidated into quarterly, http://www.stats.gov.cn/tjsj/zxfb/201701/t20170110l451700.html. There are no usable inflation data before 1983.

러한 발표는 어느 정도 다소 수정될 필요가 있다. 1978년 중국의 시장경제로의 전환이 시작될 때, 자원 특히 노동은 중국 전체적으로 충분히 활용되지 못하고 있었다. 많은 노동자들이 땅과 도구가 부족한 농촌지역에 갇혀 있었다. 도시에서는 특히 1978~1982년 기간 동안 위장실업—직업은 있지만 할 일이 없는 사람들—이 심각한 문제였다. 후기 사례에서는 1998~2002년간 공개된 실업률이 급증했다(5장, 9장). 그러나 2002년 이후 공개된 실업률은 빠르게 감소했고, 글로벌 금융위기 기간 중에도 중국의 노동 수요는 견조했다. 따라서 중국의 "완전고용"은 정태적(static) "실업률"의 성공적인 최소화라기보다는 경제시스템의 인적자원 활용능력이 꾸준하게 향상되는 맥락에서 오는 동태적인(dynamic) 성과로 보아야 한다. 단기적으로는 정태적 실업률의 최소화가 거시경제 정책 입안자들에게 편하겠지만, 동태적 측면에서 인적자원 활용능력의 향상이 더 중요한 장기적 성과다. 오늘날, 전반적인 노동 수요는 여전히 높고, 활용도가 낮은 노동력도 이전만큼 많이 비축되어 있지 않은 상황에서 총 노동인구의 증가는 급격히 하락하고 있다. 이는 노동시장에 새로운 변화를 만들어 낸다. 즉, 실업은 덜 문제가 될 수 있지만, 거시경제 정책 입안자들은 결국 실업과 인플레이션 간의 상충관계라는 보다 어려운 도전에 직면할 것이다.

18.3 수요측면 및 거시경제 정책수단

18.3.1 최종수요 구성요소—지출측면 국내총생산(GDP)

경제의 수요측면은 그 주요 요소들에 의해 분석될 수 있다. 박스 7.1에서 보듯이 GDP를 설명하는 서로 일치하지만 세 가지 다른 접근법이 있다. "지출 접근법"은 경제에 대한 수요측면 분석에 해당한다. 지출 접근방식의 가장 일반적인 표현은 전체 또는 총 수요가 소비(C), 투자(I), 정부 지출(G), 순 수출($X - M$)의 네 개의 최종 수요 요소로 구성된다는 것이다. 이는 간단하게 다음 공식으로 표현된다.

$$Y = C + I + G + (X - M)$$

최종수요 구성요소는 각각 다른 특성을 가지고 있으며, 각 구성요소들이 어쨌든 영향을 받을 수 있다면, 이는 각각 다른 거시경제 정책수단의 영향을 받는다. 첫 번째 요소인 소비는 상대적으로 안정적이며 거시경제 정책수단의 영향을 가장 적게 받는다. 소비는 가계소득으로부터 소비 자금이 나오고, 가계소득 수준과 성장에 대해 예측 가능한 방식으로 대응한다. 투자는 소비에 비해 훨씬 더 변동성이 크며, 미래에 대한 기대에 부응하고 금리수준과 차입비용의 영향을 받을 수 있다. 금융정책이 작동하는 주요 통로 중 하나는 투자수요에 영향을 주는 것이다. 정부는 정부지출을 통해 수요를 증가시키고 조세를 통해 수요를 차감한다. 순 재정수지, 세금에서 지출을 뺀 것은 재정정책의 가장 직접적인 지표다. 마지막으로 순 수출은 환율정책의 영향을 받는다. 국내통화의 가치를 낮추는 것은 수출을 장려하고 수입을 억제하여 순 수출을 증가시키는데, 이는 확장적이다. 따라서 금융정책, 재정정책, 환율정책의 세 가지 거시경제 정책수단은 총 수요의 네 가지 구성요소 중 소비를 제외한 세 가지에 영향을 미친다.

18.3.2 중국 성장의 수요측면 원천

지출측면 GDP 계정은 경제성장의 수요측 요인 분석에 사용될 수 있다. 중국 통계학자들은 별도의 "정부" 계정을 보고하지 않고 소비를 가계소비와 정부소비로 나눈다. (그러나 투자는 이와 같이 분리하지 않는다.) 이는 우리에게 최종수요의 세 가지 요소만을 남긴다. 이들 세 요소 각각에 대한 증가를 추정함으로써 우리는 성장의 수요측면 세 가지 요소를 도출할 수 있다. 이는 그림 18.2로 나타난다. (한 요소의 성장기여도는 초기 연도의 총수요에 대한 점유율에 그 요소의 성장률을 곱하여 얻을 수 있다. 예를 들어 소비가 GDP의 60%를 차지하고 있고 소비의 성장률이 10%라면, 소비의 성장에 대한 기여도는 0.1 × 0.6 = 0.06 또는 6%p이다.) 우리는 소비가 대체로 GDP의 4~5%p 성장에 안정적인 기여를 하고 있으며, 때때로 GDP 6%p 성장까지 기여한다는 것을 발견한다. 이와는 대조적으로, 순 수출은 2005년에서 2007년 기간 동안은 성장에 크게 기여했으나, 글로벌 금융위

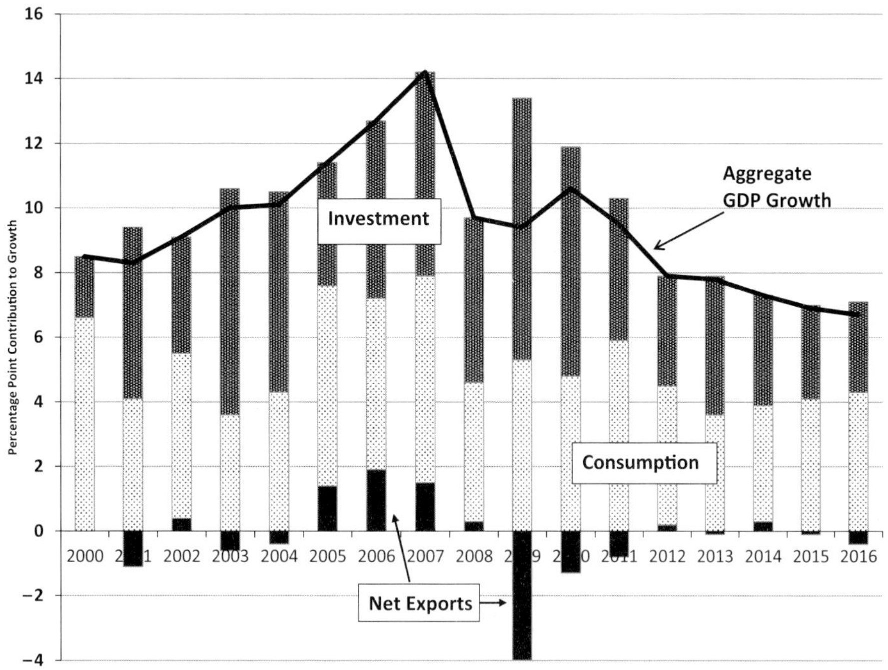

그림 18.2 성장의 수요측면의 구성요소
자료: *SAC* (2017, 37).

기 동안 무역흑자가 크게 감소하여 2009~2010년에는 성장에 강력한 부정적인 요소로 전환되었다. 한편, 투자는 매년 성장에 엄청나게 큰 기여를 해 왔다. 성장률이 14%로 정점을 찍은 2005년에서 2007년 사이에는 성장의 수요 요인 3가지 모두 성장에 큰 기여를 하고 있었고, 투자의 성장기여도는 4%p 미만에서 6%p 이상으로 높아졌다. 2009년에는 투자의 성장기여도가 8%p 가까이 치솟아 순 수출 위축에 따른 성장의 4%p 감소분을 거의 다 상쇄했다. 2011년 이후 순 수출의 성장기여도는 0%p를 전후해 변동하고 투자의 성장기여도는 감소하기 시작했다. 소비의 성장세는 여전히 견조하지만 2015년 성장기여도가 3%p 아래로 떨어진 투자의 성장기여도 감소를 상쇄할 만큼 증가하지는 않았다. 성장의 수요측면 구성요소의 진화는 성장 동인에 대한 빠른 스냅사진을 제공한다. 구체적인 사례는 18.6절에서 더 자세히 설명된다.

18.3.3 거시경제 정책수단의 유용성

원칙적으로 중국의 거시경제 정책 입안자들은 금융정책, 재정정책, 환율정책의 세 가지 수단을 통해 경제를 조정할 수 있다. 우리는 각 거시경제정책의 효과를 다음과 같이 요약할 수 있다. 정책은 (1) 금융정책이 이자율을 낮추거나 통화와 신용의 성장을 증가시키고,

(2) 재정정책은 더 큰 재정적자를 발생시키며, (3) 국내통화가 평가절하(또는 더 낮은 값으로 설정)될 때 더 많은 경기부양을 위한 자극을 제공한다(정책은 보다 확장적이다). 반대로, 정책은 이자율이 오르고 통화와 신용의 증가가 느려질 때, 재정적자가 줄어들 때, 그리고 국내통화가 절상될 때 보다 긴축적이 된다. 실제로 금융정책이 세 가지 정책 중에서 단연코 가장 효과적이며, 재정정책이나 환율정책의 사용에는 상당한 제약들이 따른다. 이는 선진경제의 상황과 유사하지만, 그 이유는 다르다.

재정정책은 거시경제 정책수단으로서 큰 이점을 갖고 있음에 틀림없다. 재정정책의 원리는 단순하며, 정부는 지출과 세금을 조정하는 레버를 직접 수중에 갖고 있다고 볼 수 있다. 그럼에도 실제로는 거의 모든 선진국들이 재정정책을 효과적으로 사용할 수 없다. 정치과정에서 부과되는 견제와 균형으로 정부가 정부지출이나 세금을 빠른 시간에 올리거나 낮추기 어렵다. 따라서 재정정책이 실제 시행되려면 시간이 많이 걸리고 종종 너무 늦은 경우도 많다. 게다가, 많은 국가들이 현재 높은 정부부채 수준으로, 이자율이 낮아 더 이상 금융정책을 사용하기 어려운 경우에도, 추가적인 재정적자 운영을 꺼리고 있다. 물론 선진국들이 재정정책을 꺼리는 이러한 요인들은 모두 중국에서는 중요하지 않다. 대신 중국 재정정책의 주요 문제는 재정계정의 경계가 모호하다는 점이다. 첫째, 정부는 잔고가 증가하는 기금에 대해 대규모 준조세를 부과하여 일종의 이름뿐인 실체가 없는 그림자 예산흑자를 창출한다. 예를 들어 사회보장기금은 규모가 크고 성장하고 있지만 예산계정에는 포함되지 않는다. 또한, 예산흑자를 좋은 연도에서 나쁜 연도로 이전하기 위해 사용되는 예산조정기금도 있는데, 이는 좋은 관행이기는 하지만, 전반적인 재정상태를 계산할 때 반드시 적절하게 회계처리 되는 것은 아니다. 둘째, 정부는 국영은행, 특히 중국 산업은행을 통해 많은 재정적인 지출을 수행한다. 이러한 지출은 정부 지출결정의 직접적인 결과임에도 불구하고, 정부예산이 아닌 은행시스템의 대차대조표 상에 나타난다. 이러한 이유로 재정정책은 별도의 거시경제 정책수단으로 거의 사용되지 않고, 대신 정책 입안자들은 그 시점의 거시경제 목표와 부합하는 방식으로 단순히 재정수지를 조정하려고 노력해 왔다(18.6.1절 및 그림 18.3).

환율정책은 훨씬 더 어렵다. 최근 중국은 대부분 기간 동안 정책 입안자들이 환율을 임의로 정하고 외환시장 개입을 통해 이를 방어해 왔고, 이에 따라 공식 외환보유액은 증가하거나 감소하였다(17장). 그러나 거시경제정책의 관점에서 볼 때, 이것은 오로지 이 기간의 대부분 동안 중국의 자본계정이 거의 폐쇄되었기 때문에 가능했다. 자본계정이 점차 개방되면서 거시경제 정책 입안자들이 원하는 정책 설정과 고정환율 모두를 유지할 수 있는 능력은 지속적으로 감소했다.[3] 더구나 국가 지도자들은 수출업체의 경쟁력(거시

3. 이것은 "불가능한 삼위일체"로서, 어떤 경제도 고정환율, 개방 자본계정, 금융정책의 자율성을 동시에 가질 수 없다는 경제학자들의 발견이다. 대부분의 선진국들은 개방 자본계정과 금융정책 자율성을 갖고 있으며 환율은 시장에 의해 결정되도록 허용하는 변동환율제를 택하고 있다.

경제 정책목표가 아닌 발전적 목표)을 염두에 두고 환율을 정해 왔다. 따라서 환율이 조작할 수 있는 수단이었을 때에도 환율은 결코 거시경제정책의 건설적인 요소로 효과적으로 사용될 수는 없었다.

이런 요인들로 인해 일상적인 거시경제 정책과 안정화 정책의 부담은 대부분 중앙은행이 떠안게 되었다. 이번에도 이는 선진 시장경제의 상황과 비슷하다. 따라서 통화공급의 조정은 아마도 거시경제정책의 가장 근본적인 수단이라고 할 수 있다. 다음 절의 대부분이 금융정책에 할애된다. 그 다음 18.5절과 18.6절에서는 실제 거시경제정책에 대한 논의가 세 가지 거시경제 수단을 모두 포함하도록 확대된다.

18.4 통화 및 금융 정책

18.4.1 금융경제학의 기초

경제의 요구를 충족시키기 위해 적절한 양의 통화(화폐)를 공급하는 것이 중앙은행의 역할이다. 통화공급은 수용성과 안정성을 제공해야 한다. 수용성은 통화가 재화와 서비스에 대한 지불수단으로 폭넓게 받아들여질 뿐만 아니라, 현대 경제에서는 금융거래에서 유동성 또한 제공한다는 것을 의미한다. 즉, 대출을 하고 대출을 갚으며 자산을 사고 팔 때 유용한 통화의 형태가 있어야 한다. 중앙은행의 역할은 이러한 유동성 서비스의 충분한 공급을 보장하는 것이다. 안정성은 통화가 시간 경과에도 그 가치를 유지한다는 것을 의미한다. 정부는 통화(화폐)발행을 통해 실질적인 힘과 자원을 얻을 수 있으므로, 종종 신규 통화를 너무 많이 발행하려는 유혹을 받는다. 과도한 통화공급은 과도한 인플레이션으로 이어져 미래에 대한 기대를 불안정하게 만든다. 중앙은행의 적절한 통화공급이야말로 시간 경과에도 안정적인 화폐가치를 제공하여 다양하고 복잡한 시간차가 있는 거래들을 폭넓게 받아들일 수 있도록 하는 것이다.

어떤 경제에 대해서도 적정 통화량이 얼마인지 결정하기는 어렵다. 그러나 성장하는 경제에 필요한 통화공급의 증가가 얼마여야 하는가는 이해하기가 훨씬 쉽다. 논의를 시작하는 한 가지 방법은 통화, 물가, 실질 경제활동 사이의 양적 관계를 나타내는 통화항등식을 살펴보는 것이다. 통화항등식에서 통화공급량에 통화가 1년 동안 사용된 횟수를 곱한 값은 해당 연도에 실행된 모든 거래의 명목가치와 같다.

$$MV = PT$$

즉, 통화량(M)에 통화의 유통속도(V)를 곱한 값은 거래량(T)에 전반적인 물가수준(P)을 곱한 값과 같다. 최종수요 거래량은 국내총생산(GDP)과 같다.

이 식은 항등식이지만, 이 항등식으로부터 중요한 의미를 이끌어 낼 수 있다. 첫째, 물가수준은 통화공급량에 통화의 유통속도를 곱한 다음 실질 산출량으로 나눈 값과 같다.

$P = MV/T$

우리는 증가율에 관심이 있으므로 먼저 로그식으로 변환하면

$\ln P = \ln M + \ln V - \ln T$

7장의 각주 7[4]에 소개된 일종의 편한 방식을 이용하여, 로그형태를 % 증가율로 변환할 수 있다.

$G_P = G_M + G_V - G_T$

이는 인플레이션(G_P)은 통화공급 증가율에서 실질경제(G_T)의 성장률을 빼고 통화량 유통속도(G_V)의 변화율을 더한 값과 같다는 것을 말해 준다. 통화량의 유통속도가 일정하면 G_V는 0이다. 화폐수량론의 철저한 신봉자들은 V와 T 모두 안정적이고 예측 가능하므로 M과 P의 관계는 안정적인 인과관계의 하나라고 주장한다. 이와 같이 단순화된 세계에서 잠재성장률이 6%라면, 최적의 2% 인플레이션을 창출하기 위해, M 증가율을 8%로 설정할 수 있다. 이는 실제로, 지나치게 단순화된 통화증가 규칙을 만들어 낸다.

현실에서는 관계가 훨씬 더 복잡하다. GDP 성장률은 확실하지 않고, 예상치 못한 충격은 관계의 모든 부분에 영향을 미친다. 그러나 이 방정식은 장기에 걸친 적절한 통화공급의 증가는 실질 성장, 통화 유통속도에 대한 충격, 바람직한 (낮은) 인플레이션을 수용할 수 있음을 말해 준다. 추가 논의를 위해서는 먼저 현실을 정상적인 "좋은" 시기와 파괴적인 "나쁜" 시기로 나누는 것이 타당하다.

18.4.2 좋은 시기의 금융정책

"좋은 시기"는 통화 유통속도가 변화가 크지 않고 예측 가능한 방식으로 변하는 안정기라고 정의할 수 있다. 정책 입안자들은 그들이 선호하는 인플레이션과 실질성장률 목표를 달성하기 위한 쉽고 똑바로 뚫린 길을 갈 것이다. 그렇더라도 수요와 공급에 충격이 있을 것이고 아마도 금융시스템에도 충격이 있을 것이다. 정책 입안자들이 통화증가율을 높인다면, 이러한 정책은 단기적으로 인플레이션과 실질 경제성장률 모두를 증가시킬 것이라고 예상할 수 있다.

$G_P + G_T = G_M + G_V$

다시 말해서, 정책 입안자들은 통화증가율을 높임으로써 명목 GDP성장률($G_P + G_T$)을 높일 수 있는데, 이 명목 GDP성장의 구성(G_P와 G_T 간의 분배)이 어떻게 될지는 확실히 모른다. (수요를 늘리고 불완전고용 상태의 자원들을 끌어들임으로써) 어느 정도까지 실질 성장률을 끌어올릴 것인가? 어느 정도까지 단순히 인플레이션만 높일 것인가? 정책

4. X가 1에 가까운 숫자라면, 근사치 $\ln(X) \approx X - 1$은 대략 정확하다.

입안자들은 중장기로 가면 통화량 증가를 통해서 실질 GDP성장률을 잠재성장률 이상으로 높이는 것은 불가능하고, 그 이상의 어떤 통화증가도 단지 더 높은 인플레이션을 만들어 낼 뿐이라는 것을 잘 알고 있다. 물론 정책 입안자들은 별도의 물가상승률과 별도의 실질성장률을 목표로 하기를 바라지만, 실제로 이런 능력을 갖출 수는 없다. 정책 입안자들은 인플레이션 목표와 실질성장률 목표 모두에 보다 더 가까이 다가갈 수 있는 통화공급 정책을 선택하여야 한다. 그러나 인플레이션과 실질 경제성장률이라는 이 두 가지 서로 다른 목표 사이에는 항상 일종의 상충관계(trade-off)가 존재한다. 즉, 인플레이션이 너무 높으면 정책 입안자들은 통화공급 증가율을 낮춰야 하고, 실질 경제성장률이 너무 낮으면 정책 입안자들은 통화공급의 증가율을 높여야 한다.

이러한 일반적인 원칙은 때때로 중앙은행들이 따라야 하는 의사결정 규칙에도 반영된다. 이러한 의사결정 규칙의 이면에 있는 생각은, 중앙은행들의 행동은 투명하고 예측 가능해야 한다는 것이다. 이러한 규칙의 가장 두드러진 예는 테일러 준칙(Taylor rule)인데, 이는 경제가 명확하게 정해진 실질성장 및 인플레이션 목표에서 벗어날 경우 중앙은행들로 하여금 테일러 준칙이 정한 바에 따라 이자율 목표를 조정하게 하는 규칙이다. 인플레이션이 부정적인 충격을 주고 목표 인플레이션보다 높을 때, 중앙은행은 인플레이션 충격을 상쇄할 만큼 또는 그 이상으로 명목이자율을 올려야 한다. 인플레이션만큼 명목이자율을 올리는 것은 (실질이자율은 명목이자율에서 인플레이션을 뺀 값이므로) 단순히 실질이자율을 일정하게 유지하는 것이며, 명목이자율을 인플레이션 이상으로 높이면 이는 실질이자율을 높이고 금융정책은 긴축적인 방향으로 움직이게 된다. 이와 유사한 규칙은 실질 경제성장률이 목표 성장률을 하회하는(또는 실업률이 목표치를 상회하는) 경우에 적용되는데, 이 경우 명목이자율의 인하가 요구된다. 중앙은행이 테일러 준칙을 명시적으로 따르든지 따르지 않든지 간에, 테일러 준칙은 중앙은행들이 실제로 끊임없이 하고 있는 절충을 잘 설명해 주고 있다. 중앙은행의 노력은 경제에 대한 다양한 충격들로 끊임없이 방해를 받고 있지만, 만약 중앙은행이 성공하면, 중앙은행은 체계적으로 경제에 대한 충격들을 완화하고, 잠재성장률과 가능한 한 가까운 실질 경제성장률 달성을 가능하게 한다.

18.4.3 나쁜 시기의 금융정책

"나쁜 시기"에는 통화 수요와 유통속도에 갑자기 크고 예측할 수 없는 변화가 발생한다. 경제에 커다란 부정적 충격이 닥치면, 이는 수많은 지급실패와 심지어 파산을 초래할 수 있다. 다른 기업들은 통화수요 증가에 따른 이러한 지급상의 어려움에 기존 투자를 철회(현금화)하여 대응한다. 이들은 다른 기업들이 이들 기업들에게 돈을 지급하지 못할 가능성을 우려하고(그래서 이들 기업들은 더 많은 현금을 필요로 하고), 반대로 다른 기업들도 이들 기업들의 지급능력에 확신을 갖지 못할지도 모른다(따라서 이들 기업들은 더 많은 현금을 담보로 보여 줄 필요가 있다). 이러한 상황은 화폐(통화)수요의 급격한 증가와 마찬가지로 위험선호의 급격한 감소를 가져온다. 그러므로 위험자산들의 가격은 빠르게 떨어질 수 있다.

중앙은행들은 이 위기상황에 개입하여 풍부한 일시적 유동성을 제공할 준비가 되어 있어야 한다. 통화항등식에서 통화의 유통속도가 하락하고 이에 따라 유통속도 증가율 G_V가 갑자기 큰 음수(−)가 되며, 통화량 증가율 G_M은 실질 경제성장률과 인플레이션을 플러스(+) 영역에 유지하기 위해서는 빠르게 증가해야 한다. 이와 같은 유동성 위기는 시장시스템의 내재적인 부분으로 보이며, 통화당국은 유동성 위기에 신속하게 대응할 수 있는 유연성을 유지해야 한다. 좋은 금융정책은 중앙은행들이 좋은 시기와 나쁜 시기 모두에 적절하게 반응할 때 나타난다.

18.4.4 본원통화와 통화승수

앞 절에서는 통화공급량을 중앙은행이 직접 그리고 일방적으로 정할 수 있는 것처럼 설명했다. 사실상 중국은 대부분의 시장경제 국가들과 마찬가지로 은행이 예금의 일부만을 준비금으로 보유하는 "부분지급준비금(fractional reserve)" 은행시스템을 운영하고 있는데, 이는 통화공급이 중앙은행(정부)과 시중은행(기업)의 상호작용을 통해 창출된다는 것을 의미한다. 이 과정에서 중앙은행이 소위 "본원통화(base money)"의 창출을 통제하고 "화폐승수(money multiplier)"를 통해 최종 통화공급량을 결정하는 은행시스템의 변수들을 설정하기 때문에 중앙은행이 통화공급의 주도적인 역할을 한다. 시중은행들은 중앙은행이 정한 조건 하에서 단순히 이윤 극대화를 위해 노력하는 것이 자신의 역할을 수행하는 것이다.

중앙은행의 결정으로 "본원통화(base money)" 혹은 "고권화폐(high-powered money)"가 창출된다. 본원통화는 현금(cash)과 중앙은행에 예치된 시중은행 예금의 합으로 구성된다. 조금 지나치게 단순화하면 중앙은행이 (1) 정부나 시중은행에 대출하거나, (2) 외환을 구입할 때,[5] 본원통화는 창출된다. 본원통화의 창출은 총 통화공급을 결정하는 과정의 시작이다. 이후 시중은행들은 (중앙은행이 창출한) 본원통화를 재대출하여 유통되는 통화량을 증가시킴으로써 본원통화를 광의의 통화(broad money)로 전환시킨다. 시중은행의 대출한도는 시중은행부문 규제에 따라 결정되는데, 어떠한 부분지급준비제도에서든, 시중은행들은 총 예금의 일정 비율을 중앙은행에 예치해야 한다. 시중은행들은 더 많은 이윤을 내기 위해 대출을 확대하고자 하는데 시중은행들은 법정 지급준비율에 근접한 지급준비금만 남기고 대출을 최대한 확대할 것이다. 또한 한 시중은행의 대출은 차입자의

5. 달리 말하면, 본원통화는 중앙은행 대차대조표상의 부채다. 중앙은행 자산은 금과 외환 보유, 시중은행에 대한 중앙은행 대출, 정부에 대한 중앙은행 대출로 구성된다. 다른 회계 프레임워크에서와 마찬가지로 중앙은행의 총자산은 총부채와 같으며, 중앙은행은 새로운 자산을 구입할 때마다 새로운 화폐, 즉 본원통화(부채)를 만들어 낸다.

은행에 새로운 예금을 만든다. 이 차입자의 은행은 이 새로운 예금을 바탕으로 가능한 한 많은 대출을 할 것이다. 자금이 시중은행 전체로 유통될 때 그 결과는 예상했겠지만, 광의의 통화를 본원통화와 연결하는 "통화승수(money multiplier)"이다. 예를 들어, 일반적으로 널리 사용되는 광의의 통화는 M2인데 이는 (1) 현금, (2) 직접 결제(당좌계좌)에 사용할 수 있는 은행 예금, (3) 현금이나 기타 수표발행 계좌로 빠르게 전환될 수 있는 기타 시중은행 예금 등으로 구성된다.

통화승수는 은행예금의 규모를 직접 결정한다. 부분지급준비 규칙은 다음과 같이 나타낼 수 있다.

$R/$은행예금 $\geq rr$

여기서 R은 중앙은행에 예치된 시중은행예금으로 본원통화(또는 고권화폐)의 주요 구성요소이고, rr은 법정지급준비율이다. 모든 시중은행이 최대허용한도까지 대출을 늘린 후, 우리는 부분지급준비 규칙을 재배치한 다음의 조건을 얻게 된다.

은행예금 $\leq R/rr$

중앙은행은 R(본원통화)과 rr(법정지급준비율) 모두를 정하기 때문에, 중앙은행은 광의의 통화의 구성요소인 은행예금의 상한선을 설정한다.[6] 통화승수는 $1/rr$이다. 예를 들어 rr이 0.05일 경우 총 시중은행 예금은 공적 지급준비금의 20배가 되고, 통화승수는 20이다. rr이 0.2이면 통화승수는 5이고 시중은행 예금은 공적 지급준비금의 5배가 된다.

중앙은행들은 통화공급을 조절하는 세 가지 기본 정책수단을 가지고 있다.

1. 직접적인 본원통화의 공급. 중앙은행은 국채나 외환을 구입하여 예금, 지급준비금, 그리고 통화공급을 증가시킨다.
2. 공적 이자율을 올리거나 낮춰 간접적으로 본원통화 공급을 변화시킨다. 중앙은행은 시중은행에 신용을 제공하므로 이자율을 낮추면 시중은행들이 중앙은행으로부터 차입금을 늘릴 수 있다. 시중은행의 중앙은행 예금이 늘어나면 본원통화의 공급이 늘어난다.
3. 통화승수 변경. 중앙은행은 지급준비율을 변경할 수 있다. 법정 지급준비율은 지렛대의 받침과 같은데 지렛대의 받침을 조정하여 최종 통화공급에 큰 변화를 가져온다.

이러한 통화공급 수단 중 어떠한 것을 선택할 것인가는 각국이 처한 특정 여건에 따라 달라진다. 금융시스템이 발달하고 안정적인 거시경제 여건을 갖는 국가에서는 일반적으로 이자율 조정과 어느 정도 국채의 매입이나 매도만으로도 통화공급 조절이 충분히 가능하다. 그러나 경제여건이 급변할 때에는, 보다 큰 효과를 얻기 위해 국채의 대량 매입이나 법정 지급준비율 변경이 필요할 수도 있다. 중국과 같은 개발도상국에서는 후자와 같은,

6. 유통되는 현금은 본원통화의 일부인데, 현금은 거래적 요구에 의해 별도로 결정되므로 통화승수에 영향을 미치지 않는다.

즉 국채 대량매입이나 법정 지급준비율 변경과 같은 좀 투박하지만 효과적인 조치들이 필요할 수도 있다.

18.5 중국 통화제도의 특수성

전술한 통화공급 원칙들은 모든 현대 경제에 적용된다. 여기서는 중국 시스템의 세 가지 뚜렷한 특성을 강조하고자 한다.

첫째, 중국에서는 통화공급의 조절을 위해 이자율 수단보다 수량적인 수단들이 더 중요하다. 지난 수십 년 동안 중국의 이자율은 엄격히 통제되어 왔기 때문에 통화공급에 거의 아무런 역할도 하지 못했다. 중국 금융시장은 2015년경까지만 해도 확실한 기준이자율이 거의 없었다. 반면, 중국 중앙은행인 인민은행(PBC)은 양적 금융정책 수단들을 주기적으로, 그리고 선진 시장경제보다 훨씬 더 공격적으로 사용해 왔다. 게다가, 외환보유고 변화에 따른 본원통화의 변동 폭도 컸다. 어느 정도 그 결과로서, PBC는 법정 지급준비율을 주기적으로 조정해 왔다. 이러한 이유로 통화승수를 결정하는 방정식이 중국과 직접 관련이 있게 되어, 중국은 세계 경제학자들이 중국 지급준비율을 지속적으로 주시하고 주 혹은 월 단위로 그 변화를 예측하는 세계에서 몇 안 되는 경제 중 하나가 되었다. 중국의 중요한 거시경제정책 사례들을 살펴보면 양적 조치들이 커다란 역할을 했다. 오늘날 중국에서 대부분의 관리이자율은 단계적으로 폐지되었고, 은행 예금이자율에 대한 통제는 2015년(19장)에 마침내 없어졌다. 그럼에도 불구하고, 이자율에 대한 비공식적인 개입("창구지도")은 여전히 남아 있고, 양적 수단들이 여전히 중요하다.

둘째, 1978년 시장경제로의 개혁 프로세스가 시작된 이후 중국에서는 일관되게 금융화(monetization) 과정이 진전되어 왔다. 즉 통화의 유통속도는 장기간에 걸쳐 지속적으로 감소되어 왔다. 달리 말해서, 인플레이션이 전반적으로 낮게 유지되어 왔음에도, 통화공급은 일관되게 명목 GDP보다 빠르게 성장해 왔다. 초기에는, 중국은 거의 현금이 없는 사회주의 경제로부터, 특히 농촌지역으로부터 개혁이 시작되는 것이기 때문에, 이러한 상황은 이해하기 쉬웠다. 큰돈을 가진 가계가 거의 없었고, 현금을 사용하는 소기업은 기본적으로 존재하지 않았다. 그러나 2005년경 경제가 충분히 금융화된 이후에도, 광의의 통화들은 계속 GDP보다 빠르게 성장했다. 이는 통화정책 입안자들이 통화성장을 증가시킬 수 있는 보다 큰 여지를 만들어 주기 때문에, 통화정책 입안자들의 선택 폭을 넓혀 준다. 그러나 통화공급의 증가속도에 대한 적절한 기준을 알기 어렵기 때문에 전문가로서의 통화정책 입안자들의 역할을 복잡하게 만든다. 통화항등식을 생각해 보자. 정책 입안자들은 통화공급이 실질 GDP 성장과 통화 유통속도의 감소를 충분히 수용할 만큼 빠르게 증가하도록 해야 한다(그러나 인플레이션을 낮게 유지하기 위해 통화공급 증가가 너무 빨라서는 안된다). 이것은 적정한 통화공급 증가에 대한 불확실성을 일층 더하고 있다.

셋째, 중국 중앙은행인 PBC는 금융정책의 자율성이 없다. 이에 반해, 대부분 다른 시장경제 국가들은 독립된 중앙은행을 가지고 있다. 왜냐하면 중앙은행들이 정치적 이해관계로부터 분리될 때 통화정책이 더 성공적이고 일관적이라는 것이 밝혀졌기 때문이다. 강력한 규범은 중앙은행들을 심지어 국가 최고경영자에 의한 정치적 간섭으로부터 보호할 수 있다. 그런데, 이는 중국에서는 사실이 아니다. 중국에서 금융정책 결정은 총리가 하고 공산당 정치국 상무위원회에서 비준한다. 이는 두 가지 별개의 효과를 갖는다. 특정 금융정책 결정은 총리의 승인을 받아야 한다. 그리고 PBC는 일련의 금융정책의 장기 목표나 (테일러 준칙과 같은) 결정 규칙을 발표할 권한이 없다. 이러한 특징들은 금융정책의 효과적인 수행을 방해한다. 실제로, PBC는 매우 영향력이 크고 총리 또한 종종 인민은행의 견해에 귀 기울일 것이다. PBC는 거시경제 이슈들에 대한 전문성이 뛰어나고 효과적이고 설득력 있는 테크노크라트[인민은행 총재 저우샤오촨(周小川)은 2002년 12월부터 2017년까지 재임]가 주도해 왔다. 그래도 결국 PBC는 중앙정부와 공산당이 정한 거시경제 정책지침을 반드시 이행해야 한다.

18.6 중국의 실제 금융정책: 세 가지 사례

앞서 1997년 이후 중국의 장기 거시경제 성과가 긍정적이었음을 보았다. 본 절에서는 중국 정책 입안자들의 선택에서 가장 중요한 측면을 보여 주는 세 가지 사례를 살펴본다. (1) 1996~1998년의 인플레이션 억제, (2) 2003~2004년 세계무역기구 가입으로 인한 양(+)의 충격, (3) 2008~2009년의 세계 금융위기의 충격. 거시경제정책 관리에는 장기적인 안정성을 제공하는 것뿐만 아니라 긍정적인 충격과 부정적인 충격 모두에 적응하는 것이 포함된다.

18.6.1 인플레이션 억제 및 실제 충격에 대한 적응, 1996~1998

그림 18.1에서 보듯이 1997년은 중국의 인플레이션 성과의 전환점이었다. 1997년 이전의 높고 변동성이 큰 인플레이션은 사회주의로부터 시장경제로 전환하는 국가들에서 전형적으로 나타나는 현상이었다. 사회주의 경제에서 통제된 가격 하의 수십 년간의 성장은 많은 상품들을 구입하지 못해 좌절된 구매력을 축적시켰고, 따라서 시장경제로의 전환에 따른 가격통제의 완화는 거의 필연적으로 인플레이션을 가져왔다. 더욱이 개혁과정의 일환이었던 경제력 분산은 필연적으로 총수요를 증가시켰다. 기업과 지방정부의 예산제약이 완화되면, 기업과 지방정부들은 강력한 투자수요("투자 굶주림")를 가지며, 관리자와 근로자들의 임금과 상여금 또한 인상하고 싶어 한다. 그들에게 더 많은 권한이 주어질수록, 그들은 과다지출을 한다. 따라서 개혁에 의해 주도된 분권화는 사회주의 시대에 우리가 본 것(4장)과 같은 거시경제 경기변동의 일부를 생산한다. 공통점은 예산 제약이

완화된 상태에서의 분권화라는 점이다. 1992년부터 1997년까지 일어난 중국 경기변동에는 몇 가지 특별한 특징들이 있었다. 덩샤오핑의 1992년 초 "남순강화"는 과거 계획경제의 통제시스템이 붕괴되고 있다는 것을 알게 된 지방정부와 국영기업들 간에 거래와 프로젝트의 쟁탈전을 촉발시켰다. 극심한 예산제약이 거의 없어진 상태에서 인플레이션은 다시 치솟았다.

이러한 도전에 대응하여 주룽지는 1990년대 후반 정통 거시경제정책과 철저한 제도개혁이 결합된 정책체제를 발전시켰다. PBC는 진정한 중앙은행으로 만들어졌는데, 이는 총 대출과 통화공급에 대한 은행의 역할을 강화하고 합리화시키는 필수적인 조치였다. 과거 중앙 정책 입안자들은 항상 금융에 대해 아주 엄격한 통제를 가함으로써 경기변동을 끝낼 수 있었지만, 이제 처음으로 그들은 경제를 연착륙시킬 수 있는 정책수단들을 갖게 되었다. 동시에 국유기업(SOE)들이 적자를 나타내고 중앙정부가 심각한 (재정) 수입 위기를 겪고 있다는 사실은 엄격한 거시경제정책 체제를 지지하는 정치 환경을 만들었다.

이러한 상황에서 주룽지 총리는 신용과 통화공급의 증가를 꾸준히 제한하기 시작했다. 이는 시중은행들에게 엄격한 예산제약을 가하는 것을 의미했고, 이는 다시 이들 은행의 주요 고객인 산업부문 SOE들에게 엄격한 예산제약을 가했다. 다시 말해서, 시중은행들이 SOE들에게 대출상환을 주장하기 시작한 셈이다. 동시에 보다 긴축적인 금융정책은 필연적으로 인플레이션과 실질 경제성장률을 모두 낮추었고(18.4.2절), SOE들을 압박하고 많은 국유기업을 파산으로 몰아넣은 경제적인 힘을 만들었다. 이러한 정치적 의지와 효과적인 정책수단의 조합으로, 주룽지 총리는 국유기업 부문의 필요하지만 고통스러운 구조조정을 추진하는 한편 경제의 연착륙을 향한 인플레이션 완화과정을 관리할 수 있었다.

1997년 하반기 이러한 정책이 추진력을 얻고 있을 때, 태국에서 아시아 금융위기가 터졌다. 그 후 2년 동안 동아시아의 경제활동은 급격히 위축되었다. 중국은 최악의 상황은 면했지만, 중국의 수출은 성장을 멈췄고, 경제에 대한 추가적인 하향 압력이 있었다. 실제로, 1998~2000년 사이에 인플레이션이 마이너스(−) 영역으로 떨어졌기 때문에 긴축정책은 어느 정도 과도한 것으로 나타났다(그림 18.1). 주 총리의 대응은 금융 긴축기조는 유지하되 주로 인프라 투자를 중심으로 한 재정지출을 늘리는 것이었다(그림 18.3). 재정적자 폭은 1997년 국내총생산(GDP) 대비 1% 미만에서 2000년 2.5%로 증가하였고, 이는 의도적으로 재정적자를 중국 최초로 거시경제 정책수단으로 활용한 사례이다. 이러한 금융 및 재정 정책의 혼합은 꽤 잘 작동했고, 중국경제는 2000년까지 분명히 회복되었다. 국영기업 부문의 축소가 고통스럽기는 했지만, 이를 통해 그 뒤를 이은 신속하고 건강한 회복의 토대가 마련되었다.

18.6.2 WTO 가입: 긍정적인 충격

중국의 세계무역기구(WTO) 가입과 2001~2004년 WTO 관련 조항의 단계적 도입으로

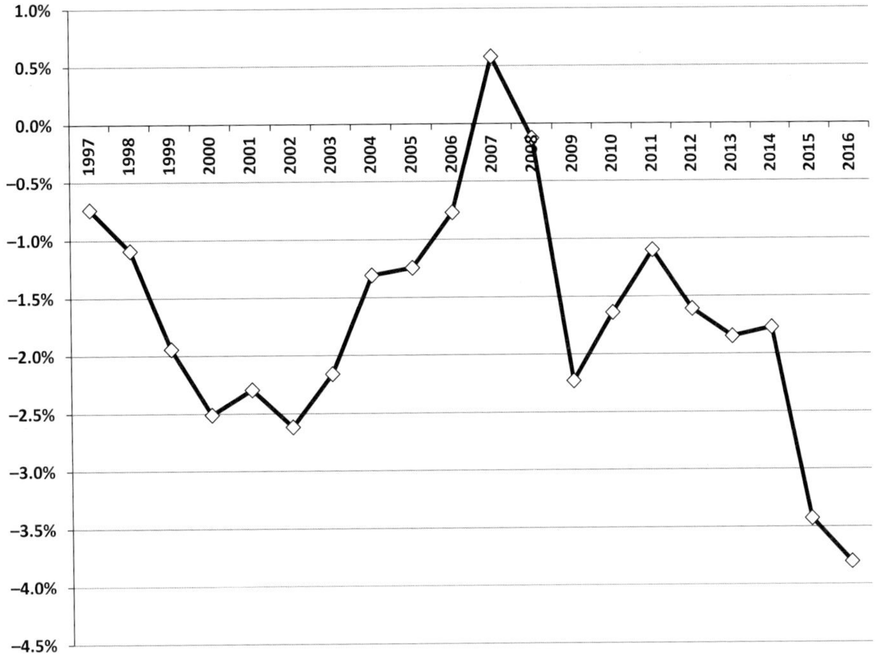

그림 18.3 재정 흑자 혹은 적자(GDP 대비 %)

자료: Definition of fiscal surplus and deficit follows Ministry of Finance, which makes extensive use of reserve deposits. *SAC* (2017, 69); and Ministry of Finance, mof.gov.cn.

중국의 새로운 무역체제가 만들어졌다(16장). 특히, 새로운 규칙들은 세계시장에 대한 중국 회사들, 특히 민간기업들의 접근을 크게 개선시켰다. 이러한 접근성 개선의 일부는 다른 WTO 회원국들이 중국 상품에 자신의 시장을 개방해 준 것에서 비롯되었지만, 훨씬 더 중요한 것은 중국이 사실상 모든 자국 기업들이 무역에 참여할 수 있도록 무역시스템을 자유화했다는 점이다. 좀 더 개방적인 거래시스템, 경쟁의 증가, 주룽지 시대의 극적인 산업구조 조정 등이 종합적으로 생산성의 급상승을 가져왔다(Brandt et al., 2017). 공급측면의 충격은, 성장 대 인플레이션에 대해 반대신호를 보내기 때문에, 거시경제 정책 입안자들에게 특히 어려운 일이다.[7] 이 경우 순 수출 증가라는 양(+)의 수요 충격과 생산성 향상이라는 공급측면 충격 모두 성장을 가속화시켰다. 상쇄효과로 2004년 잠시 급등했던 인플레이션이 빠르게 진정되었다. PBC는 어떤 정책수단을 사용해야 하는지 알기 어려웠다.

이런 상황에서 중국의 수출경쟁력이 높아지면서 수출흑자가 꾸준히 증가했고, 이는 점

7. 이는 유가상승과 같은 음(−)의 공급 충격을 통해 가장 직관적으로 알 수 있는데, 유가상승의 충격은 인플레이션을 증가시켜 정책 입안자들에게 통화공급의 증가율을 낮추라고(긴축 금융정책) 말하는 한편, 유가상승은 성장을 둔화시키므로 정책 입안자들에게 통화공급 증가율을 높이라고(확대 금융정책) 말한다.

차 가장 중요한 거시경제적 사실이 되었다. 이러한 수출흑자에 정책 입안자들은 중국 통화가치를 높이기 위해 환율을 조정(환율하락)함으로써 대응할 수 있었을 것이다. 하지만 원자바오(溫家寶) 총리는 중국 위안화의 환율하락을 선호하는 것으로 알려진 PBC를 억누르고, 중국의 환율이 안정세를 유지해야 한다고 주장했다. 이러한 결정은 (중국 수출품을 사기 위한 위안화 수요가 중국의 수입품 구입을 위한 달러 수요를 능가하고 있는데 자본수지는 제한되었기 때문에) 불가피하게 중국이 공식 외환보유액을 축적하게 됨을 의미한다. 2004년 말까지 PBC는 매달 200억 달러의 외환을 구입하고 있었다. 이는 불가피하게 국내 통화공급의 빠른 증가로 나타났다. PBC는 외환을 사들이면서 위안화를 지급함으로써 고권통화(본원통화) 공급량을 늘렸다. PBC는 전체 통화공급이 너무 빠르게 증가하는 것을 막기 위해 2002년부터 2008년 6월 사이에 법정지급준비율을 6%에서 17.5%로 단계적으로 상향조정하였다. 즉, 통화승수는 약 13에서 6 미만으로(즉, 1/.06에서 1/.175로) 감소했다. 이 시기 중국 통화정책에서는 양적 수단들이 지배적인 역할을 했다. PBC는 우선 (예금을 흡수하기 위해 은행채권을 판매함으로써) 외환보유액의 증가를 "불태화(sterilizing)"함으로써 본원통화의 증가를 줄이려 했다. 이 정도로는 부족했기 때문에 PBC는 법정지급준비율을 높였다. 양적 수단들은 세련된 방식은 아니지만 통화량 조절의 효과적인 수단이 될 수 있었다.

2005년 중반, 중국 위안화 가치의 미국달러와의 연계가 깨지면서, 중국 위안화 환율은 점차 하락하기 시작했다. 처음에는 환율하락이 느린 속도로 이루어졌다. 그러나 2007년 내내 무역흑자가 지속적으로 확대되었고, 경제성장률과 인플레이션 모두 가속화되었다. 더욱이 PBC의 월별 외환구입액은 400억 달러에 달하게 되었다. 거시경제 정책 입안자들은 긴축 재정정책을 강화했지만(그림 18.3), 재정정책만으로는 부족했고 인플레이션이 5%라는 경고선을 넘어 가속화되었다. 마침내, 2007년 마지막 분기에, 정책 입안자들은 전면적인 인플레이션 억제 방식으로 전환했다. 처음으로, 위안화 환율이 빠르게 하락하도록 허용되었고, 긴축적인 금융정책이 시행되었다. 이 시기에 중국은 재정, 금융, 환율정책의 3대 주요 정책수단 모두를 긴축적으로 사용하였다. 이러한 긴축정책의 영향은 주식시장과 주택시장 둘 다에 빠르게 나타나, 이들 시장의 버블이 붕괴되고 자산가격이 하락하였다. PBC는 2008년 중반, 수천 마일 떨어진 뉴욕에서 글로벌 금융위기의 발발로 경제 지형이 갑자기 뒤집혔을 때, 추가적인 긴축적 조치들을 준비하고 있었다.

18.6.3 글로벌 금융위기, 2008~2009

2008~2009년의 세계 금융위기에 대한 중국의 대응은 놀라울 정도로 빠르고 단호했다. 2008년 9월 15일 리먼 브라더스의 붕괴는 본격적인 위기의 시작을 알렸다. 두 달 이내에, 중국은 이전의 인플레이션 기간 동안 지속해 온 거시경제정책의 방향(긴축정책)을 완전히 뒤집어, 4조 위안(5,800억 달러)에 달하는 재정부양책을 발표했다. 더욱 인상적인 것은,

표 18.1 경기부양 패키지 투자 계획(2008년 11월)

	10억 위안	구성비
지진 재건(이전에 약정)	1,000	25%
교통 및 전력 인프라(철도, 도로, 공항, 전기 그리드)	1,800	45%
농촌 촌락 인프라	370	9%
환경 투자, 자연 지역	350	9%
주택 제공	280	7%
기술혁신 및 구조조정	160	4%
보건 및 교육	40	1%

자료: Naughton (2009).

또 6주 안에, 실제로 전국의 건설 프로젝트에 돈이 흘러 들어가고 있었다. 2009년 동안, 중국의 신속하고 공격적인 정책수립은 중국경제와 세계에 명백한 영향을 미치기 시작했다.

18.6.3.1 초기의 부양정책 대응

중국의 4조 위안의 재정부양 프로그램 발표는 전 세계의 이목을 사로잡았고 그 이후 중국의 대응을 대변하는 약칭으로서의 역할을 해 왔다(표 18.1). 어떤 점에서는, 재정 프로그램은 처음에 공표된 것보다 작았기 때문에 이것은 유감스러운 일이다. 재정 프로그램에는 2008년 5월 쓰촨(四川) 대지진 이후 재건을 위해 이미 인가된 자금 1조 위안이 포함되어 있었다. 재정지출은 3년에 걸쳐 지출되는 것으로 계획되어 있어 매년 지출은 그 해 GDP의 2% 미만이었다. 실제로 재정적자는 국내총생산(GDP)의 2%를 크게 넘어선 적이 없었고(그림 18.3), 정부의 적극적인 정책기조가 풀어 놓은 신용의 홍수로 재정부양 프로그램은 보다 왜소해졌다. 그럼에도 명백한 재정부양정책의 공식화는 경제회복에 대한 자신감에 기여했고, 재정지출의 인프라 건설에 대한 집중투자는 거시경제 환경에 적절하면서도 장기 발전에 긍정적이라는 반응을 받았다.

경기부양책의 주요 특징은 재정과 금융정책의 일원화였다. 중국은 재정과 금융정책 차원 모두에서 극히 빠른 반응을 보였다. 전체적으로 보면 금융정책 대응이 재정정책 대응보다 훨씬 규모가 컸다. 2009년 상반기에만 초과대출(정상수준 이상)이 GDP의 14%에 해당했다. 이는 재정부양 프로그램을 더욱 무색하게 했고, GDP 대비로 세계에서 가장 큰 경기부양책의 하나가 되었다. 2009년에 통과된 미국의 재정부양책은 GDP의 약 9%이며, 수년에 걸쳐 나누어 집행되는 것이었다. 중국의 부양책은 미국보다 GDP 대비 규모가 더 컸고, 수년에 걸쳐 나누어 지출되는 것이 아니라 2009년 한 해에 집중되었다.

18.6.3.2 빠른 대응

2008년 11월 경기부양 결정에 대한 반응은 놀라울 정도로 빨랐다. 2009년 1월에 투자활동 증가의 징후가 뚜렷하게 나타났다. 왜 이렇게 반응이 빠르게 나타날 수 있었을까? 부분적으로는 중국이 표준적인 거시경제 정책수단보다 훨씬 더 많은 정책수단을 사용했기 때문이다. 또한 그 이면에는 공산당 채널들이 동원되어 긴급대응을 격려하거나 심지어 공식적으로 명령하기도 했다. 지방정부와 부처가 참석하는 회의를 소집하여 "모든 초를 세라"고 지시하였다. 지방정부 차원의 회의가 일주일 내에 개최되었다. 더욱이, 은행들이 대부분 국가 소유라는 사실이 이제 부각된다. 국영 시중은행들은 투자확대를 지원하기 위해 완화된 확대 신용정책을 수행하도록 지시를 받고 은행들의 예산제약은 신속하게 완화되었다. 중국개발은행은 경우에 따라 이자율을 보조해 주는 장기 대출 프로그램을 대량으로 출시했다. 즉, 금융시스템과 투자 결정의 광범위한 재정치화가 중국 경기부양책에 대한 빠른 대응의 중요한 부분이었다.

18.6.3.3 지방정부 대응

왜 지방기업들이 경제위기의 가장 불확실한 시기에 자금을 차입해서 새로운 투자 프로젝트를 열심히 착수하고자 했을까? 우리는 민간기업들이 이와 같은 방식으로 행동한다고는 생각하지 않는다. 일반적으로 민간 투자수요는 외부 수요 감소와 불확실성 증가에 직면해서는 감소하기 마련이다. 그러나 주요 대출자는 일반 민간기업들이 아니라 목표와 동기가 매우 다른 지방정부들이었다. 중국 지방정부의 특징적인 정치경제는 5.6절에 기술되어 있는데, 지방정부의 지도자들은 지역경제 발전의 성공 여부를 바탕으로 평가를 받고 승진 여부가 결정되기 때문에 지방정부 자체가 적극적인 기업가로 행동한다는 것을 강조한 바 있다. 이러한 근본적인 특징은 거시경제정책의 반응속도에 영향을 미쳤다. 전형적인 지방정부에는 승인을 기다리는 많은 프로젝트들이 줄을 잇고 있었다. 부정적인 충격이 이러한 경제 시스템에 가해졌을 때, 지방정부는 대기하고 있는 거의 만들어진 프로젝트를 "선반에서 내리면" 되기 때문에, 증가된 신용 이용 가능성에 대한 대응이 신속했다.

2009년의 위기적 사고에서, 지방정부들은 투자 프로젝트를 수행하는 정부지원 기업들을 만들 수 있도록 허용되었다. 흔히 "지방정부 자금조달기관"으로 불리는 이들 기업은 중국에 늘 존재해 왔지만, 중앙정부는 일반적으로 이 기업들이 지방정부 지출에 대한 감독을 회피하는 데 이용될 수 있다고 우려해 점차 이들을 제약하였다. 그러나 위기가 닥치자 이러한 우려를 버리고, 경기부양책 시행을 위해 빠르게 움직일 수 있는 투자회사를 설립하도록 지방정부를 독려하였다. 풍부한 신용 자원과 수용적인 지방정부와 함께, 이러한 지방정부 자금조달기관은 2009년 동안 급속하게 확장되어, 1년 만에 GDP 약 10%p에 해당하는 부채를 대차대조표 상에 추가했다.

18.6.3.4 중국 경기부양 프로그램의 유산

따라서 2009년 경기부양 프로그램은 매우 복합적인 경제적 결과를 가져왔다. 한편으로, 이러한 경기부양 프로그램은 중국을 세계 금융위기의 영향으로부터 차단시키는 완충역할을 하였고, 중국경제의 고도성장을 유지시키는 역할을 하였다. 중국의 GDP 성장률은 2008년 말 잠시 0% 근처로 떨어졌다가, 2009년 전 기간 동안 9.2%로 급반등했다. 2003~2007년 기간 동안의 폭발적인 경제성장에 이어, 이러한 성과는 세계 2위의 경제대국으로의 중국의 존재를 공고히 했다. 게다가 중국의 이러한 정책은 세계경제의 회복에 기여했다. 2009년 2분기부터 중국의 수입 수요가 회복되기 시작했고, 이는 지난 6개월간 지속된 전 세계 경제하락 악순환의 종말을 예고했다. 이러한 중국의 수입 증가에 따라 2009~2010년 중국의 순 수출이 중국의 GDP 성장에 미친 커다란 마이너스(−) 기여(그림 18.2)는 반대로 세계경제의 재균형과 세계수요의 회복에 기여함으로써 전 세계 국가들에게 긍정적인 기여를 한 것이다. 중국은 2005~2007년의 초고속성장을 주도했던 순수출 증가를, 시기적절하고 의미있는 방식으로 전 세계에 돌려준 것이다.

반면, 이러한 경기부양책으로 중국은 상당한 장기적 비용도 지불해야 했다. 그 중 가장 중요한 비용은 앞에서 언급한 바와 같이 경제의 재정치화였다. 지방정부에 대한 감독을 완화하고 지방정부의 차입을 통한 투자를 장려한 것은 불가피하게 지방정부의 방만한 예산관리가 재개되었음을 의미한다. 지방정부는 투자결정에 따른 어떠한 위험도 감수할 필요가 없다는 점을 분명히 알고 있었다. 지방정부의 투자수요는 "충족될 수 없는(insatiable)", 즉 끝이 없었고 이러한 제도를 Kornai(1980)는 "투자 굶주림(investment hunger)"이라고 불렀다. 이는 주룽지 시대의 대표적인 업적 중 하나인 국유기업, 은행, 지방정부에 대한 엄격한 예산관리제도 정립을 부분적으로 뒤집은 것이다.

일단 회복국면에 들어서면서 경기부양책들이 빠르게 철회되었다면 이러한 고려사항들은 중요하지 않았을 것이다. 이미 2009년 중반에 이르러, 경기부양정책이 성공하고 예상보다 그 효과가 큰데도 어떠한 통제도 받고 있지 않음이 분명해졌다. 신용의 성장은 점차 억제되기 시작했지만 유동성을 회수하거나 아직 공사 초기단계에 있는 사업들을 중단하려는 노력은 없었다. 오히려 정책 입안자들은 정부개입의 영향력이 커지는 것을 환영하는 것 같았다. 정책 입안자들은 당연히, 중국 정부의 경제에 대한 새로운 적극적인 간섭활동들을 타당한 것으로 보이게 하는, 경제의 전반적인 성과를 자랑스럽게 여겼다. 더욱이, 글로벌 금융위기는 자유방임주의 미국 모델과 이를 지지하는 중국경제학자들의 평판을 손상시켰다. 아마도 그 결과로, 중국경제의 정치화와 방만한 예산관리 환경을 철회하기 위한 어떠한 주요 조치도 취해지지 않았는지도 모른다. 중국은 제도적 특성상 신용을 공급하는 마개를 빨리 열기는 쉬웠지만, 일단 열리고 나니 마개를 빨리 닫는 것은 쉽지 않았다.

그 결과 중국은 경기부양책으로 대규모 과잉금융을 떠안게 되었다. 직접적인 위기가 지나간 후에도 지방정부 자금조달기관의 부채는 계속 늘어났다. 중국 국정감사실의 매우 보수적인 통계에 따르더라도, 지방정부와 지방정부 자금조달기관의 부채는 꾸준히 증가하여 2013년 중반 GDP의 18.5%에 달했다. 중국은 글로벌 금융위기가 시작되는 시점에는 정부부채가 세계적 기준으로 볼 때 매우 낮은 수준이었지만, 글로벌 금융위기를 거치면서 정부부채가 빠르게 증가하기 시작하여 현재는 세계적 기준으로 중간 수준의 정부부채를 갖고 있다. 게다가, 2011년에는 느슨한 금융 여건 하에서 인플레이션이 잠시 상승하기도 했다. 결국, 중국의 경기부양정책은, 전반적인 성공에도 불구하고, 상당한 부정적인 유산 또한 남겼다.

18.7 고성장 시대 이후의 거시경제정책

이 책을 통해서 언급해 온 바와 같이, 지난 수년간 중국은 고성장 국면에서 보다 완만한 성장 경로로 전환해 오고 있다. 이는 해마다의 GDP 잠재성장률이 과거와는 크게 다르다는 것을 의미한다. 중국의 GDP 잠재성장률은 연간 10%, 혹은 그 이상이었지만, 2016~2017년에는 GDP 잠재성장률이 아마도 6~7% 범위일 것으로 판단된다. 이러한 성장 경로의 변화는 충격으로 간주되는데, 이는 특이한 유형의 충격이다. 통상, 잠재성장률의 변화는 상당히 점진적으로 일어난다. 예를 들어, 노동력 성장의 둔화는 수십 년에 걸쳐 나타난다. 따라서 어떤 면에서는, 거시경제정책을 뉴 노멀(새로운 기준)에 맞게 조정하는 것이 가능해야 한다. 그러나 성장 둔화를 다루는 것은 처음에 보이는 것보다 훨씬 더 어렵다.

성장 둔화가 흔하지 않은 도전임을 보여 주는 이유는 최소 세 가지이다. 첫째, 정책 입안자들이 성장잠재력이 갑자기 줄어들었다는 사실을 수량화하고 받아들이기 어렵다. 그들은 겉으로 드러나는 것, 즉 새로운 산업 역량이 창출되었고 생활수준이 향상돼 온 것만을 보고, 변화하는 경제 상황에 너무 늦게 대응한다. 둘째, 투자는 다양한 "가속기(accelerator)" 효과를 통해 경제의 나머지 부문에 영향을 미치기 때문에 성장 둔화는 추가적인 문제를 일으킨다. 최종수요가 빠르게 증가하고 있는 한 그에 상응하는 투자수요는 견조하다. 또한, 그 투자수요는 투자 프로젝트를 공급하는 산업의 원재료 생산부문의 수요를 다시 강화시킨다. 반대로, 최종수요 증가가 둔화되면, 그것은 투자 산업의 원재료 생산부문 수요를 절단해 버린다. 예를 들어 철강 수요가 침체되면, 새로운 제철소에 대한 투자수요가 갑자기 감소(잠재적으로 0으로 감소)한다. 모든 단계의 투자 프로젝트들의 수익성이 감소한다. 이러한 효과들은 점진적인 성장 둔화를 급격한 성장 위축으로 바꿀 수 있는 잠재력을 가지고 있다. 셋째로, 부분적으로는 앞에서 언급한 문제들의 결과로서, 종종 금융적인 문제들이 증가될 수 있다. 투자수요의 구성은 급변하고, 전반적인 민간투자 수요는 감소한다. 민간 투자자들은 그들의 기존 프로젝트 중 일부가 현재는 실망스러운 결과를 가져올 것이라는 점을 발견한 반면, 정책 입안자들은 (가능한 한 빠른 성장을 지속하기 위해) 새로운 공공투자를 지원하고 있다. 이는 수익성이 없는 투자 프로젝트와 부실대출의 증가로 이어져, 은행시스템의 전반적인 건전성을 책임지고 있는 금융정책 당국에

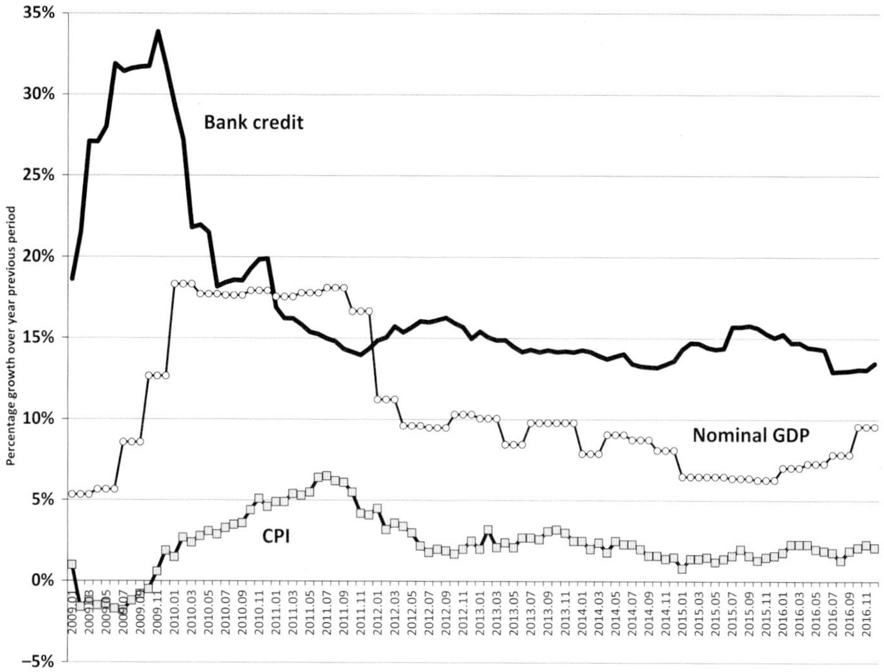

그림 18.4 신용 및 명목 GDP 성장(2009~2016)

자료: Monthly growth of bank credit, People's Bank of China, pbc.gov.cn; quarterly GDP data and monthly price data, National Bureau of Statistics, http://www.stats.gov.cn/tjsj/zxfb/201601/t20160120_1306759.html.

새로운 과제를 안겨 줄 수 있다.

이러한 문제들은 과거 1990년대 초 일본(일본의 경기 둔화 2단계)과 1990년대 후반 한국의 성장 둔화의 경우에도 정책 입안자들에게 커다란 과제였는데, 중국에서는 2016~2017년에 튀어나왔다. 지금까지 전반적으로 중국 정책 입안자들의 반응은 경제 성장률을 높게 유지하려는 것이었다. 이는 신용과 명목 GDP의 성장률을 보여 주는 그림 18.4에서도 나타난다. 신용성장률은 글로벌 금융위기 동안 30% 이상으로 치솟았다. 그 이후 어느 정도 하락하기는 했지만, 2011년 초 이후 일관되게 연평균 15% 정도의 높은 성장을 유지해 오고 있다.[8] 세계 금융위기 직후인 2010~2011년에는 신용의 급속한 증가가 인플레이션을 야기하는 것으로 보였고, 한동안 PBC는 신용의 성장률을 명목 GDP 성장률 아래로 끌어내렸다. 그러나 그 이후, 경제의 실질성장률의 둔화와 중국 산업물가를 크게 끌어내린(2015년 중국 GDP 디플레이터는 사실상 0으로 하락) 전 세계적인 상품가격의 하락으로 인해, 명목 GDP 성장률은 상당히 떨어졌다. 따라서 명목 GDP보다 신용과 통화가 훨씬 더 빠르게 성장하고 있음에도, 지금까지 신용과 통화의 빠른 증가가 인플

8. 총 신용의 다른 요소들은 훨씬 더 빠르게 성장했다. 19장의 논의를 참조.

레이션을 유발하지는 않았다. 이는 전 세계적인 상품시장의 가격하락과 일반적인 과잉설비 때문에 발생하는 세계적인 현상이다. 동시에, 그림 18.3에서 보듯이, 재정적자가 글로벌 금융위기 당시보다도 커져서 재정정책 또한 꽤 확장적으로 운용해 왔음을 알 수 있다.

요컨대, 2012년 이후 중국의 거시경제정책은, 경기 둔화를 막기 위해, 일관되게 확장적인 것이었다. 주요 3대 거시경제 정책수단 모두 2016년 말까지 확장적으로 설정되어 있었다. 은행 신용은 빠르게 성장하였고, 19장에서 볼 수 있듯이, 다른 형태의 신용들은 훨씬 더 빠르게 성장했다. 재정적자는 2015년과 2016년 확대되었다. 환율 상승은 2016년 말 이 정책이 지속 불가능해질 때까지 허용되었다. 따라서 거시경제 정책 입안자들은 기적의 성장이 끝난 후 경기가 둔화되는 경향에 강하게 저항하고 있었다. 이는 중국 지도자들의 정치적 성향에는 맞는 것이지만 보다 방만한 예산관리와 이로 인한 걱정스러운 부채 증가를 가져온다. 세계적인 관점에서, 이와 같은 중국의 확장적인 정책은 아마도, 많은 나라들이 장기화되고 대부분 예상치 못한 성장 부진에 직면할 때 이들 국가들의 성장 기대를 안정화시키고 수요를 부양하는 데 기여하여, 세계경제에 도움을 주었을 것이다. 그러나 이런 여건들은 중국이 거시경제 여건 변화에 취약해졌다는 것을 시사한다. 세계 물가 추세가 크게 반전될 경우, 중국 거시경제 정책 입안자들은 더 높은 인플레이션과 더 낮은 경제성장률 간의 가혹한 상충(trade-off)에 직면하게 될 것이다.

18.8 결론

중국은 전반적으로 점점 더 시장경제화 되는 환경에 맞춰 거시경제 정책수단들을 사용하는 데 성공적이었다. 빠른 성장과 대체로 안정적인 물가는 효과적인 거시경제정책에서 오는 이익이다. 전체적으로 중국의 중앙통제 경제로부터 시장경제로의 전환은 약간의 인플레이션 사례만 있었을 뿐 순조롭게 이루어졌고, 불공평이 가져다주는 불안정감도 피했다. 거시경제 정책 입안자들은 경제개혁의 성공에 따른 중국경제의 우호적인 여건으로부터 어느 정도 혜택을 입었다. 통화수요는 개혁기간 내내 증가(통화 유통속도의 저하)하여 중국경제시스템이 상당히 빠른 총 통화증가율을 흡수할 수 있도록 하였다. 통화수요의 상승 전환은 아마도 중국 가계의 높은 저축률, 개인 사업 및 비공식적인 지하경제의 확대에 기인한 것으로 추정된다. 또한 자원, 그 중에서도 특히 노동력의 활용도가 꾸준히 개선되면서 거시경제정책에 유리한 여건들이 조성되었다. 다시 말해서, 중국에서 거시경제정책의 성공은 따로 떼어서 볼 것이 아니라 전반적으로 성공적인 개혁과 시장경제로의 전환 프로그램의 중요한 부분으로 이해되어야 한다.

인민은행(PBC)의 주로 양적 금융정책 수단에의 의존은 중국 통화정책의 특징이자 PBC에게는 좌절의 원인이기도 했다. 19장에서 다루게 될 금융개혁은 시장에서 결정되는 이자율 체계로의 전환을 목표로 하고 있다. 특히, 2015년 이후 이러한 방향으로의 상당한 진전이 있었다. 은행 간 대출시장과 "리포(repo, 국채의 단기대출)"에 대한 이자율 기준들이 개발되었고 공식적으로 이용할 수 있다. 인민은행은 대출기관, repo, 역repo 등을 통해 금융시장에 유동성을 주입하고 회수하는 경험을 키워 왔다. 여전히 시중은행의 법정지급준비율은 17%로 매우 높다. 2017년 1월 PBC는 새해 유동성을 늘리기 위해 28일 동안 법정지급준비율을 16%로 낮춘 바 있는데, 이는 단기 법정지급준비율 조절이 여전히 인민은행 도구상자(toolbox)의 일부임을 보여 주었다. PBC는 금융정책수단의 다양화로의 변화를 분명히 환영한다. 다양화는 PBC로 하여금 금융정책의 양적 수단에서 벗어나 보다 간접적인(왜곡이 적은) 이자율 정책을 채택할 수 있게 한다. 실제로, 양적 수단에 대한 PBC의 과도한 의존은 부분적으로 PBC가 다루고 싶지 않은 변화라고 할 수 있는 외환보유액(본원통화를 창출)의 극적인 변화들을 관리해야 하는 필요성에 때문에 어쩔 수 없이 택한 것이기도 하다. 오늘날, PBC는 보다 더 도전적인 환경에 직면하고 있고 훨씬 더 폭넓고 효과적인 정책수단들을 적절하게 사용하고 있다.

마지막으로, 21세기에 들어서서 중국의 전반적인 거시경제정책 기조를 특징짓는다면, 우리는 이를 "초 케인지안(super-Keynesian)"이라고 말할 수 있다. 주룽지의 정통적인 긴축과 개혁정책을 경험한 후, 거시경제정책은 거시경제 관리를 위해 케인지안 정책수단들을 신속하고 서로 일치하는 방향으로 사용했다는 것이 특징이었다. 원하는 목표를 달성하기 위해 케인지안의 대표적인 세 가지 정책수단인 금융, 재정, 환율정책이 함께 사용되었다. 게다가, 이들 정책은 경제의 고도성장을 유지하기 위해 일관되게 총 수요 구성요소의 증가를 촉진하는 것이었다. 예를 들어, WTO의 긍정적인 충격에 직면하여 정책 입안자들은 순 수출(대규모 무역흑자)이 급속한 성장에 큰 기여를 하도록 위안화 환율하락을 허용하지 않았다. 글로벌 금융위기로 급속하게 경제상황이 변했을 때, 순 수출 감소 보전 이상의 확장적인 재정과 금융정책에 의해 주도된 극히 강력한 투자 증가가 있었다. 특히 이 사례는 확장적 추진력의 속도와 효과가 케인즈적 처방과 일치했기 때문에 초 케인지안이라고 불릴 수 있었다. 마지막으로, 2011년 이후 통화와 신용정책은 낮은 성장으로 전환되는 구조적 변화에 직면하여 가능한 한 높은 성장률을 유지하는 것에 우선순위를 두었다. 지금까지 이러한 초 케인지안 정책은 중국의 성장률을 세계 최고수준으로 유지해 왔다. 그러나 이러한 정책들은 편익과 비용을 모두 가지고 있다. 그 이익은 오늘날의 높은 성장률로 분명히 나타나는 반면, 비용은 주로 금융시스템의 잠재적 취약성의 형태를 취하고 있다. 정책의 편익과 비용은 19장에서 논하기로 한다.

Bibliography

더 읽을 거리

중국의 거시경제학에 관한 문헌은 접근이 쉽지 않다. Ma(2015)는 거시경제학자가 명확한 분석과 자료를 가지고 강력한 정책적 입장을 주장한 좋은 예다. 일반적인 금융정책에 관한 King(2016)은 꽤 읽기 쉬우며, 좋은 시기와 나쁜 시기의 금융정책의 차이를 잘 설명하고 있다.

참고문헌

Brandt, Loren, Johannes Van Biesebroeck, Luhang Wang, and Yifan Zhang (2017). "WTO Accession and Performance of Chinese Manufacturing Firms." *American Economic Review* (forthcoming). Accessed at https://www.aeaweb.org/articles?id=10.1257/aer.20121266.

IMF (International Monetary Fund) (2015). *World Economic Outlook*, April, 73–75, 83.

King, Mervyn (2016). *The End of Alchemy: Money, Banking and the Future of the Global Economy.* Boston: Little, Brown.

Kornai, J. (1980). *Economics of Shortage*. Amsterdam: North-Holland.

Ma Guonan (2015). "A Compelling Case for Chinese Monetary Easing." Bruegel Policy Contribution, issue 2015/06 (April).

Naughton, Barry (2009). "Understanding the Chinese Stimulus Package." *China Leadership Monitor*, no. 28 (Spring). Accessed at http://www.hoover.org/publications/clm/issues.

SAC (Annual). *Zhongguo Tongji Zhaiyao* [Statistical abstract of China]. Beijing: Zhongguo Tongji.

19 금융제도

The Financial System

중국의 금융시스템은 현재 중대한 변화를 겪고 있다. 오랫동안 국영은행이 지배해 왔던 금융시스템은 오늘날 다수가 시장에 참여하고 상당한 정도로 시장기능이 작동하는 질적으로 보다 다양한 시스템으로 빠르게 진화하고 있다. 이러한 과정은 금융혁신, 인터넷 신기술, 지대를 추구하는(rent-seeking) 개인들, 시장친화적인 개혁 그리고 경제 성장론자인 정책 입안자들에 의한 유동성 공급 압력 등 강력하지만 때로는 서로 상충하는 힘들에 의하여 다소 무질서하게 추진되고 있다.

효율적인 금융시스템은 성장과 번영을 촉진하는 반면, 금융시스템의 결함은 경제위기와 금융위기로 인한 경기침체의 가장 중요한 원인으로 작용한다. 앞의 장들에서는 중국의 경제성장에 있어 높은 저축률과 투자의 역할을 강조했지만 저축과 투자는 금융시스템이 정상적으로 기능해야만 제 역할을 효과적으로 수행할 수 있는 것이다.

본 장의 처음 두 절은 몇 가지 기본적인 금융 개념을 소개함과 동시에 중국의 높은 저축률에 대한 배경과 높은 저축률이 견인한 중국의 경제를 대략적으로 논의한다. 19.3절부터 19.6절까지는 중국 금융시스템의 4가지 주요 구성요소인 은행, 주식시장, 채권시장 및 그림자금융(shadow-banking)을 검토한다. 19.7절에서는 2013년 이래 전개되어 온 자유화 및 다각화 과정을 기술하고 있다. 금융시장 자유화는 철저하게 규제되고 억압된 공식적 금융시스템에서 규제가 훨씬 완화되어 있는 그림자금융 부문으로 시중자금의 이동을 촉발하였다. 그 과정은 순탄치 못했고 19.8절은 중국경제시스템 내부의 높은 부채의존도로 인한 위험요인을 설명하고 있다.

19.1 금융시스템의 구성요소

금융시스템은 저축자와 투자자를 연결하여 저축된 자금이 투자로 이어지도록 기능한다. 이러한 과정에서 금융시스템은 경제가 발전함에 따라 꾸준히 새로운 금융자산(예: 은행

예금, 주식 및 채권)을 개발한다. 저축으로 조성된 자금의 총량은 개별 국가의 GDP보다 빠르게 증가하고 또한 GDP 대비 금융자산의 비중 역시 따라서 증가하게 되며, 이러한 현상을 "금융 심화(financial deepening)" 현상이라고 한다. 금융의 심화가 진행됨에 따라 보다 다양한 금융자산이 개발되고 다양하고 상이한 특성의 위험자산에 대한 예금자의 수요가 발생한다. 어떤 예금자는 고수익을 추구하여 고위험을 기꺼이 감수하는 한편 다른 예금자는 위험부담을 줄이기 위해 보험상품을 구매하기도 한다. 자금의 차주는 상이한 조건의 자금을 유치하기 위하여 상이한 수준의 금리를 제시하기도 한다. 새로운 발상으로 위험과 수익을 결합하는 금융상품의 개발을 의미하는 금융혁신이 끊임없이 지속되고 있기에, 전술한 금융의 심화와 금융자산의 다양화를 의미하는 금융 확장(financial broadening) 현상 역시 현재도 꾸준히 진행 중이다.

예금자에서 투자자에게로 자금을 이전하는 기능을 하는 금융기관은 크게 은행과 자본시장 두 종류가 있다. 은행은 예금자로부터 예금을 수취하여 투자자에게 대출을 제공하는 중개자 역할을 한다. 은행은 자금의 만기구조를 전환(단기성 자금을 활용하여 장기성 대출을 제공)시키고 잠재적 차주와 관련된 위험 및 수익을 평가하는 업무에 특화되어 있다. 주식 및 채권을 대상으로 하는 자본시장은 직접금융을 제공한다. 자금의 수요자는 채권(고정수익 증권) 또는 주식(소유권 지분)을 판매하는 직접적인 방법으로 자금을 조달한다. 금융의 확장은 통상 자본시장의 직접금융 기능의 상대적 중요성을 의미하고 있지만, 모든 현대적 금융시스템은 직접금융과 간접금융을 결합하고 있으며 기업은 자본시장과 은행 모두에서 자금을 조달하고 있다.

19.1.1 중국: 은행 지배하의 금융의 심화

2009년경까지의 중국의 금융시스템은 "깊고"와 "좁고"라는 두 단어로 요약될 수 있다. 중국이 개혁되면서 가계와 비 법인기업들은 저축을 늘리고 여유자금을 모두 은행에 예금하였다. 은행시스템은 압도적인 금융채널로, 가계의 잉여자금을 기업에 공급하였다. 중국 금융시스템의 깊이를 나타내는 하나의 척도로 GDP 대비 총 통화(M2, 현금 통화와 요구불 및 저축성 예금의 합계)의 비율은 1978년도 32%에서 2003년도 162%로 급증하였고, 그 후 수년간 별다른 변동이 없다가 다시 2016년 말 211%로 증가하였다(그림 19.1 참조). 이 비율은 대부분의 다른 경제권은 물론 저축률이 높은 다른 동아시아 국가들보다 높은 수치이다. 2016년 말 기준, 중국 은행시스템의 규모는 유로존 전체의 규모를 상회하는 세계 최대로 성장하였다(Wildau, 2017).

그러나 1978년 이후 대부분의 기간 동안 금융의 심화는 금융의 확대 또는 다각화를 동반하지 않았다. 은행의 전통적인 예금과 대출이 기업부문에 대한 자금 공여의 80%를 차지할 정도로 지배적인 자금중개의 형태였다. 사채는 2010년경 이전까지는 실질적으로 존재하지도 않았고 주식시장은 1990년대에나 겨우 도입되었으나 그 이후 25년 동안 변동

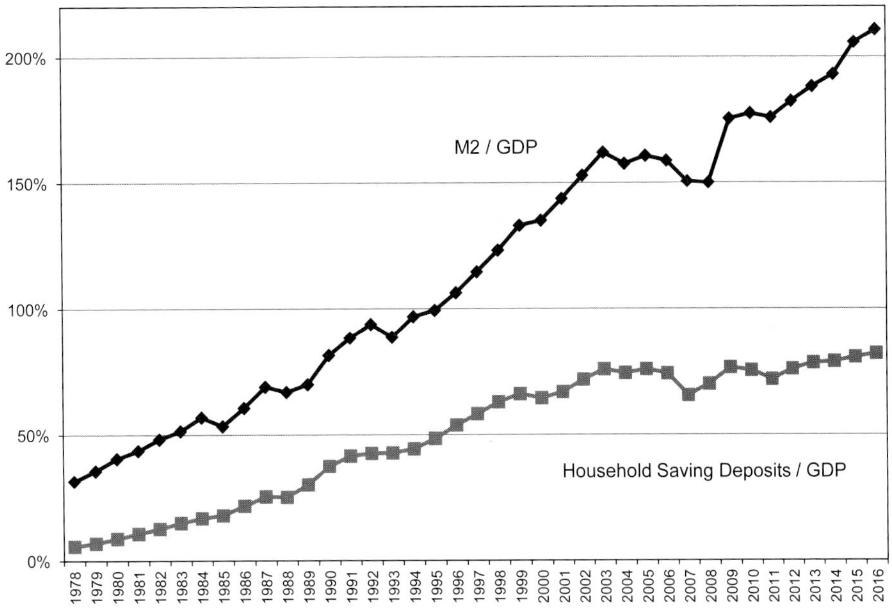

그림 19.1 금융 심화: M2 및 가계저축
자료: People's Bank of China, accessed at http://www.pbc .gov.cn/diaochatongjisi/116219/116319/3013637/3013641/index.html.

성이 너무나 큰 양상을 보이며 은행권 대비 전체 자금조달 시장에서의 비중이 저조하였다. 이렇듯 "좁은" 중국의 금융시스템은 19.6절에서 기술하고 있는 바와 같이, 2009년도 이후부터 점진적으로 변화하기 시작하였으나 아직도 은행권이 금융시스템을 절대적으로 지배하고 있으며 중앙정부가 대형은행의 거의 대부분을 소유하고 있기에 중국의 금융시스템 전반은 국가가 통제하고 있다고 보아야 할 것이다.

19.1.2 금융 억압

은행이 절대적으로 지배하여 "좁고" 또한 금융에 대한 억압(financial repression)이라고 특징지을 수 있는 중국의 금융시스템 내에서 예금주는 아주 낮은 예금이자를 감수할 수밖에 없는 실정이다. 인플레이션을 고려한 후 은행 예금의 실질금리는 보통 마이너스다. 이러한 저금리 자금의 수혜자는 은행과 그들의 대출고객인 기업이 된다. 정부는 실질적으로 정부가 원하는 곳으로 은행의 신용 공여를 지령하고 동시에 가계는 다른 금융자산이 거의 부재한 현실에서 울며 겨자 먹기 식으로 마이너스 실질금리 자산인 은행예금을 선택할 수밖에 없도록 금융 억압을 지속하고 있는 현실이며, 이러한 금융 억압은 정도 차이가 있을 뿐 대부분의 개발도상국에서 나타나고 있는 현상이기도 하다.

일반적으로 볼 때 중국의 금융시스템은 금융 억압의 하나였다. 중국의 금융시스템은 오랜 기간 동안 가계로부터 수취한 저비용 자금을 기업 특히 국유기업(SOE)들에게 제공하는 데 기여했다. 과거 금융 억압의 특징적 양상을 살펴보면 첫째, 그러한 억압은 때로는 강하게 때로는 약하게 그 정도를 달리하여 왔다. 둘째, 비록 금융 억압이 정부에는 유리하게 가계에는 불리하게 작용했지만 그것은 정부의 의도와는 무관한 경우가 종종 발생하였다. 특히 인플레이션이 우려되는 상황에서 정부가 그들의 목표와 이해관계를 고집하여 잘못된 거시경제정책을 펼치는 경우 종종 금융 억압으로 이어지곤 하였다. 셋째, 금융 억압은 시점을 달리하여 상이한 형태로 존재할 수 있다는 점이다. 때론 은행이 최대의 수혜자이기도 하고, 때로는 기업, 특히 SOE가 최대의 수혜자이기도 하다. 즉, 이러한 억압이 중국 은행시스템의 영구적인 특징이라기보다는 강도를 달리하여 재발하곤 하는 특징이라고 할 것이다. 이 문제는 본 절 뒷부분과 19.6절에서 추가로 논의한다.

일반적으로 금융이 억압된 시스템은 그 깊이가 얕을 것으로 예상한다. 낮은 수익률에다 대안도 부재한 상황이라면 가계는 차라리 저축을 적게 해야 마땅하다. 그러나 우리는 이미 중국의 금융시스템이 비정상적으로 그 깊이가 깊다는 것을 알고 있으며 19.2절은 이러한 특징을 설명한다. 한 가지 중요한 측면은, 중국은 예금주의 이익을 보호하는 데 성공하였는데 상대적으로 안정적인 거시경제 환경(18장)은 대부분의 예금주가 최소한 그들의 은행 잔고의 가치를 유지할 수 있었음을 의미한다. 1997년까지 높은 인플레이션 기간 동안 가계의 저축예금은 소비자 물가지수의 상승을 상쇄하는 수준으로 추가적인 이자를 지불하여 예금의 가치가 보호되도록 하였다. 이는 급격한 인플레이션 압력에 직면하여 갑작스런 물가상승이 저축예금의 가치를 잠식한 대부분의 과도기 경제의 경험과는 대조적 양상을 보이고 있는 것인데, 경제적 과도기 시절 중국의 보다 신중한 정책적 접근이 이렇게 금융시스템의 붕괴를 초래할 수 있는 상황을 피할 수 있었던 것이다. 이와 같이 심도 있게 발전한 중국의 금융시스템은 1990~1993년 사이 GDP 대비 총 통화(M2) 비율이 80%에서 20%로 격감한 러시아의 경우와 뚜렷한 대조를 보인다. 그 시절 러시아의 금융시스템은 전체 경제가 쇠락하는 것보다 훨씬 빠른 속도로 위축되었고 그들의 금융시스템은 바닥에서부터 다시 세워져야만 했다.

사실, 1997년까지 중국은 저비용 자금을 SOE에 계속 제공(인플레이션에 대한 추가 이자부담 없이)하면서도 예금주의 이익을 보호하고 있었다. SOE에 보조하는 비용을 그들의 은행시스템에서 부담했기 때문에 가능한 일이었다. 그 결과, 1990년대 말 중국의 은행들은 재원이 거의 고갈되어 기술적으로 파산한 상태였다. 막대한 금액의 대손상각 처리와 신규자본의 확충만이 파산에 직면한 은행을 구제할 수 있었다(은행의 구제는 19.3.4절에서 논의). 결과적으로 의도적이든 아니든 은행의 이익을 보호하고 그들의 수익성이 유지되고 자본구조를 재편할 수 있도록 하는 새로운 버전의 금융에 대한 억압이 수립되었다. 이러한 억압 스타일은 2013년까지 유지되었으며, 그 이후부터 은행의 특혜적 위상은 점차 무너지기 시작하였다(19.6절과 19.7절).

19.1.3 금융 억압의 비용과 편익

일부 경제학자들은 금융 억압에 이점이 있다고 주장하기도 한다. 금융 억압은 정부가 지시하는 방식대로 투자 재원을 배분하는 메커니즘이다. 고성장 시대에 정부는 경제성장을 추진하는 데 필수적인 인프라 투자에 대해 잘 알고 있었으며 금융 억압은 그러한 필수 프로젝트에 투자를 집중시키는 데 도움이 되었을 것이다. 일본과 한국은 모두 고성장 시대에 통제된 금융시스템을 운영하였다. 명령경제를 극단적인 형태의 금융 억압으로 해석할 수도 있다. 이러한 형태의 금융 억압은 상당한 경제적 비용을 초래하는 바, 그 중 세 가지가 가장 중요하다.

1. 투자가 잘못 배분되었다. 대출이자가 매우 낮기 때문에 정부 지시로 자금이 공여되는 저수익성 프로젝트도 일견 수익성이 있어 보인다. 은행의 신용공여 기준은 불분명하고 은행 외의 경로로 소규모 자금을 조달할 수밖에 없는 고수익성 프로젝트는 훨씬 더 높은 금리를 지불하고서도 필요한 규모의 자금을 조달할 수 없게 된다.
2. 가계의 소득이 감소하고 소비가 줄어든다. 중국 가계의 저축성 예금은 가구 가처분 소득의 약 1.25배이며, 만일 저축성 예금에 대한 이자율이 2%p 높아지면 가계소득은 2.5% 증가할 것이다. 증가 소득의 대부분은 소비될 것이므로 금융 억압을 줄이면 소비수요가 증가하여 경제의 균형을 재조정하는 데 도움이 된다.
3. 자산시장의 변동성이 증가한다. 금융시스템 내에 합당한 수익을 기대할 수 있는 다양한 투자옵션이 존재하지 않는다. 이러한 경우, 가계는 대안 투자를 모색하게 되고 특히 주택을 선호하게 된다. 주식시장과 같은 대안 투자 시장이 개설되는 경우, 가계는 신속하게 자금을 그 시장으로 이전하게 되고 이는 주식시장의 과열과 거품을 초래하게 된다. 또한 금융 억압은 이미 심각한 수준의 주택가격 문제를 악화시키게 된다.

금융 억압으로 인한 비용은 고성장 기간 동안은 그리 높다고 할 수 없지만 고성장이 멈추게 되면 증가한다.

19.2 저축

중국은 저축률이 아주 높은 경제이며 이러한 특성은 중국경제의 여러 측면을 파악하는 데 기본적인 요소이다. 예를 들어, 중국이 외국자본에 의존하지 않고도 어떻게 국내 투자수요를 충당하는지와 같은 문제 그리고 그들의 금융시스템을 이해하는 데에도 필수적인 요소이다.

19.2.1 자금 흐름표

가계, 기업 및 정부 부문 간 소득배분을 "기본 소득분배"라 하는데 이러한 소득분배는 단순화한 "자금 흐름표"(표 19.1)에 나타나 있다. 자금의 흐름은 소득 접근법으로(7장에 생산 접근법, 18장에 지출 접근법이 소개되어 있음) 국내총생산을 접근하는 방법으로, 국가 경제를 가계, 기업, 정부 부문으로 나누어 각 부문의 소득을 조사하는 방법이다.

기업은 GDP의 대부분을 창출하고 임금과 세금의 형태로 가계부문과 정부부문에 소득을 이전한다. 가계부문(1열)에는 비 법인 가계사업이 포함된다. 농장과 소규모 상점, 서비스 사업을 포함한 광범위한 방식으로 정의된 가계는 매우 상당한 양의 부가가치를 창출한다(국가 총액의 24%인 15조 7천억 위안). 또한 가계는 기업과 정부로부터 임금과 기타 지급을 받는다. 가계부문은 매우 높은 저축률(전체 소득의 38%)을 나타내고 있으며 주택 및 개인사업에 상당한 금액을 투자하고 있다. 그러나 이러한 투자를 차감하고도 가계부문은 기업부문에 공급 가능한 대출 및 투자 재원으로 약 7경 2천조 위안의 엄청난 잉여자금을 보유하고 있으며 금융부문은 이러한 방대한 자금으로 투자를 촉진하는 데에 그 주요 역할이 있는 것이다.

임금을 지급하고 세금을 납부한 후, 기업부문은 13조 2천억 위안의 순수한 가처분 소득(또는 세후 이익)을 보유하게 되고 주주에게 배당금을 지급한 나머지 금액을 내부에 유보하게 된다. 그러나 내부 유보자금은 기업이 필요한 투자수요를 충당하기에는 부족하므로 기업부문은 5조 6,000억 위안(GDP의 9%)에 달하는 자금을 가계부문에서 차입한다. 금융시스템은 가계의 잉여자금을 기업부문이 활용할 수 있도록, 그것도 매우 저금리 조건으로 중개하는 역할을 한다. 마지막으로 정부부문도 거대한 예금주인 동시에 소규모의 잉여저축을 보유하고 있다. 정부는 일반적으로 적자예산을 기록하지만 은행권에 예치된 사회보장기금 등의 다양한 정부기금에 누적된 잉여는 예산적자를 충당하기에 충분한 수준을 유지하고 있다.

자금 흐름표 상 중국은 2014년 기준 국민소득의 49%를 차지할 정도로 대단히 저축을 많이 한다. 높은 저축률은 다음 세 가지 요소로 설명될 수 있다. 첫째, 가계 저축률이 매우 높고 가계는 전체 저축의 거의 절반을 차지한다. 둘째, 사업소득은 국민소득의 상당한 부

표 19.1 단순화한 자금 흐름(2014년) (단위: 조 RMB)

	가계	기업	정부	국내 합계
부가가치	15.7	43.9	4.8	64.4
총 가처분 소득	39.1	13.2	12.2	64.5
저축	14.9	13.2	3.6	31.7
(저축률)	38%	100%	29%	49%
총 자본 형성	7.7	19.3	3.4	30.3
순 금융 + 인수	7.2	−5.6	−0.2	1.4

자료: *SYC* (2016, table 3-21).

분을 차지하는데 모든 사업소득은 기업 내에 유보되어 재투자되고 있다. 2014년 기준 세후 기업의 순 소득은 GDP의 21%를 기록했다. 이와 비교하여 미국은 2013~2015년의 기록적인 경기 호황기 시절에 GDP 대비 10%를 기록하였다. 미국은 장기적 평균치는 6%에 불과하다(Yardeni and Johnson, 2015). 셋째, 정부부문 역시 순 저축을 기록하여 높은 국민저축률에 기여하고 있다.

19.2.2 높은 가계 저축률

논란의 여지가 있지만, 경제학자들은 중국의 높은 가계 저축률과 관련하여 다음과 같은 다섯 가지 이유로 설명하고 있다.

1. 사업자 등록을 하지 않은 많은 수의 가계사업이 전체 가계 저축률을 상승시키고 있다. 미등록 가계는 통상 규모가 작아서 은행을 통한 차입이 거의 불가능한 까닭에 저축한 자금에 의존하여 사업을 성장시켜야 한다.
2. 가계소득이 빠르게 증가하면 가계는 더 많은 돈을 저축하게 된다. 10장에서 도시의 가계소득은 30년 동안 매년 약 7.5%씩 성장한 것으로 나타났다. 가계소득이 빠르게 증가할 때마다 저축률은 상승한다. 왜 이런 일이 발생할까? 경제학자들은 가구가 자신의 생애 또는 "영구적" 소득에 대한 기대치를 가지고 일한다는 데 동의한다. 소득이 빠르게 증가하면 가구는 단기적으로 소득이 변하는 것보다는 더 보수적으로 본인의 생애소득 예상치를 조정한다. 그들은 소득이 많은 기간에 저축하여 일생 동안의 소비 지출에 대비하려 하거나 목표로 하는 가계의 재산을 늘리려 할 것이다. 사람들은 소득 증가에 신중하게 적응한다. 인간 행동에서 습관의 비중은 매우 크다. 소비습관, 특히 소득이 낮을 때 형성된 신중함과 검소한 습관은 쉽게 변하지 않는다.
3. 생애주기 저축은 인구학적 배당과 상호작용하여 수십 년 동안 높은 절약 효과를 낸다. 8장에서 소개된 생애주기 저축의 개념은, 가계는 가족 구성원의 평생 소비에 대비하여 저축한다고 주장하고 있다. 소득은 일반적으로 30~55세에 정점에 도달하는데 1990년대 이후에 중국은 소득이 가장 높은 시기인 30~55세의 인구비중이 높아서 가계 저축률이 높은 것이라고 예측된다. 나중에 노령층의 인구비율이 높아지면 가계 저축률은 감소할 것이다. 그런데 중국의 저축에 관한 미시적 연구(즉, 개인 가구 데이터를 사용하는 연구)로는 이러한 관계를 입증할 수 없었다. 즉, 세대주가 고령인 경우에도 저축률이 여전히 높았다(Chamon and Prasad, 2010; Modigliani and Cao, 2004). 생애주기 저축에 대한 증거가 확실하지 않기 때문에 경제학자들은 다른 설명을 찾았다.
4. 중국 가계는 비정상적이라 할 만큼 저축에 대하여 강박적 의식을 가지고 있는 듯하다. 이 주장은 1980년대와 1990년대에 정부가 제공하는 사회보장이 급격히 감소한 것과 한 자녀 가구로의 전환에 근거한 것이다. 이러한 관점에서 중국의 부모는 전통적으로 노년을 자녀(특히 아들)에게 의존하였다. 출산율이 급격히 하락하는 것은 부모들이 늙

고 아플 때 자녀에게 의존하는 것이 점점 더 줄어든다는 것을 의미한다. 대부분의 농촌 가계는 정부의 지원을 기대하지 않으며 국영기업의 후한 연금을 받는 도시 거주자의 비율도 서서히 감소하였다.

5. 중국 가정은 새롭게 세대를 구성하는 경우 적용되는 독특한 규정으로 더 많이 저축할 수 있게 되었다. 중국에서는 젊은이들이 결혼할 때 신랑의 가족이 신혼부부에게 아파트 또는 주택을 마련해 줘야 한다는 통념이 있다. 논란이 있긴 하지만 이러한 통념이 신혼부부에게 부동산 자산을 제공하기 위해 대가족 구성원 모두의 저축을 증가시킨다고 주장한다. 첫 결혼의 평균 연령이 올라가고(2010년 인구조사에 따르면 남성은 27세, 여성은 25세), 특히 대도시의 주택 가격이 매우 비싸다는 사실이 위의 주장에 설득력을 제공하고 있다. 대규모 설문조사에 따르면 미혼여성 중 52%가 주택소유가 결혼의 전제조건이라고 생각하고 있다("Love and Marriage", 2012). Wei and Zhang(2009)은 갈수록 경쟁이 치열해지는 결혼시장에서, 예를 들어 남성은 30살까지 상당한 자금을 저축해야 한다고 주장하고 있다. 이러한 저축 패턴은 전통적인 생애주기 저축이나 미국 가계의 저축 패턴과는 그 양상이 크게 다르다고 할 수 있다.

생애주기 관련 선제적 저축 동기와 신혼세대 형성 동기 둘 다 중국의 한 자녀 정책의 강력한 영향을 보여 준다. 정부의 정책으로 유발된 가계 특성의 급격한 변화는 가계 저축 행태에 큰 변화를 가져왔다. Choukhmane, Coeurdacier, and Jin(2013)은 한 자녀 정책에 대한 여러 세대의 반응을 분석하면 핵심을 발견할 수 있다고 주장한다. 더 오래된 세대는 생애주기 저축을 늘리는 반면 젊은 세대는 결혼하기 위하여 저축을 한다. 결과는 생애주기 저축 모델과 반드시 일치하지만은 않지만 전 세대에 걸쳐 높은 저축률을 나타내고 있다는 사실이다.

우리가 중국의 금융시스템의 역설을 설명하려면 중국의 매우 높은 가계 저축률에 대한 설명이 필수적이다. 지난 10년간 중국 정부의 금융 억압으로 금융 저축의 수익률이 매우 낮았음에도 불구하고 중국 가계는 꾸준히 높은 저축률을 기록하였다. 이러한 모순은 중국 가계가 비정상적으로 높은 저축 성향을 가지고 있다는 사실로밖에 설명되지 않는다. 위에 열거한 다섯 가지 요소는 저축 성향을 설명하는 데 도움이 될 수 있다. 앞으로 다시 생애주기 과정의 근본적인 역동성이 다시 대두될 수 있으며 중국의 가계 저축률은 현재의 최고점에서 점차 낮아질 것이다.

19.3 중국의 은행제도

중국의 은행시스템은 지난 40년간 지속적으로 발전해 왔다. 중국의 명령경제 제도에서는 은행시스템만이 존재하였고, 주식 및 채권 시장은 일체 존재하지 못했다. 이러한 금융시스템을 개혁하는 것이 초기 개혁시대에 가장 시급한 과제 중 하나였다. 21세기 초에 전체 금융시스템의 지배적인 부분으로서 더욱 선진화한 은행시스템이 등장하였다.

19.3.1 명령경제 하의 은행제도

중국은 명령경제 제도 내에서도 충분히 발달한 금융기관들을 보유하고 있었다. 금융기관은 시장경제의 은행처럼 보였지만 완전히 다른 기능을 수행하였다. 가계와 기업 간 은행의 자금중개 기능은 그리 대단하지 않았다. 첫째, 가계소득이 엄격하게 통제되어 가계 잉여소득이 거의 없었으며 오늘날의 가계 저축률은 30% 이상이지만 1960년대와 1970년대에는 겨우 3% 미만이었다. 둘째, 그 당시 가계가 영위하는 사업은 거의 없었으며 명령경제를 집행하는 수많은 기관들이 현금성 거래 대부분을 주도하였다. 그 당시 경제의 가장 큰 부분인 농촌집체는 명령경제의 집행기관들과 주로 거래하였고 연말에 한 번만 현금결제를 받았다.

전반적으로, 명령경제 제도 내에서의 금융시스템은 매우 미성숙한 상태라고 평가된다. 정부가 운영하는 은행은 상품거래를 용이하게 하기 위한 외상 신용 및 지불 서비스 정도를 제공했을 뿐 투자 프로젝트에 합당한 장기성 대출은 없었다. 금융시스템은 순전히 "수동적"이었다. 이는 재무적 기준의 고려와 무관하게 중요한 경제적 결정이 이루어졌음을 의미한다. 어떤 프로젝트에 투자를 할 것인지는 정부가 정부예산을 할당하여 필요한 자금을 조달하였다. 은행은 단지 기계적으로 자금을 집행하는 창구에 불과하였다. 계획경제 시대에 은행들은 정부가 지배하는 단일 거대 은행의 하위조직이었기에 "단일은행(mono-bank)"이라고 불리기도 하였다. 영세규모의 농촌신용협동조합(Rural Credit Cooperative, RCC)을 제외하고 단일은행은 금융시스템의 모든 자산을 보유했다. 단일은행은 국영 경제부서 간 거래 장부를 보관하였고 대규모 소매금융 네트워크는 주로 국영 경제를 위해 빈약한 가계저축을 빼돌리는 데 사용되었다. 이 시스템은 비효율적이지만 중국의 모든 도시를 망라하는 거대한 네트워크가 있어서 전국적으로 결제시스템을 제공했다.

19.3.2 은행시스템을 위한 제도적 체계 구축

1980년대와 1990년대에 중국은 시장경제의 요구에 부응하기 위해 은행시스템을 개편해야 했다. 첫 단계는 단일은행을 분해하여 목표와 기능이 다른 다양한 금융기관으로 전환하는 것이었다. 1980년대에 중국인민은행(People's Bank of China, PBC)은 나머지 단일은행과 분리되어 참된 의미의 중앙은행으로 전환하는 오랜 과정을 시작했다. 4개의 국영 상업은행("빅4")은 단일은행에서 분리, 조직되어 독립적인 정체성과 지정된 영업부문을 담당하게 되었다. 1994~1995년에 상업은행과 PBC를 위한 법적 틀을 제공하는 새로운 법률이 통과되었다. 정부가 지시하여 빅4가 집행하는 대출을 인수하기 위해 3개의 국영 "정책은행"이 설립되어 빅4가 진정한 의미의 상업은행이 되도록 하였다. 2003년에 중국은행규제위원회(China Bank Regulatory Commission, CBRC)가 설립되어 제도적 구성을 완료하였으며 신중하게 심사를 거친 다수의 국내은행과 합작은행이 설립되었고 몇몇 외국은행 자회사의 설립도 허용되었다. 따라서 세기가 바뀌자마자 중국은 중앙은행(PBC), 규제기관(CBRC), 그리고 다양한 상업은행 및 비은행 금융기관을 포함하는 완전한 금융시스템의 시대로 진입하게 되었다.

19.3.3 은행시스템의 구성

은행시스템의 진화와 관련, 예전 빅4의 독점적 점유율은 2015년에는 전체 은행시스템 자산의 39%로 감소하였으나(표 19.2) 금융부문이 진입장벽을 허물었다고 해서 단순히 성장한 것은 아니다. 오히려 신설은행 설립은 신중하게 검토되었고 거의 모든 신규은행들은 중앙 또는 지방 정부와 밀접한 관계를 맺고 있다. 주요 신설은행 중 어느 은행도 진정한 의미의 민간소유 은행이라고 할 수 없으며 2014년 중 몇 개의 소규모 민간은행만이 허가를 받았다. 동시에 빅4는 자본금 확충 등 구조조정(분해)한 뒤 성장을 거듭하여 현재 세계에서 가장 크고 수익성 높은 은행으로 발전하였다.

19.3.3.1 분해된 대형 국영은행

분해된 대형 국영은행은 원래 빅4 국영 상업은행과 통신은행(Bank of Communications)이다. 이들은 전국적으로 수십만 명의 직원과 지점을 보유한 거대한 조직이며 지배적인 예금수취 기관이다. 이들 각자는 각자의 역사적 뿌리에서 기원하여 독특한 성격을 지니고 있다. 공상은행(Industrial and Commercial Bank of China, ICBC)은 오래된 단일은행의 도시에 위치한 은행지점을 모두 인수하여 오늘날 자산규모 기준 세계 최대, 상장주식 시가총액 기준 세계 3위의 은행으로 발전하였다. 건설은행(Construction Bank, CCB)은 프로젝트 파이낸싱에 중점을 둔 단일은행 부문에서 진화하였고, 중국은행(Bank of China, BOC)은 단일은행의 대외무역 및 외국환업무 부문에서 발전하였다. 현재 CCB와 BOC는 가장 신속하게 구조조정을 마친 후, 더 높은 수준의 전문성과 더 적은 수의 지점을 보유하게 되었다. 농업은행(Agricultural Bank of China, ABC)은 저소득 농촌지역에서 운영되고 직원 수가 가장 많기 때문에 가장 어려운 환경에 직면해 있다. 빅4는 모두 주식시장에 상장되어 있지만 정부가 지배적인 지분을 유지하고 있다. 19.3.4절에서 논의한 대로 빅4의 시장점유율은 꾸준히 감소했지만 그들이 수익성 있는 상업은행으로 전환한 것은 성공적이라고 평가되어야 한다.

19.3.3.2 정책은행

빅4는 상대적으로 축소되었지만 3개 정책은행은 꾸준히 점유율을 높여 오고 있다. 중국개발은행(China Development Bank, CDB), 농업개발은행(Agricultural Development Bank), 그리고 중국수출입은행(China Export-Import Bank)은 가장 직접적인 정부통제

표 19.2 은행 유형별 자산 비중 (단위: 개, 명, %)

	은행 수	종업원	2003	2007	2010	2013	2015
정책은행	3	62,947	7.7	8.1	8.0	8.3	9.7
분해된 대형 정부은행	5	1,730,291	58.0	53.7	49.2	43.3	39.2
합자 상업은행	12	402,432	10.7	13.7	15.6	17.8	18.6
도시 상업은행	133	370,124	5.8	6.5	8.2	10.0	11.4
농촌은행 · 농촌신용협동조합	2,303	859,248	9.7	10.5	11.2	12.1	12.4
비은행 금융기관			3.3	1.8	2.2	2.6	3.3
외국계 은행	40	46,730	1.5	2.4	1.8	1.7	1.3
우편 저축은행			3.2	3.3	3.7	4.1	4.2

자료: CBRC (2015, 192, 202).

아래 있으며 중국 은행시스템의 일부를 구성한다. 3개 정책은행은 모두 중국 정부가 다양한 중간 기관을 통해 100% 소유하고 있다. 빅4를 정부의 영향으로부터 독립시키기 위하여 1995년 설립된 정책은행은 2003년 이래 재개된 정부주도 산업정책으로 상당히 중요한 역할을 수행해 왔다. 중국개발은행(CDB)은 2015년에 12조 6,000억 위안의 자산을 보유하여 3개 중 가장 크고 가장 중요하다. 3개 개발은행은 모두 중요한 역할을 수행하지만 지면상 제약으로 여기에서는 CDB만 논의하기로 한다.

CDB의 핵심 임무는 대규모 인프라 프로젝트 및 우선순위 중공업에 장기 자금을 제공하는 것이다(Sanderson and Forsythe, 2012). 많은 프로젝트는 중앙정부, 종종 국무원이 은행에 직접 배정한다. CDB는 방대한 규모의 삼협댐, 미래 전략산업(15장) 그리고 정부주도 대규모 주택사업에 자금을 지원하였다. CDB는 또한 대규모 국제간 대출을 제공하며(Downs, 2011), 중국의 인프라 연결을 해외로 확장하기 위해 설계된 일대일로(Belt and Road Initiative) 정책 집행의 주요 자금원 역할도 하고 있다. CDB는 2014년 기준 세계은행의 총 대출 포트폴리오보다 많은 267억 달러의 외화표시 대출금을 보유하고 있다.

CDB 자금원은 예금이 아니라 상업은행이 대부분을 매입하는 CDB의 채권 발행이다. 상업은행의 CDB 채권 매입은 강제 사항이기에, 이 채권은 실질적으로 은행시스템에 부과되는 세금에 해당한다. 정부와의 긴밀한 관계에도 불구하고 CDB는 양질의 전문조직을 구축하기 위해 노력하였고 잘 운영돼 오고 있다. 차주에 대해서도 엄격한 재무적 준수사항을 부과하며 때로는 매우 독창적이기까지 하다. CDB는 20장에 기술된 지방정부자금조달기구(local-government financing vehicle, LGFV)를 만들었다. 1998년 CDB는 한 시 정부가 토지 권리와 진행 중인 투자를 매개로 새로운 회사를 자본화하는 것을 도왔다. 이 투자회사는 미래에 토지 판매로 발생할 수입을 담보로 제공하고 지방정부가 원리금 상환을 보증하는 방식으로 대규모 차입에 성공하였다. 2008년 말 글로벌 금융위기가 닥쳤을 때 이 프로그램이 대규모 경기부양책의 일환으로 활용되기도 하였다.

19.3.3.3 합자 상업은행

1986년 이후 12개의 합자 상업은행(Joint-Stock Commercial Bank, JSCB)이 설립되었다. (통신은행은 JSCB를 졸업하고 다섯 번째로 분해된 국영은행이 되었다.) 각 JSCB는 전국적인 네트워크를 가진 새로운 시장 진입자로, 정부주도 계획경제 시대로부터 이어져 온 폐해로부터 상대적으로 자유로운 입장이다. JSCB는 보다 젊고 전문성이 있는 직원을 채용하였고 부실자산 규모도 상대적으로 작다. JSCB는 2015년 전체 은행시스템 자산의 18.6%에 달할 정도로 꾸준히 시장점유율을 끌어올렸다. 대부분의 JSCB는 증권거래소에 상장되어 있으며 일반대중은 소수의 주식을 보유하고 정부가 우회하여 대규모 지분을 보유하는 방식으로 절대적 영향력을 행사한다. JSCB는 새로운 업무분야를 개척하였다. 상장된 대형은행은 모든 유형의 상품과 서비스를 제공하는 것이 일반화되어 어느 한 분야에 특화하거나 전문적이지 못한 반면 JSCB는 특정분야에 전문화된 비즈니스 모델을 자유롭게 구축할 수 있다. 일례로 JSCB는 외국은행과의 제휴를 통해 신용카드 프로그램 개발에 앞장서 왔다.

19.3.3.4 도시 상업은행

133개 도시 상업은행은 도시에 위치한 소규모 기업에 금융서비스를 제공하기 위해 1980년대에 설립된 도시 신용협동조합에서 발전하였다. 대부분의 도시 상업은행은 단일 지역에서 운영되며 종종 지방정부에 의해 통제된다. 도시 은행은 JSCB에 비해 관리가 허술하고 부실자산의 비율이 높음에도 불구하고 지방정부의 후원으로 2015년 기준 은행부문 총자산의 11.4%를 점유할 만큼 성장하였다.

19.3.3.5 농촌 상업은행과 농촌 신용협동조합

농촌 신용협동조합(RCC)은 명령경제 시대 단일은행에 소속되지 않은 유일한 금융기관이었다. 그들은 농촌에 무역금융을 제공했고 가난한 농민들이 현대식 농업투입물을 구입할 수 있도록 지원하였다. RCC는 농촌개혁의 초기단계에 번성하여 지역의 저축을 고수익 향진기업(TVE)으로 유도하였다. 1980년대 번창 이후 RCC 네트워크는 1990년대에 악성부채와 경영실패로 어려움을 겪기 시작했다. RCC는 저소득인 농업부문을 지원하는 정책대출을 요청받았으며 소규모 신용협동조합의 광범위한 네트워크는 본질적으로 비용이 많이 들었다. 2003년 이후 정부는 RCC에 자금을 수혈하고 RCC가 협동조합은행이나 상업은행으로의 합병을 유도하여 RCC를 구원하는 데 성공하였지만 때로는 이 과정에서 지방정부나 민간기업이 그 비용을 지불하기도 하였다. 2015년까지 RCC는 은행부문 총자산의 12.4%까지 점유율을 늘렸다(표 19.2).

19.3.3.6 기타 은행부문 기관

위에 기술한 다섯 가지 은행 유형은 2003년부터 2015년까지 은행부문 총 자산의 91~

92%를 일관되게 차지하고 있다. 다른 유형의 금융기관으로는 문제가 있는 일본의 우편은행시스템을 모방하여 설립된 우편저축은행(Postal Savings Bank)이 있다. 비은행 금융기관에는 리스 및 자동차 금융, 신탁회사 및 신용보증회사가 있으며 이들은 모두 금융시스템의 틈새 영역에서 중요한 역할을 하고 있다.

중국의 민간은행은 어떤가? 중국시장에서 외국계 은행의 부진은 표 19.2에 명백히 나타나 있다. 외국계 은행은 2007년 은행부문 총 자산의 2.4%로 최고 수준을 달성하였으나 2015년에는 1.3%로 그 점유율이 하락하였다. 이러한 외국계 은행의 부진은 중국 정부가 외국은행 영업을 제한하기 위하여 현지 통화인 위안화 자금조달을 제한하거나(특히 지점 네트워크가 약한 경우) 매우 높은 자본비율을 요구하는 등의 규제 때문이라 할 것이다. 2014년 중국 당국은 5개의 민간은행 설립을 승인하였다. 알리바바의 개미금융공사(Alibaba's Ant Financial Corporation)가 지배하는 은행을 포함하여 두 곳은 "인터넷 전용" 은행으로 설립되었으며 민간은행 중 세 곳은 새롭게 시도되는 무역금융 영역을 주요 업무분야로 하고 있다. 물론 중국경제에는 민간은행 활동이 성행하고 있지만 확실한 법적 근거가 있는 것은 아니다. 중국에는 방대한 규모의 비공식적인 사금융 시장이 존재한다(Tsai, 2004). 민간의 "지하금융"은 신용이 취약한 가계와 기업에 신속하고 단기적이며 비싼 신용을 제공하는 데 중요한 역할을 한다. 조직화된 은행시스템에서 민간부문 역할은 아직 매우 미미한 실정이다.

19.3.3.7 은행부문 구성: 결론

은행부문은 주목할 만한 다각화 과정을 거친 결과 현재는 거의 모든 종류의 금융 수요자의 요구를 충족시킬 수 있는 은행들이 있다. 이러한 시스템은 20년 전보다 훨씬 더 전문적으로 서비스를 제공하고 10년 이상 큰 수익을 창출해 왔다. 동시에 금융시스템은 10년 전과 마찬가지로 정부에 의해 거의 완벽하게 통제되고 있으며 개인 및 외국자본이 소유하는 지분은 여전히 제한적이다. 중앙은행이 통제하는 은행—정책은행, 분해된 대형 국영은행 및 우편저축은행—은 2015년 기준 은행부문 총 자산의 53%를 차지하고 있다. 나머지 42%는 지방정부와 밀접한 관계를 맺고 있는 도시 상업은행 혹은 JSCB 그리고 중앙정부가 상당한 지분을 가지고 있고 지방정부와 밀접한 관계를 유지하고 있는 지방은행이 차지하고 있다. 중국은 광범위한 정부 영향력을 유지하면서 은행시스템을 다각화하였는데 실제로 특히 빠르게 성장한 정책은행과 도시 상업은행은 중앙정부의 영향력을 증가시켰다. 정책은행은 중앙정부의 명령을 공식적으로 수행하는 반면, 도시 상업은행은 지방정부와의 결속으로 어느 정도의 독점력을 유지하고 있다. 정부의 지속적인 통제로 인해 개인 및 소규모 기업은 그들에게 명목상으로 유리한 정책에도 불구하고 은행서비스에 접근하는 데 어려움을 지속적으로 호소하고 있다.

19.3.4 은행시스템의 구제금융과 구조조정

"패자 없는 개혁"(1978~1993년) 기간 동안 은행시스템은 경쟁이 치열해지는 가운데 비효율적인 기업을 보호하는 데 중요한 역할을 했다. 연성 예산제약으로 은행은 부실한 회사에 대해 대출을 지속하였고 그 결과 소위 "좀비 기업"들도 살아남게 되었다. 필연적으로 부실채권(nonperforming loan, NPL)들이 대규모로 축적되었고 1990년대 중반 즈음 은행시스템은 거의 절망적인 상태에 처하게 되었다(Lardy, 1998, pp.92~127). 마지막으로 한국과 태국같이 잘나가던 경제에 막대한 비용을 초래하였던 1997~1998년의 아시아 금융위기는 SOE들을 지탱하기 위하여 은행시스템을 무리하게 이용한 결과로 위험을 초래하였고 정부는 은행의 도산을 막기 위하여 엄청난 규모의 자금을 투입하게 되었다.

19.3.4.1 구제금융과 구조조정

1998년에서 2006년까지 중국 정부는 자금을 투입하고 구조조정을 지속적으로 단행하여 은행시스템의 건전성을 회복하였는데, 다음과 같은 4단계 핵심적인 조치를 취하였다.

1. 은행의 예산제약 강화. 치열한 정치적 과정을 통하여 정부는 국가부문의 주요 축소비용을 기꺼이 부담하기로 하였다. 5장과 18장에서 설명하였듯이 은행시스템에 대한 통제가 중앙 집중화 되었다. 여신담당 책임자가 위험 포트폴리오에 대하여 본인이 책임을 지도록 하고 부실대출이 발생하는 경우 엄중한 처벌을 받았다. 이러한 조치의 주요 목표는 적자를 시현하는 SOE들에 대한 자금 흐름을 중단시키는 것인데 이를 달성할 수 있는 유일한 방법은 은행 내부 및 외부로의 자원의 흐름을 막을 수 있는 강력하고 새로운 인센티브 환경을 조성하는 것이었다.
2. 대규모 NPL에 대한 구제금융 지원. 정부는 기존 NPL의 부담을 덜기 위해 수십억 위안을 은행시스템에 주입했다. 1998년에 정부는 2,700억 위안의 특별 공채를 발행하여 조성된 자금을 상업은행에 투입하였다. 그것도 충분하지 않아서 빅4 상업은행이 주도하여 4개의 국영 자산관리회사(asset-management company, AMC)를 설립하였다. AMC는 빅4 상업은행에서 총 1억 4,000억 위안에 달하는 NPL을 액면가로 매입하였다. 은행들은 2001년 GDP의 약 15%에 상당하는 비용으로 은행권 NPL 부담의 약 절반을 경감했다
3. 은행의 구조조정. 은행은 자체적으로 내부 구조조정 절차를 시작해야 했다. 은행들은 최근에 발생한 NPL에 대해서는 결손처리를 위해 그들의 재정자원(대손충당금)을 사용해야 했고 내부관리, 감사시스템 및 통제를 한층 강화하였다. 그들은 결국 조직을 축소하는 등 더욱 효율적으로 운영해야 했다. 건설은행(CCB)이 이와 같은 과정에서 솔선수범을 했다. 그들은 수십억 위안에 달하는 부실대출을 처분하거나 상각하였고 직원의 1/4을 감축하였으며 지점의 1/3을 폐쇄하고 은행 IT분야와 내부통제 시스템에 중점적으로 투자하였다. 이러한 조치들을 취하고 나서야 CCB는 자본 확충의 선행조건

을 충족하게 되었던 것이다.

4. 자본 확충 및 주식시장 상장. 2004년 말 CCB와 BOC는 중국의 외환보유고로부터(즉, 중앙은행으로부터) 자본 확충을 목적으로 450억 달러를 제공받았으며 후이진 공사(汇金公司)라는 새로운 법인이 은행 지주회사(기업들에 대한 SASAC와 마찬가지로)로 설립되었다. 현금투입은 자기자본으로 사용되었으며 CCB와 BOC는 처음에는 후이진 공사 소유였지만 이후에 합자회사 형태로 구조조정 되었다. 그 다음으로, CCB의 전략적 주식지분은 해외 투자자에게 매각되었는데 특히 미국의 Bank of America(BOA)에 8.7%, 싱가폴의 국부펀드인 Temasek에 6%, 마지막으로 2005년 10월 CCB는 홍콩 주식시장을 통해 12% 지분을 매각하면서 상장되었다. 670억 달러의 시가총액을 기록한 성공적인 주식 상장이었다. CCB의 지분 70% 이상을 아직 정부가 소유하고 있지만 상장을 계기로 CCB는 추가적인 자금도입과 선진적인 업무기량을 습득할 수 있었고 CCB의 영업실적은 주가로 반영되게 되었다. 기타 국영은행인 BOC와 ICBC는 2006년에, 농업은행은 2010년에 상장되었다.

19.3.4.2 평가

전반적으로 중국 은행시스템의 구조조정은 엄청난 성과였다. 표 19.3에 따르면, 이를 통하여 빅4 은행은 막대한 NPL 부담으로부터 상당부분 해방되었고, 유동성 위기를 피해 가면서 더 근본적인 은행개혁을 준비하게 되었다. 빅4는 각자의 외국은행 주주로부터 상당한 경영 노하우를 전수받았는데, 외국은행 주주들은 대부분 2009년 글로벌 금융위기의 여파로 그들의 보유지분을 크게 줄였다.

이러한 구조조정 과정은 엄청난 대가를 지불하였다. GDP의 거의 1/3에 육박하는 약 3조 5,000억 위안에 달하는 부실채권이 상각처리 되었으며 일부 회계적인 요령도 NPL 제거에 사용되었다. AMC는 원래 중앙정부가 보증하는 채권을 발행하고 상업은행에 매각하여 NPL 매수자금으로 충당하였다. AMC는 NPL 액면가의 일부만(2006년 초 기준 24%) 회수할 수 있었으며 그들의 손실은 세금 감면, 채무 탕감, 그리고 시중은행들의 AMC 지분 재매수 등의 수단으로 손실을 보전하였다. 그럼에도 불구하고 엄청난 어려움을 겪고 있었던 상업은행의 NPL 부담은 성공적으로 제거되었다.

은행의 구제과정에서는 어느 정도의 회계적인 처리가 발생한다. 그 주요 특징은 "스톡(stock)" 문제와 동시에 "플로우(flow)" 문제라는 상호 상충적인 문제를 해결해야 하는 것이다. 대차대조표 상에 기재된 부실채권은 주로 과거의 부실한 의사결정의 유산인데 그러한 부실채권은 가능한 한 빨리 상각처리 되어야 한다. 반면, 플로우 문제는 향후에는 부실여신을 줄여야 하고 그러기 위해서는 매우 엄격한 심사기준을 채택, 적용하여야 하는 문제이다. 첫 번째 조치는 은행에 대한 구제금융이고, 두 번째 조치의 성공여부는 향후 "두 번 다시" 이러한 구제조치를 기대할 수 없다는 것을 얼마나 확실하게 주지시키는가에 달려 있다. 이는 일관성의 문제이다. 지금 은행을 구제한다면, 향후에 또다시 그러지 않을 거라고 어떻게 자신할 수 있는가? 어떻게 하면 은행이 과거의 행태(연성 예산제약)를 반복하지 않고 새로운 부실대출을 방지할 수 있는가?

실제로, 급진적인 경제개혁은 약속에 대한 신뢰할 수 있는 해답을 주는 데 도움이 되었다. SOE의 실질적 개혁이 이루어졌던 1996년 이전까지 누적된 NPL만이 AMC의 매입 대상이 되었다. "오래된 부실" 대출 관행과 시장개혁 이후 "새롭고 선진화된" 대출 사이에 일종의 방화벽이 설치되었다. "두 번 다시" 구제금융은 없다는 접근방식이 최소한 부분적으로는 신뢰할 만하였다. 게다가 은행은 구조조정으로 인해 선진화된 회계처리, 인센티브 및 투명성 등 과거와는 전혀 다른 조직으로 탈바꿈하게 되었다. 결과적으로 은행에 대한 구제금융은 단지 경제를 개혁해 가는 과정에서 발생한 일회적인 이벤트일 뿐이라는 인식을 믿기에 이르렀다. 마지막으로 거대경제로 더욱 성장하면서 구시대의 NPL은 관리 가능한 수준이 되었다.

19.4 자본시장: 주식

주식시장은 현대사회의 금융시스템에서 매우 중요하고 선명하게 부각되는 부분이다. 시장 기반 시스템에서 주식시장은 세 가지 필수 기능을 수행한다. (1) 기업금융에 중요한 채널을 제공한다, (2) 시장에 의한 기업통제가 가능하게 하여 기업 외부인들이 저평가된 회사의 주식을 매수하거나 경영진을 교체하는 것이 가능하도록 한다, (3) 주가는 경영진의 보상과 직접 연관되는 경영성과에 대한 민감한 평가를 제공한다.

19.4.1 중국 증시 개요

중국 주식시장에 대한 경험적 평가는 그리 고르지 못했다. 중국 주식시장은 1980년대 후반 상하이(上海)와 선전(深圳)의 지방정부가 중앙정부의 승인을 얻기 위해 지방정부 정책기업가의 도움으로 주식시장제도 구축에 자원을 투자하면서 시작되었다. 1991년 중앙정부는 상하이 증권거래소 개발이 상하이 푸동 특구의 개발 가속화로 접어들면서 축복을 가져다 주었다. 1990년대 후반, 중국 주식시장은 빠르게 확장되었으며 오늘날엔 시가총액과 매출부문에서 세계에서 가장 큰 거래소 중 하나이다. 중국은 기술적으로 효율적인 시장 운영 시스템을 구축하여 수천만 명의 개인이 중앙관리 계정으로 결함이나 충돌 없이 주식을 안전하게 거래한다. 정보공개는 비상장기업보다 상장기업이 훨씬 좋다.

2012년 이후, 소규모 및 신생 기업을 위한 시장이 개장되면서 주식시장의 한 축을 구성하게 되었다. 전체적으로 중국은 소기업을 위한 피라미드 형상의 다단계 주식시장을 개설하였다. 정점에는 상하이와 선전의 주요 위원회가 있고, 위원회에는 2,797개의 회사가 상장되어 있다(2015년 6월말). 다음 단계는 수만 개의 회사가 상장되어 있는 중소기업 시장이며, 이 아래에 위치한 ChiNext Market(创业板市场)이 2009년 10월 선전 증권거래소에 설립되어 전자 및 제약 같은 고성장부문의 회사들이 상장되어 있다. 마지막으로 2015년 미국의 OTC(over-the-counter) 게시판과 유사한 장외거래시장이 설립되어, 다른 주식시장의 상장요건을 충족하지 못하는 회사들의 주식 양도가 가능해졌다. 그리하여 전반적으로 중국은 거대하고 다양한 주식시장을 발전시켰다.

그럼에도 불구하고 일부 중요한 문제는 해결되지 않았다. 상하이 거래소에 상장된 대부분의 대기업은 여전히 국가의 통제 하에 있다. 주식시장은 전통적인 SOE들을 주식회사 및 유한책임회사로 전환하는 과정(14장)의 일환으로 국유기업이 거래소에 상장되고 소수지분이 개인투자자에게 매각되어 주식지분의 "부분적인 민영화"의 계기를 마련하였다. 이로 인해 새로운 주주가 회사에 초대되었고 더 나은 정보공개를 위한 채널이 제공되었으며 향후 추가적인 사유화를 도모할 수 있는 첫 단계가 마련되었다. 확실히 주식시장 상장은 SOE들을 위한 새로운 자금 공급원을 제공하여 초기 공모(initial public offering, IPO)로 자금을 조달하고 지배주주는 소수지분 매각으로 자금을 확보하면서도 다수지분을 통해 통제권을 유지하였다. 이것은 그야말로 서로가 승리하는 제안인 것 같았다.

이러한 이유로 중국의 주식시장은 빠르게 성장했다. 그러나 정부의 통제와 소수지분 매각의 조합은 그 이후로 주식시장의 건전한 발전을 방해해 온 "원죄"인 것으로 판명되었다. 정부는 상장 국영기업에 대한 통제권을 거의 완화하지 않았으며 중국 증권거래소는 진정한 의미에서 민간이 기업을 지배한 적이 없다. 그 결과 시장은 정부의 정책결정에 크게 의존하게 되어 낙관론과 비관론 사이의 정책변화에 대한 기대의 변동에 따라 큰 변동성을 나타내었다. 개별 주식의 움직임이 해당 기업의 펀더멘털에 의해 결정되기보다는 정부정책에 의하여 발생하는 호황과 불황 사이클에 의해 결정되는 동조화 현상을 보이게 되었다. 그림 19.2는 GDP에 비례하여 중국 증시(상하이와 선전이 합쳐진)의 성장과 중국 시장을 위협했던 호황과 불황의 패턴을 보여 준다. 주식은 1993년, 2000년, 2007년, 그리고 2015년에 급등하였으며 신흥시장은 일반적으로 변동성이 높지만 그 중에서도 중국시장의 경험은 극단적이라 할 것이다.

19.4.2 기업통제와 주식유통에 대한 제약

SOE 상장의 거의 대부분의 경우, 정부가 대주주 지분을 보유하였고, 혹여 기업 내부 임직원들에 의한 사유화를 우려하여 정부는 그들의 보유 주식에 대한 매매를 금지하였다. 2007년까지 그들이 소유한 대부분의 주식은 법적으로 유통 불가한 주식으로 남아 있었다(그림 19.2). 2007년에서야 외부 주주가 합의한 경우에 한하여 기업이 비유통 주식을 유통 가능한 주식으로 전환할 수 있는 프로그램이 도입되었다. (이 프로그램에 대한 낙관론이 2007년 주식시장 붐의 원동력 중 하나로 작용하였다.) 프로그램은 성공적이었다. 2015년 중반까지 대부분이 유통 가능한 주식으로 전환되었고 비유통 주식은 전체의 10% 미만

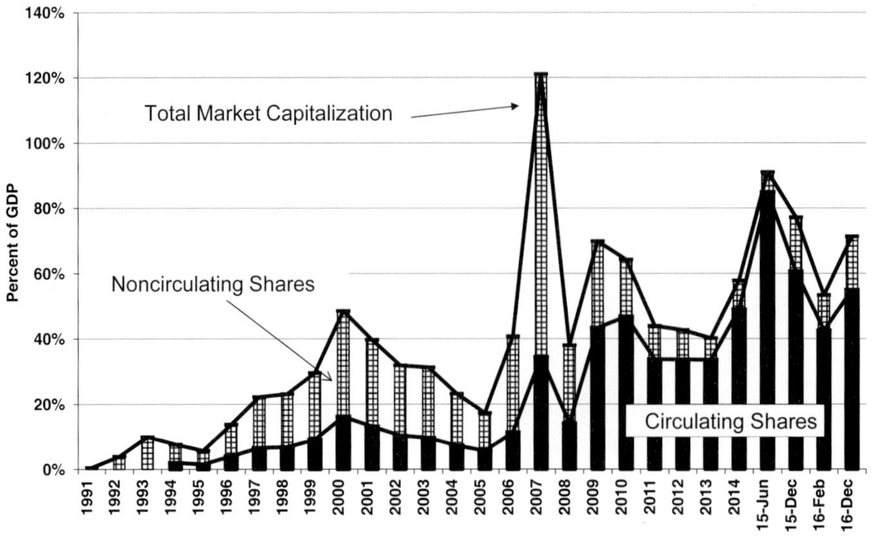

그림 19.2 GDP 대비 주식 시가총액
자료: China Securities Regulatory Commission, http://www.csrc.gov.cn/pub/newsite/sjtj/.

으로 감소하였다. 그러나 법적으로 비유통 주식의 수는 감소했지만 대부분의 경우 정부 및 SOE 주주들이 지배력을 유지하기 위해 절대적 대주주 지분을 보유하고 있기 때문에 유통 주식의 물량은 제한적일 수밖에 없었다. 2015년 상반기 주식시장의 활황은 6월 12일을 정점으로 그 이후 시장조정은 거의 공황상태로 급변하였다. 주요 지수는 40%씩이나 하락하였으며 정부는 시장의 파멸을 막기 위해 적극 개입하였다. SOE들은 그들의 주식 보유 물량을 그대로 유지할 것을 지시받거나 혹은 주가하락을 막기 위해서 주식을 매수하기까지 하였다.

이러한 조치의 결과로, 2015년 6월 이후 유통 불가 주식의 비율은 다시 증가하였고 주식시장이 순수한 의미의 시장기능을 회복할 수 있는 기회를 상실하였다. 정부의 과다한 주식소유 문제의 심각성이 악화되었다. 2007~2008년 중 주가하락이 2015년 하반기보다 더욱 심각했음에도 불구하고 당시 정부가 시장개입을 자제했던 예에 비추어 볼 때, 2015년 당시 정부의 시장개입은 의외의 조치라 할 것이다.

서유럽 국가에서 국영기업이 여러 차례의 분할매도를 통하여 민영화에 성공한 사례가 수차례 있었지만 중국은 그렇지 못하였다. 정부의 기업에 대한 통제가 확고한 가운데 민간 주주가 기업을 통제할 가능성은 거의 없었다. 경영진은 적대적인 인수, 합병을 걱정할 필요가 없으며 기업지배구조 개선에 있어 주식시장의 역할은 매우 미미한 상태이다. 중국 증권거래소는 기업을 효율적으로 통제하는 시장으로 기능하지 못하였다.

19.4.3 정책주도의 시장접근권한 배분

주식시장 상장은 기업에 매우 유익하므로 주식 상장에 대한 수요는 크다. 주식시장이 설립된 이후, 규제당국은 공식적 혹은 비공식적으로 상장할 수 있는 권리를 배분하는 방식으로 통제해 왔다. 즉, 기업은 상장 요건을 충족하는 것 이외에 상장 허가를 획득하기 위해 당국에 서로 로비하며 경쟁하였다. 이러한 까닭에 기업 가치를 정확하게 평가할 수 있는 시장의 능력이 더욱 왜곡되었다. 2011년 시장하락 후 신규 IPO가 중단되었고 2015년 초에 잠시 재개되었다가 2015년 6월 시장폭락 이후에 다시 중단되었다. 원칙적으로는 규제당국의 허가는 더 이상 필요하지 않게 되었지만 상장하고자 하는 기업은 아주 많이 대기 중인 상태이다.

바람직한 주식공급이 제한되어 있기 때문에 주가는 매우 높게 형성되는 경향이 있다. 각각의 시장 정점(2000년, 2007년, 2015년)에서 중국 주식의 PER(price/earning ratio; 주가수익비율)가 40을 초과할 정도로 중국 주식은 지나치게 비싸졌다. (미국 S&P 500 주가수익비율은 역사적으로 15~25였다.) 물론 빠르게 성장하는 기업은 미래가치를 반영하여 높은 PER가 정당화될 수 있지만 중국 A주식(내국인 전용이었으나 2002년 외국인에게 일부 허용)의 주가는 이를 고려하더라도 지나치게 고가라 할 것이다.

이러한 환경에서 중국의 주식시장은 불가피하게 정부의 정책적 변화에 의해 주도될 수밖에 없다. 연구결과에 따르면 주식시장의 변동은 개별 기업의 펀더멘털보다는 정부정책의 변화, 특히 시장의 유동성에 영향을 미치는 정책적 변화에 대해 더욱 민감하게 반응하는 것으로 나타났다. 당국이 실질적으로 기업 상장을 규제하고 있기에 시장은 주가를 부양할 유동성 공급은 환영하지만 주식 공급을 확대하는 정책변화에 대해서는 알레르기 반응을 보인다(유통 주식의 확대는 주가를 하락시킬 것이기 때문에). 중국 정부는 투자자들이 당국의 주식시장에 대한 정책적 변화 여부에 투기를 하도록 조장하고 있으며 2015년 정부 개입에 의한 주가 상승기에 정부가 오히려 시장에 대량으로 물량을 매도할 것이라는 우려로 투자자들은 단념했었다.

19.4.4 시장 참여자

변동성, 높은 매매 회전율 및 정책 중심의 변동성 같은 중국 주식시장의 특성 중 일부는 시장 참여자의 구성과 관련이 있는 듯 보인다. 뮤추얼펀드, 연기금 및 보험회사와 같은 기관투자자들은 기업지배구조 및 실적 개선에 장기적인 관심을 가진 "참을성 있는" 소유주 역할을 하므로 시장의 건강한 발전에 기여하고 있다. 그러나 중국시장에서 기관투자자의 비중은 낮다. 중국증권규제위원회(China Securities Regulatory Commission, CSRC) 통계에 따르면 2014년 말, 뮤추얼펀드(5.9%), 보험회사(3.9%), 외국 투자기관(QFII)(1.7%), 신탁 및 기업펀드(1.5%), 사회보장기금(1.2%) 등의 기관투자자를 포함한 "전문적 투자기관"이 총 주식의 14%만 보유하고 있다(CSRC, 2014, pp.21~22).

때때로 개인투자자가 중국시장을 지배한다고 하지만 실제로는 총 주식의 25%를 보유하고 있을 뿐이다. 반면, 주식의 61%는 두 종류의 “일반 기관투자자”들—(1) 상장 회사의 모기업, (2) “민간 투자펀드” 및 증권회사가 관리하는 투자—이 보유하고 있다. 증권회사는 추정기관에 따라 A주식 총 시가총액의 약 15~20%를 보유하고 있으며 이들은 뮤추얼펀드보다 헤지펀드에 가까운 투자 패턴을 보이고 있다.

19.4.5 신자유화정책

2013년 11월 3중전회(三中全会)에서 결정된 중국 증시의 확대 및 자유화를 위한 주요 추진정책으로 세 가지 중점사항(State Council, 2014)은 주목할 가치가 있다.

첫째, 소규모 거래소는 확장되고 자유화되었으며 상장을 위한 자본 및 수익성 요건은 완화되었지만 정보공개에 대한 더 엄격한 규칙이 적용되었다. 둘째, 자본, 수익성 및 정보공개에 대한 객관적인 표준을 충족하는 기업은 원칙적으로 주요 위원회에 상장할 수 있도록 한다. 기업 상장과 관련된 당국의 관여와 개입은 종식될 것. 셋째, 중국의 주식시장을 국제화할 것, 즉 외국인 투자자들에게 개방할 것.

이 프로그램 전체는 2015년 여름 시장 붕괴에 따라 근본적으로 동결되었다. 그럼에도 불구하고 중국 주식시장이 재개되는 시점에 활력을 줄 수 있는 몇 가지 중요한 제도적 조치가 취해졌다. 2014년 11월 상하이와 홍콩 주식시장의 교차 투자가 가능해졌다. 이 프로그램은 중국과 홍콩의 투자자가 자국의 중개인을 통해 다른 관할권에서 직접 주식을 구매할 수 있도록 하는 프로그램이다. 홍콩 투자자는 홍콩 거주지가 없어도 되므로 홍콩 중개인을 통해 모든 사람에게 중국 주식시장을 효과적으로 개방할 수 있다. 상장이 재개되면 정부의 주식보유가 감소하기 시작하고 시장이 안정되거나 가치가 상승하면 시장은 다시 활기를 띠게 된다. 특히, 중국 주식시장은 국제화의 문턱에 도달했지만 실제 외국인의 중국주식 보유비율은 여전히 2% 미만에 불과하여 완전한 국제화와는 거리가 먼 수준이다. 통상 순수한 의미의 완전한 주식시장 국제화는 외국인 투자비율이 약 20~45% 수준을 의미한다.

19.4.6 중국 증시의 비교평가

2013년 말 이후 중국 증시(상하이 및 선전)의 시가총액은 GDP의 40%에서 100% 사이에서 변동하였는데 이는 인도(69%), 인도네시아(43%), 일본(62%) 그리고 한국(97%)과 비슷한 수준이다. 그러나 중국의 금융시스템이 심화된 정도와 GDP의 2배 이상인 M2화폐가 공급되어 있는 사실을 감안할 때 중국의 주식시장은 오히려 저평가되어 있는 것이 확실하다. 거대한 규모의 비유통 주식을 동일한 시가로 평가하였기에 오해의 소지가 충분히 존재하지만 중국의 주식시장은 여전히 중국경제 전반의 발전 상황에 비추어 볼 때 뒤처져 있다.

19.5 자본시장: 채권

선진화된 시장경제에서는 채권시장은 종종 주식시장보다 그 규모가 크고 채권시장에 투자된 자본은 일반적으로 GDP보다 크다. 미국의 채권시장은 약 40조 달러, 즉 미국 GDP의 2.2배이다. 중국에서는 1990년대 말까지 실질적으로 채권발행이 존재하지 않았으나 그 이후 채권시장은 꾸준히 성장하여, 그림 19.3에서 알 수 있듯이 2006년 이후 성장이 가속화되었고 2016년 말까지 총 시장규모는 약 43조 7,000억 위안(GDP의 60%)에 도달하였다. 양적인 측면에서 이 숫자는 중국 채권시장을 세계적 빅 리그에 포함시키지만 중국의 GDP를 감안하면 아직 보통수준의 시장이라 할 것이다. 또한 중국은 중앙화된 채권 등록시스템 및 웹에서 무상제공 되는 기업정보의 표준을 수립하고 다수의 국내 채권등급 평가기관을 설립하였다. 중국 채권시장은 은행시스템에 비해 낙후되어 있지만 향후 빠르게 발전할 수 있는 잠재력을 가지고 있다.

19.5.1 채권 발행자

중국 채권시장의 기본적인 특징은 채권의 매도자가 거의 모두 정부부문이라는 점이다. 2016년 말 현재 채권시장의 51%는 정부부채였고 28%는 국유 정책은행에서 조달한 것이

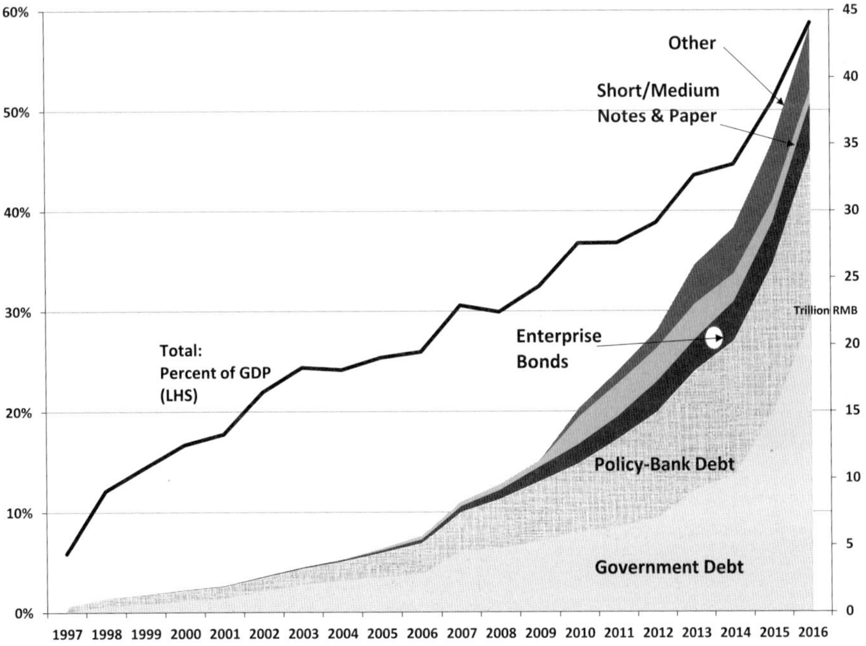

그림 19.3 총 채권발행 잔액(오른쪽 축) 및 GDP 비중

자료: China Central Depository and Clearing Com pany, www.chinabond.cn.com.

다. (미지급 채권에서 중국개발은행만 전체 시장의 16%인 71조 위안을 차지한다.) 공식적인 정부지원을 받는 기관을 포함하면 채권시장 자본의 총 82%는 넓은 의미의 정부 부채이다. 따라서 채권시장은 주로 소수의 정부 차주들의 자금 창구 역할을 한다.

반대로 법인 또는 기업의 회사채 잔액은 GDP의 5%를 조금 밑도는 미미한 수준이다. 이와 대조적으로 미국의 경우 회사채는 GDP의 50% 이상이며 다양한 종류의 모기지와 자산담보부 증권의 규모는 훨씬 더 크다. 더욱이, 중국에서는 회사채 발행이 국가의 규제기관, 특히 이전 경제계획을 수립하였던 국가발전개혁위원회(National Development and Reform Commission, NDRC)에 의해 건별로 승인되었다. 이것은 국영기업이 거의 모든 회사채 발행을 독점하고 있다는 사실을 의미한다. 기업의 회사채 발행 조건은 자유화되고 있지만 전체 채권시장에서의 점유율은 실제로는 2014년에서 2016년까지 오히려 몇 퍼센트 포인트 감소하였다.

지방정부의 부채 또는 지방채는 2015년 이후 급격히 증가했다. 지방정부와 그들의 자금조달기구(LGFV)들은 글로벌 금융위기(GFC) 동안 대폭 증가한 은행 차입금에 대한 이자 지급에 어려움을 겪어 왔다. 2015년과 2016년에 지방정부는 8조 위안에 달하는 은행 차입금을 지방채로 대환하였으며 그 결과 지방정부의 부채 규모는 중앙정부와 거의 비슷한 수준까지 증가하였다(20.6절).

19.5.2 채권시장과 채권 보유자

정부 및 정책은행의 부채는 상업은행이 인수하도록 배분되고 상업은행은 이를 거절할 수가 없다. 그 결과 상업은행은 정책은행 부채의 약 80%와 정부 부채의 약 70%를 보유하고 있다. 상업은행은 일반적으로 이러한 채권을 만기까지 보유하는데, 이러한 채권은 금융시스템에서 중요한 역할을 한다. 부채는 은행 자본 적정성 평가에서 안전한 자산으로 간주된다. 거대하고 상당히 유동적인 은행간 자금거래 시장이 성장하였다. 은행간 자금시장의 주요 거래방식은 환매조건부(reverse purchase agreement; repo) 거래인데 은행은 상대방 은행에서 자금을 차입하면서 대신 채권을 제공(주로 자금을 단기 차입하고자 하는 은행이 장기물 채권을 담보로 제공)하는 내용이다. 이는 상당히 효율적인 은행간 시장 형성에 크게 기여하는 한편, 은행으로 하여금 유동성이 풍부하고 효율적인 은행간 시장에 의지하여 각자 상이한 사업전략 수립을 가능하게 하고 있다. 이러한 은행간 시장은 시중의 지표 금리로서 안정적이고 지속적인 시장금리를 형성하여 금융시장 전반에 매우 중요한 기능을 제공한다. 이 시장에 대한 접근 권한은 2016년에 다양한 외국투자자들에게까지 확대되었으며 현재 2% 미만에 불과한 그들의 시장점유율을 확대할 수 있을 것이다.

그러나 은행간 시장은 비금융 기업이 그들의 자금원을 다각화하는 데에는 아무런 도움이 되지 않는다. 회사채시장의 규모는 매우 작고(2016년 말 GDP의 4.8%) 그나마도 SOE들의 채권발행으로 유지되고 있으며 은행간 시장과는 전혀 다른 양상으로 운영되고 있다. 대부분의 회사채는 상하이와 선전 거래소에서 거래되며 개별 회사채의 가격은 큰 차이를 나타내고 있다. 미상환 채권의 절반은 투자펀드가 보유하고 있고 나머지 1/4은 거래소에 등록된다. 향후 이 시장의 확장이 허용된다면 기업이 자금조달을 다양화하는 데 기여할 것으로 기대된다.

19.6 그림자 금융

그림자 은행(shadow bank)은 당국의 규제를 받지 않지만 은행과 동일한 기능을 수행한다. 즉, 그림자 은행은 금융중개를 수행하며 단기 자금을 장기 대출로 전환하고 다양한 위험을 감수한다. 그림자 금융은 다양한 형태로 전개되고 있으며 정확하게 규정하기가 어렵다. 심지어 은행도 그림자 금융에 참여할 수 있는데, 그 경우 그들의 영업은 대차대조표상에 기록되지 않아 그에 상응하는 자본비율 요구 및 기타 제약을 받지 않는다. 실제로, 중국의 대형 국영은행조차도 그림자 금융에 적극적으로 참여해 왔는데 이러한 현상을 이해하려면 19.1.2절에 기술한 금융 억압에 대한 논의로 다시 돌아가야 할 것이다.

19.6.1 2003년 이후 중국 금융 억압의 영향

2003년 이후의 금융 억압은 1990년대 후반 은행시스템을 재편하고 자본 확충을 위한 시도에서 그 근원을 찾을 수 있다. 이러한 구제금융이 시도되기 이전 은행시스템은 오직 SOE 부문을 지원하기 위해 수십 년 동안 존재해 왔기 때문에 대출금리는 비정상적으로 낮게 유지되었다. 이것은 중국 은행들이 대출금리와 예금금리 사이의 스프레드(spread)가 매우 작다는 것을 의미했다. 따라서 예대 업무의 수익성은 형편없었던 반면에 SOE들은 이러한 금융 억압으로 엄청난 혜택을 누렸다. 1999년 6월 정책 입안자들이 은행에 대한 구제금융에 대해 우려할 즈음에는 1년만기 대출과 예금금리 사이의 스프레드가 3.6%p까지 상승하였으며 2012년 6월까지 3%p 이상으로 유지되었다. 은행은 1년만기 정기예금에 2%의 이자를 지급하고 5%로 대출하면서 꽤 수익성이 있는 사업이었고 정책 당국도 은행시스템을 강화하기 위하여 이를 용인하였다.

그림 19.4는 평균적인 가계의 관점에서 이러한 현상을 설명하고 있다. 중국의 명목예금이자율은 일반적으로 매우 낮았으며 거의 변동하지 않았다(1999년 이후 2~4% 범위에 머물렀다). 결과적으로 실질이자율(명목이자율에서 소비자 물가지수 상승률 차감)의 변화는 물가상승률 변화에 의해서만 주로 변동되었고, 2003년의 디플레이션은 실질금리를 급등시켰지만 곧이어 실질이자율은 거의 제로로 수렴하였다(인플레이션이 가속화될 때에는 상당한 마이너스 실질금리). 전반적으로 2003년 말과 2013년 말 사이에 평균 실질이자율은 −0.34%였으며 2003년에 100위안의 예금은 이자를 감안하고도 10년 후에 96.65위안 상당의 실질 구매력에 불과하였다. 금융 억압은 부를 가계에서 은행시스템으

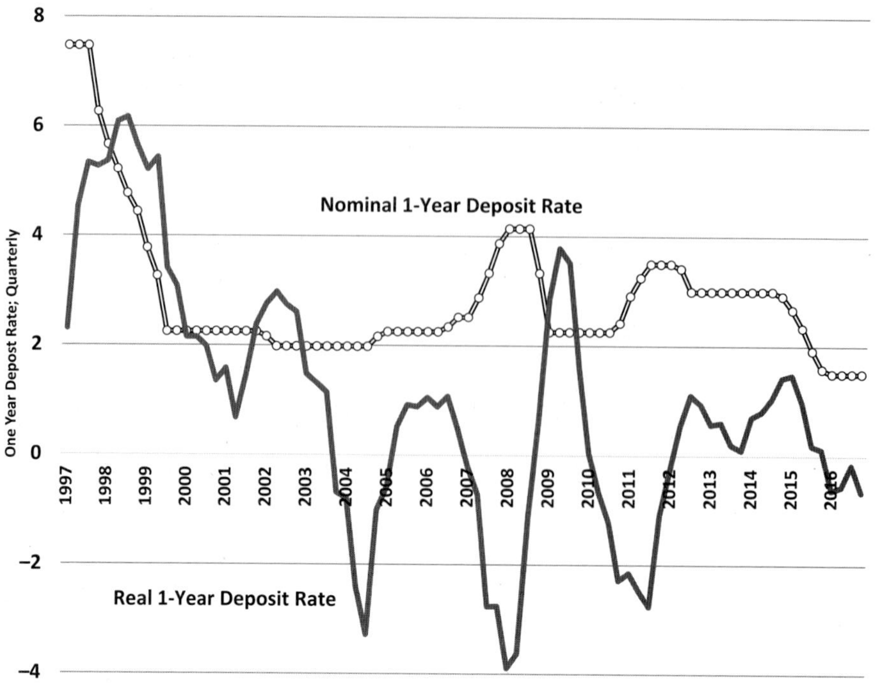

그림 19.4 명목 및 실질 예금 금리(1997~2015)
자료: *SAC* (2016, 166; and earlier volumes); People's Bank of China, pbc.gov.cn.

로 이전하는 것이었다. 명목이자율을 소폭 조정하는 것으로 실질이자율이 마이너스를 벗어나게 하기에 충분하였고 정책 입안자들은 가계가 희생하여 은행과 국영기업이 수혜를 받는 금융억압 정책을 선호하였다.

은행들은 높은 금리 스프레드로 인한 수익에 만족하였지만 다른 고민이 있었다. 가계는 은행에 저축할 이유가 없었다. 그림 19.1은 2003년에서 2012년 사이에 가계 저축예금 증가율이 둔화되었음을 보여 준다. 예금금리의 상한선이 당국에 의해 정해지는 상황에서 은행은 예금을 유치하기 위해서 경쟁할 필요가 없었고 대출 또한 예금의 75%로 제한되었다. 야심차고 경쟁력을 갖춘 은행과 기타 금융기관들은 예금주와 차주에게 더 높은 금리를 제공하여 고수익을 창출할 수 있는 기회를 보았는데 그것이 바로 그림자 금융이었다.

19.6.2 그림자 금융의 출현

그림 19.5는 은행 대출, 다양한 형태의 그림자 금융 및 자본시장을 포함하여 중국의 여러 경로를 경유하는 자금의 흐름을 나타낸 것이다. 중앙은행(PBC)이 채택한 "총 사회적 신용(total social credit)"은 금융부문에서 비금융부문으로의 모든 자금 흐름을 나타낸다.

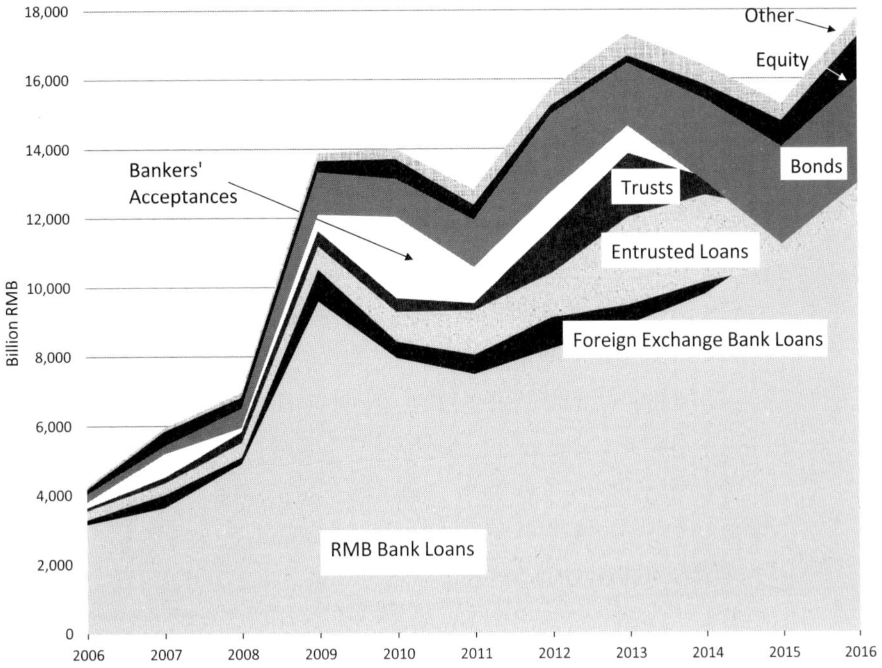

그림 19.5 총 사회적 금융
자료: People's Bank of China, http://www.pbc.gov.cn/diaochatongjisi/116219/116319/3013637/3013639/index.html, and earlier years.

2009년까지 은행 신용은 19.1.2절에서 논의한 바와 같이 주도적인 자금조달 방식이었다. 그러나 GFC로 인한 경기부양책의 일환으로 대출 급증 추세가 종료된 2009년 이후 은행과 다른 금융기관들은 더 많은 자금을 유치할 방법을 찾기 시작하였다. 거시경제정책 입안자들이 2009년과 2011년 사이에 은행 대출을 축소하도록 하였지만 자금에 대한 수요는 여전히 높았기 때문에 새로운 금융수단이 확산되기 시작했다. 2010~2012년에 그림자 금융이 급증하면서 공적인 금융시스템에서 배제된 차주들에게도 대출을 제공하기 시작하였고 그러한 대출은 억압된 금융시스템에서 탈출한 자금으로 가능하게 되었던 것이다(Collier, 2017).

비은행 금융기관, 특히 신탁회사들은 그림자 금융의 선두주자였다. 은행들은 금리경쟁을 시작하면서 높은 금리를 제공하는 재산관리상품(wealth-management product, WMP)들을 출시하였다. WMP는 때로는 위험하고 때로는 투명하지 않은 여러 종류의 금융자산을 결합한 부외거래복합상품이다. 처음에는 JSCB들이 따라잡기 위해 공격적으로 움직였지만 5개의 대형 국영은행들이 WMP의 절반 이상을 만들었다. WMP 계좌에 유치된 자금은 특수목적회사에 계리되고 은행에서는 부외 항목으로 분류되어 은행은 동 금액에 상당하는 예금에 대한 지급준비의무와 양적인 대출규제로부터 자유로울 수 있었다.

WMP는 부외 부채로 기재되는 혁신적인 예금유치 상품이며 동 계정의 자금으로 대출하는 경우 역시 부외 자산으로 계리되었다. WMP 자금은 어떻게 활용되었을까? 2013년 말 기준 WMP 자금의 39%가 채권 및 단기 금융상품에 투자되었고 27%는 위탁 대출 및 신탁과 같이 비정형적 금융상품에 투자되었다(그림 19.5 비교). 나머지 26%는 은행예금(아마도 고금리을 제공하는 장기예금 계좌)에 투자되었고, 마지막 6%는 주식형 변동수익률 상품에 투자되었다(CCDCC, 2014, p.10, p.18). 다시 말해, WMP는 소매 고객들에게 그림 19.5에 있는 모든 비은행 금융기관이 제공하는 대출의 형태에 참여할 수 있는 기회를 제공하게 되었던 것이다.

소비자들은 은행의 WMP 계좌에 예금하면 정부의 예금보험으로 보호되는 줄 알고 있지만 실상은 보호되지 않는다. WMP 예금주는 따라서 WMP 예금의 위험성을 전혀 인식하지 못한 채 수익성만을 좇아서 예금하고 있는 것이다. 규제당국은 이러한 신생 금융상품을 충분히 규제할 수도 있었지만 WMP가 종종 높은 금리로 민간 및 소규모 기업의 대출 수요를 충족하고 있다는 사실도 정확히 인식하고 있었다. 그런 의미에서 WMP와 그림자 금융은 공히 정책 입안자들이 내심 바라는 경제의 다각화와 구조조정에 기여한다고 볼 수 있다.

규제당국은 인터넷기반 그림자 금융에 대해서도 비슷한 접근방식을 채택하였다. 알리바바와 같은 인터넷 판매자는 지난 몇 년 동안 정교한 온라인 결제시스템을 구축했다. 2013년 중반 알리바바는 실질적으로 온라인 머니마켓 펀드라고 할 수 있는 대중적인 Yu'ebao(如意宝)라는 저축상품을 출시하였다. 알리바바는 온라인 결제의 이점을 은행 비즈니스에 적극적으로 활용하였으며 처음 몇 년 동안 Yu'ebao 예금에 대해 매우 높은 금리를 제공했다. 이에 대하여 2016년까지 감독기관의 어떠한 규제도 없었으며 그 규모는 폭발적으로 성장하였다. 2017년 1분기까지 Yu'ebao는 세계 대형 머니마켓 펀드가 되었다. 인터넷의 중개자가 개별적인 대출자와 차자를 직접 연결하는 피어 투 피어(peer-to-peer) 방식의 대출 등 다른 혁신도 확산되었는데 이러한 혁신은 19.8절에서 논의되는 새로운 형태의 위험을 초래하게 되었다.

19.7 금리 자유화와 시장화

앞의 4개의 절에서 설명한 큰 변화는 단순한 정부정책 선택의 결과가 아니라 오히려 여러 가지 시장의 힘이 작용한 복합적인 결과이다. 그럼에도 불구하고 정부의 금융정책은 중요한 영향을 끼치기 마련이며 일반적으로 정책 입안자들은 시장이 이자율을 결정하는 시스템의 방향으로, 그리고 다양한 금융기관을 공정하게 취급하는 방향으로 나아가려고 시도했다.

19.7.1 금리 자유화

은행금리의 자유화는 은행과 그림자은행 간 큰 금리차이를 줄이고 금융시스템의 수준을 성숙하게 만드는 중요한 단계이다. 대출금리에 대한 통제가 점차 완화되었고, 2015년 10월 전국적인 예금보험제도가 시행되었으며 예금금리 상한제도도 철폐되었다. 이러한 주요 이정표 이후 모든 대형은행에서 대출 및 예금금리 간 스프레드가 크게 감소했다. 그러나 예금금리의 급격한 상승을 원하지 않는 감독기관의 창구 지도로 대형은행은 예금금리 인상에 매우 느린 행태를 보이고 있다.

현대의 다양한 금융시스템에서 은행의 예금 및 대출 금리는 전체 이자율 시스템을 구성하는 중요한 요소이지만 유일한 또는 가장 중요한 것은 아니다. 중앙은행이 절대적으로 주도하는 기준금리 즉 단기금리가 있으며, 이외에도 시장의 힘에 따라 지속적으로 조정되는 복잡한 금리시스템이 있는데, 이러한 시장금리 시스템이 은행과 채권시장을 매우 밀접하게 연동시키고 있다. 단기 및 장기 금리 간의 관계는 보다 고위험의 기업과 보다 안전한 기업 간에 형성되는 대출 스프레드의 차이와 같이 금리의 기간구조에 의하여 끊임없이 조정된다. 이러한 금융환경에서는 금융의 중개기능이 잘 작동하고 중앙은행이 거시경제를 관리하기 위한 이자율 정책이 효과를 발휘하게 된다. 18장에서 설명했듯이 중국은 거시경제 정책의 일환으로 이자율 정책을 중시하는 방향으로 나아가고 있다. 오늘날 중국의 실질적인 기준금리는 은행 간에 시장에서 결정되는 시장금리이다. PBC는 금리 변동성을 완화하는 동시에 전체 유동성을 관리하기 위해 이 시장에 직접 개입하기도 한다. 2009년과 2011년 사이 시중 전체 여신규모를 축소하려던 PBC의 노력은 그림자 금융의 출현으로 무색하게 되었다(그림 19.5). 단순한 양적 통제는 더 이상 효과가 없었고 금리기반 정책으로의 전환이 더욱 시급해졌으며, 이에 따라 PBC는 보다 통합된 시스템을 강구해야만 했다.

중국의 규제당국이 보였던 금융혁신과 관련한 관용적인 입장은 2013년 이후 후퇴하였다. 그림 19.5에서 볼 수 있듯이, 2013년 이후 신탁자산의 증가세가 멈추고 위탁식 대출의 성장이 빠르게 둔화되었다. 인터넷기반 P2P 대출 플랫폼은 사기가 속출하며 파산하기 시작했고 규제당국은 마침내 2016년부터 이러한 부분에 단속을 강화하기 시작했다. 보험회사가 대규모 자금을 신속하게 조달하여 투자를 가능하게 했던 유사 수신상품인 소위 "유니버설 생명보험(universal life insurance)"은 철퇴를 맞았고, Yu'ebao 같은 인터넷기반 수신행위에도 엄격한 공개 및 규제 요건이 부과되었다. 지금까지 이러한 새로운 규제조치는 은행시스템 외의 영역에 존재하는 다양한 금융 채널을 폐쇄하기보다는 그것들을 양성화하여 금융당국의 규제 하에 두고자 하는 방향으로 시행되었다. 이러한 조치들이 주식 및 채권 시장의 추가적인 자유화와 결합된다면 시장주도형 금융시스템으로 향하는 매우 중요한 진전이라고 할 수 있다.

19.7.2 시장 주도의 탈중개화

전례 없는 시장 세력의 부상은 은행의 전통적인 역할을 잠식하고 있음이 분명하다. 금리에 대한 규제 철폐는 은행시스템 내에서 새로운 경쟁을 야기하는 반면, 서로 다른 유형의 금융업 사이의 전통적인 경계가 이미 제거되어 경쟁이 심화되고 있다(Zhang and Liu, 2015). 전통적인 신탁회사는 부유한 개인과 기업의 자금을 관리하는 업무에 익숙해졌고 증권회사는 펀드 관리와 전통적인 중개 업무를 결합하였다. 2012년 이후 은행(특히 도시상업은행)과 보험회사는 증권회사와 경쟁하는 펀드운용회사 설립을 허가받았다. 주식 중개업체 간의 경쟁이 심화되면서 중개 수수료가 과거에 비해 아주 적은 수준으로 떨어졌으며, 총 유동성 및 이자율 정책을 펼치는 PBC의 변화는 은행과 비은행 금융기관이 더욱 신속하고 금리에 즉각 반응하도록 하였다. 2013년부터 간헐적으로 발생한 유동성 쇼크가 은행간 시장에서 금리를 급격하게 상승시키기도 하였으며, 2013년 6월 Yu'ebao 시판으로 본격화된 온라인 뱅킹의 돌발적 출현은 금융시장을 더욱 혼란스럽게 만들었다. 결과적으로 전통적 방식의 은행 비즈니스는 엄청난 도전에 직면하게 되었고 금융 억압은 더 이상 그러한 경쟁적 도전의 현실에 부합하지 않는 것으로 보인다.

19.8 결론

금융시장 개혁은 전통적인 금융 억압과 그 동안 은행부문이 금융시스템에서 점유했던 절대적인 위치를 크게 약화시키고 있다. 한편 이러한 변화는 동시에 또 다른 형태의 위험을 잉태하고 있다.

19.8.1 금융 리스크의 증가

중국 금융시스템에서 일어난 극적인 변화는 중국경제에 단기적 성격의 금융위험을 증가시켰다. 비교 연구에 따르면 위험은 자유화와 제도적 변화과정에서 가장 높게 나타난다고 알려져 있다. 투자자들은 자금을 움직여 포트폴리오를 재구성하고 규제기관은 미숙하여 실수를 연발한다. 이러한 일반적인 원칙은 오늘날의 중국에도 밀접하게 연관되며, 이런 우려가 중국에서 더욱 높아지는 데에는 다음과 같은 세 가지 이유가 있다.

19.8.1.1 급속히 증가하는 총 부채

중국은 전체적 부채 수준이 급속히 증가하였다. 총 부채수준을 계산하는 다양한 방법이 있지만 IMF의 가장 광범위한 정의에 따르면(2017, pp.19~20), 중국의 비금융 부채의 규모는 2012년 GDP의 179%에서 2016년 말 236%로 증가했다. 이는 동 기간 중 부채가 매년 GDP의 14%p씩 증가한 것이며 비금융 기업, 가계 및 정부부문 전반에 걸쳐 급격하게 증가한 것이다. 어느 수준까지 부채가 증가하는 것은 단순히 금융 심화와 높은 저축률의 양면이라고 할 수 있다. 경제개발이 진행됨에 따라 GDP 대비 부채가 증가하는 것은 당연하지만, 중국에서와 같은 급격한 총 부채의 증가는 금융위기의 위험을 증대시키며 실제 이 시기에 중국과 비슷한 비율로 총 부채 증가를 경험한 국가들 대부분이 금융위기에 처한 사례가 있다.

19.8.1.2 취약해진 금융시스템: 숨겨진 레버리지 및 부적절한 보증

새로운 유형의 차입 및 대출이 급격히 증가하면 레버리지(leverage)가 시스템 내의 어디에 집중되어 있는지 알 수 없기 때문에 위험이 높아진다. 레버리지를 통해 투자자는 추가 수익을 올릴 수도 있지만, 위험은 특히 단기 자금을 차입하여 장기로 투자하는 경우 더욱 커진다. 단기 자금시장이 경색되거나 투자한 기초자산의 시장가격이 하락하는 경우, 투자자는 갑자기 유동성 위험에 빠질 수가 있다. 게다가 19.8.1.1절의 총 부채 데이터에 포함되지 않은 금융기관의 부채도 급속히 증가하였고 그림자 금융기관들 역시 높은 부채비율을 나타내고 있다.

최악의 경우에는 정부가 적극적으로 개입할 것을 확신하는 투자자들은 이러한 위험을 감수할 가능성이 높다. 실제로, 중국 정부의 행동은 종종 일부 위험에 대해 투자자를 면책하는 것처럼 보인다. 예를 들어, WMP 및 기타 유사한 수신상품은 예금보험의 대상이 아니다. 따라서 당연히 고객에게 그러한 위험을 충분히 설명해야 한다는 규정이 존재한다. 그러나 실제로는 정치인과 규제당국이 골치 아픈 집단적 채무불이행이 발생하기 전에 종종 사전 해결책을 모색한다. 과거 WMP와 관련된 많은 채무불이행 사례에서 지방정부와 그들의 대리인은 그들의 위상을 유지하기 위해 은행으로 하여금 예금주를 보호하도록 조치하였다. 정치인들은 분노한 투자자들의 집단적 동요를 우려하여 그들을 사전 구제하기를 바라고 있으며 정치인들의 그러한 행태가 투자자로 하여금 더 위험한 도박을 감수할 수 있도록 묵시적인 보증을 제공하게 되는 것이다.

19.8.1.3 과거 부적절한 투자로 현존하는 문제

경제성장 둔화로 이어진 금융위기 시기의 많은 잘못된 투자 문제가 아직 미해결 상태로 남아 있다. 2009년 경기부양 목적으로 집행된 많은 투자가 원금을 회수하지 못하고 있는 실정이며 고성장시대가 끝날 때 나타나는 경제상황의 급격한 변화는 많은 투자 실수로 이어질 것으로 예상된다. 지금까지 중국의 정책 입안자들은 이러한 부채를 재구성하지 않은 채 장부에서 위험을 제거해 왔다. 잘못된 투자가 지속적으로 기한연장이 이루어지면서 계속 추가 자금을 빨아들이고 있다. 그 결과가 총 부채의 증가로 나타나고 있으며 이러한 문제는 표 19.3에 보이는 바와 같이 2012년 이후 부실대출이 증가한 사실로 간접적으로 검증되고 있다.

주룽지 정부 시절 은행 구조조정 과정에서 강화된 은행의 차입과 투자관련 강화된 예산제약은 GFC 기간에 다시 완화되었다. 2009년 초 은행들은 다시 경기부양책의 일환으

표 19.3 중국 은행시스템의 부실채권

	대형 국유은행*			상업은행		
	10억 위안	부채비중(%)	GDP비중(%)	10억 위안	부채비중(%)	GDP비중(%)
2002	2,088.0	26.2	17.3			
2007	1,115.0	8.1	4.2	1,270.2	6.1	4.7
2008	420.8	2.8	1.3	563.5	2.4	1.8
2012	309.5	1.0	0.6	492.9	1.0	0.9
2015	700.2	1.7	1.0	1,274.4	1.7	1.9
2016				1,512.3	1.7	2.0

자료: China Bank Regulatory Commission website, CBRC.gov.cn; and CBRC *Annual Report* (vari ous years).
*2010년 이후 통신은행 포함.

로 지방정부가 추진하는 프로젝트에 아무런 제약도 없이 대출할 것을 지시받았다. 구제금융이 다시는 제공되지 않을 것이라는 암묵적인 약속이 깨져 버렸고 은행들은 다시 정부의 지시에 따라 차주의 변제능력과 신용도와는 무관하게 지방정부에 대출하도록 강요받았다.

19.8.1.4 평가

금융위험의 증가가 존재하는 것은 사실이지만 반드시 금융위기로 연결되는 것은 아니다. 핵심적 은행시스템은 충분한 자본력을 유지하고 있으며 상당한 대손충당금을 적립하고 있다. 또한 개인 예금에 대한 정부의 보증도 명시적이고 신뢰할 수 있다. 경쟁이 심화되고는 있지만 국영은행들은 여전히 건전한 상태이며 정책 입안자들이 시스템 내의 잠재된 위험을 잘 인식하고 있는 까닭에 어떤 특정한 돌발적인 사고로 인하여 시스템이 위기에 처할 확률은 거의 없다고 할 것이다. 마지막으로 사실상 모든 부채가 국내에서 보유된 까닭에 정책 입안자들은 외채가 포함된 경우와 비교해서 위기에 대처하는 더 많은 정책 수단을 가지고 있다. 정책 입안자들에게 여전히 규제 감독을 강화하고 악성채무를 계획적 플랜에 따라 질서정연하게 청산할 시간적 여유는 주어져 있다.

19.8.2 신흥 금융시스템

중국 시스템은 새롭고 예측하기 어려운 방향으로 진화하고 있다. 금융시스템을 설명하는 전통적인 방법은 상대적인 중요도에 따라 은행부문과 자본시장부문 두 가지로 대별하는 것이다. "은행주도" 금융시스템은 은행에 의존하여 기업에 자금을 제공하고 기업의 성과를 감시하는 것이며, 자본시장에 주로 의존하는 금융시스템은 종종 "Anglo-American" 스타일이라고 하는 것으로, 기업이 자본시장에서 필요한 자본을 조달하고 투자자는 자신의 판단과 책임으로 증권을 매수하거나 매도하는 것이다.

중국 시스템은 은행 지배적이지만 전통적인 범주의 은행주도 시스템과는 맞지 않는다. 중국의 은행은 기업에 대한 감시도 부실하였고 예외적인 경우, 즉 구조조정의 일환으로 부실채권을 주식으로 전환하는 경우를 제외하고는 기업의 주식 지분 취득이 허용되지 않았다. 또한 중국의 은행들은 주로 국가 소유이므로 내부 지배구조 문제를 안고 있다. 일례로, 글로벌 금융위기 시기인 2009년에 경기부양을 목적으로 한 정부의 무차별적인 대출지시는 내부 지배구조 이슈를 더욱 악화시킨 바 있다. 그러나 중국 은행들이 취약한 경우라 하더라도 중국의 자본시장은 아직 충분한 대안으로 성장하지 못했다. 최근 들어 상당한 발전을 이뤘지만 아직은 정부의 규제로 성장이 제한되어 있으며 자신의 역할을 수행하는 데 필요한 전문성과 안정성을 구비하지 못하고 있다. 이 거대하지만 미성숙한 시스템은 이제 많은 유형의 금융거래가 온라인으로 옮겨 감에 따라 인터넷에서 발생하는 일련의 변화에 대처하느라 당혹스러워하고 있다. 정책 입안자들은 시장의 안정을 더 희구하지만 중국의 금융시스템은 빠르게 변화해 갈 것으로 예상된다.

Bibliography

더 읽을 거리

Armstrong-Taylor(2016)는 중국 금융시스템에 대해 이해하기 쉽도록 최신의 그리고 명쾌한 정보를 근거로 설명을 하고 있다. Walter and Howie(2012)는 몇 가지 놀라운 일화와 함께 날카로운 비판을 하고 있다. 금융시스템과 경제발전의 비교와 관련된 내용은 Levine(1997), Allen, Chui, and Maddaloni(2004)를 참조하기 바란다.

참고문헌

Allen, Franklin, Michael Chui, and Angela Maddaloni (2004). "Financial Systems in Europe, the USA, and Asia." *Oxford Review of Economic Policy* 20 (4): 490–508.

Armstrong-Taylor, Paul (2016). *Debt and Distortion: Risks and Reforms in the Chinese Financial System*. London: Palgrave Macmillan.

CBRC (China Bank Regulatory Commission). *Annual Report*. Beijing: China Bank Regulatory Commission.

CCDCC (China Central Depository and Clearing Company). (Annual). *Zhongguo yinghangye licai shichang niandu baogao* [China banking wealth management market annual report]. Beijing: China Central Depository and Clearing Company.

Chamon, Marcos, and Eswar Prasad (2010). "Why Are Saving Rates of Urban Households in China Rising?" *American Economic Journal: Macroeconomics* 2 (1): 93–130.

Choukhmane, Taha, Nicolas Coeurdacier, and Keyu Jin (2013). "The One-Child Policy and Household Savings in China." Accessed at http://econ.sciences-po.fr/sites/default/files/file/draft_ocp_130213.pdf.

Collier, Andrew (2017). *Shadow Banking and the Rise of Capitalism in China*. Singapore: Palgrave Macmillan.

CSRC (China Securities Regulatory Commission). *Annual Report*. Beijing: China Securities Regulatory Commission.

Downs, Erica (2011). *Inside China, Inc.: China Development Bank's Cross-Border Energy Deals*. Washington, DC: Brookings Institution.

IMF (International Monetary Fund) (2017). People's Republic of China, 2017 Article IV Consultation. Washington, DC: International Monetary Fund. Accessed at https://www.imf.org/~/media/Files/Publications/CR/2017/cr17247.ashx.

Kodres, Laura E. (2013). "What Is Shadow Banking?" *Finance & Development* 50 (2). Accessed at http://www.imf.org/external/pubs/ft/fandd/2013/06/basics.htm.

Lardy, Nicholas R. (1998). *China's Unfinished Economic Revolution*. Washington, DC: Brookings Institution.

Levine, Ross (1997). "Financial Development and Economic Growth: Views and Agenda." *Journal of Economic Literature* 35 (2): 688–726.

"Love and Marriage in Modern China: Survey Reveals Latest Trends" (2012). December 30. Accessed at http://www.echinacities.com/news/Love-and-Marriage-in-Modern-China-Survey-Reveals-Latest-Trends.

Modigliani, Franco, and Shi Larry Cao (2004). "The Chinese Saving Puzzle and the Life-Cycle Hypothesis." *Journal of Economic Literature* 42:145–170.

PBC (People's Bank of China). (Quarterly). *Monetary Policy Report*. Beijing: People's Bank of China.

SAC (Annual). *Zhongguo Tongji Zhaiyao* [Statistical abstract of China]. Beijing: Zhongguo Tongji.

Sanderson, Henry, and Michael Forsythe (2012). *China's Superbank: Debt, Oil and Influence—How China Development Bank Is Rewriting the Rules of Finance*. New York: John Wiley and Sons.

State Council (2014). "Views on Accelerating the Healthy Development of the Capital Market." *Guofa*, May 8, 17.

SYC (Annual). *Zhongguo Tongji Nianjian* [Statistical yearbook of China]. Beijing: Zhongguo Tongji.

Tsai, Kellee S. (2004). *Back-Alley Banking: Private Entrepreneurs in China*. Ithaca, NY: Cornell University Press.

Walter, Carl, and Fraser Howie (2012). *Red Capitalism: The Fragile Financial Foundation of China's Extraordinary Rise*. Rev. ed. Hoboken, NJ: Wiley.

Wei Shang-Jin, and Xiaobo Zhang (2009). "The Competitive Saving Motive: Evidence from Rising Sex Ratios and Savings Rates in China." NBER Working Paper no. 15093 (June).

Wildau, Gabriel (2017). "China Overtakes Eurozone as World's Biggest Bank System." *Financial Times* [London]. March 5. Accessed at https://www.ft.com/content/14f929de-ffc5-11e6-96f8-3700c5664d30.

Yardeni, Edward, and Debbie Johnson (2015). "Corporate Profits in GDP." Yardeni Research, August 28. Accessed at www.yardeni.com/pub/ppphb.pdf.

Zhang, Lizhou, and Liu Lanxiang (2015). *Zhongguoshi Touhang (Chinese-Style Investment Banking)*. Beijing: China CITIC Press.

20 재정제도

The Fiscal System

재정예산은 정부가 시장경제에 영향을 미치고 사회적, 경제적 목표를 달성하기 위해 가지고 있는 가장 직접적인 수단이다. 선진 시장경제에서는 일반적으로 "계획"은 없고 단지 예산만 있다. 예산은 치열한 정치와 로비의 관심사이며 집행부와 입법부에는 다양한 사회집단과 이해관계가 예산 결과에 영향을 미치려고 하지만 대조적으로 명령경제에서는 예산은 이와 거의 관련이 없었다. 가장 중요한 결정은 계획에서 이루어졌고, 예산은 계획과 일관되는 재정 흐름을 할당함으로써 그러한 결정을 수용했다. 중국은 명령경제에서 벗어나면서 당면한 수요에 대응하는 재정시스템을 즉흥적으로 만들었으며 많은 문제를 미래로 미루었다.

1978년 중국의 개혁과정이 시작되었을 때, 정부는 GDP의 상당한 비중인 1/3을 예산수입의 형태로 통제했다. 경제개혁으로 명령경제 예산편성은 점진적으로 쇠퇴하다가 결국 사실상 붕괴로 이어졌다. 1990년대 초반 중국은 깊은 재정위기에 빠져 있었다. 1994년의 재정개혁을 시작으로 예산시스템은 시장시스템과 양립할 수 있는 완전히 새로운 기준으로 재구성되었으며 전반적으로 이 재구성은 큰 성공을 거두었다. 중국의 통합 예산수입(중앙정부 및 지방정부 통합)은 1995년 이후 꾸준히 증가해 2012년에 GDP 대비 비중이 2배가 되었고(그림 20.1), 이후 GDP의 22% 수준을 유지하다가 2016년 소폭 감소했다. GDP 대비 예산비중이 2배로 늘어난 것은 급속한 GDP 성장과 관련이 있으며 중국 예산수입(환율 환산, 위안화 절상)의 미국 달러가치는 1995년 1,130억 달러에서 2016년 2조 4,000억 달러로 증가했다. 비교해 보자면, 사회보장을 제외한 미국 연방정부의 예산수입은 2012년 1조 9,700억 달러였다. 국가역량이 잠재적 위기에 직면한 후 20년도 채 지나지 않아 중국 시스템에는 현금이 넘쳐 났다.

이러한 성과에도 불구하고 중국의 재정시스템은 여전히 엄청난 도전에 직면하고 있으며 깊이 내재된 결함이 있다. 1994년의 재정개혁은 중국이 당면한 가장 시급한 문제들을 해결하였으나, 20여 년이 지났고, 동일 재정시스템이 개조되고 용도가 변경되었지만 근본적으로는 개편되지 않았으며, 현재는 퇴락되고 구조적으로 불안정해 보인다. 가장 당면

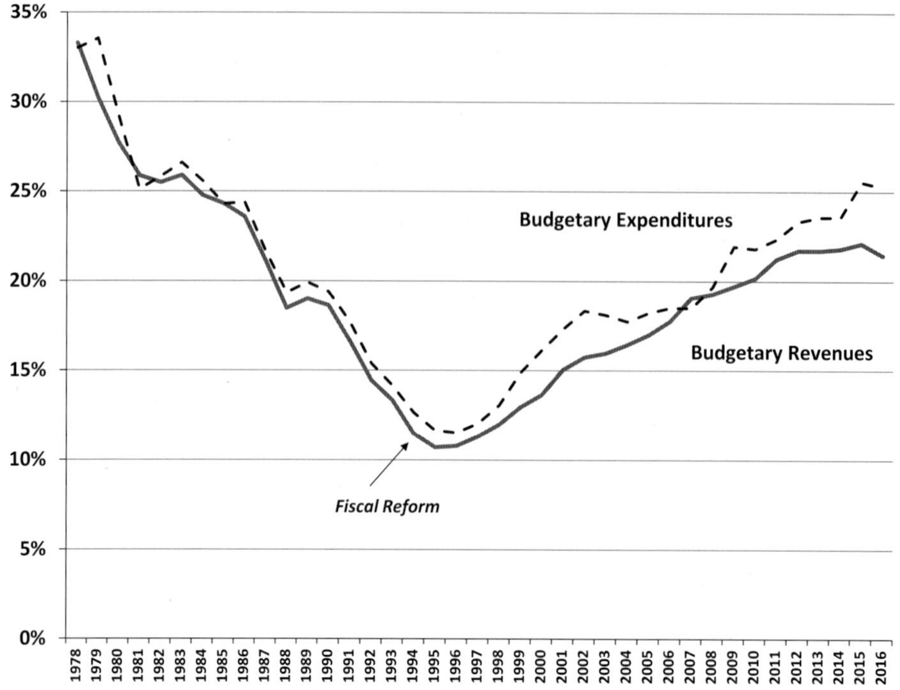

그림 20.1 GDP에서 재정의 비중
자료: *SAC* (2017, p.69).

한 문제는 중앙정부와 지방정부 간의 자원과 책임의 분배에 관한 것이다. 뒤에 논의되겠지만, 중국의 재정시스템은 독특하고 역설적인 특징을 가지고 있다. 즉, 공식적으로는 매우 중앙집권적이지만 실제 지출에 있어서는 매우 분권화되어 있다. 1994년 재정개혁 이후 지방정부는 충분한 수입기반을 확보하지 못했고, 문제는 점차 더 심각해졌다. 2014년에 새롭게 대대적인 재정개혁이 추진되었지만 이 이니셔티브는 빠르게 교착상태에 빠졌고 앞으로 나아갈지도 불확실하다.

이 장의 처음 3개의 절에서는 공공 재정의 세 가지 기본 질문을 중국에 적용하여 살펴본다. 정부는 어떻게 자금을 조달해야 하는가? 어떤 지출이 가장 중요한가? 중앙정부와 지방정부 간에 수입과 지출의 책임을 어떻게 나누어야 하는가? 20.4절부터 20.6절까지는 세 가지 주요 과제에 대해 논의한다. 재정이전에 대한 지방정부의 의존, 토지매매와 개발에 대한 도시정부의 불건전한 의존, 그리고 지방정부 부채의 관리 및 통합. 본 장은 이러한 사안들을 중국의 차기 재정개혁의 과제로 제기하면서 마무리한다. 중국은 세금이 너무 많은가? 어떻게 하면 새롭고 더 지속 가능한 예산시스템을 개발할 수 있을까?

20.1 세입과 과세

20.1.1 정부는 어떻게 자금을 조달해야 하는가?

정부는 국민들이 요구하는 재화와 서비스를 제공하기 위해 어떻게 충분한 수입을 올리는가? 이는 특히 개발과정의 초기에 어려운 문제이다. 농촌 위주이고 규모가 압도적으로 작은 저개발 경제의 정부들은 세입을 거둘 능력이 거의 없다(Besley and Persson, 2013). 그들은 일반적으로 대외무역이나 소수의 독점 상품(예: 전통 중국의 소금)이나 화폐 발행(seigniorage)에 징수되는 세금에 의존한다. 명령경제 하의 중국 시스템은 이런 관점에서 보아야 한다. 거의 모든 예산수입은 수억의 가계보다는 독점력을 가진 수만 개의 국영기업에서 조달되었다. 국유기업(SOE)들은 특정 시장에서 사실상 독점권을 가지고 있기 때문에 수익성이 있었다. 그 기업들에 수입을 집중시키기 위해 가격시스템에 대한 정부의 통제가 이용되고 정부는 그들로부터 수입을 거두었으며 진입과 경쟁이 금지되었다. 세율의 세부사항과 전문 세무행정의 부재는 무관했다. 이 시스템은 1978년에서 1994년 사이에 침체되었고 본질적으로 붕괴되었다. 새로운 기업들이 가장 수익성이 좋은 시장들에 진입했고 경쟁이 빠르게 확산되었으며 정부를 국가 독점수익이 없이는 운영할 수 없었다.

1990년대의 중국은 거의 바닥에서부터 현대적인 재정시스템을 구축해야 했다. 그러므로 첫 번째 질문은 시장경제와 양립할 수 있는 효과적이고 공정한 조세시스템을 어떻게 달성할 것인가이다. 공공 재정의 경제학은 이 질문에 대한 몇 가지 답을 제공한다. 과세기반이 광범위해야 하고, 세율은 가능한 한 균등해야 하며, 국가의 개발 수준을 고려했을 때 실현 가능한 시스템이어야 한다. 광범위한 과세 기반이 중요한 이유는 (1) 주어진 필요수준에 대해 가능한 한 낮은 세율을 허용하고, (2) 가능한 한 많은 납세자에게 세금을 배분하므로 더 공정하기 때문이다. 세금이 낮고 공정하다는 이 두 가지 특성은 그 자체로 바람직할 뿐만 아니라 조세시스템의 경제적 효율성에도 기여한다. 정부 활동에 자금을 조달하기 위한 모든 시스템은 경제에 직접적, 간접적 비용을 부과한다. 과세의 직접비용은 우리가 세금을 내야 한다는 것이다. 우리는 어떤 정부 서비스도 공짜로 받지 않는다. 여기에 우리는 세금이 재화의 비용과 가격 사이에 간극을 벌리고 그에 따라 세금이 부과된 재화의 소비를 불균형하게 저해한다는 사실에서 오는 간접비용, 즉 초과부담을 더한다. 때때로 이것은 바람직한 결과이다. 높은 담배세는 흡연을 자제하게 한다. 대개 그것은 상대적으로 눈에 잘 띄고 움직이거나 감추기 어려운 어떤 것을 과세하는 데서 오는 의도하지 않은 비용이다. 따라서 대부분의 사회는 노동에 과세를 한다. 고용관계는 주로 잘 문서화되어 있고 거의 모든 사람은 일을 해야 하기 때문이다.[1]

국가들이 발전함에 따라 더 많은 세금을 징수한다. Baunsgaard and Keen(2010)에 따르면 저소득 국가는 GDP의 평균 14.5%를 세금으로 징수하고, 중간소득 국가는 18.7%,

1. 거의 모든 정부가 노동(긍정적)에 과세하지만, 탄소배출(부정적)에 과세하는 것은 대체로 저항한다는 것은 기이하다.

고소득 국가는 32.5%를 징수한다. 2012년 30개의 고소득 OECD 국가는 일반세로 GDP의 22.4%, 사회보장 부담금으로 GDP의 10%를 거둬 총 32.4%를 기록했다(OECD 2014, 사회보장 계정을 통합한 4개국 제외). 선진국이 그토록 많은 세금을 징수할 수 있게 한 핵심 혁신은 20세기 초에 도입된 두 가지 중요한 세금, 즉 개인소득세(원천징수 포함)와 부가가치세(미국을 제외한 모든 선진국)였다. 이 두 가지 세금은 과세 기반을 효과적으로 넓히지만 일정 개발단계 이전에는 시행하기 상당히 어렵다. 대부분의 근로자가 정규직을 갖고 은행시스템을 통해 지불이 이루어져야만 이러한 세금을 거두는 것이 비용 효율적이기 시작한다. 재정수입 징수능력은 경제발전과 함께 성장한다.

20.1.2 1994년의 조세개혁

1994년 중국 정부는 조세시스템을 표준화한 재정시스템의 전면적인 개혁을 통하여 거의 균일한 부가가치세와 모든 소유 형태에 동등하게 적용되는 수익세를 만들었다. 재정개혁에는 새로운 조세, 조세 배분 및 분담 시스템 그리고 새로운 중앙정부 과세기관 등 세 가지 중요한 요소가 들어 있었다. 가장 중요한 새로운 조세는 17%의 균일한 세율로 대부분의 공산품에 부과되는 부가가치세(VAT)였다. 정기적인 부기시스템이 없는 소규모 민간기업들은 VAT 대신 총 매출의 6%의 세금을 내야 했다. 성(省), 집체, 민간기업에는 균일한 세율로 33%의 수익세가 도입되었다. 외국인 투자기업들에게만 원래의 양허세 합의가 유지되었고 2008~2012년 사이에 모두에게 균일하게 25%의 법인세가 단계적으로 도입되었을 때 시스템에 통합되었다. 개인소득세 제도는 통일되고 조금 더 엄격해졌다. 담배나 술, 기타 소수의 사치품에 대해 "소비세"(사실상 사치세 또는 특별소비세)가 도입되었고, 몇 가지 경미한 지방세가 도입되었다(또는 더 정확하게는 합법화되었다). 그 대가로 이전의 공업 및 상업세 제도 그리고 SOE의 수익계약제도가 폐지되었다.

상품세와 영업세의 상당부분을 VAT로 통합하고, VAT에 대해 두 가지 세율만 적용함으로써 차등 세율에 따른 조세부담의 변동이 크게 줄었다. 중앙정부 기관이 VAT를 징수하였기 때문에 지방정부는 더 이상 선호하는 기업에 VAT 감면 혜택을 줄 수 없었다. 이러한 변화들로 인해 조세시스템이 더욱 투명해지고 운영비용도 절감되었다.

아마도 가장 중요한 것은 재정개혁이 효과가 있었다는 것이다. 즉, 본 장의 도입부에서 알 수 있듯이 조세개혁은 예산수입의 지속적인 성장을 위한 토대를 제공했다. Baunsgaard and Keen(2010)에 따르면 중국은 저소득 평균을 밑돌다가 중간소득 평균을 상회하는 것으로 급증하였고 일부 기준으로는 OECD 수준을 넘어섰다(20.7절 참조). 동시에, 아래에 상세히 기술된 바와 같이, 중앙정부의 재정상태를 향상시켰다. 1994년의 재정개혁은 1990년대 초에 중국이 직면했던 재정위기를 해결했다.

20.1.3 오늘날의 세입

1994년 재정개혁 이후 20년이 넘게 중국의 세입기반은 비교적 별로 변하지 않았다. 표

표 20.1 2014 유형별 재정 수입

	총 수입 비중
조세 수입	**85**
부가가치세	22
기타 영업 및 서비스세	21
상품 및 거래세	4
토지 및 자원세	10
인지세 및 계약세	4
수익세	18
개인소득세	5
비 조세 수입	**15**

자료: Ministry of Finance website, http://yss.mof.gov.cn/2014czys/201507/t20150709_1269855.html.

20.1에서 알 수 있듯이 중국은 광범위한 세금에 의존한다. VAT가 가장 큰 단일 수입원이지만 결코 지배적이지는 않다. 세수의 매우 큰 부분은 거래에 대한 과세에서 나온다. 심지어 "토지 및 자원"세로 열거된 여러 세금도 토지나 자원이 매각되었을 때에만 부과된다. 따라서 중국은 거래당사자로부터 징수되는 "간접"세에 주로 의존하지만 꼭 그 사람이 궁극적으로 세금을 내는 것은 아니다.

그에 상응하여 궁극적으로 납부하는 사람에게 직접 부과되는 세금인 "직접세"는 중국 정부 세입의 작은 부분이다. 개인소득세가 예산수입의 5%에 불과하다는 점이 가장 놀라운데, 대부분의 선진국에서 소득세가 40%를 차지하는 것과 대조적이다. 소득세가 적은 이유는, (1) 매월 공제금 적용 후의 소득에 부과되었는데 2011년에 월 3,500위안으로 설정된 공제금은 그 해의 평균 도시임금보다 약간 높은 금액이어서 임금 근로자의 절반 미만만 영향을 받았고, (2) 비 근로소득에 대한 소득세 징수에 힘쓰지 않았기 때문이다. 이러한 특징들은 소득세가 소득 평준화에 거의 아무런 역할을 하지 않음을 의미한다(10장). 매년 납부되는 재산세는 두 개의 시범도시를 제외하고 존재하지 않는다(그조차도 수많은 면제가 있다). 따라서 중국은 가장 큰 소득세와 재산세 중 두 가지를 충분히 사용하지 않고도 전반적인 세율이 높다. VAT만이 광범위한 세금이다. 뒤에 논의되지만, 중국은 높은 급여세를 징수하지만 이것은 사회보장기금에 들어가고 정부 세수에는 포함되지 않는다.

20.2 지출

20.2.1 재정시스템이 제공하는 재화와 서비스는?

시장경제에서 개인과 회사에 의존하여 일반 재화를 생산할 수 있다. 정부는 시장이 효율적으로 작동하지 않거나 다른 결과가 요구되는 세 가지 상황에 대하여 지출해야 한다. 공공재는 긍정적 외부효과를 가진 재화이며 사회적으로 선호되는 재분배이다. 공공재는 "비배제성"과 "비경합성"의 재화와 서비스이다. 공공재는 비배제적이기 때문에 시민에게 사용료를 청구할 수 없고 지불하지 않는다고 향유하는 것으로부터 배제할 수 없다. 가장 명백한 예는 국방이다. 공공재는 비경합적이기 때문에 한 사람이 추가로 재화를 누리는 것이 타인의 향유를 저해하지 않으므로 추가 단위를 제공하는 데 사실상 사회적 비용이 없다(그리고 가격은 0이어야 한다). 개인의 안전이 좋은 예이다. 나의 강화된 개인 안전 감각은 당신의 안전을 손상시키지 않는다(오히려 증대될 수 있다). 따라서 정부는 시민에게 서비스에 대한 직접적인 청구 없이 집단적이고 개인적인 안전을 제공해야 한다.

둘째, 정부는 긍정적인 외부효과가 분명히 있을 때 재화를 제공할 수 있다. 예를 들어 연구개발은 새로운 기술의 확산을 통해 사회에 혜택을 제공하지만 연구원이 혜택을 모두 충당할 수 없다. 정부지원이 없으면 연구가 제공되지 않을 것이므로 정부 보조금이나 자금 공급이 적절하다.

셋째, 정부는 소득을 재분배할 수 있다. 재분배는 부자에서 가난한 사람에게로 뿐만 아니라 건강한 사람에서 병든 사람에게 그리고 근로자에서 어린이와 은퇴자에게로도 일어난다. 실제로 거의 모든 사회에서 재분배의 가장 큰 요소는 현재 일하고 있는 사람으로부터 은퇴한 사람에게로 이어지는 것이다.

다른 정치 시스템들은 어떤 재화와 서비스가 제공되는지 그리고 그들이 선호하는 재분배 정도에 대해 서로 다른 결정을 내린다. 정부의 교육기금을 예로 들어 보자. 대부분의 혜택은 교육을 받는 개인에게 돌아가기 때문에 교육은 공공재가 아니며, 배제성이 있고 적어도 부분적으로 경합성이 있다. 그러나 모든 정부는 두 가지 기본적인 이유로 교육에 자금을 제공한다. 첫째, 정부는 경제활동을 시작하기 전에 대부분의 교육을 소비하는 젊은이들에게 자원을 재분배하기를 원하며, 둘째, 교육은 보다 정교한 협력을 가능하게 하는 긍정적 외부효과를 지닌다. 고도로 숙련된 근로자는 숙련된 동료들과 교육받은 고객들이 있을 때 훨씬 더 생산적이며, 사회가 보다 생산적인 기술을 채택하기도 더 쉬워진다. 일부 사회에서는 초기 접근성의 평등을 강조하고(결국 전체 가격을 감당할 수 있는 가정에 보조금을 지급하게 된다), 반면 일부 사회에서는 교육을 받은 사람들로부터 비용 회수를 강조한다(결국 졸업생에게 상환 책임의 부담을 주게 된다).

20.2.2 예산지출 구조조정

이러한 관점에서 보면, 명령경제 시대의 중국의 예산지출이 대단히 비이성적이었음을 즉시 알 수 있다. 개혁 이전 시대에 중국 정부는 자유시장에서는 최소한의 개입으로 할 수 있는 일을 하면서 엄청난 시간과 자원을 소비했다. 지출의 가장 큰 요소는 투자였지만 대부분의 투자는 사회 기반시설 같은 공공재가 아닌 제철소나 기계공장 같은 일반 산업시

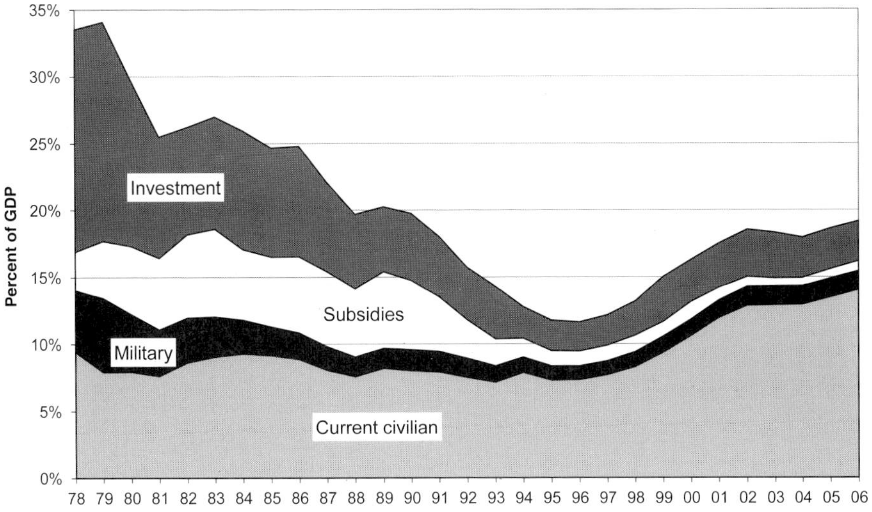

그림 20.2 예산지출 유형
자료: *SYC* (2005, 280－281; and earlier volumes).

설로 갔다. 개혁과정에서 중국 정부는 모든 것을 하려던 노력을 멈추고 정부만이 잘할 수 있는 일에 정부 자원을 집중했다.

그림 20.2에서 알 수 있듯이 1978년부터 1995~1996년 저점까지 정부는 투자, 보조금 및 군사 지출을 줄였다. 사유재에 대한 투자는 기업부문으로 넘어갔다. 보조금은 대부분 상대적으로 고소득인 도시 근로자들을 식품가격 인상의 영향으로부터 보호하기 위해 지급되었기 때문에 특히 퇴행적인 형태의 지출이었다. 1978년엔 경제규모에 비해 군사비 지출이 컸다.[2] 이는 모두 삭감되었지만, 행정과 사회복지 사업에 대한 핵심적인 정부지출은 성공적으로 보호되었다[그림 20.2의 "현재 민간인(Current civilian)"]. 그리고 1995년 이후 행정, 교육, 연금, 사회보장에 대한 지출이 급격히 증가한 반면, 투자, 보조금, 군사에 대한 지출은 모두 GDP의 일정 비율로 유지되었다. 따라서 1994년 이후 예산지출 또한 다른 시장경제에서의 정부의 역할과 유사한 방식으로 자금을 지원하기 시작했다.

20.2.3 중국은 복지국가로 가는 중인가?

예산지출의 근본적인 재정비 이후에도, 2006년까지 중국 정부는 사회서비스에는 상대적으로 적게 지출하고 있었다.[3] 예산 부족이라는 과거의 유산과 상대적으로 젊은 인구가 결

2. 대부분의 분석가들은 중국에서 군사비로 공식 분류된 지출은 국방부문에 대한 총 투자 자원을 축소하고 있으며 상당한 지출이 행정, 과학 및 기술, 투자로 분류되었다고 생각한다.
3. 2006년 이후 예산지출의 분류가 바뀌었기 때문에 2006년 이전과 이후의 결과를 직접 비교하는 것은 불가능하다.

합되어 사회적 지출이 낮게 유지되었다. 표 20.2는 세 가지 중요한 사회복지 지출에 대한 예산지출이 2006년에는 GDP의 상당히 낮은 비율이다가 그 후 급속히 증가했음을 보여 주고 있다. 2006년의 교육비 지출은 GDP의 2.5%로, 비교론적 관점에서 여전히 상당히 낮은 수준이다. 중국의 정책 입안자들은 교육에 대해 GDP의 4%를 국제 규범으로 보고 반복적으로 목표로 삼았으며, 실제로 지출이 2012년에 GDP의 3.9%로 급증한 뒤 평준화되었다. 보건 지출은 2006년 GDP의 0.6%로 국제 규범보다 크게 낮았으며, 지속적으로 증가하여 2016년에 1.8%가 되었다. 마지막으로 2006년에는 예산 범주에 없었고 0에 가까운 것으로 추정되었던 저소득 주택에 대한 정부지출이 2016년에는 GDP의 0.9%에 달했다. 이 세 가지 사회복지 범주의 총 지출은 2006년 GDP의 3.1%에서 2016년 6.4%로 두 배가 되었다.

예산에 완전히 통합되어 있지 않지만 연금 지출에서도 유사하게 높은 증가율을 보이고 있다. SOE 퇴직자 및 기득권을 가진 도시기업 노동자에 대한 연금은 사회보장기금에서 지급된다. 이 기금으로부터의 지출은 2006년 GDP의 2.2%에서 2016년 4.6%로 증가했다. 추가로 퇴직 공무원과 공공서비스 종사자의 연금은 정부예산으로 지급한다. 이러한 지출은 2006년 추정치인 GDP의 0.25%에서 2016년 0.7%로 증가했다. 기초연금 지출의 증가는 인구 고령화로 시작되었지만 현재 더 중요한 것은 1990년대 말 도시 거주자에게 거의 보편적으로 조기퇴직을 허용한 정책결정이었다(8장, 9장). 연금을 누리는 전체 퇴직자 수는 2005년 이후 10년 만에 두 배가 되었고, 2016년에는 1억 100만 명에 이르렀다. 또한 연금은 10년 이상 매년 증가해서 혜택이 비교적 크다. 이 숫자들을 통해 중국 정부의 복지국가로의 방향전환에 대한 전반적인 감을 잡을 수 있다. 2006년에서 2016년 사이 정부의 총 연금지출은 GDP의 2.45%에서 5.3%로 증가했다. 표 20.2에 있는 예산상의 사회서비스 지출에 연금 지출이 더해진다면, 총액은 2006년 GDP의 5.6%에서 2016년 GDP의 11.7%로 늘어난다. 특히 인구 고령화가 시작되지 않았다는 것을 고려할 때 이것은 상당한 증가이다.

거의 모든 영역에서 중국의 도시와 농촌의 격차에 맞춘 점진적인 정책결정의 유사한 패턴이 두드러진다. 6장에서 보았듯이 (도시에 호구와 직장을 가진) 도시 거주자는 오랫동안 후한 사회복지 혜택 시스템을 누려 왔다. 지난 10년 동안의 혁신은 농촌 및 도시로의

표 20.2 사회복지 부문에 대한 예산지출 (단위: 십억 위안, %)

	2006	2012	2016
교육	546.4 (2.5)	2,124.2 (3.9)	2,805.6 (3.8)
보건	142.1 (0.6)	724.5 (1.3)	1,315.4 (1.8)
공공주택	n.a.	448.0 (0.8)	677.6 (0.9)

자료: Ministry of Finance website, http://yss.mof.gov.cn/2016js/201707/t20170713_2648981.html.
주: ( ) 안은 GDP 비중

이주민들에 대해 처음에는 덜 관대한 사회 지출 시스템을 유지해 왔다. 이 프로그램들은 소규모로 시작되었다. 예를 들면, 농촌 교육의 확대는 2001년 교과서 보조금에서 시작하여 2006년 갑자기 초등학교와 중학교 무상교육으로 확대되었다. 농촌의 신협동의료시스템(New Cooperative Medical System, NCMS)은 2003년 참가자당 20위안의 연간 재정 보조금으로 작게 시작했고, 10년 이상 꾸준히 증가하여 2016년에는 참가자당 420위안이 되었으며, 프로그램 참가자가 8억 명 이상에 달했다(Wong, 2016). 이는 농촌 거주자 수보다 많은 수치로 도시 이주자도 상당수 등록했다는 것을 나타낸다.

현재 정부 건강보험에는 세 가지 별개의 프로그램이 있다. 도시 근로자를 위한 오래된 시스템에 농촌 NCMS(2003년)뿐만 아니라 근로자 기반 시스템으로 커버되지 않는 노인, 어린이, 학생에게 주로 서비스를 제공하는 도시 거주 기반의 보험 프로그램(2007년)이 추가되었다. 근로자 기반 시스템은 인적자원부가 관리하며 급여 공제를 통해 자금을 조달하기 때문에 정부지출에서 자금을 조달하는 나머지 두 시스템보다 훨씬 풍족하다. NCMS는 보건부에서 관리하며 자금이 성(省) 차원에서 공동 관리되는 반면 도시 시스템을 위한 자금은 도시 차원에서 공동 관리된다. 자금 조달 능력 및 충격에 견딜 능력을 지닌, 말 그대로 수백 개의 서로 다른 “리스크 풀(risk pool)”(자금이 결합된 성 또는 도시들)이 있다(Meng et al., 2015). 중국은 2020년까지 시스템을 통합한다는 목표를 세웠는데, 그 목표는 가능하기는 하지만 엄청난 행정적, 재정적 과제를 안고 있다. 통합을 통해 농촌 시스템을 근로자 기반 시스템 수준으로 끌어올리는 데에는 매우 많은 비용이 들 것이다.

퇴직 프로그램과 관련해서도 유사한 상황이 존재한다. 기존의 근로자 퇴직 프로그램에 속하지 않는 도시 및 농촌 근로자를 위한 별도의 새로운 프로그램이 2014년에 출범했다. 이 프로그램은 2016년에 5억 800만 명의 참가자를 대상으로 했다. NCMS와 마찬가지로 이 프로그램도 개인 부담금과 정부 보조금에 기반한다. 비록 초기 부담금과 보조금의 수준은 상당히 낮지만, 만약 이 프로그램이 의료보험 프로그램과 같은 경로를 따른다면 증가폭은 꽤 가파를 수 있다. 선언된 목표는 2020년까지 일종의 보편적 통합시스템에 도달하는 것이다. 연금 프로그램의 경우, 모든 사람을 1단계 연금시스템 수준으로 끌어올리는 데 따르는 어려움이 의료보험보다 더 크다. 중국의 기대수명은 급격히 증가해서 현재 75세가 넘었고 노령인구 비율도 빠르게 증가하고 있다. 기존 근로자 연금 프로그램에서는 거의 모든 사람이 60세에 은퇴할 수 있으며 많은 사람들이 더 일찍 은퇴한다. 혜택은 관대하고 지난 15년 동안 물가상승에 따라 매년 상향조정 되었다. 이러한 보장수준의 연금 프로그램을 통합하는 것은 아마도 재정적 부담이 너무 클 것이다. 그러나 기존의 연금 프로그램은 현재 고용된 근로자들을 더 많이 포함시킬 필요가 있다. 퇴직자 수가 빠르게 증가하고 있으며 기존 연금시스템 하에서는 현재 고용된 근로자 3명이 퇴직자 1명을 부담하고 있다. 장기적으로 볼 때 이 시스템이 재정적으로 실행 가능하도록 이주노동자 및 비공식 근로자를 추가해야 한다.

중국을 본격적인 복지국가로 인정하기에는 중국의 사회적 지출이 아직 너무 적지만, 복지국가를 향한 극적인 움직임이 있어 왔다. 현재 지출이 크게 증가하여 복지국가로의 자격이 확대되어 왔으며 잠재적으로도 충분한 자격이 있다. 관대한 자격요건은 급속한 고령화와 결합되어 중국이 10~20년 안에 복지국가가 될 수도 있다는 것을 보여 주고 있다. 이러한 새로운 사회복지 시스템들은 농촌집체가 무너질 때 붕괴된 사회보험 시스템을 중국의 중간소득과 도시위주 사회에 잠재적으로 적절했던 방식으로 재건하기 시작했다. 이 시스템은 젊은 층에서 노인층으로, 건강한 사람에서 병든 사람으로 자원을 이전하기 시작하고 있다. 그러나 부자로부터 가난한 자에게 자원을 분배하기 위해 하는 것은 아직 거의 없다. 이 시스템의 최상위 계층은 50대 중반에 은퇴하는 경우가 많은 도시 근로자들에게 후한 혜택을 제공한다. 2016년 기준 5,900만 명의 이주노동자들이 도시근로자 연금제도에 참여했지만 대다수는 여전히 참여하지 않고 있다. 따라서 전반적으로 여전히 이중트랙제이며 정부자원의 실제 지출은 이제 막 농민들에게 흘러가기 시작했다.

20.3 중앙정부 및 지방정부 예산

20.3.1 정부의 수입과 지출 책임은 어떻게 분담되어야 하는가?

모든 대국은 정부 기능의 중앙집권화와 지방분권화 사이의 어려운 선택에 직면한다. 재정 책임분담에 있어 중앙집권 책임과 지방 책임 사이에는 근본적인 상충 관계가 있다. 하나의 기본 원칙은 정부가 시민들의 선호와 가치에 쉽게 대응할 수 있도록 관리가 "가능한 한 지역적"이어야 한다는 것이다. 정확히 어떤 공공재가 얼마만큼 전달되어야 하는가? 조세의 한계가치는 편익의 한계가치와 동일한가? (즉, "과잉과세인가"혹은 "공공재 공급이 부족"한가?) 지방정부는 지역의 모든 책임을 지고 교육이나 개인의 안전과 같은 공공재 제공과 세금에 대한 책임을 져야 한다. 그래야 시민들이 세금 납부와 그들이 받는 서비스의 연관성을 볼 수 있다. 이것은 지역마다 그들이 요구하는 공공서비스의 수준과 질에 대한 선호가 다른 경우 특히 중요하다.

그러나 지방분권이 효과적이기 위해서는 양질의 지방통치가 필요하다. 이는 결국 지방정부가 적합하고 훈련된 인력 및 세금을 징수하고 서비스를 효율적으로 제공할 수 있는 능력을 갖추어야 한다. 그러한 능력을 갖췄다고 하더라도 효과적인 지방분권은 (1) 지역주민에 대한 투명성과 책임감, (2) 지방정부 운영의 자율성, (3) 지방정부에 부여된 중앙정부의 의무와 자격의 명확성과 투명성, (4) 중앙정부의 감시 및 감사 능력을 요구한다 (Bahl, 1999). 이러한 분야들은 각각 중국에 상당한 과제를 제시한다.

특정 공공재는 본질적으로 중앙정부의 공급을 수반한다. 가장 확실한 예는 국방이다. 또한 국가를 통치하는 법률 및 규제체제는 전국적으로 통일된 원칙에 따라 적용되어야 하는 본질적인 공공재이다. 사회보장과 같은 일부 공공서비스는 어디에서나 동일해야 하는 최소한의 제공 기준이 필요할 수 있다. 마지막으로 중앙정부만이 자원을 지역 간에 재분배할 수 있다. 이러한 모든 이유로, 특정 정책분야에서는 지역통제보다 중앙정부의 서비스 제공이 선호될 것이다.

마지막으로 각 수준의 정부는 그들의 책임 하에 있는 지출을 감당하기에 충분한 수입을 통제해야 한다. 중앙정부는 지방정부 간 재정이전 시스템을 유지함으로써 이러한 경쟁적 목표 중 일부를 달성할 수 있다. 이러한 재정이전은 예측할 수 있고 투명하고 원칙 중심이어야 한다. 그렇지 않으면 지방정부 간 갈등이 불가피하고 정치 공작과 로비가 끊임없을 것이며 책임이 불분명한 지속 가능하지 않은 재정적 합의가 생겨날 가능성이 높다. 미국의 연방주의 체제에서 재정합의는 두 세기가 넘는 기간에 걸쳐 진화해 왔다. 중앙과 지방 정부는 헌법에 (불완전하게) 명시된 각자 고유의 독립적인 권한을 가지고 있으며 각각은 유권자에게 직접적이고 개별적인 책임이 있다. 그럼에도 불구하고 정부 간 책임에 대해 첨예하게 대립하는 분야가 많다. 교육이나 의료보험과 같은 분야에서 연방지출과 비 재정지원 위임에 대한 논쟁이 진행 중이다. 중국은 유사한 문제에 직면해 있지만 매우 다른 정부 시스템 하에 있다. 중국은 제공하고자 하는 재화 및 서비스와 효율적이며 양립할 수 있는 수입과 지출 책임에 대한 재정합의를 어떻게 달성할 수 있을까?

20.3.2 중앙과 지방: 중국 재정시스템의 역설

중국의 재정시스템은—사실 정부 시스템 전체가—통합되어 있고 위계적이다. 정부는 국가, 성(省), 주(州), 현(县) 그리고 향(乡)의 다섯 단계로 조직되어 있으며 이들은 위계와 종속의 관계이다. 상급 정부는 일반적으로 하위급 정부에 지시를 내릴 권리와 능력을 가지고 있다. 지방정부는 세금을 징수할 자치권이 없고 최근까지 차용이 금지되었다(그럼에도 그렇게 했지만). 중앙정부가 모든 세금의 종류와 세율을 정한다. 또한 중앙정부는 지방정부에게 상세한 예산지침과 지시사항을 제공하며 중앙 및 지방 정부의 수입과 지출을 통합하는 통합 예산 계정들을 마련한다. 이 모든 지표들에 의하면 중국의 재정시스템은 고도로 중앙집권화 되어 있다. 더구나 정치체제의 중앙집권화에 의해 재정시스템의 중앙집권화가 강화된다. 성장(省長)은 중앙정부, 더 정확히 말하면 중앙 공산당이 임명한다. 성과지표는 중앙 공산당 조직부가 정하며 진로는 명백하게 상급자들의 손에 달려 있다. 재정시스템의 규칙과 한도는 고도로 중앙집권화 된 방식으로 정해진다.

지출에 있어서 중국의 재정시스템이 세계에서 가장 분권화된 시스템 중 하나라는 발견은 놀라운 일이다. 2016년에 중앙정부는 전체 지출의 15% 미만을 집행했다. 나머지 85%의 지출은 네 개의 국가 하위정부인 성, 주, 현, 향에 의해 집행되었다. 그림 20.3에서 볼 수 있듯이 1994년 재정개혁 이후 지방정부 지출의 GDP 비중은 꾸준히 증가해 왔다. 반면 중앙 지출의 GDP 비중은 2000~2003년 정점을 유지한 후 감소하였다. 중앙정부

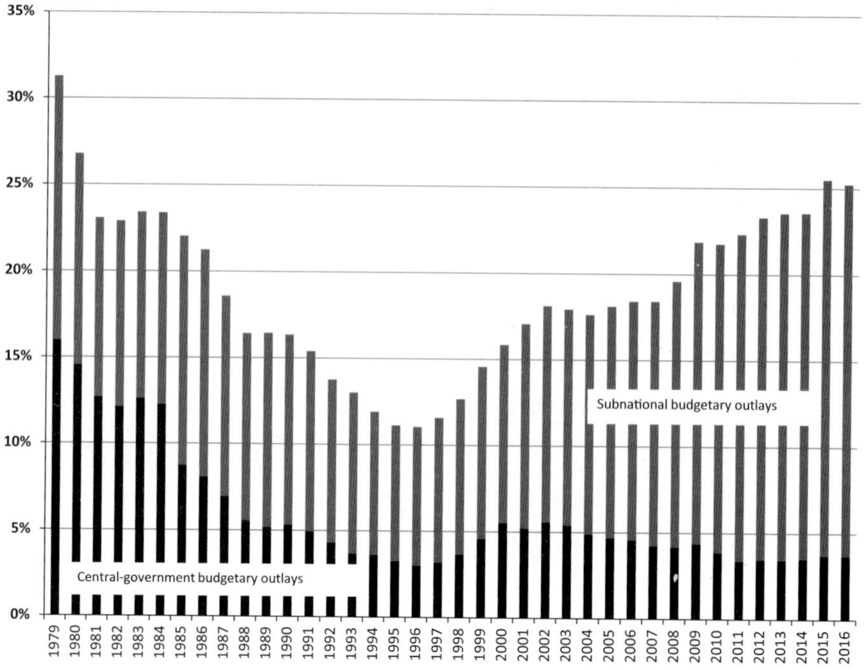

그림 20.3 중앙 및 지방 정부의 예산지출(GDP 비중)
자료: *SAC* (2017, 70).

가 총 지출의 반 이상을 차지하는 인도나 미국보다 중국에서 지출이 더 분권화되어 있다(Goyal, Khundrakpam, and Ray, 2004; OECD, 2014). 지출의 분권화에는 정책 위임에 대한 책임이 따른다. 중국은 많은 국가정책의 실행을 지방정부에 의존한다. 따라서 중국의 지방정부는 많은 자원을 처리하지만 그 이상의 책임을 지고 있다. 지방정부는 상부에서 임명되기 때문에 지역 유권자에게 책임을 지지 않는다. 비록 지역예산의 투명성을 높이기 위해 노력하지만 아직 민주적 책임에는 크게 못 미치며, 책임은 하향식이 아니라 상향식이다. 필연적으로 이것은 상당한 "대리 손실"을 의미한다. 따라서 실제로 지방정부는 정책 의무를 해석하고 우선순위를 결정할 수 있는 상당한 여지가 있다. 중국 재정시스템의 역설은, 공식적으로는 고도로 중앙집권화가 되어 있지만 동시에 실제로는 고도로 분권화되어 있다는 것이다.

오늘날 중국 예산 시스템의 중앙집권화와 지방분권 사이의 긴장을 특히 심화시키는 두 가지 요인이 있다. 첫째, 1994년의 재정개혁이 결코 지방정부에 적절한 조세기반을 제공하지 않았다. 정책 입안자들은 중앙의 재정난을 해결하는 데 주력했기 때문에 대부분의 세금 종류에 대한 권리를 중앙정부에 부여하고, VAT를 포함한 가장 중요한 세금을 징수할 수 있는 권한을 가진 국가세무총국(State Administration of Taxation, SAT)을 중앙

통제 하에 만들었다. 이로써 지방정부의 세금징수 능력을 희생하여 중앙의 예산 문제를 해결했다. 그에 따른 농촌 수수료와 비정기 부담금의 축소(20.4.1절)는 이 문제를 더욱 심각하게 만들었다. 둘째, 사회복지 향상을 위한 지출 구성의 변화(20.2.3절)는 지방정부의 지출 책임을 증가시켰다. 전통적으로 중국의 지방정부는 보건, 교육, 경찰, 법원 등 모든 지방정부 서비스에 대한 책임을 지고 있었으며 이러한 지출이 증가함에 따라 지방정부의 지출 책임도 자연스럽게 커졌다. 특히 놀라운 점은, 사실상 전 세계 어디에서나 중앙정부의 책임인 퇴직 및 사회보장 프로그램에 대한 운영 책임이 지방정부에 있다는 것이다. 1994년 이후 지출 분담에 대한 근본적인 재고가 없었기 때문에 수입과 지출 측면에 대한 중앙과 지방 정부 사이의 긴장이 꾸준히 고조되고 있다.

20.3.3 중앙과 지방 정부의 재정 관계

1994년 재정개혁은 중앙정부에서 지방정부로의 임시 이전시스템을 만들어 중앙과 지방 사이의 자원과 책임 불균형을 해결했다. 중앙정부는 수입의 가장 큰 부분을 징세하고, 지방정부는 중앙에서의 예산 이전에 의존한다. 그림 20.4에서 볼 수 있듯이 중국에는 개혁시대 이래 중앙과 지방의 예산을 연결하는 세 가지 다른 시스템이 있어 왔다. 처음에는 중앙정부가 지방정부로부터 이전되는 수입에 의존했는데, 이는 문화혁명 시대의 마오쩌둥의 지방분권화의 독특한 유산이다. 1985~1993년의 중간 기간 동안 중앙정부는 거둔 수입의 비중과 거의 동일한 비중을 지출했다. 중앙과 지방 사이 양방향의 재정이전이 거의 정확하게 균형을 이루었기 때문이다. 1994년 이후의 시스템에서는 중앙정부가 전체 수입

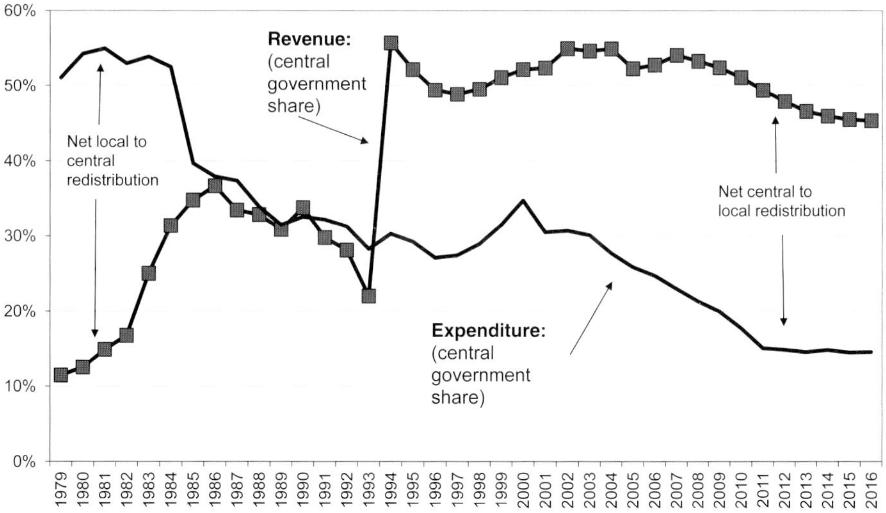

그림 20.4 중앙정부의 예산 수입 및 지출 비중
자료: *SAC* (2017, p.70).

의 약 절반을 거둬들이고 그 수입의 대부분을 지방정부로 이전했는데 2016년 중앙에서 지방으로의 재정이전은 GDP의 9.8%에 이르렀다. 이러한 합의는 중앙정부의 전반적인 재정적 지위를 향상시키고 지방정부에 대한 강력한 협상 지위를 부여한다.

이 시스템은 "세금 할당"을 통해 만들어졌다. 중앙정부 세금은 소비(사치)세, 관세 그리고 중앙정부가 통제하는 부문(철도, 금융기관 및 일부 중앙 통제 대기업)에 대한 대부분의 직접세, 간접세를 포함했다. 성세(省稅)는 지방기업에 대한 직접세와 더불어 부동산 및 재산세, 공해 및 자원 수수료를 포함한 비교적 소액의 세금을 다수 포함했다. 주요 조항은 대부분의 VAT 수입을 "공유 수입"으로 지정한 것이었으며 75%는 중앙정부로 25%는 지방정부로 돌아갔다. 이 시스템 하에서 새로운 중앙 SAT가 먼저 수입의 대부분을 징수한 후—모든 VAT 세입을 포함—성(省)과 공유한다.

정부 간 이전시스템은 "수직적 불균형", 즉 각 정부에 할당된 활동과 그 정부 수준에서 이용할 수 있는 자원 사이의 불균형을 바로잡기 위해 점진적으로 발전했다. 1994년 직후 중앙정부는 개혁 이후 각 성(省)의 총 수입이 감소하는 것을 막기 위해 VAT 수입을 충분히 환급하는 데 주력했다. 그 후 20년 동안 확대되는 정책적 위임업무들에 대응하기 위해 훨씬 더 큰 이전시스템이 점진적이지만 즉흥적으로 만들어졌다. 여기에는 주로 지역개발 정책과 관련된 특정 프로젝트들에 대한 "목적성 이전"과 지역 간 예산자원을 균등하게 하기 위한 "일반 이전"이 포함되었다. 놀랍게도 이전시스템에 대한 체계적인 점검은 전혀 없었으며 이전과정을 통제하는 규칙이나 원칙도 없었다. 이러한 이전이 지방정부 수입이 불충분하다는 것을 보여 준다는 일반적인 오해가 있다. 사실 지방정부가 상급 정부로부터의 이전에 의존하는 것에는 아무런 문제가 없다. 예를 들면, 독일이 그러한 시스템을 운영하고 있다. 그러나 이런 종류의 시스템은 명확하고 투명하며 예측 가능해야 한다. 중국의 정책 입안자들이 현재 그러한 방향으로 나아가고자 노력하고 있지만 중국은 현재 이 가운데 어느 것에도 해당하지 않는다.

20.4 지방정부 예산

중국에서 농촌지역은 항상 도시지역보다 수입 기반이 얇았다. 농촌지역은 애초에 더 가난했고, 농산품 가격을 낮게 유지하고 도시 산업에 수입을 집중하는 도시편향 정책으로 자원의 농촌 통제는 더욱 줄어들었다(6장). 대부분의 명령경제 기간 동안 농촌 공공재는 공식적인 정부나 재정시스템의 일부가 아닌 농촌집체에 의해 제공되었다(11장). 1980년대에 농촌집체가 해산된 후 지방정부는 다양한 예산외 자금과 비정기 수수료로 농촌 재정시스템을 지탱하기 위해 노력하였다.

20.4.1 수수료, 예산외 자금 및 폐지

1980년대와 1990년대 지방정부는 농민들에게 수많은 수수료와 추가 부담금을 부과했다. 이 중 일부는 사용자 수수료이고 나머지는 중요한 지방 공공재나 서비스의 제공과 관련되었다. 그러나 이러한 수수료는 불규칙적이고 지방 재량으로 부과되었기 때문에 부패한 지방공무원이 자신의 관리비를 조달하기 위해 임의로 새로운 수수료를 부과하는 것을 막을 방법이 별로 없었다. 1990년대 후반에는 농촌지역의 세금, 수수료 및 요금 징수가 농촌 불만의 주요 원인이 되었다. 일부 학교나 병원에 대한 수수료는 합리적이지만 강제적인 가족계획 운영과 같은 것에 대한 수수료는 모호하고 평이 좋지 않았다. 21세기 초에 중앙정부는 짧은 승인목록에 있는 것을 제외한 모든 수수료가 불법이라고 판결하였다. 교육, 가족계획, 도로건설 그리고 복지에 대한 수수료가 모두 폐지되었다. 중앙정부는 지방정부가 포기하는 수수료를 보상하기 위해 재정이전을 제공하기 시작했다. 처음에는 이러한 이전이 지역발전 정책의 일환으로 가난한 성(省)에만 제공되었다. 예를 들어 2001년 이후의 서부개발 프로그램에는 가난한 서부 현(县)의 행정직원과 교육에 대한 보조금이 포함되었다. 이러한 형태의 임시적인 재분배는 더 많은 지역(중부의 성 등)과 늘어나는 사회적 목표를 포괄하도록 확대되었다.

중앙정부는 농촌정책에 대한 일련의 목표를 공표하고 필요한 프로그램에 대한 자금지원 의지를 보여 주었다. 선구적인 노력은 수업료 없이 전국적으로 6년간의 교육을 받을 수 있도록 하는 것이었다. 교육과 더불어 정부는 "신사회주의 농촌"으로 함께 묶은 일련의 정책들을 심사숙고하기 시작했다(11장). 여기에는 처음으로, 거의 획일적이지만 최소한의 사회복지서비스 시스템의 농촌으로의 확대가 포함되었다. 획일적인 최소한의 복지수당 시스템이 전국으로 확대되었고 NCMS 건강보험 패키지가 도입되었으며 몇몇 매우 기본적인 퇴직 프로그램이 수립되었다. 이들 각각은 가장 부유한 성(省)을 제외한 모든 성에서 중앙정부로부터 어느 정도의 기여를 필요로 했다.

2004년과 2006년 사이에 전국적으로 농업세가 폐지되었는데 이는 중대한 정책변화였다. 농업세는 수천 년 동안 시행돼 온 것이다. 중국 정부는 처음으로 사회 최빈층인 농민들에게 비용을 부담시키지 않고 정부의 활동자금을 조달할 수 있었다. 지방정부에게 농업세 폐지는 비정기 수수료 폐지와 같은 영향을 미쳤다. 촌락들의 보유자원은 줄었으며 이제 점점 더 특정 목표를 향해 자금을 움직이는 중앙정부에 의존하게 되었다.

20.4.2 농촌 풀뿌리의 새로운 권력구조

중앙정부의 재정이전은 20.3.2절에 설명된 다섯 단계의 정부를 거쳐야 한다. 이 다섯 단계 중에서 명시적 국가정책은 중앙과 성(省)의 재정 관계만을 통치한다. 성의 하위단계에서는 비공식적인 교섭과정을 통해 예산이전과 지출에 대한 책임관계가 지속적으로 조정되어 왔다. 현(县)급 수준의 정부들은 중앙정부 자금이 흘러가는 통로이기 때문에 이 과정에서 비교적 훨씬 부유해졌다. 전체 통합 예산지출에서 현의 비중이 2000년 26%에서 2013년 46%로 증가한 반면 수입은 감소했고 그 격차는 상급정부에서 조달되었다. 현들은 종합하면 중국 중앙정부의 3배를 지출한다.

농촌주민의 삶에 현(县) 정부는 점점 더 큰 영향력을 행사하고 있다. 현 정부는 수입을 향(乡)과 촌락으로 하향배분 하므로 현(县)급 공무원들의 목소리가 높아지며, 신사회주의 농촌의 구체적인 정책을 결정한다. 향(乡)과 마을의 조세기반은 축소되었으며 상위인 현급 정부의 영향을 많이 받았다. 선출된 위원회가 행사하는 촌락 예산에 대한 감독이 덜 중요했기 때문에 촌락 민주주의는 주민들의 삶에서 덜 중요해졌다. 더욱 중앙집권화 된 예산시스템은 촌락 수준에서는 더 많은 자원을 의미하지만 반면에 지역통제는 줄어들었다.

20.5 도시정부 예산

도시정부의 예산상 입장은 농촌정부와는 사뭇 달랐다. 도시는 중국 정부 단계 중 하위단계—4개의 성(省)급 도시(베이징, 상하이, 톈진, 충칭), 30여 개의 "부성(副省)"과 주(州)급 도시(우한, 푸저우, 칭다오 등), 수백 개의 현(县)급 도시, 그리고 수천 개의 향진(乡镇)급이 있다—의 하나에 속할 수 있다. 일반적으로 위계에서 높을수록 예산 자원이 많고 관리 자율성이 높다. 명령경제 시스템에서 도시는 수익성 있는 지역 국유기업(SOE)들을 장악하고 있었기 때문에 자원이 있었고 도시정부가 대규모 재개발을 자제하고 검소하게 전통적인 도시 경관을 유지하던 시대에는 그 자원으로 충분했다.

20.5.1 도시정부와 도시화의 과제

1994년 재정개혁으로 도시정부는 기존 수입의 일부를 포기해야 했다. 또한 그들이 통제권을 가지고 있던 지역 SOE들은 경쟁에 노출되어 수익성이 없는 중견기업이 대부분이었다. 수입에 대한 통제권을 상실한 대가로 1990년대 도시정부들은 어느 정도 자율성을 부여받았다. 그들은 1990년대 후반에 SOE의 구조조정과 축소를 수행해야 했고 경우에 따라서는 심각한 실업문제와 씨름해야 했다. 그들은 도시개발 계획을 수립해야 했다.

중국 재정시스템은 도시화에 필요한 자원을 제공하도록 명시적으로 조정된 적이 없다 (Wong, 2013). 세기가 바뀐 후 이주자들이 도시로 쏟아져 들어오기 시작했고 주택 붐이 점차 가속화되었다. 중앙정부가 농촌으로 사회 프로그램을 확장하기 위해 농촌에 자원을 제공하는 데 주력하는 동안 도시정부는 도시화를 위한 자원을 스스로 개발하도록 내버려졌다. 그들은 토지개발에서 해결책을 찾았다.

20.5.2 토지주도의 지방정부

도시정부는 도시 토지에 대한 그들의 통제가 도시화에 필요한 자원을 창출할 수 있다는 것을 발견했다. 6장에서 토지에 대한 도시정부 통제의 본질적 성격을 기술한 바 있다. 도시 토지를 공식적으로 모두 소유한 "국가"의 대리인으로서 도시정부는 우선적으로 유리한 입장에 있었다. 그러나 자원의 통제와 원천의 결정적인 지렛대는 농촌 토지에서 개발 가능한 도시 토지로의 전환에 대한 도시정부의 독점 통제권이었다. 농촌 주민들은 도시 용도로 농지를 개발하는 것이 엄격히 금지되어 있다.[4] 대신 그들은 토지를 팔아야 하며 그 토지를 구매할 권한이 있는 유일한 주체는 도시정부이다. 실제로 도시정부는 농민으로부터 개발 가능한 토지를 구매하여(수요 독점의 지위를 이용해 저가로 구매) 사회 기반시설을 설치하고, 토지이용권을 개발업자에게 판매한다(독점적 지위를 이용해 고가 판매).

이 핵심적인 구조적 지위는 지방정부가 토지 매각으로 상당한 액수의 돈을 지속적으로 조달할 수 있었다는 것을 의미했다. 그림 20.5는 2010년 이후 지방정부가 토지 수입으로 매년 국가 GDP의 5~7%를 창출한 것을 보여 준다. (수입이 급속히 증가하였지만, 초기 데이터 범위가 불완전했을 수도 있다.) 많은 도시의 경우 공식 예산에 포함되지 않은

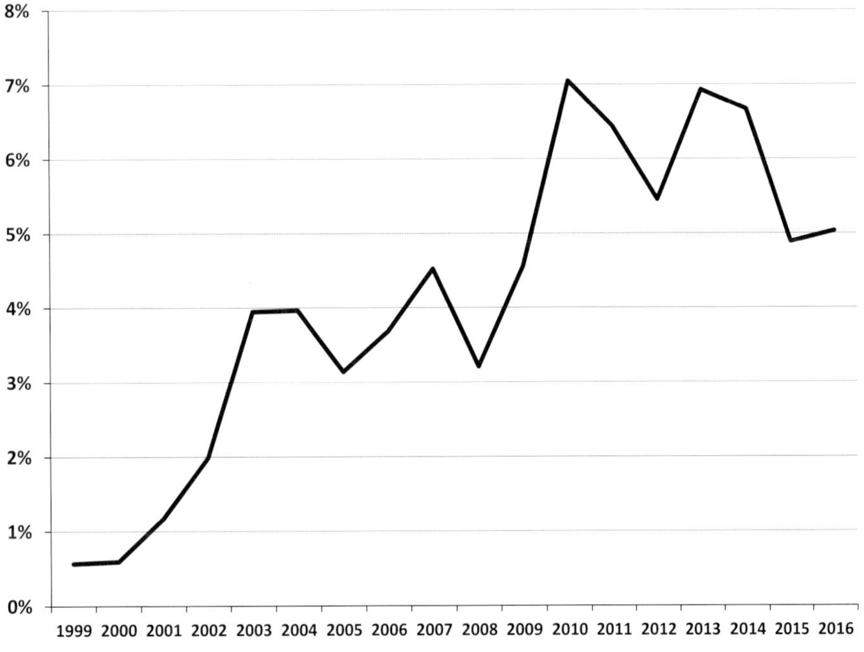

그림 20.5 지방정부의 토지 수입(GDP 비중)
자료: Through 2010, Huang (2012); from 2011, Ministry of Finance website, http://zhs.mof.gov.cn/zhengwuxinxi/zonghexinxi/201604/t20160401_1934261.html.

4. 2015년부터 촌락들은 향진기업 또는 주택건설을 위해 미리 확보되었던 토지를 개발할 수 있게 되었다. 동시에 농업 구역에 대한 규제는 강화되었다.

이 토지 수입이 지역적으로 창출되는 다른 모든 형태의 수입과 비슷하거나 더 크다. 중국의 도시정부는 토지 개발자가 되었다. 그들의 자원과 업적은 토지개발의 성공과 분리할 수 없다.

이 시스템에는 많은 단점이 있다. 가장 분명한 것은 경제에서 직접적이고 미시경제적 개입에 지방정부 공무원들을 지속적으로 관여시킨다. 지방정부는 강한 이해관계를 가지고 있다. 지방정부는 규제 및 정책 책임 또한 크기 때문에 이해충돌 가능성이 높다. 게다가 토지에 대한 의존은 필연적으로 도시정부가 시장과의 명확한 관계를 발전시키는 것을 더욱 어렵게 만든다. 지방정부의 기업가 정신은 중국경제개혁의 처음부터 결정적인 특징이었다. 그러나 토지 의존으로 인해 이러한 기업가 정신은 매우 건강하지 않은 형태가 될 수 있다.

지방정부 공무원들은 그들이 직면하는 인센티브에 반응한다. 토지 수입은 그들이 이용할 수 있는 전체 자원에서 존재감이 상당하며, 성공적인 토지개발은 활동적인 지방공무원이 자금을 조달할 수 있는 확실한 영역 중 하나이다. 지방공무원들은 어떤 목표를 달성하고자 하는가? 결정적으로 지방공무원들은 위계적이고 중앙에서 관리되는 관료시스템의 맥락에서 일한다. 5.6절에서 설명한 바와 같이 그 시스템은 장기적인 직업적 성공을 위한 강력하고 명확한 인센티브를 제공한다. 지방공무원들은 지방 GDP와 지방 예산수입을 늘리는 것에 대해 강력한 인센티브를 받는다. 반면에 지방공무원은 지역 주민들이 상당히 만족해하고 사회질서를 어지럽힐 만한 근거가 주어지지 않도록 확실히 하는 것 외에 지역 주민에 대한 직접적인 책임이 없다. 그러므로 지방공무원들은 건설과 개발에 강한 인센티브가 있지만 도시 주민들에게 양질의 서비스를 제공할 인센티브는 매우 약하다. 또한 6장에서 논의한 바와 같이 도시공무원들은 도시경제에 이주자들을 편입시켜 얻는 것이 아무것도 없다. 따라서 그들은 토지의 도시화를 지나치게 강조하고 사람들의 도시화를 방해한다. 지방공무원들이 토지개발에 집착하는 것은 그들이 직면한 인센티브 시스템에 대한 전적으로 합리적인 반응이다. 이는 도시 구조의 물리적인 과잉 확장과 인간의 과소 확장을 조장함으로써 도시화 과정을 왜곡시킨다.

토지기반의 도시 재정시스템은 도시개발에 충분한 자원을 제공했지만 단점이 많다. 그것은 지역경제에 대한 정부개입과 왜곡을 조장한다. 이러한 이유로 부패와 내부자 거래도 부추긴다. 마지막으로 그것은 도시 재정에 바람직하지 않은 경기순행적 패턴을 만든다. 시기가 좋으면 도시 재원이 충만하고 도시 지출이 급속히 증가하지만, 시기가 나쁠 때는 도시 수입이 불균형적으로 감소하고 도시가 지역경제를 돕기 어렵다. 실제로 2008~2009년 글로벌 금융위기가 닥쳤을 때 도시 토지개발 활동에 대한 수익이 통상적으로 급격히 하락했을 것이며 지방정부는 투자를 철회하게 되었을 것이다. 경기침체를 악화시켰을 이러한 경기순행적 반응을 예방하기 위해 중앙의 정책 입안자들은 지방정부가 새로운 부채를 떠맡도록 장려했으며 그 과정에서 심각한 지방정부 부채문제를 야기했다.

20.6 지방정부의 부채

2014년까지 중국 지방정부는 돈을 빌리고 빚을 질 법적 권한이 없었다. 그런데 명백한 법적 금지에도 불구하고 지방정부는 항상 돈을 빌려 왔다. 지방정부가 대출금지를 우회하는 가장 흔한 방법은, 지역 투자회사 혹은 개발기금을 설립한 다음에 명시적 정부 보증을 뒷받침으로 하여 기업의 차용을 장려하는 것이다. 실제로, 지방정부가 자금을 조달하고 개발활동을 수행하기 위해 어떤 종류의 기업체를 설립하지 않는 한, 중국에서 지방정부들이 일상적으로 하는 기업가적 활동이나 개발 활동을 수행하는 것은 상상하기 어렵다. (국유기업은 중국에서 명백하게 합법적이므로 이 같은 수단의 합법성은 의문의 여지가 없지만, 지방정부가 부채를 보증하는 것에 대한 법적 근거는 없다.) 이러한 운영은 중국에서 오랜 역사를 가지고 있지만 대부분의 기간 동안 중앙정부는 이러한 활동을 주의 깊게 감시하고 제한해 왔다.

2008~2009년 글로벌 금융위기(GFC) 동안 중앙정부의 태도는 지방정부 투자 수단을 조심스럽게 제지하던 것에서 적극적으로 장려하는 방향으로 전환되었다. 18장과 19장에서 기술한 바와 같이, 지방정부가 가능한 한 빠르게 투자를 가속화하기 위한 도구로서 새로운 지방정부자금조달기구(local-government funding vehicle, LGFV)가 확산되었다. 국유은행들은 관대하게 대출해 주고 자금이 계속 흘러가게 하도록 권고를 받았다. 이러한 조치로 인해 LGFV들의 부채가 폭발적으로 증가하여, 2007년 말에서 2009년까지 4조 5,000억 위안에서 9조 위안으로 두 배가 되었으며, 자금의 80% 이상이 은행시스템에서 조달되었다(Fan and Lv, 2012). 거의 하룻밤 사이에 심각한 지방정부 부채문제가 발생했다. 감사원(National Audit Office, NAO)은 2013년 6월 30일 기준으로 지방정부 부채에 대해 철저한 조사를 실시하였고, 지방정부들이 직접 상환의무를 지고 있는 총 10조 8,900억 위안의 부채와 지방정부가 보증한 부채 2조 7,000억 위안, 그리고 추가로 4조 3,000억 위안의 잠재적 혹은 우발부채가 있다는 것을 파악했다(NAO, 2013). NAO의 추정치는 문서화되고 입증이 가능한 부채를 다루어 보수적이었는데 추정해 보면 지방정부의 직접 부채는 2013년 GDP의 18.5%이고, 세 가지 범주를 합하면 GDP의 30%에 해당한다.

이 부채의 총량보다 더 놀라운 것은, 그것이 법적으로는 결코 존재하지 않는 토지에 존재했다는 사실이다. 지방정부는 합법적으로 빚을 내거나 보증할 수 없지만, NAO는 지방정부의 부채와 보증에 관한 세부 수치를 발표했다. 부채에 대한 책임이 분산되어 있었고(당시 중앙정부는 이를 장려했다); 부채관리 절차는 부실하거나 존재하지 않았으며; 부채를 가려내고 채무불이행을 선언하는 절차가 알려져 있지 않았다. 보유자산의 근본적인 소득창출 잠재력은 불확실하다. LGFV의 극소수만이 유료 고속도로나 물 처리시설 같이 꾸준한 수익 흐름을 창출하는 프로젝트를 소유하고 있다. LGFV의 절반 정도는 토지매각을 통해 부채를 상환하기를 원한다. LGFV는 지방정부의 토지 의존성이 실현되는 수단이다. 만약 토지의 가치가 떨어지면 이 부채들은 상환이 극도로 어렵거나 불가능할 것이다. 인정된 지방정부 부채가 중국에서 유통되는 중앙정부 국채의 양을 초과하며 이들 부채를 초과하는 추가 부채가 있다.

2014년에 지방정부 부채 관리를 위한 포괄적인 노력이 시작되었다. 개정된 예산법은 엄격한 중앙정부 감독 하에 지방정부들이 그들 자신의 이름으로 차용할 수 있는 공식적인 권리를 주었다. 이를 통해 지방정부가 배정된 할당량 내에서 "지방채"를 발행할 수 있었다. 다음 단계는 기존 부채를 새로운 지방채로 전환하는 것이었다. 궁극적인 목표는 중국에 지방채권 시장을 만드는 것이었다. 이 시장에서 투자자들은 개별 지방정부 차주의 위험과 수익을 평가할 수 있을 것이며, 지방채 시장은 궁극적으로 토지주도의 지방 예산에 대한 대안으로 작용할 것이다.

기존 지방정부 부채를 구조조정하려는 야심찬 노력은 곧 장애물에 부딪혔다. 장쑤성 재정당국이 지방채를 매각하려 했을 때 잠재적 채권 매수자들이 위험 즉 지방부채 매각에 따른 이자율에 대해 이견을 보인다는 것을 알았다. 지방공무원들은 높은 이자율을 지불하기를 원치 않았고 중앙의 정책 입안자들은 구조조정을 가능한 한 빨리 단행하기를 원했다. 그 결과 정책 입안자들은 단순히 국유은행들에게 그들 장부에 있는 지방정부에 확대했던 대출을 채권 형태로 재구매하라고 지시했다. 2015년과 2016년 동안 GDP의 10%가 넘는 총 8조 위안의 지방정부 부채가 지방채로 전환되어 은행 대차대조표에 기재되었고 명시적으로 성(省) 정부의 책임이 되었다.

구조조정 프로그램은 지방정부의 이자 부담을 낮추고 상환능력에 더 가까워지게 했으며 부채에 대해 암묵적인 중앙정부 보증을 부여하여 재무위험의 잠재적 원천을 제거했다. 그러나 투자자들이 특정 지방정부의 차입과 관련된 위험과 수익(또는 국채보다 더 높은 "스프레드")을 발견할 수 있는 거래시장에서 매각되는 부채는 극히 일부였다. 토지주도 재정에 대안을 신속하게 제공하려는 노력은 좌절되었다. 엄밀히 따지면 기술적으로는 금지되었지만 LGFV는 은행으로부터 계속 대출을 받아 왔다. 구 시스템과 관련된 많은 문제들은 여전히 명백하며 만약 정부가 미래의 대출을 통제할 수 없다면 더 악화될 수도 있다. 긍정적인 측면으로는 새로운 채무증서가 만들어졌으며 허용된 할당량 내에서의 차입은 시장에 새로운 공급을 제공할 것이다. 궁극적으로 지방정부의 새롭고 더 믿을 만한 자금원으로 성장할 수도 있다.

20.7 재정개혁 및 전반적인 경제개혁

1994년에 시행된 재정시스템의 내용을 보면 위기에 대응하기 위해 급하게 도입된 시스템에 수많은 임시조치들이 대충 꿰맞춰진 것으로 보인다. 놀랍게도 엄청난 성장과 급속한 도시화 그리고 예산지출 구성의 극적인 변화에도 불구하고 20여 년이 지난 지금 동일한 기본시스템이 여전히 자리 잡고 있다. 2014년 여름, 당시의 재무장관 루지웨이(楼继伟)는 고위 정책입안자들이 납득하고 당시 시스템의 주요 문제 중 일부를 다루는 포괄적인 재정개혁 프로그램을 제시했다.

루지웨이는 3단계 개혁을 구상했다. 2014~2015년의 첫 번째 단계는 새로운 투명성과 더욱 표준화된 예산관리 절차들을 수립하는 것이었다. 전국인민대표대회 및 지방인민대표대회의 감독 하에 지방정부 부채를 허용하고 정부 간 재정이전에 대한 규칙을 명확히 하며 투명성을 제고하는 새로운 절차 등이다. 이러한 예산관리 규정의 대부분은 2014년에 채택된 새로운 예산법에 포함되었다. 그러나 재정개혁의 두 번째와 세 번째 단계는 곧바로 난관에 부딪혔다. 두 번째 단계는 신규 조세를 구상했다. 기존 거래세 중 다수를 폐지하고 직접세, 즉 소득세와 재산세에 대한 의존도를 높여 이를 대체하는 것이었다. 개혁의 세 번째 단계는 도입된 새로운 조세를 기반으로 새로운 중앙 및 지방의 수입 및 지출 공유시스템을 만드는 것이다. 새로운 시스템 하에서 지방정부는 새로운 수입원을 통제하게 될 것이고 중앙정부는 아마도 사회보장과 교육을 포함하여 특정 지출에 대한 책임을 지방정부로부터 넘겨받을 것이다.

재무장관이 제안한 변화들이 이행된다면 중국 재정시스템의 근본적인 구조조정에 해당할 것이다. 신규 조세와 지출 책임에 대한 세부사항은 공개되지 않았는데 아마도 격렬한 논쟁과 정치공작의 대상이었기 때문일 것이다. 2016년 말 기준으로 두 번째 및 세 번째 단계의 진행이 예정보다 심각하게 늦어졌으며 프로그램의 궁극적인 운명은 미지수다. 그럼에도 불구하고 그 개혁 제안은 모든 재정프로그램에서 다뤄져야 할 가장 근본적인 문제들을 제기하고 있다. 두 가지 근본적인 쟁점은 본 장에서 시작한 공공재정에 대한 논의와 관련이 있다. 중국 정부는 얼마나 커야 하는가? 그리고 수입과 지출의 책임은 중앙과 지방 정부 간에 어떻게 분담되어야 하는가?

20.7.1 신규 조세: 중국의 예산은 얼마나 커야 할까?

오늘날 중국 정부는 얼마나 큰가? 20.1절에서 중국의 공식 예산수입의 강력한 회복을 기술했고 다른 중간소득 국가들에 비해 상대적으로 크다는 것을 보였다. 그러나 이후의 논의에서는 공식 세입에 포함되지 않는 다른 형태의 수입, 특히 도시 토지수입과 사회보험수입에 대해 언급했다. 이들은 공무원들이 자금과 예산외 자원을 통제하는 "회색지대"에 해당된다. 이 자금들을 공식 예산수입과 합하여 그 총액을 다른 나라와 비교하는 것이 합리적이다. 표 20.3은 SOE들(금융 및 비금융 기업 모두)의 세후 수익을 포함한 주요 범주들을 보여 준다. 공식 조세 및 세외 예산수입은 GDP의 21.8%이고, 지방정부의 토지수입은 GDP의 6.7%에 해당하며, 사회보험료는 GDP의 5.4%에 달했다. 정부 공무원의 영향을 받을 가능성이 있는 SOE의 세후 이익은 GDP의 4.8%에 달하며 합계는 GDP의 38.7%이다. (또는 SOE 수입을 제외할 경우 GDP의 33.9%이다.)

표 20.3 2014년 재정 및 준재정 수입

	10억 위안	GDP 비중(%)
총 예산수입	13,690	21.8
지방정부 토지수입	4,294	6.7
사회보험료	3,982	5.4
SOE 수익(세후)	3,087	4.8
합계	25,054	38.7

자료: Naughton (2017, online appendix).
주: 중복 계산을 피하기 위해 사회보장기금에 대한 재정 보조금은 제외함.

이 수치들은 Baunsgaard and Keen(2010)에 보고된 OECD 평균에 가깝다. 확대된 정의에 따르면 사회보험 부담금을 고려하지 않은 중국 정부의 수입은 GDP의 33.3%로 OECD 평균인 GDP의 22.4%를 훨씬 웃돌았다. OECD 평균인 GDP의 10% 대비, 중국의 사회보험 부담금은 GDP의 5.4%다. 광범위하게 정의된 정부 수입과 사회보험 부담금을 집계한 2014년 중국의 수치 38.7%—혹은 SOE를 제외하면 33.9%—는 OECD 국가 평균 32.4%를 상회한다. 중국은 부국 수준으로 과세되는 중간소득 국가이다.

이 광범위한 회계는 우리에게 재정개혁 문제에 대한 새로운 관점을 제시한다. 확대된 소득세와 재산세 같은 신규 직접세는 기존 조세보다 효율적이고 잠재적으로 더 공정할 것이다. 그러나 국민들에게 일련의 부담스러운 신규 조세를 부과하는 것은 쉽지 않으며, 특히 이미 전반적인 조세부담이 상대적으로 높은 상황에서는 더욱 그렇다. 이것이 바로 중국의 경우이다.

광범위한 관점은 사회보험에 관한 중국의 상황을 이해하는 데 도움이 된다. 중국의 연금 프로그램은 이미 규모가 크다. 중국의 예산은 사회보험기금에 직접 돈을 투입하고 퇴직 공무원에게 연금도 직접 지급한다. 이러한 기여금은 GDP의 또 다른 1.4%에 해당하므로 개인 부담금과 함께 사회보험에 조달된 총 수입은 GDP의 6.8%에 이른다. 이는 OECD 평균에 크게 뒤지지 않는데, 중국의 소득수준이 훨씬 낮고, 인구 고령화 과정의 초기단계에 있으며, 인구의 절반에 불과한 도시 주민만을 대상으로 한다는 점을 고려하면 놀라운 일이다. 중국의 사회보장 시스템에는 특이한 특징들이 있다. 그것은 꽤 높은 세율의 근로소득세를 통해 자금이 조달되지만 적용범위가 좁다. 개인과 고용주 모두 프로그램을 회피할 동기가 상당히 강하며 가입 근로자 수는 퇴직자 수의 3배에 불과하다. 한편 사회보장기금과 지역 주민에게 연금을 지급할 책임은 지방정부에 의해 통제된다. 거의 모든 다른 국가에서 사회보장은 적어도 초기단계의 균일한 대우를 받는 국가 프로그램이다.

20.5절에서 토지 의존적인 도시 재정시스템의 몇 가지 단점을 기술했다. 이상적인 미래의 재정개혁은 지방정부가 토지 매각 수입에 대한 의존을 탈피하도록 할 것이다. 지방

재산세는 도시정부가 더 나은 공공서비스를 제공하고 신규 유입자를 환영하도록 장려하는데, 둘 다 재산 가치를 높이는 경향이 있기 때문이다. 반면에 토지개발 수입은 각 부지마다 한 번만 올릴 수 있어서 가장 수익성이 좋은 단기 프로젝트를 장려하고 가장 부유한 신규 유입자만 끌어들인다. 게다가 재산세는 지방 공공재 제공과 가장 직결되는 지방정부 수입이다. 분명히 조세개혁은 단순히 기존 조세 위에 새로운 조세를 쌓아 올릴 수 없다. 그것은 많은 간접세의 축소와 지방정부 수입의 한 유형인 토지수입의 폐지를 시사해야 한다. 성공적인 조세개혁은 직접세(소득세 및 재산세) 증가에 의존하는 반면 다른 세금은 낮추어 전반적인 조세 부담을 늘리지 않아야 할 것이다. 이것은 완전히 실현 가능하지만 조세의 단계적 도입과 단계적 폐지 시기의 순서 및 중앙과 지방정부 간의 수입 배분의 힘겨운 기술적 문제들을 제기한다.

20.7.2 새로운 정부 간 이전시스템 구축

신규 조세와 세율을 결정하는 어려운 과정이 끝나면, 정책 입안자들은 중앙과 지방정부 간의 새로운 책임분담 또한 결정해야 한다. 책임 재배분의 가장 명백한 두 분야는 사회보장과 교육이다. 대부분의 나라들은 중앙집권화 된 사회보장 행정시스템을 가지고 있으며, 일부 국가들은(미국은 아니지만) 중앙집권화 된 교육시스템을 가지고 있다. 중국이 이 두 분야에서 중앙집권적 해법을 선택한다고 해도 놀라운 일이 아닐 것이다.

일부 지출 책임이 다시 중앙집중화 되더라도 정부 간 재정이전 프로그램은 계속 필요하다. 현재의 시스템은 정비될 필요가 있다. 2014년 재정개혁 프로그램은 다양한 정부 간 이전프로그램에 대해 훨씬 더 많은 정보를 제공했으며 가장 중요한 이전 내역들을 공개하는 비교적 투명한 시스템을 개발했다. 이는 정기적이고 원칙중심적인 토대 위에 이전시스템을 세우는 장기적인 과정에 있어 중대한 진전이었다. "일반 이전" 시스템은 점차 확대돼 와서 2015년 전체 이전의 56.8%를 차지했다(MOF, 2016, p.61). 일반 이전은 교육, 보건, 행정과 같은 광범위한 공공정책 목적을 위해 부분적으로는 원칙중심적인 경향이 있다. 그러나 "일반 이전" 내에서도 내륙과 해안지방 사이의 특별한 차이를 포함하여 다양한 항목과 공식이 있다. 새로운 자금조달 프로그램이 마련되면서 상대적으로 부유한 해안지방들은 지출을 자체적으로 부담하도록 요구받는 경우가 많은 반면, 가난한 내륙과 서부지역들은 중앙에서 재정이전을 제공받았다. "목적성 이전"은 특정 프로젝트와 목적에 맞추어 운영되다가 축소되었음에도 불구하고 2015년에 여전히 총 재정이전의 43.2%를 차지했다.

현재의 시스템은 여러 단점을 가지고 있으며 그 중 두 가지가 가장 주요하다. 첫째, 이전시스템이 일관되고 발전된 체계를 따르지 않기 때문에 저소득 지역으로의 균형적인 소득이전이 체계적으로 이루어지지 않는다. 가난한 지역들은 사회적 지출에 대한 비용을 지불하는 데 도움이 되는 특별대우를 받지만, 결국 불균형하게 부유한 지역으로 흘러가는 목적성 재정이전의 영향에 의해 압도될 수 있다. 둘째로, 이전이 원칙을 따르지 않기 때문에, 왜곡된 인센티브 효과를 가지고 있다. 지방정부 공무원들은 상위 정부에게 "궁핍하게" 보일 강력한 인센티브가 있다. 계속 진행 중인 예산개혁은 각 지역이 교육, 보건, 그리고 다른 필수 사회서비스 비용을 확실히 지불할 수 있도록 명확하고 원칙중심적인 이전시스템을 구상하고 있다. 그것은 또한 토지수입을 대체하고 근본적으로 다른 과세구조를 위해 조정해야 할 것이다.

20.8 결론

전반적으로 중국의 재정시스템은 놀라운 성과를 거두었다. 경제개혁의 결과 무에서 창조되었고 중국을 중간소득 경제로 건설하기에 충분한 수입을 제공했으며 중국이 명령경제와 시장체제 사이의 간극을 메울 수 있도록 했다. 그 과정에서 재정시스템은 또한 약간의 지역별 부담을 공유할 수 있도록 조정되었다. 중상위 소득 사회가 된 오늘날의 중국에 적용하기에 예산시스템은 너무 크고 비효율적이고 불투명하다. 이러한 사실을 인식함에 따라 새로운 재정개혁을 촉발시켰지만 재정시스템을 개편하고 정부와 경제 사이의 관계를 재정립하기 위해서는 많은 시간과 노력이 필요할 것이다. 철저한 재정개혁은 경제에서 생산성 증가의 새로운 원천을 열 수 있는 잠재력을 가지고 있다.

Bibliography

더 읽을 거리

Wong(2013, 2016)은 중국 재정시스템의 문제점들을 더 깊이 파고드는 반면, Besley and Persson(2013)은 이를 국제적인 맥락에서 조명하고 있다. Su and Tao(2017)는 도시 토지와 재정시스템에 대해 직설적으로 비판하고 있다.

참고문헌

Bahl, Roy (1999). *Fiscal Policy in China: Taxation and Intergovernmental Fiscal Relations*. San Francisco: The 1990 Institute.

Baunsgaard, Thomas, and Michael Keen. (2010). "Tax Revenue and (or?) Trade Liberalization." *Journal of Public Economics* 94 (9–10): 563–577.

Besley, Timothy, and Torsten Persson (2013). "Taxation and Development." In *Handbook of Public Economics*, vol. 5, 51–110. Amsterdam: Elsevier.

Fan, Gang, and Yan Lv (2012). "Fiscal Prudence and Growth Sustainability; An Analysis of China's Public Debts." *Asian Economic Policy Review* 7:202–220.

Goyal, Rajan, J. K. Khundrakpam, and Partha Ray (2004). "Is India's Public Finance Unsustainable? Or, Are the Claims Exaggerated?" *Journal of Policy Modeling* 26 (3): 401–420.

Huang, Xiaohu (2012). "The Time Is Ripe to Reform the System of Government Land Management" [in Chinese]. *Gaige* [Reform], 6, 137–147.

Meng, Qingyue, Hui Fang, Xiaoyun Liu, Beibei Yuan, and Jin Xu (2015). "Consolidating the Social Health Insurance Schemes in China: Towards an Equitable and Efficient Health System." *Lancet* 386 (October 10): 1484–1492.

MOF (Ministry of Finance) (Annual). *Zhongguo Caizheng Nianjian* (Finance yearbook of China). Beijing: Zhongguo Caizheng Zazhishe.

MOHRSS (Ministry of Human Resources and Social Security) (Annual). *Renli ziyuan he shehui baozhang shiye fazhan tongji gongbao* [Statistical report on the development of human resources and social insurance]. Accessed at www.mohrss.gov.cn.

NAO (National Audit Office) (2013). "Audit Result for National-Government Debt." December 30. Accessed at http://www.audit.gov.cn/n4/n19/c45343/content.html.

Naughton, Barry (2017). "Is China Socialist?" *Journal of Economic Perspectives* 31 (1): 1–23.

OECD (Organisation for Economic Co-operation and Development) (2014). *Revenue Statistics 2014.* Accessed at http://www.oecd-ilibrary.org/taxation/revenue-statistics-2014_rev_stats-2014-en-fr.

SAC (Annual). *Zhongguo Tongji Zhaiyao* (Statistical abstract of China). Beijing: Zhongguo Tongji.

Su, Fubing, and Ran Tao (2017). "The China Model Withering? Institutional Roots of China's Local Developmentalism." *Urban Studies* 54 (1): 230–250.

SYC (Annual). *Zhongguo Tongji Nianjian* [Statistical yearbook of China]. Beijing: Zhongguo Tongji.

Wong, Christine (2013). "Paying for Urbanization in China: Challenges of Municipal Finance in the Twenty-First Century." In Roy Bahl, Johannes Linn, and Deborah Wetzel, eds., *Financing Metropolitan Governments in Developing Countries*, 273–308. Cambridge, MA: Lincoln Institute of Land Policy.

Wong, Christine (2016). "Budget Reform in China: Progress and Prospects in the Xi Jinping Era." *OECD Journal on Budgeting* 15 (3): 27–36. doi:10.1787/budget-15-5jm0zbtm3pzn.

VII 결론: 중국의 미래
CONCLUSION: CHINA'S FUTURE

푸둥의 진마오타워(金茂大厦)에서 본 2005년 상하이.

21 환경 수준과 지속 성장

Environmental Quality and the Sustainability of Growth

실제로 모든 인간의 활동인 경제활동은 가능한 자연환경 안에서 이루어진다. "자연자본"은 어떠한 경제활동도 일어나지 않는 일련의 서비스를 제공한다. 종종 이러한 서비스들—숨 쉬는 공기, 마실 물, 그리고 먹을거리를 제공하는 다양한 식물, 동물, 미생물의 복잡한 네트워크—은 공짜로 알고 또한 당연하게 여긴다. 거의 항상 산업화를 겪고 있는 나라들은 그들의 자연자본을 고갈시키고 손상시키며 중국도 예외는 아니었다. 지난 세기에 걸쳐 중국의 공기, 물, 생활자원의 질은 심각하게 저하되었다. 이제 중국은 피해를 복구하고 지속할 수 있는 발전경로로 나아가기 위해 고군분투하고 있다.

전통적으로 많은 인구가 증명하듯이 중국의 자연적인 혜택은 엄청나게 풍부하다. 그러나 환경파괴는 역사적인 시기에 시작되었다. 백 년 전 중국의 숲은 이미 제거되었고 자연 그대로의 환경이 보존된 지역이 거의 없었다. 마오주의 경제정책은 환경의 가치를 무시했다. 그러나 무엇보다도 큰 피해를 입힌 환경파괴는 1978년 이후 개혁시대의 성장의 가속화 과정에서 이루어졌다. 1978년 이후 중국의 대규모 산업화는 마오쩌둥 시대보다 훨씬 더 큰 도전을 야기했다. 중국은 에너지 소국에서 대국으로 탈바꿈했다. 한편, 유기 폐기물을 토양으로 재활용하는 전통적인 농업 관행은 현대적이고 화학집약적이며 오염이 심한 농업으로 대체되었다. 오늘날 중국이 심각한 환경위기에 직면하고 있는 것은 의문의 여지가 없다. 오늘날 중국의 환경문제는 얼마나 심각한가? 중국의 경제성장은 허용할 수 없을 만큼 높은 환경가격으로 구매되었는가? 환경문제는 대다수 중국 시민의 삶의 질 향상을 저해하고 있는가?

경제학자들은 종종 "환경 Kuznets 곡선"의 렌즈를 통해 환경문제를 본다. 이 개념에 따르면 공해와 다른 환경문제는 현대 경제성장의 초기단계에서 악화되었다가 한 나라가 중산층 지위에 도달하면서 줄어들기 시작한다. 1인당 GDP에 대한 오염은 역 U자처럼 보인다. 이러한 패턴에는 선호도와 기술 관련 논쟁이 있다(Stern, 2004). 선호도와 관련하여 가난한 사람들은 소득과 소비를 증가시키기 위해 경제성장에 우선순위를 두는 것은 당연하다. 처음에는 사람들이 더 많은 사유재를 필요로 하고 점점 증가하는 산업부문은 처음에는 거의 항의를 유발하지 않는 오염을 발생시킨다. 가계소득이 중산층 수준으로 증가하면서 사람들은 더 나은 개인 환경을 요구하기 시작한다. 공공환경의 질은 "사치재"로, 소득이 증가할수록 수요는 비례 이상으로 증가한다(소득탄력성은 1보다 크다). 시민들은 정부가 공공재인 깨끗한 공기와 물을 더 효과적으로 제공할 것을 요구하기 시작한다. 오늘날 중국에서는 더 나은 환경에 대한 광범위한 대중적 요구가 있다. 2016년 Pew 설문조사에 응답한 중국인의 70% 이상이 대기 및 수질 오염 모두 큰 문제라고 답했고, 65%가 "경제성장이 둔화되더라도 대기오염을 줄여야 한다"고 답했다(Pew Research Center, 2016). 기술과 관련하여, 산업화의 초기단계에는 쉽게 익힐 수 있지만 더럽고 많은 부산물을 사용하지 못하는 비교적 조잡한 생산기술이 확산된다. 이후 기술역량이 증가함에 따라 보다 깨끗하고 효율적인 생산기술에 대한 접근이 확산된다. 정부의 규제능력이 향상되면 새로운 행정도구들이 오염원을 억제할 수 있다. 이런 요인들 모두 중국에 적용된다.

사실 Kuznets에는 하나의 전환점이 아니라 탐색해야 하는 수많은 전환점이 있다. 중국의 환경은 적절히 다루어야 할 부문이 많은 거대한 주제다. 본 장은 경제와 환경 사이의 가장 중요한 상호작용에 대해 설명한다. 우리는 에너지 기준 그리고 중국의 가장 큰 문제인 석탄으로부터 출발한다. 중국은 현재 에너지 전환을 진행 중인데, 이것이 석탄소비와 탄소배출량의 극적인 감소의 시작인지 묻고 싶다. 21.2절은 지난 20년간의 중국의 에너지 및 환경 정책에 대한 개요이며 2015년 이후 중국 환경의 상당한 개선이 시작될 수 있는 극적인 기회에 대해 설명한다. 21.3절은 오염을 다루고 공기, 물 그리고 토양 등 가장 중요한 문제영역으로 이어진다. 마지막 부분은 지구온난화와 지속가능성을 살펴본다.

21.1 에너지 기준과 석탄문제

21.1.1 에너지 구성

지속가능성은 에너지로부터 시작된다. 중국은 에너지 대국으로 모든 종류의 에너지의 최대 생산국이자 소비국이다(표 21.1). 중국은 오랫동안 세계 최대의 석탄 생산국이자 소비국이었다. 현재는 수력발전 그리고 2016년 이후 태양광과 풍력발전의 세계 최대 생산국이 되었다. 당연히 지구온난화에 가장 큰 기여자이다. 중국은 또한 세계에서 가장 큰 원유수입국이다. 에너지를 효율적으로 사용하고 다른 종류의 에너지 사용의 외부효과가 생산과 투자 결정에 통합되어야만 번영과 환경의 질이 함께 갈 수 있다.

중국의 에너지 생산과 소비는 석탄이 지배하고 있다. 모든 화석연료는 고갈될 수 있으며 지역의 대기오염과 지구 온난화에 영향을 미친다. 석탄은 원유나 가스보다 본질적으로 더 오염되기 때문에 특히 문제가 많다. 중국은 세계 최대의 석탄 소비국이다. 2013년 거의 40억 톤을 생산하여 정점에 이르고 세계 생산량의 48%를 차지했다. 더구나 중국은 남아공을 제외한 세계 어느 경제보다도 석탄에 의존하고 있다. 표 21.1은 2016년 중국 에

표 21.1 에너지 소비(2016년)

	총 소비	총 에너지 소비 비중(%)					
	백만 TOE	원유	천연가스	석탄	원자력	수력발전	재생에너지
중국	3,053	19.0	6.2	61.8	1.6	8.6	2.8
브라질	298	46.6	11.1	5.5	1.2	29.2	6.4
인도	724	29.4	6.2	56.9	1.2	4.0	2.3
일본	445	41.4	22.5	26.9	0.9	4.1	4.2
EU	1,642	37.3	23.5	14.5	11.6	4.8	8.3
미국	2,273	38.0	31.5	15.8	8.4	2.6	3.7
세계	13,276	33.3	24.1	28.1	4.5	6.9	3.2

자료: BP (2017), "Primary Energy: Consumption by Fuel." BP figures vary slightly from Chinese official data because conversion into comparable standardized units is done differently. Chinese coal-production figures were revised upward by 8% in 2014 after the discovery of previously uncounted output in the 2013 Economic Census. These revisions are incorporated into all data in this chapter.

너지 소비량의 61.8%를 석탄이 차지했음을 보여준다. 중국은 10년 동안 석탄 의존도를 꾸준히 줄여 왔지만 석탄 의존도를 줄이는 과정은 필연적으로 비용이 많이 들고 시간이 오래 걸릴 수밖에 없다. 중국은 석탄 의존도를 줄인 반면 인도는 지금까지 그렇지 않았다. 인도는 중국의 1/5만 채굴하지만, 인도의 석탄 의존도는 현재 중국의 석탄 의존도보다 크게 뒤지지 않는다.

21.1.2 에너지 경제의 진화

그림 21.1은 큰 그림을 보여 준다. 실선이 나타내듯이 2016년 중국의 에너지 소비량은 43억 6,000만 톤으로 1978년의 8배에 육박했다. 그림 21.1의 쌓인 막대는 국내생산(수평축 위)과 순 수입(축 아래)을 보여 준다. 겹겹이 쌓인 바의 상하간 거리는 수입이 시작된 1992년 이후의 총 소비량과 같다. 그림 21.1에서 네 가지 중요한 점이 나타난다.

석탄 의존. 중국은 전통적으로 에너지 소비량의 2/3 이상을 석탄에 의존해 왔다. 1985년에 석탄은 중국 국내 에너지 수요의 80%를 충족시켰고 원유는 수출되었다. 이후 석탄에 대한 의존도는 낮아진 반면 채굴한 석탄의 절대량은 급증했다. 1994~2011년 사이에 석탄 생산량은 3배로 늘었고, 연간 40억 톤에 육박했다. 그 후에 생산량 증가세가 둔화되다가 하락세로 반전되었다. 중국은 지난 9년 동안 석탄 의존도를 10%p나 줄여 괄목할 만한 성과를 거뒀다. 2007년 72.5%로 최근 최고조에 달했던 의존도는 2016년 61.8%로 감소했다.

2013년의 전환점. 세기가 바뀐 후 에너지 생산과 소비는 매우 빠르게 증가했고, 총 에너지 소비는 10년 동안 매년 9%씩 증가했다. 석탄 생산은 보조를 맞추어 증가했고, 이러한 급속한 증가로 인한 탄소배출에 대한 영향 때문에 중국 정책 입안자들은 물론 전 세계에서도 경종을 울리게 했다.

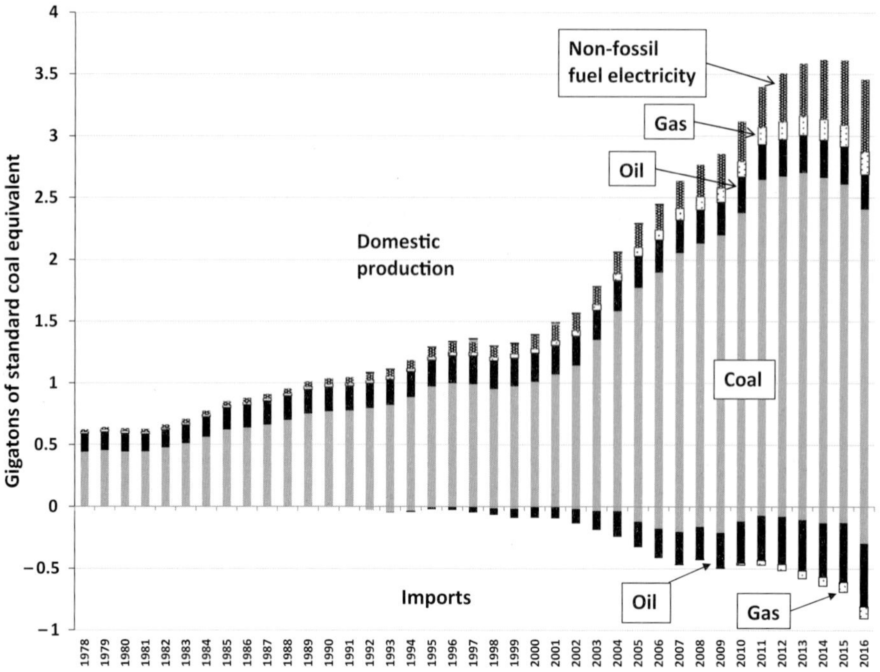

그림 21.1 에너지 소비: 국내생산 및 수입
자료: *SYC* (2016, tables 9-1, 9-2), updated from *SAC* (2017, 75-76). One ton of standardized coal equivalent (SCE) equates to about 0.7 tons of standardized oil equivalent, or 4.79 barrels of oil.

2013년부터 소비와 생산 모두 성장세가 급격히 둔화되었다. 2013~2016년 소비 증가율은 연평균 1.5%로 감소한 반면 석탄 소비는 3년간 3.8% 감소했다. 2013년은 국내 생산에 있어 특히 급격한 변곡점이다. 국내 석탄 생산량이 향후 3년간 11% 감소하여 화석연료 생산의 전반적인 감소를 이끌었다. 2013~2016년 국내 화석연료 생산량과 에너지 소비량의 2/3는 에너지 수입 증가, 1/3은 1차(비 화석연료) 전력 증가로 충족했다.

에너지 수입국. 중국은 1970년대와 1980년대에 원유 수출국이었으나 1993년 처음으로 순 수입국이 되었다. 오늘날에는 원유, 가스 그리고 석탄을 상당량 수입하여 총 에너지 소비량의 20%를 차지하고 있다. 가장 중요한 수입품은 원유이다. 중국의 원유 생산량은 40년 동안 느리지만 꾸준히 성장한 뒤 2016년에는 하루 400만 배럴로 감소했다. 2016년 소폭 하락하면서 중국의 순위가 세계 5위에서 8위로 떨어졌다. 중국은 2013년부터 국내 생산이 급증한 미국을 제치고 세계 최대 수입국이 되었다. 중국은 2016년 하루 820만 배럴의 원유와 정유제품을 수입했으며 이는 국내 원유 소비량의 2/3 이상이다. 중국은 이제 액화천연가스탱커의 천연가스와 함께 미얀마, 투르키스탄 그리고 곧 러시아로부터 대륙횡단 가스관을 통해 수입한다. 이렇게 에너지 의존도가 높아지자 중국은 2016년 초 2억

3,400만 배럴의 전략적 원유비축량을 구축했다.

재생에너지의 빠른 성장. 화석연료를 사용하지 않은 1차 전력발전은 2013년에 이미 중국 에너지 사용의 10%를 차지했다. 단연 가장 큰 부분은 수력발전이었지만 2016년 13.4%로 점유율을 끌어올리기 위해서는 풍력과 태양광에 대한 집중투자도 필수적이었다. 재생에너지를 보다 자세히 보기 위해 발전량에서 차지하는 비중을 살펴보자. 2016년에는 여전히 석탄 연소로 전력의 65%가 발생했으며 모든 유형의 화력발전이 71.6%를 차지했다. 비 화석연료 발전원이 차지하는 비중은 수력 19.7%, 풍력 4.0%, 원자력 3.6% 그리고 태양광 1.1%로 나타났다(CEC, 2017). 풍력, 원자력 그리고 태양열을 합치면 2010년 3% 미만에서 늘어난 8.7%였다.

이 네 가지 극적인 변화는 중국의 현대 에너지 경제를 이해할 수 있는 기초를 제공한다.

21.1.3 효율성

1978년 개혁시대의 초창기에 중국경제는 엄청나게 낮은 효율로 에너지를 사용했다. 그림 21.2는 1970년대 말 중국이 GDP의 1달러(2011년 PPP 조정 달러)를 생산하기 위해 600g 이상의 원유를 소비한 것을 보여 준다. 이는 제2차 오일쇼크 여파로 소비량을 200g 이하로 끌어내렸던 OECD(선진국) 국가 평균의 3배에 달하는 수치이다. 비교를 통해서 이것이 얼마나 비효율적인지를 알아보자. 만약 유가가 배럴당 60달러(136.4kg)라면, 600그램의 기름은 0.26달러다. 1978년 중국은 1달러어치의 GDP를 생산하는 데 25센트어치 이상의 원유를 사용해야 했다.

그 수치와 마찬가지로, 어떤 면에서는 이해하기 쉽다. 중국은 1960년 소련과의 단절 이후 세계 기술로부터 고립되어 있었기 때문에 산업기술은 30년 이상 뒤떨어져 있었다. 소규모의 비효율적이고 오염이 심한 시설들이 에너지와 산업에 사용되었다. 명령경제 하에서 기획자들은 에너지를 낭비적이고 비효율적인 프로젝트로 유도했고, 에너지 가격은 낮은 수준에서 통제되었고 에너지를 보존하기 위한 인센티브는 미약하거나 존재하지 않았다. 중국 기획자들도 1959년 다칭유전 발견 이후 20년간 국내 생산이 매우 빠르게 성장했기 때문에 원유가 풍부하다고 잘못 생각하고 있었다. 1978년 중국의 산업은 철강 등 에너지집약적인 공산품에 압도적으로 집중돼 에너지 낭비가 엄청났다.

중국은 1978년에서 20세기 말 사이에 GDP 단위당 에너지 사용을 2/3로 줄였다. 이 괄목할 만한 성과는 (1) 시스템의 근본적 변화(생산자가 비용을 절감하고 이윤을 증대시킬 동기를 갖도록), (2) 해외에서의 꾸준한 신기술의 유입, (3) 소비자와 소비자 수요에 대한 생산의 방향 전환 등 세 가지 강력한 요인의 결합을 반영한 것으로 산업생산의 "가벼운" 구성을 만들어 냈다. 경제가 개혁되면서 에너지절약에 대한 인센티브가 크게 개선되었다. 자원 비용을 반영해 가격을 올렸고, 수익지향적인 생산자들은 이제 에너지 소비를 줄이고 새로운 기술적인 해결책을 모색할 동기를 갖게 됐다.

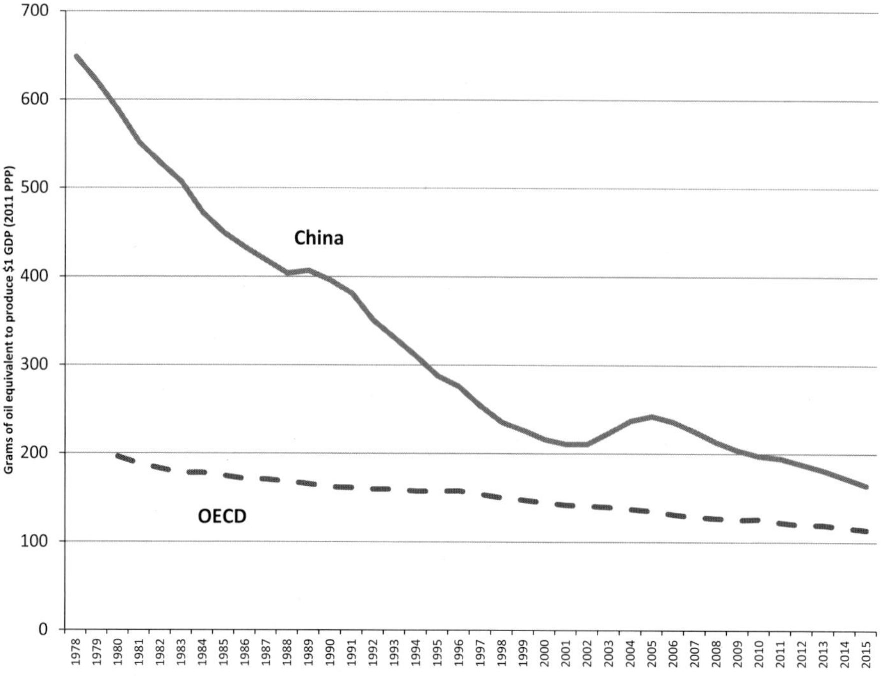

그림 21.2 실질 GDP 단위당 에너지 사용량(2011년 PPP 조정 달러당 원유 등가)
자료: Energy use is from BP (2016). GDP is annual 2011 PPP GDP from World Development Indicators, last update, August 10, 2016.

세기가 바뀐 후 중국의 산업이 급증함에 따라 효율성 향상의 진전은 급격히 둔화되었다. 새로운 기술은 특히 전력분야에서 에너지효율을 지속적으로 향상시켰다. 그러나 20년 동안 "가벼운" 경향을 이어 온 생산구조는 이제 "무거운" 방향으로 바뀌기 시작했다. 투자가 증가하고 주택 붐과 지속적인 인프라 투자로 인해 에너지 소비재인 철강, 시멘트, 구리 그리고 화학제품에 대한 수요가 증가했다. 지금까지 산업은 중국의 에너지, 특히 전력수요를 지배해 왔다. 에너지와 전력의 약 70%가 산업에서 소비되고 있다. 따라서 중공업 성장의 지속화는 필연적으로 중국의 에너지 사용을 증가시켰다.

생산 단위당 총 에너지 사용량은 2006년에 다시 감소하기 시작했으며 2015년까지 1978년에 비해 GDP 단위당 1/4의 에너지가 필요했다. 중국이 40년 넘게 에너지효율을 개선한 성과는 괄목할 만하다. 그러나 다른 나라들도 가만히 있지는 않았으며, 중국은 여전히 에너지 사용에서 OECD 평균보다 상당히 높다. 2014년 데이터에 따르면 중국은 1달러어치의 GDP를 생산하는 데 필요한 에너지 양에서 129개국 중 106위를 차지했으며,[1]

1. 이러한 비교는 많은 국가를 포함하는 World Bank World Development Indicators(WDI)를 사용한다. 그림 21.2의 데이터는 일관된 기간 간 비교를 위해 PPP 조정 GDP의 연결된 시리즈와 결합된 중국 공식 데이터를 사용한다.

러시아(113위)나 남아프리카공화국(119위)과 같은 몇몇 국가만이 더 나빴다. 이는 주로 중국의 거대한 제조업부문 때문이다. 중국은 오늘날 GDP 1달러를 생산하기 위해 175g의 원유를 필요로 한다. 선진국들은 일반적으로 더 효율적이며 심지어 낭비가 심한 미국도 136g의 원유로 1달러를 생산할 수 있다. 모범사례는 EU(88g)와 일본(93g)이 달성한 수준으로 정의된다.

시장 힘은 에너지효율 개선의 상당부분을 견인해 왔지만 정부 정책은 에너지효율을 향상시켰다. 주요 정책에는 소규모의 비효율적인 생산자를 폐쇄하고 더 크고 더 효율적인 생산자에 생산을 집중하며 생산성을 향상시키는 신기술에 투자하는 것이 포함되어 있다. 또한 2005년 이후 중국의 5개년 계획에는 일반적으로 지방정부에 구속력이 있는 에너지절약 목표(GDP 단위당)가 포함되었다. 이러한 조치를 검토하기 위해서는 에너지와 환경정책을 보다 폭넓게 검토할 필요가 있다.

21.2 에너지와 환경정책

더 효율적인 에너지는 일반적으로 청정에너지다. 출력 단위당 소비되는 입력량을 최소화하려는 노력은 일반적으로 출력 단위당 폐기물의 배출량을 낮추는 부작용이 있다. 중국의 경우 지난 40년 동안 시장효율성(이익) 추구가 에너지효율성 향상의 주요 원동력이었다. 즉, 환경목표의 추구 자체가 정책의 주된 동력은 아니었다. 그러나 환경목표는 서서히 정책의 중요한 결정요인이 되었다. 2005년 제11차 5개년 계획을 시작으로 정책 입안자들은 에너지효율을 개선하고 오염을 줄이기 위해 상당한 비용을 기꺼이 지불할 의사가 있음을 알리기 시작했다. 그 이후 중국의 정책 입안자들은 점차 일련의 중요한 환경문제를 해결해 왔으며 이러한 시책들은 결실을 맺기 시작했다. 21.1절에서 보듯이 2013년 이후 에너지산업의 구성에서 상당한 변화가 감지되었다. 변화는 점진적이며 모든 사회는 일관성 있는 에너지정책을 수립하는 것이 어렵다는 것을 알았다. 에너지는 경제의 기본적인 기능에 필수적이기 때문에 에너지 공급 중단은 단순히 선택이 아니다. 에너지는 매우 비싸고 오래 지속되는 인프라에 의존하기 때문에 중대한 변화는 긴 시행 시간을 필요로 한다. 에너지는 국가안보와 얽혀 있기 때문에 항상 최소한의 경제적 기준으로 결정이 내려지는 것은 아니다. 마지막으로, 에너지는 공공의 이익을 압도할 수 있는 강력한 이익집단을 만들어 낸다. 이런 일반적인 진실은 중국에도 적용된다.

21.2.1 고도성장기 초기의 환경 방치

1978년 이후의 대부분의 기간 동안 에너지정책의 목표는 풍부하고 다양화된 에너지에 접근하는 것이었다. 에너지는 걱정거리의 원천이었다. 중국은 에너지 대국이지만 과거 에너지개발과 관련된 문제들은 중국의 경제발전을 저해할 수 있다고 여러 차례 위협했다. 중국의 개혁시대가 시작되었을 때 기술수입 확대를 위한 원유수출이 실현되지 못해 에너지 위기가 있었음을 기억하는 것은 의미가 있다. 기획자들은 1989~1990년, 1995~1996년, 그리고 2004~2005년에 다양한 수준의 에너지 또는 전력 부족에 대해 걱정했다.

세기가 바뀌기 전에는 비교적 비용이 많이 들더라도 성장을 위해 환경의 질을 다소 희생하는 정책결정이 많이 내려졌다. 중국은 산업성장을 유지하기 위해 석탄 특히 소규모 탄광의 석탄에 의존했다. 그런 의미에서 중국은 대약진운동의 슬로건처럼 "두 발로 걷는" 행보를 이어 갔다. 정부가 대규모 탄광을 개발하는 동안 지방정부와 개인은 소규모 탄광을 개발할 수 있는 권한을 부여받았으며 1980년대 향진기업의 호황에는 석탄이 포함되어 있었다. 이론적으로 자원이 국가의 소유라는 사실에도 불구하고, 지역 농촌집체들과 심지어 개인들의 석탄 채굴이 허용되었다. 중국의 석탄 자원이 고도로 분산돼 있기 때문에 1980년대와 1990년대에는 소규모 채굴 붐이 일었다. 1995년 현재 중국 2,200개 현(县)에서 1,264개의 탄광이 운영되고 있으며 개인이나 농촌집체가 운영하는 광산은 거의 모두 소규모지만 전체 석탄생산량의 46%를 차지하고 있었다. 중국은 보다 일반적으로 농촌의 주도권을 촉발하게 하고, 소규모 부문의 급속한 성장도 촉진하는 개혁정책을 석탄에 대해도 단순하게 동일한 정책을 따랐다(14장). 그러나 석탄부문에서는 그 결과는 심각했다. 소규모 채굴이 증가하면서 중국의 석탄채굴 부문은 기술적 퇴보를 겪었다. 광부들은 매우 열악한 조건에서 일했고 안전조치는 사실상 존재하지 않았다. 채굴률이 낮고 생산물의 품질이 떨어졌으며 지방 토지의 파괴와 오염이 심각했다. 안전은 최악이어서, 1980년대부터 2000년대 중반까지 매년 평균 6,000명의 탄광 사망자가 발생했다(IEA, 2009, pp.39~47).

1998년에 주룽지 총리는 특히 초보적인 안전규정을 준수하지 않는 소규모 광산들을 폐쇄하기 위해 대대적인 노력을 시작했다. 지방정부들은 실제로는 지역 생산자를 보호하면서 광산을 폐쇄하였다고 보고하였다. 석탄 신고 통계시스템이 무너졌고 중국은 1999년부터 2002년 사이에 석탄생산이 크게 감소했다고 보고했다. 그 이후 세 차례에 걸쳐 상향 조정이 되었는데 연속적인 통계조사에서는 각각 운용 중인 소규모 광산이 더 많이 발견되었기 때문이다. (그림 21.1은 3차 개정 후 데이터를 보여 준다.) 2003년에 중국의 정책 입안자들은 생각보다 훨씬 많은 석탄이 생산되고 있고, 석탄의 생산과 소비가 매우 빠르게 증가하고 있다는 것을 알았다. 이러한 충격은 환경정책에 대한 접근방식에 큰 변화를 가져왔다.

21.2.2 환경정책의 탄생

중국의 정책 입안자들은 2005년부터 심각한 환경 의제(agenda)를 개발하기 시작했다. 물론 환경의 중요성에 대한 인식은 훨씬 더 오래전에 시작돼서 1988년에 독립된 환경보호국이 설립되었다. 이 기관은 1998년에 많은 산업부처가 격하되었음에도 위상이 올랐지만 아직도 최고 책임자는 완전한 장관직을 받지 못하고 있다.

2005년이 되어서야 정책 입안자들은 에너지절약과 환경개선을 위해서는 상당한 비용을 지불해야 한다는 것을 받아들이기 시작했다. 이 자료는 에너지 소비량이 2001년부터 2005년까지 GDP보다 더 빠르게 증가하는 것을 보여 주는데, 그 이유는 부분적으로 이전에 숨겨져 있던 소형 탄광의 재발견 때문이지만 이전에 폐쇄되었던 일부 탄광들이 다시 문을 열었기 때문이기도 하다. 사태의 심각성을 부인할 수 없었다. 중국은 산업성장이 가속화 중이었으며 석탄 가격이 급등함에 따라 생산자들은 앞 다퉈서 확장을 꾀하고 있었다. 중국이 2002년 15억 톤의 원탄을 채굴하여 2009년 30억 톤 이상까지 끌어올리는 생산량 급증은 이미 진행 중이었다. 아이러니하게도 2006년까지 소규모 민간 및 농촌집체 광산이 전체 생산량의 38%를 차지해 단속 이전보다 훨씬 높은 수치를 보였다(IEA, 2009, p.44). 정책 입안자들은 허둥지둥 대응했다.

2005년 초에 작성된 제11차 5개년 계획(2006~2010년)은 "작은 환경공간"이라는 새로운 개발전략에 대해 설득력 있게 연설하고 "지식집약적 성장경로"로 나아갔다. 중국과학원은 최악의 Kuznets 곡선을 벗어나 깨끗한 발전경로로 가는 것이 가능할 것이라는 낙관적인 보고서를 발표했다. 이 5개년 계획은 GDP 단위당 에너지 사용량을 20% 줄이겠다는 목표를 가지고 비전에 힘을 실어 주었다. 이 목표는 지방정부에 의무적 목표로 주어졌다. 2007년 국가 기후변화 프로그램이 채택되었고, 그 해 개정된 에너지절약법은 천연자원의 보전이 핵심적인 국가정책이라고 명시했다.

이러한 강화된 정책 노력은 후진타오-원자바오 정부의 다른 노력들과 일치했다(5.7절). 환경문제는 사스(SARS) 위기와 식품안전 스캔들로 강조된 공중보건 문제와 함께 대중들의 마음속에서 더 큰 주목을 받고 있었다. 중요한 상징적인 사건은 2004년에 원자바오(温家宝) 총리가 윈난성에 있는 누장(怒江)에 예정돼 있던 일련의 댐들에 대한 작업을 중단하면서 일어났다. 이 강은 천혜의 자연미와 거대한 생물다양성을 지닌 지역을 통과하는데 이곳은 3대강[양쯔강(长江), 메콩강(湄公河) 및 샐윈강(萨尔温江)]의 상류에서 100km도 채 떨어지지 않은 지역이다. 이 중단은 초기 환경운동의 상징적인 승리였다. 한편 중국 동북부 송장강(松江)에서 발생한 심각한 유출사고는 대중에게 큰 충격을 주었다.

환경문제의 심각성에도 불구하고 실제 진행상황은 매우 고르지 못했다. 2006년과 2007년 중국의 산업성장이 가속화되면서 에너지 수요와 산업 배출량이 지속적으로 급증했다. 더 가벼운 생산구조로 옮기겠다는 포부는 일단 접어 두었다. 대기오염은 베이징과 중국북부 전역에서 적어도 2011년까지 계속 악화되었다. 환경보호부(Ministry of Environmental Protection, MEP)는 2007년 장관급으로 격상되어 내각(국무회의)의 일원이 되었지만 처음에는 실망스럽다는 평가가 지배적이었다. 2013년 누장(怒江)댐이 개발계획에 다시 등장했다가 2016년 다시 중단됐을 때 지속적인 양면성의 척도가 되었다(아직 최종 결정이 나지 않았다).

21.2.3 단순화된 정치경제

이 시기 대부분의 환경정책의 운명은 정책 결정자들의 목표와 정치체제를 통한 권력분배의 맥락에서 이해되어야 한다. 고속성장기에는 급속한 성장에 찬성하는 의견이 압도적으로 많았고 이를 지속하기 위해 필요한 높은 수준의 투자가 필요했다. 5.6절에 기술된 바와 같이 행정체제는 지역 행위자들에게 성장을 추구하기 위한 강력한 동기를 부여했으며, 보다 광범위한 성장 연합은 매우 강력했다. 심지어 정책 입안자들이 지역 행위자들에게 환경 목표를 추구할 것을 요구했을 때조차 이 제도는 해당 행위자들에게 그 요청을 무시하고 장기적인 성장을 계속 추구할 수 있는 모든 인센티브를 제공했다. 중앙정부의 정책 입안자들은 그들 스스로 갈등을 겪었고 때때로 지역 행위자들에게 분명한 지시를 보내지 않았다.

친 성장정책 합의의 이면에는 정치세력이 포진해 있는 상황에서 환경보호부(MEP)는 확실히 힘을 받지 못하고 있었다. 경험을 쌓고 상위 계급으로 올라갔는데도 MEP는 약세를 면치 못했다. 직원이 겨우 300명에 불과한 상황에서 거둬들인 벌금은 적었고 때로는 무시되기도 했다. 공해 감소에 투자할 자금 마련을 위해 공해업체에 수수료가 자주 환급되었고 실제 지출에 대한 감독도 취약했다. 2014년에는 수수료 수준이 2배로 증가했고 2015년에는 전국에서 총 127억 위안이 징수됐다(Shan, 2016). 이는 미미한 액수는 아니지만 69조 위안 경제에는 큰 영향을 미치지는 않을 것이다. 에너지정책을 담당하는 정부 관료들은 많은 권력을 가지고 있지만 의제는 상충한다. 국가발전개혁위원회(National Development and Reform Commission, NDRC)는 에너지와 기후변화 포트폴리오를 담당하지만 중국의 산업계획과 발전도 담당한다. 국가에너지위원회가 만들어졌지만 그것은 NDRC의 하위기관이었다. NDRC는 또 중국 국영 원유회사들을 감독하고 있는데 중국 국영 원유회사들은 막대한 재무 및 물적 자원을 장악하고 있으며 최고 경영자는 장관급으로 최고 지도층에 강력한 친구들로 구성된 네트워크를 가지고 있다. 변화에 대한 저항은 이처럼 엄청났다.

대중적인 환경운동이 중국에서 점차 성장하여 몇몇 중요한 승리를 거두었다. 여기에는 주요 야생지 보호, 자이언트 판다와 같은 카리스마 있는 멸종위기종 보호 등이 포함된다. 주택가 근처에 새로운 오염공장, 특히 화학공장이 건설되는 것을 막는 데 있어서 지역적인 움직임이 두드러졌다. 그러나 중국 환경운동의 효과는 정보접근의 어려움과 독립시민단체의 불확실한 법적 지위로 인해 절름발이가 되고 있다. 중국 정부는 시민의 의견이 필요하다고 인정하지만 비정부기구는 공식 정부기관에 등록 및 가입되어 있어야 한다고 주장하고 있다. 이러한 제한으로 인해 시민운동의 영향이 줄어들었고 중국의 지속가능한 발전경로로의 이행이 둔화되고 있다.

21.2.4 점진적인 진전

중국의 환경정책 입안자들은 강력한 반대파들과 지방정부에 대한 규제를 시행할 수 있는 능력이 제한되고 효과적인 시민지원이 박탈되면서 전투를 신중하게 선택해야 했다. 그러나 2005년 이후 정책이 환경개선에 중요한 기여를 한 세 가지 중요한 분야를 확인할 수 있다. 첫째, 환경론자들은 오염을 줄이면서 성장에 기여하는 보다 효율적인 시설에 대한 투자를 지지했다. 중국 전력부문의 놀라운 기술변화가 있었다. 오늘날 설비의 44%는 매우 높은 온도(화씨 705° 이상)를 의미하는 초임계 기술을 사용하며, 이는 훨씬 더 효율적이고 오염이 덜한 고압 발전기를 의미한다. 이는 주로 오래된 임계치 이하 발전시설로 구성된 미국 함대보다 훨씬 더 발전된 것이다. 예를 들어 중국은 현재 90대의 초임계 설비가 가동 중인 반면 미국은 정확히 1대를 보유하고 있다(Hart, Bassett, and Johnson, 2017). 확실히 이러한 속도의 중국의 현대화는 최근 몇 년 동안 새로운 설비의 대규모 증축이 이루어졌기 때문에 가능하지만 미국에서는 그렇지 않다.

둘째, 중국은 우선 오염원을 집중적으로 다루었다. SO_2는 스모그의 전조로서 산성비를 유발하는 특히 유해한 오염물질이다. SO_2는 주로 발전소와 공장의 점오염원(point sources pollution)에서 나온다. SO_2 배출량은 2006년에 정점을 찍은 후 꾸준히 감소하기 시작했다(Environmental Statistics, 2016, p.43). 산업 및 도시 폐수처리에 대한 투자가 크게 증가했다. 오염원 오염물질도 오염수수료와 상한제 그리고 거래프로그램과 같은 혁신적인 정책 기제의 도입을 위해 무르익었다.

셋째, 환경규제기관은 환경문제에 대한 더 많은 정보를 제공하기 시작했다. 지름이 2.5 미크론 미만인 공기발생 미세입자인 PM2.5에 대해서는 특히 처리과정이 명확하다. 이 부유 미립자는 폐 깊숙한 곳으로 침투하기 때문에 건강에 특히 위험하다. 그럼에도 불구하고, 중국의 MEP는 PM2.5에 대한 데이터를 제공하지 않았으며 아마도 PM10에 대한 역사적 사건을 반영했을 것이다. PM10은 이전에 문제가 되었던 큰 그을음 입자였다. 데이터 공백을 메우기 위해 2008년 베이징 주재 미국 대사관은 매시간 PM2.5 레벨을 트윗하는 옥상 모니터를 설치했다. 잠시 후 MEP는 "국가의 오염 데이터를 공개하고 시민의 분노를 이용해 오염원이 국가의 환경규제를 준수하도록 강제하는 수단으로 대본을 조작했다"고 말했다(Hart, Bassett, and Johnson, 2017). 현재 베이징(및 대부분의 중국 도시)의 실시간 공기품질 데이터는 aqicn에서 볼 수 있다. 조직/도시/베이징 등 많은 편리한 앱을 이용할 수 있다. 대기질 악화에 따른 국민의 우려가 높아지면서 공해에 대한 공공정보가 증가했다. 2013년과 2014년 겨울 베이징 시는 1950년대 런던의 "살인 안개(killer fog)" 때처럼 공기가 좋지 않았던 치명적인 대기오염을 경험했다. PM2.5에 대한 좋은 정보를 얻을 수 있고 정부는 이미 오염을 줄이겠다고 약속했는데 국가 수도에서 여론이 미치는 영향은 상당했다.

이런 방식으로 환경정책 입안자들은 누적적이고 점진적인 변화를 가져왔다. 이러한 진전이 실제 있기는 하지만, 또한 과장되어서도 안 된다. 오염원을 통제하기 시작하는 것은 필수적이지만 배출에서 환경의 궁극적인 개선까지는 갈 길이 멀다. 중국의 환경정책에 근본적인 변화를 가져오려면 기적의 성장기를 끝내고 새로운 시대가 와야 한다.

21.2.5 전환점: 고속성장의 종말

본문을 통해 우리는 기적의 성장의 종말이 중국경제의 여러 측면에 근본적인 전환점이 되었음을 보여 주었다. 이는 환경정책과 환경적인 성과에도 해당된다. 기적성장 시대의 종말(2010년 이후)과 중도성장의 새로운 정상의 시작은 조건을 근본적으로 변화시켰다. 그림 21.1에서 화석연료 생산량이 2013년에 정점을 찍은 후 2016년까지 적어도 3년 동안 감소했음을 볼 수 있다. 이는 특정 정책결정의 직접적인 결과가 아니라 앞서의 점진적인 환경정책 변화의 누진적인 영향을 강화한 경제변화의 결과였다.

고속성장의 시기는 2010년경 갑자기 끝이 났다. 비록 이러한 변화로 인한 환경적 영향이 아직 명확하지는 않지만 분명히 그 영향은 클 것이다. 경제의 구조적 변화가 이제 경제와 환경의 관계를 변화시키고 있다. 밀접하게 관련된 세 가지의 구조적 변화는 모두 경제활동의 부정적인 환경적 영향을 줄이기 위해 상호작용한다.

1. 느린 경제성장: GDP 성장률이 느리다는 단순한 사실은 배출량과 오염물질이 덜 배출되고 있다는 것을 의미한다.
2. 투자 감소: 성장이 둔화됨에 따라 중국은 점진적으로 GDP의 작은 부분을 새로운 고정자본에 투자할 것이다. 실제로 GDP 대비 투자비율은 2011년 정점을 찍고 그 이후 점차 하락세를 보이고 있다. 이에 따라 철강, 시멘트 등 에너지집약적인 산업재에 대한 수요가 줄어든다.
3. 서비스로의 전환: 산업생산량이 최고수준에 도달하면 성장 원동력이 서비스로 이동한다. 7장에서 설명한 바와 같이 경제는 1인당 GDP(PPP 조정) 약 15,000달러를 달성하면 산업화 이후의 서비스경제로 전환된다. 중국은 이제 막 이 이행을 시작하고 있다. 대부분의 서비스는 산업보다 훨씬 덜 에너지 집약적이고 오염이 덜하다(운송은 중요한 에너지 집약적 서비스임).

밀접하게 연관된 이 세 가지 구조적 요인은 중국의 환경정책에 완전히 새로운 기회를 열어 준다.

고속성장 시대의 종말은 정책 입안자들 사이에서도 새로운 성장 동력에 대한 탐색을 유도했다. 15장에서 보았듯이, 2006년부터 중국은 "전략적 신흥산업(strategic emerging industry, SEI)"에 초점을 맞춘 것을 포함하여 기술 및 산업정책에 자원을 늘리는 데 전념해 왔다. 몇몇 SEI는 태양열과 풍력발전, 신형 원자력발전, 그리고 전기자동차 등과 같이 청정에너지와 관련이 있다. 환경공학도 SEI이다. 신흥 산업에서는 선진국에 확고한 점유 기업이 없고 따라서 중국 정책 입안자들은 중국이 공격적인 초기 행동을 통해 경쟁우위를 확보할 수 있다고 생각한다. 이에 따라 정부는 미래에 성장부문이 될 것이라는 기대감으로 단기 또는 중기적 투자 회수에 거의 관심을 두지 않은 채 신에너지 부문에 돈을 쏟아부었다. 서방의 각국 정부는 글로벌 금융위기(2008~2009년) 당시 비슷한 정책을 추진했다가 2012~2016년 꾸준히 축소해 왔는데, 중국은 이러한 정책을 지속하고 강화하기까지 했다.

이러한 정책으로 인해 중국은 녹색기술에 많은 돈을 쏟아부었다. 이러한 자원의 투입은 영향을 미칠 것이 확실하다. 태양광 발전설비는 2016년에 특히 급증했다(China Electricity Council, 2017). 이제까지 이 설비의 전력망 연결과 통합관리가 지연됐기 때문에 활용도가 낮았다. 그러나 지난 몇 년 동안, 풍력과 태양광 발전은 다른 어떤 나라보다 중국에서 더 빠르게 성장했다. 중국의 에너지 생산 혼합의 전환의 시작이 그림 21.1에 분명하게 나타나 있다.

국가안보에 대한 고려 또한 중국이 화석연료로부터 이탈하는 것을 강화시킨다. 중국은 현재 에너지의 약 20%, 원유 소비량의 2/3를 수입에 의존하고 있다. "신에너지"가 중국의 에너지 의존도를 낮출 수 있다면 안보를 걱정하는 정책 입안자들에게 큰 마음의 평화를 줄 것이다. 그러므로 중국의 에너지정책은 환경 품질 외에도 많은 다른 동기들을 반영한다.

이러한 고려사항들은 모두 중국의 현재 환경상황과 지속가능한 미래를 이해하는 데 필수적이다. 경제의 구조적인 변화는 상대가격의 큰 변화를 주도하고 있으며 기업가와 정책 입안자들을 포함한 많은 행위자들의 계산법을 바꾸고 있다. 정책 입안자들이 환경 목표에 대한 투입을 늘렸듯이 그들은 환경 친화적인 산업이 경제성장에 기여할 수 있고 에너지와 환경문제에 대해 더 강력한 추진이 필요하다고 확신하게 되었다. 그 결과 정책 입안자들이 환경문제를 다루는 진지함이 크게 바뀌었다.

21.2.6 전환점 이후의 정부정책

2013년 이후 중국이 시작한 에너지 전환은 지속될 것인가? 2015년 이후 정부 정책을 살펴보면 통찰력을 얻을 수 있다. 구조적 경제변화와 환경적 요구에 부응하여, 정책 입안자들은 지방 행위자들에 대한 중앙정부의 직접적인 압력 증가를 선호했다. 이러한 조치는 2016년에 도입되었고 5.8절에서 언급했던 공급측 구조개혁 정책과 일치한다. 우리는 석탄, 전력 그리고 환경목표에 관한 새로운 활동을 보다 광범위하게 볼 수 있다.

중앙정부 기획자들은 소규모 탄광을 통제하지 못한 것이 과거에 정부, 환경 및 안전 목표의 좌절로 이어졌다는 것을 매우 잘 알고 있다. 그들은 2013년부터 경기침체와 석탄가격의 급격한 하락을 활용하여 소규모 탄광에 대한 압력을 높이려고 노력했다. 그들의 목표는 2020년까지 30만 톤 이하의 광산을 모두 폐쇄하는 것이다. 이것은 중대한 사업이다. Duan(2016)에 따르면 2005년 이 규모 이하 광산이 전체 생산량의 45%를 차지했지만 이미 2010년 22%, 2015년 10%로 비중이 감소했다. Coalmine Safety Bureau(2016)에 따르면 우발적인 탄광 사망률이 2010년 2,433명에서 2015년 598명으로 줄었다. 대부분의 사고 사망자는 소형 광산에서 발생하므로 이는 소형 탄광 부문의 급격한 축소를 시사한다. 이와는 별도로 2016년에는 광산 폐쇄를 촉진하기 위해 고안된 안전점검과 재정지원 방안이 대거 나왔다(Duan, 2016). 이러한 사실들은 중앙정부가 압력을 계속 유지하려고 노력하고 있음을 나타낸다.

전력부문은 상황이 훨씬 더 복잡하다. 놀랍게도 전력 수요의 둔화는 전력 투자의 둔화를 동반하지 않았다. (이는 7장과 18장에 기술한 바와 같이 정부 투자를 높게 유지함으로써 성장을 지속하려고 하는 일반적인 정책을 반영한다.) 따라서 중국이 21.2.5절에 기술한 현대적인 효율적 공장을 건설했음에도 불구하고 소규모 설비는 계속 확장되어 왔다. 그 결과, 설비 활용도는 엄청나게 낮은 수준으로 떨어졌다. CEC의 공식 자료에 따르면 중국 발전소는 2017년 상반기에 지난 2004년 62%의 고점보다 낮은 41%의 평균 생산량을 기록했다(CEC, 2017). 이는 낭비된 투자를 반영하며 7장에서 설명한 자본 생산성의 악화를 설명하는 데 도움이 된다. 그러나 그것은 또한 석탄에 존재하는 것과 유사한 기회를 정부에 제공한다. 이미 경제적인 압력 하에서 이러한 소규모 발전소는 2020년까지 특정 효율성 이하의 모든 발전소를 폐쇄하고자 하는 중앙정부로부터 큰 압박을 받고 있다. 한편 이와 같은 어려운 과잉용량 문제로 전력 기획자들은 2017년에 태양광과 풍력 생산업체로부터의 전력 소비를 줄일 수 있었다.

오염배출요금의 낡은 제도를 대체하기 위해 2018년 초 새로운 환경보호세가 단계적으로 도입되었다. 새로운 세금은 공기, 물, 고형 폐기물 그리고 초과 소음에 대한 배출량 단위당 세금을 징수하도록 의무화하면서 더 엄격해졌다. 탄소 배출에 세금을 부과하지는 않지만, MEP가 관리하는 수수료 대신 공식 세금을 신설하여 보편적으로 적용해야 하며 면제 혜택도 줄여야 한다(Shan, 2016). 마침내 2016~2017년 중국 공산당은 환경조사팀을 모든 성(省)에 파견했다. 각 팀은 한 달 동안 성에 머물며 환경 집행을 점검하고, 성의 지도자들이 환경 목표에 전념하고 있는지 확인하고, 시민들의 편지와 전화를 받았다. 종합하면 이러한 조치들은 환경 및 효율성 목표를 시행해야 한다는 압력을 계속 유지하려는 정부의 의지를 분명히 보여 주는 것이라고 할 수 있다. 낙관론자들은 이러한 정부의 강력한 의지를 보고 중국이 이미 "석탄 정점"에 도달했다고 믿는다(Ye et al., 2016). 중국이 화석연료의 소비로부터 미래의 경제성장을 분리하면서 에너지 전환의 첫발을 내디딘 것은 분명해 보인다. 에너지 이행이 계속되려면 중국은 과거에 환경 목표를 좌절시켰던 근본적인 정치경제, 즉 중앙과 지방정부의 관계에 근본적인 변화가 필요할 것이다. 서비스 기반 경제로의 전환이 순조롭고 신속하게 진행된다면 이러한 정치적 변화가 일어날 가능성이 높다.

21.3 환경오염

오염과 에너지 경제는 동전의 양면과 같다. 경제활동, 특히 에너지 사용량은 자연영역에 오염물질의 배출 증가를 초래하는 경향이 있다. 오염은 오늘날 가장 큰 비용을 야기하고, 이것은 비교적 가시적이다. 오염 비용과 과잉사망에 대한 비용을 계산하는 것은 비교적 간단하다(World Bank/IHME, 2016). 게다가 공해의 경제학도 비교적 간단하다. 오염은 사회에 부과되는 부정적인 외부효과이다. 그것이 실현 가능하다면, 적절한 대응은 오염 유발자에게 세금이나 벌금을 부과하는 것이다. 이렇게 되면 활동비용이 내재화되고 오염 유발자가 부담하게 된다. 동시에 오염은 경제발전과 변화하는 선호도에 기초하여 어느 정도의 낙관론에 가장 취약한 환경의 측면이다. 일부 유형의 대기 오염은 원인배출량을 줄인 후 며칠 내에 소멸된다. 예를 들어, 베이징에 중요한 국제회의를 앞두고 있어서 오염 없는 깨끗한 환경이 필요하면 "APEC 푸른 하늘의 날"을 반복적으로 이야기한다. 물론 대부분의 오염문제는 그렇게 빨리 해결될 수 없다.

중국의 가장 큰 오염문제는 공기, 물, 흙이다. 최근 몇 년 사이 베이징은 공기(2013년)를 시작으로, 물(2015년), 흙(2016년)에 대해 각각의 사업계획을 발표했다. 이 계획들은 야심차고 중요하다. 사업계획들은 목표는 과중한 경향이 있고 수단과 자금조달은 충분하지 않지만 중앙정부의 로드맵과 선호하는 목적지를 제시하고 있다.

21.3.1 대기오염

오늘날 중국의 도시들, 특히 큰 도시들에서 대기질의 추세는 상쇄력에 의해 형성된다. 산업 배출량 억제와 석탄이 아닌 가정용 연료 사용의 변화로 대기 질이 개선됐다. 베이징에서는 산업부문이 도시 밖으로 이동한 것도 한몫했다. 대형 공장에서 생산되는 오염물질(산업용 오염원)이 감소해 대형 입자물질인 PM10, 이산화황 등이 크게 감소하고 있다. 그러나 자동차 운행 증가, 열악한 차량 배기가스 통제, 국경을 넘는 오염 등의 이유로 대기질이 악화되고 있다. 대기질 악화의 결과는 도시와 특정 오염물질에 따라 다르다.

대기질이 개선된 주요 원인은 가정과 작업단위의 석탄사용량 감소이다. 현재 도시인구의 80%가 요리용 가스를 이용할 수 있다. 그러나 농촌지역에서는 실내 공기오염이 여전히 심각한 문제이다. 농촌인구의 약 절반은 원탄이나 목재를 태우고 미립자, 황과 질소산화물, 일산화탄소, 그리고 기타 오염물질을 생산하는 개선되지 않은 난로를 사용하고 있다. 실내공기 오염물질은 농촌의 주요 사망원인이며 도시 사망원인에서도 3위에 해당하는 높은 호흡기 질환을 유발한다.

긍정적인 경향은 다른 요인들에 의해 부분적으로 상쇄되었다. 중국 전체 차량 수는 1990년 550만 대에서 2016년 1억 9,200만 대로 급증했다. 자동차 배출가스 기준과 연료 기준은 2001년부터 꾸준히 높아졌지만 2020년에 비로소 미국과 유럽 기준을 따라잡을 수 있을 것으로 보인다. 중형트럭은 법으로 지정된 오염장비를 피하는 것으로 의심된다. 자동차들은 미립자, 일산화탄소, 질소산화물(NO_x) 그리고 휘발성 유기화합물을 배출한다. NO_x는 햇빛이 있는 곳에서 다른 화학물질과 반응하여 오존, 광화학 스모그 및 온실가스를 형성한다. 원격감지를 통해 세계 최대의 질소산화물이 북중국평야에 집중되어 있음을 알 수 있다. 2005~2014년 사이 베이징, 상하이 그리고 홍콩 등 세계 대부분의 도시에서 NO_x 농도가 감소했다. 그러나 베이징 주변의 북중국평야에서는 NO_x가 계속 증가하고 있으며, 현재 전 세계 NO_x 중 가장 크고 강력한 NO_x 농도이다(NASA, 2015; Krotkoff et al., 2016, 그림 8).

오늘날 대부분의 관심은 작은 입자물질(PM2.5)에 집중되어 있는데 이것은 폐 속으로 깊숙이 침투하기 때문에 더 위험하다. PM2.5는 인간의 활동에 의해 생성되지만 NO_x, 황, 휘발성 유기화합물(volatile organic compound, VOC) 간의 대기 상호작용에서 스모그의 주요 구성요소 중 하나인 2차 PM2.5도 생성된다. 스모그는 눈에 잘 띄고, 인지도가 높다. 대중의 인식이 널리 퍼지면서 주요 목표 지역에서 PM2.5를 줄이기 위한 캠페인이 촉발되었다. 베이징-톈진-허베이 지역의 경우 2017년 수준은 2012년 수준보다 25% 낮아야 하며, 양쯔 삼각주는 20%, 주강 삼각주는 15%가 낮아야 한다. 국가 주변의 PM2.5 수준은 2010~2011년 이후 정체되었다. 지속적인 감축에 대한 희망이 있었지만 지금까지의 증거는 엇갈리고 있다. 위성으로는 뚜렷한 추세가 감지되지 않고 있으며, 중국 정부 지상 감지기에 따르면 2017년 상반기가 2016년보다 현저히 악화되었다.

21.3.2 대기오염의 비용

대기오염은 사람들의 건강을 해치고 노동자의 생산성을 떨어뜨리며 천연자원의 질을 저하시킨다. 많은 연구에서 중국경제에 대한 오염비용을 계량화하려고 시도했다. 글로벌 질병부담 프로젝트(Global Burden of Disease project)는 위성으로 전 세계 각 지역에서 주요 오염물질(PM2.5 및 오존)을 측정하며 이를 이용하여 국가 및 지역의 연간 인구가중 오염물질을 계산하는 데 사용한다. 인간 사망률과 질병에 대한 노출-반응 관계를 결합하여 지역과 국가 간에 비교 가능한 오염의 건강비용 추정치를 산출한다. 이를 바탕으로 World Bank/IHME(2016)는 2013년 중국의 각종 대기오염으로 160만 명의 조기 사망자가 발생한 것으로 추정했다. 실내 공기오염도 큰 영향을 미쳤지만 대부분이 대기권 PM2.5 때문이었다. 이러한 통일된 세계적인 방법론에 따르면 세계 인구의 19%를 가진 중국은 대기오염으로 인한 세계 조기 사망의 30%를 경험했다. 후속 연구(HEI 2016) 결과, 석탄 연소가 중국의 PM2.5 수준이 상승하는 가장 큰 원인인 것으로 나타났다. 새로운 (그리고 완전히 다른) 방법론을 사용한 연구도 대략 비슷한 결과를 발견했다. 중국 정부의 정책이 화이강(淮河) 북쪽의 겨울 난방에 석탄을 공급하기 때문에 강 북쪽의 부유 미립자(PM2.5 포함)가 불연속적으로 급증하고 있다. 저자들은 이러한 불연속성을 이용하여 중국 북부의 석탄관련 오염으로 기대수명이 5.5년 감소했다고 추정했다(Chen et al., 2013). 대기오염은 중국인들에게 심각하고 즉각적인 비용을 부과한다.

21.3.3 수질오염

1980년 이후의 급속한 산업발전, 인구증가와 도시성장, 화학비료 및 농약사용 증가 등으로 중국의 지표수와 지하수의 질이 크게 악화되었다. 그 결과, 수질오염은 이제 도시와 농촌 식수의 심각한 문제가 되었다. 수질오염원에는 크게 세 가지 범주가 있다.

1. 산업 폐기물: 펄프와 제지, 야금, 화학공장은 최악의 오염원이다. 대규모 공장들의 정리에는 큰 진전이 있었으며 오늘날 규제된 (대규모) 산업 폐수의 90%는 어떻게든 처리가 되고 있다. 그러나 향진기업(乡镇企业)이나 촌락기업(村企业) 등 소규모 공장에는 처리시설이 아예 없는 경우가 많다.
2. 도시 폐기물: 1990년대에는 거의 어떤 도시 오수도 제대로 처리되지 않았다. 하수처리 개선을 위한 대대적인 추진이 이루어졌으며 2010년까지 중국은 모든 도시 폐기물을 최소한 일차적인 처리라도 할 수 있는 충분한 능력을 구축했다.
3. 농업: 강도 높게 사용되는 질소비료와 농약은 심각한 수질오염원이다(12.6절). 저품질 비료, 인과 칼륨에 비해 질소비료의 과도한 사용, 특히 쉽게 용해되고 하천, 호수 및 대수층에 쉽게 씻겨 들어가는 값싼 중탄산암모늄 비료의 광범위한 사용이 영향을 가중시킨다. 이런 종류의 비점오염원(non-point-source pollution)은 해결하기가 매우 어렵다. 집중적으로 사용되는 농약은 종(種)의 손실(새)과도 관련이 있으며 중요한 일부 수역을 오염시킨다. 집중적인 돼지 사육 농장 수의 증가에 따른 동물 배설물은 생물학적 산소요구량(biological oxygen-demand, BOD)과 대장균 오염의 또 다른 주요 원인이다. 항저우만(杭州湾)의 생태적 균형은 주로 농업과 관련된 유출에 의해 심각하게 위협받고 있다.

이러한 오염물질의 결과, 특히 수량이 적은 북부지역은 수질이 좋지 않다. 표 21.2에 이용 가능한 데이터가 요약되어 있다. 5등급 이하 수질은 말 그대로 독성이 있고 관개에도 부적합하며 사람이 사용할 수 있도록 안전하게 정화될 수 없다는 것을 의미한다. 10년 전에 랴오, 하이, 화이의 물 절반이, 그리고 황하의 1/3이 이 범주에 속했다(그림 21.3 참조; 이러한 강 계통을 보여 준다). 이 강들에는 세 가지 큰 오염문제가 있다. 물은 생물학적, 화학적 산소 요구로 인해 부영양화로 변한다. 산소의 고갈로 박테리아와 편모류만이 생존할 수 있고 더 높은 생명체는 없다. 크롬, 수은, 납과 같은 중금속이 지속적으로 물과 강바닥에서 축적된다. 염소화 탄화수소(PCB와 DDT—금지되었으나 여전히 사용)도 축적되고 지속성도 높다. 2003년 이후 특히 "5등급 이하"에서 4등급과 3등급으로 올라가는 진전이 있었다. 4등급의 물은 산업 및 일부 오락적 목적으로 사용될 수 있지만 사람이 직접적으로 접촉하기에는 적합하지 않다. 3등급은 사람과의 직접 접촉 및 식수 정화를 위한 표준등급이다. 1등급은 청정하다. 중국 북부에서는 강 길이의 절반 정도에 있는 물이 사람과 접촉하는 기준에 부합한다. 대부분의 사람들이 거주하는 하류 도시지역의 수질은

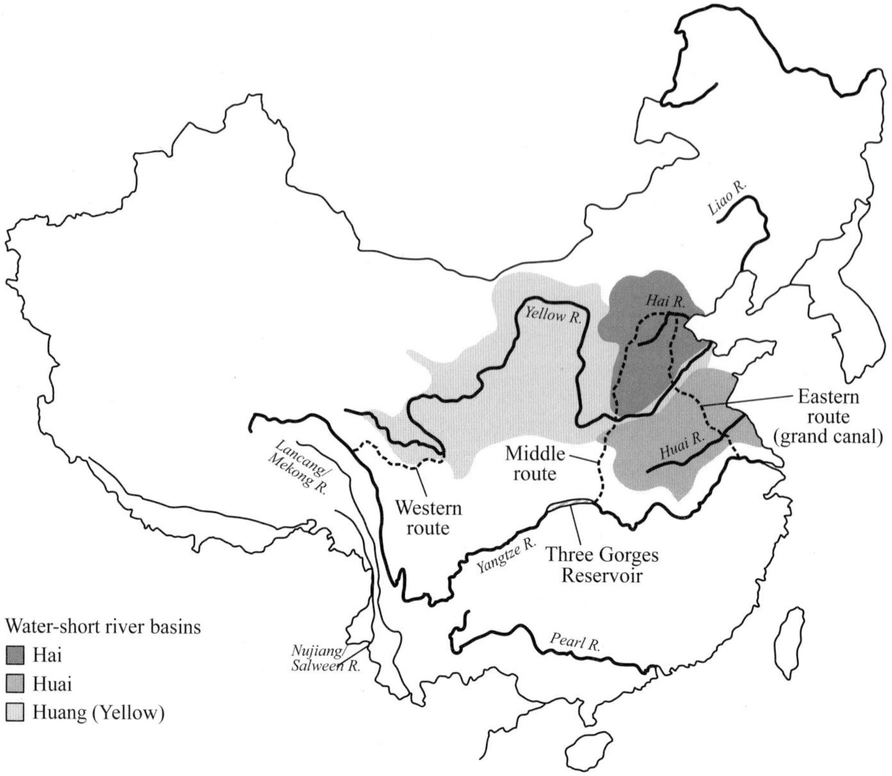

그림 21.3 남북 수로 이동 경로
자료: Liu (1998, p.902).

훨씬 더 나쁘다. 사실, 일부 수질이 개선된 것으로 측정된 것은 상류 청정지역에 감지기가 추가되었기 때문이다.

중국 하천 중 70%만이 수질이 좋아 소비하기에 적합하도록 정수 공정을 시작할 수 있고, 30%는 사람의 접촉에 부적합하며, 10% 가까이는 독성이 있다. 청정수(1등급)의 비중은 2003년 이후 절반 이상 줄었다. 이것은 국가적인 수치들이며, 중국 북부와 북동부의 오염은 훨씬 더 심하다. 화이강 유역에서의 경험은 특히 심각하다. Economy(2004)는 1994년 대규모 독성 유출에 중앙정부 지도자들이 충격을 받아서 2000년까지 강의 정화를 위한 대규모 프로그램을 시작했다는 것을 설명하고 있다. 약 600억 위안(72억 달러)의 이 프로그램은 야심찬 목표를 달성하는 데 완전히 실패했다. 20년이 지난 지금도 화이강은 중국에서 가장 오염이 심한 강 중 하나로, 강 길이의 46%가 인간이 접촉하기에 적합하지 않다(표 21.2).

21.3.4 물 가용성

중국은 현재 중국 북부와 북서부 대부분 지역을 포함하여 물 스트레스를 받고 있다. 중국의 1인당 연간 재생 가능한 담수 자원은 2,093m^2로 세계 평균 8,349m^2의 1/4에도 못 미친다. 더구나 북부는 1인당 물이 훨씬 적고 베이징 등 2억 5,000만 명이 사는 5개 북부지방은 필요량의 50% 이상을 지하수에 의존하고 있다(Wang et al., 2016, p.3). 관개는 중국에서 물을 가장 많이 사용하는 것으로 전체 물 사용량의 거의 2/3를 차지하는데 서서히 그 비율이 감소하고 있다. 중국은 도시와 농촌에 대한 현재의 물 공급을 유지하기 위해 지속 불가능한 많은 관행에 의존할 수밖에 없었다. 황허, 화이, 랴오, 그리고 특히 하이의 유수는 지난 20년간 현저하게 감소하였다. 이 강들에 대한 과도한 수요가 이들의 오염에 영향을 미쳤다. 이와 관련된 심각한 문제는 지하수의 과잉개발이다. 지하수 공급원(대수층과 지하수)을 점차 고갈되는 방식으로 사용하는 것을 "채굴수(mining water)"라고도 한다. 이것은 중국 북부에서 매우 심각한 문제이다. 1970년대 이후 화북평야에서는 관정을 통한 관개로 지하수원에서 다량의 물이 빠져나갔다(12.6절). 지하수 공급원에서 물을 추출하는 것은 어렵고 비용이 많이 든다. 민간 기업가들은 이제 깊은 우물을 파고 물을 팔아서 공급을 늘리지만 물 공급의 지속가능성에 대한 오랜 위협을 악화시킨다.

도시들은 점점 더 많은 양의 물을 끌어내고 있다. 베이징은 원래 이웃 언덕에서 5개의 강이 흘러내리는 자연적인 조건을 가진 곳에 지어졌으며 1950년대와 1960년대에는 도시의 북쪽과 서쪽에 100억m^2의 저수지가 건설되었다. 오늘날 5개의 강은 모두 가뭄 든 해에 마르고, 저수지 용량의 1/3만 사용된다. 베이징의 지하수위는 50m 이상 떨어졌다. 톈진, 상하이 등 연안도시들은 큰 침하문제를 겪었다. 고갈된 대수층은 바닷물이 해안 근처의 수원으로 침입하여 수천 개의 우물을 버려야 한다. 이는 매우 심각한 문제이며 해결하

표 21.2 주요 하천의 수질 등급(2015년)

	하천 길이 (km)	I등급	II등급	III등급	IV등급	V등급	V등급 이하
국가, 2003	201,216	5.7	30.7	26.2	10.9	5.8	20.7
2015		2.7	38.1	31.3	14.3	4.7	8.9
랴오(辽河), 2003	4,529	1.6	8.8	17.6	8.6	13.5	49.9
2015	5,454	1.8	30.9	7.3	40.0	5.5	14.5
하이(海河), 2003	10,719	3.1	17.3	18.2	6.1	2.8	52.5
2015	14,953	4.7	15.6	21.9	6.2	12.5	39.1
황허(黃河), 2003	13,721	7.6	14.1	11.8	17.7	16.8	32.0
2015	20,545	1.6	30.6	29.0	21.0	4.8	12.9
화이(淮河), 2003	11,621	2.1	8.8	16.8	15.4	8.0	48.9
2015	25,904	0.0	6.4	47.9	22.3	13.8	9.6

자료: MEP (2016).

는 데 많은 비용이 들 것이다. 효율적 개선은 물을 수집, 저장 및 공급하는 체인의 거의 모든 지점에서 가능하다. 현재 관개용수에 대한 농민 부담금은 물 공급 비용의 일부를 차지하고 있으며(Lohmar et al., 2003), 물을 보전하기 위한 인센티브는 미약하다.

중국 정부의 주요 계획 중 하나는 북중국 분지의 물 부족을 완화하기 위해 남부의 물을 북부로 공급하는 것이다. 실현 가능한 경로는 세 가지가 있다(그림 21.3). 서쪽 경로는 가장 비싸지만 언젠가는 최상의 수질을 제공할 것이다. 동쪽 경로는 가장 싸고 먼저 건설되었지만 수질이 가장 낮다. 중앙 경로가 완공돼 2015년부터 베이징에 물 공급을 시작했다. 약 5,000억 위안의 비용으로 건설되었으며 단장커우(丹江口)의 한강(汉江) 저수지의 물을 1,000km의 지하 콘크리트 배수로를 통해 불과 100m 낮은 고도인 베이징으로 운반한다. 이러한 대규모 인프라 프로젝트는 비용이 많이 들고, 장기적으로는 물 공급 시스템이 업그레이드되고 소비자들에게 물을 보존하려는 더 강한 동기가 주어지면서 물이 사용되는 효율면에서 수십만 개의 소규모 개선보다 덜 중요하다.

21.3.5 토지와 토양

토양오염은 중국의 농업지역에서 심각하다. 인근 광산과 저품질 비료의 무분별한 사용, 그리고 과도한 농약으로 인해 토양에 유독성 중금속이 축적되고 있다. FAO와 중국 농업부(MOA)의 자료에 따르면 2013년 중국은 전 세계 비료의 23%, 전 세계 농약의 44%를 사용했다. 중국은 경작지 1헥타르당 미국이 사용하는 비료의 3배, 농약의 6배를 사용한다. MOA 조사에 따르면 지식이 부족하거나 품질이 낮은 도구로 인해 살충제와 비료의 1/3 이상이 낭비되고 있으며 과도한 사용은 토지와 물을 오염시킨다. 2005년부터 2013년 사이에 공식적인 다년간의 토양오염조사를 실시했는데, 중국 경작지의 19.4%(그리고 전체 조사된 토지의 16%)가 오염되었다고 보고되었다. 카드뮴, 니켈, 비소가 가장 흔한 오염물질로 나왔으며, 지속적이고 독성이 강한 중금속인 카드뮴에 의한 오염은 조사된 쌀 표본의 9%에서 발견되었다(Zhang and Zhou, 2016). 후베이성, 후난성, 장시성 및 쓰촨성은 특히 상태가 좋지 않아 이들 지역 전체 논밭의 68%가 중금속 오염에 시달렸다. 정부는 이 문제를 인정하고 2016년 실행계획을 수립했지만 현재까지 실제적인 복원에 필요한 자금을 마련하지 않고 있다.

토지 황폐화의 광범위한 문제는 종종 적절한 물 공급과 관련이 있다. 잘못된 시기의 너무 많은 물은 침식을 일으키고, 너무 적은 물은 사막화의 원인이 된다. 침식은 중국 서부 지역에 집중되어 있으며 전체 물 공급이 부족하고 지표수가 희박하며 계절성 강우량은 침식으로 인한 토양의 손실을 크게 유발한다. 1998년 양쯔강에서 발생한 심각한 홍수는 삼림 파괴와 침식으로 인한 상류 환경의 악화와 직접 관련이 있다. 사막화는 엄청나게 큰 문제이다. 2장에서 강조했듯이 중국은 건조한 국가이다. 아이후이-텅청선 서쪽 대부분의 땅은 사막이다. 불행하게도 사막은 주로 인간 활동의 영향 때문에 동쪽으로 이동하고 있다. 녹지와 산림지대가 과도하게 사용되면서 토지의 식물 덮개 재생능력이 크게 감소했다. 생물학적 완충지대가 약화되면서 사막이 크게 퍼졌다. 아마도 그 결과 21세기 초에 모래와 먼지폭풍이 일정 기간 동안 급증했다. 2002년 3월 두 차례의 거대한 먼지폭풍이 중국 북부를 강타하여 며칠 동안 시야가 줄어들고 베이징의 공기 중 입자물질은 최고치를 넘어섰다. 알 수 없는 이유로 이 모래폭풍은 몇 년 후에 진정되었다.

사막화를 악화시키는 가장 중요한 한 가지 요인은 내몽고의 초원과 중국 북부의 다른 목축지역에서의 과도한 방목이다. 이들 지역의 집체가 해산되면서 방목되는 동물 무리가 개별 가계에 분배되었고 가축떼의 규모가 폭발적으로 늘어났다. 각 개별 가계가 가축 사육으로 얻은 개인 소득을 극대화하려고 노력하면서 "공유지의 비극(tragedy of the commons)"은 더욱 악화되었다. 나무를 심은 "방풍림"으로 침식하는 사막을 막으려고 했지만, 재식림, 잔디 파종 및 관개 확대 등을 통한 5,700km^2의 성공적인 복원에도 불구하고 사막은 확장되었다. 대부분의 복원은 중국 중부의 주요 물길에서 멀지 않은 지역에서 이루어졌다. 사막 확산의 대부분은 중국 북부, 특히 목축인들이 거주하는 광대한 국경지역에서 발생했다.

확장되는 사막의 경계에서 멀어지게 되면, 중국 지속가능성 정책의 효과는 상당히 향상되었다. 여러 해 동안 나무심기가 정부 정책으로, 시민 책임으로, 그리고 여러 차례의 대중 동원 캠페인으로 강조되어 왔다. 장기간에 걸친 이러한 일관된 강조는 상당한 성과를 거두었고 중국의 전반적인 산림면적은 크게 증가했다. 1962년 1차 국가 목록에는 중국의 8.9%만이 산림이었으나 2015년에는 전체 산림면적이 27%로 늘어났다(SYC, 2016, 표 8-1). 새로 조성한 산림은 일반적으로 품질이 낮으며 빠르게 자라는 종은 비교적 적은 수종으로 구성되어 있으며 인구밀집지역에 흩어져 있다. 그와 동시에 다양한 수종과 큰 나무가 있는 오래된 나무숲은 상당한 면적이 사라지고 있다. 2013년까지 중국 국토의 14.8%가 공원이나 동물 및 자연보호구역(대중관광의 혜택 중 하나)에서 어떤 방식으로 보호되었다.

21.4 결론: 환경, 지속가능성 및 지구온난화

중국이 대기오염 문제를 안고 있는 것은 분명하다. 세계 인구의 19%가 세계 보건비용의 30%를 차지하면서 중국은 대기오염의 지역적 영향으로 인해 불균형적으로 고통받고 있다. 동시에 중국은 2016년에 전 세계 탄소배출량의 27%를 기여하여(BP, 2017) 온실가스 및 지구온난화에 가장 크게 기여했다. 대기오염이 더 이상 악화되고 있지 않지만 그것은 이제 막 개선되기 시작했으며 인구가 고령화되고 대기오염물질에 더 민감해짐에 따라 건강비용은 앞으로 더 늘어날 수 있다.

중국은 수년 동안 개발도상국이 온실가스 배출제한을 받아서는 안 된다고 주장했다. 그러나 2000년대 중반 이후 중국의 입장은 점차 바뀌었고 2015년 파리협정의 일환으로 2030년까지 탄소배출량 증가율을 제로화하기로 합의했다. 현재 추세대로라면 중국은 2030년 훨씬 이전에 "탄소 정점"에 도달할 것이다.

지구온난화는 중국을 직접 위협한다. 평균기온은 이미 1960년대 이후 1℃ 이상 상승했다. 지구온난화로 인한 해수면 상승으로 중국 내 약 1억 5,400만 명의 인구와 저지대 해안지역에 있는 10%가 넘는 인구 및 기반시설이 위험에 처하게 된다. 중국은 낮은 북쪽 해안선 때문에 세계에서 해수면 상승에 가장 많이 노출된 지역 중 하나이다. 과도한 지하수 추출과 관련된 지반침하로 인해 더욱 취약한 상하이와 톈진 등 경제 통상과 무역이 활발한 연안 항구도시 14곳이 위협받게 된다. 지방 당국은 해안을 따라 많은 곳에 광범위한 방파제를 건설했으나 심한 폭풍과 해일에 대한 취약성은 여전히 크다.

지구온난화와 물 가용성의 상호작용은 장기적으로 불확실성이 가장 큰 영역이다. 중국 북부의 물 공급은 이미 우려되는 사안이고 단기적으로 더 악화될 수도 있다. 일부 모델에 따르면, 북부와 특히 동북부의 강수량이 감소하고 남부의 비가 늘어나게 되면 기존의 물 불균형과 심각한 해안에서의 재난의 영향을 악화시킬지도 모른다. 티베트고원의 빙하는 중국의 강, 남아시아와 동남아시아의 강들의 원천이다. 이 빙하가 줄어드는 속도가 빨라지고 있는 것으로 보이며, 축소된 빙하는 궁극적으로 이러한 강의 흐름을 감소시킬 것이다. 온도가 높을수록 표면 증발량이 증가하고 유출량이 감소한다. 강력한 힘들이 중국의 물 공급을 위협하는 방식으로 함께 작용할 수도 있다.

환경 악화는 중국경제에 심각한 비용을 초래하고 중국 인구의 복지수준을 감소시킨다. 또한 환경문제에 대한 대중의 우려가 증가하고 있고, 우려는 점점 더 공개적으로 표명되고 있다. 중국 정부는 환경개선에 중요한 새로운 약속을 했다. 오늘날 중국의 성장궤도는 10년 전이나 20년 전과는 상당히 다르다. 지난 10년간의 중공업 집약적 성장경로에서 벗어나 보다 가볍고 지속 가능한 성장경로를 찾아야 하는 중대한 경제적 이유가 있다. 또한 중국의 첨단산업 포용에는 신에너지 및 환경 분야의 주요 역할이 포함되어 있다. 이러한 요인의 영향은 이미 중국의 에너지 전환 초기에 뚜렷이 나타나고 있다. 이러한 변화를 더욱 진전시키기 위해서 중국은 현명한 정책결정을 해야 할 것이고 효율적인 세금과 규제 정책을 통해 시장 세력들을 지탱해야 할 것이다.

물 가용성, 토양오염, 자연환경의 복원, 대기오염과 기후변화 등은 중국이 직면한 가장 심각한 문제들이다. 문화적으로 관리되고 재편된 풍경과 생태적 과정의 통제에 중점을 두기 때문에 중국에 남아 있는 자연경관은 거의 없다. 과거의 개발은 종종 환경을 희생하면서 경제성장을 유지하는 데 중점을 두었다. 그러나 중국은 증가하는 환경파괴 수준이 복원력과 기후변화에 적응하는 능력을 약화시키고 있다는 것을 인식하고 있다. 각각의 경우에, 현재의 관행이 지속 가능하지 않다는 것을 쉽게 알 수 있지만, 얼마나 빨리 바뀔 수 있을지는 판단하기 어렵다. 중국은 환경 Kuznets 곡선의 전환기에 진입했지만 아직 그 전환점을 통과하지 못하였으며 환경 품질을 꾸준히 향상시키는 단계를 결단력 있게 시작했다. 더 이상의 환경 재앙이 발생하기 전에 중대한 변화를 위한 환경정책 결정을 개선할 수 있는 기회가 아직 남아 있다.

Bibliography

더 읽을 거리

중국에 대한 최신 정보는 Renewable Energy World(http://www.renewableenergyworld.com/index.html)와 Renewable Energy Policy Network for the 21st Century(www.ren21.net/)에서 확인할 수 있다. 최근의 개요는 Hove and Enoe(2015)와 Ye et al.(2016) 등이 있다. HEI(2017)는 전 세계 질병부담 프로젝트의 대기오염 측면에 대해 명쾌하게 소개하고 있으며 중국에 많은 관심을 기울였다. 이 프로젝트의 최신 데이터는 https://www.stateofglobalair.org/data에서 쉽게 접근할 수 있다.

참고문헌

BP (British Petroleum) (2017). *BP Statistical Review of World Energy, June 2016.* Accessed at http://www.bp.com/statisticalreview.

CEC (China Electricity Council) (2017). "Comprehensive Flash Report on China's Electricity Industry 2016." January 20. Accessed at http://www.cec.org.cn/guihuayutongji/tongjxinxi/niandushuju/2017-01-20/164007.html.

Chen, Yuyu, Avraham Ebenstein, Michael Greenstonec, and Hongbin Li (2013). "Evidence on the Impact of Sustained Exposure to Air Pollution on Life Expectancy from China's Huai River Policy." *PNAS* 110 (32): 12936–12941.

Coalmine Safety Bureau (2016). *Meikuang anquan shengchan 135 guihua: Zhengqiu yijiangao* [Coalmine safe production thirteenth five-year plan: preliminary draft]. April. Accessed at http://www.chinasafety.gov.cn/newpage/Contents/Channel_5826/2016/0422/268741/files_founder_457118490/1788319668.doc.

Duan, Hongxia (2016). "Windows of Opportunity: Coal Phase-Out in China." International Institute for Sustainable Development. Accessed at https://static1.squarespace.com/static/56fbe6a97da24f416c2f651f/t/57e4325bd1758e426f3cd45f/1474572893183/FFS-Conf-2016-Duan-China-coal-phaseout.pdf.

Economy, E. (2004). *The River Runs Black: The Environmental Challenge to China's Future.* Ithaca, NY: Cornell University Press.

Environmental Statistics (Annual). National Bureau of Statistics and Ministry of Environmental Protection, Compilers. *Zhongguo Huanjing Tongji Nianjian* [China statistical yearbook on environment]. Beijing: Zhongguo Tongji.

Hart, Melanie, Luke Bassett, and Blaine Johnson (2017). "Everything You Think You Know About Coal in China Is Wrong." Center for American Progress, May 15, 2017. Accessd at https://www.americanprogress.org/issues/green/reports/2017/05/15/432141/everything-think-know-coal-china-wrong/.

HEI (Health Effects Institute) (2016). *Burden of Disease Attributable to Coal-Burning and Other Major Sources of Air Pollution in China.* Special Report #20. Boston: Health Effects Institute. Accessed at https://www.healtheffects.org/publication/burden-disease-attributable-coal-burning-and-other-air-pollution-sources-china.

HEI (2017). *State of Global Air 2017.* Special Report. Boston: Health Effects Institute. Accessed at https://www.stateofglobalair.org/report.

Hove, Anders, and Merisha Enoe (2015). "Stronger Markets, Cleaner Air: Integrating Policy and China's Economic and Environmental Prosperity." Paulson Institute, June. Accessed at http://www.paulsoninstitute.org/economics-environment/climate-sustainable-urbanization/research/.

IEA (International Energy Agency) (2009). *Cleaner Coal in China*. Paris: International Energy Agency. Accessed at https://www.iea.org/publications/freepublications/publication/cleaner-coal-in-china.html.

Krotkov, Nickolay, et al. (2016). "Aura OMI Observations of Regional SO_2 and NO_2 Pollution Changes from 2005 to 2015." *Atmospheric Chemistry and Physics* 16:4605–4629. Accessed at www.atmos-chem-phys.net/16/4605/2016/.

Liu Changming (1998). "Environmental Issues and the South-North Water Transfer Scheme." *China Quarterly*, no. 156 (December): 899–910.

Lohmar, Bryan, and Jinxia Wang (2002). "Will Water Scarcity Affect Agricultural Production in China?" In U.S. Department of Agriculture, Economic Research Service, *China's Food and Agriculture: Issues for the 21st Century*, 41–43. Washington, DC: USDA.

Lohmar, Bryan, Jinxia Wang, Scott Rozelle, Jikun Huang, and David Dawe (2003). *China's Agricultural Water Policy Reforms: Increasing Investment, Resolving Conflicts, and Revising Incentives*. U.S. Department of Agriculture, AIB-782, March. Accessed at http://www.ers.usda.gov/publications/aib782/.

MEP (Ministry of Environmental Protection) (2016). *Zhongguo Huanjing Zhuangkuang Gongbao* [Report on China's environmental conditions]. Beijing. May 20. Accessed at http://www.mep.gov.cn/hjzl/.

NASA (National Aeronautics and Space Administration) (2015). "New NASA Satellite Maps Show Human Fingerprint on Global Air Quality." Release 15-233 (December 14). Accessed at https://www.nasa.gov/press-release/new-nasa-satellite-maps-show-human-fingerprint-on-global-air-quality.

Pew Research Center (2016). "Chinese Public Sees More Powerful Role in World." Accessed at http://www.pewglobal.org/2016/10/05/chinese-public-sees-more-powerful-role-in-world-names-u-s-as-top-threat/.

Rohde, Robert A., and Richard A. Muller (2015). "Air Pollution in China: Mapping of Concentrations and Sources." *PLoS ONE* 10 (8): e0135749. Accessed at https://doi.org/10.1371/journal.pone.0135749.

SAC (Annual). *Zhongguo Tongji Zhaiyao* [Statistical abstract of China]. Beijing: Zhongguo Tongji.

Shan, Yuxiao (2016). "The Environmental Protection Tax Will Be the 18th Tax Types on January 1, 2018." *Caixin*. December 25. Accessed at http://china.caixin.com/2016-12-25/101030488.html.

State Council (2014). *Nengyuan Fazhan Zhanlue: Xingdong Jihua 2014–2020* [Energy development strategy action plan, 2014–2020]. State Council Office, November 19. Accessed at http://www.gov.cn/zhengce/content/2014-11/19/content_9222.htm.

Stern, David I. (2004). "The Rise and Fall of the Environmental Kuznets Curve." *World Development* 32 (8): 1419–1439.

SYC (Annual). *Zhongguo Tongji Nianjian* [Statistical yearbook of China]. Beijing: Zhongguo Tongji.

Wang, Jinxia, Qiuqiong Huang, Jikun Huang, and Scott Rozelle (2016). *Managing Water on China's Farms: Institutions, Policies and the Transformation of Irrigation under Scarcity*. Cambridge, MA: Academic Press.

World Bank/IHME (2016). *The Cost of Air Pollution: Strengthening the Economic Case for Action*. Washington, DC: The World Bank. Accessed at https://openknowledge.worldbank.org/handle/10986/25013.

Ye Qi, Nicholas Stern, Tong Wu, Jiaqi Lu, and Fergus Green (2016). "China's Post-Coal Growth." *Nature Geoscience* 9 (August). doi:10.1038/ngeo2777.

Zhang, Yan, and Chen Zhou (2016). "China's Tainted Soil Initiative Lacks Pay Plan." *Caixin English*. June 8. Accessed at http://english.caixin.com/2016-06-08/100952896.html.

찾아보기

Index

ㄴ